Psychopathologie descriptive II :
Essais sur les génocides sociocides

Livre imprimé / Grand format
ISBN 9791091904247
Livre numérique / e-book
ISBN 9791091904230
Le 16 février 2016

Déogratias SEBUNUMA
Éditions Umusozo
18, rue Adolphe Chérioux 92130 Issy-Les-Moulineaux
www.sebunumadeogratias.com

Déogratias SEBUNUMA

# Psychopathologie descriptive II :
# Essais sur les génocides sociocides

Umusozo

# INTRODUCTION

A l'occasion de cette nouvelle publication, nous proposons à nos lecteurs un ensemble de trois textes sur les violences collectives et leurs conséquences ; avec une attention particulière sur les « génocides sociocides ». Il s'agit d'études complémentaires de notre part, dans la suite de nos publications précédentes sur le même thème de recherche en psychopathologie - depuis la thèse de Doctorat que j'ai soutenue à l'Université Paris Diderot - Paris 7 en 2011 ainsi que d'autres travaux de recherche que j'ai publiés sous le titre : « *Psychopathologie descriptive I : essais sur les violences collectives* » (2013 et 2014).

Le premier texte, « *La méthode descriptive en psychopathologie* », constitue la synthèse récapitulative - au stade actuel de nos recherches - sur la méthodologie scientifique qui est la nôtre.

Le deuxième texte, « *Le génocide au Rwanda : postures et impostures génocidaires* », est une ré-édition : le même texte a été publié pour la première fois en janvier 2015.

Le troisième texte, « *Le Jugement de l'Histoire : effets du néocolonialisme multinational au Rwanda* », est aussi une ré-édition car, le même texte a été publié pour la première fois en mai 2015.

Ainsi, les trois textes ci-dessus réunis constituent le deuxième tome de nos essais sur les violences collectives sous le titre : « *Psychopathologie descriptive II : essais sur les génocides sociocides* ».

# INTRODUCTION

# LA MÉTHODE DESCRIPTIVE EN PSYCHOPATHOLOGIE

# LA MÉTHODE DESCRIPTIVE EN PSYCHOPATHOLOGIE

Le travail de recherche, quel que soit le domaine scientifique de pré-direction, suppose une « méthodologie » par laquelle le chercheur (ou l'étudiant-chercheur) élabore ses thèses et hypothèses afin de rendre compte de ses résultats.

En sciences de l'homme et en sciences sociales, il existe différentes « écoles » d'appartenance : le choix de telle ou telle école dépend des affinités entre collègues chercheurs et/ou universitaires, ou bien, dans la majorité des cas, le choix de telle ou telle méthodologie de recherche dépend du « Maître penseur » à l'origine de l'école de pensée à laquelle l'on appartient. Ainsi, tel chercheur sera « freudien », tel autre sera « kleinien », etc. ; tandis que d'autres revendiqueront l'appartenance aux « écoles » célèbres des savants de l'Antiquité : des « aristotéliciens » se distinguent des « platoniciens », par exemple.

Dans la présente synthèse sur la méthodologie qui est la nôtre, l'objectif n'est pas celui de mettre en évidence une « école » de pensée particulière. En revanche, notre propos vise à promouvoir la complémentarité entre les différentes approches des sciences de l'homme : la psychologie ne peut pas se passer des découvertes de la médecine - et surtout de la psychiatrie en particulier ; la psychopathologie ne peut pas ignorer les apports majeurs de la psychanalyse ; les sciences sociales dépendent des sciences de l'homme et inversement. Cette inter-dépendance existe aussi dans tous les domaines de la recherche des sciences dites « exactes ».

*Une observation préliminaire s'impose* : pourquoi avons-nous choisi de privilégier la « *méthode descriptive* » en psychopathologie ?

Je désirerais préciser que, dans ma démarche d'apprenti chercheur, la « méthode » n'a pas été un point de départ mais plutôt un résultat !

En effet, lors de la rédaction de ma thèse de Doctorat - qui aura été ma première publication universitaire -, je n'ai pas commencé par élaborer une « méthode » scientifique de recherche. Certes, j'ai établi un plan de recherche pour organiser mes travaux. Mais, ce plan a été régulièrement modifié pour l'adapter à l'organisation de ma réflexion théorique et clinique : cela conformément à mes thèses et hypothèses de recherche.

Ainsi, c'est seulement après la soutenance de ma thèse de Doctorat que j'ai essayé de mettre en évidence le « fil conducteur » qui relie les différentes parties de mon ouvrage. Plus particulièrement, j'ai été aidé par la critique constructive d'observateurs indépendants : les différents avis de lecteurs m'ont permis de découvrir divers fondements théoriques dont se réfère ma réflexion - et/ou complémentaires à celle-ci -, à partir d'autres auteurs. Ce sont ces mêmes fondements théoriques et cliniques que j'ai regroupés, *a posteriori*, sous l'appellation de « *méthode descriptive* ».

# I. LE TERRAIN DE NOS OBSERVATIONS

La recherche en psychopathologie suppose un « terrain », un « champ » d'expérimentation : ce sont des cas cliniques qui permettent d'élaborer la réflexion théorique et clinique en s'appuyant sur les différentes théories scientifiques relatives à notre domaine spécifique.

Depuis ma thèse de Doctorat jusqu'au moment où je rédige le présent texte de synthèse sur ma méthodologie (2016), c'est le « cas du Rwanda » qui m'a servi de terrain d'observation. En effet, c'est la problématique des violences collective qui aura constitué le point de départ de mes recherches en psychologie clinique en générale, et en psychopathologie fondamentale en particulier. Bien entendu, lorsqu'on parle du « cas du Rwanda », il ne s'agit pas du « Rwanda » en tant que territoire « figé » du point de vue spatio-temporel : il s'agit plutôt du Rwanda en tant que peuple, en tant que nation, en tant que pays ayant une histoire et une identité culturelle. Car, selon mes différentes hypothèses de recherche, ce sont des problématiques relatives à l'histoire et à l'identité culturelle - *mutatis mutandis* - qui auront entraîné la conséquence des violences collectives récurrentes au pays des Mille Collines. Évidemment, le Rwanda n'étant pas un pays fermé sur lui-même, je m'interroge aussi sur le rôle des pays limitrophes et sur l'influence de la période coloniale - et du néocolonialisme - dans la survenue des massacres génocidaires au Rwanda et dans la sous-région.

De ce point de vue, le Rwanda constitue ce que nous pourrions appeler un « cas d'école » : à travers les violences collectives, c'est non seulement la question de la psychologie collective - psychologie des groupes ou des masses - qui est posée, mais aussi, celle du sujet : quelle est la nature de l'influence que le groupe exerce sur l'individu-sujet pour que celui-ci devienne une véritable machine à tuer, à piller, à violer, à détruire les biens publics et/ou d'autrui ?

Il existe une hypothèse - voire même une thèse - échappatoire qui aura servi d'alibi à certains chercheurs et observateurs sur la situation au Rwanda : le conflit collectif récurrent au Rwanda serait lié au problème ethnique entre « Hutu » d'un côté et « Tutsi » de l'autre. Personnellement, je ne me suis pas satisfait de cette présentation simpliste d'une réalité beaucoup plus complexe. Car, **on ne naît pas « Hutu », « Tutsi » ou « Twa », on le devient** ! C'est le groupe (à commencer par la famille) qui assigne à chaque individu de ses membres une appartenance « ethnique » au moyens de différents attributs socioculturels : le nom, les rites d'initiation, les insignes distinctifs du groupe, etc. Or, nous avons des exemples historiques qui démontrent que l'individu peut se débarrasser des attributs « ethniques » de ses ancêtres lointains pour appartenir à une nouvelle communauté « ethnique » - **cela sans avoir perdu le patrimoine génétique d'autrefois** : c'est le cas de certains exilés qui abandonnent définitivement les attributs « ethniques » identificatoires archaïques - par l'éloignement dans l'espace et dans le temps -, de manière volontaire ou involontaire. Citons quelques exemples incontestables : les Afro-Américains, les Antillais, les descendants des migrations asiatiques vers les pays d'Europe ou d'Amérique, les descendants d'Européens qui ont colonisé des pays lointains en Afrique, en Amérique Latine ou en Asie, tous ces groupes humains ont perdu les attributs « ethniques » identificatoires de leurs cultures d'origine pour appartenir soit à d'autres cultures pré-existantes, soit à d'autres ensembles « ethniques » nouveaux créés par eux-mêmes. Plus particulièrement, au Rwanda, les signes « ethniques » distinctifs (le territoire, la langue, les rites initiatiques) avaient déjà disparu avant même l'époque coloniale[1] : il n'existe pas de « village ethnique » au Rwanda, il n'existe pas de « langue » appartenant à chacune des *pseudos ethnies* au Rwanda, les rites initiatiques étaient les mêmes pour tous les Rwandais avant même l'époque coloniale.

Pour toutes ces raisons, à travers ma thèse de Doctorat et dans mes travaux de recherche complémentaires à cette thèse, je démontre que l'appartenance ethnique ne constitue pas, au Rwanda comme ailleurs, un patrimoine « héréditaire » dont le sujet ne saurait dépasser certaines tares ; un patrimoine « héréditaire » dont l'individu ne pourrait se débarrasser l'idéologie lorsque celle-ci devient meurtrière. Car, au Rwanda comme dans certains autres pays dans le monde, l'idéologie ethnique est devenue un « instrument » de domination et de conquête du pouvoir. C'est pour cela que la survenue des violences collectives ne peut être analysée qu'à partir de différentes approches scientifiques afin de rendre compte de la complexité du phénomène. D'où la nécessité d'une « *méthode descriptiv*e » qui s'appuie sur la phénoménologie - en ce qui concerne notre démarche spécifique :

En tant que « *science descriptive des essences* », comme l'a très bien indiqué E. Husserl, la phénoménologie est une « méthode philosophique qui cherche à revenir « aux choses mêmes » et à les décrire telles qu'elles apparaissent à la conscience, indépendamment de tout savoir constitué »[2]. Par analogie, au moyen de la « méthode descriptive », notre approche consiste à « décrire » le symptôme individuel et/ou groupal tel qu'il « apparaît », du point de vue historique, « indépendamment de tout savoir constitué ».

Faisons la part des choses : même si l'appartenance ethnique ne constitue pas un patrimoine identitaire « héréditaire », il n'en demeure pas moins que la construction du sujet s'appuie essentiellement sur les repères identificatoires du groupe. Pour cela, le lien entre le groupe et l'individu est indéfectible : dès que l'individu se sépare d'avec la coutume de ses origines, il doit trouver **nécessairement** d'autres « cadres sociaux de la mémoire » - selon M. Halbwachs - pour étayer son devenir-sujet. Autrement dit, l'*inné*

---

1 KAGAME A., *Les organisations socio-familiales de l'ancien Rwanda*, Mémoires in-8° - tome XXXVIII, Bruxelles, publié par l'Institut Royal Colonial Belge, 1954.
2 *Dictionnaire Hachette Encyclopédique,* Paris, 1998, p. 923.

(patrimoine biologique) et l'*acquis* (patrimoine socioculturel) se complètent mutuellement et l'un ne peut s'exprimer pleinement sans s'appuyer sur l'autre. C'est donc dans cet « entre-jeu » - où le « je » se dédouble en permanence entre l'*inné* et l'*acquis* que naît la vie psychique. Il serait ainsi difficile - voire même impossible - de distinguer rigoureusement la part de chacun de ces deux déterminismes de l'âme dans l'accomplissement de nos actes.

Par conséquent, la psychopathologie se situe dans cet « entre-jeu » et la *méthode descriptive* permet de présenter, dans une démarche neutre, les « essences » du « je » pris tantôt dans les désirs archaïques du sujet en devenir, tantôt dans les contraintes et avatars socioculturels actuels.

## II. RÉFÉRENCES THÉORIQUES

Compte tenu de ce qui vient d'être exposé dans la partie précédente, la « méthode descriptive » en psychopathologie n'exclut aucune source d'informations ou de références dès lors que cette source permet d'analyser, de décrire et de comprendre tel ou tel phénomène psychique à l'origine des symptômes observés. Cependant, comme dans tous les autres domaines de la recherche scientifique, nous avons des références théoriques incontournables - références sans lesquelles nous ne saurions jamais où commencer pour initier notre propre réflexion :

Étant donné que je privilégie une approche analytique dans mes observations théoriques et cliniques, l'élaboration de ma réflexion en psychopathologie s'appuie sur la théorie freudienne d'une part, et sur la théorie kleinienne d'autre part. Bien entendu, derrière ces deux figures de la psychanalyse, il y a tous ceux qui ont contribué à développer et à faire connaître leurs travaux.

### 1. Références freudiennes

Dans le cadre de la présente synthèse sur notre méthodologie de recherche, nous proposons à nos futurs lecteurs - à titre d'exemples - quelques références théoriques d'orientation analytique.

Dans son texte « *Psychologie des foules et analyse du moi* »[3], S. Freud propose quelques idées directrices qui permettent d'illustrer notre propre démarche :

***La première référence*** à la théorie freudienne concerne la relation entre le groupe et le sujet du groupe - l'individu :

Existe - t - il une opposition entre la psychologie individuelle et la psychologie sociale ou des foules ? Certes, précise S. Freud, la psychologie individuelle renvoie à l'homme isolé. Cette dernière cherche à savoir « par quelles voies l'individu tente d'obtenir la satisfaction de ses motions pulsionnelles ».

Cependant, c'est seulement dans les conditions exceptionnelles que l'individu peut faire abstraction de ses relations avec les autres.

Selon S. Freud, même « dans la vie psychique de l'individu isolé, l'Autre intervient régulièrement en tant que modèle, soutien et adversaire ». Pour cela, conclut cet auteur, la psychologie individuelle est en même temps une psychologie sociale au « sens élargi mais parfaitement justifié ».

*Phénomènes sociaux et processus narcissiques*

Selon S. Freud, en tenant compte des « rapports de relations que l'individu entretient avec ses parents, le médecin, le professeur, la personne aimée, (…) nous serions tentés d'opposer ces phénomènes sociaux aux processus narcissiques dans lesquels la satisfaction pulsionnelle se soustrait à

3 FREUD S., (1921), texte « Psychologie des foules et analyse du moi », in *Essais de psychanalyse*, Paris, Éditions Payot, 1981.

l'influence d'autres personnes ou y renonce ».

Cependant, poursuit S. Freud, l'opposition entre ces *actes psychiques sociaux* et ceux dits *narcissiques* - ou *autistiques* selon Bleuler - se situe à l'intérieur même du domaine de la psychologie individuelle. « Ainsi, cette opposition » n'est pas de nature à séparer « la psychologie individuelle d'une psychologie sociale ».

*L'objet d'étude de la psychologie sociale ou des foules*

Nous avons vu que les personnes les plus proches : parents, médecin, professeur, la personne aimée, etc., exercent une influence permanente sur l'individu. Or, dit S. Freud, dans la psychologie sociale ou des foules, « on est habitué à faire abstraction » à toutes ces relations et à prendre comme objet de recherche « l'influence exercée simultanément sur l'individu par un grand nombre de personnes auxquelles il est lié de quelque manière », mais les mêmes personnes pouvant lui être étrangères en dehors de telle ou telle rencontre précise.

Pour cela, S. Freud propose de prendre en compte aussi les relations premières de l'individu dans l'étude de la psychologie des foules : en effet, celle-ci étudie l'homme isolé, « en tant que membre d'une lignée, d'un peuple, d'une caste, d'une classe, d'une institution (…) ou en tant que membre d'un agrégat humain qui s'organise en foule pour un temps donné, dans un but déterminé ». Mais, on a ici l'impression que le facteur « nombre » prime sur l'importance accordée aux relations particulières de l'individu. S. Freud constate que l'on a longtemps supposé que le fait d'être dans une foule, donc dans des conditions particulières, conférait une « pulsion particulière » dite *pulsion sociale* qui ne se manifeste pas dans d'autres conditions.

Certes, reconnaît S. Freud, le facteur nombre peut éveiller dans la vie psychique de l'homme une pulsion nouvelle et ordinairement non activée. Mais l'origine se trouverait ailleurs. Pour cela, deux pistes sont possibles :

- « La pulsion sociale peut être non originaire et non décomposable » ;
- « Les débuts de sa formation peuvent être trouvés dans le cercle plus étroit, comme par exemple celui de la famille ».

S. Freud revient à sa thèse contenue dans *Totem et Tabou* : partant de la supposition de Darwin qui décrit l'origine de la société humaine comme « une horde soumise à la domination sans limite d'un mâle puissant », S. Freud expose sa théorie à lui : « *les destins de cette horde ont laissé des traces indestructibles dans l'histoire héréditaire de l'humanité et spécialement que le totémisme, qui inclut des commencements de religion, de moralité, d'organisation sociale, se rattache au meurtre violent du chef et à la transformation de la horde du père en une communauté de frères* »[4]. De ce point de vue, S. Freud compare la foule à un « état de régression à une

4 FREUD S., (1921), texte « Psychologie des foules et analyse du moi », in *Essais de psychanalyse*, *op. cit.*, 1981, p. 189.

activité psychique primitive » semblable à la horde originaire : « de même que l'homme originaire s'est maintenu virtuellement en chaque individu pris isolement, de même la horde originaire peut se reconstituer à partir de n'importe quel agrégat humain ». Pour cela, *la psychologie des foules est la plus ancienne psychologie de l'homme* selon S. Freud. Ce qui a été dit comme étant la psychologie individuelle est plutôt le fruit de l'évolution. La psychologie individuelle s'est dégagée plus tard de la psychologie de foules.

Par ailleurs, selon S. Freud, chaque individu aujourd'hui est lié à plusieurs catégories de foules, construit son idéal du moi à partir des modèles divers. Nous participons à *plusieurs âmes des foules* chacun pris isolément : la race, la classe, la communauté de foi, l'État, etc.

Toutefois, nous dit S. Freud, chacun arrive à « accéder à une parcelle d'autonomie et d'originalité ». Cela est possible parce que *ces foules stables* et durables auxquelles nous appartenons frappent moins par rapport aux foules passagères dont parle Le Bon : c'est dans ces *foules éphémères* que se produit le miracle qui fait disparaître les acquis individuels. Le membre de la foule, fasciné, « échange son idéal du moi contre l'idéal de la foule incarné par le meneur ». Mais là aussi, S. Freud affirme que les dispositions psychiques individuelles interviennent : l'adhésion au meneur dépendra de la ressemblance entre ses propriétés psychiques et celles des individus. Puis ceux qui ne lui ressemblent pas sont ensuite « entraînés » par suggestion, par l'identification à la foule déjà formée.

D'ailleurs, S. Freud avoue que « la séparation du moi et de l'idéal du moi n'est, chez de nombreux individus, guère avancée, les deux coïncident encore facilement », le moi ayant *conservé l'autosatisfaction narcissique antérieure*.

En définitive, la distinction entre le *moi* et l'*idéal du moi* est difficile à atteindre par l'étude le la psychologie des foules. Les autres domaines de la psychologie doivent contribuer à l'élaboration de cette distinction, dit S. Freud. L'auteur espère néanmoins que l'approfondissement futur de la psychologie des psychoses, dont il donne d'ailleurs un certain nombre d'exemples pour conclure son étude sur l'âme des foules, contribuera à séparer *le moi* de l'*idéal du moi*.

***La deuxième référence*** à la théorie freudienne concerne le face à face entre le sujet et la culture :

Dans son texte « *Le Malaise dans la culture* »[5], S. Freud nous présente le processus par lequel l'individu, même pris isolément, est toujours « sujet » des processus psychiques hérités de la culture :

La conclusion tirée par S. Freud à la fin du sixième chapitre de *Malaise dans la culture* introduit déjà le contenu du chapitre sept du même texte qui nous intéresse en particulier : en effet, selon S. Freud, c'est le combat entre la *pulsion de vie* (Éros) et la *pulsion de destruction* (pulsion de mort) qui

---

5 FREUD S., (1930), *Le Malaise dans la culture*, Paris, PUF, 2000.

constitue le développement de la culture. Mais, cette découverte pose une autre question essentielle : comment à partir du combat, entre ces deux forces opposées - *pulsion de vie* - *pulsion de mort*, on aboutit à la culture qui rassemble les hommes ?

Déjà dans le texte « *Psychologie des foules et analyse du moi* » précédemment cité, S. Freud se posait la question concernant l'origine de la haine et de l'agressivité entre les hommes : « Selon le témoignage de la psychanalyse, presque tout rapport affectif intime de quelque durée entre deux personnes (...) contient un fond de sentiments négatifs et hostiles, qui n'échappe à la perception que par suite du refoulement (...). Mais il est indéniable que dans ce comportement des hommes se manifeste une aptitude à la haine, une agressivité dont l'origine est inconnue, et à la quelle on serait tenté d'attribuer un caractère élémentaire »[6].

Même si S. Freud n'arrive pas à démontrer l'origine de cette agressivité humaine en 1921, son étude sur la formation en foule mérite notre attention pour présenter l'aperçu du chapitre sept de « *Malaise dans la culture* »[7] :

D'une part, le texte « *Psychologie des foules et analyse du moi* » nous renseigne sur la capacité de la foule à limiter l'agressivité de l'individu par la création des liens libidinaux.

D'autre part, ces liens libidinaux se créent à travers l'identification aux autres et l'idéalisation du meneur. L'instance psychique qui permet ces transformations c'est *l'idéal du moi*. Cette instance prendra le nom de **sur-moi** dans la *deuxième topique*, définie par S. Freud en 1923. Ainsi, afin de rendre compte du développement de la culture en tant que résultat du combat entre des forces psychiques opposées, la réflexion de S. Freud dans *Le Malaise dans la culture* aura comme fondement théorique le *sur-moi*, cette autorité interne qui réprime les pulsions égocentriques pour favoriser l'intérêt collectif :

Selon S. Freud, toutes les méthodes que la culture utilise pour se protéger contre la pulsion de destruction sont connues, sauf une, qui est la plus importante. Elle ne peut être connue que grâce à l'étude de l'histoire du développement de l'individu. « Que se passe - t - il chez l'individu pour rendre inoffensif son plaisir-désir d'agression ? »[8]

La réponse à cette interrogation c'est que « l'agression est introjectée, intériorisée. » Selon S. Freud, cette agression est « renvoyée là d'où elle est venue, retournée sur le moi propre. » A cet endroit, c'est une partie du moi qui la prend en charge. Cette partie s'oppose ainsi au reste du moi comme **sur-moi**. En tant que « conscience morale », ce sur-moi devient le bourreau du moi : le sur-moi exerce la même tendance à l'agression contre le moi, agression que le moi aurait pu satisfaire sur d'autres individus. Ainsi, la

6 *Ibid.*, pp. 162 - 164.
7 FREUD S., (1930), *Le Malaise dans la culture*, *op. cit.*, pp.65 -77.
8 *Ibid.*

« conscience de culpabilité », nous dit S. Freud, c'est cette « tension entre le sur-moi sévère et le moi qui lui est soumis ». Cette conscience de culpabilité se manifeste comme « besoin de punition ».

En conclusion, pour maîtriser le plaisir-désir d'agression de l'individu, la culture affaiblit ce dernier, le désarme « en le faisant surveiller par une instance située à l'intérieur de lui-même, comme par une garnison occupant une ville conquise »[9].

Nous avons ici l'hypothèse scientifique sur l'étiologie principale des violences collectives : dès que les institutions socioculturelles s'effondrent, lorsque la culture ne peut plus « maîtriser le plaisir-désir d'agression » de l'individu, celui-ci est capable de tout : du meilleur comme du pire !

### 2. Références kleiniennes

L'étude de référence de M. Klein concerne le processus psychique d'identification :

Dans son article « *la criminalité* »[10], M. Klein décrit des situations particulières : « (…) dans le cas où, à cause d'un sadisme violent et d'une angoisse écrasante (…), le cercle vicieux de la haine, de l'angoisse et des tendances destructrices ne peut être brisé, le sujet reste sous le coup des situations d'angoisse de la première enfance et conserve les mécanismes de défense propres à ce stade précoce. Dans ce cas, si la peur que le surmoi inspire dépasse, pour des raisons extérieures ou intrapsychiques, certaines limites, le sujet peut se trouver contraint à détruire des gens, et cette contrainte peut constituer la base soit d'une conduite de type criminel, soit d'une psychose »[11]. Selon le même auteur, « l'amour et la haine sont dès le début de la vie projetés sur » l'objet parental. Par la suite « les fantasmes » **clivés** « s'étendent (...) à d'autres personne »[12]. Ainsi, le clivage serait défini comme étant la coexistence des représentations pulsionnelles opposées au détriment d'un ***moi narcissique*** unifié.

Ainsi, les concepts kleiniens permettent de décrire les mécanismes psychiques individuels et différentes représentations collectives à l'origine de certains comportements à risque et/ou antisociaux.

9 *Ibid.*

10 KLEIN M., (1934), texte « La criminalité », in *Essais de psychanalyse 1921 - 1945*, Paris, Payot, 1968, pp. 307 - 310.

11 Ibid., p. 309.

12 KLEIN M., (1955), texte « A propos de l'identification », in *Envie et gratitude et autres essais*, Paris, Gallimard, 1997, pp. 140 - 147.

### 3. Le groupe comme « laboratoire » de nos observations

L'individu n'est jamais aussi « authentique » que lorsqu'il est au sein de la masse ! En effet, comme nous venons de le développer ci-dessus à partir de la théorie freudienne, l'homme « isolé » est toujours sous la « surveillance » de la culture de par sa « conscience de culpabilité ». Or, au sein d'une foule, sous le couvert de l'anonymat, l'individu redevient ce qu'il est en réalité : « sujet des processus psychiques archaïques » antérieurs à l'œuvre civilisatrice de la culture.

Par conséquent, à partir de différentes observations sur les violences collectives, il nous semble que le « sujet pris isolément » - le sujet classique de la clinique - n'existe que très rarement comme l'a fait remarquer S. Freud.

Ainsi, l'étude de S. Freud sur la genèse de la vie psychique et son développement consiste en une observation qui, de l'extérieur, décrit l'appareil psychique déjà constitué. Cela à la lumière des phénomènes de groupe et/ou du comportement individuel du sujet. Quant à M. Klein, dans son étude sur les processus psychiques archaïques d'identification, elle emprunte un chemin en quelque sorte opposé à celui de S. Freud : la description kleinienne ne concerne pas un « tout » - une vie psychique déjà organisée - ; elle concerne plutôt « une vie psychique en devenir » ou à l'état primitif. Néanmoins, le « sujet » décrit par M. Klein n'est pas non plus « pris isolément » : la vie psychique naissante est étudiée dans ses rapports avec l'« Autre », avec l'environnement.

Nous avons ainsi deux « modèles » de méthodologie de recherche, deux « *méthodes descriptives* » sur le plan théorique et clinique. Malgré le fait que S. Freud et M. Klein empruntent deux chemins opposés, il existe des points communs chez les deux auteurs :

D'une part, le sujet de leur recherche scientifique - la vie psychique - n'est pas isolé : la vie psychique est décrite, par S. Freud et par M. Klein, en corrélation avec l'environnement. D'autre part, même si le premier part de la culture pour comprendre la genèse de la vie psychique individuelle alors que l'autre fait le chemin inverse, ils arrivent, tous les deux, au même résultat que nous pourrions résumer ainsi :

Il n'existe pas de vie psychique sans l'environnement qui lui sert de matrice pour éclore, comme il n'existe pas de culture ou communauté sans l'individu qui est à la fois sujet, bâtisseur et dépositaire du fait collectif. C'est cette corrélation indéfectible entre « vie psychique individuelle » et « collectivité » qui fait l'objet de notre recherche.

### 4. Le mythe, paradigme de nos observations scientifiques

Dans son texte « *Psychologie des foules et analyse du moi* » que nous avons déjà cité, S. Freud décrit deux catégories de « foules » : les « foules éphémères » - qui sont habituellement des mouvements spontanés de la masse - et les « foules organisées ». Celles-ci, contrairement aux

« foules éphémères », sont durables et bien structurées. Ce sont des « foules » dotées d'un « chef » et d'une hiérarchie institutionnelle.

La théorie de M. Klein, comme l'a bien souligné R. Kaës dans son étude sur l'idéologie[13], permet d'étudier les processus et les mécanismes psychiques qui sont à l'œuvre lors de la formation des « foules éphémères ».

Quant aux « foules organisées », dont S. Freud donne l'exemple de l'Église et de l'armée, elles résulteraient de la communion de leurs membres sous l'influence des processus psychiques identificatoires. A la différence des « foules éphémères » - qui sont à l'évidence des « foules primaires » -, les « foules organisées » répondent aux exigences symboliques que nous retrouvons, par exemple, dans la manifestation du rêve.

A l'opposé, dans certains cas, les « foules éphémères » pourraient ressembler non pas à un rêve réussi mais plutôt à un cauchemar ! C'est pour cela que certaines formations en « foules éphémères », à l'instar des violences collectives, laissent des séquelles indélébiles chez les victimes comme chez les bourreaux. Les « foules organisées », elles, pour ne pas oublier les « bons souvenirs », élaborent des « codes » et établissent des « rituels » qui permettent de perpétuer la mémoire - et le plaisir !

D'où le rôle primordial du mythe qui établit le lien entre le passé, le présent et l'avenir. Par extension, le mythe à l'origine d'une « foule organisée » peut devenir non seulement une idéologie commune, mais aussi l'ensemble des représentations collectives qui entourent la personne du « chef ». Pour cela, dès que le mythe s'effondre, c'est le chaos général !

## 5. La question du sujet

Dans nos différents travaux de recherche, notre réflexion concerne le « sujet du groupe », tout simplement. A propos de la question du « sujet », R. Kaës propose une synthèse qui englobe toutes les dimensions subjectives de l'individu au sein du groupe, plus particulièrement en situation de violence collective :

« La psychanalyse freudienne soutient une conception intersubjective du sujet de l'inconscient. Elle requiert l'intersubjectivité comme une condition constitutive de la vie psychique humaine. Elle la requiert de deux côtés, sans que l'on puisse décider lequel est prévalent sur l'autre. Du côté de la détermination intrapsychique, et l'on supposera que l'altérité est l'effet de la division du sujet de l'Inconscient ; du côté de la précession de l'ensemble qui, dès avant la naissance à la vie psychique l'a déjà constitué comme un Autre : Objet, modèle, soutien, héritier, et le constituera - ou non - comme un sujet du groupe.

La conception que je propose ne peut donc être opposée à l'exigence que s'est initialement assignée la psychanalyse de traiter la vie psychique du sujet considéré dans sa singularité à partir de ses seules déterminations internes.

---

13 KAËS R., *L'idéologie - études psychanalytiques*, Paris, Dunod, 1980.

Le sujet auquel elle a affaire n'est pas le sujet social, mais le sujet de l'inconscient (…) »[14].

*Deux déterminations du « sujet du groupe »*

« Le sujet du groupe se constitue comme sujet de l'inconscient selon deux déterminations convergentes : la première tient à son assujettissement à l'ensemble (famille, groupes, institution, masses...) (…).

La seconde est tributaire du fonctionnement propre à l'Inconscient dans l'espace intrapsychique ; il s'appuie sur les groupes internes qui tiennent leur formation et leur fonction non seulement de l'incorporation ou l'introjection des objets et des processus constitués dans les liens inter- et trans-subjectifs et que l'identification et l'étayage soumettent à un travail de transformation dans l'appareil psychique, mais aussi des propriétés *immédiatement* groupales (…). Le sujet du groupe se constitue comme sujet de l'inconscient selon les deux déterminations qui tiennent à son « ouverture » du côté de l'exigence de l'objet, génératrice de discontinuité, et du côté de l'exigence narcissique, génératrice de continuité »[15].

R. Kaës poursuit sa réflexion en démontrant que le sujet et le groupe sont inséparables :

« Le groupe précède le sujet du groupe, qui ne peut s'en faire la cause ou l'effet sans s'y aliéner. D'une certaine manière, nous n'avons pas entièrement le choix de ne pas être mis-ensembles dans le groupement, pas plus que nous avons le choix d'avoir ou non un corps : c'est ainsi que nous venons au monde, par le corps et par le groupe, et le monde est corps et groupe. Que le corps ou le groupe soient refusés, c'est au prix de l'abolition de l'espace psychique. Pour le sujet humain le groupe est un objet d'arrière-fond narcissique ; il est aussi une structure d'encadrement de sujet.

Que le groupe et la réalité psychique qui s'y forme et s'y transmet précèdent le sujet, c'est ce que nous lisons dans *Totem et tabou* lorsque Freud suppose que « la psychologie des masses est plus ancienne que la psychologie individuelle ». La psychologie individuelle est l'émergence du Je dans le décollement des identifications du Moi avec les objets indifférenciés de l'état de masse : en ce sens « la psychologie individuelle est d'abord une psychologie sociale » (*Psychologie des foules et analyse du Moi*) »[16].

Dans nos différents travaux de recherche, notre réflexion concernera le « sujet du groupe », un « sujet » qui se construit selon différentes « déterminations » de la synthèse de R. Kaës ci-dessus exposée.

---

14 KAËS R., *Le groupe et le sujet du groupe*, Paris, Dunod, 1993, pp. 283 - 286.

15 *Ibid.*

16 *Ibid.*

# CONCLUSION

Pour conclure, trois point sont à retenir :

Premièrement, je me permets de souligner que pour étayer nos hypothèses théoriques de recherche par des cas cliniques, les deux textes qui suivent pourraient servir d'exemples. Ainsi, nous nous permettons de suggérer à nos futurs lecteurs de consulter l'ensemble de cet ouvrage pour apprécier par eux-mêmes le résultat de notre méthodologie.

Deuxièmement, afin d'ouvrir le débat et la discussion, nous proposons une petite liste d'ouvrages ( à la fin de chaque partie de cet ouvrage) - ouvrages qui pourraient servir de références. Bien entendu, cette liste n'est pas exhaustive.

Enfin, sur notre site Internet (dont l'adresse est indiquée au début de chacun de nos ouvrage), nos lecteurs y trouveront différentes publications concernant nos recherches actuelles et sur notre méthodologie de travail.

## BIBLIOGRAPHIE


FREUD S., (1921), texte « Psychologie des foules et analyse du moi », in *Essais de psychanalyse*, Éditions Payot, Paris, 1981.

FREUD S., (1930), *Le Malaise dans la culture*, Paris, PUF, 2000, pp.65 - 77.

KAËS R., *L'idéologie - études psychanalytiques*, Paris, Dunod, 1980.

KAËS R., *Le groupe et le sujet du groupe*, Paris, Dunod, 1993.

KAGAME A., *Les organisations socio-familiales de l'ancien Rwanda*, Mémoires in-8° - tome XXXVIII, Bruxelles, publié par l'Institut Royal Colonial Belge, 1954.

KLEIN M., (1934), texte « La criminalité », in *Essais de psychanalyse 1921 - 1945*, Paris, Payot, 1968, pp. 307 - 310.

KLEIN M., (1955), texte « A propos de l'identification », in *Envie et gratitude et autres essais*, Paris, Gallimard, 1997, pp. 140 - 147.

SEBUNUMA D., *La compulsion de répétition dans les violences collectives,* thèse de Doctorat soutenue le 25 février 2011 à l'Université Paris Diderot - Paris7, publiée à l'Université Lille3, Atelier National de Reproduction des Thèses, 2012 ; puis à Issy-les-Moulineaux, Éditions Umusozo, 2013.

SEBUNUMA D., *Rwanda : Crise identitaire et violence collective,* Paris, L'Harmattan, 2011.

SEBUNUMA D., *Rwanda : Crimes d'honneur et influences régionales*, Issy-les-Moulineaux, Umusozo, 2012.

SEBUNUMA D., *Communautarisme et autochtonie - Du cas du Rwanda à l'universel*, Paris, Umusozo, 2013.

SEBUNUMA D., *Psychopathologie descriptive I - Essais sur les violences collectives*, Paris, Umusozo, 2013.

SEBUNUMA D., *Essai sur l'autosuggestion*, Paris, Umusozo, 2014.

SEBUNUMA D., *Le génocide au Rwanda : postures et impostures génocidaires*, Paris, Umusozo, 2015.

SEBUNUMA D., *Le Jugement de l'Histoire : effets du néocolonialisme multinational au Rwanda*, Paris, Umusozo, 2015.

# LE GÉNOCIDE AU RWANDA
## Postures et impostures génocidaires

LE GÉNOCIDE AU RWANDA
Postures et impostures génocidaires

A tous ceux qui sont au-dessus
de la Justice humaine,
seul le Jugement de l'Histoire est applicable.

# INTRODUCTION

« Dans son témoignage sur les comportements individuels et de masse dans les camps de concentration nazis (1943), Bruno Bettelheim décrit, pour l'avoir connue, une ces situations de détresse extrême dans lesquelles la rupture de la continuité narcissique et dans les relations d'objets menace mortellement la capacité de maintenir une activité psychique de liaison.

Dès le début de son étude, Bettelheim précise que la décision d'entreprendre une observation systématique du comportement de ses compagnons et du sien propre dans ce type de situation n'a certainement pas eu pour mobile le désir de satisfaire un intérêt scientifique, mais essentiellement la nécessité de survivre. Ce travail, écrit-il, a été « un mécanisme mis en œuvre par lui, et à dessein, afin de pouvoir, grâce au moins à une activité intellectuelle, être mieux armé pour supporter la vie des camps (…), un comportement créé personnellement par l'auteur et fondé sur son propre passé, sa formation et les sujets auxquels il s'intéressait ». (éd. fr. 1972, 70). On notera que le premier bénéfice de cette activité était, significativement, une restauration narcissique et un rétablissement du plaisir du fonctionnement psychique. Le plaisir d'étayage était mutuellement entraîné : stimulés par l'intérêt que Bettelheim leur portait, réconfortés dans leur amour-propre, et percevant probablement l'intérêt que Bettelheim se portait à lui-même, les prisonniers parlaient d'eux-mêmes et éprouvaient du plaisir à cette activité de soutien.

Bettelheim a minutieusement décrit l'état de détresse initiale des prisonniers des camps : perte brutale des droits civils, incarcération illégale, choc des premiers actes de torture. Devant le traumatisme extrême, les individus réagissent différemment et ne disposent pas des mêmes ressources. Bettelheim a discerné des différences significatives dans les comportements des prisonniers, en fonction de leur classe socio-économique et de leur capacité de prendre appui sur une idéologie, une culture, un idéal puissant et cohérent. Ceux qui ne pouvaient pas ainsi protéger l'intégrité de leur Soi ne trouvaient pas la force de résister aux nazis, ils ne pouvaient comprendre ce qui leur arrivait : « Ceux qui trouvaient dans leur vie passée une base qui leur permettait de dresser un rempart capable de protéger leur Moi s'en tiraient mieux que les autres » (*ibid*., p. 79).

Toutefois, et ici encore Bettelheim en donne de nombreux exemples, l'étayage sur des objets de pensée, sur l'activité même de la mentalisation, supposait la possibilité de trouver un étayage sur le groupe actuel, et d'autant plus en l'occurrence que les nazis avaient pour objectifs la désintégration de l'individu lui-même : « La façon la plus efficace de briser cette influence était de former des groupes démocratiques de résistance composés de personnes indépendantes, mûres et sûres d'elles, dont chaque membre renforçait sa capacité de résistance en s'appuyant sur tous les autres. Sans ces groupes, il était extrêmement difficile de ne pas se soumettre au lent processus de la désintégration de la personnalité provoquée par la pression constante de la Gestapo et du système nazi ». (*ibid.*, p. 105).

Ce témoignage n'est pas isolé, et l'on connaît maintenant l'extrême importance de l'étayage groupal dans les situations de crise : le groupe, notamment, y assure la gérance collective des fonctions de la mémoire et de l'oubli, il articule le passage de la fantasmatisation à la parole, au mythe. Il maintient l'appui vital sur la croyance partagée »[17].

17 KAËS R., texte : « Ruptures catastrophiques et travail de la mémoire », in PUGET J. et all., *Violence d'État et psychanalyse*, Dunod, Paris, 1989, pp.171 - 204.

*Première partie*

# ARGUMENTAIRE ET FONDEMENTS CONCEPTUELS

# I. ARGUMENTAIRE

Dans la présente recherche, nous poursuivons notre réflexion sur l'étiologie, la nature et les conséquences des violences collectives sous leur forme la plus répandue dans toutes les sociétés humaines : les guerres civiles.

Dans mes précédents travaux de recherche, je me suis intéressé particulièrement à la situation des violences collectives au Rwanda dont la conséquence ultime fut le génocide de 1994. Dans la continuité de mon dernier ouvrage « *Essai sur l'autosuggestion* » publié en 2014, nous allons poursuivre la présentation et l'analyse des témoignages de certains Rwandais et étrangers qui vivaient au Rwanda pendant la période du génocide : du mois d'avril au mois de juillet 1994.

Cependant, avant de nous intéresser à nouveau au cas du Rwanda, faisons remarquer que ce qui s'est passé au Rwanda aura préfiguré la survenue d'autres conflits similaires dans différents pays africains. Pour cela, notre constat est que la crise rwandaise aura constitué la fin d'une époque : l'époque du « néo-colonialisme », une époque caractérisée par la situation de « guerre froide » entre les deux grandes puissances militaires du monde et leurs alliés et/ou pays « satellites » sur toute la planète.

### *Particularité des guerres civiles actuelles*

Lorsque l'on observe ce qui se passe dans les pays déchirés par les guerres civiles, en Afrique comme ailleurs dans le monde, le constat est clair : dans les différents conflits dits « internes », il existe toujours de multiples influences « extérieures » aux pays concernés. Ainsi, les guerres civiles « néo-coloniales » ne sont pas des « guerres intestines » ou « domestiques » au sens strict du terme ; il s'agit plutôt de soulèvements armés pour renverser des dictatures qui, jadis, avaient été installées au pouvoir par des puissances étrangères - au niveau régional et/ou international. Plusieurs exemples actuels étayent nos observations :

1. Officiellement, la guerre civile au Rwanda aura été déclenché par des exilés Tutsi qui revendiquaient leur droit de retour au bercail. Après le déclenchement du conflit armé en 1990, le feu président rwandais J. Habyarimana fut désigné comme étant le seul responsable de tous les malheurs des Rwandais. Curieusement, c'est après l'assassinat de ce dernier qu'un génocide jamais observé sur le continent africain a été commis : dans moins de 90 jours, près d'un million de personnes furent massacrées. A partir de ce constant, une question mériterait notre attention : étant donné que J. Habyarimana n'est plus, le Rwanda serait-il devenu une « démocratie » exemplaire et tous les malheurs des Rwandais seraient-ils terminés ? La réponse est « non ». 20 ans après la mort de J. Habyarimana et la survenue du génocide de 1994, des centaines de milliers de Rwandais errent encore en terres d'exil, d'autres se font massacrés au Rwanda et dans les pays de la

sous-région, le pays est toujours divisé par différents courants idéologiques.

2. Depuis les années 90, différentes voix se sont levées - à juste titre - pour dénoncer la dictature du feu président Mobutu qui « régnait sans partage » sur l'ex-Zaïre (devenu « République Démocratique du Congo »). Rappelons que la dictature de Mobutu avait bénéficié de différents soutiens en Afrique et partout dans le monde après l'assassinat de P. Lumumba : la disparition de ce dernier avait entraîné une situation d'instabilité politique et, dans ce chaos général, Mobutu fut présenté comme étant « l'homme de la situation » ! Devenu « *personna non grata* » dans différents pays occidentaux, le feu président Mobutu fut renversé par une rébellion venue de l'est du Congo (ex-Zaïre) et soutenue par le Rwanda. Compte tenu de la situation actuelle en République Démocratique du Congo, une question se pose : si le problème du Congo était Mobutu, la paix et la démocratie régneraient-elles enfin au Congo de P. Lumumba ? Malheureusement, la réponse à cette question est négative. Dans toute la République Démocratique du Congo, en particulier dans les régions orientales du pays, différents mouvements de rébellion sèment la panique, tuent, violent et pillent les biens des populations civiles. Donc, après la chute de la dictature du feu président Mobutu, et près de 20 ans après sa mort, nous constatons que ce dictateur n'était pas le seul problème de l'ex-Zaïre !

3. Lors de mon séjour en République Centrafricaine (1995 - 1998), tous les Centrafricains avec lesquels j'ai échangé sur la survenue du génocide au Rwanda me confiaient : « ce qui s'est passé chez-vous, ça ne peut pas se passer ici en Centrafrique. Nous, nous sommes un peuple pacifique et civilisé » ! Je leur répondais : *Méfiez-vous car, nous disions aussi la même chose à nos voisins Burundais avant le génocide de 1994*.

Malheureusement, mes observations auront été confirmées par l'histoire : la République Centrafricaine est, au moment où j'écris ce texte (2014 - 2015), un pays divisé et déchiré par la guerre civile. Que s'est-il passé alors pour qu'un « peuple pacifique et civilisé » sombre dans des violences meurtrières d'Est en Ouest, du Nord au Sud en passant par la capitale Bangui ? Le constat est que les différents dictateurs qui ont dirigés ce pays - comme J.-B. Bokassa par exemple - n'étaient pas le seul problème du pays. Sinon, après le départ de ces dictateurs, il n'y aurait pas la guerre civile en Centrafrique aujourd'hui !

4. Venons-en maintenant au cas du Mali. Longtemps dirigé par la dictature militaire, le pays était devenu, au début des années 90, le « modèle » de la démocratie en Afrique. L'ex-Général devenu président « élu », A. T. Touré, était même considéré comme le « sage » dans le monde entier : je me rappelle que c'était à lui que l'Organisation de l'Unité Africaine [devenue « Union Africaine »] faisait appel pour gérer certaines crises politiques dans différents pays africains. Or, après la chute de Kadhafi, le Mali a été à son tour déchiré par une rébellion qui couvait depuis longtemps au nord du

pays : le « sage » A. T. Touré, qui n'était pas pourtant un dictateur à la Mobutu, fut renversé et s'exila à l'étranger. Si c'était lui le problème du Mali, la situation serait-elle enfin stable au Mali ? La réponse est « non » ! Donc, le vrai problème est à chercher ailleurs.

5. Les exemples sont multiples. Mais, pour terminer notre tableau d'illustration, terminons avec la situation qui prévaut en Côte d'Ivoire, en Libye, et en Égypte :

Premièrement, la Côte d'Ivoire : pendant plusieurs décennies, de par sa prospérité économique et sa stabilité politique, ce pays était considéré comme étant la « locomotive » de l'Afrique de l'Ouest. Or, après la mort du feu président F. Houphouët-Boigny, les héritiers de l'idéologie politique de ce derniers furent régulièrement battus aux élections par l'opposition représentée par L. Gbagbo. Celui-ci, enfermé dans son palais présidentiel, n'aura pas réussi à « lire » les signes du temps : il sera renversé par une rébellion venue du nord du pays et appuyé par les pays étrangers. Entre temps, la Côté d'Ivoire aura été déchirée et ravagée par une guerre civile dont certains crimes sont qualifiés de « génocide » par différents observateurs. Actuellement, L. Gbagbo est en prison à la Cour Pénale Internationale. Néanmoins, la situation reste instable en Côte d'Ivoire : même les pays limitrophes semblent concernés par ce conflit qui est devenu régional. Constat : le régime de L. Gbagbo ne serait pas le seul problème de la Côte d'Ivoire !

Deuxièmement, arrêtons-nous un instant sur le cas de la Libye : dirigé par la *main de fer* de M. Kadhafi depuis la fin des années 60, le pays avait néanmoins connu une certaine prospérité économique grâce à la manne du pétrole. « Président à vie », M. Kadhafi sera renversé par une coalition internationale qui estimait que le feu dictateur constituait désormais une menace pour la population civile. En effet, suite à une rébellion interne dont la base arrière était la ville de Benghazi à l'est du pays, le dictateur s'apprêtait à lancer un assaut militaire sur la ville. L'histoire de M. Kadhafi se terminera par l'assassinat de ce dernier alors qu'il tentait de s'enfuir !

Toutefois, même si le sort de M. Kadhafi mérite une attention particulière en ce qui concerne le droit de tout être humain à bénéficier d'une justice équitable, nous nous intéressons uniquement à la question suivante : au cas où M. Kadhafi aurait été le seul problème de la Libye, comment se fait-il que le pays a sombré dans le chaos après la mort du même dictateur et n'arrive pas à s'en remettre ? Pis encore, la Libye a contaminé les pays voisins de la sous-région : à l'instar du Mali, tous les pays limitrophes de la Libye ont été victimes d'incursions de bandes armées suite à la dispersion des milices de M. Kadhafi, avec leurs armes et leurs munitions ! Donc, M. Kadhafi n'était pas le seul problème de son pays et de la sous-région !

Enfin, terminons notre vue d'ensemble sur l'Égypte : l'un des rares pays arabes alliés de l'Occident dans la reconnaissance de l'État d'Israël, ce pays jouissait d'un statut particulier sur le continent africain et sur la scène internationale. Pour cela, la dictature militaire en Égypte ne semblait pas « gêner » la communauté internationale - alors que les autres dictateurs étaient régulièrement pointés du doigt ! Cependant, lors des manifestations politiques de changement - désignées comme étant « le printemps arabe » des années 2010, l'ex-Général Président égyptien, H. Moubarak, fut renversé par la colère populaire et emprisonné. Cependant, après la chute de H. Moubarak, l'Égypte a failli sombré dans le chaos d'une guerre civile ! Certes, des élections dites « démocratiques » furent organisées. Mais, ce sont des radicaux religieux qui sont arrivés au pouvoir ! Ainsi, une dictature militaire a été remplacée par une « dictature religieuse » ! Finalement, la foule fut obligée de reprendre le chemin de la contestation dans la rue. Résultat : c'est encore une fois l'armée qui est intervenue pour imposer à nouveau son « Homme fort » ! Suite à ce nouveau « changement » au sommet de l'État, c'est finalement le mouvement politico-religieux qui s'est radicalisé et qui est en train de se constituer en une véritable « rébellion » ! Cela au moyen d'actions armées contre le pouvoir militaire établi au Caire. Pour cela, le problème n'est pas seulement celui de tel ou tel individu qui occupe la place du « chef » !

Notons que la situation de l'Égypte ressemble, à quelques nuances de près, à celle de la Tunisie.

Au-delà du continent africain, nous pourrions citer d'autres situations de guerre civile qui démontrent que le phénomène dépasse la simple justification habituellement avancée pour expliquer l'étiologie de ces conflits collectifs endémiques : la présence des régimes corrompus, l'absence de démocratie, etc.

Au fait, une remarque s'impose : Bokassa, Mobutu, Kadhafi, Moubarak, Habyarimana, etc., tous ces dictateurs n'étaient-ils pas bien connus dans le monde entier ? Ils bénéficiaient du soutien politique et économique des grandes « démocraties » de ce monde ; ils siégeaient, à côté d'autres chefs-d'États, dans toutes les organisations et instances internationales ! Et c'est seulement à partir des années 1990 puis 2010 que le monde entier aura découvert qu'ils étaient « dictateurs, corrompus » et « infréquentables » ?

Autre problème : comme nous l'avons déjà souligné, ce n'est pas le renversement et/ou la disparition physique de ces « dictateurs » qui aura ramené la stabilité politique, la paix et la démocratie dans leurs pays respectifs.

Conclusion : au-delà des individus - dictateurs ou non -, les pays pauvres sont aussi victimes des guerres civiles qui leurs sont imposées de l'extérieur. L'Irak, l'Afghanistan, la Syrie, ce sont d'autres exemples qui prouvent que le problème n'est pas seulement celui de la « gouvernance » au niveau des pays concernés.

## II. FONDEMENTS CONCEPTUELS

Dans cette partie et tout au long de notre réflexion, c'est le texte de R. Kaës[18] déjà cité qui nous servira de référence. En effet, le même texte constitue une richesse inestimable pour tous ceux qui s'intéressent à la problématique des violences collectives et à la violence d'État.

### 1. Génocide, sociocide

« Les différentes figures de la mort, le meurtre, l'assassinat, la disparition, à l'échelle d'un génocide (il faudrait dire aussi un sociocide), ne peuvent être traitées par la psyché comme un deuil normal. Elles concernent aussi l'espèce, les rapports généalogiques, les ensembles transsubjectifs, c'est-à-dire les fondements narcissiques de la continuité de la vie même.

Dans les sociétés qui sortent d'une catastrophe sociale, les individus travaillent au refoulement des événements traumatiques, alors que d'autres maintiennent éveillées la douleur et l'horreur. Pour eux le refoulement est impossible. Le travail de la mémoire et de l'oubli, le travail de l'historisation sont entravés et pour des raisons internes et pour celles qui tiennent aux défauts de l'inscription mémoriale collective.

C'est pourquoi la levée des résistances à se souvenir est très longue : il aura fallu près de quarante ans pour que soient pensées plus amplement la terreur et l'horreur nazies. C'est le temps de deux générations[19]. C'est aussi le temps où la tension entre la remémoration de la douleur des survivants et le déni collectif de sa cause se mobilisent dans les derniers grands procès »[20].

Ces observations de R. Kaës illustrent parfaitement la problématique qui retient notre attention dans la présente réflexion.

### 2. Faux-self

Dans son texte « *L'agressivité et ses rapports avec le développement affectif* »,[21] l'une des hypothèses formulées par D. Winnicott sur l'étiologie des comportements agressifs - qui seraient liés au développement narcissique primaire suite aux influences de l'environnement - concerne « *les premières racines de l'agressivité* ». A travers l'exposé de ses observations, D. Winnicott présente une *situation clinique extrême* dans laquelle, pour le sujet, « (...) il ne reste pas de lieu de repos pour une expérience individuelle et qu'en conséquence l'état narcissique primaire possible n'évolue pas vers

18 *Ibid.*

19 Cf. H. Nissenson (1987), *L'éléphant et le problème juif*. Lire aussi K. Husemann (1987), *Garder le silence, là est le crime*, in *ibid.*

20 KAËS R., texte : « Ruptures catastrophiques et travail de la mémoire », in PUGET J. et all., *Violence d'État et psychanalyse*, *op. cit.*, *ibid.*

21 WINNICOTT D., (1950 - 1955), texte « L'agressivité et ses rapports avec le développement affectif », in *De la pédiatrie à la psychanalyse*, Paris, Payot, 1969, pp. 150 - 168.

une individualité. L'« individu » se développe alors comme une extension de l'écorce plutôt que du noyau, comme une extension de l'environnement envahissant. Ce qui reste du noyau est dissimulé et ne se retrouve qu'avec difficulté, même dans l'analyse la plus poussée. *L'individu n'existe alors que grâce au fait de ne pas être deviné*. Le *self* authentique est caché et, du point de vue clinique, nous nous trouvons en face du faux *self* complexe dont la fonction est de maintenir caché le vrai. Le faux *self* peut être bien adapté à la société, mais l'absence du vrai *self* est la source d'une instabilité qui devient d'autant plus évidente que la société est amenée à penser que le faux *self* est le vrai »[22].

Toutes ces observations retiendront notre attention dans la présente réflexion sur les guerres civiles et génocide, en particulier en ce qui concerne la personnalité et le comportement des bourreaux.

### 3. Perversion

Il s'agit du « terme dérivé du latin *pervertere* (retourner), employé en psychiatrie et par les fondateurs de la sexologie pour désigner, tantôt de façon péjorative, tantôt en les valorisant, des pratiques sexuelles considérées comme des déviations par rapport à une norme sociale et sexuelle. Ayant trait à la question du bien et du mal, et donc à la jouissance du mal et à la sublimation, le terme a une portée universelle et anthropologique dans la mesure où il caractérise le propre de l'homme. La perversion est en effet absente du monde animal. (...) Repris par Sigmund Freud (1896), le terme perversion a définitivement été adopté comme concept de la psychanalyse qui a conservé ainsi l'idée de déviation sexuelle par rapport à une norme. Néanmoins, dans cette nouvelle acceptation, le concept est dépourvu de toute connotation péjorative ou valorisante et s'inscrit avec la psychose et la névrose dans une structure tripartite »[23].

#### *Apport de la théorie kleinienne*

« Dans la théorie kleinienne, la perversion est toujours décrite en fonction d'une norme et d'une pathologie, mais toute idée de déviance est écartée. Aussi est-elle regardée comme un trouble de l'identité de nature schizoïde lié à une farouche pulsion de destruction de soi-même et de l'objet. Loin d'être l'expression d'une « aberration » sexuelle, elle devient la manifestation à l'état brut de la pulsion de mort, au point de faire naître dans le cadre de la cure une réaction thérapeutique négative (ou perversion de transfert) »[24].

#### *Apport de J. McDougall*

« Dans la perspective de la *Self Psychology*, c'est Joyce McDougall (...)

---

22 *Ibid.*, pp. 160 - 161.
23 ROUDINESCO E. et PLON M., (1997), Dictionnaire de la psychanalyse, Fayard, Paris, 2011, pp. 1169 - 1176.
24 *Ibid.*, p. 1174.

qui apporta dès 1972 l'une des meilleures révisions de la doctrine freudienne de la perversion. Dans son *Plaidoyer pour une certaine anormalité*, elle constate que la structure tripartite (névrose/psychose/perversion) est trop rigide pour expliquer les troubles sexuels liés aux différents désordres narcissiques du soi. Aussi donne-t-elle le nom de néosexualité et de sexualité addictive à des formes de sexualité perverses, proches de la drogue et de la toxicomanie, mais qui permettent à certains sujets au bord de la folie de trouver la voie de la guérison, de la créativité et de la réalisation de soi »[25].

Plus loin, dans la présente réflexion, un chapitre sera consacré à l'étude sur l'« exercice pervers du pouvoir » qui vient s'ajouter, le plus souvent, à la violence des crimes de masse.

## 4. « Traumatisme et catastrophe psychique »

« Une théorie trop générale du traumatisme ne rend compte que partiellement de ce type d'expériences [génocide, sociocide, catastrophe sociale]. Il est cependant utile de rappeler qu'elle en exprime des caractéristiques fondamentales. Je prends appui sur la définition que propose R. Diatkine : « Le traumatisme peut être considéré comme l'effet d'une excitation violente, survenant dans une situation telle que le psychisme du sujet n'est pas en mesure d'abaisser la tension ainsi provoquée, soit par une action ou une réaction émotionnelle immédiate, soit par une élaboration mentale suffisante » (21982, p. 91). R. Diatkine envisage deux cas de figures différents quant au destin psychique du traumatisme. Dans le premier cas, l'expérience insupportable rencontre un désir inconscient. Le jeu des forces pulsionnelles et du moi est déséquilibré, il provoque dans un premier temps l'effraction du système pare-excitation, puis dans un second temps un refoulement massif et l'exaltation du contre-investissement. Après une certaine latence, des symptômes et des inhibitions plus ou moins mutilantes apparaissent.

Le second cas de figure est celui où « un événement subi et non préparé par un travail psychique met directement en danger la survie psychique ou réelle du sujet. C'est alors le thème de la mort qui est inclus dans la répétition, qu'il s'agisse directement de la situation dangereuse (ce qui est souvent le cas pour les traumatismes de guerre), ou de la mort imprévue d'êtres chers, renvoyant à la mort du sujet, parce que celui-ci se trouve dans l'impossibilité d'élaborer le deuil dans de telles conditions » (*ibid.*, p. 92). L'excès de sollicitation libidinale était en cause dans le premier cas de figure ; dans le second il s'agit de l'antagonisme narcissisme/pulsion de mort.

Des situations diverses peuvent être comprises entre ces deux cas de figure : elles sont traumatiques parce que les équilibres dynamiques et économiques du sujet ont été bouleversés par elles sans qu'il soit possible d'y faire face.

R. Diatkine admet que lorsque l'événement a été traumatisant pour les autres

---

25 *Ibid.*, p. 1175.

et que l'expérience est réfléchie par eux sur le sujet, le concept de traumatisme devient plus flou : « Cependant le rôle des circonstances non élaborables dans l'organisation psychique est indéniable ». Un événement qui aura été traumatisant pur les parents pourra avoir un effet traumatique pour l'enfant s'il se trouve confronté à leur désorganisation, à leur processus de répétition et à leur projection, sans en faire une élaboration psychique : « à la zone de silence du moi des parents qui ne remplissent pas, sur certains point particulièrement angoissants, leur rôle d'étayage et de par-excitation...L'ombre de l'événement est présent, non élaborable » (*ibid.*, p. 94).

Les travaux de Winnicott sur les agonies primitives et la crainte de l'effondrement, ceux de Masud Khan sur le traumatisme cumulatif, ceux de W.R. Bion sur le changement et l'angoisse catastrophiques ont une double caractéristique : ils se fondent sur une compréhension des formations, des processus et des angoisses archaïques de la vie psychique, tels que l'analyse de la psychose et aujourd'hui celle de l'autisme y donnent accès ; ils mettent en cause, d'une *manière non mécanique*, les rôles négatif et positif de l'*environnement psychique* - ou de l'ensemble transsubjectif - dans la formation ou dans l'issue de ces *expériences catastrophiques*.

(...)

Ainsi se précise la notion de catastrophe psychique : elle survient dans la co-production collusive d'événements traumatiques qui ne parviennent à s'inscrire et à s'élaborer ni dans l'espace intrapsychique ni dans l'espace transsubjectif. Le drame catastrophique reste en effet « en perpétuel défaut d'énoncé » (H.P. Jeudy, 1982, p. 116) et d'abord de représentation, parce que les lieux et les fonctions psychiques et transsubjectives où il pourrait se constituer et se signifier ont été abolis ; leur disparition est en soi un surplus traumatique. Les processus générateurs de la mémoire et, par là, d'une possibilité d'historisation, n'ont pas pu être mis en œuvre. Ne peuvent pas non plus s'opérer les rejets projectifs ou les dépôts dans les formations collectives, sociales, culturelles, qui assument, outre leurs fonctions dans leur ordre propre, des fonctions psychiques ou métapsychiques : ces fonctions sont de prédispositions signifiantes, de méta-défense, de repères identificatoires. Nous avons alors affaire à des situations où la catastrophe psychique se renforce d'une catastrophe sociale »[26].

Nous avons ici la clé pour comprendre l'importance du travail de mémoire : sur le plan individuel et sur le plan collectif. La suite du texte de R. Kaës nous fournit des outils complémentaires :

5. Travail de mémoire

« Il n'est pas de groupe, pas d'institution, pas de société sans mémoire, sans travail de l'historisation. Le refus de la mémoire et de l'historicité forme

26 KAËS R., texte : « Ruptures catastrophiques et travail de la mémoire », in PUGET J. et all., *Violence d'État et psychanalyse*, *op. cit.*, *ibid.*

les sociétés qui soutiennent les utopies meurtrières. L'étude de ces sociétés y démontre à l'œuvre des mécanismes analogues à ceux de la forclusion et du déni. Le « ne te souviens pas » n'est pas ici ordonné au refoulement de l'horreur, mais à l'annulation de l'histoire et de l'expérience. Cette annulation maintient le pouvoir de l'horreur et l'annihilation de la pensée. De même que la stratégie du pouvoir dans les situations de catastrophe sociale vise à réprimer toute manifestation de la réalité psychique, à la détruire ou à la pervertir, de même elle vise à substituer à la mémoire collective des énoncés sur l'histoire qui soient capables de la légitimer. Elle impose par la force un contrat narcissique pervers et déplace à son profit, sur sa seule violence, l'enjeu de pacte dénégatif.

L'histoire, écrit l'historien P. Nora, est une mémoire construite à partir des archives constituées pour en faire un récit. L'historien « débusque les inerties de la mémoire, les illusions qu'une société a besoin de maintenir sur elle-même pour se maintenir et se perpétuer ». (1977, p. 231). Son rôle est profondément différent selon les situations historiques : il travaille tantôt à la récupération du passé (dans le tiers monde colonisé), ou à dénoncer de manière militante, la « mémoire assassinée »[27], comme c'est le cas dans les situations totalitaires, ou à établir un discours sur les origines (U.S.A.), ou encore à travailler la mémoire de la mémoire (tendance de l'historiographie en Europe).

L'entreprise de l'historien est, de ce point de vue, assez parallèle à celle de la psychanalyse : libération du passé par l'exercice actif de la mémoire (J.B. Pontalis, 1977a, p. 232). Pour l'un et pour l'autre, il s'agit de rendre possible que se révèlent des ruptures et des ratures, que se ratissent des continuités reconstruites et une « vérité » accessible. Par là, l'un et l'autre nous ramènent au commencement des choses, à l'origine : parce qu'il y a un manque à se représenter, un manque à vivre, à comprendre et à savoir. Le travail de l'histoire est un travail sur la rupture dans le cours des événements, sur lacune. C'est un travail de construction et de reconstruction qui opère une mise en mot, une mise en ordre, une mise en sens, pour soi-même et pour un tiers »[28].

27 P. Vidal Naquet, 1980 et 1987.

28 KAËS R., texte : « Ruptures catastrophiques et travail de la mémoire », in PUGET J. et all., *Violence d'État et psychanalyse*, *op. cit.*, *ibid.*

*2ème partie*

# MATÉRIEL CLINIQUE

## LA SURVENUE DU GÉNOCIDE AU RWANDA EN 1994

### Observations complémentaires[29]

29 Dans la présente réflexion, en complément au matériel et observations cliniques que nous avons déjà publiés dans nos précédents travaux de recherche universitaire, nous nous intéressons aux témoignages qui concernent les circonstances « directes » de la survenue du génocide au Rwanda en 1994.

Citant J.M. Rey, R. Kaës précise : « L'histoire s'écrit sous le signe du déchirement. (...) Se faire historien exige un triple arrachement. D'abord à l'actualité : « Se faire historien signifie peut-être avant tout savoir faire preuve d'une certaine inactualité (…), ne pas être en attente d'une confirmation à tout prix de ce que l'on pense, ne pas se montrer complaisant à ce qui est supposé former l'espoir du grand nombre ; se déprendre des exigences strictes du présent pour tenter de chercher d'où procèdent les lignes de force du présent ». (1984, p. 31). On retrouve ici le travail décisif de l'après-coup, « qui prend toujours le pas sur toute forme d'actualité sur les différentes figures du présent, sur la détermination de l'avenir comme simple suite du présent » (p. 33). Ainsi, le passé, s'il est constamment signifié, n'est jamais complètement dépassé et intégré. Ainsi s'étend la formule de J. Lacan sur l'après-coup : l'histoire est dans l'avenir. Certes : elle est aussi ce qui aura été, un futur antérieur que seuls les sujets peuvent reconnaître désormais comme leur histoire.

(…)

Le traumatisme subi dans les catastrophes sociales détruit la confiance, et, suprême désastre, rend ses victimes étrangères à une histoire qu'elles ne peuvent s'approprier. Elles ne peuvent substituer au silence de l'irreprésentable et à la répétition qui rétablit sans cesse la charge de l'événement traumatique, le consentement au silence et la remémoration. Seule alors la mémoire externe, le mémorial collectif, l'histoire sans cesse en quête de son sens peuvent protéger contre la résurgence de l'horreur, contre la répétition et le silence de la mort, et ouvrir quelques appuis pour dire, avec des mots d'emprunts, quelque chose de sa vérité, à condition qu'elle ne soit pas falsifiée par un discours et un pacte dénégatifs »[30].

---

30 KAËS R., texte : « Ruptures catastrophiques et travail de la mémoire », in PUGET J. et all., *Violence d'État et psychanalyse*, *op. cit.*, *ibid.*

# Chapitre I. SYNTHÈSE RÉTROSPECTIVE : RWANDA 1990 - 1994

Dans ce chapitre, pour permettre à nos lecteurs de situer les faits relatifs à la survenue du génocide au Rwanda en 1994, nous allons présenter brièvement la chronologie des événements historiques qui se sont produits depuis le début de la guerre civile en octobre 1990 jusqu'à l'attentat contre l'avion du feu président rwandais J. Habyarimana, le 06 avril 1994, attentat qui a déclenché le génocide dans tout le pays.

Observation : il s'agit, dans le présent chapitre, d'un bref rappel des faits. Au cas où tel ou tel lecteur souhaiterait des renseignements complémentaires, nous pourrions lui proposer de consulter nos travaux de recherche précédents sur le cas du Rwanda[31].

## 1. Origine de la guerre civile : aperçu historique

Les « causes » de la guerre civile qui a entraîné la survenue du génocide au Rwanda sont multiples. Comme nous l'avons développé dans nos différents ouvrages déjà cités, selon notre hypothèse principale de recherche, l'une des causes directes des violences collectives récurrentes au Rwanda est la crise identitaire. En effet, depuis la nuit des temps, le pays s'est construit autour d'un mythe qui n'a cessé de diviser et d'opposer les Rwandais dès lors que les intérêts politiques et économiques étaient mis en jeu par la fragilité du régime ou la disparition tragique du monarque absolu.

La deuxième cause des guerres « intestines » au Rwanda est historique et, elle remonte du début de l'ère coloniale : jadis unifiées par la figure du « chef » - un monarque absolu -, les différentes classes sociales au Rwanda ont été divisées en pseudos ethnies par l'administration coloniale belge dès la fin de la Première Guerre Mondiale.

En effet, l'administration coloniale allemande avait constaté l'existence des « classes sociales » au Rwanda : la dynastie royale appartenait à l'aristocratie des Tutsi éleveurs de gros bétail ; la masse populaire était composée de paysans Hutu cultivateurs ; une troisième classe sociale revendiquait l'appartenance au groupe des Twa et vivait de la chasse et de la cueillette des fruits sauvages. Cependant, l'administration allemande n'a pas franchi la

---

31 SEBUNUMA D., *La compulsion de répétition dans les violences collectives*, thèse de doctorat soutenue en 2011 à l'Université Paris-Diderot Paris 7, publiée ensuite par L'Atelier National de Reproduction des Thèses, Université Lille3 ; et à Paris, Éditions Umusozo, 2013.

SEBUNUMA D., *Rwanda : Crimes d'honneur et influences régionales*, Issy-les-Moulineaux, Éditions Umusozo, 2012.

SEBUNUMA D., *Communautarisme et autochtonie - Du cas du Rwanda à l'universel*, Paris, Éditions Umusozo, 2013.

SEBUNUMA D., *Psychopathologie descriptive I - Essais sur les violences collectives*, Paris, Éditions Umusozo, 2013 et 2014.

SEBUNUMA D., *Essai sur l'autosuggestion*, Paris, Éditions Umusozo, 2014.

ligne rouge pour « classer » ces groupes sociaux en catégories ethniques : d'ailleurs, les premiers colons se sont rendus compte que ces classes sociales n'étaient pas hermétiques car, des liens patrimoniaux existaient entre elles, en particulier entre les Hutu et les Tutsi.

Plus particulièrement, l'administration coloniale allemande a immédiatement remarqué que l'alchimie de la cohésion sociale dépendait essentiellement du lien indéfectible entre le monarque et son peuple. Pour cela, les Allemands adoptèrent un système d'administration indirecte en s'appuyant sur les institutions sociopolitiques déjà existantes. Et en la matière, la monarchie rwandaise n'avait rien à envier les États dits « modernes » de l'Occident !

C'est après la Première Guerre Mondiale et la défaite de l'Allemagne que la situation s'est brusquement transformée en un véritable « *piège de l'histoire* » selon le titre de l'ouvrage de J. Bertrand[32] : avec la création de la carte d'identité, les anciennes classes sociales sont devenues des pseudos ethnies ! Pis encore, étant donné que la mention de l'appartenance « ethnique » était devenue obligatoire sur la carte d'identité, il n'était plus possible de changer de classe sociale : ni par l'anoblissement d'un Hutu ou d'un Twa pour devenir noble Tutsi, ni par le lien matrimonial, ni par le mérite grâce à l'acquisition des biens économiques - en particulier les vaches.

*Conséquences politiques*

Dès le début des années 30, la contestation et la « résistance » du roi Musinga contre l'administration coloniale belge entraîna l'une des crises politiques majeures de l'ère coloniale au Rwanda : le roi Musinga fut destitué et exilé au Congo Kinshasa ; il fut remplacé par l'un de ses fils Rudahigwa. Celui-ci, pressé par le courant indépendantiste des années 50, amorça quelques changements sociopolitiques en vue du partage des biens et des privilèges entre la noblesse dynastique des Titsi et la masse populaire des paysans Hutu. Cependant, le roi Rudahigwa mourut subitement en 1958 lors d'une consultation médicale à Bujumbura (Burundi), chez un médecin de l'administration coloniale belge. Ce décès inopiné constitua le point départ des tensions politiques au Rwanda entre les radicaux de la dynastie royale et l'administration coloniale belge d'une part, puis entre les conservateurs de la monarchie absolue des Tutsi et les leaders de la masses populaire des Hutu. Ces derniers revendiquaient plus de partage du pouvoir et des biens jusqu'alors confisqués par une minorité de la dynastie Tutsi. Ces tensions aboutiront à la fameuse « Révolution » de la « majorité » populaire de 1959 qui fut, en réalité, un véritable « *putsch colonial* » !

En effet, dans le sillage des courants indépendantistes qui secouaient tout le continent africain, la dynastie monarchique des conservateurs au Rwanda pressait l'administration coloniale belge pour obtenir l'indépendance du pays.

32 BERTRAND J., *Rwanda Le piège de l'histoire*, Paris, Karthala, 2000.

Entre temps, de leur côté aussi, les leaders de la masse populaire des Hutu craignaient que l'indépendance ne soit accordée au pays pour rétablir la toute-puissance du roi au détriment des changements sociopolitiques qui avaient été amorcés par l'administration coloniale belge. Dans ce contexte, les intérêts de l'administration coloniale belge coïncidaient, *mutatis mutandis*, avec ceux des leaders Hutu : l'ennemi commun était la dynastie royale des conservateurs car, ces derniers souhaitaient recouvrer l'intégralité de leurs privilèges par le biais de l'indépendance. Et comme nous l'avons déjà développé ci-dessus, pour les Hutu, l'indépendance signifiait plutôt l'accession au pouvoir de la « majorité » populaire. Pour y parvenir, ils comptaient sur le soutien et la participation de la Belgique. Le but à atteindre : l'avènement de la « République » !

Ainsi, la masse des paysans Hutu prit le pouvoir dès novembre 1959 suite à une guerre civile qui a balayé tout le pays. Le jeune roi, qui avait été intronisé après la mort de Mutara Rudahigwa en 1958, fut contraint à l'exil ainsi qu'une grande partie des conservateurs de son parti politique UNAR (Unions Nationale Rwandaise). Ces événements constituèrent ce que les Hutu appelleront désormais la « Révolution populaire » de 1959. Mais, en réalité, comme je l'ai déjà exposé dans mes travaux précédents et à partir des documents historiques, ce fut tout simplement un « putsch colonial » déguisé en une pseudo « révolution populaire » :

Étant donné que les forces onusiennes présentes au Rwanda soutenaient ouvertement les conservateurs de la monarchie royale, la masse populaire et les leaders Hutu ne pouvaient pas vaincre militairement, à eux seuls, les troupes fidèles à la monarchie ! Il a fallu l'intervention de l'armée belge « pour pacifier » le pays et remettre le pouvoir aux Hutu.

*Par conséquent, comme je l'ai déjà démontré*
*dans mes travaux déjà publiés :*

- Les événements d'avril 1994 et la survenue du génocide au Rwanda ressemblent étrangement à ce qui s'était déjà passé lors de la rébellion de 1910 - 1912 lors de la rébellion populaire contre la monarchie. Mais, l'administration coloniale allemande avait soutenu le roi et avait mis fin à la rébellion ;

- Les événements d'avril 1994 et la survenue du génocide au Rwanda ressemblent à la jacquerie de 1959. Mais, lors de ce soulèvement populaire, contrairement à la « posture » de loyauté de l'administration coloniale allemande, la Belgique a soutenu politiquement et militairement l'« opposition politique » des révolutionnaires ;
- En avril 1994, les troupes onusiennes basées à Kigali comptaient parmi leurs contingents un bataillon de parachutistes belges : ceux-ci, bien avant le début du génocide, s'autorisaient de mener des « opérations de Police » contre certaines figures parmi les leaders du « Hutu Power » au Rwanda.

Après le 06 avril 1994 et l'attentat contre l'avion du feu président rwandais J. Habyarimana, les forces onusiennes, plus particulièrement les Casques Bleus belges, auraient apporté un soutien politique et militaire à la rébellion des Tutsi du Front Patriotique Rwandais. Selon différents témoignages concordants, certains Casques Bleus auraient participé directement aux combats dans les rues de Kigali dès la nuit du 06 au 07 avril 1994.

Conclusion : la survenue du génocide au Rwanda en 1994 aura été la conséquence directe d'un conflit politique et colonial qui remonterait des années 50 au Rwanda. Et cette fois-ci, même la Belgique a abandonné ses alliés d'hier, les Hutu !

## 2. Le régime des Hutu : Entre déboires et désenchantement !

Les entretiens cliniques actuels (2014) avec les anciens dignitaires du régime des Hutu au Rwanda (de 1961 à 1994) démontrent que l'accession à l'indépendance du pays a inauguré une nouvelle ère dans l'histoire du pays, celle des violences collectives et des divisions sociales. En particulier, le régionalisme s'est installé au cœur même du pouvoir et aura constitué le problème le plus important, du point de vue politique. Car, toutes les inégalités se sont greffées sur un système de népotisme et de clivage entre le nord et le sud du pays d'une part, puis entre l'entourage des monarques-présidents et le reste de la population d'autre part.

En plus des problèmes internes au Rwanda, comme je l'ai déjà développé dans mes travaux de recherche précédents, le contexte régional a aggravé la situation sociopolitique après l'accession à l'indépendance du pays : rongée par la « guerre froide » qui a succédé à l'occupation coloniale, la région des Grands-Lacs d'Afrique est devenue, après la Deuxième Guerre Mondial, un véritable « champ de bataille » entre l'Occident capitaliste et l'Est socialiste-communiste. Ainsi, entre le Congo Kinshasa et la Tanzanie, le Rwanda et le Burundi servirent de « zone frontière » dans laquelle s'exerçaient de multiples influences diplomatiques et géopolitiques : différentes campagnes de déstabilisation réciproque entre le Zaïre de Mobutu et la Tanzanie de J. Nyerere ont régulièrement été signalées au Rwanda : différentes rébellions y furent organisées pour déstabiliser l'est du Zaïre ; tandis que la Tanzanie était sur le « qui vive » à sa frontière avec le Burundi, mais aussi avec le Rwanda - après la mort de G. Kayibanda, premier Ministre puis président de la première République au Rwanda (1962 - 1973).

Dans ce contexte de méfiance et d'affrontements interposés, les grandes puissances de ce monde fermèrent les yeux sur les conflits sociopolitiques internes dans chaque pays de la sous-région. Pis encore, certains changements tragiques de régime - au Rwanda et au Burundi en particulier - auraient bénéficié de la bénédiction de certaines puissances occidentales. Ainsi, les massacres récurrents de populations civiles au Burundi et au Rwanda, puis, les coups d'État sanglants dans ces deux pays furent tolérés par la communauté internationale.

Pour toutes ces raisons, lorsque la guerre civile éclata au Rwanda en 1990, il y avait un véritable décalage entre l'opinion publique de « Monsieur tout le monde » et celle des cercles du pouvoir qui étaient certainement au courant des changements géopolitiques en cours à cette époque. Malheureusement, ce même décalage de point de vue aura servi à manipuler les foules jusqu'au déclenchement du génocide de 1994 au Rwanda. Nous reviendrons sur ce point dans les parties qui suivent.

À entendre les confessions de certains Hutu, c'est comme si le ciel leur serait tombé sur la tête : en effet, non seulement certains d'entre eux ont commis un génocide, mais aussi, toute leur communauté a été lâchée par ceux-là mêmes qui l'avait installée au pouvoir lors de l'accession à l'indépendance du Rwanda. Car, comme nous l'avons déjà signalé, la dynastie royale ayant été très virulente contre le pouvoir colonial - elle exigeait le rétablissement du système monarchique traditionnel et refusait tout partage du pouvoir avec la masse populaire -, l'administration coloniale belge choisit son camp lors de l'accession à l'indépendance du pays : le pouvoir fut confié aux Hutu et à leurs alliés Tutsi « modérés » ! Ce fut l'origine du conflit qui conduira, trente ans plus tard, à un génocide de plus de 1 000 000 de victimes en seulement trois mois.

En résumé, les circonstances de la survenue du génocide au Rwanda en 1994 sont étroitement liées à l'histoire du pays depuis les années 1960. De plus, en avril 1994, l'histoire se répéta : comme à l'époque de l'indépendance du pays, différentes forces armées des pays étrangers - dont les Casques Bleus - furent impliquées directement dans les combats qui ont déclenché le génocide au Rwanda en avril 1994.

par la communauté internationale.

[illegible]

## Chapitre II. KIGALI, 06 - 07 AVRIL 1994 : LA MÉSAVENTURE DU « CHEVAL DE TROIE » AU RWANDA

En 1994, pour des raisons d'études, je séjournais à l'est de l'ex-Zaïre (devenu « République Démocratique du Congo »), plus précisément dans la ville de Bukavu. Comme nous ne pouvions pas retourner au Rwanda pendant les vacances d'été, nous avons été invités (plusieurs étudiants Rwandais dont moi-même) par nos collègues Zaïrois de l'époque à passer une partie des vacances dans leurs familles respectives. Puis, la direction de l'établissement où nous étions pensionnaires (une institution religieuse) nous a recommandés de passer la deuxième partie des vacances d'été dans différentes paroisses catholiques de la région : chacun d'entre nous devait passer le mois d'août 1994 dans l'une des paroisses qui avaient accepté de nous recevoir.

A cette époque, les transports en commun au Zaïre étant très rares et/ou mal organisés, il fallait attendre plusieurs jours avant de pourvoir voyager du Sud-Kivu au Nord-Kivu ou bien vers les villages difficiles d'accès à l'intérieur du pays. Ainsi, après avoir passé un mois au Nord-Kivu, je suis revenu à Bukavu (Sud-Kivu) pour organiser mon voyage vers un village situé à l'ouest de la même ville : le village était situé à une centaine de kilomètres environ, mais, il fallait attendre plusieurs jours avant de trouver une occasion de transport !

Pour cela, dans l'attente de me rendre à la Paroisse de [...], j'ai été reçu et hébergé par la Maison Régionale des Pères Blancs à Bukavu. Là se trouvait aussi, en situation d'exil, un haut responsable de l'Église du Rwanda : il avait la particularité d'avoir été « neutre » politiquement lors des querelles sociopolitiques qui ont précédé la survenue du génocide au Rwanda en 1994.

Devant la Maison Régionale des Pères Blancs [appelés aussi « *Missionnaires d'Afrique* »], dans toute la ville de Bukavu et dans les campagnes environnantes, en cet été 1994, des réfugiés rwandais s'étaient installés partout après la prise du pouvoir au Rwanda par le Front Patriotique Rwandais. Pour cela, nous étions tous témoins d'une scène tragique devant laquelle personne ne pouvait rester indifférent. Ainsi, même si les responsables politiques de l'ex-Zaïre ne pouvaient rien faire à eux seuls pour résoudre le problème des Rwandais, certains hommes courageux, comme l'Archevêque de Bukavu de l'époque, n'ont pas hésité à s'engager publiquement pour inviter les Rwandais et la communauté internationale à trouver une solution au drame humanitaire qui était devenu régional.

C'est pendant ce séjour à la Maison Régionale des Pères Blancs à Bukavu qu'un premier témoignage sur les circonstances de la survenue du génocide au Rwanda me fut livré, de manière inattendue. Mais, avant de présenter ce bref témoignage, je me permets de faire un petit rappel des spécificités d'appartenance politique et le problème du régionalisme au Rwanda à cette époque :

Lors de la débandade en juillet 1994, tous les Rwandais n'ont pas pris le même chemin vers l'étranger. Déjà, à partir du mois de mai 1994, étant donné que le Front Patriotique Rwandais a lancé ses hostilités à partir de l'est du pays, plusieurs milliers de Rwandais ont commencé à traverser la frontière pour se réfugier en Tanzanie ; et une petite partie vers le Burundi.

Finalement, c'est en juillet 1994, après la chute de la capitale Kigali, que des millions de Rwandais se sont dirigés vers l'ouest du pays et ils ont franchi la frontière pour se réfugier au Zaïre : ceux du nord du Rwanda se sont réfugiés vers la ville de Goma et dans toutes les localités voisines ; tandis que ceux du sud du Rwanda ce sont dirigés vers la ville de Bukavu et ses environs.

Néanmoins, même si « Monsieur tout le monde » a pris le chemin le plus court pour s'exiler selon sa région de domicile, les responsables politiques, eux, se sont réfugiés au Zaïre suivant leurs affinités politiques réciproques. Pour cela, la quasi-totalité des responsables des partis de l'opposition au Rwanda se sont réfugiés dans la région de Bukavu - au Sud-Kivu, tandis que ceux des partis politiques fidèles au feu président J. Habyarimana se sont réfugiés, en grande partie, vers la région de Goma - au Nord-Kivu.

### 1. Premier témoignage : été 1994

Un matin, lors de mon séjour à la Maison Régionale des Pères Blancs à Bukavu [à l'est de l'ex-Zaïre], certains anciens responsables politiques de l'opposition au Rwanda - exilés à Bukavu - se présentèrent pour rencontrer un responsable de l'Église du Rwanda qui s'y était réfugié. Je fus étonné par cette visite car, parmi ce groupe d'anciens responsables de l'opposition politique au Rwanda, certains étaient soupçonnés - à tord ou à raison - d'avoir encouragé les massacres. Mais, à cette époque, personne n'avait encore d'éléments de certitude sur toutes les rumeurs qui circulaient ; même le Tribunal Pénal International pour le Rwanda n'était pas encore créé. Après cette rencontre très discrète, j'ai demandé au responsable de l'Église du Rwanda - qui venait de les recevoir - s'il pouvait m'accorder aussi un entretien. Ce qu'il accepta sans aucune hésitation. D'ailleurs, il m'avait déjà brièvement reçu dès mon arrivée à la Maison Régionale des Pères Blancs. Sans attendre, dès que je fus dans son modeste bureau, je lui ai demandé pourquoi il avait accepté de recevoir des personnes dont certaines étaient soupçonnées d'avoir encouragé directement ou indirectement les massacres au Rwanda : l'affaire était encore très récente et je ne pouvais pas me retenir !

Le responsable de l'Église du Rwanda - en exil à Bukavu - me répondit :

« Je suis un responsable de l'Église. J'ai le devoir d'écouter tout le monde sans *a priori*. Ce n'est pas à nous de juger qui que ce soit. C'est à la Justice Humaine d'établir les responsabilités ».

J'ai profité de cette opportunité pour poser d'autres questions liées aux circonstances de la survenue du génocide au Rwanda. En effet, comme j'avais quitté le Rwanda depuis l'été 1993, le témoignage de quelqu'un qui avait directement vécu les événements était pour moi capital. De plus, c'était de la part d'un personnage « hors de tout soupçon » d'appartenir à un quelconque courant politique. J'ai d'abord posé la question concernant le massacre des évêques à Kabgayi, au début du mois de juin 1994 : parmi ceux qui étaient en leur compagnie et qui ont été aussi tués, certains avaient été mes professeurs au petit séminaire de Kabgayi - j'y ai étudié avant d'aller continuer mes études secondaires au Groupe Scolaire Saint-André de Kigali.

Ensuite, j'ai posé la question concernant la « vacation » de pouvoir au Rwanda qui a conduit le pays au chaos après la mort du feu président J. Habyarimana dans l'attentat du 06 avril 1994. Sur ce point, à ma grande surprise, mon interlocuteur fut très bavard et précis. Il s'interrogeait sur les raisons qui ont poussé les Rwandais à massacrer leurs voisins, plus particulièrement les plus modestes qui n'avaient pas d'intérêts politiques à défendre. Puis, il ajouta :

« (...) Par exemple, le président intérimaire Sindikubwabo je le connais bien depuis longtemps. Je ne crois pas qu'il ait pu planifier un génocide, avant le 06 avril 1994, sans que nous puissions en être informé. Certes, tout est possible avec la nature humaine. Cependant, mon sentiment, c'est qu'il a dû se passer quelque chose dans la nuit du 06 au 07 avril 1994 ; quelque chose qui a changé cet homme. D'ailleurs, je me demande : pourquoi l'armée est-elle venue le chercher juste après la mort de J. Habyarimana ? Certes, il était président du Conseil National pour le Développement [l'Assemblée Nationale]. Mais, il ne faisait pas partie de l'entourage du président au point de faire recours à lui précipitamment, tard dans la nuit ! En tout cas, il se passait sans doute quelque chose à Kigali, juste après la mort de J. Habyarimana. Tout s'est passé comme si l'armée avait besoin de Sindikubwabo pour servir de « témoin » des faits. Cela afin que quiconque ne puisse attribuer la mort de J. Habyarimana à son entourage. Mon hypothèse c'est que, après avoir constaté les « faits », Sindikubwabo aurait finalement adhéré à l'« idéologie extrémiste » de certains Hutu de l'Akazu [cercle rapproché du régime]. Il nous reste à savoir ce qu'il aurait vu au juste, cette nuit là du 06 au 07 avril 1994. Car, à partir de cette nuit là, il est devenu un « autre homme » ! Par exemple, lorsqu'il a prononcé son discours d'appel aux massacres dans la région de Butare, nous n'avons pas reconnu l'homme que nous connaissions avant ! ».

J'ai demandé à Mon interlocuteur s'il avait entendu des témoignages précis, de la part d'autres personnes, sur les raisons qui ont poussé l'armée régulière de l'époque à aller chercher Th. Sindikubwabo précipitamment, juste après la mort de J. Habyarimana le 06 avril 1994. Et, à cette question, il poursuit :

« Jeune homme, vous ne lâchez rien apparemment ! On ne peut rien vous cacher ? Effectivement, je me rappelle que le 06 avril [1994] vers minuit, certains hauts responsables politiques nous ont contactés, moi-même et d'autres responsables de l'Église, pour nous demander des conseils. L'armée venait de contacter ces responsables politiques pour organiser la prise des fonctions du Président *ad intérim*. Pour ma part, j'ai voulu savoir quelles étaient les circonstances exactes de l'attentat dont J. Habyarimana et ses proches collaborateurs venaient d'être victimes. Un des responsables politiques m'a affirmé que lui-même ne savait pas. Seulement, il m'a informé, sans plus de détails, que l'armée détiendrait des « suspects » de nationalité étrangère. Selon son témoignage, entre autres les raisons pour lesquelles on [l'armée] avait fait appel à lui, il y avait ce problème concernant des « suspects » : ce point précis l'inquiétait en premier lieu. Il me demandait mon avis car, l'affaire dépassait apparemment le seul cadre des institutions du Rwanda. Je lui ai répondu qu'il devait associer, autant que possible, toute la classe politique à la résolution de ce problème épineux. Mais, ne sachant pas si l'armée disait la vérité ou non, je ne pouvais pas m'avancer davantage. Il se pourrait que ce soit des rumeurs car, je n'ai plus entendu parler de cette affaire de « suspects » jusqu'à ce jour ».

Nous avons ensuite parler d'autres choses, en particulier de la situation des Rwandais qui dormaient à quelques mètres de la Maison Régionale des Pères Blancs à Bukavu et dans toute la région.

### 2. Deuxième témoignage récent

Tout récemment, c'est un nouveau témoignage qui a réveillé mon souvenir sur l'affaire des « suspects » qui auraient été arrêtés par l'armée régulière concernant l'attentat du 06 avril 1994 au Rwanda :

J'avais appris que l'ancien Chef d'État-Major de l'armée rwandaise aurait déclaré, le 04 avril 1994, qu'il serait en possession d'informations précises concernant une éventuelle déstabilisation des institutions au Rwanda : « Nous avons des éléments irréfutables qui démontrent l'existence d'un projet d'assassiner le chef de l'État. Nous faisons tout pour empêcher toute tentative de déstabilisation des institutions. Cependant, si jamais il arrivait quoi que ce soit, le plan d'action se trouve dans ce carnet. C'est seulement à moi et à moi seul que chacun de vous devra s'adresser ».

J'ai essayé de remonter à la source, avec toutes les difficultés du monde, pour savoir si quelqu'un aurait des informations concernant ce fameux « carnet » du feu Chef d'État-Major de l'armée régulière au Rwanda en avril 1994. Car, même si ce dernier a été assassiné en compagnie du feu président J. Habyarimana, certains de ses collaborateurs - et/ou ses anciens gardes du corps - seraient encore en vie. Mais, je n'ai pas réussi à obtenir des pistes fiables.

Lors d'un entretien avec un témoin qui savait certaines choses concernant la haute sphère du pouvoir de l'époque au Rwanda, j'ai évoqué la déclaration du feu Chef d'État-Major ci-dessus cité et je l'ai interrogé pour savoir s'il aurait des informations concernant le fameux « carnet » :

*Mon interlocuteur* : « Je ne suis pas au courant de cette déclaration ni de l'existence de ce carnet. C'est peut-être le Capitaine […] qui aurait pu vous éclairer là-dessus. Car, avant de se précipiter dans sa voiture pour se rendre à l'aéroport, le matin du 06 avril 1994, le Chef d'État-Major aurait remis un dossier personnel au Capitaine […]. Il le considérait comme son petit-frère ; ils avaient tous les deux combattu ensemble dans le Mutara au début de la guerre. Il lui disait souvent : « Vous êtes le deuxième soldat du Rwanda, après moi ! ».

J'ai demandé à Mon interlocuteur : où se trouverait ce Capitaine ?

*Mon interlocuteur* : « Il est mort ».

J'ai demandé : Il est mort au combat, en 1994 ?

*Mon interlocuteur* : « Mais, non ! Lui et tous ceux qui sont intervenus à l'aéroport de Kanombe le soir du 06 avril 1994 ont été assassinés. Enfin, presque tous, sauf les éléments de la Garde Présidentielle car, très peu de gens connaissaient leur identité ».

J'ai demandé : Ils ont été tués par qui, où et dans quelles conditions ?

*Mon interlocuteur* : « Un commando spécial les a assassinés, un par un ! Peut-être l'un ou l'autre se cacherait encore dans les forêts au Congo ! Mais, je n'en suis pas sûr. Par exemple, le Capitaine [...] a été tué très tard : comme c'était un tireur d'élite et responsable de toutes les opérations de pilonnage à l'arme lourde de l'armée régulière, il avait des gardes-du-corps en tout moment. C'est seulement pendant la débandade qu'il a été assassiné, près de la frontière entre la ville de Gisenyi et Goma au Zaïre ».

J'ai demandé : Selon vous, pourquoi tous ceux qui sont intervenus à l'aéroport de Kanombe le soir du 06 avril 1994 auraient-ils été assassinés ? J'ai ajouté : il doit exister nécessairement une raison.

*Mon interlocuteur* : « D'après certains témoignages, ils auraient arrêtés des « suspects », des Blancs paraît-il. Puis, ils les auraient conduits à l'État-Major au Camp Kigali. L'information est vraisemblable car, le camp militaire de la Garde Présidentielle a été attaqué quelques heures seulement après l'attentat de Kanombe : les assaillants cherchaient à obtenir la libération des « suspects » et soupçonnaient la Garde Présidentielle de les retenir à Kimihurura. Mais, apparemment, ils avaient été plutôt emmenés au Camp Kigali ».

J'ai demandé : D'après ce que vous savez, où seraient-ils passés ces « suspects » ? Que sont-ils devenus ?

*Mon interlocuteur* : « Ah ! Vous aussi ! Comme tous les civils, vous ne comprenez pas les situations de guerre ! Voici l'histoire : Au petit matin du 07 avril 1994, à la demande des autorités d'intérim, l'armée régulière a contacté le Premier Ministre Mme A. Uwiringiyimana pour qu'elle se rende à une réunion urgente au Camp Kigali. D'autres personnalités politiques y étaient aussi invitées. Le problème prioritaire de cette réunion, c'était le cas des « suspects » Blancs. Mais, Mme A. Uwiringiyimana aurait refusé de participer à cette réunion car, elle prétextait de ne pas pouvoir quitter son domicile à cause des combats qui avaient lieu tout autour de chez-elle. L'État-Major lui aurait proposé d'envoyer un escorte pour l'accompagner. Mais, comme elle ne faisait pas confiance à l'entourage de J. Habyarimana, elle aurait refusé d'être escortée par l'armée régulière. Par la suite, Mme A. Uwiringiyimana aurait proposé de se rendre au Camp Kigali à condition d'être sous la protection des Casques Bleus de la MINUAR [*Mission des Nations-Unies au Rwanda,* à l'époque des faits]. L'État-Major aurait accepté sa proposition. La suite, vous la connaissez, non ? »

J'ai répondu : Non. La suite, je ne la connais pas. En 1994, je ne vivais pas au Rwanda.

*Mon interlocuteur* : « Mais, vous savez tout de même ce qui est arrivé à Mme A. Uwiringiyimana ? »

J'ai répondu : J'ai appris qu'elle a été assassinée. Mais, pas plus de détails sur cette histoire tragique. J'aimerais connaître les circonstances exactes, si c'est possible.

*Mon interlocuteur* : « Comme il y avait des combats partout, Mme A. Uwiringiyimana aurait avancé, sur plusieurs barrières des miliciens, qu'elle se rendait à la Radio Nationale pour s'adresser à toute la population. Mais, lorsqu'ils sont arrivés au Centre-ville, elle et les Casques Bleus qui l'accompagnaient, cet argument n'était plus possible à avancer ! Car, les barrières étaient sous le contrôle des militaires dont des officiers : ceux-ci savaient bien qu'elle n'avait pas besoin de se rendre à la radio pour diffuser un discours ».

J'ai réagi : Et selon vous, ce serait pour cette raison que Mme A. Uwiringiyimana et les Casques Bleus auraient été assassinés ?

*Mon interlocuteur* : « Bien sûr que non ! Il y avait sans doute d'autres raisons. Entre autres ces raisons, pour ma part, ce sont les circonstances de la mort de J. Habyarimana qui expliqueraient cet assassinat : quelques semaines avant le 06 avril 1994, au mois de mars si ma mémoire est bonne, Mme A. Uwiringiyimana avait prononcé un discours dans lequel elle invitait les Rwandais à faire une « révolution » pour renverser la dictature de J. Habyarimana. Vous comprenez, l'attentat du 06 avril 1994 n'arrangeait pas sa situation aux yeux de l'armée fidèle à J. Habyarimana ! Par ailleurs, quelques semaines juste avant le 06 avril 1994, des Casques Bleus Belges avaient régulièrement fait une « descente » dans les quartiers chauds de Kigali pour arrêter et humilier certains chefs des milices proches du pouvoir. Des informations circulaient selon lesquelles les militaires auraient voulu en découdre avec ce qu'ils appelaient l'« occupation coloniale »! C'est le président J. Habyarimana en personne qui serait intervenu pour calmer le jeu. Enfin, ce matin là, les Casques Bleus qui accompagnaient Mme A. Uwiringiyimana auraient commis une imprudence fatale : comme l'armée leur refusait le passage sur la barrière, certains d'entre eux seraient sortis de leur véhicule blindé pour essayer d'intimider, comme d'habitude, les « craintifs Hutu » ! Mais cette fois-ci, c'était des parachutistes aguerris et J. Habyarimana n'était plus là pour calmer le jeu ».

J'ai demandé : Si telles sont, selon vous, les circonstances de l'assassinat dont Mme A. Uwiringiyimana et son escorte auraient été victimes, que sont-ils devenus les « suspects » Blancs ?

*Mon interlocuteur* : « Torturés à mort. Dès que la nouvelle s'est répandue concernant l'assassinat de Mme A. Uwiringiyimana et les Casques Bleus, ce fut un tournant dans l'histoire du Rwanda. Les Casques Bleus étaient fous de rage suite à l'assassinat des leurs, tandis que l'armée régulière, en particulier la Garde Présidentielle, criait au « patriotisme » et dénonçait une « attaque » qui aurait été menée par des Casques Bleus contre les institutions du pays. Mais en réalité, il n'en était rien, ces Casques Bleus auraient été sollicités par Mme A. Uwiringiyimana ».

J'ai demandé : Dans ces conditions, que sont devenus les corps de ces « suspects Blancs » ?

*Mon interlocuteur* : « Leur sort a été lié à celui des six Casques Bleus assassinés le matin du 07 avril 1994 ».

Immédiatement, j'ai réagi : Vous avez dit « six Casques Bleus » ?

*Mon interlocuteur* : « Oui ».

J'ai ajouté : Mais, nous savions plutôt qu'il y a eu dix Casques Bleus assassinés le 07 avril 1994 au Rwanda.

*Mon interlocuteur* : « Ah ! Ah ! Voilà ce qui est amusant ! Vous croyez aussi à cette fable ? Il y a eu cinq ou six Casques Bleus assassinés en compagnie de Mme A. Uwiringiyimana. Pas un de plus. Surtout, ceux qui étaient sortis de leur véhicule. Les autres ont pris la fuite, poursuivis par la foule ivre de rage et armée de machettes ! Ce fut une scène pitoyable. Par la suite, les cinq ou six corps des Casques Bleus ont été remis à leur commandement ».

J'ai réagi : Alors, d'où vient-il le chiffre des dix Casques Bleus assassinés le 07 avril 1994 à Kigali ?

*Mon interlocuteur* : « Aux cinq ou six corps des Casques Bleus, il faut ajouter les corps des « suspects » Blancs. Voilà la grande affaire, voilà pourquoi tous les témoins ont été assassinés, d'autres réduits au silence jusqu'à nos jours ».

J'ai demandé : Étant donné que les corps ont été officiellement remis à la Belgique, voulez-vous dire que ces « suspects » seraient-ils aussi de nationalité belge ?

*Mon interlocuteur* : « Mais, non ! Vous ne connaissez rien en matière de guerre et de diplomatie ! Dès la nuit du 06 au 07 avril 1994, des combats intenses opposaient l'armée régulière aux éléments du Front Patriotique Rwandais appuyés par des Casques Bleus. Cela est connu de tous car, tous les habitants de Kigali ont assisté à différents accrochages. Par ailleurs, le 07 avril 1994 ou le lendemain, la Garde Présidentielle a investi le quartier général des Casques Bleus au Conseil National pour le Développement (CND). Selon plusieurs témoins, il y aurait eu des morts et des blessés dans chaque camp. C'est suite à cette attaque et aux combats en corps à corps, jusqu'aux derniers étages du CND, que les Casques Bleus Belges ont décidé d'évacuer les lieux pour aller s'installer à l'École Technique Officielle de Kicukiro. Donc, vous comprenez l'origine des « dix Casques Bleus » assassinés : le massacre des Casques Bleus du 07 avril 1994 aura couvert tous les autres cas de Casques Bleus qui auraient été tués dans les combats acharnés contre l'armée régulière. Mais, officiellement, personne ne peut l'admettre. Voilà l'histoire ».

Je commençais à ranger mes papiers pour partir et, Mon interlocuteur m'interpella :

*Mon interlocuteur* : « Après tout, les Casques Bleus ne sont pas les seuls soldats étrangers à avoir été assassinés. D'autres soldats étrangers ont été assassinés, y compris même des Français ».

J'ai demandé : Le même jour, le 07 avril 1994 ?

*Mon interlocuteur* : « La veille, le 06 avril 1994, juste après l'attentat contre l'avion présidentiel, deux soldats français connus de tous ont été assassinés ».

J'ai demandé : Qui étaient-ils ? Que faisaient-ils à l'aéroport selon vous ? Et qui les aurait assassinés ?

*Mon interlocuteur* : « Eux aussi, ils s'occupaient de l'avion présidentiel. Mais ce jour là, ils n'étaient pas partis à Dar es-Salaam. Pour certains témoignages, ces deux soldats français auraient été soupçonnés par certains fidèles à J. Habyarimana d'avoir participé à la planification de l'attentat du 06 avril 1994. Pour cela, ils auraient été immédiatement assassinés à l'aéroport après l'attentat. Pour d'autres commentateurs, ils auraient plutôt élevé la voix pour exiger une enquête immédiate : troublés par la mort de leurs trois collègues pilotes, ils auraient commencé à accuser leur hiérarchie d'incompétence compte tenu du drame qu'ils n'auraient pas su empêcher. Dans ce contexte, ils auraient été considérés comme des « témoins gênants » et auraient été assassinés ».

J'ai demandé : Par qui ?

*Mon interlocuteur* : « Par les leurs, selon certains commentaires qui circulaient à l'époque. De plus, il existe une autre piste : peut-être faisaient-ils partie des dits « suspects » qui auraient été capturés aux abords de l'aéroport de Kanombe et qui auraient été détenus dans la nuit du 06 au 07 avril 1994 au Quartier Général de l'État-Major au Camp Kigali. Qui sait ? D'ailleurs, sur ce point précis, auriez-vous déjà entendu parler d'une quelconque enquête visant à clarifier les circonstances de l'assassinat de ces deux soldats français ? C'est le silence total depuis plus de 20 ans ! Le grand public n'est même pas au courant qu'il y a eu deux autres soldats français assassinés, en plus des trois membres de l'équipage de l'avion présidentiel ! Moi j'ai un point de vue clair là-dessus : quelle que soit la thèse avancée concernant la mort de ces deux soldats français juste après l'attentat du 06 avril 1994, l'assassinat dont ils ont été victimes est incontestablement lié à ce même attentat. Ce qui expliquerait le silence qui entoure leur disparition : silence de la part des Français eux-mêmes, mais aussi, silence du côté de l'Armée Rwandaise de l'époque et de la MINUAR (Mission des Nations-Unies au Rwanda, en 1994) ».

J'ai posé la question suivante à mon interlocuteur : Étant donné ce que vous me décrivez, comment expliqueriez-vous le fait que les militaires français aient finalement soutenu le Gouvernement Intérimaire pendant la période du génocide au Rwanda en 1994 ?

*Mon interlocuteur* : « C'est une question pertinente. En ce qui me concerne, je me limiterais aux deux premiers jours de la crise, à savoir les 06 et 07 avril 1994. Je vous rappelle que le Gouvernement Intérimaire a été installé le 09 avril 1994, si ma mémoire est bonne. Pour cela, il s'est sans doute passé quelque chose qui m'échappe après le 07 avril 1994. Sur ce point précis concernant la tension entre les militaires de l'Armée Rwandaise et les militaires français, je voudrais souligner un événement qui servirait de preuve : juste après l'attentat du 06 avril 1994, tous les militaires français présents au Rwanda et ceux qui sont intervenus dans la nuit en provenance de l'extérieur, tous ces militaires se sont regroupés essentiellement chez Mme la veuve du feu président J. Habyarimana. L'alibi selon laquelle ce geste aurait consisté à « protéger » la famille du feu président J. Habyarimana ne tient pas la route. La réalité c'est que seule Mme la veuve du feu président J. Habyarimana était en mesure de les protéger. Car elle, et elle seule, pouvait contenir la colère de la Garde Présidentielle. Sinon, il y aurait eu d'autres règlements de compte ».

*Observations complémentaires de notre part*

Après cet entretien surprenant, pour en vérifier la véracité, j'ai procédé à une longue enquête auprès de différents témoins qui étaient « mieux placés » : auprès des témoins Rwandais et étrangers. A ma grande surprise, j'ai constaté que j'étais sans doute le dernier Rwandais à ne pas savoir qu'il y aurait eu des « suspects » arrêtés le soir du 06 avril 1994 ! Par ailleurs, plusieurs points soulevés par mon interlocuteur précédemment cité m'ont été confirmés : le discours de Mme A. Uwiringiyimana appelant à une « insurrection populaire » contre le feu président J. Habyarimana aurait eu lieu ; la descente des Casques Bleus Belges dans les quartiers « chauds » de Kigali aurait eu lieu à plusieurs reprise, juste avant le 06 avril 1994 ; l'attaque de la Garde Présidentielle contre le quartier général de la MINUAR aurait eu lieu et cette attaque aurait effectivement entraîné la fuite des Casques Bleus Belges - ceux-ci se seraient réfugiés à l'École Technique Officielle de Kicukiro ; l'histoire de l'assassinat systématique des témoins m'a été confirmée, y compris l'assassinat du « Capitaine » tireur d'élite et spécialiste du pilonnage à l'arme lourde : ledit « Capitaine » aurait été effectivement assassiné à Gisenyi lors de la fuite massive des Rwandais vers Goma (ex-Zaïre) et vers d'autres pays limitrophes.

Il appartient aux lecteurs, Rwandais comme étrangers, de comparer les différents récits qui nous servent de « matériel testimonial » avec leur propre expérience et/ou avec d'autres témoignages à leur disposition pour en apprécier l'intérêt historique.

**Du point de vue clinique**, tous les récits ont un intérêt scientifique : que ce soit des récits « vrais » par rapport aux faits, que ce soit des récits « reconstruits » et/ou « imaginaires », tous les récits nous disent quelque chose de vraie : il s'est passé quelque chose pour que des récits puissent « ad-vernir », les témoins de l'événement ont réellement vécu une expérience personnelle et historique qui mériterait qu'on s'y intéresse.

**Du point de vue historique**, tous les témoignages semblent confirmer la version des faits selon le témoin ci-dessus cité. Je me permets de rappeler que l'histoire des « suspects » m'avait déjà été indiquée par un haut responsable de l'Église du Rwanda pendant l'été 1994 à Bukavu. Mais, comme il n'était pas sûr de la véracité de cette histoire, puis, comme il ne connaissait pas la suite qui aurait été donnée à cette affaire, nous n'y avions jamais accordé une quelconque importance dans nos recherches précédentes sur le Rwanda.

### 3. La nuit du 06 au 07 avril 1994

Pour avoir des éclaircissements sur ce qui « échappait » au témoin que j'ai précédemment cité au sujet de l'attitude ambiguë des militaires français vis-à-vis du pouvoir des Hutu au début du génocide au Rwanda en 1994, j'ai interrogé plusieurs personnalités parmi ceux qui appartenaient au « cercle du pouvoir » à Kigali. Selon l'avis de tous, comme l'avait clairement souligné le témoin ci-dessus cité, il s'est passé beaucoup de choses dans la nuit du 06 au 07 avril 1994 :

*Voici un autre témoignage*

« Le président Mobutu a passé toute la nuit [du 06 au 07 avril 1994] au téléphone : il exigeait que Monsieur C. Bizimungu devienne président *ad intérim*, en attendant la mise en place du gouvernement de transition conformément aux Accords d'Arusha. Mais, les représentants de la communauté internationale à Kigali et une partie de l'opposition étaient hostiles à cette proposition. Je vous rappelle que le 04 avril 1994, le feu président J. Habyarimana avait rendu visite à son homologue Mobutu. Compte tenu de la situation, J. Habyarimana aurait-il donné des consignes à ce dernier, « au cas où » ? C'est possible. Car, le président Mobutu a été intransigeant sur sa proposition : le futur président *ad intérim* c'était C. Bizimungu et personne d'autre. Il le connaissait très bien car, au début de la guerre civile en 1994, C. Bizimungu était ministre des affaires étrangères et il avait géré le dossier de l'intervention militaire des forces étrangères au Rwanda, en particulier l'intervention des militaires zaïrois. Dès que la proposition de Mobutu a été rejetée, celui-ci se serait définitivement retiré du dossier rwandais. Selon plusieurs sources, si sa proposition avait été acceptée, le président Mobutu s'engageait à fournir les troupes nécessaires pour protéger la capitale rwandaise et assurer le processus de transition conformément aux Accords d'Arusha. Ainsi, avec le recul, nous comprenons pourquoi sa proposition a été rejetée : elle gênait les intérêts de beaucoup de monde ! ».

J'ai interrogé mon interlocuteur sur ce qui s'est passé lorsque l'armée rwandaise a appris le retrait du président Mobutu du dossier rwandais. Voici la réponse du témoin :

« Le matin du 07 avril 1994, dès que l'armée régulière a appris que le Zaïre se retirait diplomatiquement et militairement des affaires du Rwanda, c'était la désolation. En particulier, la Garde Présidentielle est devenue agressive : cette unité d'élite avait gardé son calme malgré les attaques dont elle avait été la cible dès 2h00 du matin. Permettez-moi de signaler que beaucoup d'éléments de la Garde Présidentielle de J. Habyarimana suivaient des entraînements au sein de la Division Spéciale Présidentielle [DSP] de Mobutu. Ils avaient donc beaucoup d'affinités avec le Zaïre. Par ailleurs, le Zaïre était jusque là le seul pays à vouloir s'engager militairement au Rwanda pour aider le pouvoir des Hutu. Pour toutes ces raisons, dès que la proposition de Mobutu a été rejetée, ce fut un coup de tonnerre pour l'armée fidèle au feu président J. Habyarimana. Pour ma part, c'est après le retrait de Mobutu, le matin du 07 avril 1994, que les massacres génocidaires ont effectivement commencé. Car, avant ce retrait, l'armée régulière comptait sur l'aide du Zaïre pour défendre le pays et les institutions ».

J'ai posé la question de savoir comment la classe politique rwandaise a accueilli la décision du président Mobutu :

*Mon interlocuteur* : « C'était le chaos total : la figure emblématique de l'opposition, Monsieur F. Twagiramungu, était introuvable ! Selon certaines sources, les Hutu auraient retardé la nomination du Gouvernement Intérimaire pour deux raisons principales : d'une part, après l'assassinat de Mme A. Uwiringiyimana et le fait que Monsieur F. Twagiramungu était introuvable, il était difficile de réunir toute la classe politique pour organiser la mise en place d'un nouveau gouvernement. D'autre part, la communauté internationale refusait de cautionner un gouvernement dans lequel le Front Patriotique Rwandais ne serait pas représenté. Or, ce mouvement armé avait repris les armes dès les premières minutes qui ont suivi l'attentat contre l'avion présidentiel le soir du 06 avril 1994 ! Cela signifiait que le Front Patriotique Rwandais désirait tout simplement prendre le pouvoir par les armes ».

J'ai voulu savoir comment le Gouvernement Intérimaire a finalement été installé :

*Mon interlocuteur* : « C'est la conséquence du double jeu de la communauté internationale dans la survenue du génocide au Rwanda en 1994 : il faut reconnaître que le retrait du président Mobutu a certes inquiété le cercle rapproché du feu président J. Habyarimana mais, ce même retrait a fait les affaires d'une partie de l'opposition qui rêvait de prendre sa revanche sur la dictature en fin de course : certains leaders politiques du sud du pays, surtout ceux qui avaient été victimes du coup d'État de 1973, ont saisi cette occasion pour prendre le pouvoir. Dans cette démarche, ils ont été aidés par les représentants de la communauté internationale à Kigali. Une fois la proposition du président Mobutu rejetée, certains représentants des pays occidentaux et de la MINUAR se sont rapprochés de l'opposition pour former un Gouvernement Intérimaire. Afin de faciliter les choses, ce Gouvernement aurait même prêté serment dans une ambassade occidentale à Kigali ! Vous comprenez vous-même la situation. Inutile d'expliquer que certains Occidentaux se sont engagés aux côtés de ce Gouvernement afin de chasser définitivement du pouvoir les proches du feu président J. Habyarimana. Pour cela, la conséquence a été directe : désormais, les soldats fidèles à la mémoire de J. Habyarimana ont vécu cela comme une trahison et n'ont jamais obéi aux ordres d'un gouvernement qui leur avait été imposé. La Garde Présidentielle, par exemple, est devenue totalement autonome et ne rendait compte à personne de ses opérations ».

Dans le chapitre qui suit, nous auront plus de précisions sur cette affaire de l'implication de certains pays occidentaux dans la mise en place du Gouvernement Intérimaire au Rwanda en 1994 et les conséquences de cette initiative.

# Chapitre III. LA TRIPLE IMPLICATION DE LA FRANCE

Depuis 1994, les débats contradictoires opposent « spécialistes » et observateurs sur les différentes responsabilités liées à la survenue du génocide au Rwanda. Notre rôle de chercheur n'est pas celui de prendre parti pour tel ou tel camp, mais plutôt celui d'essayer de comprendre, à partir des faits historiques, ce qui s'est véritablement passé.

En ce qui concerne la responsabilité des Rwandais, un Tribunal Pénal International pour le Rwanda a été créé et a jugé ceux qui étaient en responsabilité au sommet de l'État, au Rwanda, pendant le génocide de 1994. Cependant, à ce jour, aucun membre du Front Patriotique Rwandais, aucun autre État, aucune autre personnalité de l'un des pays impliqués dans le même conflit armé génocidaire au Rwanda n'a jamais été inquiétée par la Justice !

Pourtant, les faits qui mériteraient une attention judiciaire ne manquent pas. En ce qui concerne la France en particulier, trois faits historiques méritent notre attention et prouvent, sans conteste, l'implication de ce pays - de près ou de loin - dans la survenue du génocide au Rwanda en 1994. Je me permets de préciser que, contrairement aux idées reçues, le Front Patriotique Rwandais a été le grand bénéficiaire de la « posture » politique, diplomatique et militaire de la France !

## 1. La posture diplomatique de la France au Rwanda

Aujourd'hui, nous avons la certitude sur les circonstances de l'intervention de la France au Rwanda en 1990 : ce sont certains pays Anglo-saxons qui auraient demandé à la France d'intervenir au Rwanda : suite à l'occupation militaire de la Monarchie de Koweït riche en pétrole par l'Irak, la communauté internationale cherchait à constituer une coalition pour combattre l'armée du dictateur irakien de l'époque. Le Front Patriotique Rwandais ayant profité de cette occasion pour lancer sa première offensive sur le Rwanda, ce mouvement armé d'exilés rwandais à l'époque s'est très vite attiré des ennuies de la part de ceux qui ne voulaient pas qu'il y ait un nouveau foyer de tension sur la planète alors que tous les pays étaient appelés à se mobiliser contre l'Irak. Ainsi, le « Gendarme historique » de l'Afrique - la France - fut appelé en renfort pour stabiliser la région des Grands-Lacs d'Afrique !

Néanmoins, après avoir forcé le Front Patriotique Rwandais à se replier vers l'Ouganda d'où le même mouvement était venu, la France adopta une attitude ambivalente qui mériterait une analyse beaucoup plus avancée du point de vue historique : d'un côté, les stratèges de l'Armée Française semblaient soutenir ouvertement le régime de J. Habyarimana. De l'autre, certains « diplomates » français soutenaient ouvertement le Front Patriotique Rwandais et privilégiaient la dimension de l'idéologie « ethnocentriste » héritée du colonialisme : il fallait partager le pouvoir comme un gâteau, entre

« Hutu » et « Tutsi » ! Or, depuis l'indépendance du pays, le problème des pseudos ethnies qui était déjà complexe à l'époque coloniale est devenu aujourd'hui un véritable « *piège de l'histoire* » : qui pourrait distinguer, à partir des critères rationnels et scientifiquement démontrables, la différence entre un « Hutu » et un « Tutsi » ? Au cas où quelqu'un pourrait nous éclairer là-dessus, je lui demanderais de bien vouloir exposer sa théorie publiquement afin que tout le monde puisse en apprécier l'intérêt.

C'est dans cet esprit de « pseudo neutralité » que certains diplomates français ont forcé le régime de J. Habyarimana à accepter les négociations d'Arusha en Tanzanie. Car, au départ, J. Habyarimana ne voulait pas négocier avec la rébellion armée du Front Patriotique Rwandais ; il ne voulait pas accorder le statut d'« égal à égal » au même mouvement d'exilés rwandais de l'époque. Par ailleurs, selon différents témoignages, ce sont les diplomates français qui auraient supervisé la rédaction des « Accords d'Arusha » : dès que J. Habyarimana a qualifié ces Accords de « chiffon de papier », dans son discours du 15 novembre 1992 à Ruhengeri, nos « demi-dieux » furent piqués au vif et ce fut le début des ennuies à l'encontre de J. Habyarimana sur le plan diplomatique !

Évidemment, n'importe quel lecteur trouverait l'attitude ci-dessus décrite des diplomates français beaucoup plus logique, et surtout progressiste. Erreur !

En soutenant diplomatiquement le Front Patriotique Rwandais, les représentants de la France n'étaient pas nécessairement opposés au soutient militaire inconditionnel de leurs compatriotes de l'Armée Française vis-à-vis du régime de J. Habyarimana. Il s'agissait, tout simplement, de la stratégie de « diviser pour régner » : dès la survenue du génocide, la même stratégie de l'absurde a été entretenue et, lorsqu'il ne restait plus personne à tuer du côté des bourreaux - ou à sauver pour ceux qui étaient dans le camp des victimes -, c'est à ce moment là que la France à retourné sa veste pour soutenir ouvertement les nouveaux maîtres de Kigali et elle a pourchassé, comme d'autres pays, les « méchants Hutu » considérés tous comme des « génocidaires » !

### *L'équation géopolitique*

Comme je l'ai déjà exposé et développé dans mes travaux de recherche précédents, la France n'est pas intervenue au Rwanda par « charité » : d'abord, la région des Grands-Lacs d'Afrique constitue une zone d'influences géopolitiques depuis la Conférence de Berlin (1884 - 1885), conférence qui a scellé le partage de l'Afrique entre les grandes puissances occidentales et le début de l'ère coloniale. Ensuite, après la Première et la Deuxième Guerres Mondiales, cette région d'Afrique fut le théâtre d'affrontements idéologiques et militaires : les Allemands furent chassés de la même région par les Anglais et les Belges lors de la Première Guerre Mondiale, puis, dès la fin de la Deuxième Guerre Mondiale, les Occidentaux y exportèrent leur « guerre froide » sous le couvert d'idéologies « capitaliste » et « communiste ».

Pour toutes ces raisons, l'intervention de la France au Rwanda avait un triple objectif : stabiliser la région compte tenu des circonstances de l'invasion du Koweït par l'Irak et le souci de mobiliser tous les pays contre le dictateur irakien de l'époque ; solder les errements du colonialisme ; gérer la transition entre la période de « guerre froide » d'antan et le « nouveau monde » à venir suite à la chute du Mur de Berlin en 1989.

### 2. La période du génocide au Rwanda : l'intervention secrète de la France

Dans la suite de l'entretien avec le troisième témoin que j'ai cité dans le chapitre précédent, celui-ci déclara :

« Compte tenu des conséquences de l'attentat du 06 avril 1994 contre le feu président J. Habyarimana, il fallait un gouvernement intérimaire fantoche pour porter le chapeau et permettre aux grands coupables de se tirer d'affaire ! A noter que très peu d'anciens fidèles de J. Habyarimana ont accepté de participer à ce Gouvernement Intérimaire : certains ministres importants n'étaient même pas connus du grand public. La mise en place de ce gouvernement a donc été laborieuse et tout s'est organisé en catimini ».

J'ai demandé : Pourtant, le parti politique du feu président J. Habyarimana et la Garde Présidentielle ne se sont pas officiellement opposés à la nomination et à la mise en place de ce Gouvernement Intérimaire. Comment expliquez-vous cela ?

*Mon interlocuteur* : « Ce fut un mariage de raison, entre les fidèles du feu président J. Habyarimana et le Gouvernement Intérimaire : d'un côté, la Garde Présidentielle évacuait les fidèles du président défunt vers l'étranger, rapatriait tous les Zaïrois chez-eux et faisait le ménage dans les bureaux des institutions publiques. Sur ce point, un groupe de soldats français participait au nettoyage aux côtés de la Garde Présidentielle, en particulier dans les bureaux de la Présidence de J. Habyarimana et au Village Urugwiro. De l'autre côté, le Gouvernement Intérimaire essayait de mobiliser une partie de militaires qui lui étaient fidèles et la population pour organiser la « résistance » face au Front Patriotique Rwandais et ses soutiens extérieurs. Mais, ce mariage de raison, seul le Gouvernement Intérimaire y croyait ! La Garde Présidentielle, elle, préparait déjà la fuite : sans l'appui du Zaïre et/ou d'un autre État étranger, il était impossible de résister contre toutes les attaques dont subissait le régime des Hutu. N'oubliez pas que des changements politiques avaient lieu, au même moment, en Afrique du Sud. Donc, les Hutu n'avaient plus accès à leur marché d'armes traditionnel ».

J'ai demandé : Vous venez de parler de la présence des militaires français ?

*Mon interlocuteur* : « Oui, ils étaient présents au Rwanda pendant la période du génocide, du mois d'avril au mois de juillet 1994. Certains témoins directs parlent d'une centaine d'hommes, d'autres d'au moins deux à trois-cent soldats français. Ils auraient mêmes été aperçus dans plusieurs villages reculés du Rwanda, en mission de renseignement militaire. Je ne parle pas de l'opération Turquoise : celle-ci a débuté plus tard, à la fin du génocide lui-même. Néanmoins, la présence de ce petit nombre de soldats français n'était qu'un leurre : la France évacuait déjà ses ressortissants et son ambassade ; elle a refusé de livrer des armes et des munitions au Gouvernement Intérimaire ; bref elle avait déjà adopté la position de la communauté internationale : lâcher les Hutu et les obliger à quitter le pouvoir par tous les moyens ! »

J'ai demandé : Mais, d'autres observateurs affirment plutôt que la France aurait fourni des armes et des munitions au Gouvernement Intérimaire. Où est la vérité dans tout cela ?

*Mon interlocuteur* : « Et où seraient passées ces armes et ces munitions ? Pensez-vous qu'un peuple de 8 000 000 d'habitants aurait été incapable de se servir des armes, s'il y en avait, pour se défendre ? D'ailleurs, je me permets de vous livrer une autre information qui contredit ces affirmations fantaisistes : juste après la nomination du Gouvernement Intérimaire, les soutiens de ce gouvernement du sud du pays, en particulier les hommes d'affaires, ce sont cotisés pour acheter les armes au marché noir compte tenu de l'embargo sur les armes qui pesait sur le pays. Le petit groupe de soldats français présent à Kigali les aurait mis en contact avec des négociants en armements. Savez-vous ce qui s'est passé ? Les émissaires envoyés à Paris pour acheter des armes auraient tout simplement disparu dans la nature avec la valise d'argent ! La voilà la vérité. Il est possible que ce petit groupe de soldats français présent à Kigali soit venu avec quelques armes légères. Mais, on ne lutte pas contre une invasion extérieure avec une poignée d'armes légères ! Par ailleurs, il existe un autre détail qui ne trompe pas : pendant plusieurs jours, à partir du 07 avril 1994, trois colonnes de fumées noires s'échappaient de la Présidence du feu président rwandais J. Habyarimana, du Centre Culturel Franco-Rwandais et de l'ambassade de France. A votre avis, si la volonté était celle de protéger le Rwanda, pourquoi ce grand nettoyage au moyen du feu ? Je ne vous apprends rien ; vous comprenez : c'est toute l'histoire du Rwanda qui est partie en fumées, en particulier tous les secrets du régime dictatorial de J. Habyarimana !»

Dans la suite de cet entretien, j'ai interrogé d'autres témoins : Rwandais et étrangers, ils m'ont tous confirmé que des soldats français étaient présents à Kigali pendant la période du génocide de 1994. Un des témoins qui vivait dans le quartier du Centre-ville de Kigali a été plus précis : « Ils circulaient en petit nombre, enduis d'une pommade noire sur le haut du corps. Ainsi, il fallait être tout-près d'eux pour reconnaître que c'était des Blancs. Pendant les combats en ville, il arrivait qu'ils se cachent dans telle ou telle maison. Ils étaient bien là, nous les avons même vu donner des ordres aux soldats de l'armée rwandaise régulière ».

## 3. L'action « diplomatique » et ses conséquences

Dans mon dernier ouvrage, « *Essai sur l'autosuggestion* » (2014), j'ai cité l'extrait d'un entretien que j'ai eu avec un ancien haut dignitaire du régime de J. Habyarimana. Dans cet extrait, ce témoin affirmait clairement que la France avait lâché ses anciens alliés Hutu au profit du « réalisme politique » et conformément à la position de la communauté internationale. Puis, dans ce même entretien, le témoin m'a parlé d'un « émissaire » venu de l'Occident, pendant le temps du génocide au Rwanda, et la conséquence de cette venue sur la suite de l'histoire du pays : l'émissaire occidental aurait choisi son camp en soutenant ouvertement le Front Patriotique Rwandais et en désavouant les Hutu au pouvoir.

Tout récemment en 2014, à la veille de la commémoration du vingtième anniversaire du génocide au Rwanda, un événement historique m'a apporté un nouvel éclaircissement sur le témoignage cité dans le paragraphe précédent :

En effet en avril 2014, la veille de la commémoration du génocide au Rwanda, la personne qui fut envoyée par la France comme « émissaire » pendant le génocide au Rwanda, en 1994, a été interrogée en direct sur Radio France Internationale : cette radio avait délocalisé, à cette occasion, l'une de ses émissions de reportage à Kigali. A ma grande surprise, ledit « émissaire » de 1994 au Rwanda a confirmé, presque point par point, ce que m'avait raconté l'un des témoins lors de mes enquêtes :

Selon ledit « émissaire » lui-même, pendant la période du génocide au Rwanda de 1994, Monsieur P. Kagame [chef du Front Patriotique Rwandais à l'époque] lui aurait « confié » la mission de faire évacuer des enfants orphelins de la capitale rwandaise vers la zone qui était sous le contrôle de la rébellion de l'époque ! Et, ledit « émissaire » en était encore très fier en 2014 !

Pour tel ou tel lecteur qui ne connaîtrait pas le Rwanda, je me permets de rappeler un point important : 99% des rescapés du génocide de 1994 au Rwanda l'ont été grâce au courage de leurs voisins, parents et amis qui les ont cachés et/ou protégés. 1% des rescapés du même génocide, ce sont ceux qui ont eu la possibilité - et la chance - de se cacher par eux-mêmes jusqu'à la fin du génocide.

Dans ces conditions, seuls les Rwandais pouvaient arrêter le génocide : toute position qui visait à humilier les Hutu où à disqualifier leur autorité mettait directement en danger les groupes sociaux visés par les génocidaires. Ainsi, en prétendant « sauver » quelques orphelins, l'Homme Blanc a tout simplement condamné des dizaines de milliers d'autres !

Que fallait-il faire alors ? Se demanderait tout lecteur attentif. Ma réponse est simple : il aurait fallu compter et responsabiliser les autorités rwandaises pour qu'ils mettent fin aux tueries sans délai. Sur ce point, deux situations historiques illustrent parfaitement les faits et démontrent qu'il aurait été possible d'arrêter les massacres :

Dans la région de Byumba [au nord-est du Rwanda] et dans la région de Ruhengeri [au nord du Rwanda], deux officiers ont réussi à stabiliser la situation, voire même à arrêter et à empêcher définitivement la commission des crimes génocidaires contre les populations civiles : le Général G. Kabiligi et le Colonel M. Bivugabagabo sont régulièrement cités par différents témoins, y compris certains rescapés du génocides eux-mêmes.

Dans ces conditions et selon l'avis des Rwandais eux-mêmes, il aurait suffit de faire confiance à l'un de ces officiers pour arrêter les massacres. En effet, avec le Général A. Bizimungu, devenu depuis le 09 avril 1994 Chef d'État-Major, ces trois officiers faisaient l'unanimité au sein de l'armée régulière et au sein de la population comme étant compétents et incorruptibles.

J'ignore leurs actes et leur « casier judiciaire » avant et pendant le génocide au Rwanda : au cas où ils auraient été coupables de quoi que ce soit, il est tout à fait légitime qu'ils s'expliquent devant la Justice. Cependant, en ce qui concerne la survenue du génocide au Rwanda, rien n'explique le motif de la communauté internationale d'avoir ignoré et marginalisé ceux qui avaient démontré leur capacité à empêcher les crimes génocidaires dans les régions sous leur contrôle.

# L'ANTIRWANDITÉ

*La Justice, une nouvelle arme de guerre !*

En 2015, les crimes génocidaires contre les Rwandais continuent.

Et les victimes n'auraient pas le droit ni de se défendre, ni de reconstruire la mémoire du passé !

« Il n'est pas de groupe, pas d'institution, pas de société sans mémoire, sans travail de l'historisation. Le refus de la mémoire et de l'historicité forme les sociétés qui soutiennent les utopies meurtrières. L'étude de ces sociétés y démontre à l'œuvre des mécanismes analogues à ceux de la forclusion et du déni. Le « ne te souviens pas » n'est pas ici ordonné au refoulement de l'horreur, mais à l'annulation de l'histoire et de l'expérience. Cette annulation maintient le pouvoir de l'horreur et l'annihilation de la pensée. De même que la stratégie du pouvoir dans les situations de catastrophe sociale vise à réprimer toute manifestation de la réalité psychique, à la détruire ou à la pervertir, de même elle vise à substituer à la mémoire collective des énoncés sur l'histoire qui soient capables de la légitimer. Elle impose par la force un contrat narcissique pervers et déplace à son profit, sur sa seule violence, l'enjeu de pacte dénégatif »[33].

---

33 KAËS R., texte : « Ruptures catastrophiques et travail de la mémoire », in PUGET J. et all., *Violence d'État et psychanalyse*, *op. cit.*, *ibid.*

En 2006, après l'obtention de mon diplôme de Master 2 de Recherche en psychopathologie (j'avais déjà obtenu le diplôme de *psychologue clinicien* en 2005), j'ai entrepris de poursuivre mes recherches universitaires dans le cadre d'une thèse de Doctorat. Ainsi, lors d'un Travail Dirigé de recherche à l'Université, j'ai présenté les différentes hypothèses de mes recherches en psychopathologie, à partir du cas des violences collectives au Rwanda.

Quelques jours après la présentation de mon projet de recherche à l'Université, j'ai été contacté par un « fonctionnaire » de l'État Français : celui-ci m'annonçait, au téléphone, que mon projet de thèse ne pouvait être soutenu dans « aucune université en France » ! Selon mon interlocuteur, il fallait changer de sujet de recherche, ou bien, selon ses propres termes, me « conformer à la thèse officielle de la France » sur les causes et les circonstances de la survenue du génocide au Rwanda !

J'ai demandé à ce « fonctionnaire » qui m'intimidait au téléphone de m'accorder un rendez-vous, dans son bureau, pour que je puisse lui répondre de vive voix. Ce qu'il a accepté. Pour cela, quelques jours plus tard, je me suis rendu au bureau parisien dudit « fonctionnaire » et nous avons échangé de vive voix :

Il a pris la parole et m'a signifié en introduction qu'il n'avait pas beaucoup de temps à me consacrer. Seulement, selon ses propres mots, il voulait me confirmer en tête-à-tête ce qu'il m'avait déjà annoncé au téléphone : « Votre projet est très intéressant mais, il diverge de la thèse officielle déjà soutenue par différents chercheurs et spécialistes de votre pays. Par exemple, j'ai un collègue qui se rend régulièrement au Rwanda : je lui ai présenté votre projet, il n'est pas d'accord avec vos hypothèses, en particulier le problème ethnique et les circonstances de la survenue du génocide au Rwanda. Il est d'ailleurs prêt à vous rencontrer. Pour cela, je vous conseille tout simplement de changer de sujet de recherche si vous souhaitez soutenir votre thèse de Doctorat en France ».

J'ai répondu à mon interlocuteur que pour ma part, les seuls « spécialistes » du génocide au Rwanda sont les Rwandais eux-mêmes. Je lui ai signifié que j'ai été moi-même directement concerné par le génocide au Rwanda, même si je ne vivais pas au Rwanda en 1994 ; je lui ai dit que plusieurs membres de ma famille avaient été massacrés en 1994 : à Kigali même et ses environs, mais aussi à l'est du Rwanda où vit ma famille biologique. Je suis sorti du bureau et quelques jours plus tard, j'ai envoyé un courrier au même « fonctionnaire » de l'État Français pour lui confirmer à nouveau et par écrit mon point de vue.

Je croyais que la polémique était terminée, j'ai continué mes travaux de recherche et j'ai soutenue ma thèse de Doctorat en 2011. Cette même thèse de Doctorat est déjà connue dans plusieurs pays du monde.

Devant mon refus de renoncer aux travaux de recherche sur la survenue du génocide au Rwanda, la guerre de harcèlement dont j'allais être victime s'est déplacée sur d'autres terrains : le domaine socioprofessionnel, mon logement, mes comptes bancaires, le téléphone, etc. Bref, ce sont tous les moyens de ressources existentielles qui ont été visés par ceux qui veulent me faire taire à tout prix.

Étant donné que la liberté n'est jamais un don d'un tiers mais plutôt le fruit d'un combat à mener ; étant donné que, comme tous les Rwandais, ma famille et moi-même avons déjà payé un lourd tribut concernant le génocide au Rwanda de 1994 ;

Personne et aucun État - fût-il une « grande puissance mondiale » - ne pourront m'empêcher de faire des recherches sur un génocide qui a déjà coûté la vie à plus de 2 000 000 de Rwanda, sans oublier les victimes des conséquences de ce même génocide dans les pays limitrophes du Rwanda.

Pour illustrer les faits et, afin de laisser aux lecteurs la possibilité d'apprécier par eux-mêmes la situation, je me permets de présenter les « pièces à conviction » des différentes attaques dont je suis victime depuis le début de ma thèse de Doctorat en 2006 jusqu'à ce jour.

**Remarque** : pour des raisons de confidentialité, dans les documents qui suivent, j'ai préféré modifier et/ou omettre les noms propres de mes adversaires. Cependant, si la situation m'y oblige, je rendrai publique l'identité de ces adversaires. Car, à tous ces qui sont au-dessus de la Justice humaine, seul le Jugement de l'Histoire est applicable.

SEBUNUMA Déogratias
18 rue Adolphe Chérioux
92130 ISSY-LES-MOULINEAUX

Issy-les-Moulineaux, le 08 septembre 2014

Courrier recommandé avec Avis de Réception

Madame, Monsieur
Le Président
Fédération Internationale
des Droits de L'Homme
17 Passage de la Main d'Or
75011 PARIS

Objet :
- La France traque et pourchasse des Rwandais, tout simplement parce qu'ils sont Rwandais ;
- Si vous êtes « Partie Civile » dans des procès dirigés contre des Rwandais : veuillez vous assurer que certaines preuves présentées contre eux ne seraient pas fabriquées de toutes
pièces !

Madame, Monsieur,

J'ai l'honneur de vous écrire pour vous signaler une situation particulière de violation de droits fondamentaux dont nous sommes victimes en France, tout simplement parce que nous sommes Rwandais. Je parle de « nous » car, d'après le contenu d'entretiens avec des Rwandais - dans le cadre de mon métier de psychologue -, il appert que je ne suis pas la seule victime concernée par la « *chasse à l'homme* » menée par l'État Français contre des Rwandais qui refusent de se soumettre à la « thèse officielle » de la survenue du génocide au Rwanda en 1994.

1. Tout a commencé en 2006 :
- je venais de présenter mon projet de thèse doctorale sur le cas du Rwanda ;
- j'étais salarié dans un foyer de jeunes en difficultés à Versailles. Au sein de ce même foyer, je fus victime d'attaques verbales très violentes et répétées, tout simplement parce que je refusais de dire à mes agresseurs si j'étais « Hutu » ou « Tutsi » ! Ayant sollicité l'intervention de la Directrice pour mettre fin à ces attaques, ma demande fut tout simplement rejetée. Devant cette situation, comme j'estimais que ma vie était en danger, j'ai été obligé de ne plus me rendre à mon travail et j'ai été licencié.

2. Après ce licenciement, j'ai découvert qu'au moment où j'étais victime d'attaques racistes, une autre affaire très complexe d'escroquerie avait été menée à mon encontre : au mois de septembre 2006, j'ai acheté un véhicule

pour pouvoir aller travailler dans le même foyer ci-dessus cité. C'est après mon licenciement que je me suis rendu compte que lors de l'achat du-dit véhicule, j'avais été victime d'une escroquerie avec la complicité des services de l'administration publique. C'est finalement cette affaire qui allait servir d'alibi à différents agresseurs et constituer le commencement d'autres attaques généralisées : attaques publiques concernant mes origines rwandaises à mon domicile ; non-distribution sélective de mon courrier professionnel à mon domicile ; attaques professionnelles visant toute activité que j'ai essayé d'entreprendre depuis 2006 ; attaques financières visant mes comptes bancaires ; attaques informatiques visant la falsification des références d'ouvrages dont je suis auteur.

3. Le point le plus étonnant, c'est la complicité de la Justice, de la Police et de l'ensemble de différents avocats à qui j'ai confié mon dossier pour me défendre : tous les avocats, après avoir encaissé tout ou partie des frais d'honoraires, ont abandonné mon dossier ! Pourtant, lors des Jugements rendus par des tribunaux, ce sont ces mêmes avocats - officiellement déchargés de mon affaire - qui servent de caution aux tribunaux pour me signifier des condamnations partisanes.

4. Le 07 février 2013, en mon absence, mon logement a été visité par un commando. Avant de partir, le commando a pris tout le temps nécessaire pour détruire la porte à la perceuse ! Le gardien d'immeuble - qui était pourtant présent sur les lieux - a affirmé qu'il n'avait rien vu ni rien entendu ! Il s'est contenté de m'informer : « ce sont peut-être des huissiers, c'est déjà arrivé à un locataire qui avait des problèmes avec la Justice » ! Et comme par hasard, le commando avait laissé sur le bureau (à l'intérieur de ma chambre) un document portant les références du Jugement parodique qui avait été rendu contre moi par le Tribunal de Grande Instance de Nanterre - au sujet du litige commercial ci-dessus présenté. Plus tard, j'ai appris que cette attaque du 07 février 2013 aurait été menée par un commando de trois hommes Blancs, âgés environ de 30 à 45 ans, très bien habillés.

En résumé, les attaques sont multiformes. Mais, le point central de ces attaques, c'est l'activité professionnelle : dès qu'un employeur déclare mon numéro de sécurité sociale, dès que je déclare moi-même une activité libérale auprès de l'URSSAF, la chasse à l'homme commence immédiatement ! En effet, étant donné que je ne vivais pas au Rwanda à l'époque du génocide, il est difficile pour mes bourreaux de trouver un alibi diffamatoire qui leur permettrait de m'attaquer. Ainsi, la guerre qui est menée contre ma personne est plutôt économique, financière et socioprofessionnelle.

Afin d'étayer mes propos par des faits irréfutables, ci-joints les différents documents à l'appui de mes observations :

- copie de la demande d'aide juridictionnelle que j'ai adressée à la Cour de Cassation le 08 juillet 2014 ;

- L'ensemble des différents justificatifs que j'ai communiqués à la Cour de Cassation à l'appui de ma demande d'aide juridictionnelle du 08 juillet 2014 ;
- Un CD-DVD qui contient les preuves matérielles de différentes attaques dont j'ai été victime à mon domicile : depuis le début des attaques multiformes dont je suis la cible, dès le lever du soleil, mon logement est assiégé ! Le même CD-DVD contient aussi la preuve audio d'un licenciement abusif dont j'ai été victime suite à une intervention directe et explicite de Pôle Emploi.

Soit un dossier de 87 pages numérotées et un CD-DVD.

*Remarque sur les enregistrements audio-vidéo* :

Au cas où vous auriez écouté certains discours qui ont excité les criminels avant et pendant le génocide au Rwanda de 1994, ce n'était qu'une copie ! Dans les enregistrements ci-joints, vous aurez enfin l'original des discours structurés et répétés d'appel à la Haine. Plus particulièrment, dans le discours du 04 novembre 2009 (extrait n°2), l'auteur du discours affirme que “ce n'est pas fini...” ! Qu'est-ce qui n'est pas fini ? Les génocides ?

Pour résumer la situation, je suis tout simplement victime d'attaques multiformes de la part de l'État : les sociétés privées et les particuliers n'interviennent dans ces affaires qu'à titre d'« exécutants ».

Conclusion :

- Il n'y a plus de doute possible, l'État Français traque et pourchasse des Rwandais tout simplement parce qu'ils sont Rwandais. Nous ne pouvons plus nous taire ;
- Compte tenu des faits, la France aurait nécessairement quelque chose à se reprocher dans l'histoire récente du Rwanda : un État ne peut pas mobiliser toutes ses ressources pour exterminer un autre peuple sans qu'il y ait une raison ;
- Certains Rwandais sont poursuivis en France pour des crimes qu'ils auraient commis au Rwanda, crimes liés au génocide de 1994. Compte tenu du présent dossier, ma question est la suivante : Comment la France pourrait-elle juger et condamner des Rwandais pour les mêmes actes dont elle est aussi auteur et/ou complice ? Les faits sont là, les preuves sont irréfutables. Pour ma part, la meilleure Justice qui soit, c'est celle qui consisterait à donner l'exemple d'abord avant de condamner les autres.

Pour toutes ces raisons,

Si votre organisme est « Partie Civile » dans telle ou telle affaire judiciaire dirigée contre un Rwandais en France, veuillez vous assurer que les preuves présentées contre lui ne seraient pas fabriquées de toutes pièces ! Par ailleurs, l'ensemble de toutes ces affaires sera rendu public : il n'y aura plus un autre génocide gratuit contre les Rwandais en silence, quelle que soit la complexité des méthodes utilisées par nos bourreaux.

Veuillez agréer, Madame, Monsieur, l'expression de ma considération distinguée.

SEBUNUMA Déogratias

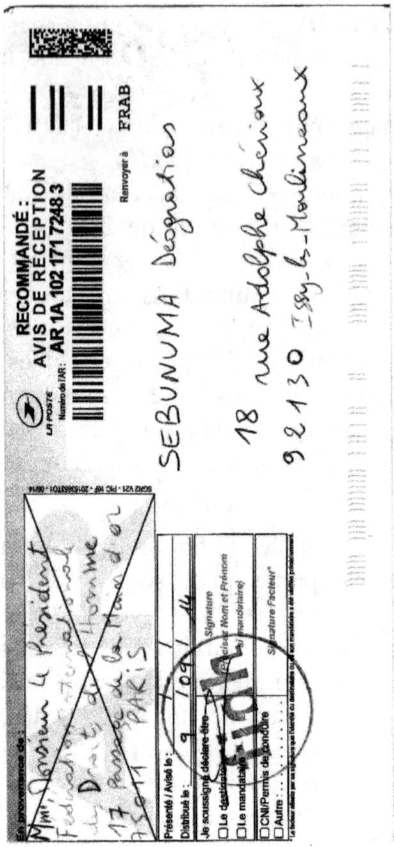

LA POSTE
RECOMMANDÉ :
AVIS DE RÉCEPTION
Numéro de l'AR : AR 1A 102 171 7248 3
Renvoyer à FRAB

SEBUNUMA Déogratias
18 rue Adolphe Chérioux
92130 Issy-les-Moulineaux

En provenance de :
Mme Monsieur le Président
Fédération Internationale
des Droits de l'Homme
17 Passage de la Main d'or
75011 PARIS

Présenté / Avisé le :
Distribué le : 9 / 09 / 14
Je soussigné déclare être
☐ Le destinataire
☐ Le mandataire
Signature
Préciser Nom et Prénom (si mandataire)
☐ CNI/Permis de conduire
☐ Autre :
Signature Facteur

SEBUNUMA Déogratias
18 rue Adolphe Chérioux
92130 ISSY-LES-MOULINEAUX

Issy-les-Moulineaux, le 09 octobre 2014

Courrier recommandé avec Avis de Réception

Monsieur Le Président
Assemblée Nationale
126 rue de l'Université
75355 PARIS 07 SP

Objet : Lettre ouverte

*Références* :

- La France traque et pourchasse des Rwandais, tout simplement parce qu'ils sont Rwandais ;
- Après le génocide à la machette de 1994 au Rwanda, c'est le temps des couteaux judiciaires ;
- Quelle que soit la complexité des méthodes criminelles utilisés par nos bourreaux, il n'y aura pas un nouveau génocide en silence :

le présent courrier et les pièces annexes seront communiqués à tout public.

Monsieur Le Président,

J'ai l'honneur de vous écrire pour vous présenter une situation particulière de violation de droits fondamentaux dont nous sommes victimes en France, tout simplement parce que nous sommes Rwandais. Je parle de « nous » car, d'après le contenu d'entretiens avec des Rwandais - dans le cadre de mon métier de psychologue -, il appert que je ne suis pas la seule victime concernée par la « *chasse à l'homme* » menée par l'État Français contre des Rwandais qui refusent de se soumettre à la « thèse officielle » de la survenue du génocide au Rwanda en 1994.

1. Tout a commencé en 2006 :

- je venais de présenter mon projet de thèse doctorale sur le cas du Rwanda ;
- j'étais salarié dans un foyer de jeunes en difficultés à Versailles. Au sein de ce même foyer, je fus victime d'attaques verbales très violentes et répétées, tout simplement parce que je refusais de dire à mes agresseurs si j'étais « Hutu » ou « Tutsi » ! Ayant sollicité l'intervention de la Directrice pour mettre fin à ces attaques, ma demande fut tout simplement rejetée. Devant cette situation, comme j'estimais que ma vie était en danger, j'ai été obligé de ne plus me rendre à mon travail et j'ai été licencié.

2. Après ce licenciement, j'ai découvert qu'au moment où j'étais victime d'attaques racistes, une autre affaire très complexe d'escroquerie avait été menée à mon encontre : au mois de septembre 2006, j'ai acheté un véhicule pour pouvoir aller travailler dans le même foyer ci-dessus cité. C'est après

mon licenciement que je me suis rendu compte que lors de l'achat du-dit véhicule, j'avais été victime d'une escroquerie avec la complicité des services de l'administration publique. C'est finalement cette affaire qui allait servir d'alibi à différents agresseurs et constituer le commencement d'autres attaques généralisées : attaques publiques concernant mes origines rwandaises à mon domicile ; non-distribution sélective de mon courrier professionnel à mon domicile ; attaques professionnelles visant toute activité que j'ai essayé d'entreprendre depuis 2006 ; attaques financières visant mes comptes bancaires ; attaques informatiques visant la falsification des références d'ouvrages dont je suis auteur.

3. Le point le plus étonnant, c'est la complicité de la Justice, de la Police et de l'ensemble de différents avocats à qui j'ai confié mon dossier pour me défendre : tous les avocats, après avoir encaissé tout ou partie des frais d'honoraires, ont abandonné mon dossier ! Pourtant, lors des Jugements rendus par des tribunaux, ce sont ces mêmes avocats - officiellement déchargés de mon affaire - qui servent de caution aux tribunaux pour me signifier des condamnations partisanes.

Le 08 avril 2014, Maître Jules, qui avait abandonné mon dossier auprès du Tribunal de Grande Instance de Nanterre, a résumé la situation devant le Tribunal de Paris 11ème Arrondissement : étant donné que Maître Bernard qui avait repris le dossier ne s'est pas non plus constitué pour me représenter - alors qu'il avait encaissé tous les frais d'honoraires -, c'est finalement Maître Jules qui a été cité par le tribunal comme étant mon représentant. J'ai alors demandé à Maître Jules de me donner des explications. Surtout que, dans son jugement, le tribunal a indiqué que je n'aurais présenté aucune preuve pour étayer mes arguments. Suite à ma saisine du tribunal, Maître Bernard a préféré fuir la Justice ! C'est donc Maître Jules qui a répondu à mes questions : concernant le fait qu'il est cité par le Tribunal de Grande Instance de Nanterre comme étant mon avocat, il a répondu : « Je n'y étais pas, ils ont tout simplement ajouté mon nom... ». Au sujet de l'absence de « preuves » pour soutenir mes arguments - alors que Maître Jules affirme avoir remis au tribunal un dossier complet avec des conclusions, ce même avocat a répondu, le 08 avril 2014 : « Mes conclusions sont impeccables, il n'y a rien à redire. Seulement, elles ont été écartées lors du Jugement par lequel Monsieur SEBUNUMA a été condamné (...) » ! Et lorsque j'ai fait appel de ce jugement parodique, la même histoire s'est répétée auprès de la Cour d'Appel de Versailles ! (justificatifs ci-joints).

Monsieur Le Président, à partir de ce témoignage, je vous vous demande de bien vouloir apprécier par vous-mêmes la nature de la Justice qui m'est rendue.

4. Le 07 février 2013, en mon absence, mon logement a été visité par un commando. Avant de partir, le commando a pris tout le temps nécessaire pour détruire la porte à la perceuse ! Le gardien d'immeuble - qui était

pourtant présent sur les lieux - a affirmé qu'il n'avait rien vu ni rien entendu ! Il s'est contenté de m'informer : « ce sont peut-être des huissiers, c'est déjà arrivé à un locataire qui avait des problèmes avec la Justice » ! Et comme par hasard, le commando avait laissé sur le bureau (à l'intérieur de ma chambre) un document portant les références du Jugement parodique qui avait été rendu contre moi par le Tribunal de Grande Instance de Nanterre - au sujet du litige commercial ci-dessus présenté. Plus tard, j'ai appris que cette attaque du 07 février 2013 aurait été menée par un commando de trois hommes Blancs, âgés environ de 30 à 45 ans, très bien habillés.

En résumé, les attaques sont multiformes. Mais, le point central de ces attaques, c'est l'activité professionnelle : dès qu'un employeur déclare mon numéro de sécurité sociale, dès que je déclare moi-même une activité libérale auprès de l'URSSAF, la chasse à l'homme commence immédiatement ! En effet, étant donné que je ne vivais pas au Rwanda à l'époque du génocide, il est difficile pour mes bourreaux de trouver un alibi diffamatoire qui leur permettrait de m'attaquer. Ainsi, la guerre qui est menée contre ma personne est plutôt économique, financière et socioprofessionnelle. Même la société HLM n'a pas hésité a falsifier les quittances de loyer pour que son gardien d'immeuble les utilise publiquement dans sa campagne diffamatoire contre ma personne. J'ai présenté toutes ces affaires à la Justice, mais, il semble qu'il n'y aurait rien d'« illégal » dans tout cela !

5. Parmi les différentes affaires qui illustrent mes observations, il y a le harcèlement professionnel - dont je vous présente une partie des preuves -, mais aussi, certaines banques où j'avais ouvert un compte bancaire se sont mobilisées contre ma personne : ci-jointes les preuves d'actes illégaux dont j'ai été victime de la part de la Banque [...], en lien direct avec l'affaire judiciaire que j'ai déjà présentée ci-dessus. Le but de la Banque [...] était clair : nuire à ma personne et à mes intérêts. Car, non seulement cette banque a confisqué puis fermé mon compte bancaire sans aucun motif, mais aussi, elle m'a fiché gratuitement en « Interdit bancaire » pour nuire à mes activités professionnelles. Or, si les informations dont je dispose sont bonnes, la Banque [...] serait une société de l'État. Comme le résume bien l'expression populaire : « *Ceci explique cela* » !

6. Harcèlement et pression multiforme de la Police :

La première forme de harcèlement concerne les convocations répétitives. Compte tenu des faits que j'ai exposés ci-dessus, j'ai déposé plusieurs plaintes contre mes adversaires. Cependant, c'est moi la victime qui suis régulièrement convoqué pour « être entendu » par la Police ! A ce jour, j'ai été convoqué au moins une vingtaine de fois ! Résultat : aucun de mes adversaires n'a jamais rendu compte de ses actes devant la Justice. La spécificité de ces auditions auxquelles je suis régulièrement convoqué, c'est que la Police a toujours évité la confrontation entre toutes les parties : une

seule confrontation a été organisée entre moi-même et le gardien d'immeuble. Lors de cette confrontation, le gardien d'immeuble a nié tous les faits pour lesquels j'ai porté plainte. Devant ce déni, j'ai demandé à la Police et au Juge d'instruction d'organiser une nouvelle confrontation en présence des témoins que j'ai cités : ces mêmes témoins, on les voit et on les entend sur les enregistrements que j'ai remis à la Justice. Cependant, la Police et la Justice ont refusé ma demande d'une confrontation en présence des témoins ! Pour quelle raison ?
Quant au litige principal qui m'oppose aux société [...] et [...], aucune confrontation n'a jamais été organisée !
La deuxième forme de harcèlement et de pression concerne les condamnations à partir des faits sans fondements et/ou imaginaires : en effet, sans aucune procédure officielle, la Police prononce des condamnations à mon encontre et ordonne à l'administration fiscale de me réclamer des frais d'amandes et/ou de condamnation ! (justificatifs ci-joints, pages 80 - 84). Même au Zaïre de Mobutu où j'ai séjourné dans le passé, je n'y ai pas vu des affaires judiciaires de cette nature !
Constat : les adversaires privés qui s'acharnent sur ma personne - sociétés et particuliers - ne font que suivre l'exemple de l'État.
7. Je me permets de revenir sur les attaques dont je suis victime à mon domicile : dans l'un de ses discours d'appel à la haine contre ma personne, le gardien d'immeuble, Monsieur X, a fait une déclaration étonnante : selon ce discours, les Rwandais seraient en France parce qu'ils sont « parqués chez-eux » ; parce qu'ils « s'entre-tuent chez-eux » !
Compte tenu de la gravité de ces propos, ma question est la suivante : Que faisaient-ils les Français qui étaient présents au Rwanda, pendant la période du génocide de 1994 ? Faisaient-ils du « SAFARI » et, dans cette hypothèse, massacraient-ils légitimement leur gibier ? J'insiste sur cette période du génocide : du mois d'avril au mois de juillet 1994 ; je ne parle pas de l'Opération Turquoise - même si cette opération présente elle aussi d'autres problèmes particuliers qu'il faudrait élucider par ailleurs.
Avant de nous insulter, de nous diffamer, de nous dénigrer et de nous pourchasser publiquement, nous demandons à nos bourreaux de bien vouloir balayer d'abord devant la porte de leur conscience.
Par ailleurs, pendant le génocide au Rwanda en 1994, plusieurs membres de ma famille ont été massacrés. Je n'ai donc pas besoin de grands discours de criminels pour connaître ce qui s'est passé au Rwanda.
8. Afin d'étayer mes propos par des faits irréfutables, ci-joints les différents documents à l'appui de mes observations :
- copie de la demande d'aide juridictionnelle que j'ai adressée à la Cour de Cassation le 08 juillet 2014 ;
- L'ensemble des différents justificatifs que j'ai communiqués à la Cour de Cassation à l'appui de ma demande d'aide juridictionnelle du 08 juillet 2014 ;

d'autres documents complémentaires cités dans le présent courrier ;
- Un CD-DVD qui contient les preuves matérielles de différentes attaques dont j'ai été victime à mon domicile : depuis le début des attaques multiformes dont je suis la cible, dès le lever du soleil, mon logement est assiégé ! Le même CD-DVD contient aussi la preuve audio d'un licenciement abusif dont j'ai été victime suite à une intervention directe et explicite de Pôle Emploi.
Soit un dossier de 111 pages numérotées et un CD-DVD.
*Remarque sur les enregistrements audio-vidéo* :
Au cas où vous auriez écouté certains discours qui ont excité les criminels avant et pendant le génocide au Rwanda de 1994, ce n'était qu'une copie ! Dans les enregistrements ci-joints, vous aurez enfin l'original des discours structurés et répétés d'appel à la Haine. Plus particulièrment, dans le discours du 04 novembre 2009 (extrait n°2), l'auteur du discours affirme que "ce n'est pas fini..." ! Qu'est-ce qui n'est pas fini ? Les génocides ?
Pour résumer la situation, je suis tout simplement victime d'attaques multiformes de la part de l'État : les sociétés privées et les particuliers n'interviennent dans ces affaires qu'à titre d'« exécutants ».

Conclusion :

- Il n'y a plus de doute possible, l'État Français traque et pourchasse des Rwandais tout simplement parce qu'ils sont Rwandais. Nous ne pouvons plus nous taire ;
- Compte tenu des faits, la France aurait nécessairement quelque chose à se reprocher dans l'histoire récente du Rwanda : un État ne peut pas mobiliser toutes ses ressources pour exterminer un autre peuple sans qu'il y ait une raison ;
- Certains Rwandais sont poursuivis en France pour des crimes qu'ils auraient commis au Rwanda, crimes liés au génocide de 1994. Compte tenu du présent dossier, ma question est la suivante : Comment la France pourrait-elle juger et condamner des Rwandais pour les mêmes actes dont elle est aussi auteur et/ou complice ? Les faits sont là, les preuves sont irréfutables. Pour ma part, la meilleure Justice qui soit, c'est celle qui consisterait à donner l'exemple d'abord avant de condamner les autres.

Monsieur Le Président, pour toutes ces raisons,

Je me permets de vous présenter la situation ainsi que l'ensemble du dossier : le présent courrier et les pièces annexes seront rendus publics car, je suis pourchassé, puis condamné gratuitement par la Justice « au Nom du Peuple Français ». Par conséquent, l'opinion publique a le droit d'en être informée. En effet, il n'y aura plus un autre génocide gratuit contre nous Rwandais en silence, quelle que soit la complexité des méthodes criminelles utilisées par nos bourreaux.
Veuillez agréer, Monsieur Le Président, l'expression de ma considération

distinguée.

SEBUNUMA Déogratias

En provenance de :
Monsieur le Président
Assemblée Nationale
126 rue de l'Université
75355 PARIS 07 SP

Présenté / Avisé le : 10/10/14
Distribué le : 10/10/14

Je soussigné déclare être
☐ Le destinataire
☐ Le mandataire
☐ CNI/Permis de conduire
☐ Autre :

LA POSTE
RECOMMANDÉ :
AVIS DE RÉCEPTION
Numéro de l'AR : AR 1A 100 105 0831 1

PARIS-PALAIS BOURBON 10-10 2014

Renvoyer à
SEBUNUMA Déogratias
18 rue Adolphe Chérioux
92130 Issy-les-Moulineaux

SEBUNUMA Déogratias
18 rue Adolphe Chérioux
92130 ISSY-LES-MOULINEAUX

Issy-les-Moulineaux, le 17 septembre 2014

Courrier recommandé avec Avis de Réception

HUMAN RIGHTS WATCH
142 rue Montmartre
75002 Paris

Objet :
- La France traque et pourchasse des Rwandais, tout simplement parce qu'ils sont Rwandais ;
- Si vous êtes « Partie Civile » dans des procès dirigés contre des Rwandais : veuillez vous assurer que certaines preuves présentées contre eux ne seraient pas fabriquées de toutes pièces !

Madame, Monsieur,

J'ai l'honneur de vous écrire pour vous signaler une situation particulière de violation de droits fondamentaux dont nous sommes victimes en France, tout simplement parce que nous sommes Rwandais. Je parle de « nous » car, d'après le contenu d'entretiens avec des Rwandais - dans le cadre de mon métier de psychologue -, il appert que je ne suis pas la seule victime concernée par la « *chasse à l'homme* » menée par l'État Français contre des Rwandais qui refusent de se soumettre à la « thèse officielle » de la survenue du génocide au Rwanda en 1994.
1. Tout a commencé en 2006 :
- je venais de présenter mon projet de thèse doctorale sur le cas du Rwanda ;
- j'étais salarié dans un foyer de jeunes en difficultés à Versailles. Au sein de ce même foyer, je fus victime d'attaques verbales très violentes et répétées, tout simplement parce que je refusais de dire à mes agresseurs si j'étais « Hutu » ou « Tutsi » ! Ayant sollicité l'intervention de la Directrice pour mettre fin à ces attaques, ma demande fut tout simplement rejetée. Devant cette situation, comme j'estimais que ma vie était en danger, j'ai été obligé de ne plus me rendre à mon travail et j'ai été licencié.
2. Après ce licenciement, j'ai découvert qu'au moment où j'étais victime d'attaques racistes, une autre affaire très complexe d'escroquerie avait été menée à mon encontre : au mois de septembre 2006, j'ai acheté un véhicule pour pouvoir aller travailler dans le même foyer ci-dessus cité. C'est après mon licenciement que je me suis rendu compte que lors de l'achat du-dit véhicule, j'avais été victime d'une escroquerie avec la complicité des services de l'administration publique. C'est finalement cette affaire qui allait servir

d'alibi à différents agresseurs et constituer le commencement d'autres attaques généralisées : attaques publiques concernant mes origines rwandaises à mon domicile ; non-distribution sélective de mon courrier professionnel à mon domicile ; attaques professionnelles visant toute activité que j'ai essayé d'entreprendre depuis 2006 ; attaques financières visant mes comptes bancaires ; attaques informatiques visant la falsification des références d'ouvrages dont je suis auteur.

3. Le point le plus étonnant, c'est la complicité de la Justice, de la Police et de l'ensemble de différents avocats à qui j'ai confié mon dossier pour me défendre : tous les avocats, après avoir encaissé tout ou partie des frais d'honoraires, ont abandonné mon dossier ! Pourtant, lors des Jugements rendus par des tribunaux, ce sont ces mêmes avocats - officiellement déchargés de mon affaire - qui servent de caution aux tribunaux pour me signifier des condamnations partisanes.

4. Le 07 février 2013, en mon absence, mon logement a été visité par un commando. Avant de partir, le commando a pris tout le temps nécessaire pour détruire la porte à la perceuse ! Le gardien d'immeuble - qui était pourtant présent sur les lieux - a affirmé qu'il n'avait rien vu ni rien entendu ! Il s'est contenté de m'informer : « ce sont peut-être des huissiers, c'est déjà arrivé à un locataire qui avait des problèmes avec la Justice » ! Et comme par hasard, le commando avait laissé sur le bureau (à l'intérieur de ma chambre) un document portant les références du Jugement parodique qui avait été rendu contre moi par le Tribunal de Grande Instance de Nanterre - au sujet du litige commercial ci-dessus présenté. Plus tard, j'ai appris que cette attaque du 07 février 2013 aurait été menée par un commando de trois hommes Blancs, âgés environ de 30 à 45 ans, très bien habillés.

En résumé, les attaques sont multiformes. Mais, le point central de ces attaques, c'est l'activité professionnelle : dès qu'un employeur déclare mon numéro de sécurité sociale, dès que je déclare moi-même une activité libérale auprès de l'URSSAF, la chasse à l'homme commence immédiatement ! En effet, étant donné que je ne vivais pas au Rwanda à l'époque du génocide, il est difficile pour mes bourreaux de trouver un alibi diffamatoire qui leur permettrait de m'attaquer. Ainsi, la guerre qui est menée contre ma personne est plutôt économique, financière et socioprofessionnelle.

5. Harcèlement et pression multiforme de la Police :

La première forme de harcèlement concerne les convocations répétitives. Compte tenu des faits que j'ai exposés ci-dessus, j'ai déposé plusieurs plaintes contre mes adversaires. Cependant, c'est moi la victime qui suis régulièrement convoqué pour « être entendu » par la Police ! A ce jour, j'ai été convoqué au moins une vingtaine de fois ! Résultat : aucun de mes adversaires n'a jamais rendu compte de ses actes devant la Justice. La spécificité de ces auditions auxquelles je suis régulièrement convoqué, c'est

que la Police a toujours évité la confrontation entre toutes les parties : une seule confrontation a été organisée entre moi-même et le gardien d'immeuble. Lors de cette confrontation, le gardien d'immeuble a nié tous les faits pour lesquels j'ai porté plainte. Devant ce déni, j'ai demandé à la Police et au Juge d'instruction d'organiser une nouvelle confrontation en présence des témoins que j'ai cités : ces mêmes témoins, on les voit et on les entend sur les enregistrements que j'ai remis à la Justice. Cependant, la Police et la Justice ont refusé ma demande d'une confrontation en présence des témoins ! Pour quelle raison ?
Quant au litige principal qui m'oppose aux société [...] et [...], aucune confrontation n'a jamais été organisée !
La deuxième forme de harcèlement et de pression concerne les condamnations à partir des faits sans fondements et/ou imaginaires : en effet, sans aucune procédure officielle, la Police prononce des condamnations à mon encontre et ordonne à l'administration fiscale de me réclamer des frais d'amandes et/ou de condamnation ! (justificatifs ci-joints, pages 83 - 87). Même au Zaïre de Mobutu où j'ai séjourné dans le passé, je n'y ai pas vu des affaires judiciaires de cette nature !
Constat : les adversaires privés qui s'acharnent sur ma personne - sociétés et particuliers - ne font que suivre l'exemple de l'État.
6. Afin d'étayer mes propos par des faits irréfutables, ci-joints les différents documents à l'appui de mes observations :
- copie de la demande d'aide juridictionnelle que j'ai adressée à la Cour de Cassation le 08 juillet 2014 ;
- L'ensemble des différents justificatifs que j'ai communiqués à la Cour de Cassation à l'appui de ma demande d'aide juridictionnelle du 08 juillet 2014 ;
- Un CD-DVD qui contient les preuves matérielles de différentes attaques dont j'ai été victime à mon domicile : depuis le début des attaques multiformes dont je suis la cible, dès le lever du soleil, mon logement est assiégé ! Le même CD-DVD contient aussi la preuve audio d'un licenciement abusif dont j'ai été victime suite à une intervention directe et explicite de Pôle Emploi.
Soit un dossier de 87 pages numérotées et un CD-DVD.
*Remarque sur les enregistrements audio-vidéo* :
Au cas où vous auriez écouté certains discours qui ont excité les criminels avant et pendant le génocide au Rwanda de 1994, ce n'était qu'une copie ! Dans les enregistrements ci-joints, vous aurez enfin l'original des discours structurés et répétés d'appel à la Haine. Plus particulièrment, dans le discours du 04 novembre 2009 (extrait n°2), l'auteur du discours affirme que “ce n'est pas fini...” ! Qu'est-ce qui n'est pas fini ? Les génocides ?
Pour résumer la situation, je suis tout simplement victime d'attaques multiformes de la part de l'État : les sociétés privées et les particuliers n'interviennent dans ces affaires qu'à titre d'« exécutants ».

Conclusion :

- Il n'y a plus de doute possible, l'État Français traque et pourchasse des Rwandais tout simplement parce qu'ils sont Rwandais. Nous ne pouvons plus nous taire ;

- Compte tenu des faits, la France aurait nécessairement quelque chose à se reprocher dans l'histoire récente du Rwanda : un État ne peut pas mobiliser toutes ses ressources pour exterminer un autre peuple sans qu'il y ait une raison ;

- Certains Rwandais sont poursuivis en France pour des crimes qu'ils auraient commis au Rwanda, crimes liés au génocide de 1994. Compte tenu du présent dossier, ma question est la suivante : Comment la France pourrait-elle juger et condamner des Rwandais pour les mêmes actes dont elle est aussi auteur et/ou complice ? Les faits sont là, les preuves sont irréfutables. Pour ma part, la meilleure Justice qui soit, c'est celle qui consisterait à donner l'exemple d'abord avant de condamner les autres.

Pour toutes ces raisons,

Si votre organisme est « Partie Civile » dans telle ou telle affaire judiciaire dirigée contre un Rwandais en France, veuillez vous assurer que les preuves présentées contre lui ne seraient pas fabriquées de toutes pièces ! Par ailleurs, l'ensemble de toutes ces affaires sera rendu public : il n'y aura plus un autre génocide gratuit contre les Rwandais en silence, quelle que soit la complexité des méthodes utilisées par nos bourreaux.

Veuillez agréer, Madame, Monsieur, l'expression de ma considération distinguée.

SEBUNUMA Déogratias

**RECOMMANDÉ :**
**AVIS DE RÉCEPTION**

LA POSTE

Numéro de l'AR : **AR 1A 102 742 6011 6**

Renvoyer à FRAB

SEBUNUMA Déogratias

18 rue Adolphe Chérioux
92130 Issy-les-Moulineaux

En provenance de :

HUMAN RIGHTS WATCH
142 rue Montmartre
75002 PARIS

Présenté / Avisé le : 13/05/14
Distribué le : 13/05/14

Je soussigné déclare être
☐ Le destinataire
☐ Le mandataire

(Préciser Nom et Prénom si mandataire)

☐ CNI/Permis de conduire
☐ Autre : . . . . . . . . . .

Signature Facteur*

SEBUNUMA Déogratias
18 rue Adolphe Chérioux
92130 Issy-les-Moulineaux

Issy-les-Moulineaux, le 24 novembre 2014

Courrier recommandé avec avis de réception

*copie à* :

Cour Européenne
des Droits de l'Homme

Madame, Monsieur
Le Président
Tribunal Administratif
7 rue de Jouy
75181 PARIS CEDEX 04

Objet : Saisine du Tribunal Administratif

*Contre* :

- L'État Français
- Le Ministère de la Justice, 13 Place Vendôme 75001 PARIS

*Les faits* :

- L'État Français me pourchasse tout simplement parce que je suis Rwandais ;
- En 2014, les couteaux administratifs, les couteaux judiciaires et les perceuses d'huissiers de Justice
ont remplacé la machette de 1994 au Rwanda ;
- *Question* : Qui a ordonné, au nom de l'État Français, la continuation de crimes génocidaires contre nous Rwandais ? Que ce soit la machette ou d'autres moyens de substitution, pour nous victimes, le résultat est le même.

Madame, Monsieur Le Président,

J'ai l'honneur de saisir le Tribunal Administratif pour demander à la Justice d'établir les responsabilités de certaines institutions de l'État auprès desquelles mes droits fondamentaux sont déniés. Cela, au point d'être pourchassé jusqu'à mon domicile, sans oublier la destruction de tout ce que j'entreprends sur le plan professionnel.
Compte tenu de la situation, je prends à témoin la Cour Européenne des Droits de l'Homme : je transmets à cette cour la copie du présent courrier-plainte ainsi que le dossier annexe au complet.

Tout a commencé en 2006 :

- je venais de présenter mon projet de thèse doctorale sur le cas du Rwanda ;
- j'étais salarié dans un foyer de jeunes en difficultés à Versailles. Au sein de ce même foyer, je fus victime d'attaques verbales très violentes et répétées, tout simplement parce que je refusais de dire à mes agresseurs si j'étais « Hutu » ou « Tutsi » ! Ayant sollicité l'intervention de la Directrice pour

mettre fin à ces attaques, ma demande fut tout simplement rejetée. Devant cette situation, comme j'estimais que ma vie était en danger, j'ai été obligé de ne plus me rendre à mon travail et j'ai été licencié.
Après ce licenciement, j'ai découvert qu'au moment où j'étais victime d'attaques racistes, une autre affaire très complexe d'escroquerie avait été menée à mon encontre : au mois de septembre 2006, j'ai acheté un véhicule pour pouvoir aller travailler dans le même foyer ci-dessus cité. C'est après mon licenciement que je me suis rendu compte que lors de l'achat du-dit véhicule, j'avais été victime d'une escroquerie avec la complicité des services de l'administration publique. C'est finalement cette affaire qui allait servir d'alibi à différents agresseurs et constituer le commencement d'autres attaques généralisées : attaques publiques concernant mes origines rwandaises à mon domicile ; non-distribution sélective de mon courrier professionnel à mon domicile ; attaques professionnelles visant toute activité que j'ai essayé d'entreprendre depuis 2006 ; attaques financières visant mes comptes bancaires ; attaques informatiques visant la falsification des références d'ouvrages dont je suis auteur.

### I. Couteaux de l'administration publique et de la Police

Après avoir découvert que j'avais été victime d'une escroquerie lors de l'achat du véhicule ci-dessus cité, de la part des sociétés [...] et [...], j'ai essayé de régler le problème à l'amiable avec les mêmes sociétés. Cependant, ces sociétés ont catégoriquement refusé ma proposition. J'ai même fait appel à l'association UFC Que Choisir, mais les deux sociétés ont maintenu leur refus de régler le problème à l'amiable. Pis encore, la société [...] s'est même autorisée de prélever frauduleusement de l'argent sur mon compte bancaire alors que j'avais fait opposition à mon compte bancaire, dans l'attente d'une solution au litige.
Pour cela, j'ai été obligé de saisir la Justice en déposant une plainte pour escroquerie et abus de confiance, au mois d'avril 2007. En janvier 2008, la société [...] a saisi à son tour la Justice : elle m'a assigné auprès du Tribunal de Grande Instance de Nanterre. C'est à partir de ces deux dossiers principaux que d'autres affaires ont été créées pour nuire à ma personne et à mes intérêts professionnels.
Dans le cadre de la présente plainte, je me limiterai uniquement aux seuls actes imputables aux fonctionnaires et aux institutions de l'État en charge de différentes affaires me concernant. Cela pour demander à la Justice d'établir la vérité et de condamner les responsables à assumer leurs responsabilités :
1. Il existe une contradiction liée aux documents administratifs du véhicule à l'origine de tous les problèmes :
- C'est la Préfecture de Police de Paris qui a établi le Certificat d'immatriculation provisoire du véhicule, le 03 novembre 2006. Sur ce document, il est précisé que ledit certificat est attribué à « Monsieur SEBUNUMA Dégratias ». C'est ce certificat d'immatriculation provisoire

du véhicule qui m'a été remis le 10 novembre 2006, lorsque je suis allé récupérer le véhicule. Le même jour, le 10 novembre 2006, le Garage [...] m'a demandé de signer une demande d'assurance-protection du véhicule : sur cette demande d'assurance - dont j'ai gardé une copie -, il y est précisé que le propriétaire du véhicule est «SEBUNUMA Déogratias » ;
- Vers fin novembre 2006, le garage [...] m'a demandé d'aller récupérer le Certificat définitif d'immatriculation du véhicule. Le même jour, ledit garage m'a remis les plaques définitives d'immatriculation du véhicule.
Après avoir été licencié - parce que je refusais de dire si j'étais Hutu ou Tutsi - et, après avoir reçu la décision des ASSEDIC concernant le montant de l'indemnité dont j'allais bénéficier, je me suis rendu à l'agence de la société [...] dont dépendait le crédit du véhicule, à Boulogne Billancourt (92), pour demander la diminution des mensualités à payer. Cela en tenant compte de ma nouvelle situation. A ma grande surprise, l'agent de la société [...] m'a informé que ma demande ne pouvait pas se faire car, selon ses termes, je n'avais pas un « crédit classique », mais plutôt « une location avec option d'achat » ! J'ai expliqué à cet agent que ce n'était pas ce que j'avais demandé et je lui ai montré le Bon de Commande que j'avais signé avec le Garage [...]. L'agent de la société [...] m'a conseillé de contacter sans tarder le garage qui m'avait vendu le véhicule afin que la nature du crédit soit modifié en conformité avec le Bon de Commande. Le 27 février 2007, je me suis rendu au Garage [...] pour demander des explications :
- Jusqu'au 27 février 2007, je n'avais pas encore reçu la copie du dossier de demande de crédit que j'avais signé le 04 octobre 2006. Après la signature de ce document, le conseiller financier du garage ci-dessus cité m'avait informé qu'il ne pouvait pas me remettre une copie tant que le créancier n'avait pas encore donné son accord. Selon lui, c'est la société [...] qui allait m'envoyer par La Banque [...] la copie du dossier de demande de crédit. Pour cela, le 27 février 2007, le Garage [...] m'a remis une copie du dossier de demande de crédit. A ma grande surprise, comme me l'avait expliqué l'agent de [...], j'ai constaté que ce document était en contradiction avec le Bon de commande que j'avais initialement signé avec le même garage. Immédiatement, le 27 février 2007, j'ai dénoncé ledit dossier de demande de crédit et j'ai demandé aux deux sociétés concernées de reprendre leur véhicule. Par ailleurs, cette découverte m'a amené à vérifier les autres documents du véhicule . Constat : le Certificat provisoire d'immatriculation du véhicule est en contradiction avec le Certificat définitif du même véhicule en ce qui concerne le « propriétaire » du véhicule !
Observations: Je demande au Tribunal Administratif d'établir les responsabilité sur cette contradiction entre les documents administratifs d'immatriculation du même véhicule. Car, en attribuant le véhicule à un autre propriétaire, l'administration a dû s'apercevoir que le même véhicule appartenait déjà à quelqu'un d'autre, moi-même. Étant donné que je n'ai

jamais cédé le véhicule à qui que ce soit, depuis la date de l'enregistrement du véhicule par la Préfecture de Police de Paris, je demande les explications à l'administration qui a établi lesdits documents administratifs contradictoires concernant un même véhicule.
De plus, il existe d'autres preuves matérielles administratives irréfutables qui permettent d'étayer mes observations :
- Comme je l'ai déjà dit ci-dessus, lorsque je suis allé récupérer le véhicule le 10 novembre 2006, j'ai conjointement signé - avec le Garage [...] - une demande d'assurance du véhicule auprès d'une autre société dénommée Saga. Au début de l'année 2007, la société Saga m'a envoyé un certificat d'assurance-protection du véhicule. Sur ce certificat, le propriétaire du véhicule est « SEBUNUMA Déogratias ».
- Compte tenu des problèmes que le véhicule à l'origine du litige m'a créés - jusqu'aux attaques à mon domicile -, au mois de novembre 2013, j'ai remis le véhicule au Parquet Général de Versailles. Cela dans l'attente d'une décision définitive de la Justice. Malgré cette démarche officielle dont je possède les preuves écrites, au mois de février 2014, la Police Judiciaire m'a envoyé un courrier (AR) concernant l'enlèvement du véhicule par la Police. Voici l'extrait du contenu dudit courrier de la Police Judiciaire : « Il apparaît, après consultation du Système des Immatriculations des Véhicules (SIV) que vous êtes propriétaire du véhicule ci-après désigné : Type : Citadine Marque : Volkswagen Modèle : Polo Immatriculation : 919FAL92 ».
Constat : jusqu'en 2014, le véhicule est encore immatriculé à mon nom, prénom et adresse ! Dans ces conditions, je demande au Tribunal Administratif d'établir la vérité sur l'origine du Certificat d'immatriculation qui attribue le véhicule à la société [...]. Surtout que, c'est ce même document frauduleux qui est régulièrement présenté par mes adversaires et la Justice pour me condamner gratuitement. Qui a établi ce document ? Pour quelle raison ? Je demande les explications ; je demande à la Justice de faire la lumière sur cette affaire et de condamner les auteurs de ce document.

(Justificatifs : dossier ci-joint, pages 4 - 16)

2. Depuis le débuts des procédures judiciaires ci-dessus présentées, je suis régulièrement convoqué par la Police pour « être entendu » : j'ai été convoqué au moins une vingtaine de fois ! Pour quel résultat ? Les « Non-lieu », tout simplement. Ou bien, dans d'autres cas, la Justice a préféré se retourner contre ma personne ! Je reviendrai sur ce point plus loin. En plus de la pression et du harcèlement de la Police au moyen des convocations répétitives, un autre phénomène a vu le jour : les condamnations gratuites par la Police suivies par des avis de l'administration fiscale qui me réclame de payer des « amandes » !
- Au sujet de la plainte pénale que j'ai engagée contre les société [...] et [...], le Parquet de Paris n'a donné aucune suite ! Après plusieurs années d'attente, j'ai été obligé de saisir le Doyen des Juges d'instruction. Finalement, le Juge

d'Instruction a conclu sur un « Non-lieu ». J'ai fait appel de cette décision. La Cour d'Appel de Paris a confirmé la décision du Juge d'instruction et l'arrêt m'a été signifiée par un Huissier de Justice. Je reviendrai sur ce dossier dans la deuxième partie. Après plus d'un an, à ma grande surprise, j'ai reçu un avis du Trésor Public qui me demandait de payer les frais d'une « condamnation » liée à l'arrêt qui m'avait été signifiée par la Cour d'Appel de Paris ! Or, dans le dossier du même arrêt qui m'a été communiqué par un Huissier de Justice, aucune condamnation n'est mentionnée nulle part à mon encontre ! J'ai contesté cette « condamnation » imaginaire auprès de l'Officier du Ministère Public de la Cour d'Appel de Paris. Cependant, étant donné qu'il n'a jamais répondu à mon courrier pour me communiquer sa décision, je demande au Tribunal Administratif de constater cette affaire d'abus de pouvoir et d'annuler la condamnation gratuite dont je suis victime. Par ailleurs, je demande à l'institution publique qui a prononcée cette condamnation imaginaire de s'expliquer et de payer les dommages et intérêts.

(Justificatifs : dossier ci-joint, pages 17 - 20)

3. Depuis le début du litige commercial qui m'oppose aux société [...] et [...], comme je l'ai déjà précisé, ces deux sociétés ont refusé de reprendre leur véhicule. Par la suite, en plus des procédures judiciaires, j'ai été attaqué jusqu'à mon domicile - sans oublier les attaques qui ont visé mes activités professionnelles. Ainsi, en novembre 2013, j'ai remis le véhicule au Parquet Général de Versailles dans l'attente d'une décision définitive de toutes ces affaires.

A ma grande surprise, au mois de février 2014, le Trésor Public m'a adressé un avis d'amendes concernant le stationnement abusif du mois de janvier 2014 - stationnement concernant le véhicule dont je n'étais plus en possession et dont je n'étais plus détenteur de contrat d'assurance depuis le début des procédures judiciaires en 2007. En effet, dès que j'ai découvert l'escroquerie dont j'avais été victime, j'ai demandé à mes adversaires de récupérer leur voiture et j'ai résilié le contrat d'assurance. Cependant, la [...] a refusé de résilier le contrat. En 2013, j'ai saisi la Justice et la [...] m'a restitué l'intégralité des frais d'assurance que cette même société avait prélevés illégalement sur mon compte bancaire.

Dans ces conditions, étant donné qu'en janvier 2014 je n'étais ni en possession du véhicule, ni le chauffeur du véhicule, ni le souscripteur d'un quelconque contrat d'assurance concernant ledit véhicule, pourquoi la Police Judiciaire et le Trésor Public s'acharnent-ils sur ma personne pour me faire porter la responsabilité d'une infraction qui ne me concerne pas ? La Police Judiciaire ne connaît-elle pas où se trouve le Parquet Général de Versailles ? Je demande au Tribunal Administratif de se prononcer sur cet abus de pouvoir et d'annuler la condamnation gratuite dont je fais l'objet.

(Justificatifs : dossier ci-joint, pages 20 - 25)

## II. Couteaux de la Justice (tribunaux)

1. Comme je l'ai déjà exposé ci-dessus, après avoir constaté que j'avais été victime d'une escroquerie de la part des sociétés [...] et [...] en octobre 2006, j'ai déposé une plainte auprès du Parquet de Paris. Suite à cette plainte, j'ai été entendu par le Commissariat de Police du 13ème Arrondissement de Paris. Mais, après cette audition, aucune suite n'a été donnée à ma plainte. Ainsi, j'ai saisi le Doyen des Juges d'instruction. Dans le cadre de cette procédure, le Juge d'instruction m'a auditionné en s'appuyant sur le dossier que j'avais déjà constitué auprès du Parquet de Paris. Lors de cette audition, le Juge d'instruction m'a montré la signature qui se trouve sur la copie du dossier de demande de crédit concernant le véhicule à l'origine du litige : il m'a demandé si je n'avais pas remarqué la mention « location avec option d'achat » sur ce dossier de demande de financement. J'ai répondu au Juge d'instruction qu'à l'époque des faits je ne savais même pas ce que signifie « une location avec option d'achat ». Quelques semaines plus tard, le Juge d'instruction a clôturé l'instruction sur un « Non-lieu ». Motif : selon le Juge d'instruction, je lui aurais dit qu'à l'époque des faits je ne savais pas ce que signifie le mot « location » ! Plus tard, d'autres institutions judiciaires ce sont emparées de cette déformation de mes propos pour me condamner :

Observations :

- Je demande au Juge d'instruction, à la Cour d'Appel de Paris et au conseiller de l'Avocat Général auprès de la Cour de Cassation d'apporter la preuve selon laquelle j'aurais dit que je ne savais pas ce que signifie le mot « location » au moment de la signature du dossier de demande de crédit-auto en 2006. J'ai en ma possession la copie de l'audition citée par le Juge d'instruction puis reprise par les autres institutions judiciaires. La copie de la dite audition m'a été remise par la Cour d'Appel de Paris : Mes propos sont clairs, la greffière qui rédigeait mes réponses pendant l'audition a respecté mes mots. D'autres part, je me demande comment tous les tribunaux peuvent décider de rejeter ma plainte sans tenir compte des pièces matérielles à l'appui de mes arguments. Quant à la signature qui se trouve sur la demande de crédit-auto, j'ai désormais en ma possession de nouvelles preuves qui démontrent que ma signature a tout simplement été imitée et mes adversaires fabriquent eux-mêmes les faux documents en mon encontre ! Ce qui expliquerait, l'origine des contradictions concernant les différents documents administratifs du véhicule. Constat : même la demande de crédit-auto qualifiée de « location avec option d'achat » a été fabriquée et signée par mes adversaires, en imitant tout simplement ma signature.
- Je demande au Tribunal administratif de constater le fait que les différents tribunaux ont dénié mes droits à une Justice équitable en déformant mes propos et appliquant la Justice du plus fort ;
- Je demande au Juge d'instruction qui a déformé mes propos de s'expliquer sur cette affaire ; je demande à la Cour d'Appel de Paris et au Juge

d'instruction d'expliquer pourquoi ils ont mis de côté toutes les pièces du dossiers pour ne s'intéresser qu'à la déformation de mes propos. Par ailleurs, à ma grande surprise, dans le dossier qui m'a été remis par le Parquet Général de Paris - suite à l'Arrêt qui avait confirmé le Non-lieur prononcé en première instance - j'ai découvert une pièce à conviction supplémentaire qui a retenu toute mon attention : en mars 2008, le Commissariat de Police du 13ème Arrondissement de Paris a auditionné le vendeur du Garage [...] qui m'a vendu le véhicule à l'origine de tous les problèmes. Selon la copie de cette audition qui m'a été remise par un Huissier de Justice, le même vendeur a avoué qu'il m'avait vendu le véhicule dans des conditions contraires à la Loi.

Constat : les différents tribunaux connaissent la vérité mais, ce n'est pas la vérité qui intéresse la Justice : la cible, c'est ma personne. Pour cela, je demande au Tribunal Administratif de constater cet acharnement et cette violence préméditée qui est dirigée contre moi au mépris des faits ; je demande aux tribunaux ci-dessus cités d'expliquer pourquoi ils ont décidé de mettre de côté les pièces à conviction irréfutables pour ne s'intéresser qu'à ma personne.

(Justificatifs : dossier ci-joint, pages 26 - 40)

2. Comme je l'ai déjà indiqué, en 2008, la société [...] m'a assigné en Justice auprès du Tribunal de Grande Instance de Nanterre. A la demande du tribunal, j'ai confié mon dossier à Me Joseph pour me représenter. Dès que Me Joseph s'est rendu compte de la nature du litige, il a demandé au tribunal de convoquer le Garage [...] - qui avait vendu le véhicule - en intervention forcée : l'assignation a été régularisée par un Huissier de Justice en août 2008. Mais, Me Joseph, dès qu'est venu le moment de conclure la mise en état du dossier, il a abandonné le dossier ! Et ce rituel a été répété par tous les autres avocats qui l'ont succédé sur ce dossier jusqu'à ce que je sois condamné dans des conditions surprenantes :

Dans la présente demande, je m'intéresserai uniquement aux cas des deux derniers avocats qui m'ont représenté auprès du Tribunal de Grande Instance de Nanterre. Le premier, Me Jules, a abandonné le dossier après avoir encaissé la totalité des frais d'honoraires. Selon lui, il aurait présenté ses conclusion en mai 2009. Mais, alors qu'on attendait la décision du tribunal, il m'a contacté et m'a demandé de lui payer de nouveaux frais d'honoraires pour engager une nouvelle procédure auprès du Tribunal de Commerce ! J'ai refusé cette proposition. Immédiatement, l'avocat a fait radié le dossier - en accord avec le tribunal et mes adversaires - et il est devenu injoignable ! C'est seulement un an plus tard, après avoir contacté directement le tribunal, que j'ai appris la nouvelle concernant la radiation du dossier ! Le tribunal m'a demandé de contacter mon avocat pour qu'il accomplisse les démarches nécessaires au rétablissement du dossier. Mais, Me Jules était toujours injoignable ! J'ai donc été obligé de le décharger du dossier, par

l'intermédiaire du Bâtonnier, pour confier ma défense à un autre avocat. Ainsi, Me Bernard (Barreau de Paris) a accepté de me représenter : il m'a demandé de lui payer la totalité des frais d'honoraires avant de se constituer. En décembre 2010, il m'a confirmé qu'il avait déjà reçu mon dossier de la part de Me Jules. Et ce fut le dernier contact ! Par la suite, j'ai essayé de contacter Me Bernard pour avoir les nouvelles du dossier mais, cet avocat n'a répondu à aucune de mes correspondances ! J'ai alors contacté à nouveau le tribunal pour m'informer. Curieusement, c'est plutôt Me Jules qui m'a répondu - alors qu'il était sensé s'être déchargé du dossier pour le confier à Me Bernard ! Plus étonnant encore, Me Jules prétendait que je lui devrais de l'argent et il a reproduit l'ancienne facture des frais d'honoraires concernant sa proposition d'engager une nouvelle procédure auprès du Tribunal de Commerce, proposition que j'avais refusé ! Ce fut le début d'une nouvelle affaire dans l'affaire ! J'y reviendrai plus loin. Pour le moment, c'est la décision du tribunal qui retient mon attention :
En janvier 2013, un Huissier de Justice m'a signifié le Jugement qui avait été rendu par le Tribunal de Grande Instance de Nanterre. Selon ce tribunal, je n'aurais présenté aucune pièce à l'appui de mes arguments ! Deux autres points sont encore plus surprenants : d'une part, à la première page dudit Jugement, c'est Me Jules qui y figure comme étant mon avocat ! D'autre part, du début à la fin du Jugement, le tribunal n'a fait aucune observation sur la responsabilité du Garage [...] alors que je l'avais assigné en intervention forcée. Étant donné que le tribunal m'a condamné sous le seul motif que je n'aurais présenté aucune pièce à l'appui de mes arguments, où sont passés les différents dossiers que les avocats ont présentés devant le même tribunal, en particulier le dossier et les conclusions que Me Jules affirme avoir présentés au tribunal ? Où est passé le dossier que l'Huissier de Justice a présenté lors de l'assignation en intervention forcée contre le Garage [...] ? Puis, il y a la responsabilités des deux avocats : étant donné que j'avais déchargé Me Jules du dossier - j'en ai informé le tribunal par courrier AR dont le même tribunal a accusé réception -, comment se fait-il que Me Bernard ait disparu et que c'est finalement Me Jules qui est cité à nouveau comme étant mon avocat ?
- Afin d'avoir des réponses à toutes ces questions ci-dessus formulées, j'ai cité Me Bernard et Me Jules devant le Tribunal d'Instance de Paris 11ème Arrondissement - où est situé le cabinet de Me Bernard. Les deux avocats ne se sont pas présentés à la première convocation du tribunal : Me Jules n'avait pas donné de nouvelles au tribunal ; tandis que Me Bernard avait envoyé un long courrier au Juge pour expliquer qu'il ne pouvait plus me représenter car son cabinet était en « liquidation judiciaire » ! - Ce même argument m'avait été formulé par le Barreau de Paris. Par conséquent, le Juge a renvoyé l'affaire à une date ultérieure et m'a demandé de citer mes adversaires par l'intermédiaire d'un Huissier de Justice. Je me suis donc rendu chez un Huissier de Justice. Ses services ont immédiatement contacté le Barreau de

Paris au téléphone, en ma présence, pour connaître le nom du mandataire judiciaire de Me Bernard. A ma grande surprise, le Barreau de Paris a répondu que le cabinet de Me Bernard n'avait jamais été mis en liquidation judiciaire ! Selon le Barreau de Paris, cet avocat avait tout simplement « désigné une suppléante » pour gérer ses dossiers !
- Le jour de l'audience, le 08 avril 2014 : Me Bernard ne s'est pas présenté. C'est Me Jules qui est venu s'expliquer.
- J'ai demandé au tribunal d'interroger Me Jules pour savoir pourquoi il avait fait radié mon dossier, pourquoi il ne répondait plus à mes correspondances, pourquoi il m'a harcelé, diffamé et accusé en Justice pour me réclamer l'argent que je ne lui devais pas. A la question concernant la radiation du dossier, Me Jules a répondu qu'il a fait radié le dossier parce qu'une divergence était apparue entre lui et son client [moi-même]. Cela, selon Me Jules, pour qu'un autre « conseil » puisse prendre le relais ! A la question des frais d'honoraires qu'il me réclame alors que j'ai refusé sa proposition d'aller engager une nouvelle procédure au Tribunal de Commerce, Me Jules a répondu : « J'ai tout simplement réclamé de l'argent à Monsieur SEBUNUMA parce qu'il avait adressé au Bâtonnier un courrier accusatoire contre moi. Sinon, il m'avait déchargé de son dossier ; j'avais accepté sa décision et j'ai remis le dossier à mon confrère Bernard ». Autrement dit, Me Jules m'a diffamé, calomnié et traîné en Justice, tout simplement pour se venger ! Et tous les tribunaux concernés par cette affaire ont été derrière lui !
- J'ai demandé au tribunal d'interroger Me Jules pour savoir pourquoi il figure à la première page du Jugement qui a été rendu par le Tribunal de Grande Instance de Nanterre alors qu'il n'avait plus la charge du dossier. Puis, j'ai voulu savoir pourquoi le tribunal m'a condamné parce que je n'aurais présenté aucune preuve à l'appui de mes arguments alors que Me Jules prétendait avoir remis au tribunal ses conclusions et le dossier de preuves. Voici les réponses de Me Jules, le 08 avril 2014, devant le Tribunal d'Instance de Paris 11ème Arrondissement. Je cite : « J'avais remis l'intégralité du dossier à mon confrère Bernard. (…) Je n'y étais pas, ils ont tous simplement ajouté mon nom (…) ». Puis, il s'est rapproché du Juge pour ajouter : « Quant à la non-constitution de mon confrère Bernard, c'est pour moi un trou noir. (…) Me Bernard ou son remplaçant auraient du se constituer pour défendre Monsieur SEBUNUMA ». En ce qui concerne la question des conclusions, Me Jules a répondu : « Mes conclusions sont impeccables, il n'y a rien à redire. Seulement, elles ont été écartées lors du Jugement par lequel Monsieur SEBUNUMA a été condamné ».

Pour toutes ces raisons :
- J'ai été victime d'un déni de justice, du favoritisme en faveur de mes adversaires et d'un abus de pouvoir de la part du Tribunal de Grande Instance de Nanterre. Je demande à cette institution judiciaire d'en assumer toutes les responsabilités.

(Justificatifs : dossier ci-joint, pages 41 - 55)

3. J'ai fait appel du Jugement qui avait été rendu contre moi par le Tribunal de Grande Instance de Nanterre. Malheureusement, la même histoire s'est répétée ! Voici les faits :

C'est Me Didier du barreau de Versailles qui a accepté de me représenter dans le cadre de mon appel contre le Jugement rendu par le Tribunal de Grande Instance de Nanterre. Après avoir encaissé la moitié des frais d'honoraires, une histoire de chèque bancaire que je lui avais remis a surgi : je ne sais pas ce qui s'est passé pour que le chèque attende et ne soit présenté en demande de payement qu'en fin de mois (entre le 25 et le 30 avril 2013) : cette opération a retenu mon attention car, j'avais remarqué que d'autres chèques avaient été mis en attente pour être présentés au moment où l'argent disponible sur mon compte était insuffisant en fin de mois : je m'attendais donc à une affaire désagréable ! Finalement, c'est le chèque que j'avais remis à mon avocat qui a servi de moyen de pression : je reviendrai sur ce point plus loin.

Concernant l'affaire judiciaire elle-même, mon avocat m'a envoyé d'abord son projet de conclusions puis, au mois de juillet 2013, le même avocat m'a envoyé la copie des conclusions de mes adversaires. A ma grande surprise, mes adversaires présentaient à la Justice plusieurs faux documents à l'appui de leurs arguments - documents dont je n'avais jamais pris connaissance auparavant ! J'ai immédiatement adressé un courrier de contestation à la Cour d'Appel de Versailles, par Fax et par l'intermédiaire de mon avocat.

Curieusement, dès que mon avocat a reçu le courrier-Fax par lequel je dénonçais les faux documents contenus dans les conclusions de mes adversaires, Me Didier s'est immédiatement déchargé de mon affaire et l'a abandonné définitivement : il m'a communiqué sa décision par courrier, le 25 juillet 2013. En septembre 2013, j'ai accusé réception de la décision de Me Didier : je lui ai demandé de me restituer mon dossier pour que je puisse le confier à un autre avocat. Je rappelle que Me Didier avait déjà encaissé la moitié des frais d'honoraires ! Donc, c'était pour moi une charge financière supplémentaire de recommencer la procédure à zéro avec un autre avocat. Malgré le fait que j'acceptais sa décision sans lui réclamer quoi que ce soit, Me Didier n'a jamais répondu à mon courrier (AR), ne m'a jamais remis mon dossier pour que je puisse le confier à un autre avocat.

Le 25 avril 2014, j'ai reçu un courrier recommandé de la part de mes adversaires : ils me communiquaient l'Arrêt de la Cour d'Appel de Versailles ! Curieusement, à la première page, il est indiqué que l'avocat qui m'aurait représenté lors des débats est « Me Didier » !

Je suis désolé mais, l'Arrêt de la Cour d'Appel de Versailles ci-dessus cité n'engage que ceux qui l'ont prononcé car, n'étant pas représenté lors des débats, la Justice ne peut pas m'obliger à assumer les décisions dont je suis étranger !

J'ai formé un pourvoi et le dossier se trouve à la Cour de Cassation.
Pour toutes ces raisons, je demande au Tribunal Administratif de faire la lumière sur cette affaire afin d'établir les responsabilités administratives de la Cour d'Appel de Versailles. Car, conformément aux preuves matérielles en ma possession, Me Didier ne me représentait plus depuis le mois de juillet 2013.

(Justificatifs : dossier ci-joint, pages 56 - 68)

4. Comme je l'ai déjà exposé dans la partie précédente, pour se défendre, mes adversaires ont présenté à la Cour d'Appel de Versailles des conclusions dont certains justificatifs étaient des faux documents. Étant donné que cela constituait une « affaire dans l'affaire » et, comme mon ancien avocat ne répondait pas à ma demande de restituer le dossier afin que je puisse le confier à un autre avocat, j'ai saisi le Tribunal d'Instance de Paris 9ème Arrondissement de cette nouvelle affaire des faux documents - auxquels j'ai ajouté un ancien faux document par lequel la société [...] a frauduleusement prélevé de l'argent sur mon ancien compte bancaire à La Banque [...] :
- Le premier faux document, c'est celui qui a été établi par la société [...] en avril 2007 : cette société a prétendu que j'aurais conclu un accord avec elle afin de prélever de l'argent sur mon ancien compte bancaire à La Banque [...] ! J'ai contesté cette escroquerie, j'ai même fait une opposition à mon compte bancaire. Pourtant, La Banque [...] à autorisé la société [...] a prélever de l'argent !
- Le deuxième document frauduleux que j'ai présenté au Tribunal d'Instance de Paris 9ème Arrondissement, c'est le Certificat définitif d'immatriculation du véhicule qui désigne la société [...] comme étant le « propriétaire » du véhicule : en effet, en février 2014, la Police Judiciaire m'a informé, par courrier recommandé avec avis de réception, que le véhicule était toujours immatriculé à mon nom et adresse. Pour cela, le Certificat d'immatriculation qui attribue le véhicule à la société [...] est un document frauduleux qui a été établi à la place d'un autre certificat authentique que le Garage [...] ne m'a jamais remis. D'ailleurs, comme je l'ai déjà signalé dans la première partie, il existe une autre preuve matérielle indépendante : la société Saga, qui avait été sollicitée pour prendre en charge l'assurance-protection du véhicule, m'a remis une attestation sur laquelle le propriétaire du véhicule est moi-même : cette attestation m'a été envoyée en début 2007.
- Le troisième faux document que j'ai présenté au Tribunal d'Instance, c'est le document que mes adversaire ont fourni, pour la première fois, à l'appui de leurs conclusions auprès de la Cour d'Appel de Versailles : ce document, c'est une « Déclaration de réception » du véhicule que j'aurais signée le 04 octobre 2006, c'est-à-dire le jour de la signature du dossier de demande de crédit-auto ! Or, ce jour là, le véhicule n'était pas encore disponible au garage ; il était en procédure de commande. Le véhicule m'a été remis le 10 novembre 2006. Il existe plusieurs preuves : le certificat provisoire

d'immatriculation a été établi le 03 novembre 2006 par la Préfecture de Police de Paris - à mon nom et adresse - ; lors de son audition auprès du Commissariat de Police de Paris 13ème Arrondissement, l'agent de Police a demandé au vendeur du véhicule pourquoi il ne m'avait pas remis la copie du dossier de demande de financement du crédit-auto et le vendeur a répondu qu'il attendait encore le « numéro de châssis » du véhicule ! Dans ces conditions, comment le vendeur aurait-il pu me faire signer une « déclaration de réception » d'un bien dont lui-même [le vendeur] n'était pas encore en possession ?

- Le quatrième faux document que j'ai présenté au Tribunal d'Instance, c'est une demande d'assurance-protection du véhicule que j'aurais signée le 04 octobre 2006 : ce jour là, seuls plusieurs exemplaires du dossier de demande de crédit-auto m'ont été présentés par le vendeur. Quant à la demande d'assurance-protection du véhicule, elle m'a été présentée le 10 novembre 2006 et elle porte le cachet du Garage [...]. J'ai en ma possession un exemplaire de ce document et je l'ai présenté au Juge le jour de l'audience.
- Déroulement de l'audience : Le jour de l'audience, malgré les preuves irréfutables que j'ai présentées à la Justice à l'appui de ma demande, le Juge est devenu l' « avocat » de mes adversaires ! Le Juge m'a d'abord demandé de présenté l'historique de l'affaire. Mais, dès que j'ai commencé à présenter les faux documents à l'origine de ma demande, le Juge m'a interdit de parler ! J'ai insisté, j'ai même avancé pour remettre la copie de mes preuves à l'un de ses assistants. Mais, le Juge a refusé de les prendre. Selon lui, « ça ne prouve rien » ! Même l'opération par laquelle la société [...] a frauduleusement prélevé de l'argent sur mon ancien compte bancaire n'aurait « rien d'illégal » selon le Juge ! Résultat : le Juge m'a tout simplement condamné à payer de l'argent à mes adversaires car, je les aurais dérangés et fait déplacés pour rien devant son tribunal !

L'Huissier de Justice mandaté par mes adversaires m'a informé que le seul recours possible était le pourvoi en Cassation ! J'ai donc saisi la Cour de Cassation de cette affaire. Cependant, mes adversaires ne sont pas le seuls à avoir des comptes à rendre : il existe aussi des responsabilités qui incombent au tribunal.

Observations : l'attitude du Juge du Tribunal d'Instance de Paris 9ème Arrondissement et sa décision constituent un véritable déni de Justice, un abus de pouvoir. Puis ces mêmes faits constituent du favoritisme. Je demande au Tribunal d'établir les responsabilités individuelles, professionnelles et administratives du Juge et de son tribunal.

(Justificatifs : dossier ci-joint, pages 69 - 98)

5. Comme je l'ai déjà exposé ci-dessus, lorsque j'ai déchargé Me Jules de mon affaire auprès du Tribunal de Grande Instance de Nanterre, cet avocat s'est immédiatement mis à m'attaquer et à me calomnier par courriers.

- Pour répondre à ce harcèlement, j'ai adressé au Parquet de Nanterre une

plainte contre Me Jules ;
Finalement, Me Jules a saisi son Bâtonnier pour exiger de moi le payement de l'argent indu ! Lors d'une audience dont je n'ai jamais été informé, le Bâtonnier m'a condamné à payer de l'argent à Me Jules sans préciser le motif de ce payement ! J'ai fait appel de cette décision ; j'ai présenté par deux reprises la facture initiale de Me Jules - facture que j'ai réglée en deux fois par chèques bancaires. Me Jules n'a présenté aucune preuve à l'appui de ses prétentions. Pourtant, la Cour d'Appel de Versailles s'est tout simplement contentée de confirmer la décision qui avait été prise par le Bâtonnier. J'ai formé un recours auprès de la Cour de Cassation, j'attends la décision.
- Le Parquet de Nanterre n'a donné aucune suite à ma plainte contre Me Jules. Or, celui-ci n'arrêtait pas de m'envoyer des courriers : soit lui-même, soit par l'intermédiaire de son Bâtonnier ! Ainsi, j'ai saisi le Doyen des Juges d'Instruction de cette affaire. Quelques mois plus tard, le Juge d'instruction a publié l'ordonnance par laquelle elle me convoquait à une « expertise psychologique » ! Selon cette même ordonnance, l'objectif était celui de déterminer dans quelle mesure ma « personnalité » aurait pu « influencer » les actes qui sont « reprochés » à Me Jules ! Autrement dit, pour le Juge d'instruction, ceux qui commettent des crimes et délits ne sont pas responsables de leurs actes : les vrais responsables, ce seraient plutôt leurs victimes !
J'ai contesté cette ordonnance et j'ai fait appel. La Cour d'Appel de Versailles a jugé ma demande « irrecevable » car, selon la cour, l'ordonnance concernée par mon appel ne serait pas conforme à la Loi !
Devant cette situation, j'ai décidé de me retirer de cette affaire en tant que Partie Civile. Pour cela, j'ai demandé au tribunal de me rembourser les 500€ de consignation, montant qui avait été fixé par le Doyen des Juges d'instruction. Jusqu'à ce jour, malgré mes multiples demandes, le Tribunal de Grande Instance de Nanterre a refusé de me rembourser mon argent !
Observations : étant donné que le tribunal a refusé de me rendre justice ; étant donné que le tribunal a préféré m'attaquer personnellement au lieu de poursuivre mon bourreau ; étant donné que je ne suis plus Partie Civile dans cette affaire comme me l'autorise la Loi ; étant donné que même la Cour d'Appel de Versailles a reconnu que l'ordonnance d'expertise psychologique n'était pas conforme à la Loi, dans ces conditions, je demande au Ministère de la Justice de me restituer mes 500€ de consignation sans délai. Sinon, il s'agirait d'une escroquerie organisée au moyen d'abus de pouvoir de la part du Tribunal de Grande Instance de Nanterre.

(Justificatifs : dossier ci-joint, pages 99 - 106)

### III. Couteaux des petits exécutants : sociétés et organismes autonomes de l'État

Au sujet de la « chasse à l'homme » dont je suis victime, les sociétés

publiques et organismes de l'État ont été appelés à contribution :
1. Les banques : dès le début de l'affaire du crédit-auto déjà citée, c'est La Banque [...] qui a pris position en autorisant à mes adversaires de prélever frauduleusement de l'argent sur mon ancien compte bancaire - en dépit de l'opposition bancaire que j'avais exercée. Plus récemment, c'est la Banque [...] qui a pris le relais. Les objectifs poursuivis par la Banque [...] étaient multiples :
D'une part, cette banque avait l'objectif de me mette en difficulté de payement afin de fournir un argument de poids à mes adversaires devant la Cour d'Appel de Versailles. En effet, en rejetant - par tous les moyens - le chèque que j'avais remis à mon avocat, la Banque [...] me décrédibilisait et apportait un appui matériel à mes adversaires. Pour cela, la même banque n'a pas hésité à utilise la tromperie professionnelle afin de m'induire en erreur : preuves écrites à l'appui :
Ayant été dupé par la Banque [...] qui proposait de m'aider à gérer les difficultés de trésorerie, j'ai adressé à cette banque ma demande en bonne et due forme en m'appuyant sur les différents courriers que la même banque m'avait envoyés. Pourtant, au lieu d'accorder le découvert ou de rejeter officiellement ma demande, la Banque [...] m'a tout simplement fiché en « interdit bancaire » en omettant de suivre la procédure légale conformément à la Loi.
D'autre part, la Banque [...] voulait clairement nuire à mon activité professionnelle : j'avais sollicité auprès de la Banque [...] l'autorisation d'un modeste découvert sur mon compte bancaire afin d'imprimer mes ouvrages dont je suis aussi auto-éditeur. Mais, la Banque [...] avait refusé de m'accorder le découvert. Or, au printemps 2013, une autre banque a accepté de financer progressivement mon projet : comme les versements étaient effectués sur mon compte ouvert à la Banque [...], lors d'un entretien avec mon conseiller financier - qui était aussi le directeur de l'agence -, celui-ci m'a interrogé sur ces versements. Je lui ai expliqué qu'une autre banque avait accepté de financer mes activités professionnelles. Ce fut un motif décisif pour confisquer mon compte bancaire afin d'empêcher le financement dont je bénéficiais de la part d'une autre banque : tous les versements et/ou prélèvements sur mon compte bancaire ont été bloqués ; je n'avais plus accès à mon compte par aucun moyen que ce soit ! Pour parachever son œuvre, la Banque [...] a définitivement fermé mon compte bancaire sans aucun motif. Le seul but étant celui de m'empêcher de lever l'interdit bancaire : en effet, la Loi autorise toute personne victime d'un interdit bancaire à régulariser la situation pendant une période d'un an. Or, dès lors que le compte est fermé, comment le client pourrait-il faire lever un interdit bancaire en dehors de la banque qui l'a enregistré ?
Observations : J'ai saisi le Tribunal d'Instance de Paris 13ème Arrondissement ce cette affaire de la Banque [...]. Le Tribunal a condamné

cette banque pour l'ensemble de ses actes. Cependant, alors que je l'avais explicitement demandé, le Tribunal a refusé de lever l'interdit bancaire ! Ainsi, étant donné que j'ai été victime d'un fichage abusif en interdit bancaire comme le confirment les justificatifs ci-joints ; étant donné que le chèque que j'avais remis à mon avocat n'a plus de valeur car le même avocat a abandonné le dossier dès lors qu'il m'avait créé des difficultés ; étant donné le fichage en interdit bancaire est une mesure purement administrative : je demande au Tribunal Administratif de bien vouloir lever cet interdit bancaire abusif dont je suis victime. Car, lors de la procédure de fichage en interdit bancaire, mes droits fondamentaux n'ont pas été respectés par la Banque [...].

(Justificatifs : dossier ci-joint, pages 107 - 134)

2. En 2011, suite aux attaques de harcèlements et de violences verbales dont j'étais victime à mon lieu de domicile, j'ai été obligé d'arrêter mon activité professionnelle libérale - dont une partie était faite à la maison. J'ai alors opté pour une activité salariée. C'est la société [...] sise à Paris qui m'a embauché mais, mes activités concernaient les centres de cette société qui se trouvent dans le Département de la Seine Saint-Denis. Un mois à peine après le début de mes activités, une situation étrange à vu le jour :

La société [...] est essentiellement partenaire de Pôle Emploi. Pour cela, les candidats stagiaires que j'accompagnais dans mes activités étaient tous envoyés par Pôle Emploi. Il existait une procédure d'inscription des stagiaires, procédure selon laquelle Pôle Emploi communiquait à la société [...] les noms des candidats au stage d'accompagnement bien avant la date du rendez-vous. Ce qui permettait de planifier nos interventions. Cependant, juste après avoir terminé le mois d'essai, j'ai commencé à constater que certains stagiaires se présentaient à mon lieu de travail sans rendez-vous, plus particulièrement à Aulnay-sous-Bois. J'ai informé mes supérieurs mais, ils m'ont régulièrement répondu qu'ils n'en savaient rien, que c'était de la responsabilité de Pôle Emploi ! La situation s'est compliquée au fur et à mesure car, plusieurs stagiaires se présentaient désormais au même moment, sans rendez-vous ni adresse de l'agence de Pôle Emploi dont ils dépendaient. Comme je ne pouvais plus recevoir les candidats avec lesquels j'avais pris rendez-vous en bonne et due forme, j'ai décidé de ne plus recevoir ces candidats-fantômes qui se présentaient sans rendez-vous.

- Au début du mois d'octobre 2011, le site de Montreuil a été concerné, lui aussi, par ce phénomène de stagiaires qui se présentaient sans rendez-vous ! Mais, une observation a retenu mon attention : j'étais le seul conseiller à être concerné par ce phénomène.

- Le 06 octobre 2011 à Montreuil, alors que j'attendais un rendez-vous, le service d'accueil du centre [...] m'a informé qu'une jeune femme stagiaire attendais et aurait rendez-vous avec moi. Je suis allé voir, ce n'était pas la personne que j'attendais. Mais, comme le stagiaire que j'attendais n'était pas encore arrivé, j'ai accepté de recevoir la stagiaire inconnue. J'ai commencé par lui expliquer le contenu du service que nous proposions aux stagiaires selon le parcours professionnel et/ou de formation de chacun. Cependant, après quelques mots, la jeune femme m'a fait signe avec la main pour m'expliquer qu'elle était soude et muette. J'ai pris un papier et je lui ai demandé si elle savais lire. Elle a confirmé par le signe de la tête. J'ai à nouveau écrit sur le papier, et je lui ai dit que j'allais contacter son conseiller chez Pôle Emploi afin qu'une autre prise en charge adaptée puisse lui être proposée. Je l'ai enregistrée et j'ai noté cette observation à l'endroit réservé à ce type d'observation dans le fichier informatique. Après ce bref entretien qui a duré environ 5 minutes, j'ai accompagné la jeune femme jusqu'à l'accueil et je suis revenu à mon bureau. Quelques minutes après, je suis retourné à l'accueil pour voir si la personne que j'attendais en rendez-vous serait arrivée. Elle n'était pas encore arrivée. C'est plutôt un autre événement qui m'a surpris :

- En retournant à mon bureau, j'ai croisé la jeune femme que je venais de recevoir : elle sortait d'un bureau situé au fond du couloir du centre, en compagnie de deux autres femmes que je ne connaissais pas. A ma grande surprise, les trois femmes discutaient et riaient aux éclats - ainsi que la jeune femme qui m'avait dit qu'elle était sourde et muette ! Elles se sont dirigées vers la sortie. Comme les bureaux étaient juxtaposés et ouverts, je pouvais observer ce qui se passait dans le couloir. Ainsi, l'une des trois femmes est revenue et est entrée à nouveau dans le bureau situé au fond du centre - la collègue qui occupait ce bureau était absente ce jour là, elle avait des responsabilités dans un autre centre.
- Après-midi, vers 16h30, le service d'accueil m'a contacté par téléphone pour me « passer » un appel du Directeur des Ressources Humaines de la société [...] : celui-ci m'a informé qu'il voulait me rencontrer en urgence, le lendemain matin. Je lui ai demandé de chercher quelqu'un d'autre pour me remplacer à Saint-Denis car, c'était un peu tard pour que je puisse annuler les rendez-vous déjà pris. Le Directeur de Ressources Humaines m'a demandé, dans ces conditions, de maintenir les rendez-vous à Saint-Denis. Puis, étant donné que nous étions en fin de semaine, il m'a dit que c'est le Manager du Centre [...] de Montreuil (dont je dépendais) qui allait me rencontrer le lundi d'après pour m'expliquer les informations me concernant. Comme j'avais à nouveau des rendez-vous ce lundi en question à Aulnay-sous-Bois, j'ai envoyé plusieurs e-mails au Manager pour lui demander de me remplacer à Aulnay-sous-Bois. Cela afin que je puisse me rendre à Montreuil le Lundi. Mais, le Manager n'a répondu à aucun de mes e-mails.

Par conséquent, le lundi 10 octobre 2011 matin, je me suis rendu d'abord à Aulnay-sous-Bois pour recevoir les stagiaires qui avaient le rendez-vous le matin et pour annuler les rendez-vous de l'après-midi afin de me rendre à Montreuil.

- Pendant que je m'entretenais avec le premier stagiaire à Aulnay-sous-Bois, le lundi 10 octobre 2011, j'ai aperçu un responsable de la société [...] derrière la porte : il faisait des vas-et-vient sans rien dire. A 11h30, dès que j'ai terminé le dernier entretien, il est entré dans le bureau et m'a informé qu'il me signifiait la « mise à Pied » dans l'attente de l'entretien préalable au licenciement. Pour cela, il m'a informé qu'un courrier recommandé avec avis de réception m'avait été envoyé à mon domicile ; il avait transcrit ce même courrier en copie manuscrite et il m'a remis cette copie manuscrite. Immédiatement, il a saisi tout le matériel de travail qui était en ma possession.

- Selon le courrier de mise à Pied, l'entretien préalable au licenciement était fixé au 17 octobre 2011 à Montreuil. Conformément à cet entretien préalable au licenciement que j'ai enregistré, c'est Pôle Emploi qui était intervenu pour que je sois mis à Pied ! Puis, ce même entretien a été suivi par un licenciement !

Observations : étant donné que Pôle Emploi est une institution publique, je demande à l'État de m'expliquer le motif de son acharnement contre ma personne ! Il est très clair : il existe une véritable chasse à l'homme dont je suis victime gratuitement de la part de l'État. Ce n'est plus un abus de pouvoir ordinaire de la part de certaines institutions de l'État, c'est tout simplement la HAINE : ni plus, ni moins.

(Justificatifs : dossier ci-joint, pages 135 - 139 ; plus un CD audio - voir document « [...] »)

IV. Couteaux du Conseil Général des Hauts-de-Seine et perceuses des Huissiers de Justice

(Informations complémentaires)

1. Comme je l'ai déjà signalé ci-dessus, depuis le début de l'affaire judiciaire concernant le litige commercial qui m'oppose aux société [...] et [...], je suis victime d'attaques multiformes jusqu'à mon domicile. En particulier, je suis régulièrement victime d'attaques diffamatoires dont celles qui concernent ma situation professionnelles. Compte tenu des éléments de preuves que j'ai présentés, l'État se charge lui-même de détruire tout ce que j'entreprends sur le plan professionnel. Ironie de l'histoire, conformément aux justificatifs ci-joints, l'une des sources officielles des informations diffamatoires dont je suis victime, c'est Le Conseil Général des Hauts-de-Seine !

(Justificatifs : dossier ci-joint, pages 140 - 141)

2. Les mesures de harcèlement multiforme et de diffamation n'ont pas suffi pour assouvir la Haine et la violence de mes adversaires : il fallait aussi utiliser la violence « physique » et m'attaquer, jusqu'à mon domicile :

- Alors que j'avais déjà fait appel du Jugement qui avait été rendu par le Tribunal de Grande Instance de Nanterre, le 07 février 2013, mon logement a été attaqué. Après avoir visité l'appartement, les malfaiteurs ont laissé un document sur une table (à l'intérieur de ma chambre), document portant les références dudit Jugement qui avait été rendu par le Tribunal de Grande Instance de Nanterre. Puis, avant de partir, les même malfaiteurs ont détruit la porte d'entrée à la perceuse !

- Après avoir reçu l'Arrêt de la Cour d'Appel de Versailles concernant le même dossier, j'ai formé un recours en Cassation. La Cour de Cassation a accusé réception de mon pourvois et l'affaire est en cours d'instruction. Puis, comme je l'ai déjà développé, j'avais déjà saisi le Tribunal d'Instance de Paris 9ème Arrondissement. Conformément aux indications des Huissiers de Justice, j'ai formé un recours auprès de la Cour de Cassation concernant le Jugement qui a été rendu par le Tribunal d'Instance de Paris 9ème Arrondissement. La Cour de Cassation a accusé réception de mon recours ; je suis en attente de sa décision.

Cependant, malgré toutes ces procédures en cours conformément à la Loi, les mêmes Huissiers mandatés par mes adversaires ont déjà planifié d'attaquer à nouveau mon logement à la perceuse !

(Justificatifs : dossier ci-joint, pages 142 - 149)

Observations : il n'y a plus de doute possible :

En 2014, les couteaux de l'administration publique, les couteaux de la Justice, l'acharnement diffamatoire d'avocats et les perceuses d'Huissiers ont remplacé la machette de 1994 au Rwanda.

Veuillez agréer, Madame, Monsieur Le Président, l'expression de ma considération distinguée.

SEBUNUMA Déogratias

LA POSTE
RECOMMANDÉ :
AVIS DE RÉCEPTION
Numéro de l'AR : AR 1A 103 573 8441 8
Renvoyer à FRAB
SEBUNUMA Deogratias
18 rue Adolphe Chérioux
92130 Issy-les-Moulineaux
En provenance de :
Mr le Président
Tribunal Administratif
7 rue de Jouy
75181 PARIS CEDEX 04
Présenté / Avisé le
Distribué le
TRIBUNAL ADMINISTRATIF DE PARIS
25 NOV. 2014
Je soussigné déclare être
☐ Le destinataire
☐ Le mandataire
☐ Permis de conduire
☒ Autre
Signature
Nom et Prénom si mandataire
Signature Facteur

SEBUNUMA Déogratias
18 rue Adolphe Chérioux
92130 ISSY-LES-MOULINEAUX

Issy-les-Moulineaux, le 06 décembre 2014

Courrier recommandé avec Avis de Réception

*copie à* :
- Cour de Cassation (courrier AR)
- Bâtonnier de Versailles (courrier AR)
- Huissier de Justice (courrier AR)

Madame, Monsieur
Le Président
Cour d'Appel deVersailles
5 rue Carnot
78000 VERSAILLES

Objet : - Demande d'annuler l'Arrêt qui a été rendu le 27 mars 2014 :

Affaire R.G. N° 13/00981 - Décision du 27 mars 2014 (Affaire qui m'oppose aux sociétés [...] et [...]).
- S'il existe des diligences spécifiques à effectuer pour demander l'annulation de l'Arrêt ci-dessus cité, il appartient au seul « propriétaire » et « responsable » de cette affaire d'effectuer les démarches éventuelles à sa propre charge : Me Didier (Barreau de Versailles) ; il peut aussi exécuter les décisions de l'Arrêt qui le concerne, lui seul.

Madame, Monsieur Le Président,

J'ai l'honneur de vous écrire pour demander d'annuler l'Arrêt qui a été rendu par la Cour d'Appel de Versailles concernant l'affaire citée en référence. Voici les motifs de ma demande :
1. Suite au Jugement qui avait été rendu par le Tribunal de Grande Instance de Nanterre concernant l'affaire judiciaire qui m'oppose aux sociétés [...] et [...], j'ai fait appel de ce Jugement auprès de la Cour d'Appel de Versailles : c'est Me Didier du Barreau de Versailles qui s'est constitué pour me représenter ;
2. Au printemps 2013, suite aux problèmes bancaires qui m'ont été créés par la Banque [...], j'ai contacté Me Didier pour le mettre au courant de la situation. Puis, dès que Me Didier m'a présenté son projet de « conclusions », je lui ai demandé de solliciter un renvoi auprès de la Cour d'Appel de Versailles afin que je puisse régler la totalité de sa facture. A cette époque (mai 2013), Me Didier avait déjà encaissé la moitié des frais d'honoraires que nous avions convenus (facture à l'appui) ;
3. Le 26 juin 2013, Me Didier m'a envoyé un courrier dans lequel il m'accordait un délai de 3 mois afin de régulariser le solde de sa facture

(copie ci-jointe) ;
4. Me Didier m'a envoyé les conclusions de mes adversaires en deux parties : celles de [...], puis celles de [...]. J'ai pris le temps de lire attentivement ces conclusions : à ma grande surprise, j'ai découvert que mes adversaires avaient présenté plusieurs « faux documents » à l'appui de leurs conclusions !
5. Le 23 juillet 2013, j'ai adressé à la Cour d'Appel de Versailles, par l'intermédiaire de Me Didier, un courrier-Fax par lequel je dénonçais les différents « faux documents » que mes adversaires m'avaient communiqués par l'intermédiaire de Me Didier (copie ci-jointe) ;
6. Dès que Me Didier a reçu le courrier-Fax que j'adressais à la Cour d'Appel par son intermédiaire, le 25 juillet 2013, il a abandonné mon dossier et s'est définitivement déchargé de mon affaire par Courrier Recommandé avec Avis de Réception (copie ci-jointe) ;
7. Le 13 septembre 2013, j'ai accusé réception de la décision de Me Didier du 25 juillet 2013, décision selon laquelle il avait décidé de ne plus me représenter auprès de la Cour d'Appel de Versailles concernant l'affaire citée en référence. Dans le même courrier du 13 septembre 2013, j'ai demandé à Me Didier de me restituer mon dossier afin que je puisse le confier à un autre avocat : Me Didier n'a jamais répondu à mon courrier ; Me Didier ne m'a jamais restitué mon dossier !
8. Le 25 avril 2014, mes adversaires m'ont communiqué l'Arrêt qui a été rendu par la Cour d'Appel de Versailles : à ma grande surprise, c'est Me Didier qui y est cité comme étant mon avocat !
9. Le 26 avril 2014, j'ai formé un pourvoi auprès de la Cour de Cassation. Le 26 mai 2014, la Cour de Cassation a accusé réception de mon pourvoi. Je suis en attente de la réponse concernant l'aide juridictionnelle.
10. Malgré le pourvoi en Cassation que j'ai formé, des Huissiers de Justice mandatés par mes adversaires m'attaquent, me harcèlent et me demandent d'exécuter l'Arrêt qui a été rendu par la Cour de Versailles :
- J'ai soumis à la Cour de Cassation tous les problèmes liés à cette affaire, sur le fond et sur la forme - dont les différents « vices de procédure ». Pour cela, dans l'attente de la décision de la Cour de Cassation, le seul responsable de l'affaire, le seul « propriétaire » du dossier c'est Me Didier. Je ne suis pas concerné.
11. Je demande à la Cour d'Appel de Versailles d'annuler l'Arrêt et toutes les décisions dirigées contre moi : depuis le 25 juillet 2013, Me Didier s'est approprié le dossier. Ainsi, l'avocat cité par l'Arrêt ci-dessus référencé n'était plus mon avocat ; les conclusions citées dans le même Arrêt ne sont pas les miennes ; je ne connais pas le contenu du dossier depuis le 25 juillet 2013.
12. Au T.G.I. de Nanterre aussi, Me Jules n'était pas mon avocat : c'est l'histoire qui se répète !
13. S'il existe des procédures spécifiques à suivre pour demander

l'annulation dudit Arrêt, il appartient au seul « propriétaire » et « responsable » de l'affaire d'effectuer ces démarches à sa charge : Me Didier. Celui-ci pourrais aussi exécuter les décisions de l'Arrêt qui le concerne, lui seul. C'est son affaire.

Fait à Issy-les-Moulineaux, le 06 décembre 2014.

SEBUNUMA Déogratias

LA POSTE
RECOMMANDÉ :
AVIS DE RÉCEPTION
Numéro de l'AR : AR 1A 103 339 1586 5
Renvoyer à FRAB
SEBUNUMA Déogratias
18 rue Adolphe Chérioux
92130 Issy-les-Moulineaux
En provenance de :
78000 VERSAILLES
Présenté / Avisé le :
Distribué le :
Je soussigné déclare être
☐ Le destinataire
☐ Le mandataire
☐ CNI/Permis de conduire
☐ Autre :
COUR D'APPEL DE VERSAILLES
08 DEC. 2014
SERVICE COURRIER

SEBUNUMA Dégratias
18 rue Adolphe Chérioux
92130 ISSY-LES-MOULINEAUX

Issy-les-Moulineaux, le 06 décembre 2014

Courrier recommandé avec Avis de Réception

Madame, Monsieur
Le Procureur de la République
Tribunal de Grande Instance
de Nanterre
179 - 191 avenue Joliot-Curie
92020 NANTERRE CEDEX

Objet : Plainte pour les faits de :
- Attaques à mains armées et en bandes organisées ;
- Destruction de biens d'autrui

*Contre* :
- X
- Société Civile Professionnelle [...], Huissiers de Justice Associés, Adresse [...]

Madame, Monsieur Le Procureur de la République,

J'ai l'honneur de vous écrire pour vous adresser un courrier-plainte :
- Contre X et contre la Société Professionnelle […], Huissiers de Justice ;
- Pour les faits de : attaques à mains armées et en bandes organisées ; destruction de biens d'autrui.

Voici les faits :

1. En janvier 2013, suite à une affaire judiciaire qui m'oppose aux société [...] et [...], un huissier de Justice mandaté par mes adversaires m'a communiqué le Jugement qui avait été rendu par le Tribunal de Grande Instance de Nanterre. Dès la réception de cette signification de Jugement, j'ai fait appel auprès de la Cour d'Appel de Versailles.
2. Le 07 février 2013, mon logement a été attaqué à la perceuse : une partie de la porte et la serrure ont été détruites ; un document portant la mention du Jugement ci-dessus cité a été laissé dans ma chambre par les mêmes malfaiteurs.
3. Je suis allé au Commissariat de Police d'Issy-les-Moulineaux : deux agents de Police sont venus constater les faits. Comme la serrure avait été détruite et la porte bloquée, La Police m'a mis en contact avec un serrurier qui a ouvert et réparé la porte (justificatifs ci-joints).
4. Le 08 février 2013, j'ai déposé une plainte au Commissariat de Police concernant l'attaque dont j'avais été victime le 07 février 2013.

5. Compte tenu des dégâts matériels qui avaient été causés par l'attaque du 07 février 2013, il était impossible que personne n'ait rien vu ni rien entendu dans l'immeuble. Ainsi, j'ai collé une affiche sur la porte d'entrée de l'immeuble et une autre à l'extérieur pour recueillir d'éventuels témoignages des voisins. A ma grande surprise, le gardien d'immeuble a immédiatement enlevé les affiches ! Suite à ce comportement surprenant, j'ai déposé une « Main courante » auprès du Commissariat de Police d'Issy-les-Moulineaux - en complément à la plainte que j'avais déjà déposée le 08 février 2013.
7. En mars 2014, la Cour d'Appel de Versailles a rendu un Arrêt concernant l'Appel que j'avais formé contre le Jugement du Tribunal de Grande Instance de Nanterre. Suite aux problèmes sur le fond du dossier et des « vices de procédures » manifestes (l'avocat qui est cité dans cet Arrêt n'était plus mon avocat ; les conclusions citées dans cet Arrêt ne sont pas les miennes ; je ne connais pas le contenu du dossier depuis le 25 juillet 2013), j'ai formé un pourvoi en Cassation.
8. Malgré le pourvoi en Cassation que j'ai formé, le 04 décembre 2014, des Huissiers de Justice mandatés par mes adversaires ont attaqué mon logement en pleine journée, à la perceuse et en ma présence à l'intérieur du logement : j'étais en train d'écrire. Soudain, j'ai entendu un grand bruit sur la porte. Je suis allé ouvrir et j'ai failli être transpercé par la perceuse d'un homme qui détruisait ma porte ! Trois autres hommes assistaient à la scène à côté de lui. Il y a une sonnette à la porte mais, ils n'ont même pas sonné ! L'un des trois hommes qui assistaient à la scène s'est présenté comme étant l'un des Huissiers de Justice qui m'avaient envoyé un courrier tout récemment : étant donné que la Cour de Cassation n'a pas encore rendu sa décision, j'avais contesté ce courrier de terreur et de menaces.
9. Le constat est très clair : le mode opératoire et les dégâts causés par l'attaque du 04 décembre 2014 sont similaires à ceux de l'attaque du 07 février 2013. Il n'y a aucun doute possible : pour ma part, les auteurs de ces attaques sont les mêmes. Pour cela, je demande à la Justice de comparer le mode opératoire et les dégâts afin d'établir les responsabilités de ces deux attaques dont j'ai été victime. Je cite les témoins suivants : les deux agents de Police qui sont intervenus chez-moi le 07 février 2013 et le serrurier qui a réparé la Porte.
10. Je vous transmets, en compléments aux autres documents annexes que j'ai déjà cités, la photo de la porte de mon logement après l'attaque du 04 décembre 2014 : vous pouvez la comparer avec celles qui ont été prises par la Police le 07 février 2013. La porte ne sera pas réparée tant que la Justice n'aura pas encore constaté les faits.

Fait à Issy-les-Moulineaux, le 06 décembre 2014 .

SEBUNUMA Déogratias

LA POSTE

RECOMMANDÉ :
AVIS DE RÉCEPTION

Numéro de l'AR : AR 1A 103 339 1588 9

Renvoyer à FRAB

SEBUNUMA Déogratias
18 rue Adolphe Chérioux
92130 Issy-les-Moulineaux

En provenance de :
Monsieur le Procureur de la République
T.G.I. de Nanterre
179-191 av. Joliot-Curie
92020 NANTERRE Cedex

Présenté / Avisé le :

Distribué le :

Je soussigné déclare être
☐ Le destinataire
☐ Le mandataire

☐ CNI/Permis de conduire
☐ Autre :

TRIBUNAL DE GRANDE INSTANCE DE NANTERRE
18 DEC. 2011
Signature Facteur
Service du Courrier

## RÉFLEXION DE SYNTHÈSE

« L'histoire, écrit l'historien P. Nora, est une mémoire construite à partir des archives constituées pour en faire un récit. L'historien « débusque les inerties de la mémoire, les illusions qu'une société a besoin de maintenir sur elle-même pour se maintenir et se perpétuer ». (1977, p. 231). Son rôle est profondément différent selon les situations historiques : il travaille tantôt à la récupération du passé (dans le tiers monde colonisé), ou à dénoncer de manière militante, la « mémoire assassinée »[34], comme c'est le cas dans les situations totalitaires, ou à établir un discours sur les origines (U.S.A.), ou encore à travailler la mémoire de la mémoire (tendance de l'historiographie en Europe).

L'entreprise de l'historien est, de ce point de vue, assez parallèle à celle de la psychanalyse : libération du passé par l'exercice actif de la mémoire (J.B. Pontalis, 1977a, p. 232). Pour l'un et pour l'autre, il s'agit de rendre possible que se révèlent des ruptures et des ratures, que se ratissent des continuités reconstruites et une « vérité » accessible. Par là, l'un et l'autre nous ramènent au commencement des choses, à l'origine : parce qu'il y a un manque à se représenter, un manque à vivre, à comprendre et à savoir. Le travail de l'histoire est un travail sur la rupture dans le cours des événements, sur lacune. C'est un travail de construction et de reconstruction qui opère une mise en mot, une mise en ordre, une mise en sens, pour soi-même et pour un tiers »[35].

34 P. Vidal Naquet, 1980 et 1987, cité par KAËS R., texte : « Ruptures catastrophiques et travail de la mémoire », in PUGET J. et all., *Violence d'État et psychanalyse*, *op. cit.*, *ibid.*

35 *Ibid.*

# Chapitre I. CRIMES ET GÉNOCIDES DE PROXIMITÉ

Si les Nazis ont créé les « chambres à gaz » y pour commettre des crimes génocidaires à l'abri des regards, les génocides de proximité constituent une « marque déposée » et un savoir-faire de certains stratèges français !

Véritable « Terreur » héritée de la Révolution Française, les génocides de proximité consistent à commettre des crimes de masse sous le couvert de l'anonymat, au sein d'une foule et en faisant usage de tous les moyens directs et/ou indirects pour **tuer en silence**. Le schéma suivi est celui d'une « guerre psychologique » de harcèlement, de diffamation, de dénigrement et d'intimidation. Afin de mobiliser la masse à ces fins criminelles, divers moyens matériels et humains sont utilisés : faux documents, faux témoignages, appui sur des professionnels de la société civile « hors de tout soupçon » pour convaincre les sceptiques, etc. Dans les « pièces à conviction » que j'ai présentées dans la partie précédente, mes bourreaux s'appuient essentiellement sur les professionnels de la Justice.

*L'exemple de la survenue du génocide au Rwanda*

Avant et pendant le génocide au Rwanda, de multiples campagnes de manipulation et d'intoxication des populations civiles ont eu lieu. Plus particulièrement, pendant le génocide, des faux documents circulaient pour « informer » le public du danger des « ennemis infiltrés » : des amis, des parents proches, des voisins, bref des hommes et des femmes sans histoire sont devenus, du jour au lendemain, des « partisans » et des « ennemis infiltrés » du Front Patriotique Rwandais !

Mais, le jeu criminel s'est retourné contre les génocidaires eux-mêmes : pour les inciter à fuir, ceux qui les « conseillaient » auraient produit de prétendues « preuves » du danger imminent ! Ainsi, il fallait fuir, il fallait se réfugier à l'étranger. A partir de fausses « cartes » et de fantaisistes « photos » qui auraient été prises par des « satellites », des responsables politiques ont décidé de fuir le Rwanda, avec toute la population, parce que le « danger » était imminent ! Certains officiers courageux de l'armée régulière auraient essayé de dissuader ceux qui voulaient fuir le Rwanda, en vain !

Dès que ces responsables politiques et militaires rwandais sont arrivés à l'étranger comme fugitifs, soit dans les pays limitrophes ou dans les pays lointains, ils sont tous devenus des criminels infréquentables sans aucune distinction ! Constat : comme l'a bien résumé un témoin avec amertume, ils se sont tout simplement « *faits roulés dans la farine* » !

### 1. L'exception culturelle de la « Terreur »

Comme je l'ai déjà fait remarquer ci-dessus, le savoir-faire de la « Terreur » de certains stratèges français remonterait de la Révolution Française. En effet, c'est cet événement historique qui semble constituer l'identité culturelle et politique de la France d'aujourd'hui.

En ce qui concerne la problématique de la violence collective qui nous intéresse, à savoir la commission des crimes de masse et des crimes génocidaires contre les Rwandais, les faits que nous avons observés démontrent l'existence d'un « logiciel » - ou mode opératoire - qui régit la survenue des violences collectives dans lesquelles des Français sont directement impliqués : campagne de diffamation dirigée contre un bouc-émissaire désigné ou un groupe social bien identifié ; harcèlement multiforme ; brimades et autres formes de terreur ; falsification des données et des informations pour nuire aux victimes ; accusations sans fondement pour nuire à la réputation des victimes ; etc. Le but poursuivi : préparer l'opinion au passage à l'acte final, à savoir l'élimination physique de la personne ou du groupe social tout entier.

**Résultat** : il y a des victimes, mais, il n'y a pas de coupables ! Ou bien, même là où tel ou tel coupable est désigné, il s'agit le plus souvent d'un sous-fifre ! En effet, étant donné que le crime est multiforme et implique plusieurs individus - voire même tout le corps social, l'extermination et/ou l'élimination physique des victimes se fait sous le couvert de l'anonymat dans la foule ! Voilà le résultat du savoir-faire de la « Terreur », une terreur de proximité dont les planificateurs agissent sous le couvert de l'anonymat de la foule ! Ce mode opératoire est différent de celui des « chambres à gaz » des Nazis car, compte tenu de la hiérarchie militaire de ces derniers, les responsables ont été très vite identifiés.

Ainsi, les actes criminels dont je suis victime depuis 2006 et les crimes génocidaires qui ont été commis au Rwanda présentent des similitudes indiscutables :

- Désignation de « boucs-émissaires » à partir de fausses informations ;
- Production et usage de faux documents pour rendre crédibles différentes affirmations dilatoires ;
- Chasse à l'homme jusqu'au domicile des victimes, en s'appuyant sur des personnes proches ou des voisins : ce mode opératoire vise à préparer l'opinion publique à l'étape ultime de la violence ;
- Étape ultime : passage à l'acte, attaque armée directe visant à détruire la victime et ses biens matériels.

## 2. L'éternel retour !

Dans « *Au-delà du principe de plaisir* »,[36] Freud décrit « la compulsion de répétition » comme étant « l'éternel retour », la répétition inconsciente des expériences traumatiques du passé.

A partir de cette découverte clinique, Freud découvre en même temps que la vie psychique, « au-delà du principe de plaisir », peut rechercher - de façon répétitive et quasi-masochiste - une expérience qui a procuré le « déplaisir ».

Ainsi, en s'acharnant sur des Rwandais aujourd'hui en 2015, certains Français auraient nécessairement des tourments et/ou des traumatismes inconscients du passé à exorciser !

Dès le début en 2006, j'avais déjà constaté la similitude des crimes dont je suis victime en France et certains crimes génocidaires qui ont été commis au Rwanda en 1994. Cependant, le point culminant de ces actes fut l'attaque à mains armées et en bandes organisées de mon logement à deux reprises : le 07 février 2013 et le 04 décembre 2014.

Déjà en 1994, non seulement des vies humaines ont été brisées par des criminels génocidaires, mais aussi, les biens des victimes furent détruits par les mêmes génocidaires. Je sais très bien de quoi je parle car, après avoir massacrés leurs occupants, des biens qui appartenaient à ma famille au Rwanda furent détruits dans les environs de Kigali. En même temps, d'autres criminels massacraient des membres de ma famille biologique à l'est du pays.

Or, en 2014, des criminels en France suivent le même schéma : ce n'est pas seulement la « tête » d'un Rwandais qui intéressent ceux qui me pourchassent, mais aussi les lieux où j'habite ! Comme je l'ai indiqué dans le courrier-plainte adressé au Procureur de la République - courrier dont j'ai fait mention dans la partie précédente -, lors de la deuxième attaque du 04 décembre 2014, les malfaiteurs n'ont même pas sonné à la porte pour vérifier si j'étais présent : directement, sans vérifier, ils se sont attaqués à la porte pour la détruire afin de pénétrer à l'intérieur de mon logement par effraction !

Par conséquent, la haine contre les Rwandais - ce que j'appelle l'« antirwandité » - a déjà atteint des sommets à tel point que même des biens matériels qui ont un rapport avec les Rwandais dérangent, excitent la rage et la pulsion de destruction chez nos bourreaux ! Une telle rage, une telle pulsion de mort, une telle haine de destruction sans aucune possibilité de faire recours à la pensée, un tel passage à l'acte répétitif, c'est ce que S. Freud a désigné comme étant la « compulsion de répétition ».

---

36 FREUD S., (1920), texte « Au-delà du principe de plaisir », in *Œuvres complètes XV 1916 - 1920*, Paris, PUF, 1996, pp. 292 - 293.

La Terreur de certains stratèges français dirigée contre nous Rwandais illustre parfaitement la théorie freudienne sur la pulsion de mort :

En complément à sa théorie sur la *compulsion de répétition* est ses symptômes, S. Freud a formulé une autre hypothèse selon laquelle chez l'être humain, deux forces pulsionnelles s'opposent : la « pulsion de vie » et « la pulsion de mort ». La première est vitale et contribue au progrès créatif, tandis que la seconde a pour but la destruction, l'anéantissement de la vie et du progrès culturel.[37]

En s'acharnant sur nous Rwandais, nos bourreaux ne manquent pas d'imaginations : dès que vous dénoncez tel ou tel acte illicite, dès que vous dénoncez une information ou un faux document qui vise à nuire à votre personne ou à vos intérêts, dès que vous contestez telle ou telle décision administrative qui constitue un déni de Droits à votre égard, presque immédiatement, une autre affaire surgit dans une autre administration à votre encontre !

Ainsi, d'affaires en affaires, de faux documents en nouveaux faux documents produits pour nuire à la victime, de la diffamation à la calomnie et inversement, l'État mobilise toutes ses ressources pour maintenir sa victime en situation de conflits permanents : soit avec les différentes institutions administratives de l'État, soit avec les partenaires privés de l'État - ceux-ci agissent sous le statut de « petits exécutant », comme ce fut le cas pendant le génocide au Rwanda en 1994. Les différents documents que j'ai présentés dans la 3ème partie le démontrent parfaitement.

A côté des violences insidieuses de l'administration, il existe une autre forme de violence directe que je qualifierais de « torture morale et psychologique » : des attaques verbales publiques et diffamatoires au quotidien, des injures racistes et des actes répétitifs de harcèlement - comme la non-distribution sélective du courrier, par exemple. J'ai en ma possession plusieurs enregistrements audio et vidéos : je les ai remis à la Justice plusieurs fois. Mais, selon les Juges et la Police, ces enregistrements seraient « inintelligibles » ! J'ai cité mon agresseur principal auprès d'un tribunal d'instance pour qu'il assume sa responsabilité civile : il n'a jamais été convoqué pour s'expliquer !

Pour toutes ces raisons, en plus des attaques qui visent directement les moyens de ressources existentielles, le but recherché par nos bourreaux est celui de « tuer en silence », de s'acharner sur la victime pour l'assassiner au moyen d'une guerre psychologique multiforme, longue et silencieuse, sans que cela ne puisse être considéré comme une atteinte à la vie privée et/ou aux droits fondamentaux de la personne.

---

37 FREUD S., (1930), *Le Malaise dans la culture*, Paris, PUF, 2000, p. 64.

*Observation clinique complémentaire*

En s'attaquant aux Rwandais par tout les moyens, nos bourreaux expriment un malaise intérieur évident ; une pulsion liée à la culpabilité du passé récent au Rwanda. En effet, le visage d'un Rwandais renvoie nos bourreaux à leur propre image de tueurs, de violeurs, de menteurs, de diffamateurs et d'imposteurs. Pour cela, il faut éliminer à tout prix ce « visage » troublant et gênant ; il faut éliminer tout témoin qui remue le passé et ses fantômes ; il faut faire taire toute personne qui cherche à « savoir » la vérité historique, qui essaye de reconstruire la mémoire individuelle et collective : ne jamais laisser qui conque faire éclater une vérité qui dérange !

## 3. Crimes économiques et terreur socioprofessionnelle

Conformément aux différentes preuves matérielles que j'ai présentées dans la partie précédente, dès que j'ai refusé d'abandonner mon sujet de thèse doctorale en 2006, l'État Français a mobilisé toutes ses ressources pour m'attaquer directement mais de manière à ne pas éveiller un quelconque soupçon qui permettrait de faire le lien entre ces attaques et mes recherches universitaires.

*Un nouveau « matricule » de la mort ?*

D'après les témoignages des victimes de la Shoah et les récits qui nous sont parvenus de la part des historiens, les Nazis utilisaient des « matricules » pour identifier individuellement leurs victimes. Ainsi, derrière un chiffre, la personne n'existait plus aux yeux des criminels : une fois que la victime était symboliquement assassinée, ses bourreaux s'arrangeaient avec un numéro ! Par la suite, l'élimination physique ou le massacre effectif de la personne n'était plus qu'une simple formalité !

Étant donné que les premières attaques dont j'ai été directement victime concernaient mon emploi [c'était en 2006, j'étais salarié dans un Foyer de Jeunes en difficultés à Versailles], cette expérience a immédiatement attiré mon attention : à partir des scènes de violences dont j'étais la cible dans ce Foyer, j'ai commencé à faire très attention à tous les détails concernant mes activités et mes relations socioprofessionnelles. Ainsi, j'ai très vite remarqué la répétition des faits suivants :

Dès qu'un employeur m'embauchait, tout se passait bien jusqu'à la fin de la période d'essai. Puis, une fois que l'employeur officialisait mon contrat de travail auprès des instances de la Sécurité Sociale, sans tarder, les problèmes de harcèlement commençaient pour m'obliger à démissionner où à me faire licencier. Sans aucun doute, mon identifiant de Sécurité Sociale sert d'indicateur à mes bourreaux : dès que je suis localisé dans tel ou tel service administratif de l'État, dans telle ou telle entreprise, une opération de « *chasse à l'homme* » est immédiatement déclenchée ! Les exemples sont multiples et j'en ai fourni des preuves [dans la partie précédente] au sujet de ma dernière activité salariée en 2011.

*Attaques visant mon activité libérale*

Lorsque j'ai compris ce qui se passait concernant mes activités professionnelles sous le statut de salarié, j'ai opté pour la création d'une activité professionnelle d'indépendant. Pour des raisons relatives à la conjoncture économique actuelle et à la situation socio-économique des publics intéressés par mes services [essentiellement, des publics en situation d'exil et/ou en situation d'insertion socioprofessionnelle], je ne pouvais pas compter sur la capacité de mes clients à financer eux-mêmes les services que je leur proposerais. Ainsi, il fallait travailler en partenariat avec d'autres entreprises spécialisées soit dans la formation, soit dans l'accompagnement et le soutien psychosocial auprès des personnes en difficultés. Très rapidement, plusieurs partenaires ont accepté mes services : j'ai collaboré avec différentes sociétés spécialisées dans la formation des adultes, dans le soutien scolaire et dans l'accompagnement socioprofessionnel.

Néanmoins, sans tarder, je me suis rendu compte que dès que je déposais les premiers chèques de payement sur mon compte bancaire, ou bien, dès que le premier virement bancaire de payement était fait sur mon compte, sans tarder, les conditions de travail changeaient auprès de mes partenaires : le nombre de mes prestations diminuait progressivement ; lorsque je me rendais à mes lieux d'interventions, je découvrais régulièrement que les rendez-vous avaient été annulés sans me prévenir et sans aucune explication de la part de mes partenaires !

Au début, je ne comprenais pas ce qui se passait. Finalement, ce sont des discours prononcés dans la cour d'immeuble, à mon lieu de domicile et derrière ma fenêtre, qui m'ont permis de comprendre la situation :

En effet, comme je l'ai exposé dans les différents courriers-plaintes de la partie précédente, j'avais été victime d'une escroquerie lors de l'achat d'un véhicule en octobre 2006 : c'était pour pouvoir me rendre au travail au sein du Foyer pour les Jeunes en difficultés, là où j'ai été agressé pour la première fois. Lorsque j'ai découvert la nature de l'escroquerie dont j'avais été victime, en 2007, j'ai demandé au vendeur et au créancier qui m'avait octroyé le crédit-auto de reprendre leur voiture. Ceux-ci ont refusé tout règlement à l'amiable du litige ; ils ont plutôt préféré aller m'assigner en Justice. Ce fut le début d'un nouveau « front » contre ma personne !

Selon le gardien d'immeuble à mon lieu de domicile, dans ses différents discours, « on est venu » lui « demander » son « avis » - la Justice serait venue lui demander son avis - concernant l'affaire du litige commercial du véhicule ci-dessus cité ! Dans la suite des mêmes discours diffamatoires, j'ai appris le fait que tous les problèmes étaient désormais associés : la société HLM où j'habite était mobilisée, la banque où j'avais ouvert un compte bancaire était mobilisée, et ainsi, mes bourreaux étaient au courant de toutes mes ressources financières. Par conséquent, mes partenaires professionnels étaient identifiés à partir de mon compte bancaire. Ce qui expliquait le fait que dès que je déposais les premiers chèques sur mon compte bancaire, ou bien, dès que le premier virement de payement était fait sur mon compte bancaire, je n'avais plus les mêmes facilités professionnelles auprès de mes partenaires ! Dans la partie précédente, le cas des problèmes qui m'ont été créés par l'une des banques que j'ai citée illustre cette situation. La même banque a d'ailleurs été condamnée par le Tribunal d'Instance de Paris 13ème Arrondissement.

*Et le gardien d'immeuble devint le « spécialiste » de ma vie privée*

Selon les discours du gardien d'immeuble, je n'aurais « jamais travaillé » dans ma vie, j'aurais « inventé » le litige commercial concernant le crédit-auto pour « gagner de l'argent » !

Par la suite, les discours diffamatoires à mon lieu de domicile ont pris un nouveau tournant : désormais, je n'étais plus la seule personne visée par le gardien d'immeuble dans ses discours enflammés, c'est tout le peuple rwandais qui est devenu la cible du « grand savant omniscient » en géopolitique ! Selon lui, si les Rwandais sont en France, c'est parce qu'ils sont « parqués chez-eux », c'est parce qu'ils « s'entre-tuent chez-eux » !

J'ai enregistré et filmé plusieurs heures de discours du grand-homme ! Toute personne qui souhaiterait consulter ces documents audio-visuels pourrait me contacter, je lui en transmettrai une copie.

Compte tenu de la situation, en 2011, j'ai arrêté temporellement l'activité libérale pour chercher un emploi salarié. J'ai été embauché par la société [...] sise à Paris. Cependant, l'histoire s'est à nouveau répétée : dès que l'employeur a déclaré l'embauche auprès des services concernés, sans tarder, les ennuis injustifiés ont commencé ! J'ai présenté le résumé de cette situation dans la partie précédente.

*Conclusion* : l'État Français utilise les crimes économiques et la terreur socioprofessionnelle pour faire taire toute personne qui chercherait à savoir ce qui s'est véritablement passé au Rwanda en 1994 : depuis 2006 jusqu'à ce jour, j'en ai fait l'expérience.

### 4. Le « cerveau » du génocide au Rwanda

Compte tenu des différents témoignages que j'ai déjà cités, compte tenu de la similitude des actes génocidaires qui ont été commis au Rwanda et les crimes dont je suis victime en France depuis 2006, il n'y a aucun doute possible :

Le « cerveau » des actes actuels - actes dont je suis personnellement victime -, c'est le même « cerveau » qui a planifié le génocide au Rwanda en 1994. Ceci expliquerait pourquoi, en 2006, un fonctionnaire de l'État a essayé de me dissuader pour abandonner mon sujet de thèse : mon hypothèse c'est que, avant cette tentative de dissuasion, il avait été contacté par certains « milieux » concernés par l'histoire récente du Rwanda qui ne souhaitent pas que l'on « fouille » dans un passé à hauts-risques pour leur conscience, pour leur responsabilité civile et/ou pénale et pour leurs intérêts.

*Les démons de l'ethnisme toujours à l'œuvre* !

Qui aurait pu penser que nous serions pourchassés, même ici en France, tout simplement à partir de l'idéologie des pseudos ethnies comme au Rwanda en 1994 ?

Pourtant, au début des attaques dont je suis victime, en 2006, les agresseurs me reprochaient d'avoir refusé de dire si j'étais Hutu ou Tutsi ! Ces attaques ethnocentriques ont eu lieu dans un Foyer pour des jeunes en difficultés ou je travaillais à l'époque. Ayant protesté contre ces agressions gratuites, mon employeur a tout simplement pris parti en faveur de mes adversaires ! Comme je considérais que ma vie était en danger, j'ai préféré ne plus me rendre au travail et j'ai demandé à mon employeur de me muter dans un autre foyer, ou bien, de me confier une autre responsabilité au sein de la même institution. Ma demande fut rejetée et j'ai été licencié.

La suite, je l'ai décrite à travers les différentes « pièces à conviction » de la partie précédente.

Il n'y a aucun doute, en 2015, la « chasse à l'homme » contre nous continue : tout simplement, parce que nous sommes Rwandais ; tout simplement, parce que nous cherchons à comprendre la nature des circonstances qui ont déclenché le génocide au Rwanda en 1994. Cette haine dirigée contre nous est de la même nature que l'antisémitisme : il s'agit de l'« antirwandité ».

« Il n'est pas de groupe, pas d'institution, pas de société sans mémoire, sans travail de l'historisation. Le refus de la mémoire et de l'historicité forme les sociétés qui soutiennent les utopies meurtrières. L'étude de ces sociétés y démontre à l'œuvre des mécanismes analogues à ceux de la forclusion et du déni. Le « ne te souviens pas » n'est pas ici ordonné au refoulement de l'horreur, mais à l'annulation de l'histoire et de l'expérience. Cette annulation maintient le pouvoir de l'horreur et l'annihilation de la pensée. De même que la stratégie du pouvoir dans les situations de catastrophe sociale vise à réprimer toute manifestation de la réalité psychique, à la détruire ou à la pervertir, de même elle vise à substituer à la mémoire collective des énoncés sur l'histoire qui soient capables de la légitimer. Elle impose par la force un contrat narcissique pervers et déplace à son profit, sur sa seule violence, l'enjeu de pacte dénégatif »[38].

En Kinyarwanda, le mot « ikimwamwanya »[39] exprime pleinement la polysémie du terme « pervers » : en effet, *ikimwamwanya* désigne à la fois l'acte du pervers, la manière dont cet acte est commis ainsi que l'attitude ou la personnalité du sujet « pervers ».

Pour aller un peu plus loin, intéressons-nous à un autre substantif dérivé du premier ci-dessus cité : la « perversion ».

Il s'agit du « terme dérivé du latin *pervertere* (retourner), employé en psychiatrie et par les fondateurs de la sexologie pour désigner, tantôt de façon péjorative, tantôt en les valorisant, des pratiques sexuelles considérées comme des déviations par rapport à une norme sociale et sexuelle. Ayant trait à la question du bien et du mal, et donc à la jouissance du mal et à la sublimation, le terme a une portée universelle et anthropologique dans la mesure où il caractérise le propre de l'homme. La perversion est en effet absente du monde animal. (...) Repris par Sigmund Freud (1896), le terme perversion a définitivement été adopté comme concept de la psychanalyse qui a conservé ainsi l'idée de déviation sexuelle par rapport à une norme. Néanmoins, dans cette nouvelle acceptation, le concept est dépourvu de toute connotation péjorative ou valorisante et s'inscrit avec la psychose et la névrose dans une structure tripartite »[40].

Dans la suite de leur article sur le terme « perversion » - article ci-dessus cité, E. Roudinesco et M. Plon développent la richesse de l'apport freudien sur la signification et l'utilisation actuelles dudit terme. Mais, pour notre

---

38 KAËS R., texte : « Ruptures catastrophiques et travail de la mémoire », in PUGET J. et all., *Violence d'État et psychanalyse*, *op. cit.*, *ibid*

39 Ikimwamwanya : substantif du verbe « kumwamwanya » en Kinyarwanda: escroquer, mentir, faire usage de faux, mais aussi et surtout, user du « faux-self » en toutes circonstances pour duper l'entourage !

40 ROUDINESCO E. et PLON M., (1997), Dictionnaire de la psychanalyse, *op. cit.*, *ibid.*

recherche spécifique, intéressons-nous à l'apport kleinien concernant le concept psychanalytique de « perversion » :

« Dans la théorie kleinienne, la perversion est toujours décrite en fonction d'une norme et d'une pathologie, mais toute idée de déviance est écartée. Aussi est-elle regardée comme un trouble de l'identité de nature schizoïde lié à une farouche pulsion de destruction de soi-même et de l'objet. Loin d'être l'expression d'une « aberration » sexuelle, elle devient la manifestation à l'état brut de la pulsion de mort, au point de faire naître dans le cadre de la cure une réaction thérapeutique négative (ou perversion de transfert) »[41].

Les deux auteurs terminent leur article sur la « perversion » par une autre remarque très intéressante pour la suite de notre réflexion :

« Dans la perspective de la *Self Psychology*, c'est Joyce McDougall (...) qui apporta dès 1972 l'une des meilleures révisions de la doctrine freudienne de la perversion. Dans son *Plaidoyer pour une certaine anormalité*, elle constate que la structure tripartite (névrose/psychose/perversion) est trop rigide pour expliquer les troubles sexuels liés aux différents désordres narcissiques du soi. Aussi donne-t-elle le nom de néosexualité et de sexualité addictive à des formes de sexualité perverses, proches de la drogue et de la toxicomanie, mais qui permettent à certains sujets au bord de la folie de trouver la voie de la guérison, de la créativité et de la réalisation de soi »[42].

Revenons sur le mot de la langue Kinyarwanda « *ikimwamwanya* », terme qui illustre le contenu de l'un des symptômes de la perversion, le « faux-self » : sur ce sujet, D. Winnicott a apporté une contribution théorique et clinique que j'ai déjà citée dans ma thèse de Doctorat « *La compulsion de répétition dans les violences collectives* »[43] :

Dans le texte de D. Winnicott « *L'agressivité et ses rapports avec le développement affectif* »[44], l'une des hypothèses formulées par l'auteur sur l'étiologie des comportements agressifs - qui seraient liés au développement narcissique primaire suite aux influences de l'environnement - concerne « *les premières racines de l'agressivité* ». A travers l'exposé de ses observations, D. Winnicott présente une *situation clinique extrême* dans laquelle, pour le sujet, « (...) il ne reste pas de lieu de repos pour une expérience individuelle et qu'en conséquence l'état narcissique primaire possible n'évolue pas vers une individualité. L'« individu » se développe alors comme une extension de l'écorce plutôt que du noyau, comme une extension de l'environnement envahissant. Ce qui reste du noyau est dissimulé et ne se retrouve qu'avec difficulté, même dans l'analyse la plus poussée. *L'individu n'existe alors que grâce au fait de ne pas être deviné*. Le

---

41 *Ibid.*, p. 1174.

42 *Ibid.*, p. 1175.

43Thèse de Doctorat soutenue à l'Université Paris Diderot - Paris7 en 2011.

44 WINNICOTT D., (1950 - 1955), texte « L'agressivité et ses rapports avec le développement affectif », in *De la pédiatrie à la psychanalyse*, *op. cit.*, *ibid.*

*self* authentique est caché et, du point de vue clinique, nous nous trouvons en face du faux *self* complexe dont la fonction est de maintenir caché le vrai. Le faux *self* peut être bien adapté à la société, mais l'absence du vrai *self* est la source d'une instabilité qui devient d'autant plus évidente que la société est amenée à penser que le faux *self* est le vrai »[45].

A partir de cet inestimable apport de la théorie psychanalytique, nous pouvons enfin aborder la question qui nous intéresse dans le présent chapitre : l'« exercice pervers du pouvoir » dont les crimes génocidaires constituent l'une des manifestations parfaites.

Comme nous l'avons exposé ci-dessus, l'approche de la psychiatrie et l'approche freudienne du terme de « perversion » concernent essentiellement la vie psychique d'un sujet isolé. Ainsi, c'est à partir de la théorie kleinienne et l'apport de J. McDougall que nous pouvons examiner la situation des cas « transsubjectifs » : la perversion dans l'exercice du pouvoir et dans la commission des crimes de masse.

## 1. Le pouvoir en question : problématique ontologique et analytique

Il faut être « narcissiquement » téméraire pour se convaincre que l'on est « dépositaire », le « meilleur » d'entre tous, le plus « méritant » de toute une nation, l'« homme de la situation », etc. lorsqu'il s'agit de désigner le « chef » d'un pays ou d'une collectivité quelconque ! Au fait, comment se mesure-t-il le statut du mérite, comment arrive-t-on à savoir ou à constater que l'on est l'« homme ou la femme de la situation » pour occuper les fonctions de « chef » ?

Je vais sans doute m'attirer des malentendus mais, je me permets malgré tout de planter le décor : que le pouvoir se transmette de père en fils, dans le cadre d'une monarchie dynastique, nous pouvons comprendre l'innocence du candidat au trône : il ne choisit pas de naître ni à telle époque ni à telle place dans l'ordre des naissances de la fratrie. Ainsi, le futur monarque est désigné (e) dès sa naissance : qu'il (elle) le veuille ou non !

Cependant, la situation se complique lorsqu'il s'agit de la succession au « trône » dans d'autres types de gouvernements : la démocratie, mais aussi la dictature ! Comment tel ou tel individu arrive-t-il à se convaincre qu'il est l'« élu » pour diriger son peuple ? Évidemment, je parle ici des motivations personnelles de la candidature au poste de « chef ». Car, dans le cadre d'une démocratie, le candidat-chef devient l'« élu » grâce à un vote direct ou indirect de la population.

Certes, dans les pays dits « démocratiques », on nous parlera sans cesse des élections. Néanmoins, ce n'est pas « Monsieur ou Madame tout le monde » qui se considère, du jour au lendemain, qu'il (elle) serait le/la « meilleur (e) pour diriger le peuple !

45 *Ibid.*, pp. 160 - 161.

Pour cela, il existe sans conteste une dimension « narcissique » chez ceux ou celles qui aspirent à diriger et à occuper la place de « chef », mis à part le cas des monarques qui sont désignés (es) de par leur naissance.

D'ailleurs, même parmi ceux qui accèdent au pouvoir par la transmission dynastique, certains n'échappent pas aux dérives inhérentes à la nature humaine : une fois au pourvoir, certains monarques sombrent dans l'absolutisme et deviennent de véritables tyrans, au même titre que des dictateurs !

Ainsi, toute aspiration à diriger, à être « chef », à être le « meilleur » ou la « meilleure » de tous, ce désir du pouvoir comporte nécessairement une dimension narcissique.

De ce fait même, l'aspiration au pouvoir peut être, chez certains sujets, une démarche addictive voire même une « déviation » de survie narcissique. Cela au même titre que d'autres pratiques « néosexuelles » selon la théorie de J. McDougall que nous avons déjà citée précédemment.

*Le pouvoir du chef, c'est aussi le pouvoir de ses collaborateurs*

Sur le plan « transsubjectif », du moment où le « chef » se serait installé au pouvoir dans une démarche addictive, c'est tout le régime qui succombe à la tentation : toutes les institutions du pays ou de la collectivité deviennent l'extension narcissique du chef !

Évidemment, tel ou tel lecteur pourrait commettre l'erreur courante qui consiste à considérer que de telles « déviations narcissiques » seraient le monopole des pays pauvres, la seule particularité des pays où les régimes ne sont pas démocratiques, voire même une exception qui ne concernerait que des dictatures !

Certes, dans un pays où le régime est totalitaire, il va de soi que les risques sont très grands pour que le « chef » gouverne la nation comme l'une des parties de son propre corps. Néanmoins, même au sein des pays dits « civilisés », nous constatons régulièrement l'existence de « chefs » - et/ou leurs collaborateurs - qui sont de véritables autocrates ! Dans certains cas très précis, certaines pratiques du pouvoir sont pires que celles des dictateurs historiquement reconnus comme tels ! Je n'ai pas besoin de citer des exemple : j'invite chacun de mes futurs lecteurs à regarder autour de soi, tout simplement !

*Référence à la source*

Lors des échanges avec différents lecteurs de mes ouvrages, il m'est régulièrement demandé de commenter le sujet de ma thèse de Doctorat : « *La compulsion de répétition dans les violences collectives* ». Cela me permets de partir toujours de cette thèse de Doctorat pour exposer mes nouvelles recherches en psychopathologie d'orientation analytique.

Du point de vue clinique, il existe un symptôme élémentaire qui caractérise le « syndrome » de la compulsion de répétition « collective » ou

« transsubjectif » selon le terme de R. Kaës : lorsqu'un groupe social, une organisation ou une administration s'acharne à répéter les mêmes actes délictueux et/ou criminels sans réfléchir, lorsqu'un État décide de pourchasser et de harceler un individu ou un groupe social en multipliant des actes d'oppression - voire même de massacrer cet individu ou ce groupe social, tous ces comportements s'apparentent à la « compulsion de répétition » individuelle dont S. Freud nous a formulé les fondements théoriques et cliniques. Par conséquent, dès lors que ces actes et/ou comportements criminels deviennent addictifs et répétitifs, la perversion n'est pas loin !

## 2. Pouvoir, jouissance et perversion

Revenons sur l'une des caractéristiques de la perversion, à savoir son caractère « addictif » : là où il y a « addiction », il y a nécessairement un bénéfice « jouissif » pour le sujet.

Habituellement, du point de vue clinique, l'addiction ou le comportement addictif est associé à la prise de substance et/ou de plaisir - incorporation - dont le sujet devient dépendant : la drogue, l'alcool, le sexe, la nourriture, etc.

Cependant, il existe d'autres formes d'addiction comportementale qui n'impliquent pas nécessairement l'incorporation/introjection d'objets matériels. Ainsi, certains comportements sportifs, certains types de voyages à risque, certains types de loisirs (vidéo, jeux, cinéma, musique, etc), tous ces comportements qui procurent du plaisir au point de ne plus s'en séparer peuvent devenir addictifs.

Il va de même pour certaines activités professionnelles et/ou culturelles. En effet, comme je l'ai déjà développé dans ma thèse de Doctorat déjà citée, il existe une forme de « boulimie d'agir » qui est le plus souvent associée à un syndrome dépressif chez certains patients.

En ce qui concerne la problématique qui nous intéresse et, à partir des « pièces à conviction » que j'ai présentées dans la partie précédente, j'ai été surpris par l'acharnement administratif et judiciaire dont je suis victime malgré l'abondance de preuves matérielles qui plaident en ma faveur ! Ainsi, ma question est la suivante : comment une administration bien structurée, bien organisée et très hiérarchisée peut-elle en arriver là ?

Au-delà de la volonté indiscutable de nuire à ma personne - tout simplement parce que je suis Rwandais -, il existe une forme de « jouissance », chez certains fonctionnaires qui gèrent les différents dossiers me concernant : une jouissance qui se rattache à un désir sadique d'affirmer son pouvoir quitte à détruire l'existence d'autrui.

Pour cela, quelles que soient les preuves matérielles à l'appui de mon argumentation, pour l'administration et la Justice de l'État Français, je suis « coupable » et un point c'est tout ! C'est ce qu'a voulu me signifier, par exemple, le Juge du Tribunal d'Instance de Paris 9$^{ème}$ Arrondissement :

comme je l'ai développé dans l'un des dossiers de la partie précédente, lors d'une audience, ce Juge m'a interdit de parler est s'est fait l'avocat de mes adversaires ! J'ai essayé de lui présenter les différentes preuves matérielles à l'appui de mon dossier et, il me répondait sans cesse : « *Ça ne prouve rien* » ! Ou bien, il repoussait les documents sans les regarder et en disant : « *Il n'y a rien d'illégal* » ! Dans un autre dossier liée à la même affaire, une Juge d'instruction a ordonné contre ma personne une « expertise psychologique » ! Motif : elle voulait vérifier dans quelle mesure ma personnalité et mes origines auraient « influencé » mon bourreau à commettre des actes délictueux dont j'étais victime ! Autrement-dit, devant ce tribunal, les malfaiteurs ne sont jamais responsables de leurs actes ; ce sont plutôt leurs victimes qui seraient coupables !

Je citerais aussi l'exemple de la Police Judiciaire : à partir des faits imaginaires, pour nuire à ma personne, plusieurs « Officiers du Ministère Public » n'ont pas hésité à me condamner à payer des frais d'amandes ! Cela sans qu'il y ait eu le moindre procès contradictoire conformément à la Loi. Toutes ces formes d'abus de pouvoir sont nécessairement le résultat, c'est mon hypothèse, des motions pulsionnelles individuelles qui procurent à mes bourreaux une réelle « jouissance » de nature sadique. Dans ce contexte, le service public, l'intérêt général ou la Nation deviennent des « instruments narcissiques » pour assouvir un désir pulsionnel subjectif.

### 3. Ni honte, ni remords, ni regrets !

Revenons sur l'une des dimensions de la perversion selon la définition psychanalytique que nous avons déjà citée :

« Dans la théorie kleinienne, la perversion est toujours décrite en fonction d'une norme et d'une pathologie, mais toute idée de déviance est écartée. Aussi est-elle regardée comme un trouble de l'identité de nature schizoïde lié à une farouche pulsion de destruction de soi-même et de l'objet. Loin d'être l'expression d'une « aberration » sexuelle, elle devient la manifestation à l'état brut de la pulsion de mort, au point de faire naître dans le cadre de la cure une réaction thérapeutique négative (ou perversion de transfert) »[46].

Chez le psychotique, les cliniciens décrivent le plus souvent un sujet à « personnalités multiples ». Prenons le cas de certains schizophrènes : ils sont imprévisibles, indifférents aux objets qui les entourent. Mais, ils sont hyper-sensibles lorsqu'un geste, un événement ou une injonction d'autrui vient perturber l'ambiance habituelle et/ou l'ordre environnemental familier. Nous pouvons ainsi conclure que dans certaines circonstances, les psychotiques se sentent concernés - voire même plus concernés que les autres - par ce qui se passe autour d'eux.

Or, dans le déroulement des affaires criminelles que j'ai décrites depuis le début de la présente réflexion, il existe un comportement étrange chez nos

---

46 ROUDINESCO E. et PLON M., (1997), *Dictionnaire de la psychanalyse, op. cit., ibid.*

bourreaux : vous pouvez contester, vous pouvez leur montrer que leurs affirmations sont sans aucun fondement, vous pouvez leur présenter toutes les preuves matérielles irréfutables pour dénoncer leurs actes mais, rien n'y fait ! « *Ça ne prouve rien* », selon la réponse d'un Juge que j'ai déjà cité : je lui présentais les preuves pour dénoncer les faux documents à partir desquels je suis injustement attaqué. J'attendais au moins qu'il laisse à mes adversaires la parole pour qu'ils me prouvent le contraire. Mais non ! Le Juge m'a signifié, tout simplement, que mes adversaires n'étaient pas obligés de se justifier et encore moins de s'expliquer. « Ça ne prouve rien, il n'y a rien d'illégal » !

Prenons un autre cas : lorsque mon logement fut attaqué pour la première fois, le 07 février 2013, les dégâts de destruction à la perceuse laissaient croire que les voisins avaient sans doute vu et/ou entendu quelque chose lors de cette opération de destruction criminelle. Pour cela, j'ai décidé de mettre des affiches à la porte d'entrée de l'immeuble dans l'espoir de recueillir d'éventuels témoignages des voisins. A ma grande surprise, dès que je terminais de coller les affiches, le gardien d'immeuble les arrachait immédiatement ! Un jour, il m'a suivi, pas-à-pas : dès que je collais une affiche, il l'arrachait immédiatement en ma présence ! Je lui ai demandé pourquoi il ne me laissait pas recueillir les témoignages des voisins : le Monsieur a tout simplement esquissé un sourire narquois et il est parti en sifflotant !

J'avais déjà déposé une plainte contre ce même gardien d'immeuble au sujet de ses injures racistes et diffamatoires, au sujet de ses discours publics calomnieux à mon encontre. Suite à cette plainte, le commissariat de Police nous a convoqués pour une confrontation. Le jour de la confrontation, le Monsieur a nié tous les faits en ces termes : « Moi, je suis professionnel. Je suis chrétien et surveillant dans une école catholique ; ce ne sont pas mes valeurs », a-t-il déclaré pour réfuter toutes les charges ! J'ai immédiatement informé l'agent de Police que j'avais en ma possession des enregistrements audio et vidéo. Compte tenu de cette information, l'agent de Police a demandé au gardien d'immeuble s'il maintenait ses propos ou s'il comptait les modifier. L'intéressé à répondu : « Je vais d'abord consulter mon employeur » [La société HLM]. Il est immédiatement sorti. Après avoir signé ma déposition, je suis sorti à mon tour. Derrière la porte du bureau de l'agent de Police, dans la cour du commissariat, le gardien d'immeuble était entouré par trois agents de Police en uniforme. Dès que le gardien d'immeuble m'a aperçu, il a souri, il a passé la langue derrière ses lèvres et sa moustache bien rangée à la Hitler, en laissant transparaître du plaisir sur son visage ! Par rapport à la confrontation qui venait d'avoir lieu dans le bureau à côté, c'était désormais un autre homme : il était « intégré » au sein de la Police, il était « paré » de pouvoir et il tenait à me le signifier !

La même « jouissance » accompagne les discours d'appel à la haine raciste qui sont régulièrement prononcés derrière la fenêtre de mon logement. Le chef du commando, c'est toujours le même : le gardien d'immeuble. Lorsque celui-ci se met en transes pour s'attaquer aux étrangers - en particulier les Rwandais -, à côté de lui, A. Hitler et B. Mussolini seraient des nains ! Pour cela, détruire la réputation d'autrui, insulter, calomnier, diffamer, se faire complice d'attaques de destruction des biens d'autrui, etc., tous ces actes relèveraient de l'« ordinaire » et n'auraient rien d'illégal : ni sur le plan moral ni du point de vue juridique !

Pour parachever l'œuvre ci-dessus décrite, un commando dirigé par un huissier de Justice a menée une attaque à mains armée contre ma personne, le 04 décembre 2014. Comme je l'ai déjà signalé, c'était la deuxième attaque armée. Dès que j'ai entendu le bruit sur la porte de mon logement, je suis sorti pour voir et j'ai failli être transpercé par la perceuse du malfaiteur qui détruisait la porte ! Lorsque j'ai voulu savoir pourquoi cet individu s'attaquait à ma porte, l'un des trois hommes qui assistaient à la scène s'est présenté comme étant l'huissier de Justice ! Suite à l'une des escroqueries judiciaires dirigées contre ma personne - voir la partie précédente -, une société d'huissiers de Justice m'avaient envoyé un courrier de menaces ! J'avais déjà répondu à ce courrier et j'avais dénoncé cet acharnement illégal en fournissant des preuves écrites. Lors de cette nouvelle attaque du 04 décembre 2014, j'ai expliqué à nouveau à cet huissier qu'il se servait d'un dossier judiciaire d'escroquerie pour mener une attaque armée contre ma personne. L'intéressé m'a répondu :

« Vous pouvez aller vous plaindre partout où vous voulez, chez le président de la République par exemple, ou bien n'importe où et auprès de n'importe quelle personne de votre choix partout dans le monde » ! Puis, cet huissier et les membres de son commando sont partis ! L'opération était finie.

Le constat est clair : nos bourreaux se comportent comme des automates qui doivent accomplir un programme criminel sans se poser la moindre question. La victime peut contester ou se plaindre, elle peut même apporter toutes les preuves pour se défendre : « Ça ne prouve rien » !

*Ce qui est décrit ci-dessus, c'est du « déjà vu » !*

Dans le cadre de ma recherche doctorale, j'ai regardé plusieurs vidéos concernant les procès des crimes génocidaires au Rwanda, procès qui ont été menés par des tribunaux de proximité « agacaca ». Lors de ces audiences de proximité, j'ai constaté le même phénomène d'indifférence et de défiance de la part des personnes accusées de génocide : malgré les détails de faits présentés par les plaignants, malgré les témoignages à charge, les prévenus restaient impassibles, sans aucune émotion : ni de compassion envers les rescapés du génocide qui ont réellement perdu les leurs - ou qui ont été individuellement attaqués (es) pendant le génocide, ni d'indignation compte tenu des accusations qui étaient formulées contre eux ! Évidemment, tant que ces accusés n'étaient pas encore condamnés, ils étaient innocents. Cependant, dans la situation particulière du Rwanda, même si l'on n'a rien à se reprocher, il est incompréhensible d'afficher une attitude d'indifférence alors que l'on est entouré de tombes, de cimetières des victimes du génocide, sans oublier les ruines des biens matériels qui ont été détruits par les génocidaires en 1994.

Par conséquent, hier comme aujourd'hui, nous avons affaire à des personnages qui n'ont ni honte, ni remords ni regrets ! Pour cela, la théorie kleinienne est démontrée en ce qui concerne la perversion : « Aussi est-elle regardée comme un trouble de l'identité de nature schizoïde lié à une farouche pulsion de destruction de soi-même et de l'objet. Loin d'être l'expression d'une « aberration » sexuelle, elle devient la manifestation à l'état brut de la pulsion de mort (...) ».

*Communautarisme raciste et Jihadisme Jacobin*

Lorsque le gardien d'immeuble à mon lieu de domicile prononce ses discours d'appel à la haine, ses paroles sont audibles jusqu'à plusieurs centaines de mètres à la ronde ! Donc, tout l'immeuble entend et voit ce qui se passe. Pourtant, je n'ai jamais entendu tel ou tel voisin intervenir pour lui signifier que son comportement est inacceptable. Au contraire, certains voisins de l'immeuble s'associent à lui et participent à ce spectacle dans une cour où de très jeunes enfants sont régulièrement en train de jouer !

Dans son « discours programme » du 04 novembre 2009, le gardien d'immeuble a fourni une justification au comportement ci-dessus décrit : ils sont « chez-eux » ! Autrement dit, ceux qui attaquent avec violence des Français à l'étranger auraient-il raison ? Car, eux aussi, ils sont « chez-eux » !

Constat : à côté du « communautarisme » socioculturel qui est souvent reproché à certains étrangers qui résident en France, il existe un « communautarisme raciste » chez certains Français qui seraient au-dessus de la Loi. Tout simplement, parce qu'ils sont « chez-eux » ! Plus grave encore, ce comportement est le plus souvent justifié au moyen d'arguments de nature « patriotique » : la défense des « valeurs de la République » ! Cette dimension « jacobine » constitue aussi l'un des arguments développés par le gardien d'immeuble lors de ses grands discours.

Ainsi, il existe un véritable *Jihadisme Jacobin*, au même titre que le *Jihadisme Religieux*. Car, pour ma part, ceux qui tuent au nom de la Religion et ceux qui tuent au nom de la République, ce sont tous des criminels : il n'existe pas de « bons » et de « mauvais » crimes. Quelle que soit la raison avancée, aucun crime ne peut être justifié par une idéologie d'appartenance identitaire.

## Chapitre III. POSTURES ET IMPOSTURES GÉNOCIDAIRES

J'ai appris qu'en France, il existerait une Loi qui qualifie l'esclavage comme étant un « crime contre l'humanité ». Je me permets d'informer ceux ou celles qui ont été à l'origine de cette Loi que les génocides aussi, en particulier les génocides de proximité, sont des « crimes contre l'humanité ». Apparemment, ces crimes ne seraient pas encore reconnus comme tels en France.

Compte tenu des faits que nous avons exposés jusqu'ici, tout lecteur de la présente réflexion pourrait distinguer sans difficulté les différents niveaux de l'imposture criminelle que nous dénonçons. Cela pour qu'il y ait enfin un véritable « Jugement de l'Histoire » là où il y a absence d'une Justice humaine équitable.

Au sujet des crimes génocidaires de 1994 au Rwanda et, dans la commission des crimes actuels dont nous sommes victimes, les termes « posture » et « imposture » sont inséparables dans nos observations : là où un observateur lambda constaterait de l'« imposture », le malfaiteur lui se vante de « posture » !

En effet, lorsque nos bourreaux s'expriment, pour dénier les faits criminels qui leurs sont reprochés, ils avancent le paravent moral de « posture » ! Dans une certaine mesure, ils se vantent même d'avoir été des « héros » ou d'être des « héros » actuels méconnus ! Prenons le cas des événements du génocide au Rwanda de 1994 : certains protagonistes de cette tragédie n'hésitent pas à revendiquer la reconnaissance de leur « courage », de leur « action » là où personne d'autre n'aurait accepté d'intervenir !

C'est aussi le cas des auteurs d'actes criminels actuels dont nous sommes victimes : « Je suis professionnel, je suis chrétien, je suis surveillant dans une école catholique, (...) », a déclaré la personne qui prononce régulièrement des discours d'appel à la haine publiquement ! Je citerais aussi des tribunaux qui, ayant dénié mes droits en faisant fi de toutes les preuves matérielles à l'appui de ma défense, n'hésitent pas à prononcer des jugements selon lesquels je serais obligé de payer de l'argent à mes bourreaux. Autrement dit, en France, les victimes d'infractions pénales - s'ils sont Rwandais - doivent payer une rançon à leurs bourreaux ! C'est aussi ce qui s'est passé au Rwanda en 1994 : certaines victimes étaient obligées de payer les frais des balles avec lesquelles on allait les achever - cela constituait l'alternative à la machette ! ; d'autres, surtout des femmes, devaient accepter de coucher avec leurs bourreaux pour ne pas se faire tuer. Comme cette expérience a été apparemment une « grande réussite », en France aussi, *on ne change pas une méthode qui gagne* ! Comme je l'ai déjà évoqué, un tribunal est allé plus loin et a exigé une « expertise psychologique » pour déterminer dans quelle mesure ma personnalité et mes origines auraient influencé mes bourreaux dans la commission des actes dont j'ai été victime !

### 1. Le génocide au Rwanda : Les différents niveaux d'imposture

Premièrement, pendant le génocide au Rwanda de 1994, nous pouvons relever un certain degré d'imposture coloniale - ou d'impérialisme multinational : celle-ci concerne non seulement le rôle de l'ancienne puissance coloniale au Rwanda, la Belgique, mais aussi, le rôle des Nations-Unies pendant la période du génocide en question. Rappelons qu'au début des années 60, ces mêmes acteurs étrangers furent mêlés à des violences collectives au Rwanda.

Au début de la guerre civile en 1990, la Belgique avait refusé d'intervenir au Rwanda. Finalement, c'est la France et le Zaïre qui s'étaient interposés pour stopper la rébellion du Front Patriotique Rwandais qui attaquait le Rwanda à partir de l'Ouganda. Lors des négociations d'Arusha en Tanzanie, la Belgique a fait valoir son statut d'ancienne puissance coloniale et a proposé de participer à la Mission des Nations-Unies au Rwanda pour le maintien de la paix. Malheureusement, le comportement de certains Casques Bleus belges au Rwanda ressemblait plus à une opération de « reconquête » coloniale qu'à une mission neutre de pacification ! C'est dans ce contexte que certains responsables des milices proches du pouvoir furent régulièrement arrêtés, tabassés et publiquement humiliés par des Casques Bleus belges à Kigali. Isolé diplomatiquement, J. Habyarimana aurait tout fait pour éviter les représailles de la population contre ces Casques Bleus. Après le 06 avril 1994, le même climat de méfiance entre les responsables Hutu et la mission onusienne a été ravivé par l'assassinat des Casques Bleus belges, le 07 avril 1994. Tout cela a entraîné des conséquences historiques que l'on connaît :

Humilier, mépriser, disqualifier, rejeter et tourner le dos à la masse populaire et à ses dirigeants, ce fut une erreur fatale de la part des représentants de la communauté internationale à Kigali. Et cette erreur historique allait condamner tous ceux qui étaient considérés idéologiquement comme étant le groupe social « préféré » des Blancs !

Certes, la « non coopération » avec les leaders Hutu au Rwanda - de la part de la communauté internationale - n'excuse pas la commission des crimes génocidaires. Cependant, il n'y avait pas besoin d'être « diplomate » pour comprendre que tout un peuple ne pouvait pas accepter d'être humilié et chassé de ses terres sans réagir.

Deuxièmement, conformément aux différents témoignages que nous avons cités concernant les événements du 06 au 07 avril 1994, il appert qu'il existe une véritable « imposture » de la part des leaders Hutu de l'époque : étant donné qu'ils avaient des éléments suffisants pour écarter, du moins provisoirement, l'implication immédiate du Front Patriotique Rwandais dans l'attentat du 06 avril 1994, il n'est pas compréhensible qu'ils aient laissé circuler des rumeurs qui ont entraîné la population civile au passage à l'acte pour venger la mort du feu président J. Habyarimana.

Sur ce sujet, les différents témoignages sont formels : dans les deux premiers jours du génocide au Rwanda en 1994, aucun haut-responsable politique Hutu n'aurait ouvertement accusé le Front Patriotique Rwandais d'avoir abattu l'avion présidentiel le 06 avril 1994. Compte tenu de l'importance de la radio au Rwanda, j'ai essayé de savoir s'il y aurait eu un communiqué ou une autre déclaration quelconque à la radio, de la part d'un dirigeant politique, pour indiquer à la population l'identité des auteurs de l'attentat contre l'avion présidentiel. A ma grande surprise, selon les témoins que j'ai interrogés, aucune déclaration officielle n'aurait désigné publiquement le Front Patriotique Rwandais comme étant l'auteur dudit attentat. Un témoin a tenu à préciser :

« Toute la soirée du 06 avril 1994, nous n'avons rien su concernant l'attentat contre l'avion présidentiel et la mort de J. Habyarimana. Le 07 avril 1994, vers 04h30 du matin, c'est une radio étrangère qui a émis l'hypothèse selon laquelle le Front Patriotique Rwandais serait l'auteur de l'attentat. Par la suite, la RTLM [« Radio Télévision des Mille Collines »] a relayé cette rumeur mais sans donner des détails. A 5h00 du matin, à l'ouverture des émissions radiophoniques de la Radio Rwanda [la radio officielle de l'État Rwandais], il y a eu un communiqué officiel qui disait que des « ennemis » avaient abattu l'avion du président et que celui-ci avait été tué ainsi que tous ceux qui l'accompagnaient. Mais, le communiqué n'indiquait pas qui étaient ces « ennemis ». Jusqu'au jour où nous avons quitté le Rwanda, au début du mois de juillet 1994, je n'ai jamais entendu des dirigeants accuser officiellement et publiquement le Front Patriotique Rwandais. Cette rumeur circulait, mais, personne ne peut désigner la source avec certitude ».

Par conséquent, nous avons affaire à une véritable « imposture » génocidaire : les leaders Hutu ont laissé circuler une rumeur meurtrière alors que, c'est mon point de vue, la vérité - même sous forme d'hypothèse - sur l'identité d'éventuels « suspects » aurait permis de calmer la colère de population et ainsi de stabiliser le pays. En d'autres mots, le pouvoir s'est servi de l'imposture du silence pour profiter de la mobilisation populaire dans la commission du génocide. Un point c'est tout.

Enfin, il existe une « imposture » génocidaire indiscutable de la part du Front Patriotique Rwandais est ses soutiens extérieurs : comment peut-on expliquer le refus de ce mouvement armé de négocier avec le Gouvernement Intérimaire afin de mettre en pratiques les Accords d'Arusha ? Or, cela aurait permis d'arrêter les massacres génocidaires dans tout le pays. Pour aller un peu plus loin sur cette question, examinons maintenant la question des « contacts » historiques que le Front Patriotique Rwandais a entretenus avec la France pendant la période du génocide au Rwanda en 1994.

## 2. France - FPR : Pacte diplomatique ou pacte de sang ?

Nous retrouvons ici le « double jeu » de la France, double jeu qui avait été observé au début de la guerre civile au Rwanda en 1990 : d'un côté, un soutien militaire en faveur d'un camp et, en même temps, un soutien diplomatique pour l'autre camp !

Pendant la période du génocide au Rwanda, alors qu'un groupe de soldats français faisait le « grand nettoyage » sous les ordres du Gouvernement Intérimaire, la France envoya en même temps un « émissaire spécial » pour soutenir ouvertement P. Kagame et son Front Patriotique Rwandais ! Ce mouvement de rébellion avait repris les armes juste après l'attentat du 06 avril 1994.

Comme je l'ai déjà indiqué, tout récemment en avril 2014, celui qui fut l'« émissaire » de la France pendant la période du génocide au Rwanda a témoigné, lors d'une émission de Radio France Internationale : c'était la veille de la commémoration du 20ème anniversaire du génocide au Rwanda.

A ma grande surprise, au fur et à mesure que le journaliste et d'autres intervenants lui posaient des questions, par ses différentes réponses, ledit « émissaire » confirmait les différents témoignages que j'ai pu recueillir auprès de certains anciens dirigeants rwandais qui étaient au pouvoir pendant la période du génocide de 1994 au Rwanda :

En effet, celui qui fut l'« émissaire spécial » de la France pendant le génocide au Rwanda a confirmé, lors de l'émission radiodiffusée ci-dessus citée, les points suivants :

- Il aurait été envoyé au Rwanda pour essayer de trouver d'urgence une solution politique par le dialogue afin d'arrêter les massacres ;
- Selon ses propos, les responsables de la Mission de l'ONU au Rwanda [MINUAR] étaient dans l'incapacité de gérer la situation : il a même utilisé, à plusieurs reprise, les termes d'« état psychologique » pour expliquer la situation dans laquelle se trouvaient certains responsables militaires de la MINUAR : selon cet ancien « émissaire » de la France, leur « état psychologique » ne leur permettait pas d'intervenir efficacement pour arrêter les massacres ;
- Selon ledit « émissaire », P. Kagame, alors chef de la rébellion du Front Patriotique Rwandais, lui aurait confié la mission d'évacuer des enfants Tutsi qui se trouvaient dans un orphelinat dans la ville de Kigali pour les mettre à l'abri dans la zone qui était sous le contrôle de P. Kagame et sa rébellion. Selon le contenu de son témoignage, de par cette mission, il aurait été très « courageux » pour réussir là où les Casques Bleus avaient échoué ! Il a même décrit certaines situations difficiles qu'il aurait eu à gérer sur des barrières tenues par de jeunes miliciens.

L'émission a été très longue, il y aurait plusieurs points à retenir. Mais, pour le moment, je voudrais m'arrêter sur les points ci-dessus énumérés et leurs conséquences :

Premièrement, l'« émissaire spécial » de la France ci-dessus cité a avoué avoir pris parti pour un camp et contre un autre, au sujet du conflit politique et militaire à l'origine du génocide lui-même :

Compte tenu de la situation, comment un diplomate pouvait-il ignorer les conséquences de son implication directe aux côtés du Front Patriotique Rwandais ? Certes, les massacres étaient déjà généralisés presque dans tout le pays. Cependant, comme je l'ai déjà indiqué maintes fois, certains responsables militaires et politiques avaient réussi à protéger les populations civiles. Aux différents exemples que j'ai déjà cités, j'ajouterais le cas de l'évêché de Kabgayi : selon les témoignages récents que j'ai pu recueillir, jusqu'à la date de l'assassinat des trois évêques et les prêtres qui étaient en leur compagnie (début juin 1994), il y avait environ 5 00 000 déplacés et rescapés du génocide sous la protection des évêques.

Par ailleurs, au moment où cet « émissaire spécial » de la France faisait sa tournée à Kigali, le Front Patriotique Rwandais de P. Kagame massacrait aussi les population civiles : au nord-est et à l'est du Rwanda, mais aussi dans la zone sous son contrôle dans les environs de Kigali. Pour cela, choisir un camp contre un autre, c'était comme si l'on devait *choisir entre la peste et le choléra* ! Entre ces deux maux, je me demande lequel cet « émissaire » de la France aurait véritablement choisi !

D'autre part, en prenant ouvertement position pour le Front Patriotique Rwandais, l'« émissaire spécial » de la France - ainsi que les forces onusiennes d'ailleurs - a exposé plusieurs civiles à la colère de leurs voisins :

Depuis l'époque coloniale, des théories fantaisistes de certains anthropologues occidentaux considéraient que les Tutsi seraient des « Blancs à peau noire » qui auraient réussi à dominer des « Grands enfants » Hutu. Quant à la troisième classe sociale au Rwanda, des Twa, eux étaient tout simplement relégués au rang des « sauvages » avec un terme spécial de « Pygmoïdes » !

Par conséquent, en affichant une préférence même circonstancielle auprès d'une rébellion désignée de « Tutsi », certains Occidentaux ont tout simplement condamné tous ceux qui étaient considérés comme étant des « préférés » des Blancs !

Dans ce contexte, la mission d'évacuer des enfants Tutsi vers la zone contrôlée par le Front Patriotique Rwandais aurait pu être considérée comme une « trahison », comme une préférence ethnique, comme une « coalition » entre « Blancs » venus d'Europe et « Blancs à peau noire » représentés par le Front Patriotique Rwandais.

Une autre remarque s'impose : dans la ville de Kigali même, les Hutu n'étaient pas les seuls responsables du chaos, et encore moins de la guerre civile et des massacres. Depuis le soir du 06 avril 1994, des combats intenses opposaient l'armée régulière aux troupes du Front Patriotique Rwandais et aux Casques Bleus de l'ONU. Pour cela, évacuer des enfants Tutsi alors que des enfants Hutu étaient eux aussi sous la menace des bombes et des roquettes de Katioucha, ce n'était pas nécessairement une décision de nature « diplomatique » !

Après tout, si les voisins Hutu de l'orphelinat en question avaient décidé de massacrer ces enfants Tutsi, qui pouvait les empêcher de le faire ? Ce « héros » venu d'Europe ? Puis, si cet « émissaire spécial » de la France a réussi à sauver héroïquement une dizaine d'enfants - selon son témoignage, pourquoi n'a-t-il pas fait le tour du Rwanda pour « sauver » tous ceux qui étaient sous la menace de la machette ?

Historiquement, les vrais « héros » du génocide au Rwanda, ce sont des voisins, des amis et des parents des rescapés qui ont pris le risque de protéger telle ou telle famille, telle ou telle personne : en faisant cela, ils risquaient leur vie et mettaient en danger celle des leurs. Tout le reste, comme le résume bien l'expression populaire, « *c'est du cinéma* » !

Venons-en maintenant à la question du « pacte » que le Front Patriotique Rwandais aurait conclu avec la France :

Les différents témoins sont formels : le Gouvernement Intérimaire demandait l'arrêt des attaques du Front Patriotique Rwandais et la reprise des négociations pour mettre en pratique les Accords d'Arusha - Accords de Paix qui avaient été signés en août 1993.

Or, après s'être entretenu à plusieurs reprises avec P. Kagame et les représentants de la communauté internationale, l'« émissaire spécial » de la France aurait préféré ne pas prendre en compte les revendications et les propositions des dirigeants Hutu. Au contraire, comme me l'a confié un des dirigeants rwandais de l'époque, toutes ces tractations auraient tout simplement servi à « gagner du temps » afin que les troupes du Front Patriotique Rwandais puissent s'organiser et encercler la capitale rwandaise !

La médiation du président Mobutu ayant été écartée, l'embargo sur les armes ayant été renforcé - uniquement contre le Gouvernement Intérimaire, le Front Patriotique Rwandais aurait reçu des renforts et des minutions à partir des pays voisins. Sur ce point, certains Rwandais qui se réfugiaient dans les pays limitrophes m'ont confirmé avoir croisé des « guérilleros » en train de traverser la frontière du Rwanda pour se rendre dans la zone qui était occupée par le Front Patriotique Rwandai. Puis, dans la ville de Kigali, vers la fin du génocide, plusieurs témoins - dont des étrangers - affirment que des guérilleros étrangers tombaient régulièrement sur le champ de bataille.

Tout récemment, un observateur étranger qui était présent au Rwanda en 1994 a résumé la situation en ces termes :

« Au lieu d'écouter toutes les parties, l'émissaire spécial de la France et son pays se sont précipités à New-York [auprès des Nations-Unies] pour exiger que les massacres qui étaient en cours au Rwanda soient qualifiés de « génocide » ! Cette initiative a surpris tout le monde. Car, même si nous étions tous d'accords sur la qualification des crimes, il fallait néanmoins attendre le retour de la paix pour poursuivre les coupables en Justice. L'urgence, c'était l'arrêt des massacres. Or, cela était impossible sans l'implication directe du Gouvernement Intérimaire et des chefs de l'armée régulière »[47].

Conclusion : pour la communauté internationale et surtout pour la France, les Accords d'Arusha sont « morts » avec J. Habyarimana dans l'attentat du 06 avril 1994 ! Dès cet événement tragique, le seul interlocuteur de la communauté internationale, c'était P. Kagame.

*Imposture médiatique*

Depuis 1994, les média internationaux se sont alignés sur le positionnement diplomatique au sujet des circonstances de la survenue du génocide au Rwanda. Pour cette raison, il n'y a quasiment pas eu d'évolution en ce qui concerne les informations sur les différentes responsabilités des protagonistes de la guerre civile au Rwanda en 1994 : officiellement, jusqu'à ce jour, seuls les dirigeants du Gouvernement Intérimaire et de l'armée régulière de l'époque seraient responsables de la survenue du génocide au Rwanda !

Cette forme de « connivence » entre diplomatie et média, au sujet du génocide au Rwanda, remonte de la nuit du 06 au 07 avril 1994 : lors de mes enquêtes de recherche, j'ai appris que depuis cette même nuit et dans les jours qui ont suivi, plusieurs journalistes des média internationaux s'étaient regroupés à l'Hôtel des Diplomates à Kigali. À l'époque, cet hôtel était situé à moins de 200 mètres du Camp Kigali où se trouvait l'État-Major de l'Armée Rwandaise. Or, c'est dans ce camp militaire que semble s'être joué l'avenir du Rwanda dans la nuit du 06 au 07 avril 1994.

D'autre part, les premiers contacts « diplomatiques » auraient eu lieu dans ce même Hôtel des Diplomates juste après l'attentat contre l'avion présidentiel le soir du 06 avril 1994. C'est lendemain, suite au bombardements massifs à l'arme lourde qui visaient le Camp Kigali, que les contacts diplomatiques auraient été délocalisés vers une ambassade occidentale à Kigali.

Curieusement, malgré la présence de la presse internationale sur les lieux, ce qui se passait dans cet Hôtel des Diplomates et tout autour du Camp Kigali est resté secret ! Certains journalistes auraient réalisé des vidéos de différentes scènes de combats. Mais, où sont-ils passés ces documents audio-visuels concernant les combats à Kigali dès la nuit du 06 au 07 avril 1994 ? La seule information qui a fait le tour du monde - information qui aurait été diffusée à partir du même Hôtel des Diplomates -, c'est l'information selon

47 Comme je l'ai indiqué dans mon dernier ouvrage « *Essai sur l'autosuggestion* » (2014), pendant la guerre du Biafra au Nigeria, certaines puissances occidentales auraient utilisé le mot « génocide » hâtivement pour isoler et renverser le gouvernement fédéral de Lagos. Mais les intérêts économiques ont empêché de commettre cette erreur diplomatique.

laquelle le Front Patriotique Rwandais serait l'auteur de l'attentat contre l'avion présidentiel le 06 avril 1994 !

*Guerre sémantique et imposture scientifique*

Il existe une « guerre sémantique » depuis 1994 : ce n'est plus le « génocide au Rwanda », c'est devenu le « génocide rwandais » ! Certains média mènent une guerre de communication pour que l'opinion publique continue de croire qu'aucun étranger n'aurait participé aux massacres génocidaires au Rwanda en 1994.

De plus, l'imposture médiatique est accompagnée par une certaine « imposture scientifique » : certains « spécialistes » du Rwanda n'ont pas hésité à affirmer publiquement que l'avion présidentiel qui a été abattu le 06 avril 1994 au Rwanda n'avait pas de boîtes noires ! Je confesse mon ignorance en matière d'aviation. Cependant, c'est la première fois que j'ai entendu cette histoire d'avions de transport aérien qui n'auraient pas de boîtes noires !

### 3. L'imposture relative aux crimes actuels

Dans la 3ème partie de la présente réflexion, j'ai présenté en détails les faits relatifs aux crimes actuels dont nous sommes victimes. Comme je l'ai régulièrement rappelé, cette chasse à l'homme actuelle est directement liée aux crimes génocidaires dont le peuple rwandais est victime depuis 1994.

Néanmoins, les crimes actuels auraient une certaine spécificité : ce ne sont plus les petits exécutants qui massacrent les civils avec la machette, ce sont plutôt des élites - y compris des professionnels de la Justice - qui se chargent de pourchasser les Rwandais au moyen d'attaques multiformes. Voici un rappel d'exemples qui illustrent la situation :

- Devant le Tribunal d'Instance de Paris 11ème Arrondissement, j'ai demandé au Juge d'interroger Me Jules pour savoir pourquoi il figure à la première page du Jugement qui a été rendu par le Tribunal de Grande Instance de Nanterre alors qu'il n'avait plus la charge du dossier. Puis, j'ai voulu savoir pourquoi le tribunal m'a condamné parce que je n'aurais présenté aucune preuve à l'appui de mes arguments alors que Me Jules prétendait avoir remis au tribunal ses conclusions et le dossier de preuves. Voici les réponses de Me Jules, le 08 avril 2014, devant le Tribunal d'Instance de Paris 11ème Arrondissement. Je cite :

« J'avais remis l'intégralité du dossier à mon confrère Bernard. (…) Je n'y étais pas, ils ont tous simplement ajouté mon nom (…) ». Puis, il s'est rapproché du Juge pour ajouter : « Quant à la non-constitution de mon confrère Bernard, c'est pour moi un trou noir. (…) Me Bernard ou son remplaçant auraient du se constituer pour défendre Monsieur SEBUNUMA ». En ce qui concerne la question des conclusions, Me Jules a répondu : « Mes conclusions sont impeccables, il n'y a rien à redire. Seulement, elles ont été écartées lors du Jugement par lequel Monsieur

SEBUNUMA a été condamné ».

Ayant fait appel dudit Jugement parodique, la même escroquerie s'est reproduite auprès de la Cour d'Appel de Versailles !

- Comme je l'ai exposé dans la 3ème partie de cette réflexion, différents « officiers du Ministère Public » inventent régulièrement des dossiers judiciaires et, à partir des faits imaginaires, me condamnent sans aucun procès contradictoire à payer des frais d'amandes ! Je ne savais pas que de telles affaires judiciaires pouvaient exister au « pays des Droits de l'Homme » !

- Au sujet des attaques à mains armées dont je suis régulièrement victime à mon domicile, il existe une preuve matérielle qui démontre que les huissiers de Justice sont directement complices de la campagne criminelle dirigée contre ma personne :

Lors de la dernière attaque du 04 décembre 2014, l'huissier de Justice qui était à la tête du commando a fait comme s'il ignorait la nature de l'escroquerie qui entoure les Jugements dont il se sert pour m'attaquer. Dans ces jugements qui ont été rendus, mes adversaires et la Justice affirment que le véhicule à l'origine du litige commercial appartiendrait à mes adversaires. Pourtant, à ce jour, ni la Justice, ni mes adversaires et leurs huissiers n'ont jamais demandé à saisir ledit véhicule !

*Information complémentaire aux futurs lecteurs de cet ouvrage*

Compte tenu de la situation, dans l'attente d'une décision définitive de la Justice, j'ai remis le véhicule à l'origine du litige commercial au Parquet Général de Versailles. Lors de cette remise, ledit véhicule était dans l'état quasi neuf : je ne l'ai plus utilisé depuis le début du litige en 2007. Pour cela, étant donné que la dernière décision judiciaire a été prise par la Cour d'Appel de Versailles - dont fait partie le Parquet Général, pourquoi la Justice, mes adversaires et leurs huissiers n'ont jamais demandé à récupérer le véhicule ? La réponse à cette question est simple : la cible, c'est ma personne. Le litige commercial n'est qu'un alibi criminel.

- Enfin, même si les exemples sont nombreux, l'imposture ultime aura été l'imitation de ma signature : je ne pensais pas que dans un pays riche et « civilisé » l'on pouvait fabriquer des faux documents, en imitant ma signature, tout simplement pour nuire à ma personne ! Tout cela avec la bénédiction de la Justice.

# Chapitre IV. RÉGION DES GRANDS-LACS D'AFRIQUE : UNE NOUVELLE « INDOCHINE » DU 21ème SIÈCLE ?

Lors des différents échanges avec certains Occidentaux, une question revient régulièrement : « pourquoi serions-nous obligés d'intervenir en Afrique chaque fois qu'il y a une crise quelque part ? »

La réponse est simple : l'Europe a une triple responsabilité au sujet des crises d'hier et d'aujourd'hui en Afrique.

D'une part, c'est la colonisation européenne qui a été à l'origine de divers problèmes actuels en Afrique en créant des États aux frontières géographiques contestables. Cela selon les seuls intérêts des métropoles coloniales. Aujourd'hui, la plupart des crises majeures en Afrique sont le résultat de ces États qui peinent à se constituer en États-Nations.

D'autre part, depuis les « indépendances » des pays africains jusqu'à ce jour, l'Occident a implanté une nouvelle forme d'influences néo-coloniales dans ses anciennes colonies : il suffit d'ouvrir les yeux pour constater les faits historiques.

Enfin, l'économie des anciennes métropoles coloniales dépend toujours des ressources et des matières premières de l'Afrique. Pour cette raison, l'Europe est directement impliquée dans des « guerres d'influences » pour garder la main-mise sur le continent africain. Et à ces intérêts économiques s'ajoutent des intérêts diplomatiques et géopolitiques : avec le soutien de ses anciennes colonies, l'Europe pèse dans le concert des Nations !

Par conséquent, l'Europe ne peut pas d'un côté revendiquer ses « liens historiques » avec l'Afrique lorsqu'il s'agit de défendre ses intérêts économiques et, de l'autre côté, se désintéresser de ce qui se passe en Afrique lorsqu'il y a des crises !

Au fait, je ne connais pas beaucoup de pays africains qui maîtriseraient la technologie de la fabrication des armes. Ainsi, d'où viennent les armes qui tuent les populations civiles en Afrique ? Comment des groupes armés en Afrique arrivent-ils à se procurer des armes qui coûtent très cher, compte tenu du niveau de vie des populations locales ? Pourtant, la plupart de ces armes modernes sont de fabrication européenne.

Toutes ces observations constituent une introduction à la problématique des guerres qui ravagent la région des Grands-Lacs d'Afrique depuis les années 1960 jusqu'à ce jour.

## 1. Le Nickel : « la poule aux os d'Or » des Grands-Lacs d'Afrique ?

En 1993, avant de quitter le Rwanda pour me rendre à Bukavu [ex-Zaïre] où je devais poursuivre mes études supérieures, j'ai séjourné à la paroisse de Mushaka dans la région de Cyangugu [au sud-ouest du Rwanda]. Un jour, lors d'une visite dans l'une des chapelles éloignées de cette paroisse, j'étais en train de discuter avec un enseignant d'une école primaire locale lorsque, soudainement, un hélicoptère surgit de nulle part en survolant les collines à très basse altitude.

Je me suis adressé à l'enseignant pour lui demander s'il y avait aussi, dans cette région très éloignée de la frontière avec l'Ouganda, des problèmes de guerre civile. L'enseignant m'a répondu : « Mais non ! C'est un hélicoptère de la Recherche minière. Vous voyez, là où vous posez les pieds, vous marchez peut-être sur le Nickel » ! J'ai sursauté et j'ai demandé : le Nickel ?

*Mon interlocuteur* : « Eh oui ! Du Nickel, mon frère. A cause de la guerre, nous sommes en retard. De l'autre côte de la frontière, juste dans les montagnes en face, le Burundi est déjà en avance en ce qui concerne l'exploration et la recherche minière. Ils ont déjà découvert un gisement important du Nickel juste en face de nous. Étant donné que les minerais ne connaissent pas les frontières géographiques des États, nul doute : il y aurait aussi du Nickel du côté de la frontière rwandaise ».

Je n'étais pas très convaincu par cette histoire du Nickel. J'ai poursuivi la conversation pour en savoir un peu plus. Mon interlocuteur a poursuivi :

« Il n'y a pas que du Nickel : dans cette forêt de la Crète Zaïre-Nil, il y a aussi de l'Or et du Tungstène [anciennement appelé Wolfram]. Si vous y ajoutez le gaz du Lac Kivu qui n'est pas loin d'ici, vous comprenez l'importance de notre région : c'est « la poule aux os d'Or » ! Et toutes ces guerres, pensez-vous qu'elles n'auraient pas une cause, un intérêt pour ceux qui les financent ? »

Le soir, de retour à la paroisse, j'ai interrogé l'un des prêtres occidentaux sur cette histoire du Nickel. A ma grande surprise, il m'a confirmé cette histoire : une campagne d'exploration était en cours pour vérifier si le gisement du Nickel découvert à la frontière du Burundi ne serait pas partagé entre les deux pays, le Rwanda et le Burundi.

Tout récemment, en 2013, j'ai obtenu une confirmation officielle : il existe, à la frontière entre le Rwanda et le Burundi, un grand gisement du Nickel non exploité à ce jour !

### 2. La Cassitérite de l'est du Rwanda

Depuis l'époque coloniale, les mines de Cassitérite [matière première de l'Étain] étaient exploitées au Rwanda par la SOMIRWA [Société Minière du Rwanda], une société exclusivement belge. Cependant, la matière première brute était directement exportée vers la Belgique où elle était transformée en produit fini. Pour cela, le Rwanda ne bénéficiait que des « miettes » de sa principale richesse naturelle !

Au début des années 80, suite à la chute des prix de la Cassitérite sur les marchés mondiaux, la Belgique a arrêté l'exploitation de ce minerai au Rwanda : toutes les mines furent définitivement fermées malgré l'abondance de la Cassitérite dans le sous-sol rwandais, plus particulièrement à l'est du pays. Je connais bien la principale zone minière concernée de Rwinkwavu car, les mines sont situées à quelques kilomètres de mon village natal.

Au début des années 2000, suite à la demande industrielle des pays dits

« émergents », la Cassitérite a retrouvé sa valeur sur les marchés mondiaux. Ainsi, l'exploitation artisanale de ce minerai a repris au Rwanda. Le même minerai serait aussi exploité à l'est de la République Démocratique du Congo, dans la région frontalière avec le Rwanda.

Pour toutes ces raisons, les différentes guerres dans la sous-région auraient en arrière-plan l'exploitation de toutes ces richesses naturelles à moindres frais.

### 3. Le pétrole des Birunga

Lors de mon court séjour à Goma, en juillet 1993, une confidence étonnante a bouleversé ma vision sur la survenue du génocide au Rwanda quelques mois plus tôt : lors d'un déjeuner, un ressortissant européen nous a confié que juste avant le début du génocide au Rwanda, un petit groupe d'espions occidentaux se serait rendu à Goma pour se renseigner : « ils voulaient savoir si la ville de Goma avait des infrastructures nécessaires pour accueillir, en cas de guerre civile généralisée au Rwanda, une population supplémentaire d'environ 5 00 000 personnes. Mais, nous n'avons pas prêté attention à ce genre de pronostic car, nous pensions que les Accords d'Arusha allaient régler le problème de la guerre civile au Rwanda ». J'ai demandé un peu plus d'explications : j'ai voulu savoir si ce groupe d'espions se serait rendu au Rwanda.

Notre interlocuteur a répondu : « Non, il y avait parmi eux quelques experts en plongée sous-marine. Ils ont effectué des visites sur le Lac Kivu, ils ont effectué des plongées pour vérifier l'état de l'eau. Je me souviens : ils nous ont informé qu'il y avait plusieurs sources en eau douce dans les profondeurs du lac [le Lac Kivu]. Ce qui n'est pas étonnant : toute l'eau de pluie qui descend des volcans termine son chemin dans le lac. Sans oublier qu'il existe de petits ruisseaux qui se jettent eux aussi dans le lac. Ils semblaient rassurés par cette présence de l'eau douce. Avec le recul, je me demande s'il n'existerait pas un lien entre cette tournée d'espionnage et ce qui se passe actuellement ».

A cette époque, pendant l'été 1993, ce ne sont pas 5 00 000 personnes qui se trouvaient dans la région de Goma mais plutôt plusieurs millions de Rwandais !

*Un signe qui ne trompe pas*

Bien avant la prise de Kigali par le Front Patriotique Rwandais, les habitants rwandais des communes frontalières avec la République Démocratique du Congo [ex-Zaïre] se sont réfugiés de l'autre côté de la frontière, au pied des volcans.

Lors des attaques armées pour détruire les camps de réfugiés rwandais à l'est de la République Démocratique du Congo, ce sont ces campements qui furent détruits en premier. Dans toute cette région frontalière entre le Rwanda et la République Démocratique du Congo, des centaines de milliers de réfugiés rwandais furent massacrés et/ou « portés disparus » ! Comme par hasard, juste après la destruction des camps de réfugiés rwandais, la nouvelle fut officialisée :

Il existe du pétrole, au pied des volcans qui constituent la frontière entre le Rwanda et la République Démocratique du Congo [ex-Zaïre]. A cela s'ajoutent des gisements de gaz méthane du Lac Kivu. Mais, l'existence de ce gaz était déjà connue depuis plusieurs décennies.

### 4. Les « minerais du sang » et de la terreur !

Depuis les années 2010, certains média occidentaux s'intéressent à la question des « minerais du sang » à l'est de la République Démocratique du Congo. Mais, ce que l'on ne dit pas, c'est que la plupart des mines en cours d'exploitation se trouvent là où étaient installés les camps de réfugiés rwandais entre 1994 et 1996. J'ai en ma possession une carte qui retrace les différents chemins qui ont été suivis par les réfugiés rwandais - ceux qui avaient survécu aux massacres - après la destruction de leurs camps à l'est de la République Démocratique du Congo.

Constat : dès que l'on détruisait un camp de réfugiés rwandais, des équipes d'ouvriers et/ou de « négociants » suivaient pour commencer l'exploitation des minerais sur les mêmes sites !

Pour cela, le premier « sang » qui a été versé pour accéder aux minerais tant convoités, c'est le sang des centaines de milliers de réfugiés rwandais.

Dans ces conditions, ceux qui parlent de problème de « groupes armés » à l'est de la République Démocratique du Congo devraient d'abord s'intéresser à la question de l'exploitation illégale de toutes ces richesses : s'il y a des armes qui circulent dans cette région du monde, c'est parce qu'il existe des « fournisseurs » en armes et munitions. L'intérêt premier : s'assurer de la main-mise sur les richesses naturelles de la région.

*Le problème des frontières*

La région de l'est de la République Démocratique du Congo, en particulier le Nord-Kivu, constituera toujours une source de conflits entre ce pays et le Rwanda tant que la question des frontières ne sera pas définitivement réglée.

Certains « experts » se réfèrent aux frontières qui ont été fixées par l'administration coloniale au début du $20^{ème}$ siècle. Or, à cette époque, presque un tiers du Rwanda fut donné au Congo Kinshasa de l'époque et à l'Ouganda. Aujourd'hui, c'est dans cette même région - qui appartenait au Rwanda jadis - que d'importantes découvertes de richesses naturelles sont situées.

En outre, les habitants de cette même région de l'est de la République Démocratique du Congo - et dans une certaine mesure, ceux du sud de l'Ouganda - sont régulièrement menacés d'expulsion vers le Rwanda : depuis l'annexion de ce territoire par le Congo Kinshasa et par l'Ouganda, les populations autochtones sont considérées comme des « étrangers » sur leur propre terre !

Observation : si la République Démocratique du Congo et l'Ouganda considèrent que les populations rwandaises qui habitent la région frontalière avec le Rwanda sont des étrangers, s'ils veulent les « renvoyer chez-eux », ce sera avec leur territoire natal historique. Autrement dit, nous revendiquerons le rétablissement des frontières du Rwanda de 1895. Ce qui ne serait que Justice.

*Le problème des groupes armés*

Le problème des « groupes armés » est essentiellement lié à celui des richesses naturelles de la région des Grands-Lacs d'Afrique :

Depuis le génocide au Rwanda de 1994, toute la région a été déstabilisée. Nous avons largement développé l'historique de la situation au Rwanda dans la présente réflexion. Aujourd'hui, la diplomatie internationale s'intéresse en particulier au problème des FDLR [Forces Démocratiques pour la Libération du Rwanda].

Encadrés par une poignée d'anciens militaires des Forces Armées Rwandaises du régime de J. Habyarimana avant 1994, les FDLR regroupent plusieurs unités de rebelles rwandais que certains désignent comme étant des « Rebelles Hutu Rwandais » à l'est de la République Démocratique du Congo.

Structurés militairement - certains cadres étaient des officiers au sein des Forces Armées Rwandaises avant 1994 -, les FDLR se sont installés à l'est de la République Démocratique du Congo au lendemain de la destruction des camps de réfugiés rwandais dans cette région entre 1996 et 1998. Depuis cette époque, plusieurs « opérations de désarmement » ont été conjointement menées par le Rwanda et la République Démocratique du Congo, avec l'appui des Casques Bleus des Nations-Unies stationnés dans toute la région.

Cependant, toutes ces « opérations de désarmement » se sont soldées par un échec !

Aujourd'hui, de nouvelles « opérations de désarmement » seraient en cours de préparation contre les FDLR. Mais, tous les observateurs ne partagent pas le même avis sur le projet d'utiliser la force contre ce groupe armé bien structuré.

Il faut reconnaître que les FDLR jouissent de certains atouts à l'appui de leurs revendications :

- ils ont, derrière eux, toute une population de « rescapés » des massacres qui ont été commis lors de la destruction des camps de réfugiés rwandais à l'est de la République Démocratique du Congo : sur cette question, même le Haut Commissariat des Nations-Unies aux Droits de l'Homme a utilisé le terme de « génocide » pour qualifier ces massacres.

Par conséquent, toute « opération de désarmement » qui entraînerait de nouveaux massacres parmi les civils seraient *de facto* qualifiée de nouveau « génocide » planifié ;

- les FDLR revendiquent les négociations directes avec le pouvoir de Kigali. Là-dessus, ils sont rejoints par plusieurs courants et partis politiques d'autres opposants Rwandais - ouvertement ou discrètement -, au Rwanda comme à l'étranger ;

- les FDLR, contrairement à d'autres groupes armés de la région, comptent parmi eux des cadres ayant une formation intellectuelle de niveau supérieur : certains étaient officiers au sein des Forces Armées Rwandaises, d'autres étaient des fonctionnaires, des enseignants, des étudiants, etc. Pour cela, ils possèdent les capacités d'organisation et d'adaptation qui leur permettraient de « résister » durablement à toute « opération de désarmement ». D'ailleurs, ils l'ont déjà démontré dans le passé récent ;

- les intentions de ceux qui veulent « désarmer » par la force les FDLR ne sont pas nécessairement « neutres ». Sur ce point, trois motivations seraient à l'origine de la nouvelle tentative d'utiliser la force contre ce groupe armé : premièrement, parmi les pays les plus « zélés » pour cette entreprise dans la sous-région, certains sont d'anciens adeptes de l'idéologie « communiste ». Pour cela, désarmer les FDLR, c'est terminer la guerre qui a été déclenchée contre le Rwanda après la chute du Mur de Berlin. Deuxièmement, l'utilisation de la force contre les FDLR permettrait de se débarrasser définitivement des derniers témoins de ce qui s'est passé au Rwanda en 1994, plus particulièrement du 06 au 07 avril 1994. Enfin, derrière toutes ces manœuvres, comme nous l'avons déjà développé dans ce travail de réflexion, il existe des motivations de conquête économique : les prédateurs de tous les horizons, y compris ceux de la sous-région, ne cachent pas leur intérêt vis-à-vis des richesses naturelles tant convoitées.

En définitive, à l'est de la République Démocratique du Congo, les différents groupes armés sont qualifiés soit de « forces négatives » lorsqu'ils constituent un obstacle réel à l'exploitation des richesses naturelles, soit de « forces d'autodéfense civile » lorsqu'ils sont armés et équipés par les prédateurs de tous les horizons.

# CONCLUSION

Voici quelques points qui serviraient à la fois de conclusion et de point de départ pour enrichir le débat :

1. Lors de l'attaque à mains armées dont j'ai été victime à mon domicile le 04 décembre 2014, le chef du commando m'a dit : « Vous pouvez aller vous plaindre partout où vous voulez, chez le président de la République par exemple, ou bien n'importe où et auprès de n'importe quelle personne de votre choix partout dans le monde ».

Pour cela, comme certains Français sont au-dessus de toute Justice humaine lorsqu'il s'agit de commettre des crimes contre les Rwandais, j'ai décidé d'adresser ma plainte à l'Histoire : cet ouvrage constitue ma plainte auprès de l'Histoire. Car :

A tous ceux qui sont au-dessus de la Justice humaine, seul le Jugement de l'Histoire est applicable.

2. Par ses attaques multiformes contre ma personne pour me faire taire au moyen de la violence, la France a apposé sa signature sur les différents éléments de preuves que j'ai rassemblés au sujet de la survenue du génocide au Rwanda : depuis ma thèse de Doctorat jusqu'à ce jour. Car, un État ne peut pas mobiliser toutes ses ressources pour me faire taire, par tous les moyens, sans se reprocher de quelque chose.

3. Du point de vue historique, nous avons fait un pas décisif qui permet de comprendre la chronologie et la nature des événements qui ont déclenché le génocide au Rwanda en 1994. Le débat est ouvert, tous ceux qui sont intéressés par l'histoire du Rwanda pourraient y apporter leur contribution.

4. Du point de vue psychopathologique, l'extrait du texte de R. Kaës que nous avons déjà cité résume parfaitement la problématique qui fait l'objet de notre discussion :

« De même que la stratégie du pouvoir dans les situations de catastrophe sociale vise à réprimer toute manifestation de la réalité psychique, à la détruire ou à la pervertir, de même elle vise à substituer à la mémoire collective des énoncés sur l'histoire qui soient capables de la légitimer. Elle impose par la force un contrat narcissique pervers et déplace à son profit, sur sa seule violence, l'enjeu de pacte dénégatif »[48].

5. Je me permets d'adresser un message particulier aux Rwandais : si vous avez des informations précieuses concernant ce qui s'est passé au Rwanda en 1994, ne risquez pas votre vie en cherchant à « témoigner » auprès de tel ou tel tribunal. Pour certains cas précis, *uregwa ni we muregera* !

---

48 KAËS R., texte : « Ruptures catastrophiques et travail de la mémoire », in PUGET J. et all., *Violence d'État et psychanalyse*, *op. cit.*, *ibid.*

# CONCLUSION

# BIBLIOGRAPHIE


BERTRAND J., *Rwanda Le piège de l'histoire*, Paris, Karthala, 2000.

FREUD S., (1920), texte « Au-delà du principe de plaisir », in *Œuvres complètes XV 1916 - 1920*, Paris, PUF, 1996, pp. 292 - 293.

FREUD S., (1930), *Le Malaise dans la culture*, Paris, PUF, 2000, p. 64.

KAËS R., texte : « Ruptures catastrophiques et travail de la mémoire », in PUGET J. et all., *Violence d'État et psychanalyse*, Dunod, Paris, 1989, pp.171 - 204.

ROUDINESCO E. et PLON M., (1997), Dictionnaire de la psychanalyse, Fayard, Paris, 2011, pp. 1169 - 1176.

SEBUNUMA D., *La compulsion de répétition dans les violences collectives*, thèse de doctorat soutenue en 2011 à l'Université Paris-Diderot Paris 7, publiée ensuite par L'Atelier National de Reproduction des Thèses, Université Lille3 ; et à Paris, Éditions Umusozo, 2013.

SEBUNUMA D., *Rwanda : Crise identitaire et violence collective*, Paris, Éditions L'Harmattan, 2011 ; et à Paris, Éditions Umusozo, 2013.

SEBUNUMA D., *Rwanda : Crimes d'honneur et influences régionales*, Issy-les-Moulineaux, Éditions Umusozo, 2012.

SEBUNUMA D., *Communautarisme et autochtonie - Du cas du Rwanda à l'universel*, Paris, Éditions Umusozo, 2013.

SEBUNUMA D., *Psychopathologie descriptive I - Essais sur les violences collectives*, Paris, Éditions Umusozo, 2013 et 2014.

SEBUNUMA D., *Essai sur l'autosuggestion*, Paris, Éditions Umusozo, 2014.

WINNICOTT D., (1950 - 1955), texte « L'agressivité et ses rapports avec le développement affectif », in *De la pédiatrie à la psychanalyse*, Paris, Payot, 1969,
pp. 150 - 168.

# LE JUGEMENT DE L'HISTOIRE
Effets du néocolonialisme multinational au Rwanda

Le présent ouvrage est la suite du texte que j'ai publié en janvier 2015 sous le titre :

*Le génocide au Rwanda :*
*postures et impostures génocidaire*.

## INTRODUCTION

Dans la continuité des mes travaux de recherche sur la nature, l'étiologie et les conséquences des violences collectives - à partir du cas du Rwanda -, l'une des observations de L. Tolstoï sur « *La guerre et la paix* »[49] permet d'introduite notre essai sur *Le Jugement de l'Histoire* :

« Admettre, comme le font les historiens, que les grands hommes conduisent l'humanité vers la réalisation de buts bien connus (...) rend impossible d'expliquer les événements de l'histoire sans faire appel aux concepts de HASARD et de GENIE.

Si le but des guerres européennes au commencement de notre siècle (19ème siècle) était la grandeur de la Russie, ce but pouvait être atteint sans aucune des guerres qui ont précédé l'invasion, et sans l'invasion elle-même. Si ce but était la grandeur de la France, il pouvait être atteint sans la Révolution et sans l'Empire. Si ce but était la propagation de certaines idées, l'imprimerie l'aurait rempli beaucoup mieux que les soldats. Si ce but était le progrès de la civilisation, on admettra sans aucune difficulté qu'il est des moyens plus efficaces de répandre la civilisation que celui qui consiste à anéantir les hommes et leurs richesses. Pourquoi donc les choses se sont-elles passées ainsi et non pas autrement ? Parce qu'elles se sont passées ainsi ». Pourquoi alors faisons-nous recours au mots « hasard » ou « génie » face aux exploits guerriers des héros ? L. Tolstoï poursuit son analyse : « ces mots ne désignent qu'un degré déterminé dans la compréhension des phénomènes ; je ne sais pas pourquoi tel ou tel phénomène se produit ; je pense que je ne peux pas le savoir ; par la suite, je ne veux pas le savoir et je dis : HASARD. Je vois une force produisant un effet hors de proportion avec les capacités communes des hommes ; je ne comprends pas pourquoi cela se produit et je dis : GENIE (...). C'est seulement en renonçant à connaître le but proche et compréhensible, et en avouant que le but final nous est inaccessible, que nous verrons une suite logique dans la vie des personnages historiques ; c'est alors que nous découvrirons la raison de la disproportion qui existe entre leurs actes et la capacité d'action commune à tous les hommes, et que nous n'aurons plus besoin des mots HASARD ET GENIE »[50].

Dans le cadre de notre réflexion sur *Le Jugement de l'Histoire*, l'observation de L. Tolstoï ci-dessus exposée mériterait une clarification de notre part : l'auteur ne conteste pas l'intérêt des sciences de l'Histoire pour expliquer le phénomène des violences collectives ainsi que le rôle des différents « meneurs » qui décident de la destinée tragique des peuples en général. En revanche, L. Tolstoï attire notre attention sur l'intérêt de faire dialoguer les sciences de l'Histoire avec d'autres disciplines scientifiques

49 TOLSTOÏ L., (1865 - 1869), *La guerre et la paix*, Paris, Gallimard, 1987, pp.1488 - 1490.
50 *Ibid.*

dans l'étude sur les conflits collectifs qui entraînent, dans tous les cas, des catastrophes sociales.

Ainsi, pour comprendre l'étiologie, la nature et les conséquences des guerres civiles endémiques au Rwanda, conformément à l'observation de L. Tolstoï, nous privilégions l'interaction et la complémentarité de différentes disciplines en sciences humaines et sociales.

Plus particulièrement, à partir de la théorie et de la clinique d'orientation analytique, notre étude s'inspire principalement de la « méthode descriptive » telle qu'elle nous a été définie par les fondateurs de la phénoménologie :

En effet, selon F. Hegel, la « *phénoménologie de l'Esprit* » est une « *science de la conscience* » et « qui prend en compte la manifestation dialectique de l'esprit au travail dans l'histoire »[51].

Tandis que pour E. Husserl, la phénoménologie, en tant que « *science descriptive des essences* »[52], est une « méthode philosophique qui cherche à revenir « aux choses mêmes » et à les décrire telles qu'elles apparaissent à la conscience, indépendamment de tout savoir constitué »[53].

Par conséquent, comme je l'ai déjà indiqué et développé dans mes travaux de recherche précédents, notre réflexion sur la nature, l'étiologie et les conséquences des violences collectives s'appuie sur la « méthode descriptive » d'orientation analytique[54].

Remarque importante : dans cette réflexion, notre objectif n'est par celui de comprendre ni celui d'expliquer quoi que ce soit. Car, la haine génocidaire ne s'explique pas ! En revanche, notre démarche consiste à **décrire**, « *indépendamment de tout savoir constitué* », le phénomène de la haine génocidaire, le phénomène de la violence et de la cruauté absurde dont nous

---

51 *Dictionnaire Hachette Encyclopédique*, Paris, 1998, p. 1440.

52 *Ibid.*, p. 923.

53 *Ibid.*, p. 1440.

54 *La compulsion de répétition dans les violences collectives*, thèse de doctorat soutenue en 2011 à l'Université Paris-Diderot Paris7, publiée ensuite par L'Atelier National de Reproduction des Thèses, Université Lille3 ; et à Paris, Éditions Umusozo, 2013.

*Rwanda : Crise identitaire et violence collective,* Paris, Éditions L'Harmattan, 2011 ; et à Paris, Éditions Umusozo, 2013.

*Rwanda : Crimes d'honneur et influences régionales*, Issy-les-Moulineaux, Éditions Umusozo, 2012.

*Communautarisme et autochtonie - Du cas du Rwanda à l'universel*, Paris, Éditions Umusozo, 2013.

*Psychopathologie descriptive I - Essais sur les violences collectives*, Paris, Éditions Umusozo, 2013.

*Essai sur l'autosuggestion*, Paris, Éditions Umusozo, 2014.

*Le génocide au Rwanda : postures et impostures génocidaires*, Paris, Éditions Umusozo, 2015.

sommes à la fois victimes et témoins.

Première partie

# ARGUMENTAIRE, RÉFÉRENCES ÉPISTÉMOLOGIQUES ET CONCEPTUELLES

## I. ARGUMENTAIRE

Il serait difficile, voire même impossible, d'envisager un travail de recherche sur le phénomène des violences collectives sans se référer à l'Histoire. Car, comme l'a très bien fait remarqué L. Tolstoï, « c'est seulement en renonçant à connaître le but proche et compréhensible, et en avouant que le but final nous est inaccessible, que nous verrons une suite logique dans la vie des personnages historiques ; c'est alors que nous découvrirons la raison de la disproportion qui existe entre leurs actes et la capacité d'action commune à tous les hommes, et que nous n'aurons plus besoin des mots HASARD ET GENIE »[55]. Cette méthode d'observation scientifique n'est possible qu'en s'appuyant sur l'Histoire : celle-ci permet en effet de « prendre du recul » et de décrire les événements avec une certaine lucidité.

Au sujet du cas du Rwanda, trois facteurs historiques majeurs constituent l'étiologie de la guerre civile qui a ravagé notre pays dès le début des années 90 : la crise politique et sociale interne ; les tensions géopolitiques sous-régionales consécutives à la « guerre froide » et à la chute du Mur de Berlin ; le néocolonialisme multinational qui a succédé au système colonial dès le début de la période des indépendances en Afrique. Pour cela, les violences collectives endémiques au Rwanda sont directement liées aux problématiques historiques.

S'appuyer sur l'Histoire pour décrire tel ou tel phénomène, c'est accepter de s'engager, de prendre part au débat concernant les faits historiques de son époque : des faits relatifs progrès de la société, mais aussi et surtout, des faits qui constituent le danger pour la vie humaine et la culture en général.

Pour cela, certains « discours » de penseurs engagés sont devenus historiques et, par conséquent, ces penseurs « engagés » nous servent d'exemples ; leur réflexion sert de modèle à notre modeste contribution :

Selon A. Césaire, « on peut tuer en Indochine, torturer à Madagascar, emprisonner en Afrique Noire, sévir aux Antilles. Les colonisés savent désormais qu'ils ont sur les colonialistes un avantage. Ils savent que leurs « maîtres » provisoires mentent.

Donc que leurs maîtres sont faibles[56] (...) ».

L'auteur définit ensuite l'objet de son combat, ou du moins de son « Discours ». Il s'agit d'une question centrale, et cette question est toujours d'actualité :

« Qu'est-ce en son principe que la colonisation ? »

L'objet est ici celui de « convenir de ce qu'elle n'est point ; ni évangélisation, ni entreprise philanthropique, ni volonté de reculer les frontières de l'ignorance, de la maladie, de la tyrannie, ni élargissement de

---

55 *Ibid.*

56 CESAIRE A., (1955), *Discours sur le colonialisme*, Paris, Présence Africaine, 2004, p. 8.

*Dieu*, ni extension du *Droit* ; d'admettre une fois pour toutes, sans volonté de broncher aux conséquences, que le geste décisif est ici de l'aventurier et du pirate, de l'épicier en grand et de l'armateur, du chercheur d'or et du marchand, de l'appétit et de la force, avec, derrière, l'ombre portée, maléfique, d'une forme de civilisation qui, à un moment de son histoire, se constate obligée, de façon interne, d'étendre à l'échelle mondiale la concurrence de ses économies antagonistes[57]».

A. Césaire s'inscrit dans la continuité de l'Histoire :

« Poursuivant mon analyse, je trouve que l'hypocrisie est de date récente ; que ni Cortez découvrant Mexico du haut du grand *téocalli*, ni Pizarre devant Cuzco (encore moins Marco Polo devant *Cambaluc*), ne protestent d'être les fourriers d'un ordre supérieur ; qu'ils tuent ; qu'ils pillent ; qu'ils ont des casques, des lances, des cupidités ; que les baveurs sont venus plus tard ; que le grand responsable dans ce domaine est le pédantisme chrétien, pour avoir posé les équations malhonnêtes : christianisme = civilisation ; paganisme = sauvagerie, d'où ne pouvaient que s'ensuivre d'abominables conséquences colonialistes et racistes, dont les victimes devaient être les Indiens, les Jaunes, Les Nègres »[58].

Avec ces extraits du célèbre *Discours sur le colonialisme* de A. Césaire, le décor est planté : le lecteur comprendra aisément l'objet d'étude qui est le nôtre dans la présente réflexion. Plus particulièrement, A. Césaire apporte une dimension historique et universelle à son combat pour la liberté. Ainsi, nous ne pouvons que nous inspirer de son modèle, de sa rigueur morale et intellectuelle.

En effet, depuis ma thèse de Doctorat (2011) jusqu'à mon dernier ouvrage *Le génocide au Rwanda : postures et impostures génocidaires*, j'ai présenté différentes hypothèses sur l'étiologie des violences collectives au Rwanda dont la conséquence ultime fut le génocide de 1994.

Dans le présent essai sur *Le Jugement de l'Histoire*, nous allons tirer un certain nombre d'enseignements sur la survenue dudit génocide au Rwanda de 1994 : notre discussion concernera essentiellement la question des responsabilités multiples - dont les protagonistes sont non seulement des Rwandais mais aussi des étrangers - ; cela compte tenu des insuffisances actuelles de la Justice humaine.

57 *Ibid.*, pp. 8 - 9.
58 *Ibid.*, pp. 9 - 10.

## II. RÉFÉRENCES ÉPISTÉMOLOGIQUES

*Observation préliminaire* : nous allons présenter les références épistémologiques qui serviront d'étayage dans notre discussion sur la problématique de la Justice en rapport avec les modalités de son application. Afin de permettre à nos futurs lecteur d'aller à la source-même de la pensée des différents auteurs que nous allons citer, nos commentaires à nous n'interviendront que vers la fin de la présente partie. Puis, dans la 4ème partie de synthèse, nous reviendrons sur certaines références épistémologiques : soit pour formuler de nouvelles hypothèses, soit pour apporter d'éventuelles nuances de point de vue à partir d'autres apports théoriques et cliniques. Cela conformément à notre discipline respective, la psychopathologie fondamentale d'orientation analytique.

### 1. Justice[59]

« Selon l'étymologie latine sur laquelle s'appuie un philosophe moderne comme J. S. Mill, le terme « justice » est dérivé du verbe *jubere*, « ordonner, décréter », ce qui permet d'établir un lien serré entre l'ordre qui fait le droit et le juste (le conforme au droit). Cette étymologie est « discutée » : Pour certains, le mot *jus* se rattache à « ce qui est saint, pur », comme dans *jurare* »[60].

« On peut aussi, selon les philologues récents, porter intérêt aux origines religieuses du mot et voir sa racine lointaine dans le sanscrit *ju*, qui a donné des mots tels que *jugum* (« joug »), jungere (« joindre, unir »), où domine l'idée d'un lien sacré et de force liante plutôt que celle d'ordre.

Enfin, dans les langues européennes, les mots « juste » et « vrai » (right en anglais et recht en allemand), rapportés à la raison (you are right : « tu es dans le juste », « tu as raison », « tu es dans le vrai »), sont équivalent ».

« Le problème du lien entre vertu et institution et celui de la priorité de l'une sur l'autre sont déjà présents chez les anciens, qui tranchaient, comme Aristote, en faisant de la justice une vertu qui s'extériorise au profit d'autrui, une vertu politique, puisque c'est comme telle qu'elle a une réalité effective, c'est la seule de toutes les vertus qui puisse être considérée comme *allotrion agathon*, un bien appartenant à autrui[61] ».

*De l'universalité de la nature à l'universalité de la raison*

« L'idée qui commence à s'imposer chez les modernes à partir de Hobbes est celle d'une justice humaine, rien qu'humaine mais non trop humaine, car la justice est l'affaire des hommes, bien qu'ils aiment croire qu'elle plaît

59 SOLÈRE-QUEVAL S. et SIMHA S., article « Justice », in BLAY M. (Sous la direction de) , (2003), *Grand dictionnaire de philosophie*, Paris, Larousse CNRS éditions, 2012, pp. 583 - 587.

60 MILL J. S., *l'Utilitarisme* (1863), PUF, Paris, pp. 89-92.

61 ARISTOTE, *Éthique à Nicomaque*, V, 3, Vrin, Paris, Tricot, p. 218, cité in BLAY M. (Sous la direction de) , (2003), *Grand dictionnaire de philosophie, ibid.*

éminemment aux dieux. Cette dernière croyance est à la racine de l'idée de justice comme d'une chose sainte, absolue, divine donc surhumaine, c'est elle qui nourrit la révolte du juste maltraité (Job) et l'indignation de l'homme honnête devant le scandale du triomphe du scélérat[62]. Les anciens, comme Platon ou Aristote, donnaient le principe moral comme norme et fin de l'institution ; la nature étant en dernière instance ce qui fonde la loi. Les modernes, à partir de Hobbes, réagissent à ce jusnaturalisme en faisant de l'homme le principe de ses actes libres ; ils ont ainsi arraché le *jus* et ses dérivés (*justus* et *justitia*) à l'universalité de la nature pour lui donner comme assise l'universalité de la raison.

La notion de justice se trouve, depuis Hobbes, au cœur de la philosophie politique, au moins autant que la philosophie morale (philosophie de l'action). De Hobbes à Rawls, elle est au centre du débat sur l'essence du politique. Qu'on la considère d'abord comme une vertu ou comme une institution, elle est au service de la raison pratique »[63].

*Platon*

« En un sens objectif, étant ce qui est juste ou dit tel ; on pourra la rapporter à une cité ou à une âme en tant que conformité à un certain ordre. En un sens subjectif, disposition intérieure, ou vertu, qui permet la réalisation de cet état, et on parlera alors d'un citoyen juste ou d'un homme juste car aptes à produire un tel ordre. Ce second sens tend à l'emporter sur le premier, et le concept s'entend principalement comme une des quatre vertus cardinales aux côtés de la sagesse, du courage et de la tempérance »[64].

« Construire une définition de la justice est l'objet explicite de la *République* de Platon. Socrate y récuse d'abord celle que propose le sophiste Thrasymaque : « La justice n'est autre chose que l'intérêt du plus fort (…), l'intérêt du gouvernement constitué ».[65] Étant admis qu'il existe une justice pour l'individu et une pour l'État[66], on s'attache d'abord à définir la seconde, puis à transposer le résultat obtenu pour dégager la première en vertu de l'isomorphie de l'État et de l'individu. Aux trois classes d'hommes qui composent la citée idéale et qui sont celles des producteurs, des gardiens, des gouvernants, correspondent en effet trois instances psychiques, présentes en chaque individu, et qui sont l'*epithumia*, ou partie désirante ; le *thumos*, ou partie colérique ; le *nous*, ou partie rationnelle. De même donc que la justice, au sens politique, sera « que chacun fasse dans l'État la tâche qui lui

62 PLATON, *Gorgias*, trad. L. Robin 1950, Œuvres complètes tome I, NRF, Paris, cité in BLAY M. (Sous la direction de) , (2003), *Grand dictionnaire de philosophie*, *ibid.*

63 *Ibid.*

64 *Ibid.*, p. 84.

65 PLATON, *République*, I, 338 c et 339 a. Trad. L. Robin, 1950, Œuvres complètes tome I, NRF, Paris.

66 *Ibid.*, II, 368 e.

revient »[67], à l'échelle individuelle elle consistera à « ne pas permettre qu'aucune partie de soi-même fasse rien qui lui soit étranger, ni que les trois principes empiètent sur leurs fonctions respectives »[68]. Qu'on l'examine à un niveau ou l'autre, la justice est donc toujours l'harmonie qui met en consonance trois instances et qui produit l'unité d'une pluralité. Comme la tempérance, la justice n'est pas le propre d'une classe de citoyens ou d'une partie de l'âme, ce qui est le cas de la sagesse et du courage. Elle est un principe de concorde, mais elle est, de plus, source des autres vertus, puisqu'elle donne à chacun « la force de remplir la tâche » qui est sienne[69] et que, chacun faisant ce qu'il doit, chacun possède la vertu qui lui est propre »[70].

*Aristote*

« Réfléchissant sur la justice, Aristote lui conserve ce caractère architectonique et rappelle le vers devenu proverbial de Théognis : « Dans la justice est en somme toute vertu »[71]. C'est une constante de la pensée antique, qui aura des prolongements tardifs, que de faire de la justice la vertu principale, celle qui engendre toutes les autres.

Aristote toutefois se démarque de Platon en ne conservant que la dimension politique de la notion et y distinguant deux formes. La justice est d'abord observation de la loi, elle est alors complète, et ce en deux sens. D'une part, elle commande toutes les autres vertus morales, et Aristote retrouve ici les arguments platoniciens, détournés de leur contexte. Comme Platon, Aristote expose que l'homme juste sera courageux et tempérant, mais les raisons ne sont plus les mêmes : pour le premier, c'est l'accomplissement de la fonction propre qui produit la vertu ; pour le second, c'est l'obéissance à la loi[72]. D'autre part, la justice est rapport à autrui, elle est donc la vertu civique par excellence, celle qui tend à « conserver le bonheur pour la communauté politique »[73]. C'est en tant qu'elle est rapport à autrui que la justice s'entend aussi en un sens particulier et est orientée vers des biens particuliers. Aristote distingue alors la justice distributive, régie par le principe de proportionnalité qui veut que des personnes qui « ne sont pas égales, n'aient pas des parts égales »[74], et la justice corrective, ou rectificative, régie, elle, par l'égalité arithmétique et qui consiste à restaurer

---

67 *Ibid.*, IV, 434 c.
68 *Ibid.*, IV, 443 d.
69 *Ibid.*, IV, 433 b et 441 e - 442 d.
70 *Ibid.*
71 ARISTOTE, *Étique à Nicomaque*, V, 3, Trad. J. Voilquin 1965, GF Flammarion, Paris, cité in BLAY M. (Sous la direction de) , (2003), *Grand dictionnaire de philosophie*, *ibid.*
72 *Ibid.*, V, 3.
73 *Ibid.*
74 *Ibid.*, V, 6.

l'égalité là où un dommage l'a rompue[75]. On qualifie traditionnellement cette dernière forme de « commutative », car elle préside aux échanges[76]. L'homonymie de la justice est fondée en dernier ressort sur son rapport à la loi, puisque c'est elle qui définit l'échelle des mérites à rétribuer et des sanctions à appliquer. Aristote peut donc poser : « Le juste n'existe qu'entre ceux dont les relations mutuelles sont sanctionnées par la loi »[77]. A l'argument sophistique qui avance le caractère relatif du droit pour lui contester toute naturalité et donc toute valeur, il oppose d'abord que tout, dans notre monde, est « passible de changement » et, ensuite, que le changement affecte les choses naturelles elles-mêmes »[78].

*Philosophie moderne*

« La justice comme vertu personnelle qui détermine l'action juste est un bien pour celui qui la possède, en même temps qu'un bien qui appartient à autrui. Elle est dite, pour cela, vertu complète, car elle est respect de soi-même (liberté raisonnable) de l'égalité et du droit. La conformité à la loi de l'acte qu'elle détermine n'est justice que si elle est volonté du bien d'autrui, comme d'une fin, et non comme moyen pour le bien propre. La justice est donc la volonté libre du bien d'autrui (de ce qui lui est dû), c'est pourquoi elle est aussi une institution et peut se définir comme le pouvoir de faire ce qui est juste (et non seulement ce pouvoir qu'autorise la maîtrise des lois). Ce pouvoir appartient au juste et au juge, et il n'est pas « privé », il est le principe d'un ordre social où la liberté de tous (le droit) est réalisée.

C'est pourquoi la justice sociale ne doit pas être opposée à la justice comme vertu, puisqu'elle en constitue la tension propre ».

*Avec et contre Hobbes :*
*Les modernes et la justice en question*

« Pour Hobbes, il n'y a pas de justice dans et de la nature, il n'y a de rapport de justice que dans l'État.

Hobbes distingue bien *jus* et *lex*, il rapporte le droit à la liberté et au pouvoir, et traduit *justitia* par *liberty*. En ce sens, justice et droit sont identiques et différents de *lex*, mais c'est parce que *liberty* est entendue comme avantage et pourvoir qui n'a d'existence qu'en étant protégé par la loi. La loi est ce qui nous lie, nous oblige, alors que le droit « consiste dans la liberté »[79]. Loi et droit ne diffèrent que comme obligation et liberté, mais ce qui les distingue les rend en même temps inséparables.

Hors de l'État civil fondé par le contrat, « les notions de légitime,

---

75 *Ibid.*, V, 7.
76 *Ibid.*, V, 8.
77 *Ibid.*, V, 10.
78 *Ibid.*
79 HOBBES Th., *Léviathan*, chap. XIV, trad. G. Mairet, 2000, Gallimard, Paris, cité in BLAY M. (Sous la direction de) , (2003), *Grand dictionnaire de philosophie, op. cit., ibid.*

d'illégitime, de justice et d'injustice n'ont pas leur place », ce n'est pas la vertu qui détermine le droit et ce n'est pas non plus la loi, qui ne fait que limiter et lier ; c'est l'autorité ou la puissance souveraine qui décide de la vertu et du droit.

Ce qui semble caractériser les modernes, en continuité ou en rupture avec Hobbes, c'est que le droit et la justice sont, essentiellement, « droits de l'homme » et qu'ils s'opposent au néant de justice caractérisant les rapports naturels. Mais les modernes qui font de l'homme le principe de la justice donnent cependant celle-ci comme extorquée (Kant) à la nature humaine ou conquise sur elle (Rousseau). Ainsi, pour Rousseau, l'homme de la justice n'est pas celui qui sort « des mains de la nature », c'est « l'homme de l'homme »[80]. Et Kant ne retient l'idée de droit naturel, et de justice conforme à ce droit, que comme droit non statutaire, c'est-à-dire uniquement celui que la raison de tout homme peut concevoir *a priori* .

Qu'est-ce donc qui est juste *a priori* ? « Est juste toute action qui permet ou dont la maxime permet à la liberté de tout un chacun de coexister avec la liberté de tout autre suivant une loi universelle de liberté »[81]. Droit et justice sont donc bien, comme le voulait Hobbes, des rapports de liberté ; c'est pourquoi ce n'est ni Kant ni même Rousseau qui, fondamentalement, s'opposent sur ce point à Hobbes, mais tous les philosophes qui, de Leibniz à Hegel, mettent en question l'idée d'un contrat (arbitraire) fondateur et instituteur absolu de justice ».

*Leibniz ou la justice comme « charité du sage »*

« C'est chez Leibniz que l'on trouve la contestation la plus claire des thèses de Hobbes sur la justice et le droit. Alors qu'il loue Aristote d'avoir su reconnaître cette justice universelle qui ne dépend pas de nous mais de Dieu, « quoiqu'il ne l'ait point rapportée à Dieu » (mai « un gouvernement bien formé lui tient lieu de Dieu sur terre et fera ce qu'il pourra pour obliger les hommes à être vertueux »[82], il attaque Hobbes dès le début de sa *Méditation sur la notion commune de justice* (1702) : « Un philosophe anglais célèbre, nommé Hobbes, qui s'est signalé par ses paradoxes, a voulu soutenir presque la même chose que Thrasymaque car il veut que Dieu soit en droit de tout faire, parce qu'il est tout-puissant. C'est ne pas distinguer le droit et le fait. Car autre chose est ce qui se peut, autre chose ce qui se doit. C'est ce même

---

80 ROUSSEAU J.J., *Du contrat social*, I, chap. 8, éd 1992, GF-Flammarion, Paris, cité in BLAY M. (Sous la direction de), (2003), *Grand dictionnaire de philosophie*, *ibid.*

81 Kant E., *Métaphysique des mœurs*, Doctrine du droit, §36, trad. J. & O. Masson, Œuvres philosophiques, NRF, Paris, cité in BLAY M. (Sous la direction de), (2003), *Grand dictionnaire de philosophie*, *ibid.*

82 LEIBNIZ G. W., « Méditation sur la notion de justice », in *Droit de la raison*, Vrin, Paris, p. 130, cité in BLAY M. (Sous la direction de) , (2003), *Grand dictionnaire de philosophie*, *ibid.*

Hobbes qui croit, et à peu près par la même raison, que la véritable religion est celle de l'État ».[83]

« Pour Leibniz, le droit « est le pouvoir de faire ce qui est juste », c'est ainsi qu'il conclut sa réflexion sur les *Éléments du droit naturel* (1670-1671)[84]. Il répond par là à ceux qui confondent le droit et le pouvoir, et qui, les identifiant à la loi, en viennent à méconnaître l'essence de la justice. Il incombe donc à une science du droit de définir ce qui est juste et de le faire de manière démonstrative pour en tirer logiquement toutes les conséquences. Son approche de l'essence interne de la justice comme harmonie humaine ou universelle fait de la doctrine du droit une science, la science des proportions et des convenances ou lois qui gouvernent le monde humain tant sur le plan moral que sur le plan juridique. Les principes de cette science ne sont pas empiriques, ils « ne dépendent pas des expériences, mais des définitions, ni des démonstrations effectuées à partir des sens, mais selon la raison ». Autrement dit, il met directement en cause l'idée selon laquelle la valeur de vérité des propositions de justice dépendrait de leur effectivité ou de leur utilité. Elles seraient toujours vraies, même si personne n'exerçait la justice »[85].

« Leibniz se réclame néanmoins de la modernité, en faisant de la raison la véritable grâce, et de la liberté humaine son expression. Avant Kant et Hegel, il fait valoir que la volonté de justice a pour substance la liberté raisonnable et que le progrès du droit positif ne peut traduire que les exigences d'un droit naturel rationnel. En donnant la justice comme raison formelle et comme cause finale du droit, il cherche les implications des postulats d'une raison pratique dans le tissu des lois elles-mêmes et dans la justice qui s'exerce. Ainsi, bien qu'il soit le plus favorable, parmi les modernes, aux thèses des anciens (Platon et, surtout, Aristote), Leibniz est aussi celui qui ouvre une voie nouvelle à la réflexion moderne sur la justice, en donnant à celle-ci sa dimension sociale universelle.

La définition de la justice, dans les *Éléments du droit naturel*, en fait une vertu : « La justice est du consentement de tous une vertu »[86]. Partant de ce consensus, il déduit qu'elle est un frein, comme toute vertu, aux passions et à ce qui fait obstacle à la raison. Elle est donc recommandée par la raison propre (de chacun) et par la raison universelle (Dieu comme raison dernière des choses, des existences) ; plus précisément, elle est une vertu au service de la raison pratique, raison qui concerne les actes et qui est la même chose que la prudence. La justice est quelque chose dont l'homme prudent peut être persuadé ; or, rien ne peut être persuadé, sinon par des raisons tirées de l'utilité de l'auditeur (il est nécessaire que tout devoir, et donc le juste, soit

83 *Ibid.*, pp. 109-110.
84 *Ibid.*, p. 105.
85 *Ibid.*
86 *Ibid.*, p. 96

utile). Il faut donc examiner dans quelle mesure le bien d'autrui, et non seulement l'utile propre, est impliqué dans la justice. Au terme d'une longue démonstration, Leibniz conclut que, si la justice est l'habitude de vouloir le bien d'autrui et aussi le bien propre, elle ne peut rester elle-même si ce bien d'autrui est recherché « à cause du bien propre »[87]. Il en appelle au sentiment de tous les hommes « bons », « **qui vomit le calcul de cette justice mercenaire** », mais il finit par concilier les deux raisons d'être juste, il les concilie par une raison qui tient de « la nature de l'amour ».

Comment le bien d'autrui peut-il être, en même temps, le nôtre ? Comment peut-il être une fin et non seulement un moyen ? Il ne peut l'être qu'en étant en lui-même agréable : « Moi, j'affirme qu'il peut être recherché comme une fin, qu'il peut même être recherché pour lui même, lorsqu'il est agréable »[88]. Mais désirer le bien d'autrui pour lui-même, ce n'est rien d'autre que l'aimer, en quoi est-ce juste ?

Il faut, pour que la justice soit autre chose qu'affection ou amour (c'est-à-dire se plaire à la félicité de l'autre), y intégrer le bien propre : « Nous aimons celui dont le bien-être est notre plaisir » ; ce qui veut dire que l'agrément est doublé par notre réflexion sur notre vertu, et que l'amour pour le bien d'autrui se réfracte en amour de notre propre vertu. Il s'en suit que l'amour appartient à la nature de la justice, d'où l'on peut tirer « la véritable et parfaite définition de la justice (...): c'est l'habitude d'aimer les autres ou bien de tirer volupté du bien d'autrui, toutes les fois que l'occasion se présente »[89].

### *Justice ou moralité objective :*

### *Hegel*

« Subjective ou objective, la volonté de justice est et ne peut être qu'une volonté libre, selon Hegel, car la volonté libre n'est pas seulement le principe de l'autonomie morale, elle est la volonté dont l'essence consiste à transformer le désir individuel d'être libre en un ordre social objectif où la liberté de tout le monde est réalisée. C'est cet ordre-là qui est dit juste, et qui constitue la justice objective ou la moralité objective. La théorie de la justice coïncide donc, chez Hegel, avec la doctrine du droit.

Avec les modernes, Hegel admet que la sphère du droit et de la justice objective est celle de la volonté et de la liberté, et non celle de la nature[90], mais il s'oppose au courant qui déprécie tout jusnaturalisme, autant qu'au courant romantique, qui déprécie la raison ; le droit naturel ne peut être

---

87 *Ibid.*, pp. 101-102.

88 *Ibid.*, p. 102.

89 *Ibid.*

90 HEGEL, F., *Principes de la philosophie du droit*, § 4, trad. J.L. Vieillard-Baron 1999, GF-Flammarion, Paris, cité in BLAY M. (Sous la direction de) , (2003), *Grand dictionnaire de philosophie, ibid.*

compris que comme « droit positif rationnel ». Sa philosophie de la justice s'oppose ainsi à celle de Kant et se réclame de celle de Montesquieu ; il ne s'aligne ni sur le positivisme ni sur le jusnaturalisme moderne, qui veut déduire les principes normatifs de l'ordre juridique et politique des conditions naturelles (immédiates) de la liberté et qui méconnaît le caractère essentiellement médiatisé de celle-ci. Ce que Hegel promeut dans sa philosophie du droit, c'est précisément la forme institutionnelle de cette médiation (...). Il opère un retour à la figure traditionnelle de l'éthicité, mais avec un passage obligé par la figure de la moralité telle que la modernité l'a élaborée. Son apport propre de la reprise conceptuelle de l'*ethos* grec suppose un travail sur le concept du droit comme phénomène de l'esprit objectif »[91].

**« Comme cet esprit lui-même, la justice objective n'est pas une éternité immobile, mais une lutte incessante de la raison pour se produire comme œuvre**[92]. Penser le réel, la justice réelle, ne consiste pas à enregistrer ce qui existe et à s'y résigner ; penser le réel, c'est penser le rationnel dans sa vie conflictuelle et historique, dans son devenir, et non dans sa facticité. Ainsi, les lois positives, si elles n'ont de valeur que circonstancielle (si elles ne sont pas justes) méritent de passer, elles n'ont qu'une « existence passagère »[93].

« Dans le droit de la justice, Hegel veut la réconciliation du naturel et du positif, celui-ci ne doit plus être entendu comme la particularité contingente, mais la nature doit aussi être libérée de son « être immédiat ». Ainsi, pour la nature humaine, le positif est un moment constitutif nécessaire.

Cette théorie de la justice comme phénomène de l'esprit objectif est donc doublement critique envers les thèses classiques : critique d'une conception du droit naturel réduit au rationnel normatif (la raison comme tribunal suprême du droit devant lequel doit se justifier tout ce qui prétend à une validité quelconque) ; et critique qui intègre à l'exemplarité du droit naturel des anciens une conception moderne du droit saisi dans son essence sociale.

La thèse générale est donc qu'il faut aller de la nature à son droit (à l'exemple des anciens), droit requis par la vie humaine, et qui s'affirme dans et par l'universel concret de l'État, seule force d'universalisation de la vie qui conduit au droit, c'est-à-dire qui rend nécessaires l'éducation, la socialisation, la moralisation. Cette thèse est résolument en rupture avec une conception légaliste du juste et du droit, au profit d'une conception politique (au sens de l'éthicité traditionnelle). **La loi ne fait pas le droit, mais le droit doit devenir la loi** « pour recevoir non seulement la forme de son universalité, mais encore sa vraie destination », car « le droit qui est connu comme ce qui

91 *Ibid.*, § 216.
92 *Ibid.*, § 3.
93 *Ibid.*, § 211.

vaut justement : c'est la loi »[94]. La vertu de justice elle-même n'est pas un simple « devoir-être », elle jouit d'elle-même dans l'ordre social. Hegel affiche donc sa méfiance à l'égard des lois non écrites[95] ; la justice veut que la loi soit connue universellement, c'est injustice d'en dissimuler le contenu : « Refuser à une nation cultivée (...) la capacité de faire un code serait une des plus grosses insultes »[96]. Ainsi, la justice est bien dans la loi, et non dans les coutumes (contre Antigone). Après une critique d'une conception étroitement légaliste du juste, Hegel tente de reconnaître dans la pure positivité de la loi une raison régiférante, mais qui s'efforce d'affiner « la pointe de l'universel jusqu'au particulier et même à l'individuel »[97], en notant, cependant, que la raison qui s'exprime dans la loi ne peut jamais parvenir jusqu'à la détermination ultime qu'exige la réalité singulière. C'est pourquoi il faut la justice des juges, et pour cette tâche on doit s'en remettre « au bon sens humain vraiment sain » ; la positivité des lois ne se réduit donc pas à leur actualité ».

## 2. Jugement[98]

*Définition* : Du latin « judicium », 'sentence', 'jugement' ; « de judicare », 'juger' ; littéralement « jus-dicere » signifie, « dire la formule qui a valeur de règle ».

« Juger, c'est effectuer l'acte difficile de placer le particulier sous l'universel, le donné sous la catégorie correspondante, en l'absence de règles prescrites. La théorie du jugement, qu'elle relève de la logique, de l'esthétique ou de toute autre activité de l'esprit, passe nécessairement par une forme d'éducation, même si conformément à la tradition kantienne d'un jugement de goût sans relation aux contenus de savoirs déterminés (concepts ou règles), nous savons bien que la faculté de juger relève aussi de la sensibilité - et qu'elle peut verser pour cela dans l'erreur »[99].

« Le jugement désigne originellement l'opération du juge, c'est-à-dire la mise en rapport d'un cas à une règle de telle sorte que le cas soit « réglé ». En ce sens le jugement se présente d'abord comme une faculté de discrimination (« la puissance de bien juger et de distinguer le vrai d'avec le faux » est proprement ce qu'on nomme le bon sens ou la raison »[100]) qui

---

94 *Ibid.*, § 215.
95 *Ibid.*, § 214.
96 *Ibid.*, § 216.
97 *Ibid.*, Introduction, § 30.
98 BAUER S., GERBIER L. et ENGEL P., article sur le « Jugement », in BLAY M. (Sous la direction de) , (2003), *Grand dictionnaire de philosophie*, *op. cit.*, pp. 580 - 582.
99 *Ibid.*
100 DESCARTES R., *Discours de la méthode*, I, édition Adam & Tannery, Vrin-CNRS, Paris, 1996, vol. VI, p. 2, cité in Blay M., *Grand dictionnaire de philosophie*, *op. cit.*, *ibid.*

constitue la qualité de l'entendement par excellence en tant qu'elle se prononce non seulement sur la réalité des choses, mais aussi sur leur valeur[101]. L'œuvre du jugement est double : il s'agit d'une part de séparer le vrai du faux ou le juste de l'injuste, et il s'agit d'autre part, pour cela, de rapporter correctement ce qu'il y a à juger (un cas ou une proposition) à la catégorie ou à la règle qui permet de juger. Le jugement conjoint ainsi la mise en rapport de deux éléments et l'assertion qui affirme (ou nie) la validité de ce rapport »[102] .

« D'une part, la théorie du jugement s'intéresse aux formes et aux conditions de la « mise en rapport » : dans ce cadre, juger du vrai ou juger du juste sont deux opérations réductibles à l'articulation de deux éléments, le sujet et le prédicat, par une copule qui les associe ou les dissocie. Le Jugement se présente alors comme un énoncé ou une proposition qui est avant tout susceptible de vérité ou de fausseté par rapport à l'ordre interne de ses éléments : il s'agit alors, et c'est la tâche propre à la logique, de déterminer l'intelligibilité du jugement comme non-contradiction formelle de la proposition qui l'exprime.

D'autre part, le jugement ne se conçoit pas seulement comme une mise en rapport : il comporte également une assertion par laquelle le contenu de la proposition judicative est donné pour vrai. Le jugement se présente alors comme l'acte par lequel la pensée se rend justiciable du vrai et du faux (raison pour laquelle il n'y a pas de fausseté au sens strict dans nos sensations, mais seulement dans le jugement qui rapporte ces sensations à des états de choses). Mais, en même temps que l'on adjoint ainsi la vérité comme adéquation aux choses à l'intelligibilité comme correction formelle, on fait entrer dans la philosophie du jugement la considération des conditions de l'assentiment : ces conditions sont, en tant que telles, antérieures au jugement, c'est-à-dire préjudicielles. Descartes remarque ainsi que « pour ce que nous avons été enfants avant que d'être hommes, il est presque impossible que nos jugements soient si purs ni si solides qu'ils auraient été si nous avions eu l'usage entier de notre raison dès le point de notre naissances »[103].

*Deux conséquences* :

« D'une part, une telle théorie du jugement considère que l'association d'un sujet et d'un prédicat dans une proposition judicative constitue l'expression d'un acte mental : ainsi la théorie du jugement ne renvoie pas seulement à un calcul de la forme logique des propositions, elle statue aussi sur la structure

---

101 ARISTOTE, *Métaphysique*, E, 4, 1027b18-27, tr. J. Tricot, Vrin, Paris, 1986, vol. I, p. 343, cité in Blay M., *Grand dictionnaire de philosophie*, *op. cit.*, *ibid.*

102 In BLAY M. (Sous la direction de) , (2003), *Grand dictionnaire de philosophie*, *op. cit.*, *ibid*, p. 581.

103 DESCARTES R., *Discours de la méthode*, II, *op. cit.*, p. 13, cité in Blay M., *Grand dictionnaire de philosophie*, *op. cit.*, *ibid.*

même de tout penser, ce qui permet de définir l'entendement en général comme une « faculté de juger »[104]. En tant qu'il ramène le concept d'un sujet sous celui d'un prédicat, le jugement est donc une faculté unifiante.

D'autre part, le jugement n'est pas une faculté formelle dont nous disposerions d'emblée dans sa perfection : elle est soumise à un développement et à une éducation, destinée à remplacer le préjugé par le jugement. La nécessité même de cette éducation manifeste que la faculté du jugement implique la volonté en tant qu'elle ajoute son assentiment à la forme composée par l'entendement. **Le jugement ne se présente alors plus seulement comme une faculté ou une opération achevée, mais comme une puissance que chaque esprit doit exercer et cultiver en lui, en tant qu'elle constitue en lui la conjonction de la connaissance et de la liberté** »[105].

« Selon la théorie traditionnelle du jugement, (...) un jugement consiste dans la perception d'un accord ou d'un désaccord entre des idées ou des concepts dans l'esprit. La théorie dépend de la conception aristotélicienne de la proposition jugée comme ayant la forme sujet-prédicat, et classifie les jugements en vertu de leur forme logique, selon leur qualité ou leur quantité. Le rationalisme tend à insister à la fois sur le caractère intellectuel de l'acte de juger et sur son caractère volontaire (...) alors que l'empirisme insiste sur la liaison des idées dans la sensation, et sur la passivité de l'esprit dans leur reconnaissance. Mais la théorie traditionnelle a du mal à éviter le psychologisme, qui réduit le contenu objectif du jugement à la subjectivité de l'acte de juger. Contre elle, la tradition logique de Bolzano à Frege[106] insiste sur l'objectivité des contenus de jugements. Elle rejette également l'idée que tous les jugements soient de la forme sujet-prédicat, et analyse la forme logique en termes de fonction et d'argument, qui rend compte de la quantification.

L'ambiguïté acte/contenu est critiquée par Husserl[107], mais il n'est pas clair que celui-ci évite le psychologisme, pas plus que les philosophes de l'esprit contemporains qui tendent à assimiler jugement et croyance. En consacrant la Troisième Critique à la faculté de juger, et en envisageant les relations du jugement esthétique au jugement de connaissance et jugement moral, Kant[108]

---

104 KANT E., *Critique de la raison pure*, « Analytique des concepts », I, section 1n tr. Barni & Archambault, GF, Paris, 1987, p. 130, cité in Blay M., *Grand dictionnaire de philosophie*, *op. cit.*, *ibid.*

105 KANT E., *Critique de la faculté de juger*, Introduction, § 3, tr. A. Philonenko, Vrin, Paris, 1965, p. 27, cité in Blay M., *Grand dictionnaire de philosophie*, *op. cit.*, *ibid.*

106 FREGE G., *Écrits logiques et philosophiques*, Seuil, Paris, 1969, cité in Blay M., *Grand dictionnaire de philosophie*, *op. cit.*, *ibid.*

107 HUSSERL E., *Expérience et jugement*, PUF, Paris, 1973, cité in Blay M., *Grand dictionnaire de philosophie*, *op. cit.*, *ibid.*

108 KANT E., *Critique de la faculté de juger*, trad. Renaut, Flammarion, Paris,

comprend cet enjeu de l'objectivité du jugement, mais sa théorie logique dépend encore étroitement de la conception traditionnelle ».

### 3. Anthropologie juridique[109]

« H.J.S Maine (1861) a joué un rôle central dans la constitution de l'anthropologie juridique en envisageant le droit non plus sous les seuls aspects d'un système normatif pourvu d'un champ d'application spécifique mais dans sa dimension d'instance explicative de l'évolution sociale. Il utilise, en effet, la nature du droit (telle qu'elle se révèle dans ses corpus juridiques de diverses époques et provenances) comme critère fondamental du devenir des sociétés à partir d'un état initial commun à tous les groupes humains. A l'origine, ceux-ci seraient constitués par les familles patriarcales isolées, au sein desquelles s'exercerait un droit trouvant son contenu dans les caractéristiques morphologiques du groupe, dominé par l'autorité de l'ascendant mâle aîné. Dans la tribu, ou agrégation de familles patriarcales, le droit, entièrement issu du fait de consanguinité, serait le fondement unique du lien politique ; le partage du territoire n'y jouerait aucun rôle. L'évolution vers un droit reposant sur le contrat est, pour Maine, l'indice d'une émancipation de l'individu qui se révèle capable de contracter par échange de consentement, sans engager sa position statutaire ni le groupe dans son ensemble, et apte à forger des liens juridiques stables sans référence au sang ni à l'alliance. Ainsi, dans une perspective évolutionniste, le passage du « statut au contrat » révèle la genèse de l'état de société et sa transformation progressive.

Plaquée sur ce modèle évolutionniste, la conception de l'État comme puissance libératrice (héritée de la Révolution), tenant du droit l'essentiel de ses vertus et horizon idéal de la société tribale, va fournir un cadre de référence idéologique aux administrateurs coloniaux chargés de relever les codes indigènes afin de les remplacer ou de les modifier. Tel est le cas de R. Maunier, par exemple, fondateur du premier département d'ethnologie juridique (1930) et de la première revue consacrée au sujet (1931), et qui élabore les premiers questionnaires de « folklore juridique ». (...)

« L'objectif principal de l'ethnologie juridique consistera à interroger le rapport d'identité établi entre le droit, la loi, l'État et l'ordre social. En d'autres termes, il s'agit de montrer qu'il existe des peuples ignorant l'État mais soumis à un ordre social et présentant dans les comportements collectifs des régularités, ordre et régularités dont la description et l'analyse deviennent l'objet de la nouvelle discipline. Au sein de l'anthropologie juridique, deux conceptions du droit coexistent : l'une l'identifie au rapport de la cohésion sociale, l'autre s'efforce de définir en termes plus spécifiques la juridicité, mise en relation avec les catégories de l'anthropologie politique.

---

1995, cité in Blay M., *Grand dictionnaire de philosophie*, *op. cit.*, *ibid.*

109 BONTE P. et IZARD M. (sous la direction de ), (1991), *Dictionnaire de l'ethnologie et de l'anthropologie*, Paris, PUF, 2004, pp. 401 - 403.

M. Mauss, le premier, inscrit le droit dans le champ de l'anthropologie. Avec la notion de fait social total, le droit est imbriqué dans le « social » en tant qu'un de ses éléments constitutifs sans que son caractère formel ou écrit apparaisse comme un attribut déterminant ni même nécessaire. Il voit ainsi dans le contrat une modalité de l'alliance. Cette conception le conduit à hypertrophier la fonction du droit dans les sociétés primitives, celui-ci étant caractérisé essentiellement par son attribut d'obligation. En conséquence Mauss (1926 - 1927) décrira les primitifs comme pris sans relâche dans des cycles de prestations et contre-prestations, autrement dit soumis à une obligation considérée par eux comme un impératif moral catégorique.

B. Malinowski identifie systématiquement « juridicité » et contrôle social. Il consacre un ouvrage critique au droit primitif, ou plutôt aux principes et moyens mis en œuvre pour assurer l'état de cohésion sociale. Dans *Crime and Custom in Savage Society* (1926), il s'insurge contre l'hyperlégalisme prêté aux sociétés primitives et met en doute le caractère automatique de la soumission au droit qui en résulterait. La cohésion sociale n'est pas, pour Malinowski, le produit d'un rapport de domination et ne saurait être érigée en catégorie morale ou psychologique. Elle est une catégorie sociologique. Pour lui le droit (*Law*) s'apparente à une configuration de prestations de toutes sortes et son caractère coercitif trouve son origine dans l'obligation structurelle de réciprocité, cette dernière étant nécessaire à la satisfaction des besoins.

Les anthropologues américains et anglais réagirent vivement à cette absorption de la notion de droit par celle de contrôle social, voire même d'organisation sociale au sens le plus large. A.R. Radcliffe-Brown (1933) recommande de ne pas assimiler tout système de normes à un droit et propose de n'utiliser ce mot que dans les cas précis où il existe un appareil susceptible de faire respecter le droit, au besoin et par la force.

M. Gluckman (1956), qui revendique l'héritage intellectuel de Maine, se consacre à l'étude des conflits et plus particulièrement des problèmes que posent aux sociétés disposant d'une instance spécialisée la résolution judiciaire des conflits. C'est ainsi qu'il décrit le fonctionnement de la procédure et l'établissement de la jurisprudence chez les Barotse en Afrique du Sud. Cette analyse fit date : elle allait contre les représentations spontanées, en ethnologie, de la soumission automatique à la règle, niant l'existence de négociations et d'une disjonction possible entre normes juridiques et consensus, tout en reprenant la distinction analytique entre sociétés centralisées (les Barotse) et segmentaires (les Nuer). S'agissant de ces dernières, Gluckman apporte une réponse fonctionnaliste à la question de la cohésion sociale, posée en termes d'équilibre supra-individuel. Pour lui, comme pour d'autres ethnologues anglo-saxons, les conflits sont à termes générateurs d'ordre. Certes, les prescriptions de la coutume divisent mais c'est pour créer des solidarités nouvelles, des fondements différenciés d'une cohésion renouvelée. Cette conception du conflit comme instance de régulation, déchiffrable par l'observateur mais hors de portée de la conscience indigène, sera critiquée notamment par les anthropologues d'Outre-Atlantique. Ainsi, P. Bohannan (1957), dans son livre sur les Tiv (Nigeria), reproche à Gluckman d'avoir plaqué les catégories juridiques occidentales sur la réalité barotse et pose en idéal de méthode que l'ethnologue sépare la description des systèmes juridiques indigènes des commentaires analytiques susceptibles d'en être faits.

En France, P. Bourdieu s'est également interrogé sur la pertinence des catégories juridiques occidentales appliquées à la description des sociétés exotiques. Mais, dans son œuvre, la critique du « juridisme » dépasse largement le domaine strict du droit pour s'adresser à la méthode de l'anthropologie lorsqu'elle entend rendre compte, dans le champ de la parenté par exemple, des pratiques au moyen de l'existence postulée de systèmes de règles comparables sous certains rapports aux règles juridiques à l'œuvre dans notre propre type de société.

(…)

Dans les années 1980, aux États-Unis en particulier, la tendance en anthropologie juridique est au rejet des thèses fonctionnalistes jusqu'alors dominantes. Ainsi C. Geertz, soucieux de mettre en évidence les constructions culturelles dont sont issues ici ou là, sous des formes idiosyncrasiques, des « sensibilités légales » (1986) et partant des justices, fait l'hypothèse que le droit est une façon de penser le réel et identifie, contre le point de vue formaliste, droit et savoir local, droit et réel. Enfin, dans le prolongement des travaux de l'école ethnométhodologique, la recherche aux états-Unis s'oriente vers la description méthodique de situations dans lesquelles les conduites individuelles ou collectives se voient légitimées par la référence à des règles (de droit ou non). Le débat oppose ainsi ceux qui définissent la loi en termes de règles et ceux qui l'abordent en tant que processus (…). Voici qui renoue avec le vieux problème de la distinction latine entre *Jus* et *Lex* ».

### 4. La justice humaine face à l'épreuve du pardon

Dans ma thèse de Doctorat déjà citée, j'ai exposé l'esquisse d'une épistémologie sur le rapport entre la Justice humaine et le pardon à travers l'histoire.

*Dans l'Antiquité*[110]

*Platon* : dans sa métaphysique sur « la faute », Platon parle du châtiment et du pardon envers le coupable. «Tout homme doit être ardent et en même temps doux autant que possible ». En effet, « lorsque les fautes d'autrui sont dangereuses et ne présentent que peu ou point de chances d'être corrigées, il

110 MICHEL A., article « Le pardon dans l'Antiquité », in Collectif *Le Point théologique - Le pardon*, Paris, Beauchesne, 1987, pp. 49 - 57.

faut nécessairement user de répression (…). Mais, il faut savoir aussi qu'aucun homme injuste ne l'est volontairement. Dès lors, il convient d'avoir pitié, et, par conséquent, de retenir ou d'adoucir l'ardeur de notre indignation »[111].

Platon met en jeu sa philosophie qui distingue l'homme en deux parties : le corps et l'esprit. Réduisant le corps à une simple déchéance de la matière, la philosophie platonicienne situe l'alternance de la colère et de la pitié dans les activités de l'esprit. Mais « comment réconcilier la miséricorde et la justice? » Si ces deux notions entrent en conflit, « laquelle l'emporte? »

*Térence* : il est vu, dans la littérature antique, comme le grand maître du pardon. Pour cet écrivain comme pour Cicéron, « la Loi stricte, le droit positif sont parfois plus injustes que l'injustice même ». *L'esprit des lois* doit donc « aller au-delà de la lettre ». C'est seulement à ce moment là qu'il est « possible de récuser certains types de condamnation, d'ouvrir des portes au pardon ». Dans les œuvres les plus connues de Térence, « le pardon est lié à l'éducation : je suis homme et je pense que rien d'humain ne m'est étranger ». ce maxime vient de l'histoire d'un vieux « trop sévère avec son fils », puis de deux frères (Micion et Déméa) qui incarnent le paradoxe de la *complaisance grecque* et *la sévérité romaine* selon l'observation de l'auteur vis-à-vis de sa société.

En effet, le vieux trop sévère qui pousse son fils à quitter la case paternelle finit par « s'accabler de châtiments et devient le bourreau de soi-même ». Ainsi, après avoir trop puni son fils, il pardonne trop Micion et Déméa. Quant à ces derniers, chacun ira trop loin de son côté ou bien dans la complaisance ou bien dans la sévérité. Térence propose alors « le juste milieu » tout en encourageant la générosité qui pardonne. C'est la synthèse des deux courants philosophiques : *le juste milieu* de la morale aristotélicienne et l'esprit de *la convenance* du stoïcien Panétius.

*Cicéron* : premièrement, celui-ci rejoint et dépasse Platon ; il est en même temps favorable à la colère et à la douceur. En tant qu'avocat, il est spécialiste de la misericordia. Deuxièmement, Cicéron met l'accent sur la liberté humaine. « Notre destin, ce sont nos actes. La nécessité se confond avec la liberté ». Dans sa théorie de la douceur et de la colère, puis à travers sa conception de la liberté, il rejoint Platon et s'accorde avec l'humanisme de Térence.

*Sénèque* : il apparaît comme le grand philosophe de la morale politique de l'Antiquité. Sénèque répond aux difficultés politiques que rencontrent les princes : « doivent-ils ou non utiliser les moyens de répression que la loi met entre leurs mains ? Doivent-ils appliquer la « loi de majesté », qui leur permet de mettre à mort leurs ennemis ? »

Sénèque conseille à Néron de « se défier de cette puissance ». Que propose-t-il de mieux ? Imiter Dieu « dont le véritable pouvoir réside dans

---

111 *Ibid.*

son amour ». Il donne l'exemple d'Auguste qui, au temps des guerres civiles à Rome, avait réagi avec cruauté. Mais envers Cinna, il eut pitié. Son pardon constitue, dit Sénèque, « une conversion qui change le sens de l'histoire ».

Sénèque résume sa pensée sur le péché et sur le vrai sens du pardon en ces termes : « Quelle est la souffrance suprême pour un homme qui aspire au bien ? Découvrir qu'il n'est point sage. S'apercevoir qu'inconsciemment, involontairement, comme tout le monde, il a fait le mal. Telle est l'expérience d'Œdipe, dit Sénèque, lorsqu'il découvre qu'involontairement il a commis l'inceste et le parricide (...) ». Pour cela, « le pardon d'autrui ne serait rien s'il ne nous enseignait d'abord à nous pardonner nous-mêmes, au-delà, bien sûr, de toute complaisance ». Antigone dit à son père Œdipe : « Je ne te demande pas de supporter d'un cœur paisible et tranquille des fureurs que le temps n'a même pas su briser, mais il conviendrait qu'un homme d'une telle force ne soit pas au-dessous de sa douleur »[112].

### *Le Haut Moyen-âge*[113]

Dominé par la féodalité, le Haut Moyen-âge est marqué par une civilisation « du don contre-don ». Il s'agit d'un don « en retour ». Cependant, le seigneur devait être la référence de la « vertu de largesse » par excellence. Cette largesse implique nécessairement la capacité de « *pardonner* », mais surtout de « donner sans compter ». Deux termes attirent notre attention dans la pensée médiévale : « pardon » et « merci ». Dans les deux cas, il s'agit de la « faveur » du « supérieur ». D'où découle la notion de la « grâce », cette *gratuité* de l'acte du seigneur qui pardonne à son sujet sans en attendre quoi que ce soit en retour. Seulement, le merci obligatoire de celui qui est pardonné exprime la « dépendance d'un homme qui doit tout attendre du geste gratuit de celui qui a autorité sur lui ».

Tout compte fait, le pardon dans la société médiévale n'est pas totalement un geste désintéressé entre deux égaux. C'est une dynamique copiée, mais différente, de la prière chrétienne. Il s'agit d'une autre façon d'exprimer son autorité bienfaisante sur le sujet, et le merci étant la reconnaissance que l'on est soumis totalement à la volonté du seigneur - si écrasante soit-elle.

### *L'époque moderne*[114]

Examinons maintenant la question du pardon sur le plan philosophique à l'époque moderne. Il convient de noter que la pensée philosophique de Spinoza, de Kant ou de Hegel par exemple - sur le thème du pardon - est encore actuelle chez les penseurs de nos jours.

Pardonner « n'est pas simplement excuser ; pardonner n'est pas non plus oublier ». En effet, on pardonne ce que l'on ne peut pas oublier. Car, ce que l'on peut oublier ne peut en aucun cas préoccuper notre esprit et nous

---

112 *Ibid.*
113 RIBARD J., in *op. cit.*, pp. 117 - 130.
114 ROUSSET B., in *op. cit.*, pp. 183 - 196.

pousser à considérer l'autre comme coupable. Pour cela, « le pardon ne saurait être confondu avec les mesures juridiques d'opportunité que sont la remise de peine, (...) l'amnistie »[115].

A l'opposé du pardon, « l'oubli volontaire » peut avoir des motivations ou calculs politiques. Quant à la « grâce », elle se définit comme une « suppression charismatique de la peine qui ne revient en rien sur le jugement ». Entendu que « l'arbitraire des uns et la désobéissance des autres » *détruisent l'homme dans son existence sociale et dans son être propre,* la philosophie dite pratique et la théorie du droit fondent « le droit de juger et de punir ». Il en découle que « en face de nos négligences et abandons (…), notre insouciance égoïste et nos compromissions intéressées », la même philosophie pratique « pose le devoir de juger et de punir »[116]. Ceci justifie donc l'obligation de fonder et de participer à l'institution qui condamne afin d'établir l'ordre social.

Pour *Spinoza,* les fondements de l'Écriture Sainte s'appliquent « seulement dans les lieux où la justice est méconnue et dans les temps d'oppression, et non dans un État sain ». Dans cet « État sain » de Spinoza au contraire, *où la justice est sauvegardée, «* chacun est tenu, s'il veut se montrer juste, de porter devant le juge les injustices, non pas par vengeance mais avec l'intention de défendre la justice et les lois de la Patrie ». Ce qui empêche les méchants, dit-il, de tirer « d'avantage de l'existence des maux »[117].

Quant à la pensée de *Kant,* celui-ci rejette à son tour la notion du pardon. Car, « l'impunité est la suprême injustice envers les sujets ». Enfin, la critique de Hegel est « plus précise et plus subtile » : Il assimile *le renoncement à la punition au règne de la vengeance* : « le châtiment prend toujours la forme de la vengeance dans un état de la société où n'existent encore ni juges, ni les lois (...). Dans de nombreuses législations actuelles, il subsiste encore des traces de vengeance, puisqu'il est laissé à la discrétion des individus de faire appel ou non à des tribunaux lorsqu'ils ont subi un dommage ou une injure »[118].

Cependant, malgré la rigueur philosophique de ces trois penseurs rationalistes présentés ci-dessus, il existe une grande richesse éthique de leur part en ce qui concerne l'application de la Loi et le respect de la personne humaine.

### *Le pardon au-delà de la justice*[119]

Dans sa « *métaphysique des mœurs »,* Kant déclare : « De cette joie prise au malheur d'autrui, la plus douce est le désir de vengeance, qui consiste à se

115 *Ibid.*
116 *Ibid.*
117 *Ibid.*
118 *Ibid.*
119 *Ibid.*

proposer pour fin, même sans avantage personnel, le malheur d'autrui. Toute action qui lèse le droit d'un homme mérite un châtiment. Mais le châtiment n'est pas un acte de l'autorité de l'offensé, mais celui d'un tribunal distinct de lui, qui donne effet aux lois d'un pouvoir supérieur à tous ceux qui y sont soumis (...) ». Kant précise qu'aucune peine « *ne doit jamais être dictée par la haine* ». D'où la nécessité d'introduire dans la conscience la notion du pardon, même dans le jugement. « C'est pourquoi le pardon est un devoir de l'homme ; mais il ne doit pas être confondu avec la renonciation aux moyens rigoureux pour prévenir l'offense répétée d'autrui ». Kant refuse donc le pardon dans la « doctrine du Droit ». Cependant, il renvoie à la notion du pardon dans la « doctrine de la Vertu », celle-ci étant un devoir de tout homme.

Quant à Spinoza, dans son « *Ethique* », il nous dit que « qui vit sous la conduite de la raison, s'efforce, autant qu'il le peut, de compenser la haine, la colère, le mépris (…) d'un autre pour lui, par l'amour ou la générosité ». Cette dernière étant pour Spinoza « un désir par lequel un individu s'efforce, en vertu du seul commandement de la raison, d'assister les autres hommes et d'établir entre eux et lui un lien d'amitié ». La générosité n'est pas ici le fruit de l'amour particulier que l'on a envers le fautif. C'est plutôt l'acte « qui fait exister l'amour en face du haineux, une affirmation de l'amour pour toute l'humanité. C'est l'exemple de l'amour que manifestent les victimes envers leurs bourreaux ».

Enfin, *Hegel*, dans sa « *Phénoménologie de l'Esprit* », donne au pardon une place de choix car, le pardon est « le terme ultime de la conscience et de la raison dans la moralité ». Dans sa dialectique générale, le pardon est « le moment spécifique et suprême de la reconnaissance de l'égalité avec l'autre ». C'est par le pardon en effet, que l'homme abandonne son « attitude arrogante du jugement qui dénigre et accuse l'autre » [120].

*L'époque contemporaine*[121]

C'est au cours du siècle dernier qu'ont eu lieu les grands conflits armés à l'échelle mondiale, mais aussi, plusieurs pays ont été déchirés par des guerres civiles fratricides.

A la fin de la Deuxième Guerre Mondiale, deux penseurs se sont affrontés sur la question de la nécessité du pardon et/ou de la justice à l'égard des criminels de guerre et de génocide.

Dépassés par l'ampleur du drame et la profondeur des blessures que « l'épuration » avait provoquées, A. Camus « cherchait le juste milieu » de la justice, tandis que F. Mauriac « prêchait le pardon ».

*F. Mauriac* résume ainsi son intervention contre ceux qui prônaient la « rigueur » envers les nazis et leurs complices : « Oui, l'événement est maître, il se moque de nos disputes autour des idées de charité et de justice ».

120 *Ibid.*

121 GUERIN J. article « Mauriac et Camus en 1945 », in *op. cit.*, pp. 247 - 264.

Mais pour attirer l'attention sur la nécessité du pardon - qui n'exclut pas du reste la justice mais qui est au-delà de la justice, F. Mauriac annonce que « *l'heur est venue* pour avoir une compréhension plus réaliste de la situation ». Ainsi, répondant aux critiques de A. Camus qui trouvait *injuste* le pardon pour les bourreaux des Juifs, F. Mauriac dit qu'une fois cette compréhension acquise, « ce sera fini de nous partager entre partisans de la justice et tenants de la charité, parce que nous aurons tous compris enfin qu'il n'y a rien de plus horrible qu'une justice séparée de la miséricorde ».

## 5. Le jugement de l'histoire

Compte tenu des difficultés que nous avons exposées jusqu'ici au sujet de la relation subjectivité-objectivité concernant l'exercice du jugement, le dépassement de cette problématique - qui est à la fois théorique et pratique - ne peut venir que de la faculté du sujet à prendre plus de recul, par rapport à l'objet de son étude, pour formuler le « jugement ». Néanmoins, en s'éloignant de l'objet - par exemple dans le temps et dans l'espace, le « jugement » risquerait à nouveau de ne plus correspondre à la réalité originelle !

Nous découvrons ici le rôle de l'Histoire et de la transmission : il s'agit du compromis entre le face-à-face avec l'objet qui réduit la distance « objective » de jugement d'une part et, l'éloignement spatio-temporel qui réduirait le contact « objectif » avec la réalité originelle d'autre part.

Ainsi, le rôle de l'Histoire ou la « mémoire historique » est en même temps celui de diminuer le risque de collision du sujet avec l'objet, puis celui d'éviter l'hallucination au cas où l'objet serait trop éloigné. Dans cette perspective, *Le Jugement de l'Histoire* procède du recoupement testimonial des récits, de la comparaison et du rapprochement de plusieurs « vérités » concernant un même objet/événement tel que plusieurs sujets l'ont perçu dans le passé et le perçoivent encore au moment du jugement.

Certes, cette démarche présente elle aussi des imperfections. Car, en procédant par « recoupement » de plusieurs perceptions différentes, elle n'aboutira jamais à la « Vérité absolue ». Et tant mieux pour nous ! Car, ce que nous recherchons, l'objet de notre réflexion, ce n'est pas d'établir la « Vérité absolue », et encore moins « toute la Vérité » !

Notre recherche vise tout simplement à susciter le débat et à permettre à toute personne qui s'intéresse à l'histoire récente du Rwanda de s'exprimer : car, le débat permet de ne plus prendre certaines « thèses officielles » pour de « vérités absolues » mais plutôt comme des « vérités discutables ». A partir de là, l'Histoire commune sera construite au moyen d'un accord, au moyen d'un « contrat » provisoire qui sera en renouvellement perpétuel à chaque génération.

Notre conception de l'Histoire, c'est celle d'une « Histoire » toujours en mouvement, une Histoire en perpétuelle révision et renouvellement. Car une Histoire figée, c'est une Histoire mortifère.

Il en va de même pour le « Jugement ». Surtout, dès que cet exercice de « juger » concerne l'Histoire collective marquée par des violences, des pertes de vies humaines et des blessures. Dans ces circonstances particulières, l'acte de « jugement » doit toujours laisser une « porte ouverte » au débat et au renouvellement des « vérités historiques » : ce travail incombe aux nouvelles générations pour assurer la continuité de ce qui a été commencé et corriger les erreurs de « jugement » de leurs ascendants. C'est cela la transmission, dans notre entendement, qui suppose et repose sur « *Le Jugement de l'Histoire* ».

*Du point de vue dynamique*

Le « jugement » concerne toujours un fait du passé : en effet, on ne peut formuler un jugement que si l'on dispose d'un certain recul par rapport à un acte du passé, par rapport à un événement déjà connu, par rapport à une situation vécue, par rapport à un objet déjà créé ou par rapport à un fait déjà accompli. Car, un acte ou un événement en cours, un objet dont la réalisation ou la création n'est pas encore achevée, tous ces éléments ou faits ne peuvent pas faire l'objet d'un « jugement » objectif et définitif.

Par conséquent, le jugement bénéficie toujours de l'historicité des faits, de l'antériorité des situations et/ou des objets soumis à l'examen du « juge » ou de l'observateur. Ainsi, à travers tout acte de « jugement », le sujet s'inscrit inconditionnellement dans l'Histoire : nous parlons ainsi du déterminisme de l'histoire car, notre jugement est nécessairement influencé par l'appréciation des autres, les conséquences du fait ou de l'acte à juger, l'ambiance du moment, l'intérêt et/ou l'indifférence que suscite l'objet à soumettre au jugement.

*Du point de vue phénoménologique*

Compte tenu de l'antériorité historique de l'objet à soumettre au jugement, le sujet est influencé non seulement par l'avis des autres et l'appréciation positive et/ou négative qui aurait déjà été réservée à l'objet en question, mais aussi, il est influencé par sa propre histoire et sa subjectivité.

Pour toutes ces raisons, la démarche qui est la nôtre, pour garantir un « jugement » juste et équitable, c'est celle qui s'inspire de la méthode descriptive de la phénoménologie : comme nous l'avons déjà vu, chez E. Husserl, la phénoménologie, en tant que « *science descriptive des essences* »[122], est une « méthode philosophique qui cherche à revenir « aux choses mêmes » et à les décrire telles qu'elles apparaissent à la conscience, indépendamment de tout savoir constitué »[123].

En faisant abstraction à d'autres « jugements » ou savoirs déjà « constitués », le sujet pourra apprécier, autant que cela est possible, l'objet à soumettre au jugement. Par la suite, il est toujours possible de confronter

122 *Dictionnaire Hachette Encyclopédique*, *op. cit.*
123 *Ibid.*, p. 1440.

notre point de vue à celui des autres examinateurs afin d'éviter ou de minimiser d'éventuelles « erreurs de jugement » inhérentes à notre subjectivité.

Ainsi, pour tout acte, pour tout événement, pour toute situation, bref face à n'importe quel objet, il n'existe pas de « jugement » **objectivement** définitif ou exhaustif. Cela ne veut pas dire que nos jugements seraient des « sujets à caution » ! Au contraire, cela garantit la possibilité de soumettre à nouveau l'objet au jugement, de renouveler l'appréciation qu'on lui confère, de réviser sans cesse les événements du passé afin d'éviter les erreurs ou des « vérités absolues ». Car, l'Histoire est une reconstruction, une œuvre qui se renouvelle à chaque génération.

*Du point de vue clinique*

Dans la perspective clinique, c'est la relation sujet-objet qui constitue l'étiologie de différentes situations pathogènes. Comme nous venons de l'exposer ci-dessus, tout jugement concerne un fait du passé. Autrement dit, c'est la distance spatio-temporelle qui permet au sujet de ne pas fusionner avec l'objet. Dans la mesure où cette distance spatio-temporelle ne permet plus au sujet de se différencier de l'objet, ou bien, dans le cas où cette distance est devenue trop grande pour éloigner le sujet de l'objet de son observation et dont il dépend, il y a nécessairement un risque :

- soit de réduire l'objet à une partie de soi - régression aux stades archaïques du narcissisme primaire et confusion entre les parties de soi et celles de l'objet ;
- soit de tenir à distance l'objet sans jamais s'en approcher assez : idéalisation, élévation de l'objet au statut d'idole ; ou bien, possibilité de tomber dans le déni de l'objet une fois qu'il est trop éloigné et sans aucun effet sur notre jugement.

Tous ces éléments permettent de comprendre l'étiologie de différents comportements que nous observons lors des violences collectives et dans des situations de l'après-guerre : pour certains sujets, l'objet est idéalisé et idolâtré - le meneur, une idéologie ou une religion ; pour d'autres, le même objet est plutôt haï, détesté, dénié, voire même détruit et banni de la mémoire individuelle et collective.

Bien entendu, dès que nous parlons du comportement des foules, nous parlons aussi et en même temps du comportement individuel de chacun de ses membres[124].

*Mémoire, histoire et transmission*

Rappel : le « jugement » est un acte actuel qui concerne les faits du passé. D'où le recours à une autre fonction mentale, la mémoire : sans la mémoire,

---

124 Problématique théorique et clinique sur l'articulation entre psychologie individuelle et psychologie collective : voir nos différents travaux de recherche déjà publiés.

il n'y aurait pas la possibilité de formuler un « jugement », il ne serait pas possible de reconstituer l'histoire du passé.

Cependant, la mémoire peut être déformée volontairement ou involontairement par les « témoins » du passé. Ainsi, il peut exister des « hallucinations rétroactives » chez tel ou tel sujet selon le terme de H. Bernheim[125], voire même de véritables « maladie historiques » sur le plan collectif selon le terme de P. Ricœur[126].

Par ailleurs, sur le plan idéologique, la mémoire du passé peut être manipulée et volontairement déformée pour servir comme argument de propagande : à partir du cas du Rwanda, par exemple, pour se « laver les mains » par rapport aux crimes génocidaires, certains individus et/ou États n'hésitent pas à décréter une prétendue « thèse officielle » sur la survenue du génocide au Rwanda en 1994. Cela pour empêcher les Rwandais eux-mêmes de se reconstruire et de reconstruire l'Histoire de leur pays. Devant notre détermination, notre résistance et notre volonté à mener des recherches sur ce qui s'est véritablement passé au Rwanda depuis le début de la guerre civile en 1990 jusqu'au génocide de 1994, l'expression de « thèse officielle » s'est déjà transformée - dans certains milieux diplomatiques, politiques et médiatiques : le terme utilisé est désormais celui de « mémoire officielle » !

Face à ces différentes formes de « mémoire empêchée » et/ou de mémoire historique « déformée », P. Ricœur propose un antidote clinique à partir de la théorie freudienne : « l'usage critique de la mémoire »[127].

Depuis notre recherche doctorale jusqu'à la réflexion actuelle sur l'étiologie, la nature et les conséquences des violences collectives, nous nous efforçons de faire l'« usage critique de la mémoire » à partir du cas du Rwanda. Car, formuler un « jugement » c'est formuler une critique pour ou contre un fait déjà accompli, se prononcer sur un événement du passé, proposer un point de vue engagé ou nuancé par rapport à une situation. En même temps, se souvenir d'un fait et y apporter un « jugement » c'est assurer la transmission : à partir d'un jugement, celui qui se souvient entre en dialogue non seulement avec le passé, mais aussi avec le présent et l'avenir.

En définitive, du point de vue épistémologique, *Le Jugement de l'Histoire* s'appuie sur deux postulats :

Le premier postulat, c'est celui de la philosophie du droit qui a été formulé par F. Hegel :

« La justice objective n'est pas une éternité immobile, mais une lutte incessante de la raison pour se produire comme œuvre[128]. Penser le réel, la

---

125 BERNHEIM H., (1911), *De la suggestion*, Paris, L'Harmattan, 2007.

126 RICŒUR P., article « Le pardon peut-il guérir ? », in Revue *Esprit,* mars-avril 1995, n° 210, pp. 77 - 82.

127 *Ibid.*

128 HEGEL, F., *Principes de la philosophie du droit*, § 4, trad. J.L. Vieillard-Baron 1999, GF-Flammarion, Paris, cité in BLAY M. (Sous la direction de) , (2003),

justice réelle, ne consiste pas à enregistrer ce qui existe et à s'y résigner ; penser le réel, c'est penser le rationnel dans sa vie conflictuelle et historique, dans son devenir, et non dans sa facticité. Ainsi, les lois positives, si elles n'ont de valeur que circonstancielle (si elles ne sont pas justes) méritent de passer, elles n'ont qu'une « existence passagère »[129].

Le deuxième postulat, c'est celui de l'anthropologie juridique qui a été formulé par C. Geertz :

« (...) Soucieux de mettre en évidence les constructions culturelles dont sont issues ici ou là, sous des formes idiosyncrasiques, des « sensibilités légales » (1986) et partant des justices », C. Geertz « fait l'hypothèse que le droit est une façon de penser le réel et identifie, contre le point de vue formaliste, droit et savoir local, droit et réel. Enfin, dans le prolongement des travaux de l'école ethnométhodologique, la recherche aux états-Unis s'oriente vers la description méthodique de situations dans lesquelles les conduites individuelles ou collectives se voient légitimées par la référence à des règles (de droit ou non). Le débat oppose ainsi ceux qui définissent la loi en termes de règles et ceux qui l'abordent en tant que processus (...) ».

En définitive, un lecteur attentif pourrait nous demander : au fait, en résumé, qu'entendez-vous par *Le Jugement de l'Histoire* ? Notre définition est simple : c'est le renouvellement perpétuel de la mémoire partagée - *mémoire collective* - au moyen de la méthode descriptive que nous avons déjà présentée. Dans cette perspective, le chercheur s'inscrit dans le domaine scientifique qui est le sien et, selon son choix personnel, détermine le thème qui lui permet d'apporter une contribution au débat sociétal. Cela compte tenu des circonstances historiques et/ou socioculturelles de sa communauté, ou bien, de la communauté humaine tout simplement.

Dans le présent essai, c'est encore une fois le cas du Rwanda qui va nous servir de terrain d'observation pour formuler nos hypothèses de réflexion. Quant au thème central de notre discussion, c'est celui de la problématique de la Justice face au défi des violences collectives et leurs conséquences multiformes.

---

*Grand dictionnaire de philosophie, op. cit, .ibid.*

129 *Ibid.*, § 211.

2ème partie

# LA GUERRE CIVILE AU RWANDA : SES CONSÉQUENCES ET SES MYSTÈRES

# Chapitre I. LA GUERRE D'OCTOBRE 1990 AU RWANDA

Du mois de janvier au mois de mars 2015, dans le cadre de ses émissions sur les « Archives d'Afrique », Radio France Internationale (RFI) a diffusé plusieurs témoignages concernant l'histoire de J. Habyarimana et la survenue du génocide au Rwanda en 1994.

Dans ces différentes émissions radiodiffusées, certains témoins ont décrit ce qui s'est passé lors de la première attaque du Front Patriotique Rwandais à partir de l'Ouganda, le 1er octobre 1990. Selon un témoin qui se trouvait à Kigali en 1990 - un ancien conseiller à la Présidence du Rwanda -, l'armée nationale et le gouvernement rwandais de l'époque auraient été surpris par cette attaque : le président J. Habyarimana et plusieurs ministres se trouvaient à l'étranger et selon le même témoignage, l'armée n'était pas prête pour défendre efficacement le pays face à une rébellion déterminée et bien équipée.

Conformément à d'autres sources indépendantes que j'ai pu consulter, après plusieurs jours de chaos au sommet de l'État, c'est l'intervention de l'ex-Zaïre et de la France qui aurait permis au gouvernement rwandais et à son armée de prendre le dessus sur la rébellion du Front Patriotique Rwandais dirigée à l'époque par son fondateur, le Général F. Rwigema.

Compte tenu des différents témoignages que j'ai déjà cités dans mes travaux de recherche antérieurs, compte tenu des témoignages que je publie à l'occasion de la présente réflexion complémentaire, le constat est clair : le sort du Rwanda semble avoir été « scellé » au début du conflit armé en 1990. D'ailleurs, comme l'a confirmé un des témoins sur Radio France Internationale - dans le cadre des émissions radiophoniques que j'ai déjà citées -, l'attaque du Front Patriotique Rwandais n'était pas justifiée dans la mesure où le président rwandais et son gouvernement avaient accepté le retour pacifique de tous les exilés rwandais, suite à l'intervention directe du Pape Jean-Paul II : celui-ci s'était rendu au Rwanda durant l'été 1990.

Pour toutes ces raisons, j'ai voulu savoir ce qui s'est véritablement passé au début de cette guerre-surprise : plus particulièrement, il existe d'autres questions non-élucidées à ce jour concernant la provenance des armes que le Front Patriotique Rwandais a utilisées pour attaquer le Rwanda ; sans oublier le mystère qui entoure la mort du Général F. Rwigema et son staff militaire, dans les premières semaines du conflit armé. Deux témoignages nous permettront d'en savoir un peu plus sur les circonstances de la survenue de la guerre civile au Rwanda, en 1990 :

## 1. Premier témoignage

Lors de mes recherches, il a été difficile de trouver un ancien militaire rwandais qui aurait pu m'éclairer sur les premiers jours de la guerre d'octobre 1990. Finalement, c'est le témoignage d'un étranger qui a retenu mon attention : un ancien militaire de l'ex-Zaïre qui faisait partie du contingent zaïrois que le feu président Mobutu a envoyé au Rwanda pour reconquérir le Mutara - région du nord-est du Rwanda qui avait été occupée par le Front Patriotique Rwandais dès le 1^er^ octobre 1990. Voici l'extrait de l'entretien :

*Mon interlocuteur* : « Je n'étais qu'un tout jeune officier. A l'époque, je venais de terminer ma formation. Pour cela, mon témoigne ne pourra peut-être pas répondre à vos attentes. Car, je ne participais pas aux réunions des hauts-gradés ; je m'occupais tout simplement de la transmission des ordres aux Sous-Officiers et aux hommes de troupes sur le terrain ».

J'ai répondu : c'est justement ce qui est intéressant pour nous. Car, étant donné que vous n'étiez pas décideur, votre témoignage est neutre dans une certaine mesure. Pour commencer, je voudrais connaître l'endroit exact où vous avez été envoyé sur le front et quels étaient les objectifs, autrement dit les missions qui avaient été confiées à votre unité.

*Mon interlocuteur* : « Je voudrais apporter quelques précisions : nous, militaires zaïrois, nous avions la mission d'assister l'armée rwandaise. Tout simplement. Ce sont donc les chefs de l'armée rwandaise sur le terrain qui nous indiquaient l'endroit où il fallait nous rendre ainsi que les missions qui leur avaient été confiées par l'État-Major de l'armée rwandaise ».

J'ai répondu : D'accord. Conformément à cette précision de votre part, à quel endroit avez-vous été envoyé sur le front et quelles étaient vos missions aux côtés de l'armée rwandaise ?

*Mon interlocuteur* : « Lorsque nous sommes arrivés à Kigali, les combats avaient déjà commencé dans le Mutara. Cependant, dans l'attente des renforts, l'armée rwandaise se limitait tout simplement à empêcher l'infiltration des guérilleros au sein de la population. Car, étant donné que le Front Patriotique Rwandais avait préféré s'installer dans un parc (le parc national de l'Akagera) dès le début de son invasion, cette situation arrangeait l'armée régulière pour limiter les conséquences sur les populations civiles. Pour cela, dès notre arrivée à Kigali, la mission était claire : déloger le Front Patriotique Rwandais de son Quartier Général qui se trouvait au Guest House de Gabiro, à l'intérieur du parc ».

J'ai répondu : Si je comprends bien, vous et votre unité, vous avez été envoyés dans le Mutara aux côtés des soldats rwandais qui étaient déjà au front depuis le début du mois d'octobre 1990.

*Mon interlocuteur* : « Non, non. Ça ne s'est pas passé comme ça. Les soldats rwandais qui étaient déjà sur le front étaient essentiellement déployés au nord-est du Mutara, dans et autour de la localité de Nyagatare. Si vous voulez, ils étaient en face-à-face avec les Inkotanyi[130] qui se trouvaient juste à côté dans le parc. Des combats sporadiques avaient lieux le jour, puis, des combats intenses se déroulaient la nuit. Ainsi, du point de vue tactique, l'État-Major a plutôt décidé d'ouvrir un autre front au sud-est du Mutara : cela allait attirer l'attention des Inkotanyi et ainsi diminuer leur capacité à mener des attaques de harcèlement contre la position de l'armée rwandaise qui était déjà sur le terrain ».

J'ai pris la parole : Pourriez-vous me décrire comment se sont déroulées les opérations de contre-offensive auxquelles vous avez participé ?

*Mon interlocuteur* : « Les premiers accrochages avec les Inkotanyi ont eu lieu non pas dans le parc, mais plutôt à l'intérieur des zones habitées. A partir de la localité de Kayonza, de petits groupes mobiles des Inkotanyi s'étaient déjà installés. Cependant, ils étaient apparemment constitués de petites sections avancées car, ils n'avaient pas d'armes lourdes avec eux. Pour cela, dès les premiers accrochages, ils se sont repliés, ils ont traversé le lac (le lac Muhazi) et, finalement, ils ont fait jonction avec leur base arrière à l'entrée du parc. Et là, les vrais combats ont commencé. Je vous assure, c'était dur ! Comme c'était la première fois que je participais à une campagne militaire de guerre, j'ai été servi, moi et mes collègues » !

J'ai demande : Finalement, comment avez vous réussi à prendre le dessus ?

*Mon interlocuteur* : « Dès l'entrée du parc, l'objectif était celui de neutraliser le Quartier Général des Inkotanyi à l'intérieur du Guest House de Gabiro. Mais, cela aurai été impossible sans le contrôle effectif de la frontière avec l'Ouganda. Car, au cas où les hommes et le matériel militaire allaient continuer d'être acheminés vers Gabiro, nous ne pourrions pas gagner cette bataille. Pour cela, l'unité de l'armée rwandaise qui se trouvait dans le nord-est a essayé de couper la route d'approvisionnement dont se servait le Front Patriotique Rwandais : il fallait contrôler à tout prix le poste de frontière de Kagitumba. Mais, c'était loin d'être gagné d'avance ».

J'ai repris la parole : Que s'est-il passé alors ? Car, apparemment, si les informations dont je dispose sont bonnes, le poste de frontière de Kagitumba a été officiellement reconquis le 30 octobre 1990.

*Mon interlocuteur* : « Ah ! Dans toutes les guerres, les Grands-Hommes, c'est ce qui fait la différence ! Permettez-moi de vous faire les présentations : dans l'unité où je me trouvais, même si l'armée rwandaise conservait toute la responsabilité des opérations, le Commandant en chef c'était le Général

130 Non populaire au Rwanda pour désigner les guérilleros du Front Patriotique Rwandais. En effet, les Inkotanyi constituaient la branche armée du même mouvement qui avait aussi une branche politique de civils. Par ailleurs, dans le Rwanda pré-colonial, le nom « Inkotanyi » désignait une unité d'élite de l'armée monarchique.

Mahele[131] de l'Armée du Zaïre. Il était toujours derrière la ligne de front : soit à pied, soit dans une voiture militaire. Sur la ligne de front, directement au contact avec l'ennemi, se trouvait un Colonel au nom de Rwendeye. Comme j'étais encore novice, j'avoue que je n'avais jamais vu un stratège et un guerrier comme celui-là ! Contrairement au Général Mahele, ce Colonel Rwandais marchait toujours à pied, à la tête de l'unité, fusil d'assaut à la main ! D'après ce que j'ai vu, il était beaucoup plus charismatique que le Colonel Nsabimana qui commandait l'autre unité au nord-est. Comme je vous l'ai déjà dit, les soldats de cette unité eux, ils étaient déjà là depuis le début de la guerre ».

J'ai repris la parole : Mais, je ne comprends toujours pas comment vous avez réussi à prendre le dessus sur les Inkotanyi.

*Mon interlocuteur* : « Justement ! Les deux chefs de guerre que je viens de citer ont finalement décidé de lancer l'assaut sur le Guest House de Gabiro, sans attendre que la localité de Kagitumba soit définitivement sous le contrôle de l'armée régulière. Les combats ont été très durs. Pendant plusieurs jours, nous avons combattu jour et nuit, sans repos. Heureusement, l'unité d'élite des paracommandos qui était à nos côtés comptait parmi ses hommes de nombreux soldats qui avaient effectué des stages à Kota Koli, dans l'Équateur (Zaïre), au sein même de la *Division Spéciale Présidentielle* (DSP). Pour cela, la communication était facile parce qu'ils parlaient parfaitement le Lingala. D'autres soldats rwandais, essentiellement ceux du bataillon d'Escadron, étaient aussi très motivés : il semblerait que le Colonel Rwendeye[132] était leur patron ».

Mon interlocuteur a fait une petite pause de silence. J'ai compris que certains souvenirs de ces combats revenaient et il n'arrivait plus à parler. Puis, il a repris la parole :

*Mon interlocuteur* : « En réalité, les combats sans interruption ont eu lieu autour de Gabiro. Il y avait des corps partout. Mais, lorsque nous sommes arrivés au Guest House, l'ennemi avait déjà quitté les lieux précipitamment. Les Inkotanyi s'étaient alors dispersés dans tout le parc, en direction de l'est vers Kagitumba. Nous nous sommes reposés pendant deux ou trois jours. Ce fut aussi le temps nécessaire pour nous ravitailler en armes, munitions et nourriture. Par la suite, nous avons entrepris de poursuivre les Inkotanyi à travers le parc ».

J'ai demandé : Donc, si je comprends bien, c'est votre unité qui aurait finalement tué le Général F. Rwigema et son staff de commandement ? Car,

---

131 Je ne suis pas sûr de l'orthographe du nom : j'ai noté les mots en essayant de respecter la manière dont ils étaient prononcés par mon interlocuteur.

132 D'après les informations que j'ai pu obtenir, le Colonel Rwendeye est mort sur le front, les armes à la main, tel que l'ex-officier Zaïrois me l'a décrit. Ce serait une roquette de Katioucha qui aurait tué le Colonel Rwendeye dont se souviennent aussi tous les anciens militaires rwandais.

vous étiez apparemment à ses trousses !

*Mon interlocuteur* : « En toute vérité, pour être honnête avec vous, ce n'est pas nous qui avons tué F. Rwigema. Cet homme-là était insaisissable ! Tout le monde voyait son fantôme partout ! Il faisait peur à tout le monde. Vous comprenez bien, au cas où nous aurions réussi à le tuer ou à le capturer vivant, le président J. Habyarimana et son armée auraient présenté leur « trophée » à tout le peuple, surtout à Kigali ! Nous ne l'avons ni tué, ni vu son corps ».

J'ai demandé : Qu'est s'est-il passé alors ? A partir de quels éléments nous a-t-on affirmé qu'il était mort ?

*Mon interlocuteur* : « Personnellement, je ne suis pas en mesure de vous répondre. Voici ce dont je me souviens : nous étions en train de parcourir à pied le parc, de Gabiro vers Kagitumba, pour mener des opérations de ratissage contre de rares Inkotanyi qui s'étaient dispersés dans le parc après leur débandade de Gabiro. Mais en réalité, dans les jours qui ont suivi cette défaite de la rébellion, nous n'avons pas été confrontés à une véritable résistance dans le parc. Vers la fin du mois d'octobre (1990), nous avons entendu un grand bruit au loin. Cela ressemblait à un bombardement aérien. Immédiatement, nous avons cru que l'autre unité de l'armée régulière qui se trouvait au nord-est aurait été visée par une attaque aérienne en provenance de l'Ouganda. Mais, après vérification, nos chefs nous ont rassurés : l'unité en question continuait aussi des opérations de ratissage en direction de Kagitumba. A cette époque, la dernière poche de résistance des Inkotanyi se trouvait dans un triangle marécageux entre le Rwanda, l'Ouganda et la Tanzanie. La rivière Kagera (Akagera) n'était pas loin. Après ce bombardement dont nous n'arrivions pas à localiser l'impact, nos chefs sur le terrain ont décidé de sécuriser la frontière avec l'Ouganda sans tarder. Pour cela, il fallait atteindre Kagitumba le plus tôt possible. Nous nous sommes coordonnés avec l'autre unité qui se trouvait au nord-est. Nous allions lancer un assaut final le lendemain matin, à l'aube, pour déloger les Inkotanyi de leur dernier bastion qui empêchait la libération du post frontalier de Kagitumba. Dans la nuit, alors que nous préparions le matériel, un des officiers rwandais s'est approché de nous officiers zaïrois, pour nous dire : le chef des rebelles F. Rwigema serait mort. Mais, cela nous semblait fantaisiste et nous n'y avons même pas prêté attention. Nous étions occupés par la préparation de l'assaut sur Kagitumba le lendemain matin ».

J'ai repris la parole : Comment s'est passé cet assaut final sur Kagitumba ?

*Mon interlocuteur* : « En remontant le parc, tout au long de la rivière Kagera, nous n'avons rencontré aucun rebelle des Inkotanyi. A quelques kilomètres de Kagitumba, une section de reconnaissance est allée prendre des renseignements. Lorsque ces éclaireurs sont revenus, ils nous ont dit qu'ils n'avaient pas vu des Inkotanyi : ils avaient tout simplement vu quelques hommes en uniforme de l'armée rwandaise. Nos chefs se sont montrés très méfiants. Ils nous ont dit : « c'est sans doute un piège. Ça pourrait être des Inkotanyi déguisés en militaires de l'armée rwandaise. Ils pourraient avoir récupéré des uniformes sur nos collègues qui sont tombés sur le champ de bataille ». Nous avons alors chargé, pour encercler le poste de Kagitumba et neutraliser ces quelques soldats en uniforme de l'armée régulière. Lorsque nos premiers soldats se sont approchés, ceux qui étaient au loin (au poste frontalier de Kagitumba) ont brandi leurs armes en criant : « c'est nous » ! Nous avons alors compris que c'était des nôtres. Un de nos supérieurs a demandé : « Où est le Colonel ? »[133]Tous ces militaires se sont mis à rires ! Ils étaient en train de boire votre bière locale de bananes, l'uruguwagua (urwagwa) ! Puis, un sergent s'est avancé et il a dit : « Au moment où nous parlons, le Colonel est en train prendre son petit déjeuner à Kampala avec le président Museveni » ! Ils ont éclaté de rires à nouveau » !

J'ai demandé : Le Colonel Nsabimana avait-il été capturé par les Inkotanyi ?

*Mon interlocuteur* : « Mais, non ! Il avait, tout simplement, décidé de poursuivre les Inkotanyi jusqu'en Ouganda ! Ce matin-là, il se trouvait déjà à plusieurs kilomètres à l'intérieur de l'Ouganda. Selon le témoignage de nos collègues soldats rwandais, c'est le président J. Habyarimana, pris de panique et craignant les représailles de son voisin du Nord, qui aurait ordonné à son « Colonel » de revenir au Rwanda immédiatement. Avec le recul et, compte tenu de la tournure qu'ont prise les événements, c'est ce Colonel-là qui avait raison : il fallait étendre la guerre à tous les soutiens des Inkotanyi et faire la guerre une fois pour toutes. Quitte à perdre » !

J'ai repris la parole : Mais, compte tenu de ce que vous venez de me décrire, comment se fait-il que la guerre a finalement continué dans le Mutara ?

*Mon interlocuteur* : « En réalité, les Inkotanyi étaient des professionnels de la ruse ! Lors de la défaite à Gabiro, ils n'ont perdu que quelques hommes. Puis, ils ont emporté avec eux l'essentiel de leur matériel militaire. Lors de la traque que nous avons engagée contre eux dans le parc, ils ont tout simplement franchi la rivière Kagera pour se rendre de l'autre côté en Tanzanie. Seulement une poignée d'entre eux, ceux qui se trouvaient à Kagitumba, est retournée en Ouganda poursuivie par le Colonel Nsabimana et ses hommes. Ainsi, quelques jours après la reconquête de Kagitumba par l'armée régulière, les Inkotanyi ont repris les hostilités non seulement dans certains endroits du parc national, mais aussi et surtout, dans les zones habitées au nord-est. Mais, cela, je ne peux pas vous en parler car nous étions retournés au Zaïre après la libération officielle du Mutara ».

J'ai fait remarqué : Jusqu'à ce stade de notre entretien, vous n'avez jamais parlé de celui qui allait succéder à F. Rwigema à la tête des Inkotanyi. Selon

133 Le Colonel D. Nsabimana qui commandait l'unité au nord-est du Rwanda (futur Chef d'État-Major, il sera tué dans l'attentat du 06 avril 1994).

les informations dont disposait votre unité, quel était le rôle de P. Kagame dans tout ça ?

*Mon interlocuteur* : « Ah ! Ah ! Un autre mystère ! Durant mon séjour au Rwanda et pendant toutes les opérations dans le Mutara, je n'ai jamais entendu parler de Monsieur Kagame. Voici les faits : l'armée rwandaise nous avait donné une liste des chefs militaires des Inkotanyi. Devant certains noms, il y avait même des photos *ad-hoc* de tel ou tel chef militaire des Inkotanyi. Cela allait nous permettre de les reconnaître au cas où. Sur cette liste, il n'y avait ni le nom de Monsieur Kagame, ni sa photo. Moi-même, je me demande d'où il est sorti pour prendre la tête des Inkotanyi ».

Compte tenu de l'intérêt de cet entretien, pour permettre à mes futurs lecteurs d'apprécier par eux-mêmes les faits historiques dont il est question, je ne fais aucun commentaire. Poursuivons notre enquête en citant un autre témoignage, de la part d'un ancien membre du cercle de pouvoir au Rwanda :

### 2. Deuxième témoignage

Pour compléter le contenu de l'entretien ci-dessus présenté, j'ai interrogé un ancien haut responsable du régime de J. Habyarimana sur les événements et les circonstances de la première attaque du Front Patriotique Rwandais en octobre 1990. Son témoignage est très édifiant. En voici l'extrait :

J'ai pris la parole et j'ai demandé : Dans le cadre de mes recherches sur le Rwanda, je voudrais recueillir votre témoignage sur les premiers jours de l'attaque du Front Patriotique Rwandais en 1990. Quels sont vos souvenirs de l'époque et, quels sont les événements importants qui pourraient nous éclairer aujourd'hui sur les conséquences de ce conflit armé ?

*Mon interlocuteur* : « Je me souviens, comme si c'était hier, de la réunion à laquelle j'ai participé dans le bureau du chef de l'État (J. Habyarimana), quelques jours seulement après le début de la guerre. Nous étions quatre invités, autour de la table. Donc, avec le président, nous étions cinq participants à cette réunion en petit comité ».

J'ai repris la parole : Sans être indiscret, je voudrais savoir ce qui s'est dit. Bien entendu, vous n'êtes pas obligé de me révéler des secrets, s'il y en a eu.

*Mon interlocuteur* : « Il n'y a rien à cacher, je n'ai aucun secret à cacher. Je n'étais pas dans l'intimité du président pour qu'il puisse me confier des secrets. Seulement, je faisais partie de ses collaborateurs sur lesquels il pouvait compter pour accomplir notre devoir vis-à-vis de l'État. Pour aller droit au but, lors de cette réunion, il nous a partagé le résultat de ses rencontres lors de sa tournée en Europe pour chercher de l'aide militaire et diplomatique ».

J'ai demandé : Il semblerait que, dans un premier temps, aucun pays ne voulait aider le Rwanda à se défendre contre l'invasion du Front Patriotique Rwandais. Comment expliquez-vous cela ?

*Mon interlocuteur* : « C'est vrai. D'ailleurs, mon collègue (...) a immédiatement demandé au président : « Nyakubahwa, dukurikije ibyo mumaze kutugezaho, mfite ikifuzo : twumvise ko ngo muntangiriro za 70, Abanyaburayi n'Abanyamerika bifuje kubaka ikigo cya gisirikare ku Rusumo. Umenya ngo ari abanyamahanga baba bari inyuma y'Inkotanyi. Niba ari byo, ko ari twe dufite igihugu, mwabahaye icyo bashaka bakaduha amahoro ? » (« *Excellence, conformément à ce que vous venez de nous annoncer, j'ai une demande à formuler : nous avons entendu dire que dans les années 70, les Européens et les Américains auraient souhaité construire un camp militaire à Rusumo. Il semblerait que des étrangers seraient derrière les Inkotanyi. Si c'est le cas, étant donné que c'est nous qui occupons le pays, pourquoi ne leur donneriez-vous ce qu'ils demandent pour qu'ils nous fichent la paix ?* »)

J'étais impatient d'entendre la réponse que J. Habyarimana aurait donnée à cette demande. J'ai immédiatement réagi : Quelle a été la réponse du président ?

*Mon interlocuteur* : « Yarebye hirya, araceceka. Nahise mbona amarira azenga mu maso ye. Ni ubwa mbere n'ubwa nyuma namubonye afite aganda bigeza aho. Hanyuma yashubije mu gifaransa n'uburakari bwinshi ».(« *Il a regardé nulle part, en silence. J'ai immédiatement vu des larmes dans ses yeux. C'est la première et la dernière fois que je l'ai vu si triste. Puis, il a répondu en Français et en colère* ») :

« Finalement, vous n'avez rien compris ! S'il y a quelques amis qui ont accepté de nous aider, c'est parce que ceux que vous venez de nommer ont insisté en notre faveur ». (Réponse de J. Habyarimana, selon le témoin).

J'ai demandé : Quelle a été la suite de cette réunion ?

*Mon interlocuteur* : « Nous avons abordé d'autres questions concernant la gestion de la crise. Seulement, étant donné que vous souhaitez savoir quels sont les souvenirs qui permettraient de comprendre l'origine des conséquences de cette guerre aujourd'hui, j'ai tenu à vous communiquer cet épisode concernant l'ingérence éventuelle des pays étrangers dans le conflit armé au Rwanda ».

J'ai répondu : Mais, apparemment, le feu président J. Habyarimana semblait plutôt satisfait du soutien que certains pays lui auraient apporté en « insistant » auprès de ceux qui sont intervenus au Rwanda. Pourriez-vous approfondir votre point de vue ?

*Mon interlocuteur* : « Je comprends. Vous ne connaissez pas la suite. Après la mort de F. Rwigema et la défaite militaire des Inkotanyi, ce mouvement armé s'est reconstitué et a modifié son plan et ses objectifs : désormais, ses attaques visaient directement des zones habitées au nord du pays. Il ne s'agissait plus d'une guerre classique mais plutôt d'une guérilla mobile ; les nouveaux chefs de la rébellion ne voulaient plus négocier. Ils voulaient tout simplement prendre le pouvoir par la force. C'est ce nouveau contexte de la guerre qui a entraîné des conséquences sur le plan diplomatique : au niveau régional et international ».

J'ai repris la parole : Mais, je ne vois toujours pas de quoi vous parlez.

*Mon interlocuteur* : « Comme vous le savez, dès la reprise des hostilités après sa première défaite le 30 octobre 1990, le Front Patriotique Rwandais cherchait à s'emparer du pouvoir à partir du nord du Rwanda. Afin de préparer ses attaques sans difficultés, il lui fallait une base arrière sur le territoire rwandais. Ainsi, ce mouvement armé a occupé l'usine à thé de Mulindi. Et c'est à ce moment là que les difficultés militaires et diplomatiques ont commencé : d'une part, J. Habyarimana a refusé d'engager des combats qui auraient entraîné la destruction cette usine car, il craignait que des civils y soient victimes des combats. Nous avions des informations précises, les Inkotanyi avaient installé des familles et des ouvriers au sein de cette usine. Sans oublier toute la logistique militaire. D'autre part, cette usine à thé était financée par des capitaux des Occidentaux, en particulier les grandes puissances de ce monde. Ainsi, J. Habyarimana a refusé toute demande d'opérations militaires qui auraient entraîné la destruction de ladite usine à thé. Cela en reconnaissance de l'appui diplomatique discrète dont il aurait bénéficié, de manière inespérée, au début de la guerre civile. Il faut reconnaître que, selon les informations qui nous ont été communiquées, l'aide diplomatique nous est plutôt venue là où nous l'attendions le moins. Les pays « amis historiques » du Rwanda nous avaient tourné le dos, sauf de rares pays fidèles comme le Zaïre et le Kenya, bien sûr ».

J'ai repris la parole : Si j'ai bien compris, selon vous, l'armée rwandaise n'aurait pas mené une offensive contre la base des Inkontanyi à Mulindi, tout simplement parce que J. Habyarimana aurait refusé ces opérations ?

*Mon interlocuteur* : « C'est exact. D'après les renseignements que fournissaient nos agents infiltrés au sein du Front Patriotique Rwandais, avec l'aide de nos amis et en particulier le président Mobutu, il était possible de détruire l'usine à thé de Mulindi et d'éloigner à nouveau vers l'Ouganda la menace des Inkotanyi. Seulement, cela allait entraîner des conséquences politiques et diplomatiques majeures : l'Occident soutenait les négociations d'Arusha et ne pouvait pas cautionner une telle initiative ; l'opposition politique intérieure aurait soulevé la population contre un régime qui était déjà en difficultés. Néanmoins, compte tenu de ce qui s'est finalement passé, peut-être que nous aurions dû attaquer en premier au lieu d'attendre. Certes, nous aurions perdu, mais avec honneur. Puis, peut-être que cela aurait évité le génocide et l'exode de la masse populaire des Rwandais vers nulle part ».

A cet instant, mon interlocuteur a versé des larmes. Après un moment de silence, j'ai demandé :

Mais, il existe des zones d'ombre concernant la première défaite du Front Patriotique Rwandais, le 30 octobre 1990, et sur la reprise des hostilités. Que s'est-il passé exactement, étant donné que l'armée et le gouvernement assuraient contrôler désormais la situation à la frontière avec l'Ouganda ?

*Mon interlocuteur* : « Très bonne question. L'inconnu, ce fut l'arrivée inattendue d'un certain P. Kakame à la tête des Inkotanyi. Compte tenu des pertes que ce mouvement armé avait enregistrées au sommet de son staff militaire, personne ne s'attendait à une éventuelle reprise de la guérilla aussitôt ».

J'ai demandé : D'où est venu P. Kagame ? Au début de la guerre, n'était-il pas dans le Mutara avec les autres Généraux du Front Patriotique Rwandais qui auraient été tués ?

*Mon interlocuteur* : « Une précision s'impose : à cette époque, il n'était pas encore Général, il était Major. Bref, c'est aussi un grade d'officier supérieur mais, un Major et un Général, ce n'est pas la même chose. Concernant sa présence dans le Mutara au début de la guerre d'octobre 1990, il semblerait qu'il ne s'y trouvait pas. D'après les renseignements que nous avons pu obtenir de la part de l'État-Major de notre armée régulière, lorsque le Général F. Rwigema a attaqué pour la première fois le 1er octobre 1990, P. Kagame se trouvait, semble-t-il, dans un pays étranger où il suivait une formation militaire. Il faut reconnaître une chose : P. Kagame n'était pas très connu du grand public comme F. Rwigema et ses proches lieutenants ».

J'ai demandé : D'après les informations dont vous disposez, comment P. Kagame se serait-il alors imposé comme nouveau « chef » du Front Patriotique Rwandais ?

*Mon interlocuteur* : « Là, vous touchez exactement sur le point sensible du début de la supercherie qui allait déclencher le génocide au Rwanda. Selon les renseignements militaires de l'époque, pendant la guerre d'octobre 1990, donc avant la première défaite des Inkotanyi, P. Kagame se serait montré très discret là où il suivait une formation militaire. Par exemple, lorsque des étrangers lui demandaient d'expliquer ce que le FPR cherchait à obtenir en attaquant le Rwanda, P. Kagame répondait : « I'am Ugandan » ! Autrement dit : « Je suis Ougandais, je n'ai rien à voir avec cette attaque ». Curieusement, après la mort de F. Rwigema et son staff militaire, P. Kagame est devenu finalement le patron de la rébellion » !

J'ai demandé : Mais, c'est très bizarre comme explication. Selon ce que vous me dites, cet homme aurait décidé, à lui tout seul, de reprendre la guerre après la débâcle des Inkotanyi à la fin du mois d'octobre 1990 ?

*Mon interlocuteur* : « Vos questions sont pertinentes. Cependant, moi-même, j'ai les mêmes questions et je n'ai pas de réponses. Vous pourriez les poser à P. Kagame lui-même. C'est sans doute lui et lui seul qui pourrait vous répondre. A notre niveau, ce que nous savons, c'est que la première trace officielle de cet homme a été retrouvée à Paris. Sur le chemin vers l'Ouganda pour rejoindre la rébellion à la frontière de ce pays avec le Rwanda, P. Kagame aurait séjourné à Paris. Là-bas, il aurait été arrêté et placé en garde-à-vue ! Mais, d'après les renseignements que nous avons pu obtenir par la suite et compte tenu de la tournure des événements tels que nous les connaissons aujourd'hui, cette prétendue « garde-à-vue » était tout simplement une véritable farce » !

J'ai immédiatement demandé : Vous pensez que l'arrestation de P. Kagame à Paris et son placement en « garde-à-vue » furent une « véritable farce » ? Pour quelles raisons ?

*Mon interlocuteur* : « Voici notre hypothèse : F. Rwigema et son staff militaire ont été massacrés dans des circonstances mystérieuses. Nous, nous pensions que les Inkotanyi étaient décapités et allaient se rendre. C'est à ce moment là que P. Kagame surgit de nulle part ! Et comme par hasard, avant de se rendre aux côtés des siens dans le maquis, il serait d'abord passé par Paris où il aurait été arrêté et placé en garde-à-vue ! Compte tenu des événements qui ont suivi, nous pensons aujourd'hui que l'arrestation de P. Kagame à Paris fut une mise en scène : la France avait des contacts secrets avec les Inkotanyi et leur nouveau chef mais, pour ne pas attirer l'attention du gouvernement rwandais, P. Kagame fut arrêté et brièvement placé en garde-à-vue comme un simple touriste ! N'oubliez pas un autre détail : dans les jours qui ont suivi cet épisode, l'exilé A. Kanyarengwe a été nommé « Président » du Front Patriotique Rwandais et P. Kagame a préféré diriger dans l'ombre en tant que chef militaire. Donc officiellement sous les ordres de A. Kanyarengwe. Tout cela, ce fut de la haute diplomatie ! Car, A. Kanyarengwe avait des contacts directs avec les représentants de la France au Rwanda et dans toute la sous-région. L'ensemble de ces éléments permet de comprendre la nature de l'appui inconditionnel que certaines puissances occidentales ont accordé au FPR pendant les négociations d'Arusha. Le Rwanda n'était plus qu'un simple observateur ! D'ailleurs, après la signature des Accords d'Arusha, A. Kanyarengwe a remercié la France, au moyen d'un courrier officiel, au sujet de l'appui diplomatique dont le FPR avait bénéficié de la part des diplomates français ».

A propos du témoignage ci-dessus présenté, je ne fais pas de commentaires non plus : je reviendrai sur certains détails dans la quatrième partie qui est réservée à la réflexion de synthèse.

# Chapitre II. LA SURVENUE DU GÉNOCIDE AU RWANDA EN 1994

Comme je l'ai déjà indiqué au début du chapitre précédent, du mois de janvier au mois de mars 2015, dans le cadre de ses émissions sur les « Archives d'Afrique », Radio France Internationale (RFI) a diffusé plusieurs témoignages concernant l'histoire de J. Habyarimana et la survenue du génocide au Rwanda en 1994.

Pour la première fois - sauf erreur de ma part -, différents « témoins directs » des événements qui ont déclenché le génocide au Rwanda ont pris la parole avec une évidente « neutralité » : en effet, les représentants de différents courants idéologiques ce sont exprimés, y compris les membres de la famille du feu président J. Habyarimana.

Ainsi, après plus de 20 ans d'embargo médiatique contre les « vaincus » d'hier - la communauté idéologique des Hutu en particulier -, serions-nous enfin en train de vivre une véritable « révolution » médiatique ?

Comme tous les autres auditeurs de Radio France Internationale, certains témoignages ont retenu mon attention. Cela compte tenu de l'intérêt de leur apport au débat historique sur la nature des événements qui ont déclenché le génocide au Rwanda en 1994.

Dans ce chapitre, nous allons nous limiter à la présentation des seuls témoignages qui apportent un certain éclaircissement sur la survenue du génocide au Rwanda, ou bien, ceux qui permettent de formuler de nouvelles hypothèses de recherche ou de réflexion. Par conséquent, les témoignages dont nous allons exposer le contenu - un résumé de notre part -, ce sont ceux qui ont été diffusés par Radio France Internationale le 21 février 2015 et le 14 mars 2015 :

## 1. Le témoignage de Mme A. Habyarimana, veuve du feu président J. Habyarimana

*Témoignage diffusé le 21 février 2015*

- Au moment de la survenue de l'attentat du 06 avril 1994, Mme A. Habyarimana a déclaré qu'elle était à l'intérieur de la maison (résidence présidentielle près de l'aéroport de Kanombe) . Dans un premier temps, elle et son entourage auraient « entendu » le bruit d'un avion suivi d'un autre bruit, des armes cette fois-ci. Elle a indiqué un autre détail important : selon elle, il y avait un deuxième avion « qui n'a pas atterri ». Ses enfants auraient dit que le premier avion serait celui de leur père, le feu président J. Habyarimana. Elle aurait répondu : « Non. Il (son mari) viendra avec le président Mobutu ». Selon Mme A. Habyarimana, c'est à ce moment là que son fils Jean-Luc Habyarimana est entré dans la maison pour annoncer qu'il venait de reconnaître le corps de son papa parmi les victimes de l'attentat qui venait de viser l'avion présidentiel : les corps étaient tombés dans le jardin de la résidence présidentielle.

- Mme A. Habyarimana : « J'ai immédiatement appelé l'épouse du président du Burundi pour lui annoncer que son mari venait de mourir ; j'ai appelé l'épouse du Chef d'État-Major pour lui annoncer aussi que son mari venait d'être tué ; j'ai appelé l'Archevêque de Kigali pour lui annoncer le décès de mon mari et pour lui demander de célébrer une messe de prière pour lui ; j'ai appelé les sœurs de mon mari, des religieuses, pour annoncer que leur frère venait de mourir ; j'ai appelé l'ambassadeur de France pour lui dire qu'on était en train de nous tirer dessus ».

- Mme A. Habyarimana : « Comme les tirs d'armes visaient notre maison, les militaires nous ont demandé d'éteindre les lumières pour que ceux qui nous attaquaient ne puissent pas voir où nous essayions de nous cacher à l'intérieur de la maison ».

### 2. Témoignage de J.-L. Habyarimana, fils du feu président J. Habyarimana

*Témoignage du 21 février 2015*

- « C'est moi qui ai découvert le corps de mon père. C'est le seul qui était reconnaissable. Je suis entré à l'intérieur de la maison pour informer ma mère. Au début, elle ne me croyait pas, elle ne voulait pas croire (…). Puis, j'ai pris un appareil photo : c'est moi qui ai pris les seules photos de mon père qui ont fait le tour du monde par la suite. C'était d'ailleurs son appareil photo à lui (son père, J. Habyarimana) ».

### 3. Témoignage du Colonel L. Marchal

*Témoignage du 21 février 2015*

Le Colonel L. Marchal était chargé de la sécurité du secteur de Kigali, au sein de la Mission des Nations-Unies au Rwanda - MINUAR. Pour cela, au sujet de l'attentat du 06 avril 1994 et la survenue du génocide, le journaliste lui a demandé d'expliquer comment ses services n'ont pas réussi à empêcher de tels événements qui allaient déclencher un génocide au Rwandais. A cette question, le Colonel L. Marchal a répondu :

- « Nous étions dans le brouillard ; nous n'avions pas un service de renseignement. Rien » !

Le journaliste a demande au Colonel L. Marchal qui était alors l'informateur nommé « Jean-Pierre ». L'intéressé a répondu :

- « C'est Monsieur (…) qui a présenté Jean-Pierre à la MINUAR au mois de janvier 1994. Ce dernier (Jean-Pierre) affirmait détenir des informations concernant la préparation d'un génocide contre les Tutsi. Le Général Dallairel m'a demandé de vérifier ces informations. Jean-Pierre a conduit mes officiers dans un local du parti MRND et leur a montré des armes. Aujourd'hui, nous savons que Jean-Pierre était un agent du F.P.R. ».

Au sujet de l'assassinat de Mme A. Uwiringiyimana, Premier Ministre à l'époque des faits, le Colonel L. Marchal a expliqué :

- « Elle venait de quitter son domicile, toute seule, pour aller se réfugier dans une maison du PNUD (…) ».

Suite à cette déclaration, le journaliste a insisté : « Elle était toute seule, sans protection ? Vous ne pouviez pas assurer sa protection » ? Le Colonel L. Marchal a répondu :

- « Nous avions déjà une situation très difficile à gérer suite aux attaques de l'armée régulière, et surtout de la Garde Présidentielle ». Et au sujet de cette situation particulière, le Colonel L. Marchal a cité les « décisions importantes » qu'il a prises :

- « Organiser des patrouilles communes avec la Gendarmerie dans les rues de Kigali pour rassurer la population ;

- Organiser l'intervention de Mme le Premier Ministre à la Radio ;

- Protéger l'épave de l'avion présidentiel afin de faciliter l'enquête qui allait permettre de connaître la vérité sur l'attentat (...) ».

*Témoignage du 14 mars 2015*

Lors de l'émission du 14 mars 2015 - qui était consacrée à la question de savoir qui était l'auteur de l'attentat du 06 avril 1994 - , le Colonel L. Marchal a témoigné :

- Selon le Colonel L. Marchal, c'est le Front Patriotique Rwandais - FPR - qui serait l'auteur de l'attentat contre l'avion présidentiel le 06 avril 1994 ;

- Lors d'un entretien le 30 mars 1994, le Chef d'État-Major de l'époque D. Nsabimana (qui a été tué dans l'attentat du 06 avril 1994) aurait confié au Colonel L. Marchal qu'il possédait des preuves selon lesquelles « le FPR se préparait à reprendre ses attaques militaires ». Cela suite aux renseignements que l'armée rwandaise régulière aurait effectué tout le long de la frontière ougandaise ;

- Juste après l'attentat du 06 avril 1994, selon le Colonel L. Marchal, le Front Patriotique Rwandais a immédiatement engagé les combats dans différentes régions du Rwanda. Selon le même témoin, cette organisation supposait une préparation à l'avance et il s'agit là d'un plan de prendre le pouvoir par la force ;

- Le journaliste a immédiatement posé la question concernant la responsabilité de l'ONU. Le Colonel L. Marchal a répondu :

- « La communauté internationale, c'est un ventre mou dans lequel personne n'est responsable ». Et il a donné des précisions sur ce point précis :

- Selon le Colonel L. Marchal, Kofi Annan qui était chargé du « Maintien de la Paix au sein de l'ONU » a échoué au Rwanda. Pourtant, a poursuivi le Colonel L. Marchal, juste après ce qui s'est passé au Rwanda, il (Kofi Annan) a été « promu Secrétaire Général des Nations-Unies » ! En même temps, selon le même témoin, Boutros Boutros-Ghali qui avait tout fait pour renforcer la MINUAR afin de protéger les populations civiles mais qui n'avait pas été entendu, lui, a été remercié !

- Selon le Colonel L. Marchal, « c'est seulement la France qui a envoyé

600 parachutistes (…) ». Puis, il a précisé que le Front Patriotique Rwandais n'a pas protégé les Tutsi. Selon le Colonel L. Marchal, le Front Patriotique Rwandais se serait même catégoriquement opposé à toute intervention militaire extérieure pour arrêter les massacres. Sur ce point, le Front Patriotique Rwandais aurait menacé d'abattre tout avion militaire belge qui tenterait d'atterrir à Kigali pour arrêter les massacres.

### 4. Témoignage de l'avocat du Front Patriotique Rwandais auprès de la Justice Française

*Témoignage du 14 mars 2015*

Pour l'avocat des membres du Front Patriotique Rwandais poursuivis en France, c'est l'armée rwandaise régulière de l'époque qui aurait commis l'attentat du 06 avril 1994 : « c'était un coup d'État », a-t-il déclaré. Selon le même avocat, cela s'explique par le fait que J. Habyarimana était un « homme de paix » et avait signé les Accords d'Arusha pour partager le pouvoir avec le Front Patriotique Rwandais. Selon le même témoin, certains proches de J. Habyarimana n'auraient pas été d'accord - au sujet de la signature de Accords d'Arusha - et auraient fait un coup d'État. Il a même avancé une preuve : selon le même avocat, le lendemain de l'attentat du 06 avril 1994, la « Garde Présidentielle a assassiné le Premier Ministre ». Donc, pour lui, c'est la preuve que l'attentat du 06 avril 1994 était un coup d'État.

- Le journaliste a rapporté à l'avocat du Front Patriotique Rwandais le contenu du témoignage du Colonel L. Marchal. Celui-ci accuse plutôt le « FPR » d'être l'auteur de l'attentat du 06 avril 1994 pour prendre le pouvoir par la force. Et l'avocat du Front Patriotique Rwandais a répondu :

- « Le Colonel L. Marchal ne connaît pas ce dossier ». Selon cet avocat, les conclusions des experts indépendants démontrent que les missiles auraient été tirés à partir du Camp Militaire de Kanombe. Selon l'avocat du Front Patriotique Rwandais, ce camp militaire était tenu à l'époque par l'armée régulière. Donc, pour lui, c'est un coup d'État.

### 5. Observations complémentaires

- Lors des émissions radiophoniques ci-dessus citées, plusieurs spécialistes du Rwanda et de la région des Grands-Lacs d'Afrique ont pris la parole. Même si nous n'avons pas cité tous les intervenants, certains témoignages mériteraient une attention particulière. Par exemple, lors de ces émissions radiophoniques, j'ai obtenu la confirmation historique selon laquelle le Front Patriotique Rwandais a engagé la guerre contre le Rwanda, en octobre 1990, alors que le feu président J. Habyarimana et son gouvernement avaient accepté d'organiser le retour pacifique des réfugiés rwandais

de l'époque. Cela suite à l'intervention du Pape Jean-Paul II. Dans mes travaux de recherche précédents, j'ai cité cette information de la part d'un témoin mais sans en avoir la confirmation historique irréfutable. Pour cela, dans la partie de synthèse, nous pourrions citer - si nécessaire - certains témoins dont nous n'avons pas retenu les déclarations dans le résumé ci-dessus exposé.

- Certains témoins importants ne se sont pas exprimés : personnellement, je n'ai entendu aucun représentant de l'ancienne armée régulière ; je n'ai entendu aucun représentant du Gouvernement Intérimaire qui a pris le pouvoir dans les jours qui ont suivi l'attentat du 06 avril 1994. Au cas où d'autres auditeurs auraient des informations complémentaires sur ce sujet, je serais très intéressé d'en prendre connaissance.

- Certains dissidents du Front Patriotique Rwandais en exil se sont exprimés : malgré l'intérêt de leurs témoignages, dans la suite de notre discussion, nous n'accorderons pas une grande attention à leur déclarations. Cela pour trois raisons : premièrement, aucun de ces dissidents du Front Patriotique Rwandais n'a été « témoin direct » ni de l'attentat du 06 avril 1994, ni des événements directs qui ont suivi cet attentat sur le lieu-même à Kanombe. Deuxièmement, ces témoins-dissidents du Front Patriotique Rwandais ne présentent aucune preuve matérielle à l'appui de leurs affirmations. Certes, celles-ci pourraient contenir une certaine « vérité » historique. Mais, il serait nécessaire de les recouper avec d'autres documents historiques pour apprécier leur authenticité. Enfin, étant donné que ces dissidents du Front Patriotique Rwandais ont participé à la prise du pouvoir au Rwanda et ont partagé les avantages qui y sont rattachés avec leurs « adversaires » d'aujourd'hui, il n'est pas facile de situer où se trouve la vérité et ou commencerait la campagne de « règlement de comptes » !

- Précision : Même si l'avocat du Front Patriotique Rwandais n'a pas été ni « témoin direct » de l'attentat du 06 avril 1994 ni « témoin direct » des événements qui ont immédiatement déclenché le génocide, il affirme néanmoins détenir des « preuves matérielles » à partir du dossier. Ainsi, au bénéfice du doute, son témoignage serait établi à partir des « preuves matérielles ». Quelle que soit notre opinion sur ces « preuves matérielles », la rigueur intellectuelle nous oblige de les prendre en compte dans le débat qui nous intéresse.

- Lors de l'une des émissions radiophoniques ci-dessus citées, un fonctionnaire de l'État Rwandais a donné son témoignage à son tour. Dans le débat qui nous intéresse, nous ne prendrons pas non plus son témoignage en compte pour les mêmes raisons que celles déjà évoquées concernant les dissidents actuels du Front Patriotique Rwandais.

- Enfin, dans la dernière émission, si ma mémoire est bonne, j'ai entendu le témoignage d'un représentant de l'armée française - il semble que c'est lui qui fut le commandant de l'Opération Turquoise : cette opération a été initiée par la France, vers la fin du génocide au Rwanda, avec l'accord des Nations-Unies. Le témoignage de ce haut gradé de l'armée française est très intéressant, même si - sauf erreur de ma part -, lui non plus n'aurait pas été

« témoin direct » de l'attentat du 06 avril 1994. Cependant, sa déclaration mériterait que l'on s'y arrête pour comprendre la nature des responsabilités internationales dans la survenues du génocide au Rwanda.

Par exemple, le journaliste a demandé à ce haut gradé de l'armée française d'expliquer pourquoi la France a attendu la fin du génocide pour intervenir, au moment où il ne reste plus personne à sauver. Le représentant de l'armée française - et donc de l'État français - a répondu :

« Je vous retourne la question : pourquoi la France devait-elle intervenir ? Pourquoi pas les autres grandes puissances : les États-Unis, la Grande Bretagne, la Belgique, Israël, etc. ? Pourquoi nécessairement la France (…) ? ».

Cette réponse du représentant de l'armée française constitue une transition dans notre débat et une introduction à la partie suivante : nous allons examiner la nature des différentes attitudes de la communauté internationale pour répondre à la survenue du génocide au Rwanda et à ses conséquences.

3ème partie

# SERVITUDE COMPASSIONNELLE ET ALIÉNATION MENTALE

Dans cette troisième partie de notre réflexion, nous allons nous intéresser à l'épineuse problématique de la Justice et de son application en situation de violences collectives. Plus particulièrement, nous allons présenter et discuter différentes questions qui sont régulièrement soulevées non seulement par les victimes mais aussi par les présumés « bourreaux » : ces questions concernent l'impunité et/ou la « partialité » accordée à tel ou tel camp, à tel ou tel individu ou groupe d'individus, à tel ou tel pays ou organisme non-gouvernemental. Sur ce point précis d'absence de « Justice » et du constant des cas éventuels d'« injustices », c'est la question des limites de la Justice et du Droit face aux crimes de masse qui est posée : jusqu'où peut aller notre capacité de juger pour punir les coupables et rétablir la dignité des victimes ?

Par ailleurs, en plus de la complexité des situations soumises à l'appréciation des tribunaux pour punir les présumés « auteurs » de crimes de masse, il existe une autre limite qui dépasse toute possibilité humaine de jugement : la condamnation des « coupables » et la réparation matérielle éventuelle ne remplaceront jamais les vies humaines des victimes massacrées, humiliées, violées, emprisonnées et/ou contraintes à l'exil loin de leur terre natale.

Néanmoins, à partir du cas du Rwanda, nous allons constater que les limites et les insuffisances de la Justice humaine sont avant tout le résultat des choix politiques, diplomatiques et géopolitiques. Autrement dit, l'impunité accordée aux uns et la « Justice du plus fort appliquée » aux autres seraient liées non pas à des limites conjoncturelles et circonstancielles mais plutôt à des intérêts politiques, géopolitiques, diplomatiques et économiques à sauvegarder. D'où l'absence d'une « justice équitable » pour toutes les parties et surtout pour les victimes.

Plus grave encore, chaque cas d'absence de « Justice » et/ou l'application sévère et arbitraire de la Justice, toutes ces « injustices » par excès de zèle ou par manque de volonté entraînent de nouvelles formes de violence collective : le désir de vengeance là où tel ou tel individu et/ou groupe d'individus se considèrent comme étant « victimes » d'une justice partisane.

Pour illustrer nos observations, nous allons présenter les différentes situations d'injustice réelle et/ou supposée selon les récits des protagonistes du conflit collectif au Rwanda dont le point ultime de violence fut le génocide de 1994.

# Chapitre I. SERVITUDE COMPASSIONNELLE : LA BRIGADE DES JUSTICIERS

Dans toutes les sociétés humaines, la guerre et la paix sont des phénomènes qui génèrent des comportements sociaux nouveaux. Au sujet des événements historiques qui nous intéressent, l'une des conséquences directes du génocide au Rwanda c'est le comportement qui consiste soit à chercher à oublier pour survivre, ou bien, dans le cas contraire, nous observons chez tel ou tel sujet le désir de comprendre ce qui s'est véritablement passé au Rwanda au printemps de 1994.

Sans pour autant généraliser, la volonté d'oublier, voire même de tout oublier, est liée à l'impossible travail de mémoire : soit pour des Rwandais qui sont confrontés aux difficultés de la vie dans une situation de l'après-guerre très compliquée au Rwanda, soit chez certains exilés rwandais qui doivent faire face aux conditions existentielles très précaires dans leurs nouveaux pays d'accueil.

Quant à la quête de la vérité, ce sont des Rwandais qui ont eu la possibilité de poursuivre le travail intellectuel après la tragédie de 1994 qui essayent de faire des recherches afin de faire la lumière sur la survenue du génocide au Rwanda. Sur ce point précis, différents chercheurs étrangers se sont intéressés aussi au cas du Rwanda dans divers domaines scientifiques : droit, histoire, littérature, anthropologie, sociologie, psychologie et psychopathologie, psychiatrie, etc.

Enfin, sur le plan professionnel, un nouveau métier est né : celui de « chasseurs de génocidaires » !

Lorsque j'ai entendu parler pour la premier fois de cette activité de « chasseurs de génocidaires », j'ai cru que c'était une blague ! Puis, quelques semaines plus tard, j'ai suivi à la télévision un reportage qui était réservé à ces « chasseurs de génocidaires » : de manière exclusive, la cible de ces « chasseurs de génocidaires » serait les présumés génocidaires rwandais.

Nous reviendrons sur ce sujet plus loin pour donner notre point de vue. Pour commencer, examinons maintenant d'autres points associés et qui ne manquent pas d'intérêt : en particulier, le danger que représente l'attitude de « servitude compassionnelle » vis-à-vis des victimes du génocide au Rwanda, quelle que soit leur communauté idéologique d'appartenance.

## 1. Les pseudos « Hutu modérés » à protéger

Depuis 1990, l'explication rationnelle qui a été donnée à la guerre civile au Rwanda est celle des rivalités ethniques qui seraient endémiques au Rwanda. Comme je l'ai exposé et développé dans mes travaux de recherche précédents, cette explication est trompeuse et empêche d'approfondir la problématique des violences collectives au Rwanda : en effet, dès que l'alibi de l'ethnocentrisme est avancé pour expliquer l'étiologie des violences collectives dans tel ou tel pays - surtout en Afrique -, toutes les autres hypothèses de réflexion sont écartées, en particulier les causes économiques, diplomatiques et géopolitiques. Pourtant, différents chercheurs et/ou écrivains ont régulièrement alerté l'opinion publique, depuis les guerres d'indépendances en Afrique, sur le danger que constituait la nouvelle donne géopolitique et la transformation des traditions ancestrales au profit de la « modernité ».

Ainsi, au Rwanda, suite aux conséquences du génocide de 1994, la communauté internationale a adopté une position manichéenne qui a consisté à diviser les Rwandais en deux catégorie : les « victimes » Tutsi et les « bourreaux » Hutu ! Sauf quelques exceptions très rares, dans tous les pays du monde, la seule analyse qui a été faite sur la survenue du génocide au Rwanda aura été celle des rivalités ethniques entre des « bons » et des « méchants » !

Or, une observation attentive permet de s'apercevoir que derrière la division manichéenne entre des « victimes » Tutsi d'un côté et des « bourreaux » Hutu de l'autre, derrière cette « thèse officielle » se cacherait une véritable stratégie d'intérêts géopolitiques à long terme : au lendemain du génocide au Rwanda, l'actualité des événements exigeait à tous la compassion envers les victimes et la sévérité judiciaire contre les auteurs de crimes génocidaires. Mais, il y a un point que personne n'a oublié :

Ceux qui sont responsables du génocide au Rwanda étaient soutenus par la « majorité de la population » : pour cela, malgré la « sévérité » dont il fallait faire preuve vis-à-vis des leaders de la communauté idéologique des Hutu, il ne fallait surtout pas se « fâcher » avec toute la population de la « majorité » !

Ainsi, tout en étant « sévères » contres les présumés génocidaires, certains organismes internationaux et certains États - en particuliers des pays occidentaux - ont gardé le contact avec des Hutu que l'on qualifie de « modérés » ! Bénéficiaires de ce titre pompeux de modérés, ces leaders Hutu, à leur tour, s'activent partout où ils sont pour se faire entendre et pour se distinguer des « méchants » de leur communauté qui sont poursuivis comme présumés génocidaires.

Cependant, une question demeure : à quoi reconnaît-on un Hutu « modéré » ? Généralement, le titre pompeux de Hutu « modérés » est attribué aux membres de l'opposition politique au Rwanda qui ont combattu le régime de J. Habyarimana jusqu'à sa chute tragique en avril 1994. Mais, cela ne suffit pas : en plus d'avoir combattu le régime de J. Habyarimana jusqu'au bout, le candidat au titre de « Hutu modéré » doit rallier l'idéologie du Front Patriotique Rwandais au pouvoir actuellement à Kigali. Quant aux leaders politiques qui ont combattu le régime dictatorial de J. Habyarimana mais qui ne se sont pas mis à genoux devant le Front Patriotique Rwandais après sa victoire en juillet 1994, ces Hutu « rebelles » eux, n'ont pas bénéficié du titre de « modérés » ! Pour quelle raison ?

La réponse est simple : pour bénéficier du titre pompeux de « modéré », il existe d'autres conditions en plus de celles que nous avons déjà citées ci-dessus. Voici la liste complète : avoir combattu publiquement le régime de J. Habyarimana jusqu'à sa chute tragique le 06 avril 1994 ; s'être mis à genoux devant les nouveaux maîtres au pouvoir à Kigali aujourd'hui ; servir la cause de la « thèse officielle » de l'Occident selon laquelle l'étiologie du génocide au Rwanda est exclusivement la rivalité ethnique entre Hutu et Tutsi ; militer publiquement pour que l'action bienfaisante de certains pays occidentaux pendant le génocide au Rwanda soit reconnue et, cela, en lieu et place des accusations de complicité de génocide qui sont régulièrement formulées à l'encontre de ces mêmes pays occidentaux.

Dans le cadre de mes recherches sur la survenue du génocide au Rwanda, j'ai appris avec stupéfaction que pendant le génocide au Rwanda, certaines puissances occidentales auraient envoyé des troupes dans les villages reculés du Rwanda pour « sauver » certains leaders Hutu et toutes leurs familles !

Arrêtons-nous un instant sur cette affaire : pendant que des centaines de milliers de Rwandais modestes étaient victimes de massacres sur toutes les collines du Rwanda, au lieu de s'impliquer pour arrêter ces massacres, certains pays occidentaux auraient plutôt préféré aller « sauver » des « clients » dans des villages reculés du Rwanda ?

Malheureusement, jusqu'à la date d'aujourd'hui, ce sont ces mêmes « clients » qui continuent de servir de caution à certains États pour empêcher l'émergence d'une nouvelle génération de leaders. Pourtant, le Rwanda d'aujourd'hui a besoin de nouveaux leaders qui seraient débarrassés des conflits d'intérêts du passé et des tares du colonialisme.

Cette situation choquante constitue ce que nous appelons la « *servitude compassionnelle* » : pour continuer à faire valoir des pseudos « thèses officielles » sur la survenue du génocide au Rwanda, certains pays assurent la protection à tel ou tel ancien leader politique rwandais et, en échange, celui-ci sert de caution politique dans la propagande de « *diviser pour mieux régner* » ! Nous avons ici l'une des explications possibles sur le drame rwandais : depuis 1994, aucun effort n'a été fait, aucune initiative n'a été prise pour réconcilier les Rwandais de l'intérieur et ceux de la diaspora afin de pacifier le pays. Pire encore, en 2015, certains Rwandais sont encore obligés de fuir leur pays pour se réfugier à l'étranger !

## 2. Des Tutsi « pitoyables » à sauver

C'est l'argument majeur qui est régulièrement avancé pour justifier le choix de l'Occident en 1994 : entre les « pitoyables victimes » Tutsi et les « méchants bourreaux » Hutu, il fallait choisir ! Donc, l'Occident aurait choisi d'aider le Front Patriotique Rwandais à sauver des survivants Tutsi, à mettre fin au génocide et à prendre le pouvoir. « C'est la seule issue possible qui s'imposait », m'a expliqué un jour un ancien fonctionnaire d'un organisme international au Rwanda !

En réalité, ce ne fut pas une victoire ordinaire, ce fut plutôt une « victoire à la Pyrrhus » ! Car, le Front Patriotique Rwandais n'a pas mis fin au génocide et n'a sauvé personne : malheureusement, les Hutu au pouvoir ont arrêté les massacres parce qu'il ne restait plus personne à tuer ; les Hutu ont pris la fuite parce qu'ils n'avaient plus d'armes et de munitions pour se battre. Voilà la réalité. Tout le reste, ce sons des commentaires qui font partie des mécanismes de « *servitude compassionnelle* ».

D'ailleurs, depuis la fin du génocide jusqu'à ce jour, la même stratégie de servitude compassionnelle a continué sous différentes formes. Cela dans le cadre des comportements pathologiques d'*annulation rétroactive* de la mémoire des faits - certains occidentaux n'acceptent pas que l'on pointe du doigt sur leurs responsabilités dans la survenue du génocide au Rwanda. Par ailleurs, la servitude compassionnelle est observable dans le langage et dans l'engagement à la fois compulsif et partisan qui viserait à pourchasser les « vrais coupables » pour les traduire en Justice : or, à ce jour, aucun criminel membre du Front Patriotique Rwandais n'a jamais été inquiété par les « chasseurs de génocidaires », et encore moins par la Justice internationale !

Autrement dit, certains coupables potentiels recherchent, par tous les moyens, à faire « payer » doublement les « vrais » coupables Hutu qui sont poursuivis pour les actes génocidaires qu'ils ont réellement commis au Rwanda. En effet, selon la servitude compassionnelle en question, seuls les Rwandais ont commis le génocide et ils sont les seuls à devoir s'expliquer. D'où des « *brigades de justiciers* » pour que cette cause soit entendue partout sur la Terre !

Cependant, nous ne nous laisserons pas faire : les présumés génocidaires étrangers, qui ont participé au génocide au Rwanda - directement sur le terrains ou indirectement à partir des pays étrangers -, tous ces coupables, présumés ou non, devront eux aussi répondre de leurs actes. C'est pour cela que la chasse à l'homme contre des présumés génocidaires rwandais devrait être accompagnée, avec la même rigueur et la même « sévérité », de la chasse aux présumés génocidaires étrangers. Sinon, il s'agit là d'une Justice de « *deux poids, deux mesure* » qui n'a aucun intérêt pour les victimes.

### 3. La brigade des justiciers

Nous venons d'exposer ci-dessus le questionnement fondamental qui est le nôtre sur l'un des aspects de la servitude compassionnelle : entre autres ces aspects, il y en a un qui consiste à engager une véritable « chasse à l'homme » sélective contre les présumés génocidaires rwandais. Voici à présent un cas concret qui permet d'illustrer nos observations :

Depuis plusieurs années, ici en France, il existe une véritable « brigade de justiciers » qui traque publiquement les présumés génocidaires rwandais pour les traduire en Justice. Du point de vue moral et juridique, ce travail est louable. Mais, là ou l'affaire se complique c'est que, à ce jour, cette brigade de justiciers n'a pourchassé aucun étranger parmi ceux qui sont soupçonnés d'avoir commis des crimes génocidaires au Rwanda. Pourtant, des plaintes de victimes sont régulièrement déposées auprès de la Justice en France. Dans ces conditions, pourquoi les présumés génocidaires rwandais sont les seuls à être la cible du harcèlement, justifié ou non, des différentes associations de justiciers en France ?

Afin de prouver leur neutralité et leur impartialité, nous demandons à la brigade de justiciers de montrer aussi du zèle et de la détermination au sujet des dossiers concernant la responsabilité des étrangers dans la survenue du génocide au Rwanda : des Français, mais aussi des ressortissants d'autres nationalités, en particulier des étrangers qui auraient sévi au Rwanda sous les ordres du Front Patriotique Rwandais.

*Partialité idéologiques*

Le point le plus inquiétant, au sujet de la servitude compassionnelle que nous venons de décrire ci-dessus, c'est la partialité idéologique de certains «justiciers » :

Pendant le génocide au Rwanda, ce ne sont pas seulement des personnes ayant la carte d'identité de Tutsi qui ont été massacrées ; mêmes des Hutu ont été victimes des massacres génocidaires.

Plus particulièrement, pendant que ceux qui étaient au pouvoir à Kigali massacraient la population dans presque toutes les localités du pays, le Front Patriotique Rwandais massacrait aussi et au même moment des populations civiles : au nord, au nord-est et à l'est du Rwanda, mais aussi dans la ville de Kigali et sa banlieue.

Pourtant, jusqu'à la date d'aujourd'hui, les crimes génocidaires dont les populations de la communautés des Hutu ont été victimes n'ont jamais été publiquement dénoncés et condamnés dans le cadre de la « chasse à l'homme » initiée par la brigade de justiciers en France ! Pourquoi cette attitude de partialité ? Plus grave encore, la « thèse officielle » qui a été adoptée par ces organisations de justiciers c'est celle qui divise les Rwandais en deux catégories : les « bons et victimes » Tutsi, puis les « méchants et bourreaux » Hutu. A cet effet, lors des manifestations publiques de commémoration, certains Rwandais sont exhibés comme étant des représentants « archétypes » d'une « race » de Tutsi , une « race » qui serait menacée par des méchants Hutu au Rwanda !

Nous avons ainsi deux problèmes idéologiques majeurs avec ces différentes brigades de justiciers :

D'une part, certains justiciers sont « partisans » de l'idéologie politique du Front Patriotique Rwandais et n'ont jamais dénoncé les crimes génocidaires imputables à ce mouvement. Ce qui constitue, ni plus ni moins, une situation de complicité avec le Front Patriotique Rwandais. Cela au détriment d'une justice équitable pour toutes les victimes des violences génocidaires au Rwanda.

D'autre part, certains justiciers pour le Rwanda continuent d'attiser la haine et la division : continuer à maintenir la division ethnique comme étant la seule étiologie du génocide au Rwanda, continuer à faire croire aux membres de la communauté des Tutsi que le salut leur viendra du rejet d'une partie de la population rwandaise - en se considérant comme une « ethnie » à part entière menacée -, ignorer les liens socioculturels et matrimoniaux qui unissent les Rwandais pour ne privilégier que des « mirages » idéologiques autour des pseudos ethnies, tous ces éléments constituent un danger pour le Rwanda.

Sur ce point précis des pseudos ethnies, dans mes travaux de recherche précédents, j'ai déjà exposé et développé de nombreuses hypothèses qui démontrent que les termes Hutu et Tutsi désignent tout simplement des classes sociales. Car, ces mêmes termes ont été abusivement utilisés par l'administration coloniale dans le seul but d'asseoir son idéologie impérialiste. C'est en effet dans les années 1930 que la carte d'identité « ethnique » a été inventée et imposée à tous les Rwandais par l'administration coloniale belge.

Ah ! Ah ! J'ai oublié : les génocidaires ont utilisé la mention ethnique sur la carte d'identité pour massacrer tel ou tel Rwandais selon son appartenance à la communauté des Hutu ou à celle des Tutsi : telle est la remarque qui est le plus souvent utilisée pour prouver que le problème ethnique serait la seule étiologie de la survenue du génocide au Rwanda. Puis, le même argument permettrait de justifier l'intérêt du travail des justiciers pour « sauver » des rescapés du génocide qui seraient uniquement des Tuts !

D'abord, je me permets de faire la remarque suivante : ce n'est pas parce que l'administration coloniale belge a décrété que tel Rwandais serait Hutu ou Tutsi que cela devrait être pris pour une « vérité universelle ». D'ailleurs, suite aux violences de 1959 qui ont conduit certains leaders Hutu au pouvoir - au moment où d'autres Hutu fuyaient le Rwanda avec la monarchie déchue -, plusieurs Rwandais Tutsi ont changé leur carte d'identité pour devenir des Hutu. Avant l'époque coloniale, l'inverse était aussi régulièrement pratiqué : dès qu'un Hutu pauvre devenait riche, il appartenait désormais à la classe des nobles, donc des Tutsi. Cela prouve combien le contenu « ethnique » de ces termes est discutable !

Ensuite, ce n'est pas parce que certains idéologues Hutu ont exploité politiquement et utilisé abusivement l'erreur de l'administration coloniale belge - en ce qui concerne la mention ethnique sur la carte d'identité -, ce n'est pas pour cette raison que nous devrions croire à une telle idéologie qui est devenue génocidaire et prendre pour une « vérité universelle » ce qui constitue une fausseté historique reconnue par tous !

Enfin, je voudrais savoir : dès lors que les rescapés du génocide au Rwanda se seront enfermés dans leur identité de « Tutsi à protéger », à l'écart des « méchants Hutu », où iront-ils vivre une fois qu'ils auront adhéré à une nouvelle idéologie de diabolisation ethnique ?

Toutes ces questions mériteraient une attention particulière pour reconstruire le Rwanda : les victimes de la communauté idéologique des Tutsi ont droit à la même Justice à laquelle ont droit aussi les victimes de la communauté idéologique des Hutu. Dans cette perspective, il est illusoire de prétendre rendre Justice aux uns en laissant de côté les autres.

Pour ma part, devant des actes génocidaires, il ne devrait pas y avoir des différences de traitement : il n'existe pas de « bons crimes » qui seraient acceptables à côté de « mauvais crimes » qui seraient à condamner ; comme il n'existe pas de « vraies victimes » à défendre par opposition à des « victimes ignorées » qui seraient des « sans droit ».

Quant à l'utilisation de la mention ethnique sur la carte d'identité par les génocidaires en 1994, c'est l'histoire des « fausses opinions » et de la « fausse monnaie » selon J. De Maistre :

« Les fausses opinions ressemblent à la fausse monnaie, qui est frappée d'abord par de grands coupables et dépensée ensuite par d'honnêtes gens qui perpétuent le crime sans savoir ce qu'ils font »[134].

*Une ligne de défense machiavélique !*

Sans pour autant minimiser ou négliger l'importance de l'idéologie instrumentale des pseudos ethnies das la survenue du génocide au Rwanda, compte tenu des travaux de recherche qui démontrent clairement l'existence d'autres causes directes et/ou indirectes de la tragédie qui a sévi au Rwanda - crise identitaire, influences géopolitiques régionales et internationales, etc.-, l'argumentation répétitive qui s'appuie sur des « rivalités ethniques » entre Hutu et Tutsi serait plutôt une ligne de défense machiavélique : seuls les Rwandais seraient coupables de crimes génocidaires et devraient être jugés, humiliés, piétinés, traînés dans la boue, etc.

En effet, des faits historiques incontestables démontrent clairement que les responsabilités de la survenue du génocide au Rwanda concernent certes le cercle politique et militaire des Rwandais, mais aussi, ces mêmes responsabilités dépassent les frontières du Rwanda pour concerner d'autres pays étrangers. Car, d'autres pays ont été impliqués dans la survenue des conflits sociopolitiques au Rwanda depuis l'époque coloniale jusqu'au génocide de 1994.

Par ailleurs, comme le démontre le dossier que nous présentons dans la partie annexe du présent ouvrage, les mêmes crimes génocidaires contre nous Rwandais continuent, plus de 20 ans après la fin officielle du génocide au Rwanda ! Les faits sont là, tout le monde pourra consulter les éléments de preuves.

---

134 De MAISTRE J., in TOULAT J., *Le droit de naître*, Paris, Pygmalion, 1979, p. 83.

## 4. L'Évangile des Droits de l'Homme selon Saint Jacobin

C'est en 1793, pendant la Révolution Française, que la Convention décréta la *Déclaration des Droits de l'Homme et du Citoyen*, avec le *vœu pieux* selon lequel « Tous les hommes sont égaux par la nature et devant la Loi » ! *Vœux pieux* car, les Révolutionnaires ignoraient sans doute que de par sa nature, l'être humain recherche avant tout la satisfaction de ses désirs et la préservation de ses intérêts narcissiques. Cela avant de s'intéresser à autrui !

En effet, dès la naissance, l'être humain constate qu'il existe un obstacle majeur à la satisfaction de ses désirs et à la préservation de ses intérêts narcissiques : la présence d'autrui.

Ainsi, pour survivre, l'être humain doit gérer et dépasser le conflit psychique relatif à la présence d'autrui. Mais, cela ne se passe pas sans douleur et souffrance : la *violence fondamentale*[135], par laquelle l'être humain est appelé à faire un processus psychique qui consiste à choisir entre la vie et la mort - l'*autre ou moi* -, cette violence fondamentale préfigure déjà la vie d'adulte en société.

Par conséquent, étant donné que la lutte pour défendre ses intérêts narcissiques se poursuit pour toute la vie, le renoncement à certains intérêts narcissiques au profit de la culture ou de la collectivité n'est pas un acte de « bienfaisance » que l'être humain fait à autrui. Il s'agit plutôt d'un renoncement en échange d'un bien ou d'un intérêt beaucoup important : la survie psychique et matérielle.

Nous avons ainsi l'esquisse d'une explication sur l'origine de la formation en communauté et en société : la famille, le clan, les nations puis les États modernes sont le fruit d'un renoncement initial de chacun de leurs membres pour bénéficier de la protection et de la bienveillance des ascendants d'abords, puis des congénères par la suite.

Du point de vue phénoménologique et sociologique, la violence collective ne peut surgir que de la mutualisation des violences individuelles de chacun des membres d'une société en une seule violence destructrice : celle-ci est dirigée contre un ennemi commun désigné comme tel.

En fin de compte, la défense des intérêts de telle ou telle communauté, l'idéologie identitaire pour préserver les intérêts et l'identité du groupe sont de nature à générer la violence contre tous ceux qui sont « étranger » et ou différents. En France, depuis la Révolution Française, les défenseurs des intérêts et des valeurs de la « République » revendiquent le titre de « Jacobins ».

Cependant, en réaction aux différentes idéologies jihadistes et communautaristes, certains « Jacobins » sont eux-mêmes devenus des adeptes de la terreur à l'encontre de ceux qui sont considérés comme des

---

135 BERGERET J., (1980), texte « La violence fondamentale », in *Freud, la violence et la dépression*, Paris, PUF, 1995, p. 63 - 92.

« étrangers ».

D'où, selon notre hypothèse de réflexion ci-dessus exposée, l'existence d'un certain « jihadisme jacobin ».

*Droits de l'homme : mythe ou réalité ?*

Il n'y a pas si longtemps, le feu président libyen M. Kadhafi a effectué une visite à Paris : un t*apis rouge* fut déployé en son honneur ! Avant même la fin de sa visite, une polémique surgit au sein de certains cercles de pouvoir et chez certains intellectuels en France : la France, pays des *Droits de l'Homme*, ne peut pas être le « paillasson » d'un dictateur ! - avait même publiquement déclaré une haute personnalité politique à l'époque !

Au début des années 2010, suite à la survenue des *Révolutions* politiques au Maghreb et au Proche Orient - révolutions politiques qualifiées comme étant des « ¨Printemps Arabes » -, une coalition internationale a attaqué la Libye pour chasser du pouvoir M. Kadhafi : accusé de vouloir massacrer sa population, certaines puissances de ce monde et leurs alliés renversèrent le dictateur au nom des « *Droits de l'Homme* » ! M. Kadhafi fut assassiné le dernier jour de son règne en essayant de fuir la capitale Tripoli.

Loin d'avoir une quelconque sympathie pour le dictateur que fut le « Guide libyen », l'histoire de la fin tragique de M. Kadhafi constitue une grande honte et une humiliation supplémentaire à l'encontre des peuples d'Afrique :

Je me permets de faire un bref rappel historique : cela fait plus de cinq siècles que le continent africain est piétiné, humilié, pillé et dépouillé par certaines puissances de ce monde : depuis l'esclavage jusqu'au néocolonialisme actuel, en passant par le colonialisme et les guerres civiles qui ont été provoquées par le contexte de la *guerre froide*, l'Afrique n'a jamais été en paix depuis plusieurs siècles. Ainsi, si certains dirigeants français estiment - à juste titre - que leur pays n'est pas le « paillasson » des dictateurs africains, nous aimerions leur dire que l'Afrique non plus n'est pas le « paillasson » des Grands de ce monde !

Conformément au sujet qui est le nôtre dans la réflexion actuelle, je désirerais rappeler que plus qu'un simple « paillasson » des Grands de ce monde, la survenue du génocide au Rwanda a transformé notre pays en un véritable champ de ruines et un cimetière à ciel ouvert.

Quant à l'histoire tragique de M. Kadhafi, avec le recul, je constate que cet homme n'était pas seulement un dictateur : il était aussi un miroir ! En effet, certains « amis » de M. Kadhafi lui ressemblaient. Ainsi, M. Kadhafi était devenu le miroir dans lequel ces mêmes « amis » découvraient leur propre visage. Pour cela, il ne restait qu'une solution pour survivre : se débarrasser du « miroir gênant » qu'était devenu M. Kadhafi.

Autre observation historique pertinente : aujourd'hui, la Libye est devenue un véritable chaos sur le plan politique et militaire. Par ailleurs, ce pays a contaminé sa crise à tous les pays de la sous-région saharienne. Où sont-ils donc passés les « chevaliers » des *Droits de l'Homme* ?

## Chapitre II. ALIÉNATION MENTALE

« Celui qui ne connaît pas l'histoire est condamné à la revivre ». Cette phrase de K. Marx anticipe, de manière explicite, l'importance et le rôle des « rituels royaux » Ubwiru au Rwanda : depuis la préhistoire du pays jusqu'à la chute de la monarchie en 1959. En effet, la cohésion sociale autour d'un monarque absolu dépendait de la « remémoration » continuelle, de la « commémoration » et de la « réitération » mystique des liens identificatoires qui unissaient le peuple comme un seul homme. Le but des rituels royaux Ubwiru au Rwanda était celui de faire en sorte que la mémoire du passé sur laquelle avait été fondée la monarchie ne soit pas oubliée.

Après la chute de la monarchie, le travail de « mémoire » fut assuré par la nouvelle génération : les « ritualistes » de la mémoire collective n'étaient plus des Abiru, mais plutôt la jeune communauté d'intellectuels rwandais. Ces derniers avaient été formés par quelques écoles des missionnaires catholiques et protestants. A la tête de cette nouvelle élite du pays, il y avait un certain A. Kagame.

Toutefois, à côté de l'élite intellectuelle, il a toujours existé au Rwanda différents acteurs indépendants et des groupes d'artistes : ceux-ci ont aussi contribué au développement socioculturel du pays, à son rayonnement dans la sous-région et dans plusieurs pays du monde.

Malheureusement, après le génocide au Rwanda de 1994, tout le travail intellectuel et artistique des Rwandais a été méprisé, critiqué et même dénigré dans une certaine mesure : à force de chercher les causes du génocide partout, certains chercheurs et observateurs occidentaux ont fin par diaboliser tout le monde, y compris ceux qui n'avaient rien à voir avec les crimes génocidaires en tant que tels.

Il ne s'agit en aucun cas de disculper tel ou tel intellectuel qui aurait soutenu des thèses partisanes sur le plan idéologique. En revanche, notre souci est celui d'attirer l'attention sur un véritable danger, sur une nouvelle idéologie qui essaye de faire croire au monde entier que tout ce qui se faisait au Rwanda avant 1994 serait nécessairement à l'origine du génocide !

### 1. Procès contre A. Kagame

Depuis le génocide au Rwanda de 1994, nous observons chez certains « spécialistes » de notre pays une réelle volonté de réduire en poussière tout ce que les Rwandais ont mis des siècles à construire sur le plan socioculturel : conformément à l'idéologie nouvelle dont le but est celui de soutenir par tous les moyens le régime des « vainqueurs » du Front Patriotique Rwandais, différents « spécialistes » et commentateurs - Rwandais et/ou étrangers - voudraient faire croire à la terre entière qu'avant le génocide au Rwanda, tout ce qui se faisait au Rwanda était négatif !

Plus particulièrement, tous les intellectuels Rwandais qui n'ont pas fui leur pays après la « Révolution » de 1959 sont régulièrement attaqués, dénigrés, diffamés et leur mémoire balayée par des critiques négatives : ils auraient contribué à asseoir l'idéologie « divisionniste » entre les pseudos ethnies du Rwanda !

Ainsi, le plus important des chercheurs rwandais de tous les temps, A. Kagame, a été injustement attaqué et critiqué à partir de ses travaux sur l'Histoire du Rwanda. Le plus inquiétant, c'est que ces attaques ne viennent pas seulement des « spécialistes » déjà reconnus comme étant des « partisans » de l'idéologie politique du Front Patriotique Rwandais. Car, même des chercheurs qui sont parfaitement au-dessus de la mêlée tombent dans ce « piège de l'histoire » et remettent en cause les travaux de recherche qui avaient permis d'assurer la continuité du savoir au Rwanda pendant et après l'époque coloniale. Voici l'exemple de l'une des critiques destructrices dirigées contre l'ensemble de l'œuvre de A. Kagame :

« L'abbé Alexis Kagame, l'historiographe devenu incontournable dans ce pays grâce à l'injonction qu'il a assurée entre les détenteurs des traditions du pouvoir central, les lieux de production et de diffusion intellectuelles sous tutelle catholique et enfin les pouvoirs en place, colonial et « coutumier », est le meilleur reflet (un reflet actif ) de cette adhésion de toute une couche instruite rwandaise à la réinterprétation ethnique, voire raciale, de leur culture, à commencer par le contenu des récits de fondation du royaume[136]. La supériorité globale attribuée globalement aux Tutsi par les colonisateurs européens ne pouvait aisément être dédaignée par les jeunes Tutsi qui se voyaient tous appelés à intégrer, par l'école, les rangs de la nouvelle aristocratie définie à l'ombre de l'administration indirecte. Ils tombaient ainsi dans un piège de discriminations et de frustrations qui sera lourd de conséquences, mais ce n'est pas l'objet de cette étude.

Dès 1943, Kagame introduit dans la première rédaction de *Inganji Kalinga* l'idée que tous les clans sont d'origine tutsi, malgré leur composition plurielle. Il y revient en 1954 dans sa synthèse sur « les organisation socio-familiales »[137]. Il utilise des arguments anachroniques sur les mariages impossibles avec des filles hutu, il décrit l'arrivée des clans dans un ordre d'ancienneté proportionnelle à leur présence plus au sud, selon un modèle de coulées successives que l'on retrouve chez d'autres auteurs inspirés par ce modèle gobinien[138], en oubliant les bastions hutu du nord. L'influence de l'hypothèse hamitique est manifeste :

Il faut savoir et surtout sentir ce que représente le Code ésotérique d'une

---

136 CHRETIEN J.-P. et TRIAUD J.-L., *Histoire d'Afrique* : *Les enjeux de mémoire*, Karthala, Paris, 1999, pp. 281 - 320. Sur la place dans le Rwanda contemporain de cet « intellectuel organique » du modèle rwandais, voir Vidal C., 1991, pp. 45 - 61, cité in *ibid.*

137 Kagame A., 1954, pp. 15 - 37, 46 - 51 et 55 - 56, cité in J.-P. CHRETIEN et J.-L. TRIAUD, *Histoire d'Afrique* : *Les enjeux de mémoire , ibid.*

138 Par exemple D'Arianoff, 1952, p. 49, cité in J.-P. CHRETIEN et J.-L. TRIAUD, *Histoire d'Afrique* : *Les enjeux de mémoire , ibid.*

dynastie, écrit-il,... aucun tambour dynastique des roitelets vraiment autochtones ne préoccupa nos monarques, puisque ces dynasties purement bantu n'avaient pas ce Code ésotérique dont les Hamites seuls possédaient le secret.

Donc pour lui, l'inceste initial de Mututsi et de sa nièce serait une image de l'endogamie hamitique. On retrouve dans son ouvrage la bibliographie et l'argumentaire habituels de la thèse raciale opposant Hamites et Bantous. L'origine égyptienne des Hamites « au teint clair » est appuyée par des étymologies bricolées : de *gutuukwa*, « être riche », et de *gutuuka*, vieux mot censé être connu au Gisaka et au Buganda et qui signifierait « arriver de l'étranger », il fait dériver Tuutsi avec le double sens d'immigrant et de riche !

Cette extraversion des origines a rayonné dans toute la région, tant la fascination des ancêtres blancs pouvait valoriser ceux qui s'y rattachaient. Comme on l'a vu, cela a été la stratégie consciente de certains milieux dirigeants au Burundi. Le chef Baranyanka a entrepris méthodiquement dans les années 30 de rattacher son ancêtre Ntare à la dynastie du prestigieux Rwanda, c'est-à-dire du même coup à une ascendance tutsi, ce qui était contesté par d'autres traditions dans ce pays. Il a utilisé pour ce faire l'autorité des traditionnistes rwandais déjà écoutés par le Père Schumacher, celle aussi de l'abbé Kagame et enfin, grâce à un cousin séminariste, celle de l'évêque missionnaire, et ethno-historien à ses heures, Julien Gorju.

Ensuite les thèses de l'invasion hamitique se sont diffusées de plus en plus largement : le cliché de l'origine égyptienne des Tutsi, que nous avons rencontré dans la bouche d'un ancien notable de rang princier à Ijene (au nord du Burundi) à la fin des années 60, était devenu un slogan dans la bouche des bandes hutu lancées à la chasse aux Tutsi à la fin d'octobre 1993. Les Tutsi du Burundi se sont vus intimer l'ordre de « retourner en Misri » « l'Égypte) ou de périr. Au Rwanda, c'est en « Abyssinie » que de 1959 à 1994 on leur a conseillé de « rentrer »[139] ».

Personnellement, je reconnais que J.-P. Chrétien est sans doute le meilleur spécialiste de la région des Grands-Lacs d'Afrique - et du Rwanda en particulier. Cependant, malgré son œuvre inestimable sur cette région du monde, malgré tout ce que les jeunes chercheurs et la communauté scientifique lui doivent en terme de contribution intellectuelle, je ne peux pas rester sans réagir suite à l'ensemble des critiques désastreuses de J.-P. Chrétien contre l'œuvre de A. Kagame - critiques ci-dessus résumées :

139 Thème central d'un célèbre discours du professeur (Léon ?) Antoine Mugesera, leader du parti de l'ancien président Habyarimana, tenu près de Gisenyi en novembre 1992, cité in J.-P. CHRETIEN et J.-L. TRIAUD, *Histoire d'Afrique* : *Les enjeux de mémoire , ibid.*

## 2. Les pseudos ethnies au Rwanda : aliénation culturelle et mentale

Certes, comme chez n'importe quel chercheur - surtout en sciences humaines -, l'œuvre de A. Kagame est nécessairement marquée par son histoire personnelle. En effet, chez tous les chercheurs, la subjectivité influence d'une manière ou d'une autre le travail et le regard de l'auteur sur l'objet de sa réflexion.

Toutefois, l'œuvre considérable de A. Kagame ne peut pas être réduite à une quelconque volonté de sauvegarder la tradition au détriment de la rigueur scientifique :

Premièrement, comme je l'ai déjà indiqué dans ma thèse de Doctorat déjà citée, ce n'est pas A. Kagame ni les missionnaires qui auraient inventé de toutes pièces les termes de « Hutu », « Twa » et « Tutsi » au Rwanda. Bien avant l'ère coloniale, ces termes désignaient déjà des communautés ou groupes sociaux au Rwanda. Pour cela, le débat concernerait non pas lesdits termes en question mais plutôt le contenu qui leur a été attribué de manière abusive : là où l'administration coloniale a établi l'existence des « ethnies » et fabriqué la carte d'identité pour mieux distinguer l'appartenance de chaque Rwandais à tel ou tel groupe, il n'y avait que des classes sociales fondées sur des contrats d'obligations entre « seigneurs »-nobles Tutsi et « obligés »-roturiers Hutu et Twa. D'ailleurs, comme je l'ai démontré dans ma thèse de Doctorat, certains Rwandais pouvaient quitter telle ou telle classe sociale soit pour intégrer la classe des nobles, soit lors de la déchéance d'un sujet noble pour devenir membre des classes de roturiers.

Deuxièmement, J.-P. Chrétien ne peut pas objectivement remettre en cause l'argument de A. Kagame concernant les liens matrimoniaux entre les Hutu et les Tutsi d'une part, mais aussi, entre ces deux groupes sociaux et le groupe des Batwa. Même si, il est vrai, le mariage entre les Batwa et les autres groupes était et reste très rare même dans le Rwanda d'aujourd'hui. D'ailleurs, même après le génocide au Rwanda de 1994, dans les campagnes et dans les milieux de Rwandais qui n'appartiennent pas à des « cercles de pouvoir » ou d'idéologies politiques, les mariages continuent d'être célébrés sans se soucier de l'appartenance des uns et des autres à des pseudos ethnies.

Troisièmement, en plus des éléments anthropologiques et historiques qui ont été présentés par A. Kagame dans ses différents travaux de recherche sur le Rwanda - éléments dont j'ai présenté un résumé détaillé dans ma thèse de Doctorat, le problème qui nous intéresse n'est pas celui de nier ou d'affirmer que tel ou tel groupe social au Rwanda serait venu d'ailleurs dans le passé lointain. L'objet de préoccupation du peuple rwandais aujourd'hui, c'est celui de comprendre pourquoi ce mythe est devenu une base idéologique génocidaire.

Quatrièmement, il n'est pas interdit de formuler différentes hypothèses sur le Rwanda pré-colonial, voire même d'aller plus loin dans la discussion : il est possible que dans la préhistoire du Rwanda, les différents groupes sociaux du pays se soient installés en provenance d'autres régions d'Afrique. Ainsi, même s'il n'existe pas de preuves scientifiques pour le prouver de manière irréfutable, nous pouvons néanmoins reconnaître une réelle ressemblance morphologique entre certaines communautés ou lignages du Rwandais et certains groupes sociaux des pays limitrophes : en particulier au Burundi, en Ouganda et même un plus loin à l'est du continent. Pour cela, que les premiers anthropologues et historiens aient fait des rapprochements entre les Rwandais et leurs voisins du Nord et du Sud, au début du 20$^{ème}$ siècle, cela n'est pas de nature à choquer qui que ce soit.

Prenons l'exemple d'autres pays : en France, par exemple, il est historiquement reconnu que certains Français sont des descendants des Viking ; d'autres sont des descendants des Romains ; d'autres sont des descendants des Peuples Celtiques ; tandis que d'autres sont des descendants d'« autochtones » Gaulois. Il existe même des Français Noirs ! Le constat est simple : malgré ces différences identitaires d'ascendance, les Français ne se sont jamais entre-tués à cause des pseudos ethnies préhistoriques ! Pourtant, en France, le terme d'« ethnie » aurait plus de légitimité d'usage qu'au Rwanda.

Pour cela, au Rwanda, ce n'est pas tant l'origine mythique des uns et des autres qui serait à l'origine des violences génocidaires mais plutôt des problèmes liés à la volonté de s'emparer du pouvoir à tout prix ! C'est vrai, il a existé des campagnes idéologiques de propagandes génocidaires autour de la question des origines mythiques de tel ou tel groupe social au Rwanda. Mais, du point de vue scientifique, nous ne sommes pas obligés de croire ou de prendre au sérieux la folie de ceux qui utilisent tous les moyens pour prendre le peuple rwandais en otage !

Enfin, même si certaines théories racistes ont consisté à établir une pseudo descendance des Rwandais jusqu'aux ancêtres mythiques de Blancs, sur ce point précis, A. Kagame n'est pas responsable de cette aberration. Là-dessus, plusieurs observations sont à formuler :

- Je me permets de préciser que la source de A. Kagame, dans ses premiers travaux sur l'Histoire du Rwanda, n'est pas la prétendue « source » d'un Mututsi déchu qui aurait inspiré les premiers missionnaires - comme l'a affirmé J.-P. Chrétien dans son article précédemment cité.

D'abord, A. Kagame connaissait bien l'Histoire du Rwanda de par sa famille - selon les informations à notre disposition, sa famille appartiendrait à la noblesse des Tutsi de haut rang. Ensuite, l'une des sources « scientifiquement » établies de A. Kagame c'est le recueil de la mémoire historique des Abiru : en 1945, A. Kagame a obtenu l'autorisation spéciale du roi Mutara Rudahigwa pour recueillir et publier la mémoire de la dynastie monarchique - une véritable « Constitution » non-écrite : nous en avons une preuve irréfutable et un témoignage indépendant, de la part du chercheur L.

De Heusch. Cette source est incontestablement fiable de par la rigueur scientifique de ce chercheur. Par ailleurs, l'ouvrage dans lequel la source a été publié date de 1982. Donc avant le génocide au Rwanda de 1994. Voici un bref aperçu du travail de recherche de L. De Heusch sur l'histoire du Rwanda ancien - aperçu que j'ai déjà publié dans mon ouvrage *Communautarisme et autochtonie : Du cas du Rwanda à l'universel* (2013) :

Selon L. De Heusch, dans l'histoire du Rwanda, le roi Ruganzu Ndori a introduit « pour la première fois la périodicité saisonnière dans le temps historico-mythique . On enregistre alors un phénomène remarquable. Le successeur du roi magicien et conquérant impose au déroulement historique un rythme cyclique de grande amplitude : ritualiste par excellence, Muyenzi (...) mûrit une réforme institutionnelle impressionnante »[140].

L'auteur poursuit : « Jusqu'à présent l'histoire avait progressé de manière linéaire. Kigwa inaugure la série des rois « tombés du ciel », Gihanga celle des « rois de la ceinture », Bwimba celle des « rois historiques ». Chacun de ces souverains « tête de liste » apporte une pierre nouvelle à l'édifice symbolique de la royauté. Après la mort dramatique de Ruganzu Ndori, dernier souverain de la troisième série, son fils instaure l'histoire répétitive, le perpétuel recommencement d'une structure temporelle fixée une fois pour toutes par l'action magique du rituel. Ce projet, qui fut probablement inauguré au XVII siècle (chronologie Vansina), résistera aux guerres et aux troubles intérieurs provoqués par la résistance hutu, jusqu'en 1959-60. A cette époque une révolte paysanne de grande envergure condamne le dernier roi du Rwanda, Kigeli V, à l'exil et la monarchie à l'effondrement »[141].

La suite des observations de L. De Heusch permet de comprendre, avec plus de précision, l'origine de la structure administrative actuelle du Rwanda et le caractère sacré du pouvoir :

« En prenant comme nom de règne Mutara, le fils de Ruganzu Ndori décide d'éliminer à l'avenir de l'onomastique royale le souvenir des rois qui connurent une fin tragique : Ruganzu et Ndahiro. Il ne restait plus dans la liste des « rois historiques » que Cyirima, Kigeri, Mibambwe et Yuhi (...). Ceux qui ont été conservés se succéderont désormais dans un ordre cyclique immuable : l'action de deux rois mystiques complétera celle de deux rois guerriers. Le cycle commence par un roi vacher qui porte en alternance le nom de Mutara et de Cyirima. Celui-ci se consacre principalement à la prospérité du bétail et à la fécondité. Deux rois voués aux activités militaires, Kigeri et Mibambwe, lui succèdent. Le cycle s'achève par un nouveau roi mystique, le roi du feu, Yuhi »[142].

Ainsi, « en codifiant la succession des noms dynastiques et les fonctions

140 DE HEUSCH L., *Mythes et rites bantous II, Rois nés d'un cœur de vache*, Paris, Gallimard, 1982.
141 *Ibid.*
142 *Ibid.*, p. 114.

spécifiques qui s'y attachent, Mutara I$^{er}$ confère à la royauté sacrée une puissance mythique récurrente. Tout se passe comme si le rythme saisonnier que connote le règne de ses deux prédécesseurs se trouvait brusquement élargi à la dimension séculaire pour mieux assurer la maîtrise de la nature et des hommes »[143].

Après avoir démontré la continuité du lien historique entre l'ancienne « succession linéaire » au trône et la nouvelle « dynastie cyclique », L. De Heusch propose une analyse approfondie des institutions politiques traditionnelles au Rwanda :

« On ne trouve jamais dans les descriptions minutieuses et sèches, presque maniaques, du Code ésotérique, de référence directe aux héros de l'histoire dynastique. Le secret qui entourait la transmission orale de cet imposant corpus avait été jalousement gardé jusqu'en 1945. C'est à cette époque que l'abbé Kagame obtint du roi Mutara III l'autorisation de recueillir la tradition orale de la bouche des Abiru. Kagame fut lui-même impressionné par l'incroyable profusion de détails technologiques, de gestes précis donnés sans commentaire, dans une forme littéraire rigoureuse, n'admettant aucun trou de mémoire. Dix Abiru déclamèrent les dix-huit « voies » de ce poème considérable comportant des milliers de versets. Tantôt ils les récitèrent « en chœur, telle une formule de prière », tantôt deux groupes se relayaient. Pour faciliter la dictée, les Abiru désignèrent trois d'entre eux, qui prirent la parole à tour de rôle. Si l'orateur commettait la moindre faute, ses collègues l'arrêtaient aussitôt et rectifiaient le passage »[144].

Selon L. De Heusch, « l'*Ubwiru* exprime vigoureusement deux fonctions majeures de la royauté : le maintien de la fécondité et de la prospérité économique, d'une part, la conduite de la guerre, d'autre part. Mais on y trouve aussi évoquées à maintes reprises les autres fonctions royales (…) du tissu mythique. La *divination* par les entrailles des taurillons (…) est exercée à la cour par des spécialistes qui sont recrutés dans un sous-clan ega, les Kongori ; les acolytes qui procèdent à l'abattage des animaux et à la préparation du repas sacrificiel sont des Hutu qualifiés d'« inattaquables » parce qu'ils relèvent directement de l'autorité du roi. Celui-ci est intimement associé au sacrifice par sa salive. En diverses occasions, les tambours royaux étaient aspergés du sang des victimes. Cette fonction divinatoire témoigne de l'origine céleste de la dynastie. Le sacrifice de la personne royale (dont Bwimba fut l'initiateur) est évoqué dans le rituel d'intronisation, mais cette fonction ne sera pas assumée par le roi en personne ; un « libérateur » était désigné par les devins pour représenter le roi et se porter seul au-devant de l'ennemi lors d'une bataille décisive »[145].

Il appert donc très clairement que A. Kagame n'a rien inventé de sa propre

143 *Ibid.*
144 *Ibid.*, pp. 116 - 117.
145 *Ibid.*, pp. 117 - 118.

personne et que ses sources étaient légitimement qualifiées pour représenter la tradition orale concernant l'histoire et la culture du Rwanda.

*Observations complémentaires*

Si l'on considère les trois caractéristiques principales d'une « ethnie » - un territoire commun à ses membres, une langue et des traditions culturelles communes -, il y aurait beaucoup plus de raisons de parler de l'existence d'ethnies en France, en Belgique, en Espagne et dans différents autres pays d'Europe qu'au Rwanda ou au Burundi ! Cependant, chez les riches, on parle plutôt de « peuples ». Les ethnies, c'est une terminologie réservée aux pays pauvres !

Quant à l'affirmation selon laquelle les Rwandais Tutsi se seraient attribués des origines mythiques d'une descendance de chez les « Blancs », cela n'a aucun fondement historique. Au contraire, cette mythologie est directement liée aux considérations racistes des premiers explorateurs et colons européens qui se sont établis au Rwanda dès la fin du 19ème siècle :

En effet, lorsque les Rwandais ont aperçu pour la première fois des Blancs, ils les ont considérés comme un groupe appartenant à la famille des Arabes. Or, ces derniers avaient régulièrement essuyé des défaites chaque fois qu'ils avaient essayé d'entrer au Rwanda par la force. Finalement, depuis le 16ème siècle, des commerçants arabes venaient au Rwanda mais sur la pointe des pieds ! Dans leurs récits d'explorateurs, Stanley[146] et Von Goëtsen[147] ont rapporté les faits de l'esprit guerrier des Rwandais vis-à-vis des premiers « Blancs » et la peur des Arabes.

Ainsi, historiquement, ce sont plutôt des « Blancs » qui ont considéré que des « Noirs » - des Rwandais - ne seraient pas capables de créer des institutions d'un État organisé sans l'intervention des Occidentaux : de ce fait, les premiers Occidentaux de l'administration coloniale ont commencé à construire une histoire mythique fantaisiste pour expliquer l'origine des institutions étatiques modernes qu'ils venaient de découvrir au Rwanda. Malheureusement, l'affirmation selon laquelle « l'Homme Africain » ne serait pas encore « entré dans l'histoire » ne date pas d'hier ! Les racistes d'aujourd'hui ne font que répéter ce que leurs ascendants ont déjà théorisé dans le passé.

Pour toutes ces raisons, nous sommes en droit de dénoncer la campagne qui vise à faire « table rase » du passé historique du Rwanda - même si la critique constructive est toujours la bienvenue. Nous dénonçons toute volonté qui viserait à réduire en poussière l'héritage socioculturel qui

---

146 STANLEY H. M., *A travers le continent mystérieux : l'Afrique*, Grands voyageurs Stock +, 1980, pp. 117 - 118, in DELFORGE J., *Le Rwanda tel qu'ils l'ont vu*, Paris, L'Harmattan, 2008.

147 Von GÖTZEN, *A travers l'Afrique, de l'est à l'ouest (1893 - 1894)*, extrait du livre *Le tour du Monde*, tome III, nouvelle série, 1° liv. N°1, 1897, pp. 15 - 20, in DELFORGE J., *Le Rwanda tel qu'ils l'ont vu, op. cit.,* pp. 28 - 31.

constitue la mémoire et l'identité du peuple rwandais depuis les siècles. Car, vouloir faire croire que tout ce que les Rwandais avaient construit avant 1994 serait radicalement « mauvais », cela constitue une nouvelle idéologie très dangereuse qui pourrait nuire à notre peuple suite à une asphyxie socioculturelle.

### 3. Assassinats, dénigrement et ingratitude

Pendant le génocide au Rwanda de 1994, plusieurs enseignants et chercheurs rwandais furent massacrés, d'autres furent contraints à l'exil. En particulier, des milliers d'enseignants appartenant à la communauté des Tutsi furent massacrés partout au Rwanda. Dans plusieurs cas, ce sont des familles entières qui ont été exterminées.

Je me permets de rappeler que de son côté aussi, le Front Patriotique Rwandais a massacré des intellectuels, des enseignants, des étudiants, etc., pour les mêmes raisons d'appartenance à une communauté idéologique rivale.

Comme si tous ces crimes de masse ne suffisaient pas, aujourd'hui, la mémoire de ces hommes et femmes qui ont été victimes du génocide au Rwanda est régulièrement salie : tel enseignant ou tel chercheur aurait été un « ennemi infiltré » du Front Patriotique Rwandais, tel autre aurait été plutôt proche du pouvoir de J. Habyarimana, donc partisan de l'idéologie génocidaire ! Les attaques de cette nature visent à la fois des hommes et des femmes. J'ai même entendu des témoignages insultants contre un ancien enseignant-chercheur, tout simplement parce qu'il aurait été « ami » du feu président rwandais J. Habyarimana ! Je connais certains Occidentaux qui fréquentaient les milieux politiques au Rwanda : auraient-ils tous été jugés pour cela à leur retour en Europe ?

En parlant des enseignants, nous ne pouvons pas oublier d'innombrables victimes parmi les élèves du primaire, parmi les élèves du secondaire et parmi les étudiants de l'université.

Au sujet des enseignants qui ont été victimes du génocide au Rwanda, quelles que soient les différentes hypothèses que nous pourrions avancées, nous n'arriverons jamais à comprendre comment des parents, d'anciens élèves, des voisins, bref des personnes familières ont pu massacrer ceux qui avaient tant apporté au pays.

4ème partie

# LE JUGEMENT DE L'HISTOIRE
# RÉFLEXION DE SYNTHÈSE

« La justice objective n'est pas une éternité immobile, mais une lutte incessante de la raison pour se produire comme œuvre[148]. Penser le réel, la justice réelle, ne consiste pas à enregistrer ce qui existe et à s'y résigner ; penser le réel, c'est penser le rationnel dans sa vie conflictuelle et historique, dans son devenir, et non dans sa facticité. Ainsi, les lois positives, si elles n'ont de valeur que circonstancielle (si elles ne sont pas justes) méritent de passer, elles n'ont qu'une « existence passagère »[149].

148 HEGEL, F., *Principes de la philosophie du droit*, *Ibid.*, § 3, trad. J.L. Vieillard-Baron 1999, GF-Flammarion, Paris, cité in BLAY M. (Sous la direction de) , (2003), *Grand dictionnaire de philosophie*, *op. cit.*
149 *Ibid.*, § 211.

[illegible]

[illegible]

## Chapitre I. LA SURVENUE DU GÉNOCIDE AU RWANDA : NOUVEAUX TÉMOIGNAGES

Revenons sur la controverse sur l'attentat du 06 avril 1994 et le déclenchement du génocide au Rwanda, à partir des témoignages récents dont nous avons présenté le contenu au début de notre réflexion :

### 1. L'attentat du 06 avril 1994 : Des combats autour de la résidence présidentielle

A partir du témoignage de la famille du feu président rwandais J. Habyarimana, plusieurs éléments sont à retenir :

Comme l'a confirmé la veuve du président défunt, juste après l'attentat du 06 avril 1994, la résidence présidentielle a été immédiatement attaquée. Dans ma thèse de Doctorat déjà citée et dans mon ouvrage *Essai sur l'autosuggestion* (2014), j'avais déjà signalé cette information à partir de différents témoignages indépendants. Par ailleurs, d'autres chercheurs étrangers avaient déjà fait remarquer cet événement : nous pouvons citer les chercheurs indépendants de Human Rights Watch et de la Fédération Internationale des Ligues des Droits de l'Homme dans leur célèbre ouvrage *Aucun témoin ne doit survivre : Le génocide au Rwanda*[150]. Cet ouvrage constitue une référence indiscutable et incontournable sur la survenue du génocide au Rwanda en 1994.

Pour cela, à ce jour, plusieurs questions restent sans réponses : qui a attaqué la résidence présidentielle juste après l'attentat ? Pour quelle raison ? Le plus étonnant, c'est que personne ne semble connaître les auteurs de cette attaque. Pourtant, sur la piste d'atterrissage de l'aéroport de Kanombe et dans les alentours, il y avait des témoins compétents et avisés : le Camp Militaire de Kanombe était situé juste à côté et une unité des Casques Bleus était établie à l'aéroport de Kanombe. Sans oublier le fait qu'il y avait des militaires qui assuraient la garde chez le président défunt. Pour toutes ces raisons, il existe une volonté réelle de dissimuler la vérité car, sans aucun doute, nous pouvons formuler l'hypothèse suivante : ceux qui ont attaqué la résidence du feu président faisaient nécessairement partie du commando qui venait d'abattre l'avion présidentiel.

Par ailleurs, le témoignage de l'un des fils du feu président J. Habyarimana confirme le contenu d'un autre témoignage que j'avais déjà cité dans mon ouvrage *Essai sur l'autosuggestion* : selon le témoin que j'avais déjà cité, l'un des passagers de l'avion présidentiel aurait sauté après la première explosion et juste avant la deuxième qui a désintégré l'avion. Or, d'après le récit du fils du feu président rwandais, dans son témoignage sur Radio France Internationale, le corps de son père (J. Habyarimana) était le seul à être « reconnaissable ». Ce qui permet de supposer qu'il serait sorti de l'avion

150 HUMAN RIGHTS WATCH (sous la direction de A. Des Forges), *Aucun témoin ne doit survivre - Le génocide au Rwanda*, Paris, Karthala, 1999, p. 217.

avant que celui-ci ne s'embrase totalement. D'ailleurs, sur la photo du corps de J. Habyarimana qui a été diffusée par certains médias - photo qui aurait été prise par son fils, selon le témoignage de celui-ci -, il est effectivement reconnaissable.

Conclusion : nous sommes en droit de croire que l'on nous cache volontairement la vérité sur les circonstances de l'attentat du 06 avril 1994 et sur la survenue du génocide au Rwanda. En effet, la recherche de la vérité concernant l'attentat du 06 avril 1994 n'est pas une simple affaire facultative : au-delà de la personne de J. Habyarimana - qui mérite par ailleurs le droit à la Justice comme tout être humain -, c'est tout le peuple rwandais qui est concerné par cette affaire. Pour s'en convaincre, il suffit de constater les conséquences que cet attentat a générées non seulement au Rwanda, mais aussi dans toute la région des Grands-Lacs d'Afrique. Pour toutes ces raisons, l'Union Africaine devrait se saisir du dossier pour établir la vérité en toute indépendance.

### 2. Les regrets tardifs du Colonel L. Marchal

Nous retiendrons, à partir du témoignage du Colonel L. Marchal, les points suivants :

Premièrement, le Colonel L. Marchal a présenté brièvement les différentes mesures d'urgence qu'il aurait prises juste après l'attentat du 06 avril 1994. Parmi ces mesures d'urgence, la première concerne la protection de l'épave de l'avion présidentiel qui venait d'être la cible dudit attentat. Pour cette raison, étant donné que l'épave de l'avion a été immédiatement mise sous la protection officielle des Casques Bleus, le Colonel L. Marchal sait où se trouve les Boîtes Noires de l'avion présidentiel en question. Afin d'élucider les mystères de cet attentat qui a déclenché le génocide au Rwanda, un génocide qui a coûté la vie à plus de 2 000 000 de Rwandais depuis 1994, nous demandons au Colonel L. Marchal de bien vouloir indiquer au peuple rwandais où se trouvent actuellement ces Boîtes Noires. Car, le peuple rwandais dans son ensemble a droit à la vérité sur son histoire : ces Boîtes Noires et tous les éléments matériels liés à l'attentat du 06 avril 1994, c'est la propriété du peuple rwandais. Si nécessaire, la Justice internationale devra régler cette affaire.

La deuxième observation concerne l'avis du Colonel L. Marchal lorsqu'il affirme que c'est le Front Patriotique Rwandais qui serait l'auteur de l'attentat du 06 avril 1994 contre le feu président rwandais J. Habyarimana, son homologue burundais C. Ntaryamira et leurs proches collaborateurs. Parmi les différents arguments qu'il avance pour étayer son avis par les faits, le Colonel L. Marchal s'appuie sur le fait que le Front Patriotique Rwandais a immédiatement engagé une offensive militaire sur tous les fronts. Ce qui suppose, selon le Colonel L. Marchal, une préparation préalable à la reprise des hostilités. Sur ce point, je suis tout-à-fait d'accord avec lui. Cependant, le fait d'avoir préparé les opérations militaires à l'avance ne prouve en rien que c'est le Front Patriotique Rwandais qui aurait « directement » exécuté les tirs qui ont détruit l'avion présidentiel.

Autrement dit, pour ma part, les événements qui ont suivi l'attentat démontrent certes que le Front Patriotique Rwandais s'était préparé à l'avance mais, ces mêmes événements ne prouvent pas que ce mouvement serait l'« exécutant direct » de l'attentat sur le lieu du crime.

Sur ce point, les différents témoignages concordants que nous avons déjà publiés dans nos travaux précédents le prouvent :

Dans mon ouvrage *Essai sur l'autosuggestion* (2014), j'ai présenté différents témoignages dans lesquels les témoins affirment qu'il y avait eu des combats autour de la résidence présidentielle juste après l'attentat du 06 avril 1994. Comme je l'ai déjà indiqué ci-dessus, lors des émissions récentes sur Radio France Internationale, la famille du feu président J. Habyarimana a confirmé cette information. Pour cela, il serait impossible de concevoir que le Front Patriotique Rwandais aurait abattu l'avion, puis, se serait permis d'aller attaquer la résidence présidentielle ! Déjà, au cas où un petit commando aurait réussi à s'infiltrer jusque dans le jardin de J. Habyarimana pour l'assassiner, une fois cet exploit accompli, ce petit commando aurait immédiatement essayé de fuir ! Or, les témoignages qui se recoupent nous parlent d'attaques contre la résidence présidentielle. Cette information écarte complètement l'hypothèse d'une opération qui aurait été menée par un commando du Front Patriotique Rwandais.

Puis, dans mon dernier ouvrage *Le génocide au Rwanda : postures et impostures génocidaires* (2015), j'ai publié plusieurs témoignages qui démontrent clairement que des « suspects Blancs » auraient été capturés et conduits au Camp Kigali, siège de l'État-Major de l'armée rwandaise à l'époque des faits. J'ai personnellement effectué des vérifications : même si je reconnais ne pas connaître les secrets concernant la survenue du génocide au Rwanda, d'après les différentes vérifications que j'ai effectuées, les faits historiques qui m'ont été cités par les témoins sont irréfutables. Je ne vois donc pas pourquoi ils auraient inventé l'histoire des « suspects Blancs ». Ce qui, une fois encore, écarte la responsabilité « directe » du Front Patriotique Rwandais dans l'exécution des tirs qui ont abattu l'avion présidentiel le 06 avril 1994.

La troisième observation concerne l'avis du Colonel L. Marchal sur les circonstances de l'assassinat de Mme A. Uwiringiyimana le 07 avril 1994 : il a affirmé que Mme A. Uwiringiyimana, Premier Ministre à l'époque, aurait été assassinée en essayant d'aller se réfugier dans une maison du PNUD (Programme des Nations-Unies pour le Développement). Répondant à la question insistante du journaliste, il a affirmé que Mme A. Uwiringiyima « était toute seule » lors de son assassinat ! Or, depuis 1994, tous les témoignages affirmaient qu'elle aurait été assassinée en compagnie de « dix Casques Bleus » qui assuraient sa protection ! Pour toutes ces raisons, au cas où Mme A. Uwiringiyimana aurait été assassinée en étant « toute seule », nous aimerions savoir dans quelles circonstances les « dix Casques Bleus » belges ont été massacrés par l'armée régulière de l'époque. Apparemment, il y a beaucoup de secrets que l'on voudrait cacher au peuple rwandais concernant sa propre histoire.

Enfin, je désirerais formuler une dernière observation d'étonnement : lors de son témoignage sur Radio France Internationale, le Colonel L. Marchal a accusé le Front Patriotique Rwandais d'être l'auteur de l'attentat du 06 avril 1994. Il existe un élément déterminant qui est resté sous silence dans toutes les interventions des témoins - émissions que nous avons déjà citées : les Casques Bleus de la Missions des Nations-Unies au Rwanda - MINUAR - avaient une unité à l'aéroport de Kanombe. Puis, cette zone, comme tout le secteur de la ville de Kigali, était sous la responsabilité du Colonel L. Marchal en tant que officier supérieur au service de l'ONU.

Pour cela, les Casques Bleus et le Colonel L. Marchal ne peuvent pas ignorer l'identité des assaillants qui ont attaqué la résidence présidentielle. En effet, jusqu'à preuve du contraire, il appert très clairement que ces « assaillants » sont des suspects de premier rang concernant la responsabilité de l'attentat du 06 avril 1994. Notre question est donc la suivante : pourquoi le Colonel L. Marchal, qui était responsable de sécurité des lieux au nom des Nations-unies, pourquoi ne s'exprime -t-il pas sur l'identité de ces assaillants ?

Je terminerais mes observations sur la survenue de l'attentat du 06 avril 1994 en rappelant d'autres arguments que j'avais présentés dans mon ouvrage *Rwanda : crimes d'honneur et influences régionales* (2012) :

- Pour ma part, ni l'armée régulière ni le Front Patriotique Rwandais ne pouvaient disposer clandestinement des moyens logistiques pour commettre un tel attentat : compte tenu de la présence de différents observateurs étrangers bien qualifiés, le matériel qui a été utilisé ne pouvait pas échapper à la surveillance de la Mission des Nations-Unies au Rwanda, des militaires français et belges qui connaissaient bien le pays ;
- En plus des moyens logistiques, il fallait disposer des moyens diplomatiques de dissuasion : personne ne peut s'autoriser de massacrer deux présidents dans un même attentat, de massacrer les militaires français de l'équipage de l'avion sans craindre les représailles de la France et de ses alliés, de provoquer une catastrophe génocidaire, de déstabiliser toute une région du monde, etc., tout cela sans disposer des moyens diplomatiques solides de dissuasion. C'est impossible !

### 3. J. Habyarimana, un « homme de paix » ?

Selon l'avocat du Front Patriotique Rwandais dans l'affaire judiciaire en cours d'instruction en France, l'auteur de l'attentat du 06 avril 1994 au Rwanda serait l'armée rwandaise régulière de l'époque, plus particulièrement la Garde Présidentielle. Voici nos observations :

Premièrement, même si les arguments de ceux qui accusent le Front Patriotique Rwandais d'être l'auteur « direct » (sur le terrain à Kanombe) dudit attentat sont discutables, il n'en demeure pas moins que ce mouvement ait pu être au courant de cette affaire. Car, comme l'a souligné le Colonel L. Marchal, le Front Patriotique Rwandais était déjà prêt pour reprendre les combats et s'emparer du pouvoir par les armes. Ce qui suppose une préparation au préalable.

Deuxièmement, l'accusation selon laquelle la Garde Présidentielle du feu président J. Habyarimana serait l'auteur de l'attentat du 06 avril 1994, cette accusation est très discutable à son tour : en effet, le véritable chef de la Garde Présidentielle était le Colonel E. Sagatwa. Or, celui-ci se trouvait dans l'avion qui a été abattu et il a été tué. Par ailleurs, le Chef d'état-Major de l'Armée Rwandaise à l'époque des faits, le Général-Major D. Nsabimana, était lui aussi dans le même avion et il a été tué. Sans oublier que le feu président J. Habyarimana était, lui aussi, un militaire avec le grade de Général-Major. Donc, il devait avoir son propre service de renseignement militaire. Pour toutes ces raisons, à moins de fournir des preuves matérielles irréfutables, il apparaît très discutable d'accuser l'armée régulière de l'époque d'être l'auteur de l'attentat en question.

Troisièmement, pour étayer son accusation contre l'armée, l'avocat du Front Patriotique Rwandais cite les conclusions des experts qui ont été mandatés par la Justice française lors de la reconstitution des faits concernant l'attentat du 06 avril 1994. Cela dans le cadre d'une plainte qui a été déposée par les familles des militaires français qui ont été tués dans le même attentat. Selon l'avocat du Front Patriotique Rwandais, les experts auraient établi que les « missiles ont été tirés » à partir d'une distance de 500 à 800 m, à l'intérieur du Camp Militaire de Kanombe. Selon le même avocat, il s'agirait là d'une preuve irréfutable de la responsabilité de l'armée car, selon lui, ce camp militaire était tenu par les militaires de l'entourage du feu président J. Habyarimana. Puis, la Garde Présidentielle a assassiné le Premier Ministre le lendemain de l'attentat, a -t-il ajouté lors de son témoignage sur Radio France Internationale. Donc, pour l'avocat du Front Patriotique Rwandais, ces éléments prouveraient la responsabilité de l'armée concernant l'attentat du 06 avril 1994.

Il faut noter que ces arguments ne datent pas d'aujourd'hui : depuis 1994, nous les avons déjà entendus de la part de différents « experts » sur le Rwanda et sur les affaires de terrorisme. Néanmoins, je me permets de formuler quelques interrogations, à partir de mon statut d'ignorant en matière militaire et en tant que citoyen modeste :

- Quel est l'élément matériel qui prouverait que ce sont des « missiles » qui auraient été utilisés pour commettre l'attentat du 06 avril 1994 ? Tout le monde nous parle de missiles mais, personne ne nous a présenté la moindre preuve à ce jour. D'ailleurs, je me demande pourquoi les « experts » sont allés directement orienter leur expertise sur le terrain à partir de cette hypothèse des « missiles » : y aurait-il des preuves matérielles qui prouveraient que ce sont des missiles qui auraient été utilisés ? Il se pourrait que ce soit vrai. Mais, il nous faut des preuves matérielles. D'après les commentaires de certains observateurs, les restes de l'épave de l'avion présidentiel se trouveraient toujours, aujourd'hui en 2015, au même endroit de l'attentat de 1994 ! Or, selon l'avis d'autres experts indépendants, seule l'analyse immédiate des restes de l'avion, juste après l'attentat, aurait permis de connaître la nature des armes qui ont été utilisées par les auteurs dudit attentat. D'après les mêmes observations indépendantes, il existe un autre élément complémentaire pour connaître la vérité : ce serait l'analyse des Boîtes Noires de l'avion. Curieusement, ces Boîtes Noires demeurent introuvables ! Certains « experts » affirmeraient même que l'avion présidentiel n'avait pas de Boîtes Noires !

- Au sujet de la responsabilité éventuelle de la Garde Présidentielle - qui aurait assassiné le président dans le cadre d'un coup d'État selon l'avocat du Front Patriotique Rwandais -, comme je l'ai déjà indiqué précédemment, cette affirmation semble très discutable car tous les chefs de l'armée étaient dans l'avion qui a été abattu. Puis, certains membres de la Garde Présidentielle se trouvaient à la résidence du président, une autre partie de cette unité d'élite de l'armée régulière se trouvait à l'aéroport pour accueillir le président de retour de Dar es-Salaam. Selon les témoignages concordants, ce sont les membres de la Garde Présidentielle qui auraient protégé la famille présidentielle alors que celle-ci était la cible des assaillants juste après l'attentat du 06 avril 1994. Pour cela, il est impossible que la Garde Présidentielle ait fait un coup d'État militaire pour attaquer ensuite la famille du président défunt dont elle avait en même temps la responsabilité de protection !

- Au sujet des « missiles » qui auraient été utilisés pour commettre l'attentat du 06 avril 1994, la Justice française avait présenté une pièce métallique qui serait, semble-t-il, l'une des composantes du missile qui aurait été tiré contre l'avion présidentiel. Sur cette pièce métallique, il y aurait un numéro de série. Si tel est le cas, il n'y aurait pas besoin de faire des recherches très compliquées et très coûteuses : il suffirait de faire une enquête simple pour déterminer l'origine du missile à partir de son numéro de série. Et à partir de ces informations, on saura qui aurait acheté ce missile il nous expliquera comment cette arme est arrivée dans le jardin de la résidence présidentielle à Kanombe.

- Conformément au même témoignage de l'avocat du Front Patriotique Rwandais, je me permets de demander des explications : une enquête aurait-elle été menée pour déterminer l'origine dudit « missile » et son fabricant éventuel ? Si oui, ledit missile aurait-il été acheté par l'armée rwandaise avant le 06 avril 1994 ? Ou bien, ce missile aurait-il été acheté par un autre acquéreur ? Si oui, lequel ? Si l'acheteur dudit missile est connu, quelles sont ses explications concernant la présence de cette arme au Rwanda, plus précisément sur le lieu du crime à Kanombe ?

- J'aimerais formuler quelques observations sur la « reconstitution » des faits concernant l'attentat du 06 avril 1994, reconstitution dont s'est servi l'avocat du Front Patriotique Rwandais pour défendre ses clients - ce qui est tout-à-fait compréhensible et légal : j'ai mené une petite enquête indépendante, dans le cadre de mes recherches personnelles, pour savoir comment s'est déroulée cette « reconstitution » de l'attentat du 06 avril 1994. Selon différents témoignages que j'ai obtenus, aucun membre de la famille du feu président J. Habyarimana n'aurait participé à cette reconstitution de l'attentat du 06 avril 1994 ; aucun membre de l'ancienne Garde Présidentielle n'aurait été aperçu sur les lieux lors de la dite « reconstitution » des faits ; aucun ancien Casque Bleu parmi ceux qui se trouvaient à l'aéroport le 06 avril 1994 n'aurait participé non plus à la récente « reconstitution » du même attentat ! Je reconnais que ces informations m'ont été transmises par des témoins tiers dans le cadre de ma modeste enquête de recherche. Au cas où ces témoignages seraient confirmés, cette « reconstitution » récente de l'attentat du 06 avril 1994 serait en-deçà des attentes des victimes du génocide au Rwanda : comment pourrait-on faire une « reconstitution » des faits du passé en l'absence des « témoins directs » des événements concernés ? Surtout que même l'hypothèse de départ des experts - concernant l'utilisation de « missiles » - est discutable comme nous venons de l'exposer ci-dessus.

- Enfin, l'argument du « coup d'État militaire » semble trop facile et fantaisiste : tout se passe comme si cet argument avait été planifié bien avant l'attentat ! En plus des Casques Bleus qui avaient des responsabilités dans la zone où se trouve l'aéroport de Kanombe, il y avait aussi plusieurs militaires étrangers à l'intérieur même du Camp Militaire de Kanombe - dont plusieurs instructeurs et conseillers militaires français. Étant donné que des militaires français ont été tués dans l'attentat du 06 avril 1994, au cas où les auteurs de cet attentat seraient des militaires rwandais, l'affaire aurait été élucidée immédiatement ! Car, non seulement les Casques Bleus avaient des informateurs partout au sein de l'armée et au sein de l'administration au Rwanda, mais aussi, certains militaires français étaient directement chargés du renseignement militaire au Rwanda. Pour toutes ces raisons, l'hypothèse selon laquelle l'armée régulière aurait fait un coup d'État paraît très discutable !

- Par ailleurs, un autre élément supplémentaire fragilise l'accusation selon laquelle l'armée régulière aurait abattu l'avion présidentiel dans le cadre d'un coup d'État : comme je l'ai présenté et développé dans mon dernier ouvrage *Le génocide au Rwanda : postures et impostures génocidaires* (2015), toute la nuit du 06 au 07 avril 1994, le président Mobutu de l'ex-Zaïre aurait essayé de s'impliquer directement pour assurer la sécurité des populations civiles et garantir le processus de mise en application des Accords d'Arusha - accords qui ont été à l'origine de toutes les complications jusqu'au déclenchement du génocide au Rwanda. Dans cette perspective, le président Mobutu aurait proposé un ancien ministre des affaires étrangères, C. Bizimungu, comme futur président *ad intérim*. Cependant, selon différents témoignages concordants, les représentants de la communauté internationale à Kigali et une partie de l'opposition politique aurait refusé cette proposition. Devant ce refus, le matin du 07 avril 1994, le président Mobutu aurait annoncé qu'il se retirait définitivement du dossier rwandais. A partir de ce moment, les négociations auraient immédiatement commencé pour mettre en place un Gouvernement Intérimaire : ce sont des représentants de la communauté internationale à Kigali qui ont engagé les contacts. D'abord, les négociations auraient eu lieu à l'Hôtel des Diplomates. Puis, suite aux combats dans la ville de Kigali, en particulier les tirs à l'arme lourde qui visaient le camp militaire du Camp Kigali - où était situé l'État-Major de l'armée régulière, ces négociations se seraient poursuivies dans une ambassade occidentale à Kigali. D'après plusieurs sources qui se recoupent, la prestation de serment du Gouvernement Intérimaire aurait eu lieu au sein de la même ambassade d'un pays occidental !

Pour toutes ces raisons, une question mérite d'être posée : la Garde Présidentielle aurait-elle fait un coup d'État et, en fin de compte, c'est une ambassade étrangère qui a pris le pouvoir ? Dans ces conditions, il y aurait eu finalement deux coups d'États : le premier contre J. Habyarimana - par l'armée ; le second contre l'armée - de la part de la représentation occidentale à Kigali ! A partir de ces observations, pour ma part, l'argumentation selon laquelle l'armée rwandaise aurait fait un coup d'État paraît tout simplement fantaisiste et discutable !

*J. Habyarimana, un « homme de paix » ?*

Je me permets de rappeler que lors du coup d'État de 1973, une junte militaire dirigée par J. Habyarimana a commis des massacres politiques qui n'ont jamais été jugés à ce jour. Cependant, étant donné que ce putsch militaire s'inscrivait dans la série des violences politiques qui ont secoué toute l'Afrique sous l'influence de la « guerre froide », l'Occident aurait « excusé » J. Habyarimana de ces crimes politiques qui ont suivi le coup d'État contre son prédécesseur G. Kayibanda ! En plus de ces crimes pour prendre le pouvoir par la force, nous ne pouvons pas oublier non plus l'idéologie « régionaliste » de J. Habyarimana qui a fait beaucoup de mal à la majorité des Rwandais, quelle que soit leur appartenance communautaire aux pseudos ethnies : en réalité, le régionalisme aura été un crime politique à part entière depuis les années 60.

Certes, au début des années 1990, J. Habyarimana a été victime d'une campagne de diabolisation au Rwanda et sur la scène internationale ; oui, J. Habyarimana a été victime d'un attentat et a été tué dans des conditions inacceptables pour tout être humain - président ou non. Mais, affirmer publiquement que J. Habyarimana était un « *homme de paix* » et que c'est pour cela qu'il aurait été assassiné par les siens - selon l'avocat du Front Patriotique Rwandais déjà cité -, moi je n'irais pas jusque là ! Et ce ne sont pas les familles de ceux qui ont été massacrés en 1973 qui diraient le contraire. Les aspects « pacifistes » de l'exercice du pouvoir de J. Habyarimana étaient liés au calcul politique : comme tout politicien, il adaptait sa stratégie aux circonstances historiques pour se maintenir au pouvoir.

Malheureusement, depuis la fin du génocide au Rwanda, la situation n'a pas changé : comme en 1973, une junte militaire a pris le pouvoir par la force et les affaires continuent, avec la bénédiction de la communauté internationale. Les hommes passent et/ou se font massacrer, mais la dictature reste !

Constat : à partir de toutes ces observations, les différents arguments qui ont été avancés par l'avocat du Front Patriotique Rwandais sont, eux aussi, très discutables !

### 4. Le « devoir » de la France en question

Lors de son témoignage, toujours dans le cadre des émissions radiophoniques de Radio France Internationale, le représentant de l'armée française a préféré « renvoyer » la question du journaliste à ce dernier : « pourquoi la France devait-elle intervenir au Rwanda ; pourquoi pas un autre pays ou une autre puissance de ce monde ; pourquoi nécessairement la France, pourquoi, pourquoi... ? », demandait-il avec insistance !

Dans mon ouvrage *Le génocide au Rwanda : postures et impostures génocidaires*, j'ai largement développé les différents éléments qui permettent de répondre à la question ci-dessus posée par le représentant de l'armée française :

Premièrement, la France aurait dû intervenir au Rwanda immédiatement après l'attentat du 06 avril 1994 parce que c'est elle, la France, qui avait obligé le feu président rwandais J. Habyarimana a négocier la paix « d'égal à égal » avec le Front Patriotique Rwandais. Cela alors que ce mouvement armé avait engagé une guerre gratuite contre le Rwanda en octobre 1990. En effet, suite à l'intervention du Pape Jean-Paul II, le gouvernement rwandais de l'époque avait accepté le retour pacifique d'exilés rwandais. Lorsque le Front Patriotique Rwandais a lancé ses premières attaques armées, les premiers groupes de ces exilés étaient attendus au Rwanda ;

Deuxièmement, la France aurait dû intervenir immédiatement au Rwanda car, c'est elle, la France, qui a supervisé la rédaction des Accords d'Arusha. Or, tous les observateurs - y compris des étrangers - reconnaissaient que le contenu de ces accords étaient inapplicable ! Pourtant, malgré les résistances de J. Habyarimana, la France qui le soutenait militairement l'a obligé à signer ces Accords d'Arusha qui donnaient presque tous les pouvoirs à la rébellion du Front Patriotique Rwandais ! Pour cette raison, la France a une responsabilité diplomatique et morale sur les conséquences de ces Accords : l'attentat du 06 avril 1994 et le déclenchement du génocide au Rwanda ;

Troisièmement, la France avait soutenu militairement le Rwanda : compte tenu de l'embargo sur les armes dans le cadre des Accords d'Arusha, la France connaissait mieux que quiconque le risque de déstabilisation du Rwanda étant donné que l'armée régulière ne pouvait pas se procurer des armes et des minutions pour défendre le pays ;

Quatrièmement, la France aurait dû intervenir au Rwanda de manière impartiale et non partisane : juste après l'attentat du 06 avril 1994, d'après différents témoignages qui se recoupent, la France a menée une double intervention militaire et diplomatique mais en secret : sur le plan militaire, un groupe de militaires français aurait combattu sous les ordres du Gouvernement Intérimaire et ainsi, ces militaires français auraient participé à la planification et à l'exécution des crimes génocidaires. Pourtant, il était possible de s'interposer entre les deux camps en conflit armé pour garantir la sécurité des populations civiles. Sur le plan diplomatique, la France a envoyé un émissaire spécial aux côtés de P. Kagame et son Front Patriotique Rwandais ! Or, cette action diplomatique aurait permis d'arrêter les massacres si la France avait accepté de discuter et de négocier avec toutes les parties impliquées dans le conflit armé. Au contraire, la France a décidé de négocier uniquement avec la rébellion du Front Patriotique Rwandais. En substance, la France a tout simplement appliqué la stratégie de « *diviser pour mieux régner* » : d'un côté, un groupe de soldats français combattait clandestinement sous les ordres du Gouvernement Intérimaire, de l'autre, la France soutenait diplomatiquement le Front Patriotique Rwandais pour l'aider à prendre le pouvoir par la force ! Conformément au commentaire d'un témoin que j'ai déjà cité dans mon dernier ouvrage *Le génocide au Rwanda : postures et impostures génocidaires* (2015), l'envoi d'un groupe de soldats aux côtés du Gouvernement Intérimaire n'aurait été qu'un « leurre » ;

Cinquièmement, la France aurait dû intervenir au Rwanda car, après le rejet de la proposition du feu président Mobutu qui voulait s'impliquer directement pour protéger la capitale rwandaise et favoriser le processus de paix, l'ambassade occidentale qui aurait pris le pouvoir à Kigali, ce serait l'ambassade de France ! Pour cette raison, étant donné que la France aurait pris le pouvoir dès le 07 avril 1994, étant donné que la prestation de serment du Gouvernement Intérimaire aurait eu lieu - selon certains témoins - au sein même de l'ambassade de France à Kigali, dans ces conditions, la France avait le devoir d'assumer toutes les responsabilités étatiques au Rwanda, y compris la protection des populations civiles ;

Enfin, la France aurait dû intervenir immédiatement au Rwanda parce que, dès le 7 avril 1994, les massacres ont commencé dans tout le pays. Or, la France affirme être le « garant » de la morale et de la Justice dans le monde. Ainsi, de par sa mission de défendre les « valeurs universelles » des « Droits de l'Homme » partout dans le monde, au nom de ses « principes » et de ses « responsabilités » dans le concert des nations « civilisées », la France aurait dû venir au secours des victimes et des opprimés avant qu'il ne soit trop tard !

Les voilà les raisons pour lesquelles la responsabilité de la France est engagée au premier chef, en ce qui concerne la non-intervention des pays tiers pour arrêter les massacres pendant le génocide au Rwanda de 1994.

# Chapitre II. TÉMOIGNAGES DES SOURCES INDÉPENDANTES

Dans mon ouvrage *Le génocide au Rwanda : postures et impostures génocidaires* déjà cité, j'ai publié trois témoignages importants sur les circonstances de la survenue du génocide au Rwanda en 1994 : j'ai effectué plusieurs recherches de vérification, le contenu de ces différents témoignages est incontestable. A moins que l'on me prouve le contraire au moyen de nouvelles preuves matérielles irréfutables.

Plus particulièrement, j'ai découvert que les chercheurs de Human Rights Watch et de la Fédération Internationale des Ligues des Droits de l'Homme avaient déjà publié des éléments très intéressants concernant l'attentat du 06 avril 1994.

Dans le cadre de la présente discussion, voici l'extrait des résultats de l'enquête de Human Rights Watch suivi des trois témoignages que j'ai déjà publiés dans mon dernier ouvrage ci-dessus cité ; cela permettra à mes futurs lecteurs d'apprécier par eux-même la nature des faits :

## 1. Récit sur l'attentat du 06 avril 1994 selon Human Rights Watch

« Certains éléments indiquent que Bagosora et d'autres militaires s'attendaient peu-être à ce que quelque chose se passe au retour de Habyarimana. Selon un témoin, Bagosora, qui avait quitté Kigali le 30 ou le 31 mars pour des vacances, rentra précipitamment le 4 avril. Plusieurs témoins affirment que les soldats de la Garde présidentielle avaient dressé des barricades et qu'ils patrouillaient dans le quartier où résidaient les ministres et d'autres dirigeants du MRND peu de temps avant, ou juste après que l'avion ait été abattu. Immédiatement, après l'accident, des tirs sporadiques éclatèrent à proximité du camp de Kanombe où était cantonnée la Garde présidentielle. Peu après, des soldats du bataillon de paracommandos, l'un des plus étroitement liés aux extrémistes, commencèrent à tuer les gens établis sur la colline de Masaka, lieu d'où les tirs de missiles avaient été déclenchés. Ces soldats appartenant à l'un des régiments les mieux entraînés de l'armée rwandaise continuèrent apparemment leur offensive contre les civils de Masaka durant trente-six heures après la reprise des combats avec le FPR, alors qu'ils auraient pu être plus utiles pour combattre l'ennemi. La population locale n'ayant pas de toute évidence procédé aux tirs de missiles, les soldats ne pouvaient donc pas à chercher à se venger et il est probable qu'ils essayèrent plutôt d'éliminer les témoins.

Les partisans de Habyarimana accusèrent les Belges d'être impliqués dans l'assassinat, mais sans en avoir jamais fourni la moindre preuve. D'autres laissèrent entendre que les Français - probablement un noyau de personnalités influentes plutôt que le gouvernement en tant que tel - avaient participé à l'assassinat d'un chef qui avait cessé de leur être utile. Selon certaines sources liées aux services de renseignements européens, les numéros figurant sur les lanceurs de missiles permirent de les identifier comme faisant partie d'armes saisies par la France à l'Irak pendant la guerre du golf. Un soldat français confirma cette information et un autre parla des tentatives d'achat de missiles semblables auprès d'un vendeur d'armes privé et d'une compagnie française autorisée à les exporter. Le gouvernement français dementit ces accusations. Une source au sein des services de renseignements américains juge improbable que la France ait saisi ces missiles en Irak, mais qu'elle a pu se les procurer ailleurs. L'ancien ministre Bernard Debré affirma que les missiles venaient des États-Unis, qui les avaient fournis à l'Ouganda, qui les avait à son tour cédés au FPR. L'Ouganda possédait effectivement certains missiles, comme d'autres gouvernements dans la région tels que la Tanzanie et le Soudan. Des mercenaires pouvaient aussi acheter facilement ces armes et se mettre ensuite au service de quiconque était disposé à les rémunérer.

D'autres éléments inexpliqués suggèrent l'existence d'un lien avec des acteurs français. L'avion, cadeau du gouvernement était piloté par une équipe de trois citoyens français, employés soi-disant par une compagnie privée. Les responsables français reconnurent que ces trois équipiers étaient morts au service de leur pays, mais n'entreprirent aucune enquête publique sur l'accident de l'avion. Les autorités françaises n'attirèrent pas davantage l'attention sur le meurtre de deux policiers français, apparemment experts en communication, et de l'épouse de l'un d'entre eux qui, le 8 avril, furent trouvés et tués par des membres du FPR, dans une maison située près de l'aéroport. Autre affaire non élucidé : François de Grossouvre, confident et conseiller du Président Mitterrand pour les affaires africaines, se suicida le 7 avril à Paris au Palais de l'Élysée. Il avait été lié à Habyarimana et au capitaine Paul Barril, un ancien policier français qui avait été employé pour assurer la sécurité de Habyarimana. Barril qui était au Rwanda le 7 avril, serait resté au service de Madame Habyarimana, s'efforçant notamment de persuader la presse que le FPR avait abattu l'avion.

Établir la responsabilité de la mort de Habyarimana est un problème important, mais il est différent de celui concernant la responsabilité du génocide. Nous savons peu de choses sur les auteurs de l'assassinat de Habyarimana. Nous en savons davantage sur ceux qui ont pu utiliser cet assassinat comme prétexte pour déclencher des massacres préparés depuis des mois. Les chefs du Hutu Power espéraient que tuer des Tutsi inciterait le FPR à reprendre les affrontements et que cela leur offrirait une nouvelle chance de se retrouver victorieux ou au moins, de provoquer l'ouverture de nouvelles négociations qui leur permettraient de revenir sur certaines des concessions faites à Arusha.

La Garde présidentielle déclencha le massacre des Tutsi et d'autres civils, peu après le décès d'Habyarimana. Seize heures plus tard, les soldats du FPR sortaient de leur quartier général pour affronter les soldats rwandais et la guerre reprenait de nouveau »[151].

Afin de préserver la neutralité dans le débat, je ne fais aucun commentaire au sujet du témoignage très édifiant ci-dessus cité. Je propose tout simplement à mes futurs lecteurs et lectrices de confronter ce récit de Human Rights Watch aux trois témoignages indépendants qui suivent - témoignages dont j'ai déjà publié le contenu dans mes précédents travaux de recherche :

## 2. Autres témoignages indépendants

### *Premier témoignage : été 1994*

Pendant l'été 1994, lors de mon séjour à la Maison Régionale des Pères Blancs à Bukavu (à l'est de l'ex-Zaïre), certains anciens responsables politiques de l'opposition au Rwanda - exilés à Bukavu - se présentèrent pour rencontrer un responsable de l'Église du Rwanda qui s'y était réfugié. Je fus étonné par cette visite car, parmi ce groupe d'anciens responsables de l'opposition politique au Rwanda, certains étaient soupçonnés - à tord ou à raison - d'avoir encouragé les massacres. Mais, à cette époque, personne n'avait encore d'éléments de certitude sur toutes les rumeurs qui circulaient ; même le Tribunal Pénal International pour le Rwanda n'était pas encore créé. Après cette rencontre très discrète, j'ai demandé au responsable de l'Église du Rwanda - qui venait de les recevoir - s'il pouvait m'accorder aussi un entretien. Ce qu'il accepta sans aucune hésitation. D'ailleurs, il m'avait déjà brièvement reçu dès mon arrivée à la Maison Régionale des Pères Blancs. Sans attendre, dès que je fus dans son modeste bureau, je lui ai demandé pourquoi il avait accepté de recevoir des personnes dont certaines étaient soupçonnées d'avoir encouragé directement ou indirectement les massacres au Rwanda : l'affaire était encore très récente et je ne pouvais pas me retenir !

Le responsable de l'Église du Rwanda - en exil à Bukavu - me répondit :

« Je suis un responsable de l'Église. J'ai le devoir d'écouter tout le monde sans *a priori*. Ce n'est pas à nous de juger qui que ce soit. C'est à la Justice Humaine d'établir les responsabilités ».

J'ai profité de cette opportunité pour poser d'autres questions liées aux circonstances de la survenue du génocide au Rwanda. En effet, comme j'avais quitté le Rwanda depuis l'été 1993, le témoignage de quelqu'un qui avait directement vécu les événements était pour moi capital. De plus, c'était de la part d'un personnage « hors de tout soupçon » d'appartenir à un quelconque courant politique. J'ai d'abord posé la question concernant le massacre des évêques à Kabgayi, au début du mois de juin 1994 : parmi ceux qui étaient en leur compagnie et qui ont été aussi tués, certains avaient été

---

151 HUMAN RIGHTS WATCH (sous la direction de A. Des Forges), *Aucun témoin ne doit survivre - Le génocide au Rwanda*, *op. cit.*, pp. 217 - 218.

mes professeurs au petit séminaire de Kabgayi - j'y ai étudié avant d'aller continuer mes études secondaires au Groupe Scolaire Saint-André de Kigali.

Ensuite, j'ai posé la question concernant la « vacation » de pouvoir au Rwanda qui a conduit le pays au chaos après la mort du feu président J. Habyarimana dans l'attentat du 06 avril 1994. Sur ce point, à ma grande surprise, mon interlocuteur fut très bavard et précis. Il s'interrogeait sur les raisons qui ont poussé les Rwandais à massacrer leurs voisins, plus particulièrement les plus modestes qui n'avaient pas d'intérêts politiques à défendre. Puis, il ajouta :

« (...) Par exemple, le président intérimaire Sindikubwabo je le connais bien depuis longtemps. Je ne crois pas qu'il ait pu planifier un génocide, avant le 06 avril 1994, sans que nous puissions en être informé. Certes, tout est possible avec la nature humaine. Cependant, mon sentiment, c'est qu'il a dû se passer quelque chose dans la nuit du 06 au 07 avril 1994 ; quelque chose qui a changé cet homme. D'ailleurs, je me demande : pourquoi l'armée est-elle venue le chercher juste après la mort de J. Habyarimana ? Certes, il était président du Conseil National pour le Développement (l'Assemblée Nationale). Mais, il ne faisait pas partie de l'entourage du président au point de faire recours à lui précipitamment, tard dans la nuit ! En tout cas, il se passait sans doute quelque chose à Kigali, juste après la mort de J. Habyarimana. Tout s'est passé comme si l'armée avait besoin de Sindikubwabo pour servir de « témoin » des faits. Cela afin que quiconque ne puisse attribuer la mort de J. Habyarimana à son entourage. Mon hypothèse c'est que, après avoir constaté les « faits », Sindikubwabo aurait finalement adhéré à l'« idéologie extrémiste » de certains Hutu de l'Akazu (cercle rapproché du régime). Il nous reste à savoir ce qu'il aurait vu au juste, cette nuit là du 06 au 07 avril 1994. Car, à partir de cette nuit là, il est devenu un « autre homme » ! Par exemple, lorsqu'il a prononcé son discours d'appel aux massacres dans la région de Butare, nous n'avons pas reconnu l'homme que nous connaissions avant ! ».

J'ai demandé à Mon interlocuteur s'il avait entendu des témoignages précis, de la part d'autres personnes, sur les raisons qui ont poussé l'armée régulière de l'époque à aller chercher Th. Sindikubwabo précipitamment, juste après la mort de J. Habyarimana le 06 avril 1994. Et, à cette question, il poursuit :

« Jeune homme, vous ne lâchez rien apparemment ! On ne peut rien vous cacher ? Effectivement, je me rappelle que le 06 avril (1994) vers minuit, certains hauts responsables politiques nous ont contactés, moi-même et d'autres responsables de l'Église, pour nous demander des conseils. L'armée venait de contacter ces responsables politiques pour organiser la prise des fonctions du Président *ad intérim*. Pour ma part, j'ai voulu savoir quelles étaient les circonstances exactes de l'attentat dont J. Habyarimana et ses proches collaborateurs venaient d'être victimes. Un des responsables politiques m'a affirmé que lui-même ne savait pas. Seulement, il m'a informé, sans plus de détails, que l'armée détiendrait des « suspects » de nationalité étrangère. Selon son témoignage, entre autres les raisons pour lesquelles on (l'armée) avait fait appel à lui, il y avait ce problème concernant des « suspects » : ce point précis l'inquiétait en premier lieu. Il me demandait mon avis car, l'affaire dépassait apparemment le seul cadre des institutions du Rwanda. Je lui ai répondu qu'il devait associer, autant que possible, toute la classe politique à la résolution de ce problème épineux. Mais, ne sachant pas si l'armée disait la vérité ou non, je ne pouvais pas m'avancer davantage. Il se pourrait que ce soit des rumeurs car, je n'ai plus entendu parler de cette affaire de « suspects » jusqu'à ce jour ».

*Deuxième témoignage récent*

Tout récemment, c'est un nouveau témoignage qui a réveillé mon souvenir sur l'affaire des « suspects » qui auraient été arrêtés par l'armée régulière concernant l'attentat du 06 avril 1994 au Rwanda :

J'avais appris que l'ancien Chef d'État-Major de l'armée rwandaise aurait déclaré, le 04 avril 1994, qu'il serait en possession d'informations précises concernant une éventuelle déstabilisation des institutions au Rwanda : « Nous avons des éléments irréfutables qui démontrent l'existence d'un projet d'assassiner le chef de l'État. Nous faisons tout pour empêcher toute tentative de déstabilisation des institutions. Cependant, si jamais il arrivait quoi que ce soit, le plan d'action se trouve dans ce carnet. C'est seulement à moi et à moi seul que chacun de vous devra s'adresser ».

J'ai essayé de remonter à la source, avec toutes les difficultés du monde, pour savoir si quelqu'un aurait des informations concernant ce fameux « carnet » du feu Chef d'État-Major de l'armée régulière au Rwanda en avril 1994. Car, même si ce dernier a été assassiné en compagnie du feu président J. Habyarimana, certains de ses collaborateurs - et/ou ses anciens gardes du corps - seraient encore en vie. Mais, je n'ai pas réussi à obtenir des pistes fiables.

Lors d'un entretien avec un témoin qui savait certaines choses concernant la haute sphère du pouvoir de l'époque au Rwanda, j'ai évoqué la déclaration du feu Chef d'État-Major ci-dessus cité et je l'ai interrogé pour savoir s'il aurait des informations concernant le fameux « carnet » :

*Mon interlocuteur* : « Je ne suis pas au courant de cette déclaration ni de l'existence de ce carnet. C'est peut-être le Capitaine (…) qui aurait pu vous éclairer là-dessus. Car, avant de se précipiter dans sa voiture pour se rendre à l'aéroport, le matin du 06 avril 1994, le Chef d'État-Major aurait remis un dossier personnel au Capitaine (…). Il le considérait comme son petit-frère ; ils avaient tous les deux combattu ensemble dans le Mutara au début de la guerre. Il lui disait souvent : « Vous êtes le deuxième soldat du Rwanda, après moi ! ».

J'ai demandé à Mon interlocuteur : où se trouverait ce Capitaine ?

*Mon interlocuteur* : « Il est mort ».

J'ai demandé : Il est mort au combat, en 1994 ?

*Mon interlocuteur* : « Mais, non ! Lui et tous ceux qui sont intervenus à l'aéroport de Kanombe le soir du 06 avril 1994 ont été assassinés. Enfin, presque tous, sauf les éléments de la Garde Présidentielle car, très peu de gens connaissaient leur identité ».

J'ai demandé : Ils ont été tués par qui, où et dans quelles conditions ?

*Mon interlocuteur* : « Un commando spécial les a assassinés, un par un ! Peut-être l'un ou l'autre se cacherait encore dans les forêts au Congo ! Mais, je n'en suis pas sûr. Par exemple, le Capitaine (...) a été tué très tard : comme c'était un tireur d'élite et responsable de toutes les opérations de pilonnage à l'arme lourde de l'armée régulière, il avait des gardes-du-corps en tout moment. C'est seulement pendant la débandade qu'il a été assassiné, près de la frontière entre la ville de Gisenyi et Goma au Zaïre ».

J'ai demandé : Selon vous, pourquoi tous ceux qui sont intervenus à l'aéroport de Kanombe le soir du 06 avril 1994 auraient-ils été assassinés ? J'ai ajouté : il doit exister nécessairement une raison.

*Mon interlocuteur* : « D'après certains témoignages, ils auraient arrêtés des « suspects », des Blancs paraît-il. Puis, ils les auraient conduits à l'État-Major au Camp Kigali. L'information est vraisemblable car, le camp militaire de la Garde Présidentielle a été attaqué quelques heures seulement après l'attentat de Kanombe : les assaillants cherchaient à obtenir la libération des « suspects » et soupçonnaient la Garde Présidentielle de les retenir à Kimihurura. Mais, apparemment, ils avaient été plutôt emmenés au Camp Kigali ».

J'ai demandé : D'après ce que vous savez, où seraient-ils passés ces « suspects » ? Que sont-ils devenus ?

*Mon interlocuteur* : « Ah ! Vous aussi ! Comme tous les civils, vous ne comprenez pas les situations de guerre ! Voici l'histoire : Au petit matin du 07 avril 1994, à la demande des autorités d'intérim, l'armée régulière a contacté le Premier Ministre Mme A. Uwiringiyimana pour qu'elle se rende à une réunion urgente au Camp Kigali. D'autres personnalités politiques y étaient aussi invitées. Le problème prioritaire de cette réunion, c'était le cas des « suspects » Blancs. Mais, Mme A. Uwiringiyimana aurait refusé de participer à cette réunion car, elle prétextait de ne pas pouvoir quitter son domicile à cause des combats qui avaient lieu tout autour de chez-elle. L'État-Major lui aurait proposé d'envoyer un escorte pour l'accompagner. Mais, comme elle ne faisait pas confiance à l'entourage de J. Habyarimana, elle aurait refusé d'être escortée par l'armée régulière. Par la suite, Mme A. Uwiringiyimana aurait proposé de se rendre au Camp Kigali à condition d'être sous la protection des Casques Bleus de la MINUAR (*Mission des Nations-Unies au Rwanda,* à l'époque des faits). L'État-Major aurait accepté sa proposition. La suite, vous la connaissez, non ? »

J'ai répondu : Non. La suite, je ne la connais pas. En 1994, je ne vivais pas au Rwanda.

*Mon interlocuteur* : « Mais, vous savez tout de même ce qui est arrivé à Mme A. Uwiringiyimana ? »

J'ai répondu : J'ai appris qu'elle a été assassinée. Mais, pas plus de détails sur cette histoire tragique. J'aimerais connaître les circonstances exactes, si c'est possible.

*Mon interlocuteur* : « Comme il y avait des combats partout, Mme A. Uwiringiyimana aurait avancé, sur plusieurs barrières des miliciens, qu'elle se rendait à la Radio Nationale pour s'adresser à toute la population. Mais, lorsqu'ils sont arrivés au Centre-ville, elle et les Casques Bleus qui l'accompagnaient, cet argument n'était plus possible à avancer ! Car, les barrières étaient sous le contrôle des militaires dont des officiers : ceux-ci savaient bien qu'elle n'avait pas besoin de se rendre à la radio pour diffuser un discours ».

J'ai réagi : Et selon vous, ce serait pour cette raison que Mme A. Uwiringiyimana et les Casques Bleus auraient été assassinés ?

*Mon interlocuteur* : « Bien sûr que non ! Il y avait sans doute d'autres raisons. Entre autres ces raisons, pour ma part, ce sont les circonstances de la mort de J. Habyarimana qui expliqueraient cet assassinat : quelques semaines avant le 06 avril 1994, au mois de mars si ma mémoire est bonne, Mme A. Uwiringiyimana avait prononcé un discours dans lequel elle invitait les Rwandais à faire une « révolution » pour renverser la dictature de J. Habyarimana. Vous comprenez, l'attentat du 06 avril 1994 n'arrangeait pas sa situation aux yeux de l'armée fidèle à J. Habyarimana ! Par ailleurs, quelques semaines juste avant le 06 avril 1994, des Casques Bleus Belges avaient régulièrement fait une « descente » dans les quartiers chauds de Kigali pour arrêter et humilier certains chefs des milices proches du pouvoir. Des informations circulaient selon lesquelles les militaires auraient voulu en découdre avec ce qu'ils appelaient l'« occupation coloniale »! C'est le président J. Habyarimana en personne qui serait intervenu pour calmer le jeu. Enfin, ce matin là, les Casques Bleus qui accompagnaient Mme A. Uwiringiyimana auraient commis une imprudence fatale : comme l'armée leur refusait le passage sur la barrière, certains d'entre eux seraient sortis de leur véhicule blindé pour essayer d'intimider, comme d'habitude, les « craintifs Hutu » ! Mais cette fois-ci, c'était des parachutistes aguerris et J. Habyarimana n'était plus là pour calmer le jeu ».

J'ai demandé : Si telles sont, selon vous, les circonstances de l'assassinat dont Mme A. Uwiringiyimana et son escorte auraient été victimes, que sont-ils devenus les « suspects » Blancs ?

*Mon interlocuteur* : « Torturés à mort. Dès que la nouvelle s'est répandue concernant l'assassinat de Mme A. Uwiringiyimana et les Casques Bleus, ce fut un tournant dans l'histoire du Rwanda. Les Casques Bleus étaient fous de rage suite à l'assassinat des leurs, tandis que l'armée régulière, en particulier la Garde Présidentielle, criait au « patriotisme » et dénonçait une « attaque » qui aurait été menée par des Casques Bleus contre les institutions du pays. Mais en réalité, il n'en était rien, ces Casques Bleus auraient été sollicités par Mme A. Uwiringiyimana ».

J'ai demandé : Dans ces conditions, que sont devenus les corps de ces « suspects Blancs » ?

*Mon interlocuteur* : « Leur sort a été lié à celui des six Casques Bleus assassinés le matin du 07 avril 1994 ».

Immédiatement, j'ai réagi : Vous avez dit « six Casques Bleus » ?

*Mon interlocuteur* : « Oui ».

J'ai ajouté : Mais, nous savions plutôt qu'il y a eu dix Casques Bleus assassinés le 07 avril 1994 au Rwanda.

*Mon interlocuteur* : « Ah ! Ah ! Voilà ce qui est amusant ! Vous croyez aussi à cette fable ? Il y a eu cinq ou six Casques Bleus assassinés en compagnie de Mme A. Uwiringiyimana. Pas un de plus. Surtout, ceux qui étaient sortis de leur véhicule. Les autres ont pris la fuite, poursuivis par la foule ivre de rage et armée de machettes ! Ce fut une scène pitoyable. Par la suite, les cinq ou six corps des Casques Bleus ont été remis à leur commandement ».

J'ai réagi : Alors, d'où vient-il le chiffre des dix Casques Bleus assassinés le 07 avril 1994 à Kigali ?

*Mon interlocuteur* : « Aux cinq ou six corps des Casques Bleus, il faut ajouter les corps des « suspects » Blancs. Voilà la grande affaire, voilà pourquoi tous les témoins ont été assassinés, d'autres réduits au silence jusqu'à nos jours ».

J'ai demandé : Étant donné que les corps ont été officiellement remis à la Belgique, voulez-vous dire que ces « suspects » seraient-ils aussi de nationalité belge ?

*Mon interlocuteur* : « Mais, non ! Vous ne connaissez rien en matière de guerre et de diplomatie ! Dès la nuit du 06 au 07 avril 1994, des combats intenses opposaient l'armée régulière aux éléments du Front Patriotique Rwandais appuyés par des Casques Bleus. Cela est connu de tous car, tous les habitants de Kigali ont assisté à différents accrochages. Par ailleurs, le 07 avril 1994 ou le lendemain, la Garde Présidentielle a investi le quartier général des Casques Bleus au Conseil National pour le Développement (CND). Selon plusieurs témoins, il y aurait eu des morts et des blessés dans chaque camp. C'est suite à cette attaque et aux combats en corps à corps, jusqu'aux derniers étages du CND, que les Casques Bleus Belges ont décidé d'évacuer les lieux pour aller s'installer à l'École Technique Officielle de Kicukiro. Donc, vous comprenez l'origine des « dix Casques Bleus » assassinés : le massacre des Casques Bleus du 07 avril 1994 aura couvert tous les autres cas de Casques Bleus qui auraient été tués dans les combats acharnés contre l'armée régulière. Mais, officiellement, personne ne peut l'admettre. Voilà l'histoire ».

Je commençais à ranger mes papiers pour partir et, Mon interlocuteur m'interpella :

*Mon interlocuteur* : « Après tout, les Casques Bleus ne sont pas les seuls soldats étrangers à avoir été assassinés. D'autres soldats étrangers ont été assassinés, y compris même des Français ».

J'ai demandé : Le même jour, le 07 avril 1994 ?

*Mon interlocuteur* : « La veille, le 06 avril 1994, juste après l'attentat contre l'avion présidentiel, deux soldats français connus de tous ont été assassinés ».

J'ai demandé : Qui étaient-ils ? Que faisaient-ils à l'aéroport selon vous ? Et qui les aurait assassinés ?

*Mon interlocuteur* : « Eux aussi, ils s'occupaient de l'avion présidentiel. Mais ce jour là, ils n'étaient pas partis à Dar es-Salaam. Pour certains témoignages, ces deux soldats français auraient été soupçonnés par certains fidèles à J. Habyarimana d'avoir participé à la planification de l'attentat du 06 avril 1994. Pour cela, ils auraient été immédiatement assassinés à l'aéroport après l'attentat. Pour d'autres commentateurs, ils auraient plutôt élevé la voix pour exiger une enquête immédiate : troublés par la mort de leurs trois collègues pilotes, ils auraient commencé à accuser leur hiérarchie d'incompétence compte tenu du drame qu'ils n'auraient pas su empêcher. Dans ce contexte, ils auraient été considérés comme des « témoins gênants » et auraient été assassinés ».

J'ai demandé : Par qui ?

*Mon interlocuteur* : « Par les leurs, selon certains commentaires qui circulaient à l'époque. De plus, il existe une autre piste : peut-être faisaient-ils partie des dits « suspects » qui auraient été capturés aux abords de l'aéroport de Kanombe et qui auraient été détenus dans la nuit du 06 au 07 avril 1994 au Quartier Général de l'État-Major au Camp Kigali. Qui sait ? D'ailleurs, sur ce point précis, auriez-vous déjà entendu parler d'une quelconque enquête visant à clarifier les circonstances de l'assassinat de ces deux soldats français ? C'est le silence total depuis plus de 20 ans ! Le grand public n'est même pas au courant qu'il y a eu deux autres soldats français assassinés, en plus des trois membres de l'équipage de l'avion présidentiel ! Moi j'ai un point de vue clair là-dessus : quelle que soit la thèse avancée concernant la mort de ces deux soldats français juste après l'attentat du 06 avril 1994, l'assassinat dont ils ont été victimes est incontestablement lié à ce même attentat. Ce qui expliquerait le silence qui entoure leur disparition : silence de la part des Français eux-mêmes, mais aussi, silence du côté de l'Armée Rwandaise de l'époque et de la MINUAR (Mission des Nations-Unies au Rwanda, en 1994) ».

J'ai posé la question suivante à mon interlocuteur : Étant donné ce que vous me décrivez, comment expliqueriez-vous le fait que les militaires français aient finalement soutenu le Gouvernement Intérimaire pendant la période du génocide au Rwanda en 1994 ?

*Mon interlocuteur* : « C'est une question pertinente. En ce qui me concerne, je me limiterais aux deux premiers jours de la crise, à savoir les 06 et 07 avril 1994. Je vous rappelle que le Gouvernement Intérimaire a été installé le 09 avril 1994, si ma mémoire est bonne. Pour cela, il s'est sans doute passé quelque chose qui m'échappe après le 07 avril 1994. Sur ce point précis concernant la tension entre les militaires de l'Armée Rwandaise et les militaires français, je voudrais souligner un événement qui servirait de preuve : juste après l'attentat du 06 avril 1994, tous les militaires français présents au Rwanda et ceux qui sont intervenus dans la nuit en provenance de l'extérieur, tous ces militaires se sont regroupés essentiellement chez Mme la veuve du feu président J. Habyarimana. L'alibi selon laquelle ce geste aurait consisté à « protéger » la famille du feu président J. Habyarimana ne tient pas la route. La réalité c'est que seule Mme la veuve du feu président J. Habyarimana était en mesure de les protéger. Car elle, et elle seule, pouvait contenir la colère de la Garde Présidentielle. Sinon, il y aurait eu d'autres règlements de compte ».

*Troisième témoignage récent*

Afin d'obtenir des éclaircissements sur ce qui « échappait » au témoin que j'ai précédemment cité au sujet de l'attitude ambiguë des militaires français vis-à-vis du pouvoir des Hutu au début du génocide au Rwanda en 1994, j'ai interrogé plusieurs personnalités parmi ceux qui appartenaient au « cercle du pouvoir » à Kigali. Selon l'avis de tous, comme l'avait clairement souligné le témoin ci-dessus cité, il s'est passé beaucoup de choses dans la nuit du 06 au 07 avril 1994 : le témoignage suivant le prouve :

« Le président Mobutu a passé toute la nuit (du 06 au 07 avril 1994) au téléphone : il exigeait que Monsieur C. Bizimungu devienne président *ad intérim*, en attendant la mise en place du gouvernement de transition conformément aux Accords d'Arusha. Mais, les représentants de la communauté internationale à Kigali et une partie de l'opposition étaient hostiles à cette proposition. Je vous rappelle que le 04 avril 1994, le feu président J. Habyarimana avait rendu visite à son homologue Mobutu. Compte tenu de la situation, J. Habyarimana aurait-il donné des consignes à ce dernier, « au cas où » ? C'est possible. Car, le président Mobutu a été intransigeant sur sa proposition : le futur président *ad intérim* c'était C. Bizimungu et personne d'autre. Il le connaissait très bien car, au début de la guerre civile en 1994, C. Bizimungu était ministre des affaires étrangères et il avait géré le dossier de l'intervention militaire des forces étrangères au Rwanda, en particulier l'intervention des militaires zaïrois. Dès que la proposition de Mobutu a été rejetée, celui-ci se serait définitivement retiré du dossier rwandais. Selon plusieurs sources, si sa proposition avait été acceptée, le président Mobutu s'engageait à fournir les troupes nécessaires pour protéger la capitale rwandaise et assurer le processus de transition conformément aux Accords d'Arusha. Ainsi, avec le recul, nous comprenons pourquoi sa proposition a été rejetée : elle gênait les intérêts de beaucoup de monde ! ».

J'ai interrogé mon interlocuteur sur ce qui s'est passé lorsque l'armée rwandaise a appris le retrait du président Mobutu du dossier rwandais. Voici la réponse du témoin :

« Le matin du 07 avril 1994, dès que l'armée régulière a appris que le Zaïre se retirait diplomatiquement et militairement des affaires du Rwanda, c'était la désolation. En particulier, la Garde Présidentielle est devenue agressive : cette unité d'élite avait gardé son calme malgré les attaques dont elle avait été la cible dès 2h00 du matin. Permettez-moi de signaler que beaucoup d'éléments de la Garde Présidentielle de J. Habyarimana suivaient des entraînements au sein de la Division Spéciale Présidentielle (DSP) de Mobutu. Ils avaient donc beaucoup d'affinités avec le Zaïre. Par ailleurs, le Zaïre était jusque là le seul pays à vouloir s'engager militairement au Rwanda pour aider le pouvoir des Hutu. Pour toutes ces raisons, dès que la proposition de Mobutu a été rejetée, ce fut un coup de tonnerre pour l'armée fidèle au feu président J. Habyarimana. Pour ma part, c'est après le retrait de Mobutu, le matin du 07 avril 1994, que les massacres génocidaires ont effectivement commencé. Car, avant ce retrait, l'armée régulière comptait sur l'aide du Zaïre pour défendre le pays et les institutions ».

J'ai posé la question de savoir comment la classe politique rwandaise a accueilli la décision du président Mobutu :

*Mon interlocuteur* : « C'était le chaos total : la figure emblématique de l'opposition, Monsieur F. Twagiramungu, était introuvable ! Selon certaines sources, les Hutu auraient retardé la nomination du Gouvernement Intérimaire pour deux raisons principales : d'une part, après l'assassinat de Mme A. Uwiringiyimana et le fait que Monsieur F. Twagiramungu était introuvable, il était difficile de réunir toute la classe politique pour organiser la mise en place d'un nouveau gouvernement. D'autre part, la communauté internationale refusait de cautionner un gouvernement dans lequel le Front Patriotique Rwandais ne serait pas représenté. Or, ce mouvement armé avait repris les armes dès les premières minutes qui ont suivi l'attentat contre l'avion présidentiel le soir du 06 avril 1994 ! Cela signifiait que le Front Patriotique Rwandais désirait tout simplement prendre le pouvoir par les armes ».

J'ai voulu savoir comment le Gouvernement Intérimaire a finalement été installé :

*Mon interlocuteur* : « C'est la conséquence du double jeu de la communauté internationale dans la survenue du génocide au Rwanda en

1994 : il faut reconnaître que le retrait du président Mobutu a certes inquiété le cercle rapproché du feu président J. Habyarimana mais, ce même retrait a fait les affaires d'une partie de l'opposition qui rêvait de prendre sa revanche sur la dictature en fin de course : certains leaders politiques du sud du pays, surtout ceux qui avaient été victimes du coup d'État de 1973, ont saisi cette occasion pour prendre le pouvoir. Dans cette démarche, ils ont été aidés par les représentants de la communauté internationale à Kigali. Une fois la proposition du président Mobutu rejetée, certains représentants des pays occidentaux et de la MINUAR se sont rapprochés de l'opposition pour former un Gouvernement Intérimaire. Afin de faciliter les choses, ce Gouvernement aurait même prêté serment dans une ambassade occidentale à Kigali ! Vous comprenez vous-même la situation. Inutile d'expliquer que certains Occidentaux se sont engagés aux côtés de ce Gouvernement afin de chasser définitivement du pouvoir les proches du feu président J. Habyarimana. Pour cela, la conséquence a été directe : désormais, les soldats fidèles à la mémoire de J. Habyarimana ont vécu cela comme une trahison et n'ont jamais obéi aux ordres d'un gouvernement qui leur avait été imposé. La Garde Présidentielle, par exemple, est devenue totalement autonome et ne rendait compte à personne de ses opérations ».

### 3. Observations complémentaires de notre part

Il y aurait beaucoup de choses à dire sur les différents témoignages ci-dessus présentés. Seulement, dans la limite de notre modeste réflexion actuelle, nous allons faire un bref commentaire complémentaire à partir du dernier paragraphe du récit de Human Rights Watch que nous avons déjà cité :

« Certains éléments indiquent que Bagosora et d'autres militaires s'attendaient peu-être à ce que quelque chose se passe au retour de Habyarimana. Selon un témoin, Bagosora, qui avait quitté Kigali le 30 ou le 31 mars pour des vacances, rentra précipitamment le 4 avril. Plusieurs témoins affirment que les soldats de la Garde présidentielle avaient dressé des barricades et qu'ils patrouillaient dans le quartier où résidaient les ministres et d'autres dirigeants du MRND peu de temps avant, ou juste après que l'avion ait été abattu. Immédiatement, après l'accident, des tirs sporadiques éclatèrent à proximité du camp de Kanombe où était cantonnée la Garde présidentielle (...) »[152].

Tous les éléments qui ont été présentés par Human Rights Watch dans leur ouvrage qui nous sert de référence se recoupent avec les récits des Rwandais eux-mêmes et avec ceux des observateurs étrangers qui ont été témoins des événements du génocide au Rwanda. Cependant, le problème qui subsiste, c'est celui de l'interprétation qui pourrait être faite *a posteriori* à partir des faits historiques. Par exemple, à partir de l'extrait ci-dessus exposé, tel ou tel

152 *Ibid.*

lecteur pourrait supposer que les proches du feu président J. Habyarimana seraient soupçonnés d'avoir planifié et/ou participé au projet de l'attentat du 06 avril 1994. En effet, comme nous l'avons déjà vu, cette hypothèse fait partie des thèses avancées par certains « spécialistes » pour justifier que ledit attentat serait un coup d'État en vue de commettre un génocide.

Compte tenu des conséquences de l'attentat du 06 avril 1994, toutes les hypothèses sont légitimes pour essayer d'établir les responsabilités de la survenue du génocide au Rwanda. Néanmoins, le seul fait d'avoir observé des comportements particuliers, avant ou juste après l'attentat en question, cela ne devrait pas écarter la prise en compte d'autres éléments. Sans oublier la nécessité de poursuivre l'analyse d'autres pistes possibles concernant l'attentat lui-même et la planification du génocide qui a coûté la vie à plus de 2 000 000 de Rwandais depuis 1994 à ce jour.

Que certains Hutu et dirigeants de la haute sphère du pouvoir aient soupçonné l'imminence d'un attentat contre le feu président rwandais J. Habyarimana, cela n'est plus un secret pour personne. D'ailleurs, avant le 06 avril 1994, les proches du pouvoir en avaient eux-mêmes témoigné :

- Suite à la mort de F. Rwigema en octobre 1990, chef historique du Front Patriotique Rwandais dans des conditions mystérieuses, les Hutu au pouvoir ont très vite compris que la guerre civile à laquelle ils faisaient face était d'une toute autre nature : en effet, immédiatement après la mort de F. Rwigema, la rébellion s'est restructurée, a obtenu divers soutiens matériels et diplomatiques non seulement dans la sous-région mais aussi sur le plan international ! Bref, J. Habyarimana et ses proches ont immédiatement compris que c'était le début de la fin du règne. En témoigne les différents massacres de populations civiles qui suivaient chaque attaque sanglante de la rébellion.

- Le deuxième indice de l'inquiétude et de la méfiance des Hutu se situe à l'époque du premier Congrès du parti politique MDR - *Mouvement Démocratique Républicain* - (octobre 1992) : comme je l'ai développé dans mes travaux de recherche déjà publiés, ce Congrès aura été marqué par des divisions entre les partisans de l'idéologie traditionnelle de l'émancipation des Hutu et les adeptes du changement radical, quelles que soit les alliances de circonstance à établir - y compris avec la rébellion du Front Patriotique Rwandais. Suite à ces divisions, quelques jours seulement après ce premier Congrès du MDR, le feu président J. Habyarimana a prononcé un discours belliqueux à Ruhengeri : ce discours est resté dans les mémoires jusqu'au aujourd'hui !

- Au printemps 1993, un leader important du parti politique MDR, E. Gapyisi, fut assassiné en rentrant chez-lui. Cet assassinat fut interprété par les Hutu au pouvoir, mais aussi part d'autres observateurs indépendants, comme un assassinat politique. En effet, E. Gapyisi prônait une ligne intransigeante de « ni J. Habyarimana, ni le Front Patriotique Rwandais ».

Dans les différents témoignages que j'ai pu recueillir dans le cadre de mes recherches sur le Rwanda, j'ai découvert que la ligne politique de E. Gapyisi avait des adeptes jusqu'au sommet de l'État !

- En octobre 1993, le président burundais démocratiquement élu, M. Ndadaye, fut assassiné lors d'un coup d'État militaire. Or, celui-ci avait vécu au Rwanda avec le statut de réfugié politique. Puis, en août 1993, c'est lui qui avait prononcé un discours historique lors de la signature des Accords d'Arusha entre le président rwandais J. Habyarimana et le président du Front Patriotique Rwandais A. Kanyarengwe. Certains Rwandais l'affirment publiquement jusqu'à la date d'aujourd'hui : l'assassinat du président M. Ndadaye serait, selon ces différents témoignages, une des étapes criminelles qui conduisaient à l'assassinat de J. Habyarimana et à l'embrasement de toute la région.

- Quelques semaines seulement avant l'attentat du 06 avril 1994, un autre leader politique très populaire au Rwanda, F. Gatabazi - président du PSD *Parti Social Démocrate* -, fut assassiné en rentrant chez-lui. Selon certaines sources, il venait de participer à une « réunion » dans un hôtel à Kigali : compte tenu des événements tragiques qui allaient suivre quelques semaines après, certains observateurs se demandent quelle était la nature de cette « réunion ». Quant à l'assassinat de F. Gatabazi, différents témoins considèrent que ce crime est étroitement lié à l'attentat du 06 avril 1994. Que cela soit vrai ou non, ce qui est indiscutable, c'est que tous ces assassinats de leaders politiques Hutu ont influencé le passage à l'acte des foules après le 06 avril 1994 : l'attentat contre J. Habyarimana aura été une humiliation de trop !

- Le 04 avril 1994, le président rwandais J. Habyarimana s'est rendu chez son voisin et confident, le feu président Mobutu de l'ex-Zaïre. Selon différents témoignages d'anciens fidèles du régime de Mobutu, le président J. Habyarimana aurait présenté au président Mobutu des « preuves » concernant l'existence d'un projet d'assassinat contre lui. D'ailleurs, comme nous l'avons déjà vu, dans la nuit du 06 au 07 avril 1994, le président Mobutu aurait essayé de s'impliquer directement afin de sécuriser la capitale rwandaise. Pour cela, il aurait proposé le nom de C. Bizimungu comme président *ad intérim*. Dès que sa proposition fut rejetée par les représentants de la communauté internationale au Rwanda et par une partie de l'opposition politique, le 07 avril 1994 au matin, le président Mobutu se serait retiré définitivement du dossier rwandais.

- Le 04 avril 1994, comme je l'ai déjà publié dans mes travaux de recherche précédents, le Chef de l'État-Major de l'armée rwandaise de l'époque, le Général-Major D. Nsabimana, aurait fait une déclaration selon laquelle il détiendrait des preuves irréfutables d'un projet visant à déstabiliser les institutions du Rwanda.

- Le matin du 06 avril 1994, le chef de l'État-Major de l'armée rwandaise a reçu un appel téléphonique et, immédiatement, il s'est précipité dans sa voiture pour se rendre à l'aéroport : pourtant, selon plusieurs sources, il n'était pas sur la liste de la délégation qui devait accompagner le président à la Conférence de Dar es-Salaam. A son arrivée au pied de l'avion, le président J. Habyarimana lui aurait demandé « Wowe se kandi uje ute ? » (« *Toi, qu'est-ce qui t'amène* » ?) Le Chef de l'État-Major aurait répondu en s'approchant du président pour murmurer dans son oreille. Les derniers mots auraient été : « (...) ku mpamvu z'umutekano wa gisirikare » (« ... *pour des raisons de sécurité militaire* »). J. Habyarimana aurait répondu, en montrant la porte de l'avion et apparemment étonné : « *Ngaho urira* » ! (« *Vas-y, monte* »!)[153].

Sans pour autant prétendre connaître la « Vérité » de ce qui s'est réellement passé, les éléments ci-dessus présentés démontrent que presque tous les hauts responsables Hutu s'attendaient à un événement tragique.

Pourquoi autant d'inquiétude le 06 avril 1994 à Kigali ? Parce que les dirigeants Hutu avaient nécessairement des informations sur un éventuel attentat contre J. Habyarimana. Le seul détail qui leur échappait, ce fut le mode opératoire. Sur ce point précis, un ancien proche du régime m'a confié ceci : « toutes les hypothèses avaient été envisagées, sauf une : l'avion. Personne n'aurait jamais imaginé un attentat contre l'avion présidentiel ».

Après l'attentat du 06 avril 1994 et la survenue du génocide au Rwanda, étant donné que ceux qui détenaient les informations et les preuves de cet attentat n'étaient pas nombreux, ils auraient tout simplement monnayé leur silence contre la protection et la sécurité : soit pour eux-mêmes, soit pour leurs familles. D'autres pourraient se taire, tout simplement, pour des raisons de la peur pour leur vie et celle des leurs. Car, d'après les témoignages que j'ai pu recueillir et dont j'ai publié le contenu dans mes travaux précédents, il existe des témoins bien informés sur ce qui s'est véritablement passé dans la nuit du 06 au 07 avril 1994 à Kigali[154].

Comme nous l'avons déjà exposé dans les paragraphes précédents, il existe des pistes intéressantes pour connaître enfin la vérité sur l'attentat du 06 avril 1994 et les circonstances de la survenue du génocide au Rwanda :

Étant donné que la France réclame au Rwanda un « courrier » de doléances concernant les griefs qui lui sont reprochés par les Rwandais, que les responsables de l'État français commencent par éclaircir tous les points obscurs qui ont été soulevés par Human Rights Watch au sujet dudit attentat du 06 avril 1994 : ce sera déjà un bon début d'explication pour tous ceux qui

---

153 SEBUNUMA D., *Communautarisme et autochtonie - Du cas du Rwanda à l'universel*, *op. cit*.

154 SEBUNUMA D., *Essai sur l'autosuggestion*, *op.cit*.
SEBUNUMA D., *Le génocide au Rwanda : postures et impostures génocidaires*, *op. cit*.

sont impliqués, de près ou de loin, dans la survenue du génocide au Rwanda en 1994.

Pour conclure ce chapitre, compte tenu des éléments à notre disposition, l'accusation selon laquelle le Front Patriotique Rwandais n'aurait pas voulu « protéger les Tutsi » est aussi très discutable : personnellement, j'ai l'intime conviction que ce mouvement armé n'en avait pas les moyens ! Certes, le Front Patriotique Rwandais était bien équipé - pour une rébellion ! -, ses combattants étaient bien entraînés et très motivés. Seulement, en face, il y avait aussi une armée bien entraînée et très motivée : la Garde Présidentielle de J. Habyarimana et les paracommandos, par exemple, c'étaient aussi des soldats très bien entraînés et suffisamment motivés. Ce qui a fait la différence, c'est l'embargo sur les armes qui pesait sur le camp des Hutu. Il ne faudrait pas confondre « être sous-équipé » et « être mal entraîné » ! C'est souvent l'erreur qui est commise par certains Occidentaux lorsqu'il s'agit d'évaluer telle ou telle armée africaine. D'ailleurs, ceux qui sont allés « chercher » l'armée rwandaise régulière de l'époque ont été très surpris : en particulier par la Garde Présidentielle de J. Habyarimana !

Pour cela, de mon point de vue, le Front Patriotique Rwandais a tout simplement attendu que le camp d'en face soit à court de munitions pour s'emparer du pouvoir.

Quant au mythe de la toute-puissance des chefs du Front Patriotique Rwandais, j'ai aussi une opinion personnelle là-dessus : les qualités - sans doute réelles - de P. Kagame ont été surdimensionnées pour le pousser à prendre le pouvoir ! La même histoire s'est déjà répétée plusieurs fois en Afrique : Mobutu a été élevé au rang de « héros » pour se débarrasser de Lumumba et, il existe d'autres histoires similaires ! Il suffit d'ouvrir les yeux pour constater la réalité.

Concernant les événements liés à la survenue du génocide au Rwanda, au sujet du « mythe » qui entoure la toute-puissance supposée du Front Patriotique Rwandais, l'Occident devait justifier son choix entre les « bons » et les « méchants » ! Ainsi, dans les milieux politiques, diplomatiques, scientifiques, artistiques, etc., personne n'aurait jamais été au courant des combats qui opposaient l'armée régulière de l'époque aux éléments du Front Patriotique Rwandais appuyés par des troupes étrangères. Non, non ! Personne n'est au courant de cette réalité historique ! D'ailleurs, dans certains articles de journaux, dans certaines productions cinématographiques, voire même dans certaines productions artistiques et littéraires, l'image du peuple rwandais et de son armée régulière de l'époque c'est celle de « tous génocidaires » et incompétents ! Autrement dit, les 8 000 000 d'habitants au Rwanda en 1994 seraient tous des « méchants », des incompétents, etc. ? Soyons sérieux ! Et dans ces conditions, ceux qui ont risqué leur vie en sauvant d'autres vies humaines, ce seraient-ils ces étrangers qui appuyaient militairement et diplomatiquement la rébellion de l'époque pour qu'elle prenne le pouvoir à tout prix, même s'il fallait enjamber un million de cadavres pour s'emparer du trône ? Eh bien, non ! Ce ne sont pas des étrangers, ce sont des Rwandais eux-mêmes, une partie du peuple rwandais qui a sauvé les 99% de rescapés du génocide au Rwanda. Le 1% des rescapés, ce sont ceux qui ont réussi à se cacher par leurs propres moyens.

## Chapitre III. DE LA MAJORITÉ DES FAUSSAIRES

A la fin des années 60, le Rwanda traversait une période politique très difficile. Interrogé par un journaliste au sujet des attaques de la « majorité » de ses opposants politiques, un haut dirigeant rwandais répondit :

« Ubwinshi bw'abanyamafuti ntibubuza ikinyoma kuba ikosa cyangwa icyaha » (« *La majorité des faussaires n'empêche pas l'usage de faux de constituer un délit ou un crime* »).

*Première observation préliminaire*

Au sujet de différentes affaires dont nous présentons les justificatifs dans la partie annexe de cet ouvrage, il conviendrait de préciser que toutes les autorités administratives et judiciaires compétentes en France ont été régulièrement informées : le Parquet de Nanterre et le Parquet Général de Versailles dont il dépend ; le Tribunal de Grande Instance de Nanterre et la Cour d'Appel de Versailles dont il dépend ; le Parquet de Paris et le Parquet Général de Paris dont il dépend ; le Tribunal de Grande Instance de Paris et la Cour d'Appel de Paris dont il dépend ; la Cour de Cassation et son Parquet Général. Puis, certains Tribunaux d'Instance ont traité telle ou telle affaire directement liée au même dossier initial : le Tribunal d'Instance de Paris 9$^{ème}$ Arrondissement ; le Tribunal d'Instance de Paris 11$^{ème}$ Arrondissement ; le Tribunal d'Instance de Paris 13$^{ème}$ Arrondissement.

En ce qui concerne les autorités administratives de l'État français, la Préfecture des Hauts-de-Seine a été informée ; le Ministère de l'Intérieur a été informé ; le Ministère de la Justice a été informé plusieurs fois ; le Cabinet du Premier Ministre a été informé plusieurs fois ; le Défenseur des Droits au nom de l'État français a été saisi ; j'ai un courrier détaillé à Monsieur le Président de l'Assemblée Nationale ; j'ai transmis tout le dossier au complet à la Cour Européenne des Droits de l'Homme.

A tous les représentants de l'État français, j'ai précisé que toutes ces affaires en cours seront rendues publiques : car, **il n'y aura plus un autre génocide gratuit en silence contre nous Rwandais, quelle que soit la complexité des méthodes d'extermination utilisées par nos bourreaux.**

Pour toutes ces raisons, personne ne pourra plus prétendre *n'avoir été au courant de rien* !

*Deuxième observation préliminaire*

Dans nos travaux de recherche, lorsque nous parlons des responsabilités de tel ou tel État, il ne s'agit pas de tout son peuple qui est concerné par nos observations. Au Rwanda, en France ou dans un autre pays, le citoyen modeste ignore complètement ce qui se passe au sein de la haute sphère du pouvoir ! D'ailleurs, cette ignorance des responsabilités étatiques ne se limite pas aux seules affaires diplomatiques et/ou internationales : elle concerne aussi, dans une moindre mesure, les affaires intérieures ou locales. Pour cette raison, nous invitons nos futurs lecteurs à ne pas attribuer les actes que nous dénonçons à tout un peuple mais plutôt aux seuls responsables qui sont clairement identifiables. Néanmoins, étant donné que certains auteurs d'actes que nous dénonçons occupent des fonctions administratives de l'État, il va de soi que leurs actes engagent directement le même État qu'ils représentent, et donc, le peuple !

Il semblerait que nous Rwandais, depuis le génocide au Rwanda de 1994, accuserions la France sans preuves ni fondement. Pour éviter toute polémique et tout malentendu - même s'il y en aura toujours, malgré les preuves irréfutables à l'appui de nos observations !-, dans la partie annexe de cet ouvrage, nous présenterons différentes pièces à conviction afin que le lecteur puisse apprécier par lui-même la situation : il s'agit essentiellement des documents qui ont été établis et signés par nos bourreaux, dans le cadre d'une campagne de *chasse à l'homme* dont le but est celui de nuire à ma personne et à mes intérêts professionnels. Comme ce sont des documents qu'ils ont eux-mêmes produits, ils en assument *de facto* l'entière responsabilité devant l'Histoire.

## 1. Génocide et sociocide

« Les différentes figures de la mort, le meurtre, l'assassinat, la disparition, à l'échelle d'un génocide (il faudrait dire aussi un sociocide), ne peuvent être traitées par la psyché comme un deuil normal. Elles concernent aussi l'espèce, les rapports généalogiques, les ensembles transsubjectifs, c'est-à-dire les fondements narcissiques de la continuité de la vie même »[155].

### *La guerre sémantique*

Comme nous l'avons déjà développé dans les chapitres précédents, depuis le génocide au Rwanda, la question qui revient dans tous les débats est celle de désigner l'auteur de l'attentat du 06 avril 1994 et d'établir les responsabilités concernant la survenue du même génocide. Jusqu'à la date d'aujourd'hui en 2015, seuls quelques responsables rwandais de l'époque ont répondu de leurs actes. Certains d'entre eux ont été condamnés par le Tribunal Pénal International pour le Rwanda. Néanmoins, d'autres auteurs d'actes génocidaires au Rwanda n'ont jamais été inquiétés par la Justice : certains membres du Front Patriotique Rwandais, certains ressortissants étrangers et, plus particulièrement, des Français qui combattaient sous les ordres du Gouvernement Intérimaire - dont le Premier Ministre J. Kambanda a publiquement plaidé « coupable » devant le Tribunal International pour le Rwanda.

Pour faire diversion, conformément à la guerre médiatique qui a été immédiatement engagée après le génocide au Rwanda, l'affaire a été tranchée : ce n'est plus le « génocide au Rwanda », il s'agirait plutôt d'un « génocide rwandais » ! Cela pour signifier que des étrangers n'y auraient

155 KAËS R., article « Ruptures catastrophiques et travail de la mémoire », in PUGET J. et all., *Violence d'État et psychanalyse*, Dunod, Paris, 1989, pp.171 - 204.

jamais participé. Du côté politique, militaire et diplomatique, l'affaire est beaucoup plus compliquée :

Jusqu'à ce jour, aucun pays étranger n'a jamais reconnu sa responsabilité dans la survenue du génocide au Rwanda en 1994. Pour la France, par exemple, le débat est devenu tout simplement une véritable « guerre sémantique » : cela ne fait qu'ajouter du flou à une situation qui est déjà compliquée !

En effet, dès la fin du génocide en 1994, certains représentants politiques et médiatiques en France - voire même certains chercheurs - ont parlé de simples « dysfonctionnements » au sein des services de l'État pour réfuter la responsabilité directe de la France dans la survenue du génocide au Rwanda. Par la suite, le vocabulaire a changé : la France aurait commis des « erreurs » tout simplement, mais pas de responsabilité ni de faute ! Enfin, le vocabulaire a évolué à nouveau : ce ne sont plus des « erreurs », il s'agirait désormais d'« aveuglement » :

Le 07 avril 2015, jour de commémoration du début du génocide au Rwanda en 1994, la France aurait « déclassifié » une partie des dossiers relatifs à sa diplomatie au Rwanda, de 1990 à 1995. Cela, selon l'information qui a été largement diffusée par les médias, pour faciliter le travail des chercheurs sur la mémoire de l'histoire récente du Rwanda. Cette décision a été suivie par différents commentaires parmi les responsables français et rwandais. Je voudrais revenir sur la déclaration de l'un des responsables politiques français à propos de cette décision de déclassifier certains dossiers relatifs à la diplomatie de la France au Rwanda :

Selon ce responsable politique français, c'est une bonne chose de déclassifier les dossiers relatifs à la diplomatie de la France au Rwanda : cela permettra de savoir ce qui s'est véritablement passé pendant le génocide au Rwanda en 1994, a -t-il ajouté. Mais, dans la suite de sa déclaration, ce responsable français est tombé immédiatement dans le déni habituel :

Ni la France, ni des Français n'ont jamais « participé au génocide », a-t-il poursuivi. Seulement, a-t-il ajouté, certains dirigeants français « ont été aveuglés » par le « régime génocidaire » de J. Habyarimana et, selon lui, ces dirigeants français ne se seraient pas rendus compte que ce régime préparait un génocide à cause de leur « aveuglement » !

Compte tenu des informations dont nous disposons aujourd'hui, au sujet de la présence des soldats français au Rwanda pendant la période du génocide de 1994, au cas où certains responsables français auraient été « aveuglés » par le régime de J. Habyarimana, le constat historique est clair : les dirigeants rwandais de l'époque, eux, devaient avoir des yeux bandés pour se faire *rouler dans la farine* sans s'en rendre compte ! Le paragraphe suivant apporte une partie d'éclaircissement sur ce point :

*De la supercherie génocidaire*

Répondant à une question insistante d'un journaliste sur une radio publique en France, un ancien haut responsable politique français a avoué que des Français combattaient sous les ordres du Gouvernement Intérimaire au Rwanda, pendant la période du génocide : du mois d'avril au mois de juillet 1994. Cependant, selon cet ancien haut responsable, ces combattants français pendant le génocide au Rwanda auraient été recrutés par les autorités rwandaises dans le cadre d'un « contrat privé » ! Or, parmi les noms de ces « mercenaires » supposés, on y trouve des militaires français qui avaient été envoyés au Rwanda, avant le 06 avril 1994, dans le cadre de différentes interventions militaires de la France pour soutenir le régime de J. Habyarimana suite aux attaques du Front Patriotique Rwandais. Ainsi, avant le 06 avril 1994, certains militaires français intervenaient au Rwanda au nom de la France et, après cette date, ils seraient intervenus en tant que « société privée » ! Bien entendu, nous allons croire à cette supercherie car, personne ne peut remettre en cause la parole d'un représentant de la France au sujet du Rwanda ; même lorsqu'il ne dit pas la vérité. Car, comme le démontrent les faits actuels dont je présente les preuves irréfutables dans la partie annexe de cet ouvrage, lorsque les actes criminels sont dirigés contre un ou des Rwandais, les faits et les preuves matérielles incontestables, « ça ne prouve rien » ! Cette réponse m'a été donnée par un juge parisien en repoussant les preuves écrites que je lui présentais devant le public à l'audience !

Comme je l'ai développé dans mon dernier ouvrage *Le génocide au Rwanda : postures et impostures génocidaires*, la chasse à l'homme continue contre nous Rwandais jusqu'à ce jour :

Parmi ceux qui condamnent A. Hitler et les Nazis, parmi ceux qui donnent la leçon de morale aux Rwandais, certains d'entre eux sont non seulement des génocidaires eux-mêmes, mais aussi, ce sont des « sociocidaires », des faussaires, des voleurs, des escrocs, des menteurs-nés, bref des criminels tout simplement. Les faits sont là, les preuves sont là ; tout lecteur, toute lectrice qui le souhaite pourra consulter les documents que nous présentons dans la partie annexe du présent ouvrage.

*Supercherie et mépris à l'égard les victimes*

Tout récemment, les médias ont diffusé l'information selon laquelle le président rwandais actuel, P. Kagame, aurait fait savoir qu'il entendait adresser aux dirigeants français la liste des griefs concernant l'accusation de participation au génocide au Rwanda par la France. Le président rwandais P. Kagame aurait démenti s'être engagé à rédiger un tel document. La question est de savoir qui dit la vérité, entre les responsables politiques français et le président rwandais. Toutefois, là n'est pas le point le plus important. Ce qui est préoccupant, c'est de constater que la France se limite à exiger une « lettre de doléances » au Rwanda au sujet d'un génocide qui a coûté la vie à plus de deux millions de Rwandais directement, et à près de cinq millions de victimes indirectement dans les pays de la sous-région.

Au fait, qui aurait mandaté le président rwandais actuel P. Kagame pour parler au nom des deux millions de victimes du génocide au Rwanda ? La France ? Si c'est la France qui aurait chargé à P. Kagame de formuler une « plainte » écrite au nom de toutes les victimes du génocide au Rwanda, une plainte de cette nature n'aurait aucun fondement juridique : chaque victime a droit à une justice équitable individuellement, sans que quiconque se constitue « partie » à sa place. Pour cela, au cas où P. Kagame serait lui aussi victime du génocide au Rwanda à titre personnel, rien ne l'empêche d'engager des procédures judiciaires contre des coupables présumés : cela uniquement à titre personnel.

En ce qui nous concerne, nous autres simples citoyens qui avons perdu les membres de nos familles pendant le génocide au Rwanda en 1994 - mais aussi pendant le génocide qui s'est poursuivi jusque dans les camps de réfugiés rwandais à l'est de l'ex-Zaïre,

Chacun d'entre nous, si la situation le lui permet, engagera des poursuites contre des génocidaires présumés : des Rwandais, des étrangers, bref tout génocidaire présumé devra répondre un jour de ses actes quelle que soit sa nationalité ; Français ou non.

Enfin, si la France demande à connaître la « liste » des griefs qui lui sont reprochés par le Rwanda, c'est simple : il suffit de prendre en considération et d'instruire sans tarder les différentes plaintes qui ont déjà été déposées par certains survivants du génocide au Rwanda et/ou par des proches des victimes du même génocide.

A titre personnel, en 2014, j'ai adressé au Tribunal Administratif de Paris une « liste » de griefs que je reproche à l'État français - et je pourrais réviser et compléter ces griefs à tout moment : étant donné que la France clame toujours la bonne foi et la transparence, je lui demande de répondre à mes griefs point par point. J'ai déjà publié la copie du courrier-plainte de ces griefs dans mon dernier ouvrage. Je publie à nouveau la même « liste » de griefs et je prends mes futurs lecteurs à témoin : attendons la réponse de la France !

### 2. De la criminalité de l'État : le couvert de l'anonymat

Tout récemment, un haut dirigeant français a reconnu qu'il existait en France une forme d'« Apartheid » au sujet des inégalités administratives et sociales. Cet aveu a suscité beaucoup de réactions au sein de l'élite politique et médiatique ! Parmi ces nombreuses réactions, il y en a une qui aura retenu mon attention :

Au sujet de l'existence de ce système d'« Apartheid » en France, un autre personnage politique a réfuté cette affirmation tout en reconnaissant qu'il existait certes des inégalités sociales mais, sans pour autant que celles-ci puissent être qualifiées d'« Apartheid ». Car, selon ce personnage qui s'exprimait sur Radio France Internationale, cela signifierait qu'il existe en France un « racisme d'État ». Ce qui ne serait pas le cas selon ce personnage politique.

Pour ma part, non seulement je souscris à l'hypothèse de l'existence d'une forme d' « Apartheid » en France, mais aussi, compte tenu de l'expérience que j'ai vécue et dont je présente les preuves irréfutable dans la partie annexe de cet ouvrage, je dirais même qu'il y a pire : dans certains cas précis, nous sommes directement confrontés à la criminalité de l'État.

En effet, lorsque telle ou telle institution de l'État se charge de falsifier le dossier administratif d'un citoyen pour le dénigrer, le harceler, détruire son activité, et/ou faciliter des attaques multiformes contre lui ; lorsque telle ou telle institution judiciaire dénie le droit de se défendre à un citoyen pour rendre un jugement partisan contre lui ; lorsque la Justice refuse de poursuivre les auteurs d'actes délictueux et/ou criminels commis contre un citoyen, tout simplement parce qu'il est d'origine étrangère ; lorsque telle ou telle institution de l'État produit lui-même des faux documents et que des tiers utilisent ces mêmes documents pour nuire à tel ou tel citoyen ; lorsque tel ou tel organisme de l'État se charge lui-même de pourchasser un citoyen dans ses activités socioprofessionnelles et participe aux « opérations » de piège et de tromperie pour le faire licencier sans fondement ; lorsque des criminels se servent des jugements obtenus au moyen d'escroquerie judiciaire pour attaquer à main armée tel ou tel citoyen à son domicile et détruire son logement en toute impunité ; etc., dans ces conditions, nous pouvons parler sans aucune hésitation de « criminalité de l'État ». Les justificatifs sont là : je présente, dans la partie annexe de cet ouvrage, quelques exemples de preuves à l'appui mes observations.

*Pièces à conviction récentes*

Comme je l'ai souligné au début du présent chapitre, même si la responsabilité de l'État ne signifie pas nécessairement la responsabilité de chaque citoyen pris isolément, il conviendrait de noter que le « peuple » assure à certains malfaiteurs une couverture idéale pour agir sous le couvert de l'anonymat. A titre d'exemple, dans mon dernier ouvrage « *Le génocide au Rwanda: postures et impostures génocidaires* » (2015), j'ai dénoncé une forme de harcèlement administratif dont le mode opératoire est celui de falsifier les dossiers administratifs de la victime pour la harceler, la dénigrer, voire même la spolier en toute impunité. J'ai cité et dénoncé plusieurs cas dont j'ai été victime. Quelques jours seulement après la publication de l'ouvrage ci-dessus cité, comme je l'avais décrit et dénoncé, l'administration publique a « accusé réception » de ma plainte en engageant de nouvelles procédures diffamatoires et en réclamant le payement des frais d'impôts indus :

Voici un exemple, à partir d'un « avis » d'« impôt forfaitaire sur les entreprises de réseaux » que j'ai récemment reçu de la part de l'administration fiscale en France ! En effet, après avoir consulté une page d'informations officielles publiées par le site Internet du Gouvernement Français, mon activité de psychologue n'a rien à voir avec les « entreprises de réseaux ». D'ailleurs, j'ai déjà exercé la même activité depuis 2009 : l'administration publique ne m'avait jamais demandé de payer un impôt de cette nature :

DIRECTION GÉNÉRALE
DES FINANCES PUBLIQUES

Liberté • Égalité • Fraternité
RÉPUBLIQUE FRANÇAISE

LETTRE DE RELANCE
Art. L.257-0 B du Livre des procédures fiscales

**Vos démarches**

**Votre centre des finances publiques**
SIE ISSY-LES-MOULINEAUX
1 PLACE D'ALEMBERT
92131 ISSY LES MOULINEAUX CEDEX
Tél. : 01 41 09 64 26
Courriel :
sie.issy-les-moulineaux@dgfip.finances.gouv.fr
Accueil du public : horaires d'ouverture sur impots.gouv.fr, rubrique « nous contacter »

CENTRE DES FINANCES PUBLIQUES
SIE ISSY-LES-MOULINEAUX
1 PLACE D'ALEMBERT
92131 ISSY LES MOULINEAUX CEDEX

**Vos références**

| | |
|---|---|
| Numéro fiscal : | 514872167 00010 |
| Référence du document : | 14 92 1065124 34 |
| Référence de l'avis initial : | 14 92 0808392 07 |
| Établi à la date du : | 12/03/2015 |

M SEBUNUMA DEOGRATIAS
18 RUE ADOLPHE CHERIOUX
92130 ISSY LES MOULINEAUX

Madame, Monsieur,

Selon mes informations, vous n'avez pas payé dans les délais votre rôle général de COTISATION FONCIÈRE DES ENTREPRISES et/ou IMPOSITION FORFAITAIRE SUR LES ENTREPRISES DE RÉSEAUX 2014 dont la date de limite de paiement était le 15/12/2014.

Je vous invite à régulariser votre situation dans les meilleurs délais. À défaut, je poursuivrai, à l'issue d'un délai de trente jours suivant la notification du présent document, la procédure visant à obtenir le paiement des sommes précitées.

Vous disposez également de ce délai de trente jours pour contester la majoration appliquée conformément à l'article L. 80 D du Livre des procédures fiscales.

Si vous avez déjà payé ou si vous rencontrez des difficultés pour payer la somme restant due, je vous invite à me contacter rapidement.

Je me tiens à votre disposition pour tout renseignement complémentaire et vous prie de croire, Madame, Monsieur, à l'assurance de ma considération distinguée.

Le comptable public

**Votre situation**

| | | |
|---|---|---|
| **Situation arrêtée au (1) :** | | 05/03/2015 |
| Montant de l'impôt | | 103,00 € |
| Majoration de 5 % sur acompte (2) | | |
| Versements effectués dans les délais (3) | | |
| Reste à payer à la date limite de paiement | | 103,00 € |
| Majoration de 5 % sur le reste à payer (4) | + | 5,00 € |
| Versements effectués hors délais | | |
| **Reste à payer** | | **108,00 €** |

Vous pouvez payer en ligne sur impots.gouv.fr

Réservé à l'administration :
92 2 166252 1 2 092/92063/2014

Attention : l'enveloppe retour est réservée au paiement par TIP ou par chèque bancaire. Ne joignez aucun autre document (sauf votre RIB si nécessaire).

ETABLISS. – GUICHET – COMPTE – CLE
JOIGNEZ UN RIB

M SEBUNUMA DEOGRATIAS
18 RUE ADOLPHE CHERIOUX
92130 ISSY LES MOULINEAUX

Centre N° 08 - NNE 000002
CIP06501 2013699 *

En cas de modification, joindre un relevé d'identité bancaire ou de caisse d'épargne

Veuillez débiter mon compte du montant ci-dessous

DATE SIGNATURE

TIP Titre Interbancaire de Paiement
Références à rappeler : 14 92 1065124 34 E 092 2014 92063 15122014

€

Veuillez détacher le talon ci-contre en suivant les pointillés.

LETTRE DE RELANCE
Montant en euros : 108,00

CENTRE D'ENCAISSEMENT
DES FINANCES PUBLIQUES
59885 LILLE CEDEX 9

NE RIEN INSCRIRE SOUS CE TRAIT - NE PAS PLIER

149210651242 M SEBUNUMA

001108000156 11092014921065124340920630971806 10800

SEBUNUMA Déogratias
18 rue Adolphe Chérioux
92130 ISSY-LES-MOULINEAUX
Numéro fiscal : 51487216700010

Issy-les-Moulineaux, le 07 avril 2015

Courrier recommandé avec avis de réception

CENTRE DES FINANCES PUBLIQUES
SIE ISSY-LES-MOULINEAUX
1 Place d'Alembert
92131 ISSY-LES-MOULINEAUX

Objet :
- Contestation de votre Avis intitulé : « Cotisation foncière des entreprises et/ou imposition forfaitaire sur les entreprises de Réseaux 2014 » - avis N° 1492080839207 du 12 mars 2015 ;
- Demande d'annuler le présent avis d'impositions car, je ne suis pas propriétaire d'une « entreprise de Réseaux ».

Madame, Monsieur,

J'ai l'honneur de vous écrire pour contester l'avis d'imposition ci-dessus référencé et pour demander son annulation.

En effet, de puis 2012, j'exerce une activité de psychologue en tant que travailleur indépendant.

Ci-joints les justificatifs de mon entreprise :

- Attestation de l'INSEE

- Attestation de l'URSSAF

Par ailleurs, je viens de prendre connaissance de l'existence d'entreprises dites de « réseaux » pour la première fois. Pour cela, je suis allé me renseigner sur les pages internet du Service Public. Compte tenue de la définition et des caractéristiques qui y sont exposées concernant les « entreprises de réseaux » :

Il appert très clairement que mon entreprise de psychologue ne fait pas parti des « entreprises de réseaux ». Je ne suis même pas abonné au réseau Internet depuis plusieurs années !

Pour cela, veuillez annuler l'avis d'imposition cité en référence.

Enfin, je me permets de rappeler que j'avais déjà exercé la même activité de psychologue de 2009 à 2011. Pour cela, vos services connaissent déjà la nature de mon entreprise.

Ainsi, au cas où une autre personne aurait déclaré auprès de vos services une « entreprise de réseaux » en utilisant mon nom et mon identifiant professionnel, cela constituerait un usage de faux et et une usurpation d'identité.

Veuillez agréer, Madame, Monsieur, l'expression de ma considération distinguée.

SEBUNUMA Déogratias

## 3. La haine sans frontières

Depuis 2006, l'État français utilise tous les moyens pour me faire taire suite à mes recherches universitaires sur les violences collectives à partir du cas du Rwanda. Voici un bref rappel de la situation :

En 2006, j'ai entrepris de poursuivre mes recherches universitaires dans le cadre d'une thèse de Doctorat. Ainsi, lors d'un Travail Dirigé de recherche à l'Université, j'ai présenté les différentes hypothèses de mes recherches en psychopathologie, à partir du cas des violences collectives au Rwanda.

Quelques jours après la présentation de mon projet de recherche à l'Université, j'ai été contacté par un « fonctionnaire » de l'État français : celui-ci m'annonçait, au téléphone, que mon projet de thèse ne pouvait être soutenu dans « aucune université en France » ! Selon mon interlocuteur, il fallait changer de sujet de recherche, ou bien, selon ses propres termes, me « conformer à la thèse officielle de la France » sur les causes et les circonstances de la survenue du génocide au Rwanda !

J'ai demandé à ce « fonctionnaire » qui m'intimidait au téléphone de m'accorder un rendez-vous, dans son bureau, pour que je puisse lui répondre de vive voix. Ce qu'il a accepté. Pour cela, quelques jours plus tard, je me suis rendu au bureau parisien dudit « fonctionnaire » et nous avons échangé de vive voix :

Il a pris la parole et m'a signifié en introduction qu'il n'avait pas beaucoup de temps à me consacrer. Seulement, selon ses propres mots, il voulait me confirmer en tête-à-tête ce qu'il m'avait déjà annoncé au téléphone : « Votre projet est très intéressant mais, il diverge de la thèse officielle déjà soutenue par différents chercheurs et spécialistes de votre pays. Par exemple, j'ai un collègue qui se rend régulièrement au Rwanda : je lui ai présenté votre projet, il n'est pas d'accord avec vos hypothèses, en particulier le problème ethnique et les circonstances de la survenue du génocide au Rwanda. Il est d'ailleurs prêt à vous rencontrer. Pour cela, je vous conseille tout simplement de changer de sujet de recherche si vous souhaitez soutenir votre thèse de Doctorat en France ».

J'ai répondu à mon interlocuteur que pour ma part, les seuls « spécialistes » du génocide au Rwanda sont les Rwandais eux-mêmes. Je lui ai signifié que j'ai été moi-même directement concerné par le génocide au

Rwanda, même si je ne vivais pas au Rwanda en 1994 ; je lui ai dit que plusieurs membres de ma famille avaient été massacrés en 1994 : à Kigali même et ses environs, mais aussi à l'est du Rwanda où vit ma famille biologique. Je suis sorti du bureau et quelques jours plus tard, j'ai envoyé un courrier au même « fonctionnaire » de l'État français pour lui confirmer à nouveau et par écrit mon point de vue.

Je croyais que la polémique était terminée, j'ai continué mes travaux de recherche et j'ai soutenue ma thèse de Doctorat en 2011. Cette même thèse de Doctorat est déjà connue dans plusieurs pays du monde.

Devant mon refus de renoncer aux travaux de recherche sur la survenue du génocide au Rwanda, la guerre de harcèlement dont j'allais être victime s'est déplacée sur d'autres terrains : le domaine socioprofessionnel, mon logement, mes comptes bancaires, le téléphone, etc. Bref, ce sont tous les moyens de ressources existentielles qui ont été visés par ceux qui veulent me faire taire à tout prix.

*Une fixation sociocidaire particulière : le travail !*

Comme je l'ai détaillé dans mon dernier ouvrage déjà cité, plusieurs exemples permettent d'illustrer les faits : suite à l'acharnement et à la violence dont j'ai été victime en 2006 à mon lieu de travail à Versailles - parce que je refusais de dire si j'étais Hutu ou Tutsi -, j'ai préféré quitter les lieux et j'ai été licencié ; après cette expérience douloureuse, j'ai décidé de créer ma propre activité professionnelle. Mais, en 2011, alors que mon activité avait prospéré depuis 2009, mes différents partenaires m'ont fait comprendre qu'ils subissaient eux-mêmes des pressions pour restreindre mon activité. J'ai alors décidé de rechercher à nouveau une activité salariée. En octobre 2011, juste après la période d'essai au sein d'une entreprise parisienne, c'est Pôle Emploi - organisme de l'État - qui est directement intervenu pour me faire licencier gratuitement. J'ai alors créé à nouveau une activité libérale en 2012. Ayant sollicité un financement auprès de la Caisse d'Épargne pour répondre à la demande de ma clientèle, cette banque publique a refusé d'accompagner financièrement mon activité. J'ai finalement obtenu le financement auprès d'une autre banque privée en 2013. Immédiatement, mon conseiller à la Caisse d'Épargne a souhaité me rencontrer : il m'a demandé des informations concernant les versements qui arrivaient sur mon compte bancaire de la part d'une autre banque. Dès que je lui ai précisé que mon projet professionnel était enfin financé et que je commençais à développer mon activité, la Caisse d'Épargne a initié un dossier de tromperie professionnelle pour bloquer et fermer définitivement mon compte bancaire ! Ce préjudice bancaire a été reconnu par le Tribunal d'Instance de Paris 13ème Arrondissement et la Caisse d'Épargne a été condamnée. Mais, curieusement, la Justice a refusé de lever l'interdit bancaire qui constituait le préjudice le plus important : il appert donc très clairement que ce sont mes activités professionnelles qui étaient directement visées. Car, tant que la mesure administrative abusive d'interdit bancaire ne sera pas levée, je ne pourrais plus obtenir un financement pour développer mes activités. Certes, je continue mon activité libérale mais, avec des moyens très limités.

Dans la partie annexe de cet ouvrage, je présente différents justificatifs de toutes ces affaires ci-dessus présentées.

Comme si tous ces actes de harcèlement, de destruction d'activités et de moyens d'existence ne suffisaient pas, l'État français et ses exécutants continuent leur acharnement contre ma personne au sujet du « travail » :

Jusque à une date récente, c'est plutôt le gardien d'immeuble à mon lieu de domicile qui s'était chargé de ce dossier avec des accents de nature fasciste. Dans la continuité de cette première campagne de dénigrement raciste, depuis 2014, le Conseil Général des Hauts-de-Seine a pris le relais : cette institution de l'État me diffame, me calomnie et me harcèle car, selon ses différents courriers diffamatoires, je serais sans aucune activité professionnelle ! Or, je déclare mes modestes revenus tous les trimestres, je paye mes cotisations sociales tous les trimestres - cotisations certes modeste mais réelles, différents établissements publics commandent régulièrement mes ouvrages par l'intermédiaire des librairies privées. Comment le Conseil Général des Hauts-de-Seine peut-il alors prétendre que je n'aurais aucune activité pour harceler, me calomnier et me diffamer ?

Paradoxalement, en même temps, l'administration fiscale de l'État français fait diversion et me harcèle pour exiger le payement des impôts indus en tant que propriétaire d'entreprise de « réseaux » ! En quoi une activité de psychologue serait-elle une « entreprise de réseaux » ? J'ai déjà présenté l'absurdité de cette affaire dans le sous-chapitre précédent.

Par conséquent, la falsification de mon dossier professionnel constitue la preuve irréfutable des contradictions de l'État dans sa campagne de harcèlement contre ma personne : d'un côté, je serais sans activité ; de l'autre, ceux-là mêmes qui me calomnient me réclament des impôts en falsifiant la nature de mes activités !

Enfin, concernant l'acharnement administratif du Conseil Général des Hauts-de-Seine au sujet du « travail », il existe un autre motif beaucoup plus grave : cette institution cherche à obtenir, par tous les moyens, la suppression de mes droits aux différentes prestations sociales. C'est déjà arrivé en 2014. Pourtant, tous les trimestres, l'État m'envoie les demandes de déclaration de revenus et exige le payement des cotisations sociales et de l'impôt. Ce que je fais ; et je transmets les justificatifs à la Caisse d'Allocations Familiales. Certes, mes cotisations sociales sont modestes. Cependant, même un centime d'euro constitue une cotisation sociale effective ! Ainsi, quel que soit le montant que je paye, il me donne l'accès aux Droits conformément à la Loi. Par ailleurs, je me permets de rappeler que c'est l'État français lui-même qui détruit mes activités professionnelles depuis 2006. Les preuves matérielles sont là. Pour cela, le même État ne peut pas exiger de moi des miracles !

*Exercice pervers du pouvoir*

Au sujet du « travail », qui constitue le point de fixation pour nuire à ma personne, une partie de l'État français se charge de détruire mes activités pour alimenter le panier des faux documents diffamatoires, une autre partie du même État se charge de diffuser ce contenu diffamatoire par l'intermédiaire d'autres services publics et/ou par l'intermédiaire de petits exécutants privés. A titre d'exemple, le gardien d'immeuble est devenu une véritable « source d'informations » calomnieuses à partir des dossiers administratifs falsifiés que je ne cesse de dénoncer depuis plusieurs années.

Dans mon dernier ouvrage *Le génocide au Rwanda : postures et impostures génocidaires*, j'ai exposé d'autres éléments détaillés et j'ai qualifié tous ces faits d'« exercice pervers du pouvoir » :

A côté de la haine génocidaire, il existe une autre haine sociocidaire et, l'une se nourrit de l'autre.

### 4. Génocide et « petits business » d'intérêts

Parmi les témoins qui se sont exprimés sur le Rwanda lors des émissions radiophoniques qui ont été diffusées par Radio France Internationale - émissions que nous avons déjà citées, certains spécialistes du Rwanda ont rappelé le fait que tout le monde à Kigali avait été surpris par la première attaque du Front Patriotique Rwandais en octobre 1990. Cela parce que le gouvernement rwandais de l'époque avait accepté d'accueillir tous les exilés rwandais, suite à l'intervention personnelle du Pape Jean-Paul II.

La deuxième surprise liée à cette attaque inattendue, c'est l'équipement en armes et en munitions dont disposait le Front Patriotique Rwandais. Cet équipement militaire, en hommes et en armes de pointe, sera maintenu jusqu'à la prise du pouvoir par la force après le génocide au Rwanda de 1994. Ce qui est étonnant c'est que même l'embargo sur les armes qui avait été décrété pour favoriser le processus de paix, cet embargo sur les armes n'aura affecté que seule l'armée régulière : la rébellion du Front Patriotique Rwandais a continué à se procurer des armes et des munitions, à recruter des combattants. Le Colonel L. Marchal a confirmé que la Mission des Nations-Unies au Rwanda (MINUAR) ne pouvait s'assurer du respect de l'embargo sur les armes que dans la partie gouvernementale. Tandis que du côté du Front Patriotique Rwandais, ce même responsable militaire de la mission onusienne au Rwanda a avoué que la situation était compliquée, que le contrôle était impossible.

A partir de ces observations, plusieurs questions sont soulevées : qui a armé le Front Patriotique Rwandais au début de la guerre civile en 1990 ? Pour quelle raison ce mouvement rebelle à l'époque a attaqué le le Rwanda alors que tous les exilés rwandais pouvaient désormais rentrer pacifiquement dans leur pays d'origine ? A toutes ces questions, certains observateurs avancent des hypothèses très discutables : pour certains commentateurs, c'est l'Ouganda qui aurait armé le Front Patriotique Rwandais, du début de la guerre civile jusqu'à la fin du génocide au Rwanda en 1994. Certes, l'Ouganda a offert une base arrière à la rébellion du Front Patriotique Rwandais. Cependant, l'Ouganda venait à son tour de traverser une décennie marquée par plusieurs guerres civiles successives et, en 1990, c'était un pays en reconstruction. Pour cette raison, ce pays ne pouvait pas se payer le luxe d'attaquer un autre pays et de dépenser son argent dans une guerre qui ne le concernait pas *a priori*.

De plus, malgré le fait que les attaques contre le Rwanda étaient organisées à partir de l'Ouganda, la communauté internationale a laissé faire.

Par conséquent, la guerre qui a été menée contre le Rwanda à partir de 1990 était tout simplement une guerre de « business » d'une part, et une guerre pour régler des problèmes géopolitiques d'autres part :

Une guerre de « business » car, toutes les armes et munitions dont se servait le Front Patriotique Rwandais avaient un prix ! Donc, il a fallu payer ces armes auprès de leurs fabricants. Par ailleurs, il a fallu rémunérer tous les combattants et mercenaires. Quand bien-même l'Ouganda serait un pays très riche, il ne pouvait pas supporter toutes ces dépenses gratuitement !

Sur cette question du coût financier de la guerre civile au Rwanda, voici l'extrait d'un témoignage que j'ai déjà publié dans mon ouvrage *Essai sur l'autosuggestion* (2014) :

Lors d'un entretien avec un ancien proche du régime de J. Habyarimana, j'ai voulu savoir ce qui se cacherait derrière les mots très durs de ce dernier dans son discours du mois de novembre 1992 à Ruhengeri au sujet des Accords d'Arusha (dont les négociations étaient encours à cette époque) :

*Mon interlocuteur* : « Mais, voyons ! Officiellement, dans ces Accords, on n'y parlait que du partage du pouvoir. Or, en réalité, le problème principal de ces accords, c'était leur contenu tacite ». J'ai réagit avec étonnement. J'ai alors demandé à mon interlocuteur : mais, ce contenu tacite, de quoi s'agit-il ?

*Mon interlocuteur répondit* : « Ah ! Je vois bien. Vous n'êtes pas au courant ? (...) Le Rwanda devait s'engager à rembourser toutes les dettes contractées par nos adversaires pour financer leurs attaques contre le pays. Qui aurait accepté de payer l'argent utilisé pour massacrer les civils et chasser de chez-eux des millions de déplacés de guerre ? Donc, ces Accords d'Arusha c'était tout simplement un chiffon de papier » ; - terme qualificatif qu'avait utilisé J. Habyarimana dans son discours de Ruhengeri ci-dessus cité.

Conclusion : derrière la guerre civile, il y avait des « affaires » !

# Chapitre IV. GÉNOCIDE ET RITUELS SACRIFICIELS

« *Ceux qui ont l'intelligence s'imaginent que ceux qui ont les yeux ne voient pas* » ![156]

## 1. Les « forces traditionnelles » face au néocolonialisme multinational

Depuis l'article de J.-P. Chrétien sur la rébellion des « forces traditionnelles » au Rwanda allemand (1910 - 1912)[157], les différents chercheurs et « spécialistes » de la région des Grands-Lacs d'Afrique n'ont plus accordé une attention particulière aux conséquences d'une éventuelle déstabilisation des institutions socioculturelles ancestrales au Rwanda.

Comme je l'ai développé dans mon ouvrage *Communautarisme et autochtonie : Du cas du Rwanda à l'universel* (2013), le Pays des Mille Collines s'est constitué à partir de deux idéologies préhistoriques : l'idéologie de la communauté des Hutu et l'idéologie de la communauté des Tutsi.

En effet, les termes Hutu et Tutsi ne désignent pas des « ethnies » comme l'on a voulu le faire croire depuis l'époque coloniale. En revanche, ces deux termes désignent deux communautés idéologiques ancestrales, deux visions différentes de la vie politique et sociale, deux visions différentes de la nature de gouvernement :

### *L'idéologie de la communauté des Hutu*

Avant la conquête du Rwanda par les seigneurs de la communauté des Tutsi, il existait plusieurs petits royaumes de la communauté des Hutu. Tel ou tel observateur pourrait contester cette hypothèse mais, comme je l'ai exposé dans mon ouvrage précédemment cité, les différents travaux de recherche sur le Rwanda pré-colonial permettent de reconnaître cette évidence préhistorique. Voici en quoi consiste l'idéologie politique ancestrale des Hutu, d'après nos recherches spécifiques sur la question :

Dans la préhistoire du Rwanda - et jusqu'au début du 20$^{ème}$ siècle -, le mode de gouvernement des communautés Hutu était basé sur la « confédération » des lignages : chaque lignage comptait plusieurs familles et l'élément fédérateur de ce groupement social, c'était le territoire. D'où l'autochtonie comme lien identificatoire du clan de cultivateurs.

Pour des raisons d'organisation sociale, plusieurs lignages établissaient des contrats ou « pactes » de sang pour former un nouveau territoire. Cela permettait de mutualiser les forces militaires pour se défendre contre différentes attaques extérieures ; d'organiser le système d'échanges économiques et de liens matrimoniaux ; etc. A la tête de cette « confédération paysanne », les différents chefs de lignages désignaient un

156 Proverbe rwandais.

157 CHRETIEN J.-P., Article « La révolte de Ndungutse (1912) - Forces traditionnelles et pression coloniale au Rwanda allemand », in *Revue française d'histoire d'outre-mer*, n° 217 - 4$^{e}$ trimestre 1972, pp. 645 - 679.

patriarche qui devenait le représentant d'un petit royaume. Cependant, chaque chef de lignage conservait ses prérogatives locales de « chef » : ainsi, dans le Rwanda préhistorique, nous pouvons dire que les différentes communautés des Hutu avaient établi un véritable système politique démocratique basé sur une représentation indirecte.

Certains petits royaumes préhistoriques de la communauté idéologique des Hutu ont survécu aux conquêtes des seigneurs de la communauté idéologique des Tutsi et à l'invasion coloniale. Comme l'ont très bien démontré certains chercheurs[158], jusqu'au début du 20ème siècle, quelques royaumes des Hutu existaient encore au sud-ouest, au nord et au nord-ouest du Rwanda.

*L'idéologie de la communauté des Tutsi*

Conformément au mythe de la dynastie royale et aux institutions politiques du Rwanda moderne, l'idéologie de la communauté des Tutsi était radicalement opposée à celle de la communauté des Hutu :

En effet, à l'opposé de l'idéologie politique de la communauté des Hutu sédentaires, celle des Tutsi valorisait la vie nomade, l'élevage de bovins au détriment de l'agriculture, et surtout, l'idéologie politique des Tutsi vénérait un seul « chef » suprême : pas question d'établir un pouvoir collégial !

Par conséquent, lors de la conquête du Rwanda par les seigneurs de la communauté des Tutsi, il a fallu négocier un nouveau « pacte » sociétal pour former un nouveau pays. Ainsi, les seigneurs de la communauté Tutsi ont imposé le mode de gouvernement centralisé, au tour d'un seul monarque tout-puissant - cela au détriment des petits chefs locaux. Par ailleurs, les seigneurs de la communauté des Tutsi ont imposé une nouvelle « monnaie » d'échange sur le plan économique et social : alors que le lien identificatoire de base était la terre chez les partisans de l'idéologie Hutu, les nouveaux maîtres ont introduit la « vache » comme seule monnaie d'échange dans tous les rapports sociaux : pour payer la dote, pour payer une réparation suite à un jugement, pour s'acquitter d'une dette importante vis-à-vis de son créancier. Plus particulièrement, la vache est devenue le nouveau signe de richesse : pour devenir riche, pour être respecté parmi ses pairs, il fallait être propriétaire et éleveur de bovins. C'est ainsi que la coutume de servage « *ubuhake* » a vu le jour : ceux qui n'avaient pas les moyens de se procurer des vaches, ceux qui avaient besoin de payer la dote, ceux qui avaient une dette importante à payer ou une réparation à régler, bref pour « être libre » et respecté, il fallait se mettre au service d'un seigneur-éleveur de bovins. Après plusieurs années de travaux souvent pénibles, le vassal obtenait une vache de la part du suzerain.

Néanmoins, le nouveau système politique, économique et social qui a été introduit par la communauté idéologique des Tutsi n'a pas totalement effacé

158 HEREMANS R., *Introduction à l'histoire du Rwanda,* Kigali, Éditions Rwandaises, 1988.

les piliers de la « confédération paysanne » de la communauté des Hutu. Au regard de la société rwandaise actuelle, c'est comme si l'on avait signé un « pacte tacite » de non agression et de respect mutuel en ce qui concerne les identités ancestrales :

*Synthèse socioculturelle dans le Rwanda moderne*

Dans les territoires de la communauté des Hutu qui ont survécu à la conquête des monarques de la communauté des Tutsi, rien ou presque n'a été modifié : seule la vache a été élevée au rang de « monnaie d'échange » et c'est tout. Pour le reste, le patriarche de telle ou telle confédération paysanne faisait la collecte des impôts et les remettait aux représentants du roi du Rwanda. Celui-ci, à son tour, assurait la protection de ces petits royaumes autonomes contre les invasions extérieures éventuelles. Ce qui est d'ailleurs étonnant c'est que, malgré cette séparation apparente des pouvoirs, il existait des liens matrimoniaux entre ces confédérations d'autochtones autonomes et le « vaste » Rwanda ! Par exemple, au sein des enclaves autonomes au nord-ouest du Rwanda, il a toujours existé des échanges matrimoniaux entre des familles Bagogwe - de la communauté des Tutsi - et les familles des Hutu autochtone. D'ailleurs, même aujourd'hui, dans ces régions autrefois autonomes, seule la fameuse « carte d'identité » qui a été introduite par l'occupant colonial permet de désigner l'appartenance aux pseudos ethnies de tel ou tel habitant.

Dans le reste du Rwanda, là où la conquête des territoires préhistoriques des Hutu par les monarques de la communauté des Tutsi a été intégrale, l'autorité des petits chefs locaux a disparu au profit des représentants directs du roi. Néanmoins, les nouveaux maîtres ont été obligés d'apprendre la langue des autochtones, de respecter le travail de la terre et, dans une certaine mesure, de pratiquer le système d'échanges matrimoniaux. En effet, les cultivateurs riches pouvaient acquérir des vaches et ainsi devenir « nobles » et épouser des femmes de la communauté des Tutsi. Inversement, tel ou tel membre de la communauté des Tutsi qui perdait son bétail - par exemple, suite à une dépossession décidée par le roi, ou bien, ayant été déchu de son statut de « noble »-, l'intéressé tombait ainsi dans le rang inférieur de cultivateurs. Désormais, lui et ses descendants étaient condamnés à partager les conditions de vie de la communauté des Hutu, y compris l'établissement des liens matrimoniaux.

*Réveil des liens identificatoires préhistoriques :*
*pactes narcissiques et pactes de sang*

Malgré la modernisation des institutions socioculturelles et l'« effacement » ce certains liens identificatoires préhistoriques, la mémoire collective a conservé les traces de ce « passé qui ne passe pas » ! Par ailleurs, de manière instinctive, les membres de la communauté des Hutu ont conservé la capacité d'organisation « confédérale » de par l'organisation de la vie sociale autour et au milieu des champs !

Ainsi, lors de la rébellion de 1910 - 1912, le « héros du Murera », Lukara, a fait appel aux « *forces traditionnelles* » pour défier le monarque Musinga et l'administration coloniale allemande qui soutenait ce-lui-ci ! Certes, il y avait aussi un « prince » de la communauté des Tutsi qui revendiquait le statut d'héritier du trône, un certain Ndungutse : il prétendait être le fils du roi Mibambwe Rutarindwa qui avait été destitué au moyen d'un « putsch » sanglant mené par les autres membres de la dynastie royale. Cependant, le « prince » Ndungutse était de retour d'exil après un long séjour à l'étranger et n'avait pas les moyens pour organiser et mener une rébellion. C'est pour cette raison que le véritable « chef de guerre » dans cette affaire fut Lukara : aidé par les familles imposantes du Murera et par les guerriers de la communauté des Batwa, Lukara était sur le point de renverser la monarchie et de s'emparer du pouvoir ! Ce sont les Allemands, conduits par le Lieutenant Gudowius, qui ont sauvé l'institution monarchique du Rwanda !

Dans mes travaux de recherche précédents, j'ai déjà développé l'historique de la naissance des idéologies politiques modernes au Rwanda sous l'influence du colonialisme. Pour cela, dans la présente réflexion, intéressons nous surtout à ce qui s'est passé pendant la période de 1990 - 1994 sur le plan idéologique :

*J. Habyarimana : un « patriarche-roi »* !

Arrivé au pouvoir au moyen d'un coup d'État militaire en 1973, J. Habyarimana a opéré un « tournant décisif » en ce qui concerne le mode de gouvernement au Rwanda. En effet, après la chute de la monarchie en 1959 au Rwanda, la première République a conservé un double héritage : celui de la monarchie en ce qui concerne l'administration locale et territoriale ; puis l'héritage de l'administration coloniale en ce qui concerne la bureaucratie. C'est ce double héritage que J. Habyarimana a modifié pour asseoir un « nouveau régime » inspiré de la « confédération paysanne » des lignages du Rwanda préhistorique. Mais, le ciment de l'administration locale à l'occidentale n'a pas disparu non plus ! Le savant « mélange » fut établi selon le schéma suivant :

A la base, J. Habyarimana créa la « cellule » : celle-ci comptait une dizaine de familles était dirigée par un « responsable » de cellule. A l'échelon supérieur, un nombre limité de « cellules » constituait un « secteur ». Le chef de cette entité territoriale était un « conseiller » de secteur. Le regroupement de plusieurs « secteurs » constituait une « commune » - l'équivalent d'une mairie en Europe. Le chef de cette administration locale était le « Bourgmestre ». Plusieurs « communes » d'une même région constituait une « préfecture ». Le chef de ce territoire était le « préfet ». Enfin, les différentes « préfectures » constituaient le Rwanda. La grande trouvaille de J. Habyarimana fut la création des « cellules » et la responsabilisation quasi familiale de leurs chefs : véritables « petits chefs » des temps préhistoriques, les responsables de « cellules » étaient de véritables « policiers » et/ou « agents » de renseignement : ce sont eux qui tenaient les registres de résidence des étrangers, par exemple, alors que l'enregistrement des naissances était sous la responsabilité directe de la « commune ». Autrement dit, la naissance ne faisait pas peur, c'est l'arrivée d'un étranger qui était à craindre et à surveiller !

Ainsi, J. Habyarimana était devenu le nouveau « patriarche » à l'instar des « chefs » des « confédérations paysannes » d'autrefois ! Cependant, les patriarches d'autrefois régnaient sur des territoires minuscules. Or, J. Habyarimana - tout comme son prédécesseur G. Kayibanda - régnait sur tout le Rwanda. Pour cela, il avait endossé non seulement le costume de « patriarche » préhistorique, mais aussi, il était investi de tous les pouvoirs des monarques absolus Tutsi qui avaient régné sans partage sur le Rwanda moderne jusqu'en 1959.

Constat : J. Habyarimana était devenu à la fois « patriarche » pour son clan et « monarque » pour tout le Pays des Mille Collines.

*Les fantômes du passé*

En 1994, J. Habyarimana était devenu impopulaire dans certains milieux politiques au Rwanda et à l'étranger. Plus particulièrement, son image avait été attaquée par les médias locaux et étrangers à tel point que personne n'aurait jamais imaginé qu'il représentait encore un espoir pour la masse populaire :

Lors des émissions radiophoniques récentes sur Radio France Internationale que nous avons déjà citées - émissions consacrées à l'histoire de J. Habyarimana, le Colonel L. Marchal, qui était chargé de la sécurité dans le secteur de Kigali pour la Mission des Nations-Unies au Rwanda, a avoué : « Nous étions conditionnés par la campagne de diabolisation dont J. Habyarimana avait été victime (...) ».

En effet, certains représentants de la communauté internationale à Kigali, le Front Patriotique Rwandais et une partie de l'opposition politique considéraient que J. Habyarimana était le « seul problème » du Rwanda !

Or, c'était méconnaître les conséquences du réveil des « forces traditionnelles » :

Dès que la masse des paysans a appris que J. Habyarimana avait été assassiné dans l'attentat du 06 avril 1994, comme en 1910 avec la rébellion de Lukara, ce fut « l'effervescence » dans tout le pays : les barrières furent dressées avant même qu'il y ait eu une quelconque intervention des hauts responsables politiques et/ou administratifs, le pays fut « quadrillé » par une partie des militaires et la population, bref c'était la « guerre totale ». Mais, contre qui ? Eh bien, malheureusement, contre une partie de la population. Par conséquent, pour ma part, le génocide au Rwanda a été un génocide d'autodestruction d'un peuple. Car, le Front Patriotique Rwandais a attendu que le chaos s'installe pour venir ramasser le pouvoir dans la rue !

En résumé, pour venger le « patriarche-roi » J. Habyarimana, le peuple a cherché à rétablir la « communauté d'autochtones » préhistorique, une communauté idéalisée, celle d'avant la conquête du pays par des monarques de la communauté Tutsi ! Comme cela n'était plus possible, comme le peuple est devenu indivisible, comme le « mythe » du passé préhistorique ne correspond plus à la réalité socioculturelle d'aujourd'hui, comme les termes « Hutu » et « Tutsi » ne désignent plus des communautés d'appartenance « ethnique » - il n'y a ni territoire, ni langue, ni traditions pour distinguer un « Hutu » d'un «Tutsi »[159] -, pour toutes ces raison, l'« ennemi » invisible c'était tout simplement un parent, un frère, un cousin, un voisin, etc.

*L'éternel retour !*

Pendant le génocide au Rwanda de 1994, certains membres de la communauté idéologique des Hutu ont manipulé la masse populaire sous le motif qu'il fallait « défendre » l'autochtonie des communautés préhistoriques des Hutu.

Malheureusement, après la fin du génocide et la prise du pouvoir par le Front Patriotique Rwandais, ce mouvement politique et militaire a opéré à son tour un retour vers le passé :

En effet, dès l'arrivée au pouvoir du Front Patriotique Rwandais, les responsables politiques et militaires de ce mouvement ont réveillé, eux aussi, le « mythe » de l'idéologie préhistorique de la dynastie monarchique des Tutsi : depuis juillet 1994, l'idéologie du « chef suprême » a remplacé celle du « Père de la nation » ou « patriarche confédéral » !

Par conséquent, aujourd'hui en 2015, le constat est clair : l'idéologie préhistorique du « chef suprême » de la communauté des Tutsi aura produit les mêmes effets que celle de l'autochtonie préhistorique revendiquée par certains leaders de la communauté des Hutu. Car, pour se maintenir au pouvoir, le Front Patriotique Rwandais a été obligé de recourir à la violence : pendant la guerre de conquête du pays, après le génocide de 1994 et lors de la destruction des camps de réfugiés rwandais à l'est de l'ex-Zaïre.

### 2. La désignation des boucs émissaires

Pendant la guerre civile au Rwanda de 1990 - 1994, des Rwandais accusés d'être des « suspects » furent régulièrement arrêtés, emprisonnés sans procès, certains furent même torturés. C'est la pression de la communauté internationale sur le gouvernement rwandais qui a permis l'arrêt de ces traitements. Après la signature des Accords de Paix d'Arusha - qui n'étaient en réalité que des « Accords du désaccord » (le « *chiffon de papier* » selon le terme du feu président J. Habyarimana!) -, puis, suite aux attaques multiples du Front Patriotique Rwandais malgré le processus de paix qui était engagé, l'affaire des « suspects » a pris une autre tournure : les « ibyitso », autrement

159 Cf. Nos travaux de recherche déjà publiés.

dits « ennemis de l'intérieur », ce n'étaient plus seulement des personnes soupçonnées - à tord ou à raison - de soutenir la rébellion : désormais, toute personne qui était en désaccord avec le pouvoir en place devenait *de facto* un « ikitso » (« ibyitso » au pluriel), c'est-à-dire un « ennemi de l'intérieur » !

Lors de mes recherches actuelles, j'ai pris connaissance de l'une des méthodes qui étaient utilisées par le pouvoir au Rwanda pour repérer les « ibyitso » : à l'intérieur du pays, ce sont les ragots de voisinage qui permettaient de « ficher » tel ou tel individu comme « ikitso ». En ville, plus particulièrement dans la capitale Kigali, les « Maneko » (agents de renseignement) sévissaient dans tous les quartiers, dans toutes les sociétés privées, dans tous les bureaux administratifs et dans tous les lieux publics de loisirs ou de détente : les bistrots, les stades, etc.

Mais, l'opération la plus spectaculaire des « Maneko » au Rwanda, c'est celle qui consistait à suivre en filature les opposants politiques et les sympathisants potentiels du Front Patriotique Rwandais :

Déguisés en « agents de travaux publics », des gendarmes, des agents de renseignement civils « Maneko » ou des militaires, certains éléments de la redoutable Garde Présidentielle, tout ce beau monde suivait au pas tous les déplacements des opposants politiques - et même ceux de certains expatriés au Rwanda ! Plusieurs exemples m'ont été communiqués.

Par exemple, devant le Conseil National de Développement (CND) où se trouvaient le quartier général des Casques Bleus de l'ONU ainsi qu'un bataillon du Front Patriotique Rwandais - dans l'attente de la mise en application des Accords de Paix d'Arusha -, des groupes de gendarmes, de militaires et de « Maneko » se relayaient : faisant semblant d'effectuer les travaux de nettoyage dans les différents parcs et jardins du lieu, ces agents de renseignement identifiaient tout opposant politique et/ou expatrié qui entrait ou sortait du bâtiment. Après une série de vérifications sur l'identité de la personne concernée et le motif éventuel de ce déplacement, les services du renseignement central « fichait » l'individu ou classait sans suite l'affaire.

Même si nous ne disposons pas de preuves matérielles sur l'influence de ce « fichage » dans la commission du génocide au Rwanda en 1994, il n'y a malheureusement aucun doute : ces personnes « fichées » auraient été désignées comme « ibyitso » dès le début du génocide au Rwanda. Car, selon les témoignages concordants, lors de la survenue du génocide au Rwanda, les premiers massacres ont été commis de manière « ciblée » et « coordonnée » : ces opérations méthodiques ont visé des personnes bien identifiées quant à leurs noms, leur adresse et leur statut professionnel ou leur appartenance idéologique. C'est seulement par la suite que les massacres ont été étendus à Monsieur ou Madame tout le monde dans tout le pays, y compris dans les campagne.

*Un même « mode opératoire » en France !*

Curieusement, le même mode opératoire est observable en France : comme je l'ai exposé dans mon dernier ouvrage *Le génocide au Rwanda : postures et impostures génocidaires* (janvier 2015), actuellement en France, nous sommes victimes d'une *chasse à l'homme* dont le mode opératoire ressemble étrangement à celui de la survenue du génocide au Rwanda : fichage par les services de l'État français ; falsification des dossiers administratifs et production de faux documents pour justifier la *chasse à l'homme* contre tel ou tel bouc émissaire désigné à l'avance ; montage de dossiers judiciaires et falsification des procédures pour empêcher la victime de se défendre ; condamnations arbitraires en s'appuyant sur la présence imaginaire d'avocat qui aurait agi au nom de la victime ; propagande et campagnes diffamatoires contre la victime au moyen des faux documents et au moyen des condamnations arbitraires déjà citées ; attaques à main armée contre la victime et destruction de son domicile en utilisant les mêmes condamnations arbitraires ; etc. Bref, la liste des moyens utilisés pour « tuer proprement » et en silence la victime est longue !

Comme je l'ai déjà indiqué, pour étayer notre témoignage par des faits concrets, nous présentons, dans la partie annexe de cet ouvrage, une sélection de documents tirés de différents dossiers administratifs et judiciaires.

### 3. Le rôle des rabatteurs

Lors de la survenue du génocide au Rwanda, les rabatteurs ont joué un rôle important :

D'abord, à Kigali et dans d'autres villes, c'est essentiellement la Radio des Mille Collines qui servait de relais vocal pour indiquer où se trouveraient des « ibyitso » : soit leur domicile, soit les différents lieux publics où les victimes essayaient de se cacher comme des églises, des écoles, etc.

Ensuite, dans les campagnes, les rabatteurs se déplaçaient en groupes de plusieurs personnes et ratissaient les buissons, les marécages, les lieux publics, les champs, etc.

En France, nous avons observé différents comportements similaires : à mon lieu de domicile par exemple, dès que la « chasse à l'homme » a commencé contre ma personne, le gardien d'immeuble était la véritable « radio locale » pour informer les voisins de la nature des procédures administratifs et judiciaires engagées contre ma personne : « on est venu me demander mon avis », affirmait-il fièrement ! J'ai en ma possession certains extraits de ces discours. Tout récemment, lors des émissions sur Radio France Internationale concernant la survenue du génocide au Rwanda, j'ai été surpris par la similitude des mêmes discours à mon lieu de domicile en France et ceux qui ont été diffusés sur la Radio des Mille Collines au Rwanda en 1994 ! Comme je l'ai indiqué dans un courrier que j'ai adressé à une haute autorité publique, les discours concernant le génocide au Rwanda n'étaient qu'une copie : désormais, nous avons l'original en France !

Par ailleurs, chaque fois qu'il y a des attaques à main armée contre mon domicile, le gardien d'immeuble est clairement informé à l'avance : lors de l'attaque du 07 février 2013, par exemple, son comportement suspect a attiré mon attention et j'en ai informé la Police. Dans un premier temps, il m'a informé qu'il n'avait rien vu ni rien entendu concernant la destruction et la violation de mon domicile. Il m'a tout simplement dit : « ce sont peut-être des huissiers ... » ! Par la suite, lorsque j'ai essayé de coller des affiches pour solliciter le témoignage des voisins, le gardien d'immeuble me suivait : dès que je collais une affiche, il l'arrachait immédiatement en ma présence et sans aucune explication ! Concernant l'attaque du 04 décembre 2014, les malfaiteurs savaient très bien que j'étais présent à mon domicile : ce jour là, dès le matin, le gardien d'immeuble et sa bande de guetteurs se sont réunis derrière mon appartement. Vers la fin d'après-midi, juste avant l'arrivée du commando, tout le bâtiment était devenu un véritable « désert » : aucun voisin, aucun enfant dans la cour ! Suite à la violence dont j'ai été victime ce jour là, j'ai compris que tout le monde avait quitté les lieux pour qu'il ne puisse pas y avoir de témoins !

## 4. Le passage à l'acte ultime

Au Rwanda, pendant le génocide de 1994, ce ne sont pas les rabatteurs eux-mêmes qui passaient à l'acte pour massacrer telle ou telle victime. Souvent, ce sont des personnes étrangères - donc inconnues pour la victime - qui se chargeaient de commettre le crime. En effet, certains rescapés du génocide au Rwanda sont formels : tous les rabatteurs n'ont pas nécessairement le courage de passer à l'acte ultime : ce sont plutôt des « *zélés plus qu'il ne faut* » - des irréductibles - qui passaient à l'acte ultime pour commettre le massacre. Néanmoins, le travail des rabatteurs - des indicateurs ou des guetteurs - est tout aussi déterminant dans la commission du crime.

Comme je l'ai décrit ci-dessus, en France aussi, nous assistons malheureusement au même mode opératoire criminel.

### *La tentative d'assassinat du 04 décembre 2014*

Le 04 décembre 2014, lors de la deuxième attaque à main armée contre ma personne à mon domicile, la procédure de destruction de la porte de mon appartement permet de comprendre la nature du crime :

Je me trouvais à l'intérieur de ma chambre en train d'écrire lorsque, soudainement, j'ai entendu un très grand bruit sur la porte d'entrée de mon appartement. Immédiatement, je suis allé voir et j'ai ouvert la porte. C'est à ce moment là que j'ai failli être transpercé par une perceuse !

Derrière la porte, dans le couloir, un homme était en train de détruire la porte de mon logement à l'aide d'une perceuse ! Il était accompagné de trois autres personnes : deux juste derrière lui et, à côté vers l'escalier, un troisième homme assistait aussi à la scène. Celui-ci tenait un sac en cuir dans ses mains.

Lorsque j'ai ouvert la porte brusquement et que, en même temps, la perceuse du malfaiteur était déjà enfoncée dans la serrure de la porte, l'assaillant a été emporté par la perceuse et a failli tomber à l'intérieur de mon appartement : il s'est relevé et, avec sa lourde perceuse à la main, il a reculé et est allé se fracasser sur l'un des deux hommes qui se tenaient derrière lui ! Comme le couloir est très étroit et que, visiblement, ces malfaiteurs ne s'attendaient pas à ce que je vienne les intercepter à l'extérieur de mon appartement, une peur-panique était visible sur leur visage : instinctivement, le deuxième homme qu venait d'être bousculé par celui qui tenait la perceuse a plongé les mains dans sa veste et j'ai vu le poignet d'une arme à feu - de type pistolet. Comme je m'adressais à la personne qui venait de détruire ma porte pour demander des explications, le quatrième homme du commando, celui qui se tenait à côté avec un sac à la main, adressa un regard de désapprobation à celui qui sortait déjà son arme de la veste. Puis, il s'adressa à moi, il se présenta comme étant l'huissier : « c'est plutôt à moi qu'il faut s'adresser », m'a -t-il dit.

Dans mon dernier ouvrage *Le génocide au Rwanda : postures et impostures génocidaires* (2015), j'ai déjà présenté en détails le contenu de l'échange que j'ai eu avec cet « huissier » lors de cette attaque à main armée dont j'ai été victime le 04 décembre 2014.

Intéressons-nous plutôt à la réaction de la deuxième personne qui commençait à sortir son arme de la veste avant que l'« huissier » ne désapprouve son geste par un regard :

Sur la porte de mon appartement, il y a une sonnette. Pourtant, ce commando n'a pas sonné. Par ailleurs, durant le moment de l'attaque, tout le bâtiment était vide ! Même dans la cour au pied des immeubles, personne ne circulait alors que le lieu est toujours fréquenté par des voisins ou par des enfants ! Puis, compte tenu de l'étonnement et de la panique que j'ai constatés sur le visage de mes bourreaux dès que j'ai ouvert la porte, ils ne s'attendaient pas du tout à ce face-à-face dans le couloir, c'est-à-dire à l'extérieur de mon logement. Pour toutes ces raisons, plusieurs questions se posent :

Pourquoi ce commando n'a-t-il pas sonné alors qu'il prétendait vouloir faire appliquer une décision de Justice ? Au cas où la Justice aurait autorisé l'usage de la force contre ma personne et contre mon logement - et dans cette hypothèse, je demanderais des explications concernant les raisons d'une telle décision -, pourquoi la Police n'était-elle pas présente pour représenter la Force Publique ? En France, est-il autorisé d'attaquer à main armée un adversaire, de détruire ses bien, de violer son domicile, etc., tout simplement parce qu'il y aurait une décision de Justice à faire appliquer ? D'ailleurs, je me permets de préciser que les différentes décisions de Justice qui servent d'alibi à ces attaques constituent, tout simplement, le résultat de procédures judiciaires d'escroquerie ! Les preuves matérielles sont là, je présente plusieurs pièces à conviction dans la partie annexe de cet ouvrage.

Autres questions : pourquoi ces hommes, du moins l'un d'entre eux, avaient-ils des armes à feux ? Que ce serait-il passé si je n'avais ouvert la porte et qu'ils m'avaient trouvé à l'intérieur de l'appartement ?

Pour ma part, même si différentes hypothèses de réponses à ces questions sont possibles, compte tenu de l'historique de l'affaire initiale et d'autres dossiers annexes, il n'y a aucun doute possible concernant le motif de ces attaques répétitives à main armée : ces hommes étaient venus pour commettre un massacre. La cible, c'est ma personne. Seulement, je ne les ai pas attendus à l'intérieur de mon appartement et, ils ont renoncé à commettre un crime à l'extérieur du logement.

Je me permets de rappeler que toutes ces opérations et attaques à main armées ont commencé dès que j'ai refusé d'abandonner mon projet de recherche sur les violences collectives à partir du génocide au Rwanda. Pour cela, nous avons affaire à la continuation de crimes génocidaires dirigés contre nous Rwandais : car, nous cherchons à faire la lumière sur des affaires criminelles qui dérangent !

*Observations complémentaires*

Depuis le génocide au Rwanda de 1994, les Hutu Rwandais sont devenus des boucs émissaires de tous les malheurs du Rwanda. Au sujet des crimes actuels qui ressemblent étrangement aux crimes génocidaires au Rwanda dans le passé, les Hutu Rwandais seraient-ils encore auteurs des violences planifiées et coordonnées dont nous sommes victimes ici en France ? Si tel est le cas, les Hutu Rwandais se seraient métamorphosés pour devenir des Blancs !

Tout récemment, suite aux attentats qui ont eu lieu à Paris en janvier 2015, la France a mobilisé la terre entière - et à juste titre - contre le terrorisme et tous ceux qui ne respectent pas le droit d'expression. Or, depuis 2006, l'État français me traque, me pourchasse, ordonne des attaques à main armée contre ma personne et de mon logement, détruit toutes mes activités professionnelles ainsi que les sources de mes moyens existentiels, certaines institutions de l'État français falsifient mes dossiers administratifs pour me diffamer, me harceler et me spolier en exigeant le payement des taxes et des impôts indus, etc. Tout cela, tout simplement parce que j'ai entrepris des recherches universitaires sur la survenue du génocide au Rwanda ! Je me permets de rappeler que mes propres parents furent massacrés pendant le génocide au Rwanda au printemps 1994.

Malheureusement, pour nous victimes, il n'existe pas de différence entre le terrorisme des particuliers et le terrorisme d'État.

En 1994, les génocidaires au Rwanda ont commis leurs crimes sous le couvert de l'anonymat : aujourd'hui, les génocidaires ont un visage, un nom, une adresse, une activité professionnelle connue et nous connaissons l'État qui planifie et ordonne tous les actes criminels dirigés contre nous.

La survenue du génocide au Rwanda a été précédée par une période de *chasse à l'homme* et de terreur contre tous les opposants politiques : les « Maneko » (agents de renseignement) faisait la Loi partout au Rwanda, surtout à Kigali. Au cas où mes bourreaux seraient des « Maneko » français qui passeraient leur temps à me pourchasser et à organiser des attaques à main armée contre ma personne, ce serait une perte de temps inutile : les faits sont déjà connus, l'histoire est déjà écrite. Nous le savons très clairement, des Français ont participé à la planification et à l'exécution du génocide au Rwanda aux côtés du Gouvernement Intérimaire. Cela, au nom de la France.

Ainsi, le génocide au Rwanda a été planifié en le faisant. C'est mon hypothèse fondée sur les éléments de recherche en ma possession.

Pour toutes ces raisons, quels que soient les moyens d'intimidation utilisés pour nous faire taire, quels que soient les crimes dirigés contre nous, rien ne nous empêchera de dire la vérité historique sur le rôle de la France dans la survenue du génocide au Rwanda et de dénoncer publiquement ces actes. En revanche, cela n'exclut pas la responsabilité des Rwandais eux-mêmes dans la commission des crimes génocidaires : que ce soit du côté des Hutu au pouvoir à l'époque, mais aussi du côté du Front Patriotique Rwandais qui avait repris les combats.

La seule question qui reste est celle de savoir : comment un État comme la France peut-il en arriver là ?

## Chapitre V. LE JUGEMENT DE L'HISTOIRE

*Synthèse théorique et clinique*

« Le jugement n'est pas une faculté formelle dont nous disposerions d'emblée dans sa perfection : elle est soumise à un développement et à une éducation, destinée à remplacer le préjugé par le jugement. La nécessité même de cette éducation manifeste que la faculté du jugement implique la volonté en tant qu'elle ajoute son assentiment à la forme composée par l'entendement. Le jugement ne se présente alors plus seulement comme une faculté ou une opération achevée, mais comme une puissance que chaque esprit doit exercer et cultiver en lui, en tant qu'elle constitue en lui la conjonction de la connaissance et de la liberté »[160].

### 1. Criminalité génocidaire : la couverture de la Loi

« En s'attaquant à une partie de la société pour la faire disparaître, l'État totalitaire désagrège les fondements de l'ensemble social, et il détruit les formations et les processus de la vie psychique qui s'étayent sur l'ensemble social, sur ce que j'ai appelé les fondements métapsychiques de la psyché. Au jeu mobile des représentations et des relations, il impose le mode paranoïaque de la causalité unique. Il se débarrasse de l'auto-agression contre une partie de la société, à laquelle il s'identifie par la projection de l'idée du complot subversif et par l'imposition d'un idéal de pureté sociale (doctrinale, raciale,...) »[161].

Conformément aux différents éléments matériels que nous avons présentés jusqu'ici, le constat est clair :

Dès lors qu'un État fait usage de faux, jusque dans certains de ses palais de Justices, pour ordonner des attaques systématiques contre tel ou tel citoyen - y compris des attaques à main armée et la destruction des biens d'autrui - ;

Dès lors que le même État détruit systématiquement toute activité professionnelle de tel ou tel citoyen, puis, le menace, le diffame, le harcèle et utilise tous les moyens administratifs pour lui nuire ;

Dès lors que ces attaques et injustices sont accompagnées par des discours publics de haine caractérisés par des propos d'antirwandité ;

Dans ses conditions, nous avons affaire à la **continuation de crimes génocidaires** contre des Rwandais, tout simplement parce qu'ils sont Rwandais. Car, ces même actes de crimes génocidaires ont déjà été observés au Rwanda.

---

160 KANT E., *Critique de la faculté de juger*, Introduction, § 3, tr. A. Philonenko, Vrin, Paris, 1965, p. 27, cité in Blay M., *Grand dictionnaire de philosophie*, *op. cit.*, *ibid.*

161 KAËS R., article « Ruptures catastrophiques et travail de la mémoire », in PUGET J. et all., *Violence d'État et psychanalyse*, *op. cit.*, *ibid.*

A propos de la criminalité individuelle et institutionnelle, la théorie psychanalytique kleinienne offre différents outils d'analyse :

*La haine, la jouissance et l'agressivité selon J. Rivière*

« On reconnaît généralement comme inné, chez l'homme et la plupart des animaux, un instinct d'agression, tout au moins pour se défendre ». Puis selon J. Rivière, « des pulsions agressives, cruelles et égoïstes, sont étroitement associées à des sentiments de plaisir et de satisfaction (...) et une certaine fascination et une excitation peuvent accompagner la gratification de ces pulsions. (...) Ce plaisir, qui peut s'associer étroitement à des émotions agressives, explique dans une certaine mesure pourquoi ces émotions sont si impérieuses et difficiles à contrôler ». Selon le même auteur, « la haine, l'agressivité, l'envie, la jalousie, le désir de posséder, tous ces sentiments que les adultes ressentent et expriment, sont à la fois des dérivés (...) de l'expérience primitive et de la nécessité de la maîtriser si nous voulons survivre et obtenir quelque plaisir dans la vie ».[162]

Comme je l'ai déjà développé dans mon dernier ouvrage déjà cité, sous le couvert de l'anonymat dans la foule ou au sein d'une institution, nos bourreaux trouvent une certaine « jouissance » dans le passage à l'acte contre tel ou tel Rwandais.

*Paranoïa et criminalité*

Au printemps 1994, quelques semaines seulement après le début du génocide au Rwanda, des milliers de Zaïrois qui fuyait la guerre civile à Kigali commencèrent à arriver dans la ville de Bukavu (à l'est de l'ex-Zaïre) : certains d'entre eux, dans l'attente de regagner leurs régions natales, étaient logés dans l'établissement où je suivais à l'époque ma première année de philosophie.

Ainsi, ces premiers « réfugiés » qui arrivaient du Rwanda[163] - en réalité, il rentraient dans leur pays d'origine - ont livré leur témoignage : le Front Patriotique Rwandais et certains étrangers participaient, eux aussi, à la commission des massacres et crimes de masse au Rwanda. Nous en avons fait part à certains enseignants occidentaux de notre établissement. Un jour à table, l'un d'entre eux déclara :

« *C'est vrai, tout le monde le sait bien maintenant : le Front Patriotique Rwandais aussi massacre des populations civiles. Cependant, contrairement aux Hutu, il* (le Front Patriotique Rwandais) *tue proprement* » !

Depuis le début des attaques dont je suis victime ici en France, un comportement particulier de ceux qui me pourchassent a retenu mon attention : ces derniers fouillent partout pour recueillir les informations me

162 RIVIERE J., texte « La haine, le désir de possession et l'agressivité », in KLEIN M. et RIVIERE J., (1937), *L'amour et la haine*, Paris, Payot, 2001, p. 25.

163 Même si ces Zaïrois rentraient chez-eux, certains étaient nés au Rwanda et d'autre y habitaient depuis plusieurs décennies.

concernant afin de les utiliser contre ma personne. Ainsi, cette « fouille » méthodique ne connaît aucune limite : non-distribution d'une partie de mon courrier - ce qui suppose des critères permettant d'écarter ou de confisquer telle ou telle correspondance ; destruction de mon logement (le 07 février 2013) suivie d'une fouille de mon appartement jusque dans ma chambre à coucher ; fouille dans mes comptes bancaires et usage de tromperie pour décréter des interdits bancaires de nature criminelle ; fouille concernant mes numéros téléphoniques pour m'adresser des appels malveillants - ce qui suppose aussi l'interception possible de mes communications ; indices suspects sur mes courriers électroniques qui seraient aussi surveillés ; fouille dans mes dossiers administratifs pour établir des documents falsifiés afin de les utiliser ensuite dans des manœuvres diffamatoires et de harcèlement ; etc.

Par ailleurs, suite aux attaques répétitives à mon domicile, je me déplace régulièrement pour aller effectuer mes travaux de recherche dans différentes bibliothèques parisiennes : curieusement, il arrive que des personnes me suivent et viennent s'asseoir à côté de moi à la bibliothèque. Mais, comme je reste très longtemps sur le même lieu en trains de lire ou d'écrire, il est déjà arrivé que mes « voisins » de circonstance se lèvent et partent en murmurant des injures ! Mais que cherchent-ils en fouillant partout ? Car, depuis ma thèse de Doctorat, je publie tous les résultats de mes recherches : il n'y a rien à cacher, il suffit de lire mes ouvrages.

Puis, ce n'est pas la peine de me suivre partout !

Selon le philosophe E. Kant, il n'est pas difficile d'éduquer un enfant. Ce qui est difficile, dit-il, c'est d'arriver à « maintenir assis un enfant, au même endroit, pendant un laps de temps » ! Ceux qui me poursuivent jusqu'au sein des bibliothèques sont donc avertis : il n'est pas donné à tout le monde de « rester assis », au même endroit, pendant un laps de temps ; surtout dans une bibliothèque !

### *L'apport de R. Kaës*

A partir des situations de catastrophes sociales en Argentine, R. Kaës nous éclaire à propos de la violence d'État et ses conséquences :

« Les organisations des Droits de l'Homme en Argentine estiment que 30 000 personnes ont disparu sous la dictature, la plupart entre 1976 et 1978. Elles ont été dites « disparues » : sans trace, sans corps, sans parole vraie sur la cause de leur « disparition ». Il ne s'agit, en aucun cas, d'une disparition analogue à celle que produit une catastrophe naturelle ou technique. Là, le deuil est possible : un consensus soutient la représentation de la mort et acquiesce à la disparition du corps. La spécificité du traumatisme infligé par la dictature est la disparition muette. Elle se révèle dans la terreur imposant le silence à la parole. Le trou de la disparition provoque des effets pathologiques actuels et sur plusieurs générations. Il ébranle chez chacun les fondations du lien, de la pensée et de l'identité.

L'ordre des choses, l'ordre des causes ont été pervertis par la confusion à laquelle les a soumis la dictature. Devant la disparition, celle-ci imposait le silence, la culpabilité et la dénégation. Elle obligeait chacun à garder le silence pour assurer sa propre survie, à dénier toute information qui pourrait donner une signification politique à la disparition. Elle enduisait à sauvegarder la dictature au prix du silence et de la culpabilité. Elle cultivait des sentiments de culpabilité vis-à-vis du disparu qui devait être considéré comme coupable du seul fait de sa disparition.

Les pressions exercées sur les familles allaient toutes dans la même direction, pour produire un effet de non-sens : qu'elles tiennent le disparu pour mort, qu'elles le déclarent mort sans en connaître la cause, qu'elles oublient le passé, ou bien alors qu'elles considèrent la dissidence politique comme une inadaptation sociale et comme une cause d'enfermement pour troubles mentaux et comportements anti-sociaux. Accepter ces modèles était une condition pour survivre, au prix d'un clivage du Moi et de la réalité : à condition de ne rien vouloir savoir de la disparition et de mettre en œuvre un désaveu ou une dénégation massive du lien avec le disparu.

Le travail psychique du deuil, qui aboutit à admettre la perte et la séparation de l'être aimé, à l'établir en soi dans l'ambivalence des sentiments, et à reprendre, à cette occasion, le travail du deuil des premiers objets d'amour, s'étaye toujours sur une inscription collective, sociale, culturelle ou religieuse ; il prend appui sur des actes rituels et sur des énoncés communs qui disent quelque chose d'important et de nécessaire sur l'origine, sur la fin et sur la succession des générations. En ce sens, il n'y a pas de deuil strictement privé, quand bien même le travail du deuil est, comme tout travail psychique, une création qui engage la singularité intime de chaque sujet »[164].

Face aux conséquences du génocide au Rwanda de 1994, imposer l'« oubli commandé » à tout le peuple rwandais, empêcher le travail de mémoire pour ne pas être confronté à l'Histoire et échapper ainsi à ses responsabilités historiques, pourchasser et réduire au silence toute personne qui chercherait à remettre en question la prétendue « thèse officielle » et/ou « mémoire officielle » sur le génocide au Rwanda, telles sont les raisons qui expliquent l'acharnement et la *chasse à l'homme* dont nous sommes victimes.

L'exemple de ce qui s'est passé en Argentine - ci-dessus exposé - éclaire parfaitement la situation.

### 2. Une Justice de partisans ?

Pour « punir » les auteurs du génocide au Rwanda de 1994, un Tribunal Pénal International pour le Rwanda a été créé :

Le plus étonnant pour Monsieur ou Madame tout le monde, c'est que ce tribunal « spécial » a fermé ses portes sans avoir jugé tous les présumés

164 KAËS R., article « Ruptures catastrophiques et travail de la mémoire », in PUGET J. et all., *Violence d'État et psychanalyse*, *op. cit.*, *ibid.*

coupables de crimes génocidaires au Rwanda. En particulier, ce même tribunal s'est uniquement intéressé aux crimes génocidaires qui ont été commis par le camp de ceux qui étaient au pouvoir, des Hutu. Quant aux crimes qui ont été commis par la rébellion du Front Patriotique Rwandais de l'époque, ces crimes sont restés impunis !

Toutefois, dans le cadre de notre modeste réflexion, nous n'allons pas approfondir le dossier épineux du fonctionnement de la Justice Internationale. Pour ceux ou celles qui seraient intéressés par cette question, F. Hartmann a publié un ouvrage édifiant sur le sujet[165].

Intéressons-nous plutôt au cas de certains « justiciers » qui, au sujet du génocide au Rwanda, ont préféré choisir leur camp. Autrement dit, ces derniers ne s'intéressent qu'aux seuls crimes qui ont été commis par le « camp d'en face », celui des Hutu :

A l'instar d'une certaine partialité qui a caractérisé le fonctionnement du Tribunal Pénal International pour le Rwanda, certains « justiciers » considèrent que les victimes des crimes qui ont été commis par le Front Patriotique Rwandais ne méritent pas la Justice ! Autrement dit, là où les crimes qui ont été commis par des Hutu sont reconnus - et à juste titre - comme étant constitutifs d'un génocide, nos « justiciers » partisans, eux, considèrent que les crimes imputables au Front Patriotique Rwandais seraient de simples « bavures » et/ou des « dommages collatéraux » de la guerre civile ! Car, comme nous l'avait déjà dit un observateur expatrié à Bukavu en 1994, le Front Patriotique Rwandais « tue proprement » !

Là où la situation se complique c'est que, parmi ces « justiciers » partisans, certains d'entre eux auraient été « témoins experts » auprès du Tribunal Pénal International pour le Rwanda. Donc, nous disons : conflit d'intérêts : c'est leur droit d'être partisans de l'idéologie politique du Front Patriotique Rwandais. Cependant, dans ces conditions, ils auraient dû renoncer au statut de « témoins experts » auprès du Tribunal Pénal International pour le Rwanda.

Je me permets de poser à nouveau la question que j'ai déjà formulée dans mon dernier ouvrage *Le génocide au Rwanda : postures et impostures génocidaire,* au sujet du choix curieux qui a été fait par certains pays pour soutenir un camp contre un autre au Rwanda : au moment où le monde entier découvrait les images des massacres qui étaient en cours pendant le génocide au Rwanda, comment pouvait-on choisir un camp contre un autre du moment où tous les protagonistes du conflit armé commettaient des crimes génocidaires ? Les faits historiques sont clairement établis.

Comme je l'ai déjà souligné dans mes travaux de recherche précédents, choisir entre ceux qui étaient au pouvoir et le Front Patriotique Rwandais qui voulait s'installer au trône par la force, c'est comme si l'on devait « *choisir*

---

165 HARTMANN F., *Paix et Châtiment - les guerres secrètes de la politique et de la justice internationales*, Paris, Flammarion, 2007, pp. 261 - 286.

*entre la peste et choléra* » ! Ainsi, je demande aux « justiciers » partisans, qui soutiennent l'impunité dont jouit le Front Patriotique Rwandais, de bien vouloir nous éclairer sur un point précis : les victimes de la communauté des Hutu n'auraient-elles pas le droit à une justice équitable ? Au Rwanda comme ailleurs dans le monde, être Hutu serait-il synonyme de être « sans droit » ? La même question, je la pose aux partisans de l'idéologie qui consiste à nier la réalité du génocide contre la communauté des Tutsi, ou bien, ceux qui minimisent la gravité des crimes génocidaires en les réduisant à de simples « crimes d'autodéfense » !

Je rappelle que dans les deux camps qui se disputent le pouvoir au Rwanda, ce déni de justice s'est poursuivi jusqu'à la date d'aujourd'hui : par exemple, malgré les témoignages abondants et le rapport officiel du Commissariat des Nations-Unies aux Droits de l'Homme, à ce jour, les crimes de génocide dont les réfugiés rwandais ont été victimes à l'est de la République Démocratique du Congo n'ont jamais été jugés. Par ailleurs, lors des entretiens avec certains Rwandais, il arrive que tel ou tel individu s'insurge contre la mobilisation de toute l'humanité en faveur des victimes du génocide au Rwanda ! Autrement dit, selon certains criminels, les victimes du génocide au Rwanda de 1994 devraient se taire ! De telles attitudes sont inacceptables.

En fin de compte, l'avis de E. Kant et celui de F. Hegel sur la Justice et son application sont riches d'enseignements :

Pour E. Kant, « l'impunité est la suprême injustice envers les sujets ». Quant à F. Hegel, comme nous l'avons déjà souligné, il assimile *le renoncement à la punition au règne de la vengeance* : « le châtiment prend toujours la forme de la vengeance dans un état de la société où n'existent encore ni juges, ni les lois (...). Dans de nombreuses législations actuelles, il subsiste encore des traces de vengeance, puisqu'il est laissé à la discrétion des individus de faire appel ou non à des tribunaux lorsqu'ils ont subi un dommage ou une injure ».[166]

### 3. Le mirage de l'État sain !

La difficulté de définir le rôle de l'État dans l'application de la Loi ne date pas d'aujourd'hui : surtout, lorsque l'État est directement impliqué dans telle ou telle affaire à juger. La tradition judéo-chrétienne s'en est alors remise à la Providence des Écritures bibliques : Dieu seul est Juge !

Dès la Renaissance, les penseurs modernes se sont opposés à toute forme de soumission de l'homme à la Providence divine pour obtenir la Justice :

Pour *Spinoza*, les fondements de l'Écriture Sainte s'appliquent « seulement dans les lieux où la justice est méconnue et dans les temps d'oppression, et non dans un État sain ». Dans cet « État sain » de Spinoza au contraire, *où la justice est sauvegardée, «* chacun est tenu, s'il veut se

166 ROUSSET B., article « Le pardon dans l'Antiquité », in Collectif *Le Point théologique - Le pardon, op. cit.*, pp. 183 - 196. *Ibid.*

montrer juste, de porter devant le juge les injustices, non pas par vengeance mais avec l'intention de défendre la justice et les lois de la Patrie ». Ce qui empêche les méchants, dit-il, de tirer « d'avantage de l'existence des maux »[167].

Sans pour autant prôner le retour à la Providence des Écritures, l'ensemble des éléments que nous avons développés jusqu'ici permet de poser la question suivante : où trouve-t-on cet « État sain » de Spinoza ? En réalité, cet « État sain » n'existe nulle part ! Ce dont nous sommes sûrs, de manière indiscutable, c'est qu'il existe une communauté humaine capable de juger qui que ce soit. C'est pour cela que les crimes génocidaires et les crimes contre l'humanité sont dits « imprescriptibles » car, à tout moment de l'Histoire, la communauté humaine peut demander aux criminels de rendre des comptes de leurs actes.

Ainsi, au sujet des crimes génocidaires, des crimes sociocidaires et des crimes contre l'humanité dont certains Rwandais ont été victimes ou continuent d'être victimes aujourd'hui, nos bourreaux ne pourront jamais échapper au Jugement de l'Histoire.

Par conséquent, même si je ne crois pas personnellement à l'illusion concernant l'existence d'un prétendu « État sain », je partage néanmoins l'avis de Spinoza, de E. Kant et de F. Hegel au sujet de l'idéal de la Justice et de l'application de la Loi : un criminel est un criminel, qu'il soit Blanc, Noir, Jaune, Métisse, grand ou petit, riche ou pauvre, femme ou homme. Pour cela, tout criminel doit répondre de ses actes devant la communauté humaine. Sur ce point, tout autre débat ou considération polémique n'a pas de raison d'être.

Du point de vue pratique, la Justice devrait être rendue non pas par des juges « fonctionnaires » mais plutôt par des juges démocratiquement élus par la communauté. Au cas où tel ou tel juge ne serait pas à la hauteur des attentes de la communauté, celle-ci pourrait le sanctionner ou le remercier par la voie des urnes. Dans cette perspective, le rôle de l'État se limiterait uniquement à fournir les moyens matériels à la Justice. Quant à la Justice des juges « fonctionnaires », étant donné qu'elle fait partie de l'appareil du pouvoir étatique, elle ne peut pas être impartiale lorsque l'État est directement impliqué dans les affaires à juger.

Ainsi, je souscris au postulat de l'anthropologie juridique concernant la nature de la Justice et les modalités de son application :

« C. Geertz, fait l'hypothèse que le droit est une façon de penser le réel et identifie, contre le point de vue formaliste, droit et savoir local, droit et réel. Enfin, dans le prolongement des travaux de l'école ethnométhodologique, la recherche aux états-Unis s'oriente vers la description méthodique de situations dans lesquelles les conduites individuelles ou collectives se voient légitimées par la référence à des règles (de droit ou non). Le débat oppose

167 *Ibid.*

ainsi ceux qui définissent la loi en termes de règles et ceux qui l'abordent en tant que processus (…) »[168].

## 4. Le cas du Rwanda : perspective d'avenir

Plus de 20 ans après le génocide au Rwanda de 1994 , compte tenu de la situation actuelle, la perspective d'une « justice équitable » ne pourra venir que de l'engagement de la nouvelle génération :

Les Rwandais qui sont nés après 1994 - donc qui n'ont pas été témoins du génocide, sont âgés de moins de 21 ans. Ceux qui étaient mineurs en 1994, sont âgés aujourd'hui de 22 à 38 ans.

Pour ma part, il appartient à cette nouvelle génération de négocier un nouveau « Contrat Social ». Mais, à une condition : que tous ceux qui étaient aux responsabilités jusqu'en 1994 leur cèdent la place ! Cette remarque devrait concerner tout le monde : les Rwandais qui vivent au Rwanda, mais aussi les Rwandais expatriés et/ou exilés.

Sur ce point concernant la nécessité d'un nouveau « Contrat Social » au Rwanda, il est étonnant de constater que certains anciens leaders politiques, au Rwanda comme au sein de la diaspora, continuent de s'accrocher aux pouvoir et/ou aux postes de responsabilités politiques ! Par ailleurs, il est incompréhensible de constater que certains pays et/ou organismes internationaux continuent d'accorder à ces « leaders » du passé le statut de « représentants » incontournables du peuple rwandais ou d'une partie de la population rwandaise. Ils ont été dépassés par la charge des responsabilités qui leurs avaient été confiées par le peuple : ils doivent céder la place à la nouvelle génération.

---

168 BONTE P. et IZARD M. (sous la direction de ), (1991), *Dictionnaire de l'ethnologie et de l'anthropologie*, *op. cit.*, *ibid.*

## CONCLUSION

Au terme de notre réflexion, voici les points de conclusion qui constituent à la fois de nouvelles pistes de discussion pour continuer le débat :

### 1. « La loi ne fait pas le droit » !

En France, il existe une certaine conception de la Justice qui est plutôt étrange pour certains d'entre nous Rwandais :

Lorsque tel ou tel Rwandais saisit la Justice suite à un préjudice, ou bien, ayant été victime d'une infraction pénale de la part des Français, ce qui est jugé comme étant « juste », ce qui est décidé comme étant conforme à la Loi, c'est uniquement la décision du Juge et son tribunal : car, les actes, les faits, les preuves matérielles irréfutables - y compris des preuves écrites indiscutables, ça ne compte pas, « ça ne prouve rien » m'a dit un juge parisien !

Autrement dit, nous en sommes revenus à une justice de la Providence qui avait été dénoncée par Spinoza et d'autres philosophes : le juge c'est Dieu, le tribunal c'est l'Inquisition des temps modernes ! La victime n'a rien à dire. Ce qui est pire encore c'est que, en ce qui nous concerne, la victime se voit même condamnée à payer une rançon à ses bourreaux. Car, non seulement les faits et les actes « ne prouvent rien », mais aussi, il n'est pas permis de « déranger » ceux qui sont au-dessus de la Loi en les faisant convoquer au tribunal !

Je présente des preuves à l'appui de mes observations : toute personne qui souhaiterait s'en rendre compte pourra lire attentivement le dossier ci-joint dans la partie annexe de cet ouvrage.

Comme l'a bien fait remarquer F. Hegel, « **la loi ne fait pas le droit, mais le droit doit devenir la loi** pour recevoir non seulement la forme de son universalité, mais encore sa vraie destination »[169]. Pour cela, le droit fondamental du sujet c'est celui de pouvoir s'exprimer et d'être jugé à partir des faits et non pas à partir d'une parole toute faite, pré-existante aux faits. Malheureusement, une justice toute-puissance qui s'exercerait au détriment des actes concrets et des preuves matérielles à l'appui des arguments du justiciable, ce n'est plus la « Justice » ; et encore moins le « Droit ».

### 2. Des « surhommes » au-dessus de la Justice !

En France, il est permis à un avocat d'encaisser les frais d'honoraire d'un client, en tout ou partie, puis de disparaître et de ne plus donner les nouvelles du dossier ! Cela, jusqu'à ce que le dossier soit « radié », ou bien, jusqu'à ce que le client soit condamné sans avoir été défendu par l'avocat indélicat. Ah ! J'ai oublié : dès que l'avocat disparaît, la Justice condamne le client en mentionnant le nom de l'avocat absent sur le dossier et en précisant que le

---

169 HEGEL, F., *Principes de la philosophie du droit*, , § 215., trad. J.L. Vieillard-Baron 1999, GF-Flammarion, Paris, cité in BLAY M. (Sous la direction de) , (2003), *Grand dictionnaire de philosophie*, *op. cit.*, *ibid.*

dossier ne contiendrait aucune pièce à l'appui de la défense du client. Puis, si le client demande des explications, ledit avocat dégage toute sa responsabilité dans cette affaire ! Quant à la Justice, elle se retourne contre le client : car, en France, l'avocat a tous les droits dès lors que son client est « Rwandais » !

Il existe un d'autres cas de figures : par exemple, l'avocat encaisse la totalité des frais d'honoraire puis, il disparaît. Le client confie le dossier à un autre avocat qui, lui aussi, disparaît après avoir encaissé l'argent du même client. Par la suite, la Justice condamne le client en mentionnant le nom de l'ancien avocat comme étant celui qui aurait défendu le client. Cela alors que ce premier avocat n'était plus en possession du dossier. Si jamais le client demande des comptes à ces deux avocats plutôt « spéciaux » devant la Justice, les deux se défendent en précisant qu'ils ne pouvaient plus prendre en charge le dossier car, leurs cabinets seraient en liquidation judiciaire ! Et le client apprend cette information extraordinaire devant le tribunal, après avoir été condamné gratuitement. Quant à la décision de la Justice, elle est très claire : tous ces avocats sont dans leur droit ! Par ailleurs, le client victime d'escroquerie se voit condamné par la Justice à leur payer une rançon pour avoir osé demander des explications à ceux qui ont encaissé son argent frauduleusement : c'est ce qui dit la Loi en France ! Plusieurs tribunaux m'ont signifié cette vérité : même certains Barreaux d'avocats m'ont signifié la même chose !

Au cas où tel ou tel lecteur voudrait vérifier les preuves irréfutables de ces affaires, il trouvera tous les détails dans le dossier de la partie annexe du présent ouvrage !

### 3. Une violence institutionnalisée

Les crimes dont nous sommes victimes sont préparés, planifiés et les malfaiteurs sont très bien organisés. Pour cela, il existe plusieurs facteurs qui déterminent ce mode opératoire criminel :

- *Le facteur de l'anonymat* : les malfaiteurs attaquent à plusieurs, le plus souvent sous le couvert de l'anonymat et en se servant de la couverture des institutions de l'État ou des sociétés. C'est le cas, par exemple, de la production des documents falsifiés de demande de payement d'amandes et d'impôts indus.
- *Le facteur quantité* : en créant plusieurs « affaires » en même temps, les malfaiteurs empêchent la victime de les attaquer en Justice car, il serait impossible de poursuivre tout le monde à la foi. De plus, ces attaques multiples visent à créer le soupçon. En effet, la question habituelle qui est adressée à la victime est celle-ci : « comment se fait-il qu'autant de monde puisse vous en vouloir » ? Pour répondre à cette question sans entrer dans la polémique inutile, j'ai préféré rendre publiques des pièces à conviction originales. Ainsi, toute personne qui serait tentée par le déni pourra constater les faits et se faire une idée sur les différentes affaires.

- *Le facteur temps* : de par le nombre d'attaques dirigées contre une même victime en même temps, il serait impossible de s'occuper de toutes ces affaires ; même en y consacrant toute sa vie ! Pour cela, les bourreaux ont la certitude que l'impunité leur est garantie. Par ailleurs, étant donné que la Justice en France est de leur côté, ils savent à l'avance que toutes ces affaires n'aboutiraient jamais.

- *Le facteur partisan* : il est surprenant de constater le caractère « sophistiqué » des termes utilisés par la Justice pour « débouter » la victime qui s'adresse à elle ! Pour cela, il existe toujours des « raisons » et des détails permettant de conclure sur le « non-lieur » ; l'« irrecevabilité » ou la culpabilité de la victime ! Entre autres ces « raisons » spéciales pour condamner la victime, la Justice n'hésite pas à recourir aux arguments qui font référence à ses origines, voire même à engager des attaques *ad hominem* contre le plaignant ! Donc, le jugement est toujours rendu non pas à partir des faits, mais plutôt à partir des suppositions, des insinuations, bref à partir des préjuges. Résultat : quoi qu'il arrive, dès lors qu'une affaire oppose un Rwandais victime à ses bourreaux Français, la décision de la Justice est désormais connue à l'avance.

J'invite ceux et celles qui voudront vérifier les faits à lire le dossier qui se trouve dans la partie annexe de cet ouvrage.

Encore une fois, je précise clairement que nos différentes observations ne concernent pas le « peuple français » dans son ensemble : je connais personnellement plusieurs Français qui sont tout aussi étonnés comme nous au sujet des actes et des situations que nous dénonçons.

### 4. L'antirwandité

Dans mes travaux de recherche précédents, à partir des cas précis, j'ai présenté et développé ma réflexion sur le phénomène de la haine d'antirwandité :

- Au sujet de la survenue du génocide au Rwanda, il appert très clairement que les massacres et les crimes de masse ont été favorisés par le climat sociopolitique interne au Rwanda d'une part, puis par les injonctions criminelles et géopolitiques venant de l'extérieur du pays d'autre part. Malheureusement, depuis 1994 jusqu'à ce jour, seuls quelques uns parmi les auteurs de crimes génocidaires au Rwanda ont été jugés.

Pour cela, il est grand temps de demander des comptes à tous ceux qui, de près ou de loin, auraient participé à la planification, à l'exécution des crimes de génocide au Rwanda et à la dissimulation des faits en protégeant une partie des coupables. Car, couvrir les crimes de génocide et/ou protéger ceux qui en seraient responsables, ce sont des actes de « complicité de génocide ». Dans ces conditions, toute personne, tout pays ou État qui essayerait d'étouffer la vérité sur les événements concernant la survenue du génocide au Rwanda devrait figurer aussi sur la liste des « génocidaire » et être poursuivi devant la Justice par la communauté humaine. Car, juger les auteurs de crimes de génocide n'est pas une affaire d'un seul État, c'est l'affaire de toute l'humanité.

- Concernant les actes criminels dont nous sommes victimes actuellement, tout simplement parce que nous essayons de faire la lumière sur les circonstances de la survenue du génocide au Rwanda, ces actes sont, eux aussi, des crimes de nature génocidaire. D'ailleurs, le discours de leurs auteurs, le mode opératoire et les conséquences ne laissent aucun doute.

Constat : le malheur des Rwandais ne s'est pas encore terminé, plus de 20 ans après le génocide au Rwanda. Que pourrions nous faire, face à ce danger ?

A mon niveau personnel de modeste citoyen, je ne peux que me conformer aux directives et aux ordres qui me sont donnés par les détenteurs du pouvoir : lors de l'attaque du 04 décembre 2014, lorsque j'ai protesté contre cette agression fondée sur un dossier judiciaire d'escroquerie, le chef du commando m'a répondu : « Vous pouvez aller vous plaindre partout où vous voulez, chez le président de la République par exemple, ou bien n'importe où et auprès de n'importe quelle personne de votre choix partout dans le monde » !

A travers mon dernier ouvrage *Le génocide au Rwanda : postures et impostures génocidaires*, et à l'occasion de la présente publication, j'espère avoir respecté les directives qui m'ont été données par le vénérable représentant de la Loi ci-dessus cité.

Terminons notre réflexion par un appel à la vigilance et à la mobilisation de tous : les crimes de génocide contre des Rwandais ne sont pas encore terminés ; nos bourreaux courent toujours et cherchent à faire taire toute personne qui voudrait connaître la vérité sur la survenue du génocide au Rwanda. Pour cela, les Rwandais et les amis du Rwanda sont appelés à se mobiliser : la mémoire et la Justice pour toutes les victimes du génocide au Rwanda en 1994, la mémoire et la Justice pour les victimes de tous les crimes de masse qui ont été commis dans l'après-génocide au Rwanda et dans certains pays étrangers, c'est une affaire de toute l'humanité.

# PARTIE ANNEXE

Remarque importante :

Nous sommes en possession de plusieurs milliers de documents concernant les affaires qui suivent. Pour cela, nous ne pouvons publier qu'une partie de ces pièces à conviction. Ainsi, toute personne qui souhaiterait recevoir des informations complémentaires pourra nous contacter.

# I. ATTAQUES À MAIN ARMÉE

SEBUNUMA Déogratias
18 rue Adolphe Chérioux
92130 ISSY-LES-MOULINEAUX

Issy-les-Moulineaux, le 08 avril 2015

**Courrier recommandé avec Avis de Réception**

Madame, Monsieur Le Doyen
des Juges d'Instruction
Tribunal de Grande Instance
de Nanterre
179 - 191 avenue Joliot-Curie
92020 NANTERRE CEDEX

Objet : **Plainte avec constitution de Partie Civile pour les faits de** :
- Attaques à main armée et en bandes organisées ;
- Destruction de biens d'autrui
- Complicité d'escroquerie

***Contre*** :

- X
- Société Civile Professionnelle [...], Huissiers de Justice Associés, Adresse [...]

Madame, Monsieur Le Doyen,

Suite à une plainte initiale que j'ai adressée au Procureur de la République de Nanterre le 06 décembre 2014 et dont je n'ai pas encore reçu de réponse (copie ci-jointe),

J'ai l'honneur de vous écrire pour vous adresser une plainte avec Constitution de Partie Civile :

- Contre X et contre la Société Professionnelle [...] ;
- Pour les faits de : attaques à main armée et en bandes organisées, destruction de biens d'autrui et complicité d'escroquerie.

Voici les faits, tel que je les ai présentés et détaillés dans ma plainte initiale auprès du Parquet :

1. En janvier 2013, suite à une affaire judiciaire qui m'oppose aux société [...] et [...], un huissier de Justice mandaté par mes adversaires m'a communiqué le Jugement qui avait été rendu par le Tribunal de Grande Instance de Nanterre. Dès la réception de cette signification de Jugement, j'ai fait appel auprès de la Cour d'Appel de Versailles.
2. Le 07 février 2013, mon logement a été attaqué à la perceuse : une partie

de la porte et la serrure ont été détruites ; un document portant la mention du Jugement ci-dessus cité a été laissé dans ma chambre par les mêmes malfaiteurs.
3. Je suis allé au Commissariat de Police d'Issy-les-Moulineaux : deux agents de Police sont venus constater les faits. Comme la serrure avait été détruite et la porte bloquée, La Police m'a mis en contact avec un serrurier qui a ouvert et réparé la porte (justificatifs ci-joints).
4. Le 08 février 2013, j'ai déposé une plainte au Commissariat de Police concernant l'attaque dont j'avais été victime le 07 février 2013.
5. Compte tenu des dégâts matériels qui avaient été causés par l'attaque du 07 février 2013, il était impossible que personne n'ait rien vu ni rien entendu dans l'immeuble. Ainsi, j'ai collé une affiche sur la porte d'entrée de l'immeuble et une autre à l'extérieur pour recueillir d'éventuels témoignages des voisins. A ma grande surprise, le gardien d'immeuble a immédiatement enlevé les affiches ! Suite à ce comportement surprenant, j'ai déposé une « Main courante » auprès du Commissariat de Police d'Issy-les-Moulineaux - en complément à la plainte que j'avais déjà déposée le 08 février 2013.
7. En mars 2014, la Cour d'Appel de Versailles a rendu un Arrêt concernant l'Appel que j'avais formé contre le Jugement du Tribunal de Grande Instance de Nanterre. Suite aux problèmes sur le fond du dossier et des « vices de procédures » manifestes (l'avocat qui est cité dans cet Arrêt n'était plus mon avocat ; les conclusions citées dans cet Arrêt ne sont pas les miennes ; je ne connais pas le contenu du dossier depuis le 25 juillet 2013), j'ai formé un pourvoi en Cassation.
8. Malgré le pourvoi en Cassation que j'ai formé, le 04 décembre 2014, des Huissiers de Justice mandatés par mes adversaires ont attaqué mon logement en pleine journée, à la perceuse et en ma présence à l'intérieur du logement : j'étais en train d'écrire. Soudain, j'ai entendu un grand bruit sur la porte. Je suis allé ouvrir et j'ai failli être transpercé par la perceuse d'un homme qui détruisait ma porte ! Trois autres hommes assistaient à la scène à côté de lui. Il y a une sonnette à la porte mais, ils n'ont même pas sonné ! L'un des trois hommes qui assistaient à la scène s'est présenté comme étant l'un des Huissiers de Justice qui m'avaient envoyé un courrier tout récemment : étant donné que la Cour de Cassation n'a pas encore rendu sa décision, j'avais contesté ce courrier de terreur et de menaces.
9. Le constat est très clair : le mode opératoire et les dégâts causés par l'attaque du 04 décembre 2014 sont similaires à ceux de l'attaque du 07 février 2013. Il n'y a aucun doute possible : pour ma part, les auteurs de ces attaques sont les mêmes. Pour cela, je demande à la Justice de comparer le mode opératoire et les dégâts afin d'établir les responsabilités de ces deux attaques dont j'ai été victime. Je cite les témoins suivants : les deux agents de Police qui sont intervenus chez-moi le 07 février 2013 et le serrurier qui a réparé la Porte.

10. Je vous transmets, en compléments aux autres documents annexes que j'ai déjà cités, la photo de la porte de mon logement après l'attaque du 04 décembre 2014 : vous pouvez la comparer avec celles qui ont été prises par la Police le 07 février 2013. La porte ne sera pas réparée tant que la Justice n'aura pas encore constaté les faits.

Étant donné qu'à ce jour, le Procureur de la République n'a pas encore donné une suite à ma plainte initiale, je me permets de vous adresser une plainte avec Constitution de Partie Civile.

Veuillez agréer, Madame, Monsieur Le Doyen, l'expression de ma considération distinguée.

SEBUNUMA Déogratias

*Pièces jointes* :

- Copie de la plainte initiale que j'ai adressée au Procureur de la République, le 06 décembre 2014 ;

- Copie du courrier que j'ai adressé à la Cour d'Appel de Versailles (le 06 décembre 2014) pour dénoncer le déni de Justice dont j'ai été victime, pour dénoncer le fait que l'avocat qui est désigné par la Cour n'était plus mon avocat lors du procès et que les conclusions citées par la Cour ne sont pas mes conclusions ; pour dégager ma responsabilité au sujet de l'arrêt qui a été rendu ;

- Copie de l'arrêt qui a été rendu par la Cour d'Appel de Versailles sans que je sois dûment représenté, comme je l'ai exposé ci-dessus ;

- Copie du Courrier (AR) que j'ai adressé à mon ancien avocat (le 13 septembre 2013), [...], suite à sa décision de ne plus me représenter, pour lui demander de me restituer mon dossier : il ne l'a jamais fait ;

- Copie du courrier de mon ancien avocat (du 25 juillet 2013), [...], par lequel il m'a annoncé qu'il ne me représentait plus auprès de la Cour d'Appel de Versailles ;

- Copie des justificatifs de réparation de mon logement suite à l'attaque criminelle du 07 février 2013 dont j'ai été victime ;

- Copie du Procès Verbal qui a été établi par le Commissariat de Police d'Issy-les-Moulineaux, à ma demande, suite à l'attaque criminelle ci-dessus citée, attaque dont j'ai été victime le 07 février 2013 ;

- Copie de la main courante que j'ai déposée auprès du Commissariat de Police d'Issy-les-Moulineaux, après l'attaque du 07 février 2013, suite au comportement suspect du gardien d'immeuble à mon lieu de domicile.

Soit, un dossier de .....19....pages rectos.

RECOMMANDÉ :
AVIS DE RÉCEPTION
LA POSTE
Numéro de l'AR : AR 1A 112 378 0610 5
Renvoyer à FRAB

SEBUNUMA Déogratias
18 rue Adolphe Chérioux
92130 Issy-les-Moulineaux

En provenance de :
Mme Monsieur le Doyen
des Juges d'Instruction
T.G.I. de Nanterre
179-191 av. Joliot-Curie
92020 NANTERRE Cedex

Présenté / Avisé le :
Distribué le :
Je soussigné déclare être :
☐ Le destinataire
☐ Le mandataire
☐ CNI/Permis de conduire
☐ Autre :

TRIBUNAL DE GRANDE INSTANCE DE NANTERRE
10 AVR. 2015
Service du Courrier

SEBUNUMA Déogratias
18 rue Adolphe Chérioux
92130 ISSY-LES-MOULINEAUX

Issy-les-Moulineaux, le 06 décembre 2014

Courrier recommandé avec Avis de Réception

*copie à* :
- Cour de Cassation (courrier AR)
- Bâtonnier de Versailles (courrier AR)
- Huissier de Justice (courrier AR)

Madame, Monsieur
Le Président
Cour d'Appel de Versailles
5 rue Carnot
78000 VERSAILLES

Objet : - Demande d'annuler l'Arrêt qui a été rendu le 27 mars 2014 :

Affaire R.G. N° 13/00981 - Décision du 27 mars 2014 (Affaire qui m'oppose aux sociétés [...] et [...]).
- S'il existe des diligences spécifiques à effectuer pour demander l'annulation de l'Arrêt ci-dessus cité, il appartient au seul « propriétaire » et « responsable » de cette affaire d'effectuer les démarches éventuelles à sa propre charge : Me Didier (Barreau de Versailles) ; il peut aussi exécuter les décisions de l'Arrêt qui le concerne, lui seul.

Madame, Monsieur Le Président,

J'ai l'honneur de vous écrire pour demander d'annuler l'Arrêt qui a été rendu par la Cour d'Appel de Versailles concernant l'affaire citée en référence. Voici les motifs de ma demande :

1. Suite au Jugement qui avait été rendu par le Tribunal de Grande Instance de Nanterre concernant l'affaire judiciaire qui m'oppose aux sociétés [...] et [...], j'ai fait appel de ce Jugement auprès de la Cour d'Appel de Versailles : c'est Me Didier du Barreau de Versailles qui s'est constitué pour me représenter ;
2. Au printemps 2013, suite aux problèmes bancaires qui m'ont été créés par la Banque [...], j'ai contacté Me Didier pour le mettre au courant de la situation. Puis, dès que Me Didier m'a présenté son projet de « conclusions », je lui ai demandé de solliciter un renvoi auprès de la Cour d'Appel de Versailles afin que je puisse régler la totalité de sa facture. A cette époque (mai 2013), Me Didier avait déjà encaissé la moitié des frais d'honoraires que nous avions convenus (facture à l'appui) ;
3. Le 26 juin 2013, Me Didier m'a envoyé un courrier dans lequel il m'accordait un délai de 3 mois afin de régulariser le solde de sa facture

(copie ci-jointe) ;
4. Me Didier m'a envoyé les conclusions de mes adversaires en deux parties : celles de [...], puis celles de [...]. J'ai pris le temps de lire attentivement ces conclusions : à ma grande surprise, j'ai découvert que mes adversaires avaient présenté plusieurs « faux documents » à l'appui de leurs conclusions !
5. Le 23 juillet 2013, j'ai adressé à la Cour d'Appel de Versailles, par l'intermédiaire de Me Didier, un courrier-Fax par lequel je dénonçais les différents « faux documents » que mes adversaires m'avaient communiqués par l'intermédiaire de Me Didier (copie ci-jointe) ;
6. Dès que Me Didier a reçu le courrier-Fax que j'adressais à la Cour d'Appel par son intermédiaire, le 25 juillet 2013, il a abandonné mon dossier et s'est définitivement déchargé de mon affaire par Courrier Recommandé avec Avis de Réception (copie ci-jointe) ;
7. Le 13 septembre 2013, j'ai accusé réception de la décision de Me Didier du 25 juillet 2013, décision selon laquelle il avait décidé de ne plus me représenter auprès de la Cour d'Appel de Versailles concernant l'affaire citée en référence. Dans le même courrier du 13 septembre 2013, j'ai demandé à Me Didier de me restituer mon dossier afin que je puisse le confier à un autre avocat : Me Didier n'a jamais répondu à mon courrier ; Me Didier ne m'a jamais restitué mon dossier !
8. Le 25 avril 2014, mes adversaires m'ont communiqué l'Arrêt qui a été rendu par la Cour d'Appel de Versailles : à ma grande surprise, c'est Me Didier qui y est cité comme étant mon avocat !
9. Le 26 avril 2014, j'ai formé un pourvoi auprès de la Cour de Cassation. Le 26 mai 2014, la Cour de Cassation a accusé réception de mon pourvoi. Je suis en attente de la réponse concernant l'aide juridictionnelle.
10. Malgré le pourvoi en Cassation que j'ai formé, des Huissiers de Justice mandatés par mes adversaires m'attaquent, me harcèlent et me demandent d'exécuter l'Arrêt qui a été rendu par la Cour de Versailles :
- J'ai soumis à la Cour de Cassation tous les problèmes liés à cette affaire, sur le fond et sur la forme - dont les différents « vices de procédure ». Pour cela, dans l'attente de la décision de la Cour de Cassation, le seul responsable de l'affaire, le seul « propriétaire » du dossier c'est Me Didier. Je ne suis pas concerné.
11. Je demande à la Cour d'Appel de Versailles d'annuler l'Arrêt et toutes les décisions dirigées contre moi : depuis le 25 juillet 2013, Me Didier s'est approprié le dossier. Ainsi, l'avocat cité par l'Arrêt ci-dessus référencé n'était plus mon avocat ; les conclusions citées dans le même Arrêt ne sont pas les miennes ; je ne connais pas le contenu du dossier depuis le 25 juillet 2013.
12. Au T.G.I. de Nanterre aussi, Me Jules n'était pas mon avocat : c'est l'histoire qui se répète !
13. S'il existe des procédures spécifiques à suivre pour demander

l'annulation dudit Arrêt, il appartient au seul « propriétaire » et « responsable » de l'affaire d'effectuer ces démarches à sa charge : Me Didier. Celui-ci pourrais aussi exécuter les décisions de l'Arrêt qui le concerne, lui seul. C'est son affaire.

Fait à Issy-les-Moulineaux, le 06 décembre 2014.

SEBUNUMA Déogratias

LA POSTE
RECOMMANDÉ :
AVIS DE RÉCEPTION
Numéro de l'AR : AR 1A 103 339 1586 5
Renvoyer à FRAB
SEBUNUMA Déogratias
18 rue Adolphe Chérioux
92130 Issy-les-Moulineaux

En provenance de :
Présenté / Avisé le :
Distribué le :
Je soussigné déclare être
Le destinataire
Le mandataire
CNI/Permis de conduire
Autre :

COUR D'APPEL DE VERSAILLES
08 DEC. 2014
SERVICE COURRIER

# A.S.I.F. Sarl

**Serrurerie – Vitrerie**

**Mr SEBUNUMA**
**18, rue Adolphe Chérioux**
**92 130 ISSY-LES-MOULNEAUX**

**Tel : 06 78 84 56 90**

Paris, le 7 Février 2013

**Chantier :**
18, rue Adolphe Chérioux 75 011 Issy-Les-Moulineaux

**FACTURE n° 010702-13**

| DESIGNATION DES TRAVAUX | Quantité | Prix unitaire HT | TOTAL HT |
|---|---|---|---|
| ***Suite à une tentative de cambriolage , serrure endommagé et à la demande de client :*** | | | |
| - ***Ouverture porte Nuit*** | 1 | 150,00 € | 150,00 € |
| - ***Fourniture d'une serrure VACHETTE de Sureté multipoints 3 coffres à larder pour cylindre européen*** | 1 | 220,00 € | 220,00 € |
| - ***Fourniture d'un Cylindre de sureté HERACLES 30/30 double entré pour une serrure multipoints livré avec 5 clés et carte de reproduction*** | 1 | 123,77 € | 123,77 € |
| - ***Fourniture d'un ensemble poignée palière*** | 1 | 115,00 € | 115,00 € |
| - ***Main d'œuvres*** | 1 | 104,28 € | 104,28 € |
| - ***Déplacement*** | 1 | 42,69 € | 42,69 € |
| ***NB : Changement et remise à l'identique*** | | | |

| | |
|---|---|
| **TOTAL HT** | **755,74 €** |
| **TVA 7 %** | **52,90 €** |
| **TOTAL T.T.C.** | **808,64 €** |

**LA SOCIETE**

A.S.I.F. SARL au capital de 7500 € ... 75011 PARIS

**Valeur en votre aimable règlement**

**SARL au capital de 7 500 euros – Siège : 6, rue Saint Sébastien 75011 PARIS**
**R.C.S B 493 664 254 APE 4332B – Tel : 01 49 29 01 05 – Fax : 09 54 12 98 0[illegible]**
E-mail asifsarl@orange.fr TVA **intracommunautaire FR : 72 493 664 254 00023**

REPUBLIQUE FRANCAISE
MINISTERE DE L'INTERIEUR, DE L'OUTRE-MER ET DES COLLECTIVITES TERRITORIALES
DIRECTION GENERALE DE LA POLICE NATIONALE
PREFECTURE DE POLICE DE PARIS

CSP D'ISSY LES MOULINEAUX
22, AVENUE VICTOR CRESSON
92130 ISSY LES MOULINEAUX
Tel : 01 46 48 14 00
Fax : 01 46 48 14 14
Code INSEE : 92040

# COMPTE RENDU

# D'INFRACTION INITIAL

F - VICTIME/DECLARANT

| | |
|---|---|
| VICTIME | **Monsieur SEBUNUMA Dógratias**<br>né le 01/06/1969 au RWANDA, de nationalité FRANCAISE,<br>Demeurant : 18, RUE ADOLPHE CHERIOUX à ISSY-LES-MOULINEAUX 92130 (HAUTS DE SEINE)<br>Précisions : Escalier C, 1er étage, appartement 41<br>Téléphone domicile : 06. 78. 84. 56. 90 |
| Préjudice | Butin : Dégâts : Préjudice : |
| INFRACTION(S) | DEGRADATION OU DETERIORATION D'UN BIEN APPARTENANT A AUTRUI |
| FAIT | |
| Date/Lieu | Le 07/02/2013 entre 11.30 et 18.30 (JEUDI)<br>18, RUE ADOLPHE CHERIOUX à ISSY-LES-MOULINEAUX (HAUTS DE SEINE)<br>Précisions : ESCALIER C, 1ER ETAGE, APPARTEMENT 41<br>Nature du lieu : APPARTEMENT |
| Véhicule | |
| Personnes remarquées | néant |
| Manière d'opérer | |
| Mobile | |
| OBJET : | |

P. V. : n°...../..............

Affaire contre X

DEGRADATION DE BIEN PRIVE

Pièces jointes :
Scellés : non

Transmis à Monsieur le Procureur de la République Parquet de Nanterre
GOSSELIN Philippe
COMMISSAIRE DE POLICE
Le :

# PROCES-VERBAL

L'an deux mil treize,
Le huit février, à dix-sept heures cinquante cinq

Nous, ROMAIN TIRET
GARDIEN DE LA PAIX
En fonction ISSY LES MOULINEAUX

AGENT DE POLICE JUDICIAIRE en résidence ISSY LES MOULINEAUX

---Étant au service.---
---Agissant conformément aux instructions permanentes de monsieur GOSSELIN Philippe, Commissaire de police, Chef de la circonscription d'ISSY LES MOULINEAUX.---
---Constatons que se présente devant nous la personne ci dessus dénommée qui nous déclare:---
---Le jeudi 07 février 2013 vers 18h30, je n'ai pas réussi à rentrer chez moi, car la serrure ne fonctionnait pas.---
---J'ai appelé un serrurier qui a constaté que le serrure était dégradé mais il ne m'a pas fait de réparation, je voulais d'abord montrer ma serrure à la police.---
---J'ai pris contact avec le commissariat de Police, des policiers se sont déplacés et ont effectué les constatations.---
---Ensuite un serrurier s'est déplacé et a effectué les réparations.---
---Le coût des réparations est de 808.64 euros, je vous donne une photocopie de la facture.---
---Je n'ai aucun soupçon sur le ou les auteurs des faits.---

---Je n'ai rien d'autre à ajouter.---
---Je dépose plainte contre X pour les faits relatés ci dessus.---
---Conformément aux dispositions de l'article 53-1 et de l'article 75 du Code de Procédure Pénale vous êtes informés que les victimes ont le droit:---
---D'obtenir réparation du préjudice subi, de se constituer partie civile, d'être assistées d'un avocat (les frais étant à la charge des victimes sauf si elles remplissent les conditions d'accès à l'aide juridictionnelle ou si elles bénéficient d'une assurance de protection juridique), de saisir, le cas échéant, la commission d'indémnisation des victimes d'infraction et d'être aidées par une association conventionnée d'aide aux victimes.---
---Vous m'informez que l'Association d'aide aux victimes ADAVIP-92 tient des permanences d'informations juridiques gratuites et confidentielles:---
---Au commissariat de Police d'ISSY LES MOULINEAUX, le lundi de 09h30 à 12h30 et le vendredi de 14h00 à 17h00, sans rendez vous.---
---Au siège de l'ADAVIP-92 au 57 rue Ernest RENAN à NANTERRE sur rendez vous, tél:01.47.21.66.66 (avec consultations psychologiques).---
---Je prends acte que vous me remettez une copie du procès verbal et une notice d'information Assistance Victimes 92.----
---Après lecture faite personnellement, la victime persiste et signe avec nous le présent procès verbal.---

LE DECLARANT LE GARDIEN DE LA PAIX

CIRCONSCRIPTION DE : ISSY-LES-MOULINEAUX 92040-ISSY-LES-MOULI Le 11/03/2013 à 11h10

**DECLARATION DE MAIN COURANTE**

Registre de main courante numéro : 2013/004059

Déclaration effectuée le 11/03/2013 à 11h04

Rédacteur : GORODNITCHENKO Eglantine (142563) Service : PROX/DC00/810/BTJTR JOUK URP 1

Objet : Nuisances diverses

Adresse des faits dénoncés : ACCUEIL POSTE

Déclaration :

---Etant au service---
---Constatons que se présente à nous la personne ci dessous denommée qui nous déclare les faits suivants :---
---"J'ai été victime d'une tentative de cambriolage le 07.02.2013 (plainte déposée le 08.02.2013). Vu que les dégats sur la porte étaient très importants, je me suis dit que quelqu'un avait surement entendu les faits. j'ai alors voulu mettre un mot à l'intention de mes voisins, leur demandant si quelqu'un avait entendu quelque chose.---
---J'ai placé deux mots, l'un à l'entrée de l'immeuble et le second au niveau du grand portail de sortie.---
---J'ai remarqué que mes mots ne restaient pas affichés plus de 05 minutes. et j'ai vite compris que c'était le gardien qui les arrachaient. je l'ai vu faire à plusieurs reprises. Quand je lui ai [illegible] pourquoi il faisait ça, il ne m'a pas répondu, il est parti en sifflotant. J'ai prevenu son employeur par courrier et par fax. je ne comprend pas cette attitude, pour moi cela est supect, je pense qu'il sait quelque chose sur mon cambriolage.---
---J'établis cette main courante à toutes fins utiles.---
---Après lecture faite personnellement, le déclarant persiste et signe avec nous la presente.--

LE DECLARANT L'A.P.J

---

Personnes Concernées :

Déclarant : SEBUNUMA DEOGRATIAS

né(e) le : 01/06/1969 à RWANDA

nationalité française : Oui

Demeurant : 18 Adolphe Chérioux (rue) à ISSY LES MOULINEAUX

Téléphone : 06-78-84-56-90

Auteur : POIRRET MICHEL Epouse : GARDIEN

né(e) le : 08/06/1958 à VESOUL 70

nationalité française : Oui

Demeurant : 18 adolphe chérioux à ISSY LES MOULINEAUX

Téléphone : 01-47-36-89-93

Page 1

Société Civile Professionnelle
**Jacques TEBOUL - Alain NIVOLLET - Achille LAVILLAT**
**Huissiers de Justice Associés**
**Téléphone : 01 46 26 10 10**

**Paiement par sécurisé par CB, sur site et par téléphone**
**Identifiant :** 230765
**Mot de passe :** 503047

**Règlement par virement RIB CDC :**
40031 00001 00003041915 60
**Site internet :**
www.huissiersdu92.com

**Monsieur Deogratias SEBUNUMA**
18 rue adolphe cherioux - esc C - 1er 41
92130 ISSY LES MOULINEAUX

MEUDON, le 31/10/2014.

AFFAIRE : SOCIETE ANONYME COFICA BAIL / SEBUNUMA Deogratias
V/REF : 88089780605751 -
N/REF : 2907569

**AVIS DE SAISIE DE MEUBLES**

Monsieur,

Nous avons le regret de constater que malgré nos relances, vous n'avez pas soldé votre dette.

En conséquence, nous procéderons à la SAISIE VENTE de vos meubles le :

**MARDI 4 DECEMBRE 2014 DANS LA JOURNEE.**

**TRES IMPORTANT**

En votre absence, conformément à l'article 21 de la loi du 09 juillet 1991, **il pourra être procédé à l'ouverture forcée des portes par un serrurier** en présence d'une autorité de Police ou de gendarmerie, ou de deux témoins majeurs.

Recevez, Monsieur, l'assurance de mes sentiments les meilleurs..

**162 rue de Paris - 92190 MEUDON**
**Téléphone : 01 46 26 10 10 / Télécopie : 01 46 23 01 31**
Huissiers de Justice près le Tribunal de Grande Instance de Nanterre.
N° SIRET : 333 503 720 00026 – N° TVA intracommunautaire : FR 163 335 03720 – APE : 741A
*Membre d'une association agréée, le règlement des honoraires par chèque est accepté.*
*« Conformément à la loi informatique et libertés du 6 Janvier 1978, vous bénéficiez d'un droit d'accès et de rectification Aux informations qui vous concernent. Pour exercer ce droit, veuillez vous adresser aux personnes habilitées de l'Etude ».*
*Numéro CNIL : [illegible]*

# H & A

*Société Civile Professionnelle d'Avocats*

*Avocats à la Cour*

53, Boulevard de la Reine
78000 VERSAILLES

Palais C 154
Email : scp.heta@avocatline.fr

Tel : 01.39.50.01.83
Fax : 01.39.53.52.92


Monsieur Deogratias SEBUNUMA
18, rue Adolphe Cherioux
92130 ISSY LES MOULINEAUX

Versailles, le 26 juin 2013

**M/REF : PH /SCB**
**213285 - SEBUNUMA/COFICA BAIL**

**V/REF : COFICA BAIL**
**AXONE AUTOMOBILES**

Cher Monsieur,

Veuillez trouver ci-joint, copie du courrier recommandé que je vous ai adressé et que vous n'avez pas réclamé au service des Postes en dépit d'un Avis de passage du préposé aux postes.

Par ailleurs, j'ai reçu votre courrier du 6 juin écoulé et vous confirme ne pas présenter pour l'instant– en l'état des circonstances que vous m'avez exposées - votre chèque de 550,20 € tiré sur la CE le 30 avril 2013.

Vous proposez de régler mes honoraires et frais dans un délai de 3 mois ; je fais de nécessité vertu, et vous laisse le soin de la ponctualité de votre engagement.

A vous lire,

Je vous prie de croire, Cher Monsieur, en l'assurance de ma parfaite considération.

*Philippe Huet*
*Avocat à la Cour*

H & A

P.J.


SIRET 380 544 098 000 31
Numero de TVA intracommunautaire : FR21380544098
Membre d'une Association Agréée · Règlement des honoraires par chèque accepté

H & A

*Société Civile Professionnelle d'Avocats*
*Avocats à la Cour*

33, Boulevard de la Reine
78000 VERSAILLES

Palais C 154
Email : scp.heta@avocatline.fr

Tel : 01.39.50.01.85
Fax : 01.39.51.52.92

Monsieur Deogratias SEBUNUMA
18, rue Adolphe Cherioux
92130 ISSY LES MOULINEAUX

**COURRIER RECOMMANDE AR**

**ET COURRIER SIMPLE**

Versailles, le 25 juillet 2013

**M/REF :** PH /SCB
213285 - SEBUNUMA/COFICA BAIL

**V/REF :** COFICA BAIL
AXONE AUTOMOBILES

Cher Monsieur,

Je vous informe que la société AXONE AUTOMOBILES intervient finalement devant la Cour d'Appel de VERSAILLES en qualité d'intimée ; j'ai en effet reçu la constitution en date du 12 juillet 2013 de mon Confrère Me HONGRE BOYELDIEU qui la représente.

Par ailleurs, mon courrier recommandé AR du 1er juillet 2013 n'a pas été réclamé par vos soins auprès des services postaux.

Néanmoins, vous avez forcément reçu mon courrier simple, adressé concomitament et dont le contenu est strictement identique.

Je n'ai pas présenté une seconde fois les chèques que vous avez tirés sur la CE, lesquels ne sont pas provisionnés...

Vous n'avez pas daigné prendre le moindre rendez-vous auprès de mon Cabinet comme je vous ai invité à le faire.

Vous n'avez pas respecté votre engagement de régler dès le 5 juillet 2013 une partie de mes honoraires, mes frais exposés restant en outre à régler.

Dans ces circonstances, je ne peux malheureusement plus assurer la défense de vos intérêts, et vous informe en conséquence dégager ma responsabilité sur les suites de la procédure devant la Cour d'Appel de VERSAILLES.

Je vous prie de croire, Cher Monsieur, en l'assurance de ma parfaite considération.

Philippe HUET.

H A

SIRET 380 344 008 000 18
Numéro de TVA intracommunautaire : FR20380344008
Membre d'une Association Agréée - Règlement des honoraires par chèque accepté

SEBUNUMA Déogratias — le 13/09/2013
18 rue Adolphe chérioux
92130 Issy-les-Moulineaux

Courrier par Fax
Fax N° 01 39 53 52 92
+courrier AR

Monsieur Ph. HUET
Avocat
53 bd de la Reine
78000 VERSAILLES

Objet : Suite à votre courrier du 25/07/2013
- Veuillez me restituer les deux chèques

Monsieur,

Dans votre courrier cité en référence, vous m'informez que vous cessez de me représenter auprès de la Cour d'Appel de Versailles dans l'affaire qui m'oppose aux sociétés COFICA BAIL et AXONE AUTOMOBILES.
Si votre décision est définitive, veuillez me restituer - par courrier postal - les deux chèques qui étaient en attente de payement.
Tant que vous n'aurez pas restitué ces deux chèques, vous serez en charge du dossier en question car, je ne peux pas le confier à un autre avocat sans « Solde de tout compte » avec vous.

SEBUNUMA D.

RECOMMANDÉ :
AVIS DE RÉCEPTION

1A 066 981 8102 5

FRAB

SEBUNUMA Déogratias

18 rue Adolphe Chérioux
92130 Issy-les-Moulineaux

En provenance de :

Maître Philippe [illegible]
Avocat
53 boulevard de la Reine
78000 VERSAILLES

Présenté / Avisé le :

Distribué le : 11/[illegible]/13

# II. HISTORIQUE DES AFFAIRES, DEPUIS 2006

## *Prélude des attaques*

SEBUNUMA Deogratias
18 rue Adolphe Chérioux
92130 ISSY-LES-MOULINEAUX

Issy-les-Moulineaux, le 17 octobre 2006

**Lettre recommandée avec avis de réception**

Mme La Directrice
Foyer L'Oustal
15 rue Jacques Boyceau
78000 VERSAILLES

Objet : Entretien du 16 octobre 2006

Madame,

Suite à l'entretien que j'ai eu avec vous hier concernant la situation de violence qui m'empêche d'exercer mes fonctions au Foyer L'Oustal, j'ai l'honneur de vous communiquer ma décision compte tenu des conclusions que vous avez tirées à la fin de notre entretien.

En effet, lors de notre entretien auquel participait le chef de service, vous m'avez demandé de vous résumer la situation qui prévaut au Foyer L'Oustal depuis le 30 septembre 06 et qui a conduit le chef de service à me demander d'arrêter temporairement le travail afin d'y voir un peu plus clair.

Après mon exposé sur la situation depuis le 30 septembre 06 - actes violents, injures à caractère raciste, les menaces dont j'ai fait l'objet de la part des jeunes ainsi que les propos violents et humiliants qui m'ont été adressés par les collègues lors de la réunion du 03 octobre 2006 - vous m'avez communiqué les points suivants :

- Selon vos propres termes, « après avoir analysé la situation et compte tenu de notre échange » en date du 16 octobre 06, vous ne trouvez aucune faute professionnelle de ma part pouvant vous amener à me licencier ;
- Vous m'avez informé que les propos tenus par mes collègues le 03 octobre 06 ne vous engagent pas : vous avez dit que vous n'étiez pas à cette réunion, ni votre chef de service. Selon vos propres termes, « cette réunion n'était pas institutionnelle » ;
- Vous m'avez informé que vous n'interviendrez pas ni auprès des éducateurs, ni auprès des jeunes pour rétablir le calme et le climat de confiance : selon vous, c'est à moi de prendre mes responsabilités ;
- Vous m'avez invité à « chercher du travail ailleurs » si je trouve que les conditions de travail sont difficiles au Foyer l'Oustal.

Comme vous l'avez souhaité, j'ai pris le temps de réfléchir et, à mon tour, je désirerais vous communiquer mes conclusions sur la situation et ma décision concernant mon contrat de travail :

- Compte tenu de la situation de violence à laquelle je suis confronté au Foyer L'Oustal – de la part des jeunes mais aussi de la part de certains collègues, je vous ai demandé s'il était possible de me muter sur d'autres fonctions ou, éventuellement, étudier avec vous la possibilité de résilier mon contrat de travail à l'amiable. Vous m'avez répondu qu'aucune de ces deux propositions n'est possible. Autrement dit, vous me maintenez à mon poste alors que vous constatez vous-même la réalité de violence à laquelle je suis confronté. Vous semblez même ne pas vous soucier de la dégradation des lieux qui accompagne les actes violents des jeunes lorsqu'elles s'en prennent à moi au Foyer ! Le jeudi 12 octobre 06, votre chef de service a dû m'autoriser à rentrer chez-moi parce que les jeunes me menaçaient violemment en sa présence ! Ainsi, si vous ne tenez pas compte de cette situation, je me demande quelle est la mission que vous me confiez en tant que salarié au sein du Foyer dont vous êtes responsable.
- Selon votre avis, la réunion du 03 octobre 06 dans laquelle j'ai été agressé verbalement par certains collègues n'était pas « institutionnelle » et ne vous engage pas ! Pourtant, cette

1/2

réunion d'équipe a lieu tous les mardis au sein du Foyer L'Oustal, et celle du mardi 03 octobre 06 était dirigée par la psychologue de l'institution, donc un cadre du Foyer, en l'absence du chef de service. Ainsi, je désirerais savoir de quelle nature était cette réunion, s'elle n'est pas « institutionnelle » selon vous et « n'engage pas » la responsabilité de l'employeur.

- Conformément à vos conclusions citées ci-dessus, et à juste titre, je n'ai pas commis de faute professionnelle pouvant justifier l'acharnement des jeunes et de certains collègues contre moi. Cependant, au lieu de s'interroger sur l'origine et la nature de ces actes violents dont je fais l'objet depuis le 30 septembre 06, vous m'avez signifié que je ne dois pas « compter sur vous » ni sur votre chef de service pour assurer la médiation entre moi, les collègues et les jeunes du Foyer. Si je comprends bien votre position, les collègues peuvent continuer à m'insulter publiquement sur le lieu de travail, les jeunes peuvent m'agresser physiquement et verbalement au moment où j'exerce mes fonctions et cela ne vous regarde pas ! Je me demande les raisons véritables de ce laisser-faire que vous m'avez manifesté alors que la situation est tendue au Foyer.
- Vous m'invitez à prendre mes responsabilités si le climat au Foyer L'Oustal ne me permet pas d'exercer mes fonctions : donc, j'en conclus que toutes les violences dont j'ai fait l'objet viseraient à me contraindre à démissionner.

Ma décision est donc la suivante : je ne démissionnerai pas suite au harcèlement des collègues et des jeunes du foyer. En revanche, dès la réception de cette lettre, je vous informe que je ne reprendrai pas mes fonctions au Foyer L'Oustal jusqu'à ce que l'employeur me garantisse les conditions de travail en toute sécurité. J'attends aussi les explications des collègues sur leurs propos du 03 octobre 06 avant toute collaboration au sein d'une même équipe de travail.

Restant ouvert au dialogue pour trouver la meilleure solution aux problèmes qui m'empêchent d'exercer mes fonctions au sien du Foyer L'Oustal, je vous prie d'agréer, Madame la Directrice, l'expression de ma considération distinguée.

SEBUNUMA Deogratias

2/2

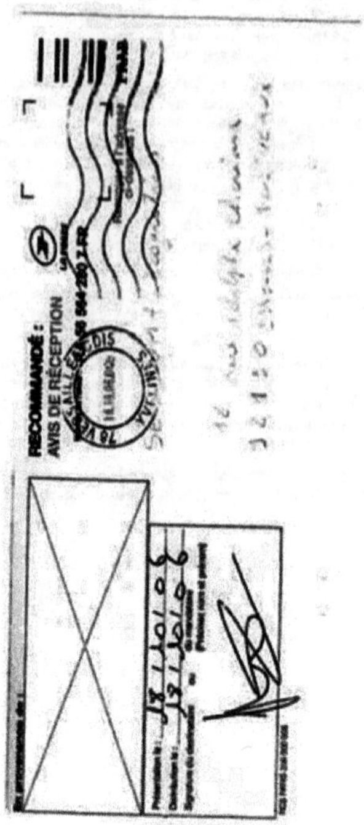
RECOMMANDÉ :
AVIS DE RÉCEPTION

*Présentation et synthèse :*
*Attaques multiples, coordonnées et planifiées*

SEBUNUMA Dógratias
18 rue Adolphe Chérioux
92130 Issy-les-Moulineaux

Issy-les-Moulineaux, le 24 novembre 2014

Courrier recommandé avec avis de réception

*copie à* :

Cour Européenne des Droits de l'Homme

Madame, Monsieur
Le Président
Tribunal Administratif
7 rue de Jouy
75181 PARIS CEDEX 04

Objet : Saisine du Tribunal Administratif
*Contre* :

- L'État Français
- Le Ministère de la Justice, 13 Place Vendôme 75001 PARIS

*Les faits* :

- L'État Français me pourchasse tout simplement parce que je suis Rwandais ;
- En 2014, les couteaux administratifs, les couteaux judiciaires et les perceuses d'huissiers de Justice ont remplacé la machette de 1994 au Rwanda ;
- *Question* : Qui a ordonné, au nom de l'État Français, la continuation de crimes génocidaires contre nous Rwandais ? Que ce soit la machette ou d'autres moyens de substitution, pour nous victimes, le résultat est le même.

Madame, Monsieur Le Président,

J'ai l'honneur de saisir le Tribunal Administratif pour demander à la Justice d'établir les responsabilités de certaines institutions de l'État auprès desquelles mes droits fondamentaux sont déniés. Cela, au point d'être pourchassé jusqu'à mon domicile, sans oublier la destruction de tout ce que j'entreprends sur le plan professionnel.
Compte tenu de la situation, je prends à témoin la Cour Européenne des Droits de l'Homme : je transmets à cette cour la copie du présent courrier-plainte ainsi que le dossier annexe au complet.

Tout a commencé en 2006 :

- je venais de présenter mon projet de thèse doctorale sur le cas du Rwanda ;
- j'étais salarié dans un foyer de jeunes en difficultés à Versailles. Au sein de ce même foyer, je fus victime d'attaques verbales très violentes et répétées, tout simplement parce que je refusais de dire à mes agresseurs si j'étais « Hutu » ou « Tutsi » ! Ayant sollicité l'intervention de la Directrice pour

mettre fin à ces attaques, ma demande fut tout simplement rejetée. Devant cette situation, comme j'estimais que ma vie était en danger, j'ai été obligé de ne plus me rendre à mon travail et j'ai été licencié.
Après ce licenciement, j'ai découvert qu'au moment où j'étais victime d'attaques racistes, une autre affaire très complexe d'escroquerie avait été menée à mon encontre : au mois de septembre 2006, j'ai acheté un véhicule pour pouvoir aller travailler dans le même foyer ci-dessus cité. C'est après mon licenciement que je me suis rendu compte que lors de l'achat du-dit véhicule, j'avais été victime d'une escroquerie avec la complicité des services de l'administration publique. C'est finalement cette affaire qui allait servir d'alibi à différents agresseurs et constituer le commencement d'autres attaques généralisées : attaques publiques concernant mes origines rwandaises à mon domicile ; non-distribution sélective de mon courrier professionnel à mon domicile ; attaques professionnelles visant toute activité que j'ai essayé d'entreprendre depuis 2006 ; attaques financières visant mes comptes bancaires ; attaques informatiques visant la falsification des références d'ouvrages dont je suis auteur.

I. Couteaux de l'administration publique et de la Police

Après avoir découvert que j'avais été victime d'une escroquerie lors de l'achat du véhicule ci-dessus cité, de la part des sociétés [...] et [...], j'ai essayé de régler le problème à l'amiable avec les mêmes sociétés. Cependant, ces sociétés ont catégoriquement refusé ma proposition. J'ai même fait appel à l'association UFC Que Choisir, mais les deux sociétés ont maintenu leur refus de régler le problème à l'amiable. Pis encore, la société [...] s'est même autorisée de prélever frauduleusement de l'argent sur mon compte bancaire alors que j'avais fait opposition à mon compte bancaire, dans l'attente d'une solution au litige.
Pour cela, j'ai été obligé de saisir la Justice en déposant une plainte pour escroquerie et abus de confiance, au mois d'avril 2007. En janvier 2008, la société [...] a saisi à son tour la Justice : elle m'a assigné auprès du Tribunal de Grande Instance de Nanterre. C'est à partir de ces deux dossiers principaux que d'autres affaires ont été créées pour nuire à ma personne et à mes intérêts professionnels.
Dans le cadre de la présente plainte, je me limiterai uniquement aux seuls actes imputables aux fonctionnaires et aux institutions de l'État en charge de différentes affaires me concernant. Cela pour demander à la Justice d'établir la vérité et de condamner les responsables à assumer leurs responsabilités :
1. Il existe une contradiction liée aux documents administratifs du véhicule à l'origine de tous les problèmes :
- C'est la Préfecture de Police de Paris qui a établi le Certificat d'immatriculation provisoire du véhicule, le 03 novembre 2006. Sur ce document, il est précisé que ledit certificat est attribué à « Monsieur SEBUNUMA Déogratias ». C'est ce certificat d'immatriculation provisoire

du véhicule qui m'a été remis le 10 novembre 2006, lorsque je suis allé récupérer le véhicule. Le même jour, le 10 novembre 2006, le Garage [...] m'a demandé de signer une demande d'assurance-protection du véhicule : sur cette demande d'assurance - dont j'ai gardé une copie -, il y est précisé que le propriétaire du véhicule est «SEBUNUMA Déogratias » ;

- Vers fin novembre 2006, le garage [...] m'a demandé d'aller récupérer le Certificat définitif d'immatriculation du véhicule. Le même jour, ledit garage m'a remis les plaques définitives d'immatriculation du véhicule.

Après avoir été licencié - parce que je refusais de dire si j'étais Hutu ou Tutsi - et, après avoir reçu la décision des ASSEDIC concernant le montant de l'indemnité dont j'allais bénéficier, je me suis rendu à l'agence de la société [...] dont dépendait le crédit du véhicule, à Boulogne Billancourt (92), pour demander la diminution des mensualités à payer. Cela en tenant compte de ma nouvelle situation. A ma grande surprise, l'agent de la société [...] m'a informé que ma demande ne pouvait pas se faire car, selon ses termes, je n'avais pas un « crédit classique », mais plutôt « une location avec option d'achat » ! J'ai expliqué à cet agent que ce n'était pas ce que j'avais demandé et je lui ai montré le Bon de Commande que j'avais signé avec le Garage [...]. L'agent de la société [...] m'a conseillé de contacter sans tarder le garage qui m'avait vendu le véhicule afin que la nature du crédit soit modifié en conformité avec le Bon de Commande. Le 27 février 2007, je me suis rendu au Garage [...] pour demander des explications :

- Jusqu'au 27 février 2007, je n'avais pas encore reçu la copie du dossier de demande de crédit que j'avais signé le 04 octobre 2006. Après la signature de ce document, le conseiller financier du garage ci-dessus cité m'avait informé qu'il ne pouvait pas me remettre une copie tant que le créancier n'avait pas encore donné son accord. Selon lui, c'est la société [...] qui allait m'envoyer par La Banque [...] la copie du dossier de demande de crédit. Pour cela, le 27 février 2007, le Garage [...] m'a remis une copie du dossier de demande de crédit. A ma grande surprise, comme me l'avait expliqué l'agent de [...], j'ai constaté que ce document était en contradiction avec le Bon de commande que j'avais initialement signé avec le même garage. Immédiatement, le 27 février 2007, j'ai dénoncé ledit dossier de demande de crédit et j'ai demandé aux deux sociétés concernées de reprendre leur véhicule. Par ailleurs, cette découverte m'a amené à vérifier les autres documents du véhicule . Constat : le Certificat provisoire d'immatriculation du véhicule est en contradiction avec le Certificat définitif du même véhicule en ce qui concerne le « propriétaire » du véhicule !

Observations: Je demande au Tribunal Administratif d'établir les responsabilité sur cette contradiction entre les documents administratifs d'immatriculation du même véhicule. Car, en attribuant le véhicule à un autre propriétaire, l'administration a dû s'apercevoir que le même véhicule appartenait déjà à quelqu'un d'autre, moi-même. Étant donné que je n'ai

jamais cédé le véhicule à qui que ce soit, depuis la date de l'enregistrement du véhicule par la Préfecture de Police de Paris, je demande les explications à l'administration qui a établi lesdits documents administratifs contradictoires concernant un même véhicule.
De plus, il existe d'autres preuves matérielles administratives irréfutables qui permettent d'étayer mes observations :
- Comme je l'ai déjà dit ci-dessus, lorsque je suis allé récupérer le véhicule le 10 novembre 2006, j'ai conjointement signé - avec le Garage [...] - une demande d'assurance du véhicule auprès d'une autre société dénommée Saga. Au début de l'année 2007, la société Saga m'a envoyé un certificat d'assurance-protection du véhicule. Sur ce certificat, le propriétaire du véhicule est « SEBUNUMA Déogratias ».
- Compte tenu des problèmes que le véhicule à l'origine du litige m'a créés - jusqu'aux attaques à mon domicile -, au mois de novembre 2013, j'ai remis le véhicule au Parquet Général de Versailles. Cela dans l'attente d'une décision définitive de la Justice. Malgré cette démarche officielle dont je possède les preuves écrites, au mois de février 2014, la Police Judiciaire m'a envoyé un courrier (AR) concernant l'enlèvement du véhicule par la Police. Voici l'extrait du contenu dudit courrier de la Police Judiciaire : « Il apparaît, après consultation du Système des Immatriculations des Véhicules (SIV) que vous êtes propriétaire du véhicule ci-après désigné : Type : Citadine Marque : Volkswagen Modèle : Polo Immatriculation : 919FAL92 ».
Constat : jusqu'en 2014, le véhicule est encore immatriculé à mon nom, prénom et adresse ! Dans ces conditions, je demande au Tribunal Administratif d'établir la vérité sur l'origine du Certificat d'immatriculation qui attribue le véhicule à la société [...]. Surtout que, c'est ce même document frauduleux qui est régulièrement présenté par mes adversaires et la Justice pour me condamner gratuitement. Qui a établi ce document ? Pour quelle raison ? Je demande les explications ; je demande à la Justice de faire la lumière sur cette affaire et de condamner les auteurs de ce document.

(Justificatifs : dossier ci-joint, pages 4 - 16)

2. Depuis le débuts des procédures judiciaires ci-dessus présentées, je suis régulièrement convoqué par la Police pour « être entendu » : j'ai été convoqué au moins une vingtaine de fois ! Pour quel résultat ? Les « Non-lieu », tout simplement. Ou bien, dans d'autres cas, la Justice a préféré se retourner contre ma personne ! Je reviendrai sur ce point plus loin. En plus de la pression et du harcèlement de la Police au moyen des convocations répétitives, un autre phénomène a vu le jour : les condamnations gratuites par la Police suivies par des avis de l'administration fiscale qui me réclame de payer des « amandes » !
- Au sujet de la plainte pénale que j'ai engagée contre les société [...] et [...], le Parquet de Paris n'a donné aucune suite ! Après plusieurs années d'attente, j'ai été obligé de saisir le Doyen des Juges d'instruction. Finalement, le Juge

d'Instruction a conclu sur un « Non-lieu ». J'ai fait appel de cette décision. La Cour d'Appel de Paris a confirmé la décision du Juge d'instruction et l'arrêt m'a été signifiée par un Huissier de Justice. Je reviendrai sur ce dossier dans la deuxième partie. Après plus d'un an, à ma grande surprise, j'ai reçu un avis du Trésor Public qui me demandait de payer les frais d'une « condamnation » liée à l'arrêt qui m'avait été signifiée par la Cour d'Appel de Paris ! Or, dans le dossier du même arrêt qui m'a été communiqué par un Huissier de Justice, aucune condamnation n'est mentionnée nulle part à mon encontre ! J'ai contesté cette « condamnation » imaginaire auprès de l'Officier du Ministère Public de la Cour d'Appel de Paris. Cependant, étant donné qu'il n'a jamais répondu à mon courrier pour me communiquer sa décision, je demande au Tribunal Administratif de constater cette affaire d'abus de pouvoir et d'annuler la condamnation gratuite dont je suis victime. Par ailleurs, je demande à l'institution publique qui a prononcée cette condamnation imaginaire de s'expliquer et de payer les dommages et intérêts.

(Justificatifs : dossier ci-joint, pages 17 - 20)

3. Depuis le début du litige commercial qui m'oppose aux société [...] et [...], comme je l'ai déjà précisé, ces deux sociétés ont refusé de reprendre leur véhicule. Par la suite, en plus des procédures judiciaires, j'ai été attaqué jusqu'à mon domicile - sans oublier les attaques qui ont visé mes activités professionnelles. Ainsi, en novembre 2013, j'ai remis le véhicule au Parquet Général de Versailles dans l'attente d'une décision définitive de toutes ces affaires.

A ma grande surprise, au mois de février 2014, le Trésor Public m'a adressé un avis d'amendes concernant le stationnement abusif du mois de janvier 2014 - stationnement concernant le véhicule dont je n'étais plus en possession et dont je n'étais plus détenteur de contrat d'assurance depuis le début des procédures judiciaires en 2007. En effet, dès que j'ai découvert l'escroquerie dont j'avais été victime, j'ai demandé à mes adversaires de récupérer leur voiture et j'ai résilié le contrat d'assurance. Cependant, la [...] a refusé de résilier le contrat. En 2013, j'ai saisi la Justice et la [...] m'a restitué l'intégralité des frais d'assurance que cette même société avait prélevés illégalement sur mon compte bancaire.

Dans ces conditions, étant donné qu'en janvier 2014 je n'étais ni en possession du véhicule, ni le chauffeur du véhicule, ni le souscripteur d'un quelconque contrat d'assurance concernant ledit véhicule, pourquoi la Police Judiciaire et le Trésor Public s'acharnent-ils sur ma personne pour me faire porter la responsabilité d'une infraction qui ne me concerne pas ? La Police Judiciaire ne connaît-elle pas où se trouve le Parquet Général de Versailles ? Je demande au Tribunal Administratif de se prononcer sur cet abus de pouvoir et d'annuler la condamnation gratuite dont je fais l'objet.

(Justificatifs : dossier ci-joint, pages 20 - 25)

II. Couteaux de la Justice (tribunaux)

1. Comme je l'ai déjà exposé ci-dessus, après avoir constaté que j'avais été victime d'une escroquerie de la part des sociétés [...] et [...] en octobre 2006, j'ai déposé une plainte auprès du Parquet de Paris. Suite à cette plainte, j'ai été entendu par le Commissariat de Police du 13ème Arrondissement de Paris. Mais, après cette audition, aucune suite n'a été donnée à ma plainte. Ainsi, j'ai saisi le Doyen des Juges d'instruction. Dans le cadre de cette procédure, le Juge d'instruction m'a auditionné en s'appuyant sur le dossier que j'avais déjà constitué auprès du Parquet de Paris. Lors de cette audition, le Juge d'instruction m'a montré la signature qui se trouve sur la copie du dossier de demande de crédit concernant le véhicule à l'origine du litige : il m'a demandé si je n'avais pas remarqué la mention « location avec option d'achat » sur ce dossier de demande de financement. J'ai répondu au Juge d'instruction qu'à l'époque des faits je ne savais même pas ce que signifie « une location avec option d'achat ». Quelques semaines plus tard, le Juge d'instruction a clôturé l'instruction sur un « Non-lieu ». Motif : selon le Juge d'instruction, je lui aurais dit qu'à l'époque des faits je ne savais pas ce que signifie le mot « location » ! Plus tard, d'autres institutions judiciaires ce sont emparées de cette déformation de mes propos pour me condamner :

Observations :

- Je demande au Juge d'instruction, à la Cour d'Appel de Paris et au conseiller de l'Avocat Général auprès de la Cour de Cassation d'apporter la preuve selon laquelle j'aurais dit que je ne savais pas ce que signifie le mot « location » au moment de la signature du dossier de demande de crédit-auto en 2006. J'ai en ma possession la copie de l'audition citée par le Juge d'instruction puis reprise par les autres institutions judiciaires. La copie de la dite audition m'a été remise par la Cour d'Appel de Paris : Mes propos sont clairs, la greffière qui rédigeait mes réponses pendant l'audition a respecté mes mots. D'autres part, je me demande comment tous les tribunaux peuvent décider de rejeter ma plainte sans tenir compte des pièces matérielles à l'appui de mes arguments. Quant à la signature qui se trouve sur la demande de crédit-auto, j'ai désormais en ma possession de nouvelles preuves qui démontrent que ma signature a tout simplement été imitée et mes adversaires fabriquent eux-mêmes les faux documents en mon encontre ! Ce qui expliquerait, l'origine des contradictions concernant les différents documents administratifs du véhicule. Constat : même la demande de crédit-auto qualifiée de « location avec option d'achat » a été fabriquée et signée par mes adversaires, en imitant tout simplement ma signature.
- Je demande au Tribunal administratif de constater le fait que les différents tribunaux ont dénié mes droits à une Justice équitable en déformant mes propos et appliquant la Justice du plus fort ;
- Je demande au Juge d'instruction qui a déformé mes propos de s'expliquer sur cette affaire ; je demande à la Cour d'Appel de Paris et au Juge

d'instruction d'expliquer pourquoi ils ont mis de côté toutes les pièces du dossiers pour ne s'intéresser qu'à la déformation de mes propos. Par ailleurs, à ma grande surprise, dans le dossier qui m'a été remis par le Parquet Général de Paris - suite à l'Arrêt qui avait confirmé le Non-lieur prononcé en première instance - j'ai découvert une pièce à conviction supplémentaire qui a retenu toute mon attention : en mars 2008, le Commissariat de Police du 13ème Arrondissement de Paris a auditionné le vendeur du Garage [...] qui m'a vendu le véhicule à l'origine de tous les problèmes. Selon la copie de cette audition qui m'a été remise par un Huissier de Justice, le même vendeur a avoué qu'il m'avait vendu le véhicule dans des conditions contraires à la Loi.

Constat : les différents tribunaux connaissent la vérité mais, ce n'est pas la vérité qui intéresse la Justice : la cible, c'est ma personne. Pour cela, je demande au Tribunal Administratif de constater cet acharnement et cette violence préméditée qui est dirigée contre moi au mépris des faits ; je demande aux tribunaux ci-dessus cités d'expliquer pourquoi ils ont décidé de mettre de côté les pièces à conviction irréfutables pour ne s'intéresser qu'à ma personne.

(Justificatifs : dossier ci-joint, pages 26 - 40)

2. Comme je l'ai déjà indiqué, en 2008, la société [...] m'a assigné en Justice auprès du Tribunal de Grande Instance de Nanterre. A la demande du tribunal, j'ai confié mon dossier à Me Joseph pour me représenter. Dès que Me Joseph s'est rendu compte de la nature du litige, il a demandé au tribunal de convoquer le Garage [...] - qui avait vendu le véhicule - en intervention forcée : l'assignation a été régularisée par un Huissier de Justice en août 2008. Mais, Me Joseph, dès qu'est venu le moment de conclure la mise en état du dossier, il a abandonné le dossier ! Et ce rituel a été répété par tous les autres avocats qui l'ont succédé sur ce dossier jusqu'à ce que je sois condamné dans des conditions surprenantes :

Dans la présente demande, je m'intéresserai uniquement aux cas des deux derniers avocats qui m'ont représenté auprès du Tribunal de Grande Instance de Nanterre. Le premier, Me Jules, a abandonné le dossier après avoir encaissé la totalité des frais d'honoraires. Selon lui, il aurait présenté ses conclusion en mai 2009. Mais, alors qu'on attendait la décision du tribunal, il m'a contacté et m'a demandé de lui payer de nouveaux frais d'honoraires pour engager une nouvelle procédure auprès du Tribunal de Commerce ! J'ai refusé cette proposition. Immédiatement, l'avocat a fait radié le dossier - en accord avec le tribunal et mes adversaires - et il est devenu injoignable ! C'est seulement un an plus tard, après avoir contacté directement le tribunal, que j'ai appris la nouvelle concernant la radiation du dossier ! Le tribunal m'a demandé de contacter mon avocat pour qu'il accomplisse les démarches nécessaires au rétablissement du dossier. Mais, Me Jules était toujours injoignable ! J'ai donc été obligé de le décharger du dossier, par

l'intermédiaire du Bâtonnier, pour confier ma défense à un autre avocat. Ainsi, Me Bernard (Barreau de Paris) a accepté de me représenter : il m'a demandé de lui payer la totalité des frais d'honoraires avant de se constituer. En décembre 2010, il m'a confirmé qu'il avait déjà reçu mon dossier de la part de Me Jules. Et ce fut le dernier contact ! Par la suite, j'ai essayé de contacter Me Bernard pour avoir les nouvelles du dossier mais, cet avocat n'a répondu à aucune de mes correspondances ! J'ai alors contacté à nouveau le tribunal pour m'informer. Curieusement, c'est plutôt Me Jules qui m'a répondu - alors qu'il était sensé s'être déchargé du dossier pour le confier à Me Bernard ! Plus étonnant encore, Me Jules prétendait que je lui devrais de l'argent et il a reproduit l'ancienne facture des frais d'honoraires concernant sa proposition d'engager une nouvelle procédure auprès du Tribunal de Commerce, proposition que j'avais refusé ! Ce fut le début d'une nouvelle affaire dans l'affaire ! J'y reviendrai plus loin. Pour le moment, c'est la décision du tribunal qui retient mon attention :
En janvier 2013, un Huissier de Justice m'a signifié le Jugement qui avait été rendu par le Tribunal de Grande Instance de Nanterre. Selon ce tribunal, je n'aurais présenté aucune pièce à l'appui de mes arguments ! Deux autres points sont encore plus surprenants : d'une part, à la première page dudit Jugement, c'est Me Jules qui y figure comme étant mon avocat ! D'autre part, du début à la fin du Jugement, le tribunal n'a fait aucune observation sur la responsabilité du Garage [...] alors que je l'avais assigné en intervention forcée. Étant donné que le tribunal m'a condamné sous le seul motif que je n'aurais présenté aucune pièce à l'appui de mes arguments, où sont passés les différents dossiers que les avocats ont présentés devant le même tribunal, en particulier le dossier et les conclusions que Me Jules affirme avoir présentés au tribunal ? Où est passé le dossier que l'Huissier de Justice a présenté lors de l'assignation en intervention forcée contre le Garage [...] ? Puis, il y a la responsabilités des deux avocats : étant donné que j'avais déchargé Me Jules du dossier - j'en ai informé le tribunal par courrier AR dont le même tribunal a accusé réception -, comment se fait-il que Me Bernard ait disparu et que c'est finalement Me Jules qui est cité à nouveau comme étant mon avocat ?
- Afin d'avoir des réponses à toutes ces questions ci-dessus formulées, j'ai cité Me Bernard et Me Jules devant le Tribunal d'Instance de Paris 11ème Arrondissement - où est situé le cabinet de Me Bernard. Les deux avocats ne se sont pas présentés à la première convocation du tribunal : Me Jules n'avait pas donné de nouvelles au tribunal ; tandis que Me Bernard avait envoyé un long courrier au Juge pour expliquer qu'il ne pouvait plus me représenter car son cabinet était en « liquidation judiciaire » ! - Ce même argument m'avait été formulé par le Barreau de Paris. Par conséquent, le Juge a renvoyé l'affaire à une date ultérieure et m'a demandé de citer mes adversaires par l'intermédiaire d'un Huissier de Justice. Je me suis donc rendu chez un Huissier de Justice. Ses services ont immédiatement contacté le Barreau de

Paris au téléphone, en ma présence, pour connaître le nom du mandataire judiciaire de Me Bernard. A ma grande surprise, le Barreau de Paris a répondu que le cabinet de Me Bernard n'avait jamais été mis en liquidation judiciaire ! Selon le Barreau de Paris, cet avocat avait tout simplement « désigné une suppléante » pour gérer ses dossiers !

- Le jour de l'audience, le 08 avril 2014 : Me Bernard ne s'est pas présenté. C'est Me Jules qui est venu s'expliquer.
- J'ai demandé au tribunal d'interroger Me Jules pour savoir pourquoi il avait fait radié mon dossier, pourquoi il ne répondait plus à mes correspondances, pourquoi il m'a harcelé, diffamé et accusé en Justice pour me réclamer l'argent que je ne lui devais pas. A la question concernant la radiation du dossier, Me Jules a répondu qu'il a fait radié le dossier parce qu'une divergence était apparue entre lui et son client [moi-même]. Cela, selon Me Jules, pour qu'un autre « conseil » puisse prendre le relais ! A la question des frais d'honoraires qu'il me réclame alors que j'ai refusé sa proposition d'aller engager une nouvelle procédure au Tribunal de Commerce, Me Jules a répondu : « J'ai tout simplement réclamé de l'argent à Monsieur SEBUNUMA parce qu'il avait adressé au Bâtonnier un courrier accusatoire contre moi. Sinon, il m'avait déchargé de son dossier ; j'avais accepté sa décision et j'ai remis le dossier à mon confrère Bernard ». Autrement dit, Me Jules m'a diffamé, calomnié et traîné en Justice, tout simplement pour se venger ! Et tous les tribunaux concernés par cette affaire ont été derrière lui !
- J'ai demandé au tribunal d'interroger Me Jules pour savoir pourquoi il figure à la première page du Jugement qui a été rendu par le Tribunal de Grande Instance de Nanterre alors qu'il n'avait plus la charge du dossier. Puis, j'ai voulu savoir pourquoi le tribunal m'a condamné parce que je n'aurais présenté aucune preuve à l'appui de mes arguments alors que Me Jules prétendait avoir remis au tribunal ses conclusions et le dossier de preuves. Voici les réponses de Me Jules, le 08 avril 2014, devant le Tribunal d'Instance de Paris 11ème Arrondissement. Je cite : « J'avais remis l'intégralité du dossier à mon confrère Bernard. (…) Je n'y étais pas, ils ont tous simplement ajouté mon nom (…) ». Puis, il s'est rapproché du Juge pour ajouter : « Quant à la non-constitution de mon confrère Bernard, c'est pour moi un trou noir. (…) Me Bernard ou son remplaçant auraient du se constituer pour défendre Monsieur SEBUNUMA ». En ce qui concerne la question des conclusions, Me Jules a répondu : « Mes conclusions sont impeccables, il n'y a rien à redire. Seulement, elles ont été écartées lors du Jugement par lequel Monsieur SEBUNUMA a été condamné ».

Pour toutes ces raisons :

- J'ai été victime d'un déni de justice, du favoritisme en faveur de mes adversaires et d'un abus de pouvoir de la part du Tribunal de Grande Instance de Nanterre. Je demande à cette institution judiciaire d'en assumer toutes les responsabilités.

(Justificatifs : dossier ci-joint, pages 41 - 55)

3. J'ai fait appel du Jugement qui avait été rendu contre moi par le Tribunal de Grande Instance de Nanterre. Malheureusement, la même histoire s'est répétée ! Voici les faits :

C'est Me Didier du barreau de Versailles qui a accepté de me représenter dans le cadre de mon appel contre le Jugement rendu par le Tribunal de Grande Instance de Nanterre. Après avoir encaissé la moitié des frais d'honoraires, une histoire de chèque bancaire que je lui avais remis a surgi : je ne sais pas ce qui s'est passé pour que le chèque attende et ne soit présenté en demande de payement qu'en fin de mois (entre le 25 et le 30 avril 2013) : cette opération a retenu mon attention car, j'avais remarqué que d'autres chèques avaient été mis en attente pour être présentés au moment où l'argent disponible sur mon compte était insuffisant en fin de mois : je m'attendais donc à une affaire désagréable ! Finalement, c'est le chèque que j'avais remis à mon avocat qui a servi de moyen de pression : je reviendrai sur ce point plus loin.

Concernant l'affaire judiciaire elle-même, mon avocat m'a envoyé d'abord son projet de conclusions puis, au mois de juillet 2013, le même avocat m'a envoyé la copie des conclusions de mes adversaires. A ma grande surprise, mes adversaires présentaient à la Justice plusieurs faux documents à l'appui de leurs arguments - documents dont je n'avais jamais pris connaissance auparavant ! J'ai immédiatement adressé un courrier de contestation à la Cour d'Appel de Versailles, par Fax et par l'intermédiaire de mon avocat.

Curieusement, dès que mon avocat a reçu le courrier-Fax par lequel je dénonçais les faux documents contenus dans les conclusions de mes adversaires, Me Didier s'est immédiatement déchargé de mon affaire et l'a abandonné définitivement : il m'a communiqué sa décision par courrier, le 25 juillet 2013. En septembre 2013, j'ai accusé réception de la décision de Me Didier : je lui ai demandé de me restituer mon dossier pour que je puisse le confier à un autre avocat. Je rappelle que Me Didier avait déjà encaissé la moitié des frais d'honoraires ! Donc, c'était pour moi une charge financière supplémentaire de recommencer la procédure à zéro avec un autre avocat. Malgré le fait que j'acceptais sa décision sans lui réclamer quoi que ce soit, Me Didier n'a jamais répondu à mon courrier (AR), ne m'a jamais remis mon dossier pour que je puisse le confier à un autre avocat.

Le 25 avril 2014, j'ai reçu un courrier recommandé de la part de mes adversaires : ils me communiquaient l'Arrêt de la Cour d'Appel de Versailles ! Curieusement, à la première page, il est indiqué que l'avocat qui m'aurait représenté lors des débats est « Me Didier » !

Je suis désolé mais, l'Arrêt de la Cour d'Appel de Versailles ci-dessus cité n'engage que ceux qui l'ont prononcé car, n'étant pas représenté lors des débats, la Justice ne peut pas m'obliger à assumer les décisions dont je suis étranger !

J'ai formé un pourvoi et le dossier se trouve à la Cour de Cassation.
Pour toutes ces raisons, je demande au Tribunal Administratif de faire la lumière sur cette affaire afin d'établir les responsabilités administratives de la Cour d'Appel de Versailles. Car, conformément aux preuves matérielles en ma possession, Me Didier ne me représentait plus depuis le mois de juillet 2013.

(Justificatifs : dossier ci-joint, pages 56 - 68)

4. Comme je l'ai déjà exposé dans la partie précédente, pour se défendre, mes adversaires ont présenté à la Cour d'Appel de Versailles des conclusions dont certains justificatifs étaient des faux documents. Étant donné que cela constituait une « affaire dans l'affaire » et, comme mon ancien avocat ne répondait pas à ma demande de restituer le dossier afin que je puisse le confier à un autre avocat, j'ai saisi le Tribunal d'Instance de Paris 9ème Arrondissement de cette nouvelle affaire des faux documents - auxquels j'ai ajouté un ancien faux document par lequel la société [...] a frauduleusement prélevé de l'argent sur mon ancien compte bancaire à La Banque [...] :
- Le premier faux document, c'est celui qui a été établi par la société [...] en avril 2007 : cette société a prétendu que j'aurais conclu un accord avec elle afin de prélever de l'argent sur mon ancien compte bancaire à La Banque [...] ! J'ai contesté cette escroquerie, j'ai même fait une opposition à mon compte bancaire. Pourtant, La Banque [...] à autorisé la société [...] a prélever de l'argent !
- Le deuxième document frauduleux que j'ai présenté au Tribunal d'Instance de Paris 9ème Arrondissement, c'est le Certificat définitif d'immatriculation du véhicule qui désigne la société [...] comme étant le « propriétaire » du véhicule : en effet, en février 2014, la Police Judiciaire m'a informé, par courrier recommandé avec avis de réception, que le véhicule était toujours immatriculé à mon nom et adresse. Pour cela, le Certificat d'immatriculation qui attribue le véhicule à la société [...] est un document frauduleux qui a été établi à la place d'un autre certificat authentique que le Garage [...] ne m'a jamais remis. D'ailleurs, comme je l'ai déjà signalé dans la première partie, il existe une autre preuve matérielle indépendante : la société Saga, qui avait été sollicitée pour prendre en charge l'assurance-protection du véhicule, m'a remis une attestation sur laquelle le propriétaire du véhicule est moi-même : cette attestation m'a été envoyée en début 2007.
- Le troisième faux document que j'ai présenté au Tribunal d'Instance, c'est le document que mes adversaire ont fourni, pour la première fois, à l'appui de leurs conclusions auprès de la Cour d'Appel de Versailles : ce document, c'est une « Déclaration de réception » du véhicule que j'aurais signée le 04 octobre 2006, c'est-à-dire le jour de la signature du dossier de demande de crédit-auto ! Or, ce jour là, le véhicule n'était pas encore disponible au garage ; il était en procédure de commande. Le véhicule m'a été remis le 10 novembre 2006. Il existe plusieurs preuves : le certificat provisoire

d'immatriculation a été établi le 03 novembre 2006 par la Préfecture de Police de Paris - à mon nom et adresse - ; lors de son audition auprès du Commissariat de Police de Paris 13ème Arrondissement, l'agent de Police a demandé au vendeur du véhicule pourquoi il ne m'avait pas remis la copie du dossier de demande de financement du crédit-auto et le vendeur a répondu qu'il attendait encore le « numéro de châssis » du véhicule ! Dans ces conditions, comment le vendeur aurait-il pu me faire signer une « déclaration de réception » d'un bien dont lui-même [le vendeur] n'était pas encore en possession ?

- Le quatrième faux document que j'ai présenté au Tribunal d'Instance, c'est une demande d'assurance-protection du véhicule que j'aurais signée le 04 octobre 2006 : ce jour là, seuls plusieurs exemplaires du dossier de demande de crédit-auto m'ont été présentés par le vendeur. Quant à la demande d'assurance-protection du véhicule, elle m'a été présentée le 10 novembre 2006 et elle porte le cachet du Garage [...]. J'ai en ma possession un exemplaire de ce document et je l'ai présenté au Juge le jour de l'audience.
- Déroulement de l'audience : Le jour de l'audience, malgré les preuves irréfutables que j'ai présentées à la Justice à l'appui de ma demande, le Juge est devenu l' « avocat » de mes adversaires ! Le Juge m'a d'abord demandé de présenté l'historique de l'affaire. Mais, dès que j'ai commencé à présenter les faux documents à l'origine de ma demande, le Juge m'a interdit de parler ! J'ai insisté, j'ai même avancé pour remettre la copie de mes preuves à l'un de ses assistants. Mais, le Juge a refusé de les prendre. Selon lui, « ça ne prouve rien » ! Même l'opération par laquelle la société [...] a frauduleusement prélevé de l'argent sur mon ancien compte bancaire n'aurait « rien d'illégal » selon le Juge ! Résultat : le Juge m'a tout simplement condamné à payer de l'argent à mes adversaires car, je les aurais dérangés et fait déplacés pour rien devant son tribunal !

L'Huissier de Justice mandaté par mes adversaires m'a informé que le seul recours possible était le pourvoi en Cassation ! J'ai donc saisi la Cour de Cassation de cette affaire. Cependant, mes adversaires ne sont pas le seuls à avoir des comptes à rendre : il existe aussi des responsabilités qui incombent au tribunal.

Observations : l'attitude du Juge du Tribunal d'Instance de Paris 9ème Arrondissement et sa décision constituent un véritable déni de Justice, un abus de pouvoir. Puis ces mêmes faits constituent du favoritisme. Je demande au Tribunal d'établir les responsabilités individuelles, professionnelles et administratives du Juge et de son tribunal.

(Justificatifs : dossier ci-joint, pages 69 - 98)

5. Comme je l'ai déjà exposé ci-dessus, lorsque j'ai déchargé Me Jules de mon affaire auprès du Tribunal de Grande Instance de Nanterre, cet avocat s'est immédiatement mis à m'attaquer et à me calomnier par courriers.

- Pour répondre à ce harcèlement, j'ai adressé au Parquet de Nanterre une

plainte contre Me Jules ;
Finalement, Me Jules a saisi son Bâtonnier pour exiger de moi le payement de l'argent indu ! Lors d'une audience dont je n'ai jamais été informé, le Bâtonnier m'a condamné à payer de l'argent à Me Jules sans préciser le motif de ce payement ! J'ai fait appel de cette décision ; j'ai présenté par deux reprises la facture initiale de Me Jules - facture que j'ai réglée en deux fois par chèques bancaires. Me Jules n'a présenté aucune preuve à l'appui de ses prétentions. Pourtant, la Cour d'Appel de Versailles s'est tout simplement contentée de confirmer la décision qui avait été prise par le Bâtonnier. J'ai formé un recours auprès de la Cour de Cassation, j'attends la décision.
- Le Parquet de Nanterre n'a donné aucune suite à ma plainte contre Me Jules. Or, celui-ci n'arrêtait pas de m'envoyer des courriers : soit lui-même, soit par l'intermédiaire de son Bâtonnier ! Ainsi, j'ai saisi le Doyen des Juges d'Instruction de cette affaire. Quelques mois plus tard, le Juge d'instruction a publié l'ordonnance par laquelle elle me convoquait à une « expertise psychologique » ! Selon cette même ordonnance, l'objectif était celui de déterminer dans quelle mesure ma « personnalité » aurait pu « influencer » les actes qui sont « reprochés » à Me Jules ! Autrement dit, pour le Juge d'instruction, ceux qui commettent des crimes et délits ne sont pas responsables de leurs actes : les vrais responsables, ce seraient plutôt leurs victimes !
J'ai contesté cette ordonnance et j'ai fait appel. La Cour d'Appel de Versailles a jugé ma demande « irrecevable » car, selon la cour, l'ordonnance concernée par mon appel ne serait pas conforme à la Loi !
Devant cette situation, j'ai décidé de me retirer de cette affaire en tant que Partie Civile. Pour cela, j'ai demandé au tribunal de me rembourser les 500€ de consignation, montant qui avait été fixé par le Doyen des Juges d'instruction. Jusqu'à ce jour, malgré mes multiples demandes, le Tribunal de Grande Instance de Nanterre a refusé de me rembourser mon argent !
Observations : étant donné que le tribunal a refusé de me rendre justice ; étant donné que le tribunal a préféré m'attaquer personnellement au lieu de poursuivre mon bourreau ; étant donné que je ne suis plus Partie Civile dans cette affaire comme me l'autorise la Loi ; étant donné que même la Cour d'Appel de Versailles a reconnu que l'ordonnance d'expertise psychologique n'était pas conforme à la Loi, dans ces conditions, je demande au Ministère de la Justice de me restituer mes 500€ de consignation sans délai. Sinon, il s'agirait d'une escroquerie organisée au moyen d'abus de pouvoir de la part du Tribunal de Grande Instance de Nanterre.

(Justificatifs : dossier ci-joint, pages 99 - 106)

### III. Couteaux des petits exécutants : sociétés et organismes autonomes de l'État

Au sujet de la « chasse à l'homme » dont je suis victime, les sociétés

publiques et organismes de l'État ont été appelés à contribution :
1. Les banques : dès le début de l'affaire du crédit-auto déjà citée, c'est La Banque [...] qui a pris position en autorisant à mes adversaires de prélever frauduleusement de l'argent sur mon ancien compte bancaire - en dépit de l'opposition bancaire que j'avais exercée. Plus récemment, c'est la Banque [...] qui a pris le relais. Les objectifs poursuivis par la Banque [...] étaient multiples :
D'une part, cette banque avait l'objectif de me mette en difficulté de payement afin de fournir un argument de poids à mes adversaires devant la Cour d'Appel de Versailles. En effet, en rejetant - par tous les moyens - le chèque que j'avais remis à mon avocat, la Banque [...] me décrédibilisait et apportait un appui matériel à mes adversaires. Pour cela, la même banque n'a pas hésité à utilise la tromperie professionnelle afin de m'induire en erreur : preuves écrites à l'appui :
Ayant été dupé par la Banque [...] qui proposait de m'aider à gérer les difficultés de trésorerie, j'ai adressé à cette banque ma demande en bonne et due forme en m'appuyant sur les différents courriers que la même banque m'avait envoyés. Pourtant, au lieu d'accorder le découvert ou de rejeter officiellement ma demande, la Banque [...] m'a tout simplement fiché en « interdit bancaire » en omettant de suivre la procédure légale conformément à la Loi.
D'autre part, la Banque [...] voulait clairement nuire à mon activité professionnelle : j'avais sollicité auprès de la Banque [...] l'autorisation d'un modeste découvert sur mon compte bancaire afin d'imprimer mes ouvrages dont je suis aussi auto-éditeur. Mais, la Banque [...] avait refusé de m'accorder le découvert. Or, au printemps 2013, une autre banque a accepté de financer progressivement mon projet : comme les versements étaient effectués sur mon compte ouvert à la Banque [...], lors d'un entretien avec mon conseiller financier - qui était aussi le directeur de l'agence -, celui-ci m'a interrogé sur ces versements. Je lui ai expliqué qu'une autre banque avait accepté de financer mes activités professionnelles. Ce fut un motif décisif pour confisquer mon compte bancaire afin d'empêcher le financement dont je bénéficiais de la part d'une autre banque : tous les versements et/ou prélèvements sur mon compte bancaire ont été bloqués ; je n'avais plus accès à mon compte par aucun moyen que ce soit ! Pour parachever son œuvre, la Banque [...] a définitivement fermé mon compte bancaire sans aucun motif. Le seul but étant celui de m'empêcher de lever l'interdit bancaire : en effet, la Loi autorise toute personne victime d'un interdit bancaire à régulariser la situation pendant une période d'un an. Or, dès lors que le compte est fermé, comment le client pourrait-il faire lever un interdit bancaire en dehors de la banque qui l'a enregistré ?
Observations : J'ai saisi le Tribunal d'Instance de Paris 13ème Arrondissement ce cette affaire de la Banque [...]. Le Tribunal a condamné

cette banque pour l'ensemble de ses actes. Cependant, alors que je l'avais explicitement demandé, le Tribunal a refusé de lever l'interdit bancaire ! Ainsi, étant donné que j'ai été victime d'un fichage abusif en interdit bancaire comme le confirment les justificatifs ci-joints ; étant donné que le chèque que j'avais remis à mon avocat n'a plus de valeur car le même avocat a abandonné le dossier dès lors qu'il m'avait créé des difficultés ; étant donné le fichage en interdit bancaire est une mesure purement administrative : je demande au Tribunal Administratif de bien vouloir lever cet interdit bancaire abusif dont je suis victime. Car, lors de la procédure de fichage en interdit bancaire, mes droits fondamentaux n'ont pas été respectés par la Banque [...].

(Justificatifs : dossier ci-joint, pages 107 - 134)

2. En 2011, suite aux attaques de harcèlements et de violences verbales dont j'étais victime à mon lieu de domicile, j'ai été obligé d'arrêter mon activité professionnelle libérale - dont une partie était faite à la maison. J'ai alors opté pour une activité salariée. C'est la société [...] sise à Paris qui m'a embauché mais, mes activités concernaient les centres de cette société qui se trouvent dans le Département de la Seine Saint-Denis. Un mois à peine après le début de mes activités, une situation étrange à vu le jour :

La société [...] est essentiellement partenaire de Pôle Emploi. Pour cela, les candidats stagiaires que j'accompagnais dans mes activités étaient tous envoyés par Pôle Emploi. Il existait une procédure d'inscription des stagiaires, procédure selon laquelle Pôle Emploi communiquait à la société [...] les noms des candidats au stage d'accompagnement bien avant la date du rendez-vous. Ce qui permettait de planifier nos interventions. Cependant, juste après avoir terminé le mois d'essai, j'ai commencé à constater que certains stagiaires se présentaient à mon lieu de travail sans rendez-vous, plus particulièrement à Aulnay-sous-Bois. J'ai informé mes supérieurs mais, ils m'ont régulièrement répondu qu'ils n'en savaient rien, que c'était de la responsabilité de Pôle Emploi ! La situation s'est compliquée au fur et à mesure car, plusieurs stagiaires se présentaient désormais au même moment, sans rendez-vous ni adresse de l'agence de Pôle Emploi dont ils dépendaient. Comme je ne pouvais plus recevoir les candidats avec lesquels j'avais pris rendez-vous en bonne et due forme, j'ai décidé de ne plus recevoir ces candidats-fantômes qui se présentaient sans rendez-vous.

- Au début du mois d'octobre 2011, le site de Montreuil a été concerné, lui aussi, par ce phénomène de stagiaires qui se présentaient sans rendez-vous ! Mais, une observation a retenu mon attention : j'étais le seul conseiller à être concerné par ce phénomène.

- Le 06 octobre 2011 à Montreuil, alors que j'attendais un rendez-vous, le service d'accueil du centre [...] m'a informé qu'une jeune femme stagiaire attendais et aurait rendez-vous avec moi. Je suis allé voir, ce n'était pas la personne que j'attendais. Mais, comme le stagiaire que j'attendais n'était pas encore arrivé, j'ai accepté de recevoir la stagiaire inconnue. J'ai commencé par lui expliquer le contenu du service que nous proposions aux stagiaires selon le parcours professionnel et/ou de formation de chacun. Cependant, après quelques mots, la jeune femme m'a fait signe avec la main pour m'expliquer qu'elle était soude et muette. J'ai pris un papier et je lui ai demandé si elle savais lire. Elle a confirmé par le signe de la tête. J'ai à nouveau écrit sur le papier, et je lui ai dit que j'allais contacter son conseiller chez Pôle Emploi afin qu'une autre prise en charge adaptée puisse lui être proposée. Je l'ai enregistrée et j'ai noté cette observation à l'endroit réservé à ce type d'observation dans le fichier informatique. Après ce bref entretien qui a duré environ 5 minutes, j'ai accompagné la jeune femme jusqu'à l'accueil et je suis revenu à mon bureau. Quelques minutes après, je suis retourné à l'accueil pour voir si la personne que j'attendais en rendez-vous serait arrivée. Elle n'était pas encore arrivée. C'est plutôt un autre événement qui m'a surpris :

- En retournant à mon bureau, j'ai croisé la jeune femme que je venais de recevoir : elle sortait d'un bureau situé au fond du couloir du centre, en compagnie de deux autres femmes que je ne connaissais pas. A ma grande surprise, les trois femmes discutaient et riaient aux éclats - ainsi que la jeune femme qui m'avait dit qu'elle était sourde et muette ! Elles se sont dirigées vers la sortie. Comme les bureaux étaient juxtaposés et ouverts, je pouvais observer ce qui se passait dans le couloir. Ainsi, l'une des trois femmes est revenue et est entrée à nouveau dans le bureau situé au fond du centre - la collègue qui occupait ce bureau était absente ce jour là, elle avait des responsabilités dans un autre centre.
- Après-midi, vers 16h30, le service d'accueil m'a contacté par téléphone pour me « passer » un appel du Directeur des Ressources Humaines de la société [...] : celui-ci m'a informé qu'il voulait me rencontrer en urgence, le lendemain matin. Je lui ai demandé de chercher quelqu'un d'autre pour me remplacer à Saint-Denis car, c'était un peu tard pour que je puisse annuler les rendez-vous déjà pris. Le Directeur de Ressources Humaines m'a demandé, dans ces conditions, de maintenir les rendez-vous à Saint-Denis. Puis, étant donné que nous étions en fin de semaine, il m'a dit que c'est le Manager du Centre [...] de Montreuil (dont je dépendais) qui allait me rencontrer le lundi d'après pour m'expliquer les informations me concernant. Comme j'avais à nouveau des rendez-vous ce lundi en question à Aulnay-sous-Bois, j'ai envoyé plusieurs e-mails au Manager pour lui demander de me remplacer à Aulnay-sous-Bois. Cela afin que je puisse me rendre à Montreuil le Lundi. Mais, le Manager n'a répondu à aucun de mes e-mails.

Par conséquent, le lundi 10 octobre 2011 matin, je me suis rendu d'abord à Aulnay-sous-Bois pour recevoir les stagiaires qui avaient le rendez-vous le matin et pour annuler les rendez-vous de l'après-midi afin de me rendre à Montreuil.

- Pendant que je m'entretenais avec le premier stagiaire à Aulnay-sous-Bois, le lundi 10 octobre 2011, j'ai aperçu un responsable de la société [...] derrière la porte : il faisait des vas-et-vient sans rien dire. A 11h30, dès que j'ai terminé le dernier entretien, il est entré dans le bureau et m'a informé qu'il me signifiait la « mise à Pied » dans l'attente de l'entretien préalable au licenciement. Pour cela, il m'a informé qu'un courrier recommandé avec avis de réception m'avait été envoyé à mon domicile ; il avait transcrit ce même courrier en copie manuscrite et il m'a remis cette copie manuscrite. Immédiatement, il a saisi tout le matériel de travail qui était en ma possession.

- Selon le courrier de mise à Pied, l'entretien préalable au licenciement était fixé au 17 octobre 2011 à Montreuil. Conformément à cet entretien préalable au licenciement que j'ai enregistré, c'est Pôle Emploi qui était intervenu pour que je sois mis à Pied ! Puis, ce même entretien a été suivi par un licenciement !

Observations : étant donné que Pôle Emploi est une institution publique, je demande à l'État de m'expliquer le motif de son acharnement contre ma personne ! Il est très clair : il existe une véritable chasse à l'homme dont je suis victime gratuitement de la part de l'État. Ce n'est plus un abus de pouvoir ordinaire de la part de certaines institutions de l'État, c'est tout simplement la HAINE : ni plus, ni moins.

(Justificatifs : dossier ci-joint, pages 135 - 139 ; plus un CD audio - voir document « [...] »)

IV. Couteaux du Conseil Général des Hauts-de-Seine et perceuses des Huissiers de Justice

(Informations complémentaires)

1. Comme je l'ai déjà signalé ci-dessus, depuis le début de l'affaire judiciaire concernant le litige commercial qui m'oppose aux société [...] et [...], je suis victime d'attaques multiformes jusqu'à mon domicile. En particulier, je suis régulièrement victime d'attaques diffamatoires dont celles qui concernent ma situation professionnelles. Compte tenu des éléments de preuves que j'ai présentés, l'État se charge lui-même de détruire tout ce que j'entreprends sur le plan professionnel. Ironie de l'histoire, conformément aux justificatifs ci-joints, l'une des sources officielles des informations diffamatoires dont je suis victime, c'est Le Conseil Général des Hauts-de-Seine !

(Justificatifs : dossier ci-joint, pages 140 - 141)

2. Les mesures de harcèlement multiforme et de diffamation n'ont pas suffi pour assouvir la Haine et la violence de mes adversaires : il fallait aussi utiliser la violence « physique » et m'attaquer, jusqu'à mon domicile :

- Alors que j'avais déjà fait appel du Jugement qui avait été rendu par le Tribunal de Grande Instance de Nanterre, le 07 février 2013, mon logement a été attaqué. Après avoir visité l'appartement, les malfaiteurs ont laissé un document sur une table (à l'intérieur de ma chambre), document portant les références dudit Jugement qui avait été rendu par le Tribunal de Grande Instance de Nanterre. Puis, avant de partir, les même malfaiteurs ont détruit la porte d'entrée à la perceuse !

- Après avoir reçu l'Arrêt de la Cour d'Appel de Versailles concernant le même dossier, j'ai formé un recours en Cassation. La Cour de Cassation a accusé réception de mon pourvois et l'affaire est en cours d'instruction. Puis, comme je l'ai déjà développé, j'avais déjà saisi le Tribunal d'Instance de Paris 9ème Arrondissement. Conformément aux indications des Huissiers de Justice, j'ai formé un recours auprès de la Cour de Cassation concernant le Jugement qui a été rendu par le Tribunal d'Instance de Paris 9ème Arrondissement. La Cour de Cassation a accusé réception de mon recours ; je suis en attente de sa décision.

Cependant, malgré toutes ces procédures en cours conformément à la Loi, les mêmes Huissiers mandatés par mes adversaires ont déjà planifié d'attaquer à nouveau mon logement à la perceuse !

(Justificatifs : dossier ci-joint, pages 142 - 149)

Observations : il n'y a plus de doute possible :

En 2014, les couteaux de l'administration publique, les couteaux de la Justice, l'acharnement diffamatoire d'avocats et les perceuses d'Huissiers ont remplacé la machette de 1994 au Rwanda.

Veuillez agréer, Madame, Monsieur Le Président, l'expression de ma considération distinguée.

SEBUNUMA Déogratias

En provenance de :

Mme Monsieur le Président
Tribunal Administratif
7 rue de Jouy
75181 PARIS CEDEX 04

LA POSTE

RECOMMANDÉ :
AVIS DE RÉCEPTION

Numéro de l'AR : AR 1A 103 573 8441 8

Renvoyer à FRAB

SEBUNUMA Deogratias

18 rue Adolphe Chérioux
92130 Issy-les-Moulineaux

Présenté / Avisé le :
Distribué le :

TRIBUNAL ADMINISTRATIF DE PARIS

Je soussigné déclare être
☐ Le destinataire
☐ Le mandataire

25 NOV. 2014

Signature
(avec Nom et Prénom si mandataire)

☐ CNI / Permis de conduire
☐ Autre : ...............

Signature Facteur

*Pièces à conviction*

## 1. Responsabilités communes : Sociétés privées et administration publique

# BON DE COMMANDE
# OU
# DEMANDE DE LOCATION

Le 04/10/2006
Versement de
342,74 €
Chèque n° 5694023 (CCP)

**CONDITIONS GÉNÉRALES DE**
**COMMERCIALISATION DES VÉHICULES NEUFS**

## 1 - GÉNÉRALITÉS

a - Le présent document constitue :

- soit un contrat de vente, si le client déclare qu'il se porte acquéreur du véhicule,
- soit un contrat de mandat qui autorise le distributeur à effectuer les démarches préalables à la livraison du véhicule demandé, si le client choisit la location avec option d'achat ou le crédit-bail.

Les conditions générales régissent la fourniture, au client, des véhicules particuliers neufs. Toute modification à ces conditions ne sera valable que si elle a été acceptée dans un écrit signé par les deux parties.

b - Les distributeurs du Réseau et leurs agents ci-après désignés "le vendeur", ne sont pas les mandataires du constructeur ou de l'importateur.
Ils sont seuls responsables envers leurs clients de tout engagement pris par eux.
En conséquence, la responsabilité du Groupe VOLKSWAGEN France s.a. ne pourra en aucun cas être engagée en cas d'inexécution par eux des conventions qu'ils auront conclues.

c - Des modifications nées de l'évolution technique pourront être apportées par le constructeur aux caractéristiques du véhicule décrites dans la fiche technique correspondante, sans qu'il puisse en résulter pour l'acheteur, une augmentation de prix ou une altération de la qualité.
L'acheteur a la faculté de mentionner aux conditions particulières ci-après de la présente commande, les caractéristiques auxquelles il subordonne son engagement.

d - Pour toutes les contestations survenant à l'occasion du présent contrat de vente, de son exécution ou de ses suites :

- si l'acheteur a contracté en qualité de commerçant, les tribunaux du siège social du vendeur seront seuls compétents,
- si l'acheteur est un particulier, le choix du tribunal compétent aura lieu conformément à la loi.

e - En cas d'achat à crédit ou de location avec option d'achat entrant dans le champ d'application des dispositions du Code de la Consommation sur le crédit, la validité du présent bon de commande est subordonnée à la conclusion définitive du contrat de crédit ou de location. La vente à crédit ou la location avec option d'achat seront résolues de plein droit et sans indemnité en cas de refus d'agrément du prêteur ou du bailleur, ou de rétractation de l'emprunteur ou du locataire dans les délais légaux.

La commande devient définitive si, avant l'expiration du délai de 7 jours, l'acquéreur paie comptant.

- En cas, soit d'achat à crédit, soit de location avec option d'achat n'entrant pas dans le champ d'application des dispositions du Code de la Consommation, ou de crédit-bail, le contrat s'applique dès l'acceptation de la commande.

## 2 - COMMANDES

a - Toute commande, pour être valable, doit être acceptée par écrit, et être revêtue du cachet et de la signature du vendeur.

b - Le bénéfice de la commande est personnel à l'acheteur, elle est par conséquent, incessible.

c - Les commandes engagent leurs signataires. Elles ne prennent en revanche date pour la livraison et la garantie de prix, qu'après versement au vendeur, d'un acompte, au moins égal à 10 % du prix, taxes comprises (sauf conditions particulières de crédit).
Cet acompte est productif d'un intérêt calculé au taux légal, à compter du 91ème jour suivant le versement, et jusqu'à la date de livraison du véhicule, ou, en cas de résiliation de la commande, dans les conditions énoncées à l'Article 9 ci-après.
En cas de location avec option d'achat, cet acompte est remplacé par le versement, après acceptation par le locataire de l'offre préalable, du premier terme.

## 3 - PRIX ET GARANTIE DE PRIX

a - Le prix total T.T.C. indiqué dans les conditions particulières du présent bon de commande ou demande de location, s'entend pour un véhicule dans son état standard, prêt à être utilisé ; il comprend tous les frais de transport et préparation et de taxes qui sont inclus dans le prix du véhicule hors options.
Il comprend aussi les frais facultatifs correspondant à des prestations particulières expressément demandées par le client et mentionnées aux conditions particulières tels que frais de carte grise et de vignette.
Il comprend également les options commandées expressément par l'acheteur.

b - Les prix applicables lors de la livraison sont ceux du tarif en vigueur au jour de la commande, lorsque la livraison a lieu dans le délai de livraison prévu aux conditions particulières sous réserve des dispositions de l'article 3 d.

**AXONE AUTOMOBILES**
*Concessionnaire VOLKSWAGEN*
176-180, Avenue d'Italie - 75013 PARIS
Tél. : 01 45 88 45 00 - Fax : 01 45 88 83 99
SIRET : 444 376 735 00023 - APE : 501Z

Cachet Distributeur

**BON DE COMMANDE**
**OU**
**DEMANDE DE LOCATION**
**N° 1527907**

N° commande interne :

**CONDITIONS PARTICULIÈRES**
RÉGLEMENT DU SOLDE
A LA LIVRAISON
PAR CHÈQUE DE BANQUE CERTIFIÉ

**Ce bon de commande est établi en EUROS**

**CLIENT**

M. Mme Mlle Sté : SEBUNUNA DEOGRATIAS.
N° et Rue : 18 rue Adolph Chérioux Code Postal : 92130
Commune : Issy les Moulineaux Tél. domicile :
Profession : Éducateur Tél. bureau :
Portable : 06-33-30-06-36 E-mail :

CACHET ÉTABLISSEMENT VENDEUR

**AXONE AUTOMOBILES**
*Concessionnaire VOLKSWAGEN*
176-180, Avenue d'Italie - 75013 PARIS
Tél. : 01 45 88 45 00 - Fax : 01 45 88 83 9.
SIRET : 444 376 735 00023 - APE : 501Z

**SPÉCIFICATIONS DU VÉHICULE COMMANDÉ DE LA MARQUE VOLKSWAGEN**

Modèle : Polo Cup 1.2 65 Moteur : Essence ☒ Diesel ☐
Code modèle : 9N3… Version/Variante : 3p
Couleur extérieure : … Garniture : …
Options : Code : 85D Désignation : RACK EXTÉRIEUR ☐ H.T. ☒ T.T.C. 22,00
Code : Désignation : ☐ H.T. ☐ T.T.C. ,
Code : Désignation : ☐ H.T. ☐ T.T.C. ,
Code : Désignation : ☐ H.T. ☐ T.T.C. ,
Code : Désignation : ☐ H.T. ☐ T.T.C. ,
Code : Désignation : ☐ H.T. ☐ T.T.C. ,
Code : Désignation : ☐ H.T. ☐ T.T.C. ,
Code : Désignation : ☐ H.T. ☐ T.T.C. ,
Code : Désignation : ☐ H.T. ☐ T.T.C. ,
Accessoires :
☐ Version/Variante figurant au dernier catalogue du constructeur.
☐ Version/Variante ne correspondant pas à celle figurant au catalogue constructeur.
Références du catalogue constructeur concerné ou caractéristiques et équipements essentiels :

**TARIF, ACCESSOIRES ET OPTIONS**

Prix hors options ☐ H.T. ☒ T.T.C. 11850,00
Cocher H.T. ou T.T.C.
PTI 281.
Total options - ☐ H.T. ☒ T.T.C. 12153,00
-353
Prix TOTAL du modèle
H.T. : T.T.C. : 11800.

**PRESTATIONS PARTICULIÈRES T.T.C. :**
Carte grise … : 655,00
**PRIX TOTAL T.T.C. :** 12455,00
Ce prix est garanti dans les conditions prévues à l'article 3 des conditions générales
T.V.A. (au taux de 19,6 %)

Contrat Garantie ☐ (sur Bon de commande séparé)

**Délai de livraison**
Date extrême de livraison : 24/10/06
Date à partir de laquelle l'acheteur accepte de prendre livraison : 17/10/06

**VÉHICULE DE REPRISE** - Constituant paiement partiel en nature si le véhicule est acheté ou achat séparé si le véhicule employé.
Marque : Type : Modèle : Version/Variante :
Année-Modèle : Mois et année de 1re mise en circulation : Km :
(État descriptif annexé) Valeur de reprise TTC à ce jour : (Article 8 des conditions générales)

**LE VÉHICULE EST ACHETÉ PAR LE CLIENT**

☐ Au comptant
☒ A crédit (offre préalable signée le : )
auprès de :
Acompte versé :

Date Signature

**LE VÉHICULE FERA L'OBJET**

☐ D'une location avec option d'achat
(Offre préalable signée le : )
☐ D'un crédit-bail
(Dossier signé le : )
☐ Location Longue Durée
Auprès de :
Somme déposée à l'appui de la demande :

**OBSERVATIONS**

**La présente commande ou demande de location est passée et acceptée aux conditions générales et particulières convenues dans le présent document, dont le client déclare avoir pris connaissance et qu'il s'engage à respecter dans l'avenir.**

Fait en trois exemplaires
à : Paris
le : 20/9/06

L'Établissement Vendeur
Écrire "Lu et approuvé" et signer.
Lu et approuvé

NOM DU VENDEUR : GUERIPEAU

Le Client
Écrire "Lu et approuvé" et signer.
Lu et approuvé

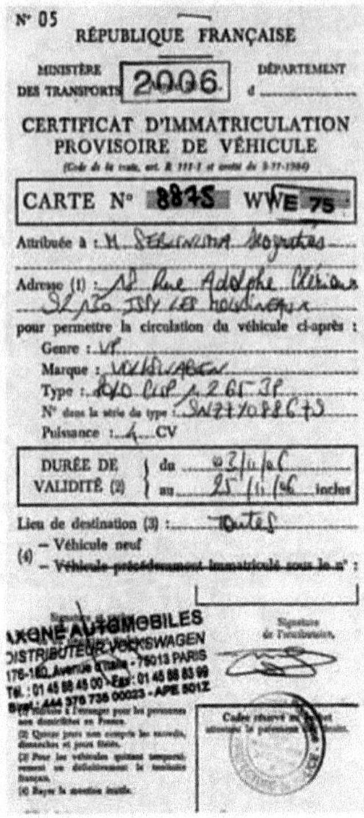

N° 05

RÉPUBLIQUE FRANÇAISE

MINISTÈRE DES TRANSPORTS **2006** DÉPARTEMENT d

CERTIFICAT D'IMMATRICULATION PROVISOIRE DE VÉHICULE

(Code de la route, art. R 111-1 et arrêté du 5-11-1984)

CARTE N° 8875 WWE 75

Attribuée à : M. SEBUNNUNA Mogratas

Adresse (1) : 12 Rue Adolphe Chérioux 92130 ISSY LES MOULINEAUX

pour permettre la circulation du véhicule ci-après :

Genre : VP

Marque : VOLKSWAGEN

Type : POLO CLUP 2 65 3P

N° dans la série du type : SN77Y088C75

Puissance : 4 CV

| | | |
|---|---|---|
| DURÉE DE VALIDITÉ (2) | du | 03/11/06 |
| | au | 25/11/06 inclus |

Lieu de destination (3) : Toutes

(4) – Véhicule neuf

– ~~Véhicule précédemment immatriculé sous le n° :~~

Signature du vendeur

AXONE AUTOMOBILES
DISTRIBUTEUR VOLKSWAGEN
176-180, Avenue d'Italie - 75013 PARIS
Tél. : 01 45 88 45 00 - Fax : 01 45 88 83 99
Siret : 444 370 735 00023 - APE 501Z

Signature de l'acquéreur.

(1) Mention à l'étranger pour les personnes non domiciliées en France.

(2) Quinze jours non compris les samedis, dimanches et jours fériés.

(3) Pour les véhicules quittant temporairement ou définitivement le territoire français.

(4) Rayer la mention inutile.

Cadre réservé au cachet attestant le paiement de la taxe.

saga Service plus

# CARTE FRANCHISE FIDÉLITÉ PRIVILÈGE
## «Option A»

**Volet A** — **Prise en charge du véhicule gravé.** Ce volet est à renvoyer à Saga aussitôt le véhicule gravé à son entrée en concession.

RAISON SOCIALE DE LA CONCESSION AXONE AUTOMOBILES — N° CLIENT

DISTRIBUTEUR VOLKSWAGEN

MARQUE DU VEHICULE — RESEAU

N° DE SERIE DU VEHICULE — MODELE DU VEHICULE

DATE — NOM DU SIGNATAIRE — SIGNATURE

**Volet B** — Demande d'attestation d'inscription au fichier des véhicules gravés (voir au verso) A remplir à l'immatriculation définitive.

**PROPRIETAIRE (locataire en cas de L.O.A. ou crédit bail)**

nom — nom de jeune fille — prénom — adresse — code postal — ville — téléphone — profession — n° de permis de conduire — date de naissance — lieu de naissance et son code postal

**VÉHICULE (joindre obligatoirement photocopie de la carte grise)**

Renseignements carte grise

date de carte grise — n° d'immatriculation — date et numéro d'immatriculation précédente — marque — type — série — genre — carrosserie (dénomination commerciale du véhicule)

**COMPAGNIE D'ASSURANCE (joindre si possible la photocopie de la carte verte)**

raison sociale — n° de police

**Prise d'effet** = Date de la signature du présent Volet B

**EUROP ASSISTANCE FRANCE**
☎ 01 41 85 81 29
Assistance aux personnes et remorquage du véhicule

Attestation de gravage destinée à votre assureur

Saga, société de gravage agréée par le S.R.A. atteste que le :
Véhicule de marque : VOLKSWAGEN
Immatriculé 919FAL92 série WVWZZZ9NZ7Y088679
dont le propriétaire est SEBUNUMA DEOGRATIAS
est gravé selon les normes S.R.A.
et est inscrit au fichier des véhicules gravés jusqu'au 30 Novembre 2012

Carte d'adhésion N° 000566518
Nom du propriétaire SEBUNUMA DEOGRATIAS
Marque du véhicule VOLKSWAGEN
Immatriculation 919FAL92
Fin du numéro de série Y088679
Date d'expiration
au Fichier des véhicules gravés : 30 Novembre 2012

Saga

Cette carte est la preuve de votre inscription au fichier des véhicules gravés, pour le seul véhicule enregistré sous son N° actuel
Tél. 02 40 35 63 34

Ce Certificat est aussi Frauduleux !
(Cf. Courrier de la Police Judiciaire du 05/02/2014)

République Française (F) **Certificat d'immatriculation**

PREFECTURE DES HAUTS DE SEINE
92/002/TERM35/OPLB/

N° immatriculation — Date du certificat — Date de 1re immatriculation

(A) 919 FAL 92 (I) 09/11/2006 (B) 09/11/2006

(C.1) COFICA BAIL

(C.4a) EST LE PROPRIETAIRE DU VEHICULE
(C.4.1) 1
(C.3) M. SEBUNUMA DEOGRATIAS
D. A.
18 RUE ADOLPHE CHERIOUX
040 92130 ISSY LES MOULINEAUX

---

(D.1) VOLKSWAGEN (D.2.1) MVW10A2CTX68
(D.2) 9N ABSBMEX01 FM5FM52T0901N1KOGG
(D.3) POLO CUP 1.2 65 3.P (E) WVWZZZ9NZ7Y088679
(F.1) 1570 (F.2) 1570 (F.3) 2370
(G) 1151 (G.1) 1076
(J) M1 (J.1) VP (J.2) AB (J.3) CI
(K) e1*2001/116*0174*18
(P.1) 1198 (P.2) 47 (P.3) ES (P.6) 4
(Q) (S.1) 5 (S.2) (U.1) 76
(U.2) 4050 (V.7) 142 (V.9)

(Y.1) 185,00 (Y.2) (Y.3) 185,00

(I.1) (A.1) NEUF

(X.1) VISITE AVANT LE 09/11/2010
(SAUF REGT. SPEC.)

---

Le Sous-Préfet

---

**Certificat d'immatriculation** COUPON DÉTACHABLE
COFICA BAIL
VOLKSWAGEN
WVWZZZ9NZ7Y088679

919FAL 92 09/11/2006 **06UR 86203**

30 AV GENERAL LECLERC TSA 20002
92646 BOULOGNE BILLANCOURT

**TEL : 01 41 22 75 75**

SEM : 09H00-12H30 13H30-17H45

Le 07 novembre 2006

MR DEOGRATIAS SEBUNUMA
18 RUE ADOLPHE CHERIOUX
92130 ISSY LES MOULINEAUX

Cher Monsieur,

Vous avez récemment fait appel à nos services pour financer votre projet. Nous sommes heureux d'avoir pu y contribuer et nous vous remercions de votre confiance.

Vous trouverez ci-joint le rappel des modalités que vous avez choisies concernant le remboursement de votre financement.

Pour obtenir toute information sur votre dossier ou nous signaler toute modification survenue dans votre situation personnelle, n'hésitez pas à contacter notre Service Client.

Mon équipe et moi-même restons à votre disposition pour tout renseignement complémentaire.

Le Directeur de votre Agence

**SI VOUS SOUHAITEZ** . **CONTACTEZ VOTRE SERVICE CLIENT**

- **changer d'adresse,**
- **demander des modifications,**
- **reporter des mensualités,**

30 AV GAL LECLERC TSA10001
92646 BOULOGNE BILLANCOURT CEDEX
**TEL : 01 41 22 75 85**
SEM : 09H00-12H30 13H30-17H45

S.A. au capital de 340 341 001 € - 542 097 902 RCS Paris. Siège Social : 5, avenue Kléber 75116 Paris. www.cetelem.fr
Bailleur : Cofica Bail, S.A. au capital de 12 800 000 € - 399 181 924 RCS Paris. Siège Social : 5, avenue Kléber 75116 Paris.

LES MODALITÉS DE VOTRE FINANCEMENT

N° de dossier : 88[illegible]8 978 060 5751

| | |
|---|---|
| Dépôt de Garantie : | 0,00 € |
| Durée de remboursement : 48 mois | |
| Option d'achat finale TTC : avant déduction du dépôt de garantie | 123,64 € |
| Nombre de loyers : 48 | |
| Premier loyer au 07/11/2006 de : | 297,05 € |
| En date du 05/12/2006, 47 loyers de | 343,44 € |

Prélèvement sur votre compte n° : 20041 01012 SCE45821X81 ouvert auprès de LA SOURCE.

Assurance souscrite :
- Protexxio Active Locataire
- sans assurance Colocataire

Prestations complémentaires souscrites :
- Protexxio Lease
- Protexxio Assistance
- Protexxio Neuf 2 ans

Payé début janvier 07

Si une assurance et/ou des prestations complémentaires ont été souscrites, elles sont incluses dans les loyers

Reçu le 27/02/2007

**Cofica Bail** - S.A. au capital de 12 800 000 Euros
399 181 924 RCS Paris - Siège Social : 5, avenue Kleber, 75116 Paris

**EXEMPLAIRE**
Vendeur

**Offre préalable de location avec promesse de vente**

Le 03 / 10 / 2006.Elle est valable 30 jours, soit jusqu'au 02 / 11 / 2006.
La bailleur se réserve toutefois le droit d'accorder ou de refuser la location dans un délai de 7 jours à compter de votre acceptation (cf § 1-3 a des Conditions Générales).

**La présente offre de location est faite à :**

| **Locataire** | **Colocataire Solidaire** |
|---|---|
| MR SEBUNUMA DEOGRATIAS | |
| Né(e) | Né(e) |
| le 01 / 06 / 1969 à RWANDA 099 | le à |
| 18 RUE ADOLPHE CHERIOUX | |
| Code postal/ville : 92130 ISSY LES MOULINEAUX | Code postal/ville : |

Indication du vendeur : 7006411615 AXONE AUTOMOBILES
**Elle est destinée à louer :** Marque VOLKSWAGEN, Modèle POLO,Type POLO 1.2 65 CUP
Date de 1ère mise en circulation NEUF, N° de série , Puissance 0004
N° d'autorisation : ********
**Elle est faite aux conditions suivantes :** le dépôt de garantie ainsi que le coût de la location peuvent être indiqués en euros ou en pourcentage du prix d'achat TTC du matériel loué. Code barème : 437 (Périodicité mensuelle des loyers)
Durée : 048 mois, Prix au comptant TTC* : 12435,00 Euros, Dépôt de garantie ** 0,00
1er loyer financier TTC : 297,06, le 1er loyer est suivi de loyers financiers sans assurance :
Nombre : 47 loyers de 297,06
Total des loyers suivants (TTC) 13961,82, Option d'achat TTC au terme de la location**** : 125,00
Coût total TTC sans assurance*** : 14383,88
Assurance facultative Locataire***** : Sans Assurance facultative Colocataire***** :
Coût de l'assurance facultative : 805,11 Euros, Coût total TTC avec assurance*** : 15188,99 Euros
Coût total de l'assurance Protexxio Lease (incluse)* : ,00
Protexxio Assistance* (majoration mensuelle en cas d'adhésion) : 8,30

* Prix approximatif si le prix de vente exact du matériel loué n'est pas connu au moment de l'établissement de l'offre. Toute différence de prix due soit à une clause d'indexation prévue à la commande, soit à une diminution ou une augmentation des prestations ou des fournitures demandées par le locataire, entraînera automatiquement la révision correspondante du coût de la location.
** Le dépôt de garantie éventuel sera restitué au terme de la location ou imputé sur le prix de vente en cas d'achat ou d'interruption de la location. Il ne porte pas intérêt.
*** Si le bien est acheté en fin de location.
**** Dans le cas d'adhésion aux prestations facultatives, indiquées ci-dessus, le montant de chaque loyer est majoré du prorata mensuel des prestations souscrites par le locataire. Le montant de ces prestations est prélevé chaque mois, même en cas de franchise du loyer financier.
**Modalités de paiement des loyers :** Prélèvements d'office sur compte bancaire ou postal au nom du titulaire, selon la domiciliation bancaire indiquée ou par chèque bancaire.
**NOTA :** - L'utilisation de lettres de change ou de billets à ordre est interdite (Article L 313-13 du C. de la Consommation).
- Pour comparer le coût de la présente offre avec d'autres, il est nécessaire que ces dernières soient identiques : même durée, même périodicité, mêmes montants de loyers, même prix de vente final et éventuellement même premier loyer et/ ou dépôt de garantie

**Acceptation de l'offre préalable**

| | |
|---|---|
| **Je soussigné(e)** SEBUNUMA Deogratias<br>(Nom, Prénom Locataire)<br><br>déclare accepter la présente offre préalable | **Je soussigné(e)** ____________________<br>(Nom, Prénom Coemprunteur)<br><br>déclare accepter la présente offre préalable |

Après avoir pris connaissance de toutes les conditions, à savoir les Conditions particulières figurant ci-dessus et les Conditions générales ci-jointes, lesquelles font partie intégrante du présent contrat. Je déclare adhérer à ces conditions sauf si ma location est régi par l'article III figurant aux Conditions générales, auquel cas, je déclare adhérer aux seules conditions stipulées dans cet article. En outre, je déclare avoir pris connaissance et accepter les conditions précisées dans l'annexe jointe si le matériel loué est un bateau. Si je souhaite souscrire à d'autres contrats, par exemple assurances, présentés à l'occasion de cette offre, je dois donner des signatures distinctes. Je reconnais rester en possession d'un exemplaire de cette offre doté d'un formulaire détachable de rétractation et des éventuelles annexes. Les informations me concernant sont soumises au secret professionnel. Toutefois, j'autorise expressément le bailleur à communiquer toutes informations me concernant aux personnes et dans les conditions visées à l'article "Collecte et Communication des informations" des Conditions générales.

| | |
|---|---|
| **DATE:** 04/10/2006<br>**SIGNATURE DU LOCATAIRE:**<br>[signature] | **DATE:** ____________<br>**SIGNATURE DU COLOCATAIRE:** |

Version 01/05

Reçu le 27/02/2007

**Cofica Bail** - S.A. au capital de 12 800 000 Euros
399 181 924 RCS Paris - Siège Social : 5, avenue Kléber, 75116 Paris

**EXEMPLAIRE**
Vendeur

**Adhésion éventuelle aux assurances et assistance facultatives**
**de l'offre préalable de location avec promesse de vente**
**faite le 03 / 10 / 2006, à :**

**Locataire**
MR SEBUNUMA DEOGRATIAS
Né(e)
le 01 / 06 / 1969 à RWANDA 099
18 RUE ADOLPHE CHERIOUX
Code postal/ville : 92130 ISSY LES MOULINEAUX

**Colocataire Solidaire**
Né(e)
le à
Code postal/ville :

**- Demande d'adhésion à l'assurance facultative Protexxio Active proposée au locataire et/ou au colocataire.**
(police CARDIF-Assurances Risques Divers n°927/178)
Pour pouvoir bénéficier des garanties Décès, Invalidité Permanente et Totale et Maladie-Accident, je déclare être âgé(e) de moins de 75 ans, ne pas être atteint d'affection nécessitant une surveillance ou un traitement médical régulier, ne pas être actuellement en arrêt de travail, ne pas avoir subi plus de 30 jours consécutifs ou non d'arrêt de travail pour maladie ou accident dans les 12 mois précédents. En outre, pour la garantie Perte d'Emploi suite à Licenciement, je déclare ne pas être âgé(e) de plus de 55 ans, exercer une activité professionnelle salariée et ne pas faire actuellement l'objet d'une procédure de licenciement. **Je suis informé(e) que conformément au Code des assurances, toute réticence ou fausse déclaration intentionnelle entraînera la nullité de l'adhésion à l'assurance.** L'assureur se réserve la faculté d'agréer l'adhésion du locataire et/ou du colocataire qu'il informera de sa décision. Pour adhérer ou non à l'assurance facultative, vous devez cocher la case prévue à cet effet ci-dessous, et compléter et signer, le cas échéant, l'adhésion à l'assurance.
**- Demande d'adhésion aux prestations facultatives proposées au seul locataire et réservées aux véhicules de moins de 3,5T**
(sauf véhicules sans permis et mobil-homes).
**Protexxio Lease**, (police CARDIF-Assurances Risques Divers n° 927/178).
**Protexxio Assistance**, (police AXA Assistance France n° 5000120°03).

**Je soussigné(e)** SEBUNUMA Deogratias
(Nom, Prénom du Locataire)

[_]**Protexxio Active**
[_]**Protexxio Lease**

[_]**Protexxio Assitance**

**Je soussigné(e)** ____________________
(Nom, Prénom du colocataire)

[_]**Protexxio Active**

déclare adhérer aux assurances et assistance rappelées ci-dessus et reconnais avoir reçu et rester en possession des notices fournissant les extraits significatifs de leurs conditions générales (durée, définitions des risques couverts et des risques exclus).

**DATE:** 04/10/2006
**SIGNATURE DU LOCATAIRE:**

**DATE:** ____________________
**SIGNATURE DU COLOCATAIRE:**

Version 01/05

AR le 01/03/2007

SEBUNUMA Dégratias
18 rue Adolphe Chérioux
92130 ISSY-LES-MOULINEAUX

Issy-les-Moulineaux, le 27 février 07

**Lettre recommandée avec AR**

COFICA Bail
5, avenue Kléber
75116 PARIS

Objet : Résiliation de contrat de location auto
*(Lettre complète après la correction de fautes d'orthographe)*

J'ai l'honneur de vous écrire pour résilier le contrat de location d'une automobile que j'ai conclu avec vous, ayant été présenté comme étant un contrat de crédit financier normal par AXONE AUTOMOBILES dont le siège est situé au 176 – 180, Avenue d'Italie 75013 PARIS.

En effet, lors de mes entretiens avec le conseiller commercial et avec le conseiller financier de AXONE AUTOMOBILE, ils ont accepté de m'aider à trouver un crédit financier pour acheter une voiture de marque Volkswagen. Et lors de la signature du contrat de crédit pour financer la voiture qui est en ma possession, le conseiller financier ne m'a jamais expliqué qu'il s'agissait d'une « location avec option d'achat » : j'ai donc signé ce contrat en pensant qu'il s'agissait d'un crédit financier remboursable normal pour acheter ma propre voiture.

C'est lorsque j'ai souhaité faire un changement de mensualités, auprès de CETELEM qui représente votre société, que j'ai appris la vraie nature du contrat de crédit automobile qui m'a été fait signer par AXONE AUTOMOBILE.

A noter que depuis la signature du contrat de crédit auprès de AXONE AUTOMOBILE, je n'avais pas reçu l'exemplaire du dossier de ce contrat jusqu'à la date d'aujourd'hui : après la signature de tous les exemplaires du contrat, le conseiller financier m'a informé que tous les dossiers devaient être envoyés à la société créancière et m'a promis de me remettre un exemplaire après acceptation de mon dossier. Mais, ce n'est qu'aujourd'hui, lorsque je me suis rendu chez AXONE AUTOMOBILE pour demander des explications, qu'on ma remis la photocopie du contrat de « location avec option d'achat » auprès de COFICA Bail.

Ainsi, après avoir pris connaissance enfin des conditions exactes du contrat de « location avec option d'achat » de votre société, je désirerais vous informer que j'ai décidé de résilier ce contrat qui a été signé dans des conditions particulières.

Dès la réception de ce courrier, votre voiture immatriculée 919 FAL 92 pourra vous être restituée à tout moment. Je vous prie de m'informer sur les modalités concernant la remise de ce véhicule dans les meilleurs délais.

Veuillez agréer l'expression de ma considération distinguée.

SEBUNUMA Déogratias

- Copie à : AXONE AUTOMOBILE, 176 – 180, Avenue d'Italie 75013 PARIS

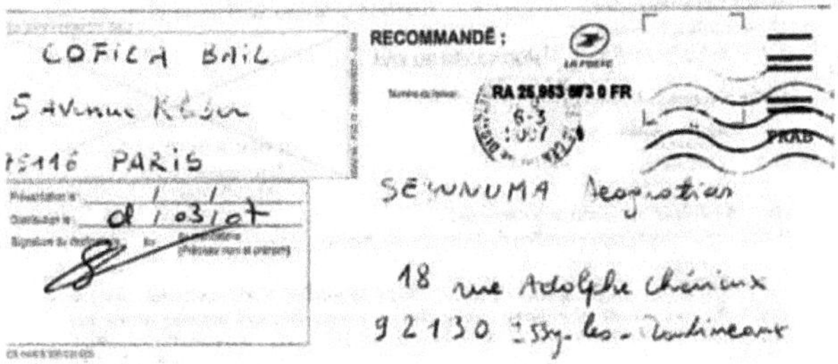

COFICA BAIL
5 Avenue Kléber
75116 PARIS
Présentation le : / /
Distribution le : 01/03/07
Signature du destinataire (Précisez nom et prénom)

RECOMMANDÉ :
LA POSTE
RA 25 963 673 0 FR
FRAB

SEWNUMA Deogratias
18 rue Adolphe Chérioux
92130 Issy-les-Moulineaux

AXONE AUTOMOBILE
176-180 Avenue d'Italie
75013 PARIS
Présentation le : / /
Distribution le : / /
Signature du destinataire (Précisez nom et prénom)

RECOMMANDÉ :
LA POSTE
RA 25 963 674 3 FR
FRANCE
FRAB

SEWNUMA Deogratias
18 rue Adolphe Chérioux
92130 Issy-les-Moulineaux

COFICA Bail

Direction du Recouvrement

Le 12 avril 2007

==> Centre de Paiement :
TSA 40441
44104 NANTES CEDEX 04

==> Votre contact :
TEL : 02 28 44 10 76

MR SEBUNUMA DEOGRATIAS
18 RUE ADOLPHE CHERIOUX
92130 ISSY LES MOULINEAUX

Votre numéro de dossier :
(à reporter sur tout règlement)
8808 978 060 5751

Monsieur,

Je vous confirme le plan de régularisation de votre retard que nous avons établi ensemble. Afin que celui-ci se déroule dans de bonnes conditions, je vous rappelle votre engagement.

Nous effectuerons un prélèvement sur votre compte le 16 04 07 pour un montant de 150,00 EUR.

Je vous remercie de vous assurer du bon paiement de ce prélèvement. Dans le cas contraire, je serai dans l'obligation d'annuler immédiatement les facilités exceptionnelles que je vous ai accordées.

Je compte sur vous pour respecter cet accord et je reste à votre disposition pour toute information complémentaire.

Directeur du Recouvrement

888-955802

NK le 17/04/2007

SEBUNUMA Dégrataias
18 rue Adolphe Chérioux
92130 ISSY-LES-MOULINEAUX

Issy-les-Moulineaux, le 14 avril 2007

**Lettre recommandée avec AR**

COFICA Bail
Direction du Recouvrement
TSA 40441
44104 NANTES CEDEX 04

Objet : Votre courrier du 12 avril 2007

J'ai l'honneur de vous écrire pour dénoncer les méthodes frauduleuses que vous essayez d'utiliser pour **me harceler**.

Depuis ma lettre recommandée du 10 avril 07 (AR le 12 / 04 / 07) dans laquelle je faisais suite à votre courrier du 3 avril 2007, je n'ai plus eu contact avec vous : ni par courrier, ni par téléphone.

Le jeudi 12 avril 07 en fin de matinée, quelqu'un qui se présentait comme « le Directeur » de votre service a laissé un message sur le répondeur de mon téléphone portable et il me demandait de le rappeler dans la journée. **Je n'ai jamais contacté ce correspondant**, ni personne d'autre de votre société.

Je ne sais donc pas quel est le « plan de régularisation » dont vous me parlez dans votre présent courrier, plan que nous aurions « établi ensemble » selon votre lettre !

Ainsi, je dénonce officiellement vos méthodes frauduleuses et vous informe que désormais, une fois que j'aurai consulté le conseil juridique de l'association **UFC Que Choisir**, le litige commercial qui existe entre Axone Automobile et moi concernant votre crédit bail sera confié à la Justice.

Veuillez agréer l'expression de ma considération distinguée.

SEBUNUMA Déogratias

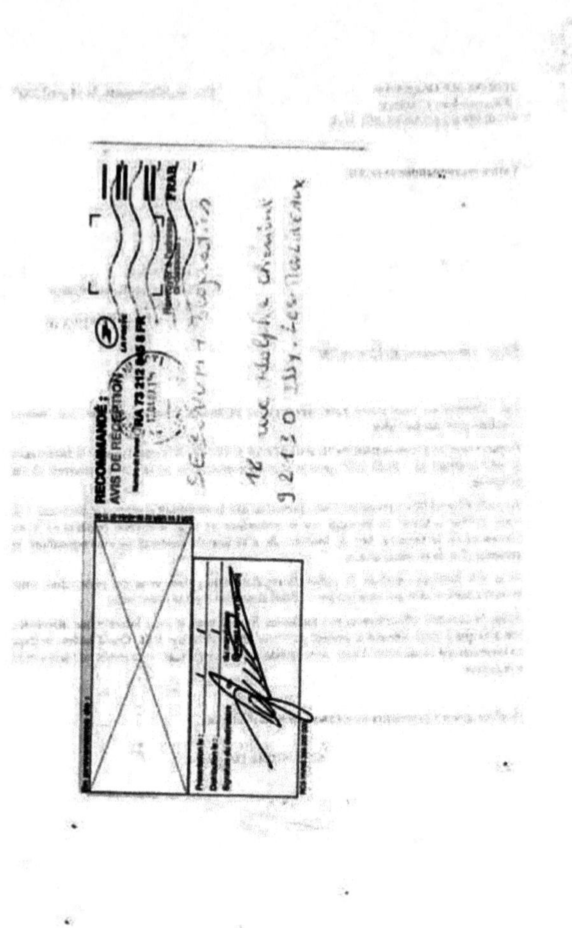
RECOMMANDÉ :
AVIS DE RÉCEPTION

Cetelem

CETELEM
TSA 40441
44104 Nantes Cedex 4
02.28.44.10.21

le 17 avril 2007

Mr SEBUNUMA Deogratias
18b rue Adolphe Chérioux
92130 ISSY LES MOULINEAUX

Votre dossier : 8808978060575l

Monsieur

J'accuse réception de votre courrier du 14 avril 2007, qui a retenu toute mon attention.

Je m'étonne des propos que vous tenez dans ce présent courrier. En effet, vous regrettez ne pas avoir de réponse de notre part consécutive à l'envoi d'un recommandé du 10 avril 2007. Or le 12 avril (date de réception), j'ai personnellement cherché à rentrer en contact avec vous (fait que vous confirmez dans votre recommandé du 14 avril 2007); message auquel vous n'avez pas donné suite ?

L'objet de cet appel était de m'entretenir avec vous au sujet de la demande que vous émettiez dans votre courrier du 10 avril : à savoir obtenir un délai pour vous permettre de reprendre contact avec la société AXONE.

En attendant un contact de votre part et pour éviter une aggravation de votre retard, nous avons déclenché un prélèvement de 150 euros pour le 17 avril 2007 auprès de votre banque. D'où notre lettre intitulée « plan de régularisation ».

Je vous invite donc à me téléphoner le plus vite possible afin que nous trouvions un accord amiable. Par ailleurs, je vous rappelle que la signature sur le contrat LOA est authentique et par voie de conséquence, engage votre responsabilité en cas de non paiement des loyers contractuellement prévus.

Je vous prie de croire, Madame, Monsieur, à l'assurance de ma haute considération.

Cyril RICHARD
Directeur d'Agence

20, avenue Georges Pompidou - 92595 Levallois-Perret Cedex - Tél. : 01 46 39 99 39 - www.cetelem.com
Siège social : 5, avenue Kléber 75116 Paris - Société anonyme au capital de 340 341 001 € - 542 097 902 RCS Paris

SEBUNUMA Déogratias
18 rue Adolphe Chérioux
92130 ISSY-LES-MOULINEAUX

Issy-les-Moulineaux, le 12 novembre 2013

**Courrier recommandé avec Avis de Réception**

*Copie à :*

- Monsieur le Premier Ministre
(courrier AR)
- Tout public

Madame, Monsieur Le Procureur Général
Cour d'Appel de Versailles
5 rue Carnot
78000 VERSAILLES

Objet : **Remise à l'État du véhicule immatriculé «919FAL92 » /**
Suite à mon courrier-plainte du 06 juillet 2013.

Madame, Monsieur,

Suite à mon courrier-plainte du 06 juillet 2013 dans lequel je demandais à l'État Français de saisir le véhicule dont l'immatriculation est citée en référence,

J'ai l'honneur de vous transmettre les clés et les documents administratifs du même véhicule afin que vos services puissent en prendre possession.

Ainsi, je vous transmets, dans le présent courrier :

1. Les deux clés du véhicule immatriculé « 919FAL92 » ;
2. Le code de sécurité qui permet de fabriquer de nouvelles clés du même véhicule ;
3. La carte radio du même véhicule ;
4. Le certificat d'immatriculation du même véhicule qui a été établi – dans des conditions litigieuses – par la Préfecture des Hauts-de-Seine.

***Précision*** : je conserve l'original du certificat provisoire d'immatriculation du même véhicule – certificat qui a été établi par la Préfecture de Police de Paris ; ce document constitue une « pièce à conviction » dans les différentes procédures judiciaires en cours.

***Informations complémentaires*** :

- Le véhicule immatriculé « 919FAL92 » affiche 3495 km au compteur ;
- Comme je ne possède pas un garage personnel, le même véhicule est garé à l'adresse suivante :

devant le **N° 47, avenue de la Paix 92130 ISSY-LES-MOULINEAUX** (en face du Collège de la Paix, à quelques mètres du camp militaire de la Gendarmerie Nationale).

Pour conclure, je me permets d'informer ceux qui me pourchassent depuis 2006 que ce n'est plus la peine de se cacher derrière le véhicule car, il n'est plus en ma possession. Pour cela, étant donné que c'est ma personne qui est visée, ceux qui me pourchassent peuvent utiliser la machette ! Cette arme a déjà fait ses preuves pendant le génocide au Rwanda en 1994.

D'ailleurs, les même malfaiteurs connaissent déjà le chemin et le mode opératoire : le 07 février 2013, dans la suite du jugement « arrangé » qui m'a été signifié par le Tribunal de Grande Instance de Nanterre – au sujet du véhicule en question -, mon logement a été visité en pleine journée et le commando a détruit la porte avant de partir !

Enfin, tout récemment et dans la continuité des actes de harcèlement dont je suis victime depuis plusieurs années, mon dossier professionnel auprès de l'*URSSAF* et du *Rsi* a été falsifié ! Qui d'autre, sinon les fonctionnaires de l'État, pourrait accéder à mes dossiers administratifs ?

Pour toutes ces raisons, je demande à mes bourreaux d'aller droit au but : ce n'est plus la peine de se cacher derrière le véhicule et les faux documents.

Veuillez agréer, Madame, Monsieur le Procureur Général, l'expression de ma considération distinguée.

SEBUNUMA Déogratias

*Autres pièces jointes :*

- Dossier des derniérs justificatifs adressés à la Justice dans le cadre de différentes plaintes avec constitution de Partie Civile – soit un dossier de 9 pages recto.

1/1

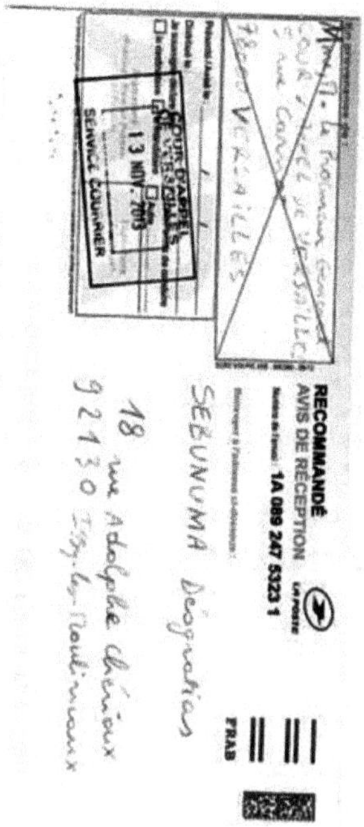
RECOMMANDÉ
AVIS DE RÉCEPTION
LA POSTE
1A 089 247 5323 1
SEBUNUMA Déogratias
18 rue Adolphe Chérioux
92130 Issy-les-Moulineaux
COUR D'APPEL DE VERSAILLES
13 NOV. 2013
SERVICE COURRIER
78000 VERSAILLES

**REPUBLIQUE FRANCAISE** — ISSY-LES-MOULINEAUX LE 05 février 2014

**MINISTERE DE L'INTERIEUR,
DE L'OUTRE-MER,
DES COLLECTIVITES TERRITORIALES
ET DE L'IMMIGRATION**

**PREFECTURE DE POLICE DE PARIS**

**DIRECTION DE LA SECURITE DE PROXIMITE
DE L'AGGLOMERATION PARISIENNE**

**DIRECTION TERRITORIALE DE LA SECURITE
DE PROXIMITE DES HAUTS DE SEINE**

**CIRCONSCRIPTION DE SECURITE DE
PROXIMITE D'ISSY-LES-MOULINEAUX**

**BRIGADE DES ACCIDENTS ET
DES DELITS ROUTIERS**

M. SEBUNUMA DEOGRATIAS
18 SANS rue Adolphe Chérioux
92130 ISSY-LES-MOULINEAUX

FR 14/30

**LRAR**

**OBJET : NOTIFICATION DE MISE EN FOURRIERE D'UN VEHICULE**

Référence : Article R. 325-32 du Code de la Route

Il apparait, après consultation du Système des Immatriculations des Véhicules (SIV) que vous êtes propriétaire du véhicule ci-après désigné :

Type : **Citadine** Marque : VOLKSWAGEN Modèle : POLO Immatriculé : **919 FAL 92**

Ce véhicule a fait l'objet d'une mise en fourrière le : 30/01/2014

Pour : **STATIONNEMENT ABUSIF DE PLUS DE SEPT JOURS SUR LA VOIE PUBLIQUE (ART. R. 417-12)**

**La véhicule était stationné à l'adresse suivante : 47 Avenue de la Paix 92130 Issy-les-Moulineaux
Parking Public**

L'Officier de Police Judiciaire du service qui a prescrit l'enlèvement de votre véhicule en a confié la garde à une entreprise agrée par le Préfet du Département, à savoir : **PARC AUTO DEPANNAGE, 8 Rue Couchot - 92100 BOULOGNE-BILLANCOURT**

Compte tenu du fait que le véhicule n'a pas été réclamé dans le délai de trois jours suivant la mise en fourrière, un expert a été requis en la personne de : **Dominique TRINQUET , expert en automobile. 60 rue de la Fontaine au Roi 75011 PARIS**

Je vous communique ses conclusions : **VEHICULE A RESTITUER APRES REPARATIONS**

***ne pouvant être restitué qu'après exécution de travaux reconnus indispensables ou après avoir satisfait aux obligations de Contrôle Technique :
-valeur marchande inférieure à 765euros**

En cas de désaccord sur l'état du véhicule ou sur cette décision de classement, vous avez la faculté de faire procéder à une contre-expertise faite par un expert choisi sur la liste établie par le Préfet du Département. Je vous précise cependant que les frais d'expertise et de contre-expertise seront à votre charge si les conclusions de la contre-expertise confirment celles de l'expertise initiale.

Étant seul compétent pour donner mainlevée de la mise en fourrière, je vous demande de m'adresser sans délai sous peine des sanctions prévues à l'article R.325-33 du Code de la Route, le certificat d'immatriculation du véhicule.

Je vous mets par ailleurs en demeure de retirer votre véhicule avant expiration d'un délai de 10 jours si votre véhicule est voué à la destruction ou 30 jours dans les autres cas, délai qui commencera à courir un jour franc après la date de la présente notification.

**Vous devez savoir qu'une absence de réponse dans le délai imparti vaudra abandon de votre véhicule qui sera alors, en fonction de sa valeur vénale, soit détruit (valeur inférieure au montant fixé par l'arrêté ministériel) , soit remis aux Domaines (valeur supérieure au montant fixé par l'arrêté ministériel).**

Les frais d'enlèvement et de garde du véhicule sont en tout état de cause à votre charge. Ils seront arrêtés, sur la base du taux fixé par arrêté ministériel, à la date de reprise du véhicule qui ne vous sera restitué qu'après règlement effectif. Peuvent s'y ajouter les frais d'expertise dans le cas ou ils vous incomberaient.

Enfin je vous rappelle qu'il vous est possible de contester auprès du Procureur de la République du lieu de l'infraction la décision de mise en fourrière ou auprès du Préfet dans les autres cas. Ce magistrat ou ce représentant de l'État confirmera la mesure ou en ordonnera la mainlevée dans le délai maximum de cinq jours.

Je vous prie d'agréer l'expression des mes salutations distinguées.

L' Officier de Police Judiciaire
PUJOL Cristelle
BRIGADIER DE POLICE

NB : les informations portées sur ce document font l'objet d'un traitement informatisé. Vous pouvez exercer votre droit d'accès aux données vous concernant par courrier ou sur place à l'adresse ci-dessus

Commissariat de Police 22 Avenue Victor Cresson 92130 Issy-les-Moulineaux Tel: 01 46 48 14 50 Fax : 01 46 48 14 14

## 2. Couteaux de la Justice (tribunaux)

N° dossier: 497284 A211 W3 13

**SIGNIFICATION D'ARRET**
**PARTIE CIVILE**

L'AN DEUX MILLE TREIZE ET LE **QUINZE** MARS

Nous, SCP DE FORCADE LA ROQUETTE Yves et CONTENTIN Gaëlle, Huissiers de Justice Associés près le Tribunal de Grande Instance de NANTERRE à la résidence de SEVRES, 5/7 RUE DE LA GARENNE, par l'un deux soussigné.

SIGNIFIE et laisse copie à :

MR SEBUNUMA DEOGRATIAS
18 RUE ADOLPHE CHERIOUX
92130 ISSY LES MOULINEAUX

**ACTE D'HUISSIER DE JUSTICE**

**COPIE**

**Coût provisoire**

| | |
|---|---|
| EMOLUMENT | 4,50 |
| Total H.T...: | 4,50 |
| Total TVA ..: | 88 |
| Total T.T.C.: | 5,38 |

A la demande de Monsieur le Procureur général près la Cour d'Appel de PARIS
Elisant domicile en son Parquet Général.

D'un arrêt rendu par la Chambre de l'Instruction de la Cour d'Appel de PARIS
**En date du QUATORZE FEVRIER 2013**
Chambre N° 6
POLE 7
Affaire référencée : 2012/05111

**DELAIS ET MODALITES DE RECOURS**

La Loi vous permet de former un recours contre cet arrêt devant la Cour de Cassation dans un délai de CINQ JOURS à compter de la date figurant en tête du présent acte.
Ce recours, le pourvoi en cassation, est de nature trés spéciale. Vous avez donc avantage à vous renseigner au préalable sur les effets particuliers de ce recours et sur l'intérêt qu'il peut éventuellement présenter dans votre cas.

Cet acte a été remis par un clerc assermenté, dans les conditions indiquées en l'original dont les mentions seront visées par moi sur l'original. Et j'ai laissé copie conformément à la Loi.

Extrait des minutes du Secrétariat Greffe de la Cour d'Appel de Paris

**DOSSIER N° 2012/05111**
**P100492903/2**
**ARRÊT DU 14 FEVRIER 2013**

**COUR D'APPEL DE PARIS**

**PÔLE 7**

**SIXIÈME CHAMBRE DE L'INSTRUCTION**
**APPEL D'UNE ORDONNANCE DE NON-LIEU**

**A R R E T**

(n° 2 , 23 pages)

Prononcé en chambre du conseil le quatorze février deux mil treize

Procédure suivie contre X des chefs d'abus de confiance, escroquerie

**PARTIE CIVILE** :

**SEBUNUMA Déogratias**,
domicilié 18 rue Adolphe Chérioux - 92130 ISSY LES MOULINEAUX,

sans avocat

**COMPOSITION DE LA COUR**

lors des débats, du délibéré et du prononcé de l'arrêt:

M. BARTHOLIN, Président
Mme RECHTER, Conseiller
Mme HANGARD, Conseiller

tous trois désignés conformément à l'article 191 du code de procédure pénale.

GREFFIER aux débats par Mme MARCHAL et au prononcé de l'arrêt par Mlle LAMBERT

MINISTÈRE PUBLIC
représenté aux débats par M. FERLET et au délibéré par M. REVEL, Avocats Généraux

**DÉBATS**

A l'audience, en chambre du conseil, le 22 novembre 2012, ont été entendus :

Jean BARTHOLIN, Président de la chambre, en son rapport ;

M. FERLET, Avocat Général, en ses réquisitions ;

**RAPPEL DE LA PROCÉDURE**

Par ordonnance du 21 mai 2012, le juge d'instruction du Tribunal de Grande Instance de PARIS a dit n'y avoir lieu à suivre dans la procédure susvisée.

Le même jour, cette ordonnance a été notifiée à la partie civile, conformément aux dispositions de l'article 183 alinéas 2, 3 et 4 du code de procédure pénale.

Le 22 mai 2012, Déogratias SEBUNUMA, partie civile, a interjeté appel de cette ordonnance au greffe du Tribunal de Grande Instance de PARIS.

La date à laquelle l'affaire serait appelée à l'audience a été notifiée par lettre recommandée du 25 octobre 2012 à la partie civile.

Le même jour, le dossier comprenant le réquisitoire écrit de M. le procureur général en date du 13 juin 2012, a été déposé au greffe de la chambre de l'instruction .

**DÉCISION**

Prise après en avoir délibéré conformément à l'article 200 du code de procédure pénale

**EN LA FORME**

Considérant que cet appel, régulier en la forme a été interjeté dans le délai de l'article 186 du code de procédure pénale; qu'il est donc recevable.

[illegible]

**AFFAIRE :**

Contre

EXECUTION D'INSTRUCTION

**OBJET :**

MR BREUILLER Eric

# PROCES VERBAL

D123

(2f)

L'an deux mille huit,
le onze mars à quatorze heures dix

Nous, **Virginie AUDOIN**
GARDIEN DE LA PAIX
en fonction Paris 13

Agent de Police Judiciaire en résidence Paris
---De même suite,---
---Avons mandé et constatons que se présente la personne ci-dessous dénommée qui nous déclare :---
• --- **SUR SON IDENTITE** : ----------------------------------------
--- "Je me nomme **BREUILLER eric**." ------------------------------
--- "Je suis né le 13/07/1969 à PARIS (13 arrdt)." ----------------
--- "Je suis de nationalité FRANCAISE." ---------------------------
--- "J'exerce la profession de : CONSEILLER FINANCIER." -----------
--- "Je suis domicilié 140, AVENUE D'ITALIE 75013 PARIS." ---------
--- "Mon numéro de téléphone personnel est le 01/44/16/01/01."

2°) **SUR LES FAITS** :
---"Je prends acte du motif de ma convocation,---
---Je viens en tant que conseiller financier pour la société Axone Automobile,---
---Vous me donnez connaissance des déclarations de Mr SEBURUMA,
---QUESTION---
---Etes vous le conseiller financier qui s'est occupé du dossier de Mr SEBURUMA?---
---REPONSE---
---Oui,---
---QUESTION---
---Avez-vous indiqué à Monsieur SEBURUMA qu'il était trop juste au niveau du financement et qu'il ne pouvait avoir qu'une location avec option d'achat?---
---REPONSE---
---Avant tout , je vous précise les faits: cette personne s'est présenté à moi, voulait acheter un véhicule pour se rendre sur son lieu de travail, il avait un mois d'ancienneté dans son travail et il n'avait pas d'apport,---
---Je ne travaille pas directement avec Cételem, mon premier partenaire est Volkswagen Bank et Ge Money Bank, et ensuite Cételem---
---Les deux premiers m'ont refusé le dossier car il y avait trop de risque à preter de l'argent à Mr SEBURUMA,---
---J'ai sollicité Cetelem qui a accepté le financement en location avec option d'achat,---
---J'ai prévenu téléphoniquement Mr SEBURUMA que le financement était accepté par Cetelem en location d'option d'achat,---
---Il était tout à fait d'accord, il a d'ailleurs signé le document où il est inscrit "signature du locataire",---
---De plus, la carte grise qui lui a été remis était bien au nom de Cofica Bail et non à son nom,---
---De plus, je précise qu'il n'est pas possible de moduler à la

**PAGE 15**

Suite Procès-verbal : 2008/002323/ Page 2

D123/2

hausse ou à la baisse les mensualités du crédit même pour un crédit dit classique.---

---QUESTION---

---Vous êtes donc sur de lui avoir indiqué qu'il pouvait acheter son véhicule mais seulement en location avec option d'achat?---

---REPONSE---

---Oui

---QUESTION---

---Au niveau du formulaire de l'offre préalable de location et promesse de vente, pourquoi n'a-t-il pas eu de copie?---

---REPONSE---

---Dans un premier temps, il fallait que j'ai le numéro de chassis du véhicule.---

---C'est la procédure classique.---

---Je lui ai envoyé par courrier à son domicile dès que j'ai eu le numéro de série du véhicule, il a du le recevoir avant de récupérer le véhicule.---

---Je me souviens qu'il m'indiquait qu'il n'avait pas reçu ce document mais je lui ai bien indiqué que nous lui avions envoyé.---

---De plus, Cételem renvoie automatiquement un courrier de prise en charge récapitulant tous les termes du contrat.---

---Enfin, nous lui avons fait une copie de ce document voyant qu'il nous indiquait ne pas l'avoir reçu.---

---Je tiens à vous indiquer qu'au niveau de l'assurance, Cételem n'assure pas les véhicules, il a du confondre avec un autre organisme, c'est vrai que j'ai peut être appelé Axa avec qui nous travaillons afin de lui trouver une solution.---

---Il n'a pas eu de facture du véhicule car elle est envoyée directement auprès de Cofica Bail, le propriétaire.---

---QUESTION---

---Quel est votre sentiment sur ce litige?---

---REPONSE---

---Je suis très surpris de cette démarche.---

---Je fais ce métier depuis 13 ans et je n'ai jamais eu de problème.---

---De plus, je pense que Mr SERUNGMA a déposé plainte et refuse de payer le crédit car il a perdu son emploi peu de temps après la signature du contrat et qu'il ne pouvait plus payer.---

---Que ce soit une location avec option d'achat ou un crédit classique, on ne peut pas changer les mensualités et le problème aurait été le même.---

---Je n'ai rien d'autre à ajouter".---

---Après lecture faite par lui-même, Mr SEBUILLER persiste et signe avec nous le présent à quatorze heures cinquante minutes.---

Mr SEBUILLER L'Agent de Police Judiciaire

3.

Le **19 janvier 2012**, le juge d'instruction recevait directement les explications de la partie civile qui indiquait :

PAGE 16

Cour d'Appel de Paris

Tribunal de Grande Instance de Paris

Cabinet de M. Paul HUBER
Juge d'instruction

# AUDITION DE PARTIE CIVILE

D126 (46)

N° du Parquet : . 1004923032 .
N° Instruction : . 2289/10/54 .
*Procédure Correctionnelle*

Devant Nous, M. Paul HUBER, Juge d'instruction au tribunal de grande instance de Paris, étant en notre cabinet, assisté de Madame Sandrine MOUNES-DUPERIER, greffier,

Le 19 janvier 2012 à 10 heures

**A comparu la partie civile :**

**M. SEBUNUMA Dégratias**

Sans avocat

**Question : Confirmez vous votre constitution de partie civile pour des faits d'abus de confiance contre CETELEM et AXONE AUTOMOBILE ?**

**Réponse :** Oui.

**Question : Confirmez vous avoir signé l'offre préalable de location avec promesse de vente en date du 3 octobre 2006 que je vous présente en D122/15 et D122/16 ainsi que le bon de commande ou demande de location en D122/8?**

**Réponse :** Je les avais signé mais sans les avoir lu. Je crois que le bon de commande est de septembre 2006 avec M. GUERIMEAU. Celui là je l'ai lu. Puis il m'a présenté au chargé financier. Quand il m'a appelé pour signer le contrat de financement, je l'ai signé sans le lire car il m'a dit que j'avais déjà le bon de commande.

**QUESTION : Sur ce bon de commande, votre attention a-t-elle été attirée par le fait qu'il y ait mentionné "bon de commande ou demande de location" ?**

**REPONSE :** Je n'ai pas vu la mention "demande de location". J'ai vu qu'il s'agissait d'un bon de commande mais je suis d'accord avec vous que ce document que j'ai relu est intitulé "bon de commande ou demande de location".

**Question : Vous avez signé l'offre préalable de location avec promesse de vente le 04.10.2006 (D122/15) sous la mention "signature du locataire". Sans même avoir lu le document, vous ne pouviez que voir cette mention au dessus de votre signature. Quelles sont vos observations ?**

**Réponse :** A cette époque, pour moi, une location avec option d'achat, je ne savais pas ce que c'était. Je ne savais pas qu'il existait une location avec option d'achat. Quand il m'a appelé, il m'a demandé si j'avais un garant. Je lui ai dit que je n'en avais pas. Il m'a rappelé et m'a dit qu'il avait trouvé un financeur. Il m'a présenté l'offre et il m'a dit que cela correspondait à ce que j'avais signé. Il m'a dit que cela correspondait au bon que j'avais signé. J'avais le bon avec moi.

PAGE 17

A ce niveau là, la question que je me pose, c'est comment un vendeur peut me faire signer un bon de commande "à crédit" et après, me faire signer un bon de location avec promesse d'achat. Les deux documents ne concordent pas, ni la nature de l'offre, ni le montant de l'achat. C'est ce que j'appelle une escroquerie.

**Question : De plus, la carte grise qui vous a été remise était au nom de Cofica Bail et non au votre. Qu'en dites vous ?**

D126/2

**Réponse :** La carte provisoire était à mon nom et à mon adresse, quand je suis allé récupérer la voiture. Cette carte grise correspondait au bon d'achat qu'on m'avait donné. Vous l'avez en D122/11. Trois semaines après, on m'a appelé au téléphone et on m'a demandé d'aller récupérer la carte grise définitive. Je ne comprends pas comment on peut me remettre une carte grise avec mon nom et mon adresse sans mention de COFICA BAIL et ensuite, m'en remettre une autre avec ce nom là.

**Question : Il apparaît que vous avez perdu votre emploi peu de temps après la signature de ce contrat. Pouviez vous payer les mensualités malgré la perte de votre emploi ?**

**Réponse :** En partie. Au moment de l'achat du véhicule, j'avais demandé au monsieur ce qui se passait si je perdais mon emploi. Il m'a dit qu'il allait en parler au financeur, de faire des mensualités hautes au début et de pouvoir les réduire ensuite. Quand j'ai perdu mon travail, j'ai demandé à ce qu'on réduise mes mensualités. Les Assedics plus le temps partiel que j'avais, me permettaient de payer une partie des mensualités.

**Question : Il apparaît au regard de ces constatations que des faits d'abus de confiance et d'escroquerie ne peuvent pas être établis. Qu'en dites vous ?**

**Réponse :** Je ne suis pas d'accord. Il y a un premier document que j'ai signé qui n'est pas pareil que le second. C'est la preuve de l'escroquerie. J'avais même demandé la copie du document qu'ils ont refusé de me donner.

**QUESTION : Où en êtes vous aujourd'hui ?**

**REPONSE :** Ils m'ont assigné à Nanterre. J'ai été convoqué le 20.02.2008. On m'a demandé de trouver un avocat. Mon premier avocat s'est désisté. Le second aussi. J'ai confié le document à un 3ème avocat. Il a présenté ses conclusions. Le 21.07.2009, il m'a appelé et m'a dit que la partie adverse demandait de conclure à l'amiable. Je lui ai dit que je n'étais pas d'accord. Eux mêmes ont refusé de conclure. Il y a eu radiation et reprise en août 2011. A l'heure actuelle, je n'ai pas de décision du tribunal. Le dossier est auprès d'un 4ème avocat.

**Question : Avez vous autre chose à ajouter ?**

**Réponse :** J'ai été attaqué à mon domicile par mon gardien suite à ce dossier. J'ai des enregistrements vidéos et audio. Il parle du dossier. Pour lui, j'aurais inventé le dossier pour gagner de l'argent. J'ai porté plainte contre lui pour harcèlement. Avez vous vu le courrier de COFICA BAIL du 12 avril 2007 dans lequel ils expliquent leur accord pour modifier les échéances alors que je n'ai jamais été en contact avec ce monsieur et que je n'ai jamais donné mon accord ? C'est de l'escroquerie.

Le **21 mai 2012**, le juge d'instruction rendait une ordonnance de non-lieu ainsi motivée

D133/3.

**Discussion :**

Il ressort de l'information judiciaire que les faits dénoncés par Monsieur SEBUNUMA ne sont pas caractérisés. En effet, les divergences sur lesquelles s'appuie la partie civile s'expliquent par le refus deux fois opposé à l'intéressé d'obtenir une offre de prêt. De plus, Monsieur SEBUNUMA a reconnu avoir signé des documents indiquant qu'il n'était que locataire. Il ne peut par la suite expliquer qu'il ignorait ce que cela signifiait ni qu'il faisait confiance au conseiller financier. Les différentes communications effectuées après cette signature notamment par CETELEM ne peuvent pas être prises en compte dès lors que le document initial a été signé et que Monsieur SEBUNUMA avait toute possibilité de s'assurer des conditions qui lui étaient proposées..

Un non lieu sera donc prononcé pour ces faits.

* * *

**PAR CES MOTIFS**

Attendu qu'il n'existe dès lors pas de charges suffisantes contre une personne dénommée d'avoir commis les infractions susvisées ;

Déclarons n'y avoir lieu à suivre en l'état et ordonnons le dépôt du dossier au greffe pour y être repris s'il survenait des charges nouvelles.

Fait en notre cabinet, le 21 Mai 2012
le Juge d'instruction,

M. Paul HUBER

Notification et copie de la présente ordonnance ont été adressée par lettre recommandée le 21 Mai 2012 à la(aux) partie(s) civile(s) et son(leurs) avocat(s)

Le greffier

Avis de la présente ordonnance conforme aux réquisitions de M. le procureur de la République, lui a été donné le 21 Mai 2012

le greffier,

PAGE 21

**SUR CE LA COUR**

Considérant que le délit d'escroquerie, seul susceptible d'appréhender sous une qualification pénale les faits dénoncés par la partie civile, suppose la commission par Eric BREUILLER de manoeuvres frauduleuses destinées à tromper la partie civile et à lui faire souscrite un engagement ; qu'il n'est pas soutenu en effet que celui-ci aurait fait usage d'un faux nom et d'une fausse qualité

Considérant qu'il résulte des déclarations non contredites du conseiller financier comme des pièces du dossier que la partie civile a bien apposé son paraphe sur trois documents différents en date du 4 octobre 2006 sous la rubrique "signature du locataire" ; que deux de ces documents portaient l'intitulé : *"offre préalable de location avec promesse de vente"* ; que le troisième s'intitulait : *"conditions générales de location"* ; que Monsieur SEBUNUMA n'a pas contesté avoir signé ces documents mais sans les *"avoir lu"* ; qu'il a indiqué encore : *"A cette époque, pour moi, une location avec option d'achat, je ne savais pas ce que c'était. Je ne savais pas qu'il existait une location avec option d'achat..."* ; que de la même manière, le bon de commande portait l'indication *"Bon de commande ou demande de location"* ;

Considérant que Eric BREUILLER, le conseiller financier, a expliqué qu'il avait essayé d'obtenir d'abord l'octroi d'un prêt classique pour Monsieur SEBUNUMA de manière à lui permettre d'acquérir une automobile mais qu'il s'était vu opposer des refus ; que c'est dans ces conditions qu'il avait sollicité et obtenu alors de la société CETELEM son accord pour un contrat de location avec option d'achat du véhicule ; qu'il en avait alors fait par à la partie civile laquelle n'avait pas pu ignorer qu'elle n'avait pas fait l'acquisition du véhicule dans la mesure où la carte grise définitive avait été établie non pas à son nom mais au nom de COFICA BAIL ;

Considérant qu'il appert tant des documents signés par la partie civile que des déclarations du conseiller financier que celui-ci n'a pas organisé une mise en scène dans le but de tromper Monsieur SEBUNUMA sur la nature et la portée de l'engagement qu'il souscrivait mais que se sont succédés dans le temps d'abord des demandes de prêts "classiques" puis, face aux refus des organismes de crédit sollicités, une proposition de location avec option d'achat acceptée par Monsieur SEBUNUMA ; que ce dernier qui est psychologue ne peut sérieusement soutenir qu'il ignorait le sens du mot locataire et la différence entre les droits d'un propriétaire et ceux d'un locataire ;

Considérant qu'en l'absence de tout manoeuvre, il convient de confirmer purement et simplement l'ordonnance entreprise ;

**PAR CES MOTIFS**

**LA COUR,**

Vu les articles 177, 183, 185, 186, 194, 198, 199, 200, 207, 216, 217 et 801 du code de procédure pénale,

**EN LA FORME**

**DÉCLARE L'APPEL RECEVABLE**

**AU FOND**

**LE DIT MAL FONDE**

**CONFIRME L'ORDONNANCE ENTREPRISE**

ORDONNE que le présent arrêt sera exécuté à la diligence de M. le Procureur Général.

**LE GREFFIER** **LE PRÉSIDENT**

**CETTE DÉCISION EST ASSUJETTIE A UN DROIT FIXE DE PROCÉDURE DE 120 EUROS MIS A LA CHARGE DE CHAQUE PARTIE CIVILE.**

POUR COPIE CERTIFIEE CONFORME
Le Greffier

Pour copie conforme
L'Huissier de Justice

PAGE 23

TRIBUNAL
DE GRANDE INSTANCE
DE NANTERRE
**extension du palais de justice**
**6 rue Pablo Néruda**
**92020 Nanterre cédex**

**NANTERRE le 20 Février 2008**

**LE PRESIDENT**

**à**

**Monsieur DEOGRATIAS SEBUNUMA**
**18 rue Adolphe Cherioux**
**92130 ISSY LES MOULINEAUX**

**6ème Chambre**

R.G. : 08/01958
Affaire : **S.A. COFICA BAIL**

C/ **Monsieur DEOGRATIAS SEBUNUMA**

J'ai l'honneur d'attirer votre attention sur le procès dirigé contre vous, une décision doit être rendue incessamment ;

Préalablement, cette procédure doit être examinée à **l'audience du 14 Avril 2008 à 09 H 30.**

Avez-vous l'intention de vous défendre ? OUI - NON

Si oui, avez-vous déjà un avocat ? OUI - NON

Dans l'affirmative, veuillez me communiquer ses nom et adresse :

---

Si vous avez l'intention de faire le choix d'un avocat, veuillez me faire connaître ses NOM et ADRESSE et me rappeler la date de l'audience ci-dessus fixée.

Si vous n'avez pas l'intention de vous défendre, par l'intermédiaire d'un avocat (OBLIGATOIRE EN MATIERE CIVILE), un jugement par défaut pourra être rendu.

Un avocat pourrait être désigné, sur votre demande, dans le cas où vous rempliriez les conditions pour bénéficier de L'AIDE JURIDICTIONNELLE (01.40.97.14.24).

Je vous prie d'agréer, mes salutations distinguées.

P/ LE PRESIDENT, Le Greffier,

COUR D'APPEL DE VERSAILLES
**TRIBUNAL DE GRANDE INSTANCE DE NANTERRE**

Le 18 mars 2008

Monsieur Deogratias SEBUNUMA
18 rue Adolphe Chérioux
92130 ISSY LES MOULINEAUX

**Objet** : affaire RG n° 08/01958 - SA COFICA BAIL c/ SEBUNUMA

**Référence** : votre courrier du 1 mars 2008

Monsieur,

Votre courrier ci-dessus référencé a retenu toute mon attention.

J'appelle votre attention sur le fait que la procédure devant tout tribunal de Grande Instance est une procédure à représentation obligatoire, aux termes de la loi.

A défaut, votre argumentation écrite ne pourra pas être prise en considération par le tribunal lorsqu'il sera amené à se prononcer;

Il importe donc que vous preniez un avocat pour vous défendre ; à défaut un jugement peut être rendu contre vous sans examen de votre argumentation.

Croyez, Monsieur, à l'expression de ma parfaite considération.

Sylvie Meslin
Vice-président
Président de la 6e Chambre civile
Tribunal de Grande instance de NANTERRE

F. PROUST - D. BUZY
Huissiers de Justice associés
[illegible]

SECOND
ORIGINAL

**DENONCIATION D'UNE PROCEDURE**
**DEVANT LE TRIBUNAL DE GRANDE INSTANCE DE NANTERRE**

L'an deux mille huit, le VINGT NEUF AOUT

**A LA REQUETE DE :**

**Monsieur Déogratias SEBUNUMA**, né le 1er juin 1969 au RWANDA, Psychologue Clinicien, demeurant à ISSY LES MOULINEAUX (92130) 18, rue Adolphe CHERIOUX

Ayant pour Avocat Maître Frédéric DUBERNET, Avocat au Barreau des Hauts de Seine, demeurant à NANTERRE (92000) 4, rue Salvador Allende – Téléphone : 01.47.29.20.37 – Télécopie : 01.41.37.08.52 - Toque 432.

J'AI

Nous SCP Frédéric PROUST et David BUZY Huissiers de Justice associés près le Tribunal de Grande Instance de Paris, demeurant 28 ter, rue Guersant, 75017 Paris, L'Un deux soussigné.

**DENONCE ET EN TETE DES PRESENTES LAISSE COPIE A :**

**La COFICA BAIL**, Société par Anonyme au capital de 12.800.000 euros, immatriculée au RCS de PARIS sous le numéro B 399 181 924, ayant son siège social à PARIS (75016) 5, avenue Kleber, prise en la personne de son représentant légal, où étant et parlant à :

Comme il est dit ci-après
en dernière page

D'une assignation délivrée à la société AXONE AUTOMOBILES à la requête de Monsieur DEOGRATIAS SEBUNUMA, sous constitution de Maître Frédéric DUBERNET, Avocat au Barreau des Hauts-de-Seine, par Ministère de la SCP PROUST & BUSY, Huissier de Justice, en date du 11 juin 2008, laquelle a été enregistrée par le Tribunal de Grande Instance de NANTERRE sous le numéro RG 08/07277 et jointe, le 30 juin 2008, à la procédure principale enregistrée sous le numéro RG 08/1958

**ASSIGNATION EN INTERVENTION FORCEE
DEVANT LE TRIBUNAL DE GRANDE INSTANCE DE NANTERRE**

L'an deux mille huit, le

**A LA REQUETE DE :**

**Monsieur Déogratias SEBUNUMA**, né le 1er juin 1969 au RWANDA, Psychologue Clinicien, demeurant à ISSY LES MOULINEAUX (92130) 18, rue Adolphe CHERIOUX

Ayant pour Avocat Maître Frédéric DUBERNET, Avocat au Barreau des Hauts de Seine, demeurant à NANTERRE (92000) 4, rue Salvador Allende – Tél. : 01.47.29.20.37 - Toque 432.

J'AI

**DENONCE ET EN TETE DES PRESENTES LAISSE COPIE A :**

**La société AXONE AUTOMOBILES**, Société par Actions Simplifiée au capital de 1.537.505 euros, immatriculée au RCS de PARIS sous le numéro B 444 376 735, ayant son siège social à PARIS (75013) 176-180, avenue d'Italie, prise en la personne de son représentant légal, où étant et parlant à :

D'une assignation délivrée à Monsieur DEOGRATIAS SEBUNUMA à la requête de la société COFICA BAIL, sous constitution de la SCP MOUTET MELAMED, Avocats associés, par Ministère de la SCP COUDERT & SALUN, Huissier de Justice, en date du 28 janvier 2008

**ET DE MEME, J'AI HUISSIER ETANT ET PARLANT COMME DESSUS,**

**DONNE ASSIGNATION A :**

**La société AXONE AUTOMOBILES**, ci-dessus nommée et domiciliée,

**D'AVOIR A COMPARAITRE A QUINZAINE, DELAI DE LA LOI, PAR MINISTERE D'AVOCAT CONSTITUE, A L'AUDIENCE ET PARDEVANT MESSIEURS LES PRESIDENT ET JUGES COMPOSANT LE TRIBUNAL DE GRANDE INSTANCE DE NANTERRE, SIEGEANT EN LADITE VILLE, AU PALAIS DE JUSTICE, 6 RUE PABLO NERUDA.**

**DANS LE DELAI DE QUINZAINE DE LA DATE INDIQUEE AU DEBUT DE CET ACTE, LE DEFENDEUR DEVRA, CONFORMEMENT AUX ARTICLES 56, 752 et 755 DU CODE DE PROCEDURE CIVILE, CHARGER UN AVOCAT PRES LE TRIBUNAL DE GRANDE INSTANCE DE NANTERRE DE LE REPRESENTER CAR A DEFAUT, IL S'EXPOSE A CE QU'UNE DECISION INTERVIENNE A SON ENCONTRE AVEC TOUTES SES CONSEQUENCES DE DROIT ET SUR LES SEULS ELEMENTS FOURNIS PAR LE DEMANDEUR.**

## OBJET DE LA DEMANDE

Monsieur Déogratias a conclu avec le garage AXONE AUTOMOBILES un bon de commande pour l'acquisition d'un véhicule de la marque VOLKSWAGEN, modèle Polo, au prix TTC de 11.950,- euros.

Le prix devait être payé à l'aide d'un crédit à la consommation, comme cela ressort clairement du bon de commande signé par les parties.

Le garage AXONE AUTOMOBILES offre en effet à sa clientèle un service de financement de ses véhicules.

Il avait ainsi été convenu avec Monsieur SEBUNUMA que celui-ci paierait l'achat de sa voiture avec l'aide d'un crédit.

L'établissement alors retenu devait être la CETELEM.

Alors qu'il croyait constituer un dossier à l'attention de cet organisme, le garage AXONE AUTOMOBILES lui a fait remplir une « *Offre préalable de location avec promesse de vente* ».

Monsieur SEBUNUMA, qui n'est qu'un profane en la matière, ne s'est pas rendu compte que les conditions de financement de son véhicule avaient été totalement modifiées à son détriment.

Il a découvert la réalité de la situation après que son licenciement lui ait créé des difficultés pour régler ses échéances, soit à compter du mois de février 2007, date à laquelle il s'est rapproché d'AXONE AUTOMOBILES.

Le responsable du service en charge du financement lui a alors expliqué que le dossier de demande crédit étant trop juste en regard des ressources de Monsieur SEBUNUMA, la solution retenue avait été de solliciter pour lui une location financière.

Pour autant, cette « solution » n'a pas été acceptée par Monsieur SEBUNUMA qui a immédiatement écrit le 27 février 2007 pour demander la résiliation du contrat de location avec option d'achat.

Dans sa lettre, Monsieur SEBUNUMA s'engageait également à restituer sans délai le véhicule acquis auprès de AXONE AUTOMOBILES.

Ses demandes sont toutefois restées sans suites, le garage refusant de reprendre le véhicule et la banque s'obstinant à recouvrer la totalité de ses loyers.

C'est dans ces circonstances qu'une assignation a été délivrée à Monsieur Déogratias SEBUNUMA par la société COFICA BAIL, le 28 janvier 2008, tendant à sa condamnation au paiement de la somme de 11.294,87 euros en principal.

Les conditions dans lesquelles a été conclu le contrat de location avec promesse de vente, fondant les demandes de COFICA BAIL, impliquent à l'évidence le garage AXONE AUTOMOBILES qui a manifestement servi d'intermédiaire avec la société de crédit bail et a directement profité du montage de financement.

Sa donne foi est d'ores et déjà mise en cause.

Monsieur Déogratias SEBUNUMA entend donc formuler des demandes en réparation à l'encontre du garage et de l'établissement de crédit dont les responsabilités sont engagées.

**Pour toutes ces raisons, le requérant est bien fondé à mettre en cause la société AXONE AUTOMOBILES dans l'instance engagée à son encontre devant la 6ème chambre du Tribunal de Grande Instance de NANTERRE et enrôlée sous le numéro 08/01958.**

**PAR CES MOTIFS**

Vu les articles 325 et 331 du Code de Procédure Civile,
Vu l'article 1134 du Code Civil,

- **DIRE** recevable et bien fondée la demande d'intervention forcée du requérant à l'encontre de la société AXONE AUTOMOBILES

- **ORDONNER** la jonction de la présente instance à celle enrôlée sous le numéro 08/01958.

**LISTE DES PIECES SUR LESQUELLES LA DEMANDE EST FONDEE**

**Pièce n° 1 :** Bon de commande du 29/09/2006
**Pièce n° 2 :** Offre préalable du 04/10/2006
**Pièce n° 3 :** Lettre Recommandée AR du 27/02/2007

Paiement par carte bancaire accepté par téléphone ou en ligne sur le site
**www.proust-buzy.com**

Anne-Laure BOURNAZEL
Clerc principal
Titulaire de l'examen
d'Huissier de Justice

Maëla MARCIREAU
Clerc habilité aux constats
Titulaire de l'examen
d'Huissier de Justice

Société Civile Professionnelle **NFSR**

**Frédéric PROUST & David BUZY**

HUISSIERS DE JUSTICE ASSOCIES

SIRET : 45016638400021 APE : 6910Z N° TVA : FR77450166384

MR SEBUNUMA DEOGRATIAS
18 RUE ADOLPHE CHERIOUX
92130 ISSY LES MOULINEAUX

Le 29/08/2008

**Nos ref :** 952745 0
**Affaire :** SEBUNUMA DEOGRATIAS
COFICA BAIL SA
**Facture** n°0809986
**Vos ref :** SEBUNUMA DEOGRATIAS
COFICA BAIL-AXONE

Monsieur,

Je vous informe que j'ai régularisé un (e):
DENONC PROCEDURE
dans cette affaire le 29/08/2008
sur la demande de MAITRE DUBERNET FREDERIC
AVOCAT
4 RUE SALVADOR ALLENDE
92000 NANTERRE

JE VOUS INDIQUE QU'IL M'EST DU :

| | |
|---|---|
| - Soumis à TVA.................: | 74,57 |
| - Non soumis à TVA............: | 10,03 |
| - Article 16-1 (*)............: | 18,00 |
| - TVA à 19,60 ..............: | 18,14 |
| - TOTAL.......................: | 120,74 |
| A déduire provision éventuelle.....: | |
| **SOIT A REGLER** .....................: | **120,74** |

Dont je confie le règlement à vos bons soins.

Vous en remerciant par avance, je vous prie de me croire votre bien dévoué,

(*) Frais de retour et facturation libellée

**Lors du règlement, merci de rappeler le n° de dossier 952745 0**

Règlement par chèque n° 000069, le 29/10/2008

28 TER RUE GUERSANT - BP 50083 -75828 PARIS CEDEX 17
Ligne groupée : 01 47 64 41 41 - Ligne constats : 01 47 64 48 48 - Fax : 01 42 67 36 36
Mail: prousthdj@wanadoo.fr - CCP : La source 20041 01012 4270472H033 82
MEMBRE D'UNE ASSOCIATION AGRÉÉE LE RÈGLEMENT DES HONORAIRES PAR CHÈQUE EST ACCEPTÉ

6CH 2009 \ 586



**TRIBUNAL DE GRANDE INSTANCE DE NANTERRE**

**6ème Chambre**

**ORDONNANCE DE RADIATION**
**RENDUE LE 07 Septembre 2009**

**N° R.G. : 08/01958**

**AFFAIRE :**

**COFICA BAIL**
dont le siège est sis 5 Avenue Kléber
75116 PARIS

représentée par Me Chantal MELAMED, avocat au barreau des HAUTS-DE-SEINE, vestiaire : NAN 81

c/
**Monsieur DEOGRATIAS SEBUNUMA**
demeurant 18 Rue Adolphe Cherioux
92130 ISSY LES MOULINEAUX

représenté par Me Jean STEVENIN, avocat au barreau des HAUTS-DE-SEINE, vestiaire : NAN 87

**La Société AXONE AUTOMOBILES**
dont le siège est sis 176-180 Avenue d'Italie
75013 PARIS

défaillante faute d'avoir constitué avocat

Nous Sylvie MESLIN, Vice-Président, siégeant ès qualité de Juge de la mise en état,

Assistée de Jocelyne BIGOT, faisant fonction de Greffier

Vu les articles 3 et 781 du Code de procédure civile,

Les prescriptions du bulletin de procédure du 18 mai 2009, renvoyant l'examen de cette affaire à l'audience de mise en état du 07 septembre suivant, avec injonction délivrée à Me Chantal MELAMED de déposer des conclusions récapitulatives n'ont pas pu être respectées.

Il n'est de même pas confirmé que la Société AXONE AUTOMOBILES n'a pas constitué avocat.

Les parties apparaissent avoir besoin de temps pour finaliser leur stratégie contentieuse.

En l'absence des parties à l'audience de mise en état, le juge de la mise en état ne dispose cependant d'aucun élément d'appréciation lui permettant de déterminer le rythme et la mesure de l'instruction de ce litige garantissant l'efficacité du processus juridictionnel, en rapport avec les circonstances concrètes de cette affaire et dans le respect du principe de la contradiction.

Une mesure de radiation qui est une mesure d'administration judiciaire ayant pour effet de suspendre le lien juridique d'instance, garantit paradoxalement le droit de chaque partie à un procès équitable.

L'affaire sera rétablie à la demande de toute partie intéressée, sur dépôt des conclusions récapitulatives de Maître Chantal MELAMED assorties d'une proposition de calendrier.

**PAR CES MOTIFS**

**ORDONNONS** la radiation du rôle des affaires en cours de l'instance sus référencée, sous réserve des diligences qui seraient accomplies pour procéder à son rétablissement, notamment pour éviter la péremption.

LE GREFFIER,

LE JUGE DE LA MISE EN ÉTAT,

18 OCT. 2010

SCP B.VENEZIA - J.VENEZIA
F.LAVAL - F.LODIEU - S.QUILLET
Huissiers de Justice
130 Av. Charles de Gaulle
92200 NEUILLY SUR SEINE
venezia@venezia-huissiers.com
TEL:01.46.24.62.50
FAX:01.46.24.44.49
Paiement en ligne sur :
www.venezia-huissiers.com

Références :

# MODALITES DE REMISE

**de SIGNIF. DE JUGEMENT TRIBUNAL DE GRANDE INSTANCE**

(DEPOT A L'ETUDE- *personne physique*)

En date du SEPT JANVIER
DEUX MILLE TREIZE

A LA DEMANDE DE S.A. COFICA BAIL
*& autres demandeurs en tant que de besoin mentionnés dans l'acte signifié*

SIGNIFIE A Monsieur SEBUNUMA Déogratias
18 rue Adolphe Chérioux
92130 ISSY LES MOULINEAUX

Cet acte a été remis par Clerc assermenté dans les conditions ci-dessous indiquées, et suivant les déclarations qui lui ont été faites.

- Au domicile du destinataire dont la certitude est caractérisée par les éléments suivants :
  nom du destinataire figure sur boîte aux lettres
  le nom du destinataire sur le tableau des occupants
  confirmation par un voisin

La signification à la personne même du destinataire de l'acte s'avérant impossible pour les raisons suivantes :

- absent à 10h10 (avis laissé dans la boite aux lettres)
- lieu de travail inconnu

N'ayant trouvé au domicile du signifié aucune personne susceptible de recevoir la copie de l'acte ou de me renseigner, cet acte a été déposé en notre Etude sous enveloppe fermée, ne comportant d'autres indications que d'un coté le nom et l'adresse du destinataire de l'acte, et de l'autre coté le cachet de mon Etude apposé sur la fermeture du pli.

Un avis de passage daté de ce jour, mentionnant la nature de l'acte, le nom du requérant a été laissé au domicile du signifié conformément à l'article 656 du Code de Procédure Civile.

La lettre prévue par l'article 658 du Code de Procédure Civile contenant copie de l'acte de signification a été adressée le jour même ou au plus tard le premier jour ouvrable.

*La copie du présent acte comporte 7 feuilles.*

Visa de l'Huissier de Justice des mentions relatives à la signification

VENEZIA Jean

| COUT ACTE (Décret 96-1080 du 12.12.1996) | |
|---|---|
| Droits Fixes Article 6 & 7 | 52,80 |
| Droit D'Engagement De Poursuites Article 13 | |
| Frais De Déplacement Article 18 | 7,11 |
| H.T. | 59,91 |
| TVA 19,60% | 11,74 |
| Taxe Forfaitaire Article 20 | 9,15 |
| Lettre Article 20 | 1,05 |
| Débours | |
| T.T.C. | 81,85 |

Acte soumis à la taxe forfaitaire

**TRIBUNAL DE GRANDE INSTANCE DE NANTERRE**

**6ème Chambre**

**JUGEMENT DU 14 Septembre 2012**

**N° R.G. : 11/10519**
**N° Minute : 12/532**

**DEMANDERESSE**

**La Société COFICA BAIL**
Société Anonyme
au capital de 12 800 000 €
inscrite au R.C.S. de Paris
sous le numéro 399 181 924
dont le siège social est sis 1 boulevard Haussmann
75009 PARIS
prise en la personne de ses représentants légaux,
domiciliés en cette qualité audit siège

représentée par Me Sophie MÜH, avocat au barreau de PARIS, vestiaire : D1256

**AFFAIRE**

La Société **COFICA BAIL**

**C/**

**La Société AXONE AUTOMOBILES, Déogratias SEBUNUMA**

**DEFENDEURS**

**La Société AXONE AUTOMOBILES**
dont le siège social est sis 176-180 avenue d'Italie
75013 PARIS
prise en la personne de son représentant légal,
domicilié en cette qualité audit siège

défaillante faute d'avoir constitué avocat

**Monsieur Déogratias SEBUNUMA**
né le 1er juin 1959
au Rwanda
de Nationalité Rwandaise
Psychologue clinicien
demeurant 18 rue Adolphe Chérioux
92130 ISSY LES MOULINEAUX

représenté par Me Jean STEVENIN, avocat au barreau de HAUTS-DE-SEINE, vestiaire : 87

En application des dispositions des articles 786 et 910 du nouveau Code de procédure civile, l'affaire a été débattue le 25 Juin 2012 en audience publique devant :

**Marie-Hélène MASSERON, Vice-Président**
**Amandine DE LA HARPE, Juge**

magistrats chargés du rapport, les avocats ne s'y étant pas opposés.

Ces magistrats ont rendu compte des plaidoiries au tribunal composé de :

**Marie-Hélène MASSERON, Vice-Président**
**Amandine DE LA HARPE, Juge**
**Claire BOHNERT, Vice-Présidente**

qui en ont délibéré.

1

Greffier lors des débats . **Jocelyne BIGOT**

**JUGEMENT**

Par décision publique, rendue en premier ressort, réputée contradictoire et mise à disposition au greffe du tribunal conformément à l'avis donné à l'issue des débats

**EXPOSE DU LITIGE**

Le 4 octobre 2006, Monsieur Déogratias SEBUNUMA a souscrit auprès de la société COFICA BAIL une offre préalable de location avec promesse de vente portant sur un véhicule automobile de marque Volkswagen Polo d'un prix de 12.455 euros TTC remboursable par loyers mensuels de 297,06 euros pendant 47 mois, avec une option d'achat de 125 euros au terme du contrat.

Des incidents de paiement s'étant produit, la société COFICA BAIL, après délivrance d'une mise en demeure en date du 12 septembre 2007, a assigné Monsieur SEBUNUMA par acte du 28 janvier 2008 à l'effet de l'entendre condamner à lui payer la somme de 11.294,87 euros avec intérêts au taux légal à compter de la mise en demeure jusqu'à parfait paiement, outre la somme de 2000 euros sur le fondement de l'article 700 du code de procédure civile, le tout avec exécution provisoire.

Par acte du 11 juin 2008, monsieur SEBUNUMA a assigné en intervention forcée la société AXONE AUTOMOBILES, vendeur du véhicule, à l'effet de voir engager sa responsabilité.

Cette mise en cause a été jointe au dossier principal par ordonnance du 30 juin 2008.

Monsieur SEBUNUMA a conclu sur le fond le 18 mai 2009.

L'affaire a été radiée par ordonnance du 7 septembre 2009 et remise au rôle suite à des conclusions aux fins de rétablissement, récapitulatives et en réplique de la société COFICA BAIL, signifiées au dernier avocat constitué de Monsieur SEBUNUMA le 18 juillet 2011, à la société AXONE AUTOMOBILES le 23 août 2011.

La société AXONE AUTOMOBILES n'a pas constitué avocat.

Monsieur SEBUNUMA n'a pas régularisé de nouvelle constitution d'avocat comme il en avait exprimé l'intention dans l'une de ses lettres adressée au greffe.

L'affaire a été clôturée le 23 janvier 2012, retenue à l'audience de plaidoirie du 25 juin 2012 et mise en délibéré au 14 septembre 2012.

Dans ses conclusions signifiées le 18 mai 2009, Monsieur SEBUNUMA demande au tribunal, après avoir fait injonction à la société AXONE AUTOMOBILES de justifier du refus de la société COFICA BAIL de lui faire bénéficier d'un crédit, de constater la résolution de la vente intervenue le 29 septembre 2006 sans frais ni indemnité, faute d'obtention du crédit, de prononcer l'annulation subséquente de l'offre préalable de location avec promesse de vente avec ses conséquences de droit (la remise des choses en l'état antérieur), de lui donner acte de son offre de restituer le véhicule, de condamner la société COFICA BAIL à lui restituer le montant des loyers perçus à ce jour, soit la somme de 3983,59 euros, de condamner solidairement les sociétés COFICA BAIL et AXONE AUTOMOBILES à lui payer la somme de 5000 euros à titre de dommages et intérêts et celle de 2500 euros sur le fondement de l'article 700 du code de procédure civile, et à supporter les dépens de l'instance.

En substance, Monsieur SEBUNUMA expose avoir été trompé par les manoeuvres dolosives de la société venderesse qui lui a fait souscrire une offre de location avec promesse d'achat alors qu'il avait sollicité un crédit classique, certainement parce que la société COFICA BAIL avait refusé ce crédit, ce dont la société AXONE AUTOMOBILES n'a cependant jamais justifié ; que ce défaut d'agrément par le prêteur entraîne la résolution de la vente conformément aux dispositions du contrat de vente ; qu'en outre la société COFICA BAIL a manqué à son devoir de mise en garde en lui octroyant un financement excédant ses capacités de remboursement.

2

Dans ses dernières conclusions, la société COFICA BAIL sollicite à titre principal la condamnation de Monsieur SEBUNUMA à lui payer la somme de 11.294,87 euros avec intérêts au taux contractuel du jour de la mise en demeure jusqu'au parfait paiement, y compris l'indemnité de résiliation. A titre subsidiaire, elle demande qu'il soit jugé que par application des dispositions de l'article L 311-22 du code de la consommation la société AXONE AUTOMOBILES garantira Monsieur SEBUNUMA de cette condamnation. En tout état de cause, elle sollicite le bénéfice de l'exécution provisoire et la condamnation de Monsieur SEBUNUMA à lui payer la somme de 2000 euros en application de l'article 700 du code de procédure civile et à supporter les dépens de l'instance.

En substance, elle réplique que Monsieur SEBUNUMA a en toute connaissance de cause signé une offre de location avec promesse de vente, que par application des dispositions de l'article 1134 du code civil il est lié par cette convention qu'il doit exécuter de bonne foi ; qu'elle n'était pas tenue à un devoir de mise en garde dès lors que le financement consenti n'exposait pas le défendeur à un risque d'endettement, Monsieur SEBUNUMA, étant titulaire d'un contrat de travail à durée indéterminée lui procurant un revenu mensuel de 1357 euros (le licenciement dont il se prévaut est intervenu postérieurement à la conclusion du contrat), célibataire, sans enfant, payant un loyer de 155 euros.

**MOTIFS**

Monsieur SEBUNUMA ne produit aucune pièce au soutien de ses prétentions tendant à la résiliation du contrat de vente et à la mise en jeu de la responsabilité du vendeur.

La société COFICA BAIL produit une "offre préalable de location avec promesse de vente" sur laquelle Monsieur SEBUNUMA a porté son nom, la date de souscription (4 octobre 2006) et sa signature.

Monsieur SEBUNUMA est dans ces conditions mal fondé à soutenir n'avoir pas voulu souscrire un tel contrat. Il ne remet d'ailleurs pas en cause la validité de cette offre de location avec promesse de vente. Au surplus, il résulte de l'historique du compte et du détail de créance versé aux débats par la société COFICA BAIL que Monsieur SEBUNUMA a partiellement exécuté ce contrat de location en payant les trois premiers loyers de novembre, décembre 2006 et janvier 2007, les incidents de paiements étant survenus postérieurement.

Monsieur SEBUNUMA est donc mal fondé à contester la validité du contrat de location avec promesse de vente et doit être condamné à l'exécuter conformément aux dispositions contractuelles qui prévoient qu'en cas de défaillance du locataire dans le paiement des loyers le bailleur est fondé, après l'envoi d'une mise en demeure, de réclamer le montant des loyers impayés et une indemnité de résiliation.

La société COFICA BAIL justifie par la production de l'historique du compte, d'un détail de créance, d'un détail de l'indemnité de résiliation et d'une lettre recommandée de mise en demeure adressée le 12 septembre 2007, dont Monsieur SEBUNUMA a accusé réception le 14 septembre 2007, que celui-ci reste débiteur de la somme de 2226,60 euros TTC au titre des loyers impayés et de celle de 9068,27 euros TTC au titre de l'indemnité de résiliation du contrat.

Monsieur SEBUNUMA sera donc condamné à payer la somme de 11.294,87 euros avec intérêts de retard au taux légal à compter du 14 septembre 2007 jusqu'à parfait paiement.

Avant de lui faire signer l'offre, la société bailleresse s'est enquis de la situation financière du locataire en lui demandant la communication de son bulletin de salaire de septembre 2006, de son contrat de travail, d'une quittance de loyer et d'une facture EDF. Il résulte de ces pièces que Monsieur SEBUNUMA était titulaire d'un contrat de travail à durée indéterminée à compter du 27 septembre 2006, percevait un salaire mensuel de 1357 euros, payait un loyer de 155 euros. Il a par ailleurs déclaré être célibataire et n'avoir pas d'autres emprunts.

Le financement de son véhicule par des loyers mensuels de 297 euros ne l'exposait donc pas à un risque d'endettement, de sorte que la société COFICA BAIL n'était pas tenue d'un devoir de mise en garde.

Monsieur SEBUNUMA est en conséquence mal fondé à rechercher la responsabilité de la société COFICA BAIL.

3

Il sera débouté de l'ensemble de ses demandes et condamné au paiement de la somme précédemment indiquée.

Partie succombante, Monsieur SEBUNUMA sera condamné aux dépens de l'instance et à payer à la société COFICA BAIL une indemnité au titre de l'article 700 du code de procédure civile, que l'équité et la situation économique des parties commandent de fixer à 1500 euros.

L'ancienneté du litige justifie le prononcé de l'exécution provisoire.

## PAR CES MOTIFS

**Déboute** Monsieur Dégratias SEBUNUMA de l'ensemble de ses demandes.

Le **condamne** à payer à la société COFICA BAIL la somme de **11.294,87 euros** avec intérêts légaux à compter du 14 septembre 2007 jusqu'à parfait paiement, outre la somme de **1500 euros** sur le fondement de l'article 700 du code de procédure civile.

**Ordonne** l'exécution provisoire.

**Condamne** Monsieur SEBUNUMA aux entiers dépens qui pourront être recouvrés conformément aux dispositions de l'article 699 du code de procédure civile.

Fait à NANTERRE, **le 14 Septembre 2012**

Signé par Marie-Hélène MASSERON, Vice-Président et par Jocelyne BIGOT, faisant fonction de Greffier auquel la minute de la décision a été remise par le magistrat signataire.

LE GREFFIER LE PRESIDENT

4

SEBUNUMA Dogratias
18 rue Adolphe Chérioux
92130 ISSY-LES-MOULINEAUX
**Courrier par Fax, à partir d'une cabine publique**
Fax N° : 01 39 53 52 92

Issy-les-Moulineaux, le 23 juillet 2013

COUR D'APPEL DE VERSAILLES
C/O Maître Philippe HUET
Avocat
53 boulevard de la Reine
78000 VERSAILLES

Objet : *Complément aux conclusions de mon avocat / Appel du Jugement qui a été rendu par le T.G.I. De Nanterre dans l'affaire qui m'oppose aux sociétés CETELEM-COFICA BAIL et AXONE AUTOMOBILES*

Madame, Monsieur,

Suite aux conclusions de mes adversaires dont la copie m'a été envoyée par mon avocat – affaire citée en référence,

J'ai l'honneur de contester certains documents qui sont présentés par mes adversaires à l'appui de leurs conclusions et, par la même occasion, je dénonce devant la Cour la non-authenticité des documents ci-après :

**1. La « pièce n° 2 » intitulée : « Demande d'adhésion à l'assurance facultative PROTEXXIO »** :

Le 04 octobre 2006, lorsque je suis arrivé au garage AXONE AUTOMOBILES, tous les documents avaient été dactylographiés à l'avance ; aucun document n'a été rempli à la main ce jour là. Le conseiller financier m'a tout simplement demandé de signer sur chaque copie du dossier. Puis, il ne m'a rendu aucune copie.

Ce n'est donc pas moi qui ai rempli ce document – pièce n° 2 – ci dessus référencé ! Or, il est rempli à la main. En bas de la page, ils ont tout simplement « collé » la date [mon écriture authentique] à partir du document de l'offre de location qui m'a été fait signer frauduleusement le 04 octobre 2006.

**Autre information complémentaire** : Même le « Bon de Commande » du 29 septembre 2006, c'est Monsieur GURINEAUX, conseiller commercial du garage AXONE AUTOMOBILES à l'époque des faits, qui l'a lui-même rempli à la main en ma présence. Puis, nous l'avons signé conjointement et il m'a présenté à son collègue « conseiller financier ». Le 04 octobre 2006, Monsieur GUERINEAUX n'était pas présent.

**2. La « pièce n° 3 » intitulée : « Déclaration de réception »** :

Sur ce document, il est mentionné : « Je soussigné (e), locataire désigné (e) ci-dessus, déclare par la présente (...) avoir reçu le matériel désigné ci-dessus et avoir constaté qu'il est conforme à celui figurant sur l'offre de location et sur la facture, dont j'autorise le règlement au vendeur. »

Puis, ils ont « collé » la date et la signature à partir du document de l'offre de location qui m'a été fait signer frauduleusement.

Ce document est un « faux » et je ne comprends pas comment mes adversaires ont osé commettre une erreur de cette nature :

Le 04 octobre 2006, je ne pouvais pas signer un document de « Déclaration de réception » du véhicule car, le véhicule n'était pas encore disponible chez AXONE AUTOMOBILES ! Le véhicule ne m'a été remis que début novembre 2006 ! Les documents d'immatriculation du véhicule sont là pour l'attester.

3. Le Parquet Général de Paris m'a remis la copie de l'audition du conseiller financier du Garage AXONE AUTOMOBILES (audition du mois de mars 2008) : Dans ce document, le même conseiller financier reconnait, point par point, m'avoir vendu le véhicule dans des conditions contraires à la Loi. Je demande à mon avocat de remettre cette pièce à la Cour d'Appel de Versailles à l'appui de mon dossier.

4. Pour que la vérité soit établie, j'ai assigné le garage AXONE AUTOMOBILES en Justice et dans le même dossier. Pourtant, cette société de se constitue jamais pour s'expliquer. Pour cela, je demande à la Cour de condamner par défaut mes adversaires conformément à la Loi.

5. **En conclusion, je dénonce devant la Cour les actes de « Faux et usage de faux » contre mes adversaires et leurs avocats.**

Fait à Issy-les-Moulineaux, le 23 juillet 2013.

SEBUNUMA Dogratias

23/07 2013 MAR 10:19 FAX 0155953258 REPRONUMERIQUE 001

**********************

*** RAPPORT TX FAX ***

**********************

EMISSION OK

| | |
|---|---|
| N° TX/RX | 1649 |
| ADR. DESTINATAIRE | 0139535292 |
| SOUS-ADRESSE | |
| ID DESTINATAIRE | |
| HEURE DEB. | 23/07 10:19 |
| DUREE TX/RX | 00'23 |
| PGS. | 1 |
| RESULTAT | OK |

SEBUNUMA Dégratias
18 rue Adolphe Chérioux
92130 ISSY-LES-MOULINEAUX
**Courrier par Fax, à partir d'une cabine publique**
Fax N° : 01 39 53 52 92

Issy-les-Moulineaux, le 23 juillet 2013

COUR D'APPEL DE VERSAILLES
C/O Maître Philippe HUET
Avocat
53 boulevard de la Reine
78000 VERSAILLES

Objet : *Complément aux conclusions de mon avocat / Appel du Jugement qui a été rendu par le T.G.I. De Nanterre dans l'affaire qui m'oppose aux sociétés CETELEM-COFICA BAIL et AXONE AUTOMOBILES*

Madame, Monsieur,

Suite aux conclusions de mes adversaires dont la copie m'a été envoyée par mon avocat – affaire citée en référence,

J'ai l'honneur de contester certains documents qui sont présentés par mes adversaires à l'appui de leurs conclusions et, par la même occasion, je dénonce devant la Cour la non-authenticité des documents ci-après :

**1. La « pièce n° 2 » intitulée : « Demande d'adhésion à l'assurance facultative PROTEXXIO » :**

Le 04 octobre 2006, lorsque je suis arrivé au garage AXONE AUTOMOBILES, tous les documents avaient été dactylographiés à l'avance ; aucun document n'a été rempli à la main ce jour là. Le conseiller financier m'a tout simplement demandé de signer sur chaque copie du dossier. Puis, il ne m'a rendu aucune copie.

Ce n'est donc pas moi qui ai rempli ce document – pièce n° 2 – ci dessus référencé ! Or, il est rempli à la main. En bas de la page, ils ont tout simplement « collé » la date [mon écriture authentique] à partir du document de l'offre de location qui m'a été fait signer frauduleusement le 04 octobre 2006.

**Autre information complémentaire** : Même le « Bon de Commande » du 29 septembre 2006, c'est Monsieur GURINEAUX, conseiller commercial du garage AXONE AUTOMOBILES à l'époque des faits, qui l'a lui-même rempli à la main en ma présence. Puis, nous l'avons signé conjointement et il m'a présenté à son collègue « conseiller financier ». Le 04 octobre 2006, Monsieur GUERINEAUX n'était pas présent.

**2. La « pièce n° 3 » intitulée : « Déclaration de réception » :**

Sur ce document, il est mentionné : « Je soussigné (e), locataire désigné (e) ci-dessus, déclare par la présente (...) avoir reçu le matériel désigné ci-dessus et avoir constaté qu'il est conforme à celui figurant sur l'offre de location et sur la facture, dont j'autorise le règlement au vendeur. »

Puis, ils ont « collé » la date et la signature à partir du document de l'offre de location qui m'a été fait signer frauduleusement.

Ce document est un « faux » et je ne comprends pas comment mes adversaires ont osé commettre une erreur de cette nature :

**<u>Le 04 octobre 2006</u>**, je ne pouvais pas signer un document de « Déclaration de réception » du véhicule car, le véhicule n'était pas encore disponible chez AXONE AUTOMOBILES ! Le véhicule ne m'a été remis que début novembre 2006 ! Les documents d'immatriculation du véhicule sont là pour l'attester.

3. Le Parquet Général de Paris m'a remis la copie de l'audition du conseiller financier du Garage AXONE AUTOMOBILES (audition du mois de mars 2008) : Dans ce document, le même conseiller financier reconnaît, point par point, m'avoir vendu le véhicule dans des conditions contraires à la Loi. Je demande

DEMANDE D'ADHESION

**PROTEXXIO VN/VO 6 et 12 MOIS**

N° de dossier Cetelem : 880897 8060575 1.

PIÈCE N° 2
DU DOSSIER DE NUZON
CLAUDE & SARKOZY
Société d'Avocats
R175

| **Véhicule Neuf (VN)** | **Véhicule d'Occasion (VO)** |
|---|---|
| ☐ PROTEXXIO NEUF 1 AN | ☐ PROTEXXIO OCCASION CLASSIC 6 MOIS |
| ☒ PROTEXXIO NEUF 2 ANS | ☐ PROTEXXIO OCCASION CLASSIC 12 MOIS |
| ☐ PROTEXXIO NEUF 3 ANS | ☐ PROTEXXIO OCCASION EXPERT 6 MOIS |
| | ☐ PROTEXXIO OCCASION EXPERT 12 MOIS |

SCP MOUTET-MÉLANGÉ – AVOCAT À LA COUR – Pièce n° 7

## Adhérent, propriétaire du véhicule

Nom : SEBUNUNA Prénom : Deogratias
Adresse : 18 rue Adolphe Chérioux
Code postal : 92130 Ville : Issy-les-Mlx tél :

Pièce n° 7 – Avocat à la Cour

Les renseignements ci-dessous ainsi que les pièces à fournir sont nécessaires au bon fonctionnement de votre garantie PROTEXXIO Neuf ou PROTEXXIO Occasion.

## Caractéristiques du véhicule au jour de l'adhésion

☒ Automobile ☐ Camping-car ☐ Moto : ............ Cm³
Marque : VW Type : cup
Modèle : Polo 1.2 65Ch Immatriculation :
Genre : VP ☒ VUL ☐ Motorisation : Essence ☒ Diesel ☐ GPL ☐
Turbo : Oui ☐ Non ☒ 4x4 : Oui ☐ Non ☐
N° de série (8 derniers chiffres) : Puissance fiscale : 04
Date de 1ère mise en circulation : ..... /..... / ..... Kilométrage au compteur :
Date de livraison : ..... /..... / .....

## Coût - Durée - Carence

Montant de la prime mensuelle correspondant à l'option choisie : 10 € T.T.C.
Durée de la garantie : 48 mois.
Période de carence (durée de la garantie restante du constructeur ou du vendeur) : 24 mois.
Date de prise d'effet de Protexxio VN/VO (à l'issue de cette période de carence) :

## Modalités de versement des primes

J'autorise CETELEM à prélever mensuellement les primes d'assurance pour le compte de CARDIF-As urances Risques Divers, prélèvements effectués sur le compte bancaire initialement désigné par mes soins à ETELEM.

## Certification sur l'honneur

**Je certifie sur l'honneur que les renseignements fournis sur la présente demande sont exacts et prend acte que toute réticence ou fausse déclaration intentionnelle de sa part entraînerait la nullité du contrat conformément à l'article L. 113-8 du Code des assurances.**
Je reconnais avoir reçu, pris connaissance préalablement à l'adhésion et rester en possession d'un exemplaire de la demande d'adhésion, du barème de cotisation, et de la notice d'information.

*J'autorise expressément CARDIF-Assurances Risques Divers, à utiliser les informations recueillies dans le cadre de la relation d'assurance pour les seules nécessités de sa gestion interne, de ses propres mandataires, courtiers et réassureurs, et pour satisfaire aux obligations légales et réglementaires. Ces informations sont obligatoires pour réaliser l'opération d'assurance puis l'exécuter. Elles pourront être communiquées aux prestataires de CARDIF-Assurances Risques Divers pour l'exécution de travaux effectués pour leurs comptes ou à toute société du groupe BNP Paribas en cas de mise en commun de*

Fait en deux exemplaires.
A Paris
Le 04/11/2006
**Signature de l'Adhérent**

Formulaire CETEL C38

PIÈCE N° 3
DU DOSSIER DE NUZUN
CLAUDE & SARKOZY
Société d'Avocats
R175

Cofica Bail - S.A. au capital de 12 800 000 Euros
399 181 924 RCS Paris - Siège Social : 5, avenue Kléber, 75116 Paris

EXEMPLAIRE
Bailleur

Le vendeur :
7000411615
AXONE AUTOMOBILES

Le Locataire :
MR SEBUNUMA DEOGRATIAS
16 RUE ADOLPHE CHERIOUX
92130 ISSY LES MOULINEAUX

MAÎTRE SOPHIE ... Pièce N° 9

Désignation du bien :
Marque VOLKSWAGEN, Modèle POLO, Type POLO 1.2 65 CUP, Date de 1ère mise en circulation NEUF, N° de série , Puissance 0004

**DÉCLARATION DE RÉCEPTION (Valant accord de conformité)**

Je soussigné(e), locataire désigné(e) ci-dessus, déclare par la présente, tant en mon nom qu'en celui du colocataire solidaire, avoir reçu le matériel désigné ci-dessus et avoir constaté qu'il est conforme à celui figurant sur l'offre de location et sur la facture, dont j'autorise le règlement au vendeur.

(si société, mettre le cachet)

DATE : 04/10/2006
SIGNATURE DU LOCATAIRE:

**CERTIFICAT DE LIVRAISON ET DEMANDE DE RÈGLEMENT**

Je soussigné, vendeur du matériel désigné ci-dessus, certifie sous ma responsabilité personnelle que le locataire :

[ ] a demandé  [X] n'a pas demandé

à être livré immédiatement dans les conditions prévues aux articles L. 311-24 et R 311-6 du Code de la consommation, ramenant le délai de rétractation à la date de livraison du matériel, lequel ne peut jamais être inférieur à 3 jours ou excéder 7 jours.

Je me reconnais responsable et m'engage à rembourser le bailleur à première demande, à concurrence du montant total des loyers et de toutes autres sommes stipulées au contrat de location signé par le(s) locataire(s) dont je certifie avoir vérifié l'identité :

- en cas d'inexactitude dans les informations mentionnées sur l'offre préalable de location avec promesse de vente [illegible] du dépôt de garantie) ainsi que sur les présentes, ou tout autre document.
- en cas de non-vérification de l'identité du (ou des) locataire(s).
- au cas où le véhicule ne serait pas définitivement immatriculé au nom du bailleur, ferait l'objet d'une saisie ou d'une garantie au profit de tiers (réserve de propriété, gage, etc...)
- en cas d'irrégularité dans l'application du Livre III du Code de la consommation et des décrets d'application subséquents.

Pour toutes contestations à naître de l'interprétation ou de l'exécution des présentes, j'attribue et accepte d'avance la compétence du Tribunal de Commerce de Paris ou, au seul choix du bailleur, la compétence du Tribunal de Commerce du défendeur.

En conséquence, je vous demande de m'adresser votre chèque de règlement en contrepartie de cette déclaration de livraison.

DATE :
CACHET ET SIGNATURE DU VENDEUR

AXONE AUTOMOBILES
Concessionnaire VOLKSWAGEN
176-180, Avenue d'Italie - 75013 PARIS
Tél. : 01 45 88 45 [illegible] - Fax : 01 45 88 83 99
SIRET : 444 [illegible] 00023 - APE : 501Z

Version 02/05

COUR D'APPEL
DE
VERSAILLES

Code nac : 53I

Extrait des minutes de Greffe de la Cour d'Appel de Versailles

16ème chambre

ARRET N° 178

CONTRADICTOIRE

DU 27 MARS 2014

R.G. N° 13/00981

AFFAIRE :

Deogratias SEBUNUMA

C/
SA COFICA BAIL
...

Décision déférée à la cour : Jugement rendu le 14 Septembre 2012 par le Tribunal de Grande Instance de NANTERRE
N° Chambre : 6
N° Section :
N° RG : 11/10519

Expéditions exécutoires
Expéditions
Copies
délivrées le :

à :

Me Philippe HUET, avocat au barreau de VERSAILLES

Me Jack NUZUM, avocat au barreau de VERSAILLES,

Me Fabrice HONGRE-BOYELDIEU de l'Association AARPI AVOCALYS, avocat au barreau de VERSAILLES

RÉPUBLIQUE FRANÇAISE

AU NOM DU PEUPLE FRANÇAIS

LE VINGT SEPT MARS DEUX MILLE QUATORZE,
La cour d'appel de VERSAILLES, a rendu l'arrêt suivant dans l'affaire entre :

**Monsieur Deogratias SEBUNUMA**
né le 01 Juin 1969 à KABARONDO (RWANDA)
de nationalité Française
18, rue Adolphe Chérioux - 92130 ISSY LES MOULINEAUX
Représentant : Me Philippe HUET, Plaidant/Postulant, avocat au barreau de VERSAILLES, vestiaire : 154 - N° du dossier 213285



*APPELANT*

****************

**SA COFICA BAIL**
N° SIRET : 399 181 924
1 boulevard Haussmann - 75009 PARIS / FRANCE
Représentant : Me Jack NUZUM, Postulant, avocat au barreau de VERSAILLES, vestiaire : 187 - N° du dossier 20137
Représentant : Me Arnaud CLAUDE de la SELAS Arnaud CLAUDE & Associés, Plaidant, avocat au barreau de PARIS, vestiaire : R175 -

**SAS AXONE AUTOMOBILES** prise en la personne de ses représentants légaux domiciliés en cette qualité audit siège
N° SIRET : 444 376 735
176-180, Avenue d'Italie - 75013 PARIS
Représentant : Me Fabrice HONGRE-BOYELDIEU de l'Association AARPI AVOCALYS, Postulant, avocat au barreau de VERSAILLES - N° du dossier 001226

*INTIMEES*

****************

**Composition de la cour :**

En application des dispositions de l'article 786 du code de procédure civile, l'affaire a été débattue à l'audience publique du 05 Février 2014 les avocats des parties ne s'y étant pas opposés, devant Monsieur Jean-Baptiste AVEL, Président chargé du rapport et Madame Anne LELIEVRE, Conseiller.

Ces magistrats ont rendu compte des plaidoiries dans le délibéré de la cour, composée de :

Monsieur Jean-Baptiste AVEL, Président,
Madame Marie-Christine MASSUET, Conseiller,
Madame Anne LELIEVRE, Conseiller,

Greffier, lors des débats : Madame Bernadette RUIZ DE CONEJO,

**FAITS ET PROCEDURE.**

Le 4 octobre 2006, Dégratias SEBUNUMA a souscrit auprès de la société COFICA BAIL une offre préalable de location avec promesse de vente portant sur un véhicule automobile de marque Volkswagen Polo d'un prix de 12.455 € TTC remboursable par loyers mensuels de 297,06 € pendant 47 mois, avec une option d'achat de 125 € au terme du contrat ;

A la suite d'incidents de paiement, la société COFICA BAIL, après délivrance d'une mise en demeure en date du 12 septembre 2007, a assigné Dégratias SEBUNUMA par acte du 28 janvier 2008 à l'effet de l'entendre condamner à lui payer la somme de 11.294,87 € avec intérêts au taux légal à compter de la mise en demeure jusqu'à parfait paiement, outre la somme de 2.000€ sur le fondement de l'article 700 du code de procédure civile, le tout avec exécution provisoire ;

Par acte du 11 juin 2008, Dégratias SEBUNUMA a assigné en intervention forcée la société AXONE AUTOMOBILES, vendeur du véhicule, à l'effet de voir engager sa responsabilité; cette mise en cause a été jointe au dossier principal par ordonnance du 30 juin 2008 ;

Dégratias SEBUNUMA a demandé au tribunal, après avoir fait injonction à la société AXONE AUTOMOBILES de justifier du refus de la société COFICA BAIL de lui faire bénéficier d'un crédit, de constater la résolution de la vente intervenue le 29 septembre 2006 sans frais ni indemnité, faute d'obtention du crédit, de prononcer l'annulation subséquente de l'offre préalable de location avec promesse de vente avec ses conséquences de droit (la remise des choses en l'état antérieur), de lui donner acte de son offre de restituer le véhicule, de condamner la société COFICA BAIL à lui restituer le montant des loyers perçus à ce jour, soit la somme de 3983,59 €, de condamner solidairement les sociétés COFICA BAIL et AXONE AUTOMOBILES à lui payer la somme de 5000 € à titre de dommages et intérêts et celle de 2.500 € sur le fondement de l'article 700 du code de procédure civile, et à supporter les dépens de l'instance ;

**Vu l'appel interjeté le 4 février 2013 par Dégratias SEBUNUMA du jugement rendu le 14 septembre 2012 par le tribunal de grande instance de NANTERRE** qui l'a débouté de l'ensemble de ses demandes, l'a condamné à payer à la société COFICA BAIL la somme de 11.294,87 € avec intérêts légaux à compter du 14 septembre 2007 jusqu'à parfait paiement, outre la somme de 1.500 € sur le fondement de l'article 700 du code de procédure civile, ordonné l'exécution provisoire et l'a condamné aux dépens ;

**Vu les dernières conclusions signifiées le 2 mai 2013 par lesquelles Dégratias SEBUNUMA** poursuivant l'infirmation du jugement entrepris, demande à la cour de juger que le contrat signé le 29 septembre 2006 est résolu de plein droit sans indemnité, prononcer la nullité du contrat de location avec promesse de vente signé le 4 octobre 2006, condamner la société

COFICA BAIL et la société AXONE AUTOMOBILES à lui payer chacune la somme de 20.000€ à titre de dommages et intérêts pour le préjudice subi, condamner la société COFICA BAIL à lui restituer la totalité des loyers reçus indûment, augmentés des intérêts au taux légal à compter du 4 octobre 2006 jusqu'à parfait paiement, condamner solidairement les deux sociétés à lui payer la somme de 5.000 € sur le fondement de l'article 700 du code de procédure civile, ainsi qu'aux entiers dépens ;

**Vu les dernières conclusions signifiées le 28 juin 2013 par lesquelles la société COFICA BAIL** conclut à la confirmation du jugement déféré en toutes ses dispositions et demande à la cour de condamner Dégratias SEBUNUMA à lui payer la somme de 3.000 € sur le fondement de l'article 700 du code de procédure civile, ainsi qu'aux entiers dépens ;

**Vu les dernières conclusions signifiées le 23 juillet 2013 par lesquelles la société AXONE AUTOMOBILES** conclut à titre principal à la confirmation du jugement déféré et demande à la cour de condamner Déogratias SEBUNUMA à lui payer une amende civile de 3.000€ et au paiement de la somme de 5.000 € à titre de dommages et intérêts, à titre subsidiaire, débouter Déogratias SEBUNUMA de sa demande de résolution de la vente et débouter la société COFICA BAIL de sa demande de garantie à son encontre en cas de résolution du contrat de location avec option d'achat, à titre plus subsidiaire, débouter Déogratias SEBUNUMA de sa demande indemnitaire, en toute hypothèse condamner tous succombants au paiement de la somme de 3.000 € au titre de l'article 700 du code de procédure civile, ainsi qu'aux entiers dépens ;

**Vu l'ordonnance de clôture du 7 janvier 2014 ;**

Sur la résolution du contrat signé le 29 septembre 2006 :

Considérant que Déogratias SEBUNUMA demande en premier lieu à la cour de dire que le bon de commande du 29 septembre 2006 est nul au motif que l'agrément de l'emprunteur, en la personne de Deogratias SEBUNUMA, est réputé avoir été refusé ; qu'il considère dès lors que "le contrat de vente du véhicule signé le 29 septembre 2006 est résolu de plein droit sans indemnité" ; qu'il ajoute que l'acte du 29 septembre 2006 liait les parties dans le cadre de la réalisation de la vente du véhicule à crédit, que la société AXONE AUTOMOBILES, vendeur professionnel, n'a eu de cesse de tromper son client profane, que le conseiller financier a informé l'appelant que le crédit avait été accordé et qu'ainsi le vendeur lui a fait signer le 4 octobre 2006 le contrat alors que l'acquéreur pensait obtenir un "crédit financier remboursable normal pour acheter ma propre voiture", c'est à dire un crédit classique à la consommation et non pas une location avec promesse de vente, ainsi que cela résulterait des courriers que Déogratias SEBUNUMA a adressés les 16 et 23 mars 2007 à la société AXONE AUTOMOBILES ;

Qu'il soutient avoir du attendre le 27 février 2007 pour qu'un exemplaire du contrat signé le 4 octobre 2006 lui soit remis, ajoute que son agrément (vente à crédit ou location avec option d'achat) est réputé avoir été refusé, et considère que le contrat de vente conditionné à l'octroi d'un prêt non consenti doit être également résolu de plein droit ; qu'il affirme n'avoir jamais fait appel à la société CETELEM, et que COFICA BAIL ne pouvait qu'être informée des agissements fautifs de la société AXONE AUTOMOBILES ; qu'il fait valoir que la société AXONE AUTOMOBILES n'était investie d'aucun mandat écrit accepté par le client, que les dispositions des articles L 311-2 second alinéa et L311-8 et L 311-10 du code de la consommation n'ont pas été respectées, ce qui entraîne la nullité de l'acte ; qu'il estime enfin que les manoeuvres dolosives de la société AXONE AUTOMOBILES ont entaché la validité de l'offre de location du 4 octobre 2006 ;

Considérant que la société AXONEAUTOMOBILES conclut à son absence de comportement fautif, considère qu'il est établi que Dégratias SEBUNUMA a acheté un véhicule à crédit au moyen d'un contrat de location avec option d'achat régularisé le 4 octobre 2006 ; qu'elle ajoute que l'appelant avait pleinement conscience de la teneur de ses engagements lors de la souscription du contrat ; qu'elle sollicite la confirmation du jugement et l'allocation à son profit de dommages-intérêts et du paiement d'une amende civile en raison du caractère particulièrement abusif de la procédure ;

Considérant que la société COFICA BAIL expose que les prétentions de Dégratias SEBUNUMA ne sont pas justifiées et sont démenties par ses propres déclarations faites par ailleurs ; qu'elle ajoute que Dégratias SEBUNUMA est à même de comprendre l'objet et l'étendue des obligations qu'il contracte, qu'il est un consommateur particulièrement averti, qu'il a, dès 2003, souscrit auprès de la société CETELEM un emprunt afin d'équiper son appartement, qu'il lui appartenait de lire les conditions de son contrat ; qu'elle ajoute être un tiers par rapport au vendeur ne peut être tenue pour responsable de ses agissements ;

Considérant qu'il ressort des pièces produites aux débats, que le 29 juin 2006, Dégratias SEBUNUMA a signé un bon de commande d'un véhicule VOLKSWAGEN POLO auprès de la société AXONE AUTOMOBILES, concessionnaire VOLKSWAGEN, en qualité de vendeur ; qu'il est mentionné sur le bon de commande que le véhicule n'est pas acheté comptant mais à crédit ; que le client déclare qu'il accepte la commande aux conditions générales et particulières contenues dans le document contractuel dont il déclare avoir pris connaissance et qu'il s'engage à respecter dans l'avenir ; que les conditions générales précisent que le document constitue soit un contrat de vente, soit un contrat de mandat qui autorise le distributeur à effectuer les démarches préalables à la livraison du véhicule demandé si le client choisit la location avec option d'achat ou le crédit-bail ;

Que le 4 octobre 2006, l'appelant a signé une offre préalable de location avec promesse de vente émise par COFICA BAIL qui précise que la présente offre est faite à Dégratias SEBUNUMA en qualité de locataire, qui a déclaré accepter la présente offre préalable avec l'indication de l'ensemble des conditions de l'offre tenant notamment à la périodicité des loyers, la durée, le montant, et le coût total de l'opération ; que le contrat de location avec option d'achat est destiné à financer le véhicule VOLKSWAGEN POLO dont le prix de vente au comptant était de 12.455 euros, les loyers et mensualités étaient fixés pour une durée de 48 mois d'un montant de 297,06 euros, l'option d'achat étant de 125 euros ;

Que le contractant a exécuté pendant plusieurs mois les termes de son engagement en s'acquittant des mensualités de novembre 2006 à janvier 2007 ;

Qu'à partir du mois de février 2007, Déogratias SEBUNUMA n'a plus honoré ses engagements et a été attrait devant le tribunal de grande instance de Nanterre le 28 janvier 2008, après mise en demeure du 12 septembre 2007 ;

Considérant que le bon de commande du 29 septembre 2006, qui dispose que le véhicule n'est pas acheté par le client au comptant mais à crédit, n'est pas entaché de nullité ; que Déogratias SEBUNUMA n'a pu se méprendre sur la nature et la portée de son engagement et que le choix entre un crédit-bail ou une location avec option d'achat a été opéré au plus tard quelques semaines après la signature du bon, Déogratias SEBUNUMA ne contestant pas avoir signé le 4 octobre 2006 une offre préalable de location avec promesse de vente ; que ce contrat est clair et n'est pas de nature à créer la confusion dans l'esprit de l'acquéreur ; que le certificat d'immatriculation en date du 9 novembre 2006 mentionne sans ambiguïté que le propriétaire du véhicule est la société COFICA BAIL ; que Déogratias SEBUNUMA a commencé à honorer le paiement des loyers révélant ainsi qu'il avait compris et accepté les termes des engagements qu'il avait délibérément contractés ; que la circonstance alléguée selon laquelle il s'est retrouvé sans emploi le 18 novembre 2006 n'est pas susceptible d'affecter la validité de ses engagements antérieurs ;

Que, par son courrier du 27 février 2007 adressé à COFICA BAIL, l'appelant a informé cette société de son souhait de "résilier" son contrat de location ; que le courrier qu'il a adressé à la société CETELEM en date du 3 mars 2007 avait pour objet de faire connaître à la société CETELEM qu'il entendait faire opposition à son compte postal pour interdire à cet organisme de prêt de prélever de l'argent sur son compte ; que par son courrier du 14 mars 2007 Déogratias SEBUNUMA indiquait qu'il souhaitait que son véhicule soit repris et qu'il le laissait à disposition sur un parking public à Issy les Moulineaux ; que ces différents courriers, tous postérieurs à la mise en oeuvre du contrat et aux premiers manquements de Deogratias SEBUNUMA à ses engagements contractuels, s'ils retracent l'historique des relations ayant existé entre les parties, sont insuffisants pour donner foi aux accusations portées par Déogratias SEBUNUMA à l'encontre de son vendeur et de la société de crédit alors qu'ils ne constituent que le récit exposé de façon unilatérale par l'appelant de sa propre version du déroulement des faits et ce, postérieurement à la survenance de ses incidents de paiement ;

Considérant que, par des motifs pertinents qui sont adoptés, le tribunal a justement apprécié que les griefs exposés par Déogratias SEBUNUMA ne sont pas établis ; que la cour ajoute que Déogratias SEBUNUMA ne démontre pas que la société AXONE AUTOMOBILES se soit rendue coupable de manoeuvres dolosives qui justifieraient une "résiliation", ou ce qu'il préfère qualifier dans ses écritures devant la cour de "résolution", du contrat "sans indemnité" et la mise en cause de la responsabilité du vendeur ; qu'il ne peut être sérieusement contesté que le bon de commande du 29 septembre 2006 a bien été suivi d'une offre préalable de location avec promesse de vente acceptée par Déogratias SEBUNUMA en qualité de locataire ; que cette offre, signée le 4 octobre 2006, n'est pas entachée de nullité ; que l'appelant ne démontre pas les manquements de cette société à son devoir de diligence, de prudence et de loyauté et de mise en garde ; qu'aucune violation des dispositions des articles L 311-8 et suivants du code de la consommation n'est justifiée ; que Déogratias SEBUNUMA n'a pas été privé de la faculté de rétracter son consentement alors qu'il a reconnu rester en possession d'un exemplaire de l'offre dotéd'un formulaire détachable de rétractation ; que Deogratias SEBUNUMA était informé et avait déjà antérieurement eu recours aux services de la société CETELEM pour financer un projet de crédit avec option d'achat ainsi que cela résulte notamment du courrier adressé par cet organisme le 7 novembre 2006 ; qu'au surplus, au moment de l'offre de crédit, Deogratias SEBUNUMA était titulaire d'un contrat à durée indéterminée pour un salaire mensuel de 1851 euros, et son engagement de remboursement de la somme mensuelle de 297 euros ne l'exposait pas à un risque de crédit ;

Qu'il convient en conséquence de débouter Déogratias SEBUNUMA de ses demandes de dommages-intérêts à l'encontre de la société AXONE AUTOMOBILES et à l'encontre de la société COFICA BAIL ;

Considérant que Déogratias SEBUNUMA doit être tenu d'exécuter son contrat de location avec promesse de vente dans les termes de son engagement ; que la demande de la société COFICA BAIL est justifiée au vu des pièces qu'elle verse aux débats et notamment de la déclaration de réception du 4 octobre 2006, de l'historique du compte, du tableau d'amortissement et du détail de sa créance ;

Qu'il convient en conséquence de confirmer le jugement entrepris à ce titre ;

Considérant qu'il n'y a pas lieu en l'espèce de faire application des dispositions de l'article 32-1 du code de procédure civile qui dispose que celui qui agit en justice de manière dilatoire ou abusive peut être condamné à une amende civile d'un maximum de 3 000 euros, sans préjudice des dommages-intérêts qui seraient réclamés ; que la mise en oeuvre de ces dispositions relève de la seule compétence de la juridiction saisie, les parties au procès n'ayant pas intérêt au prononcé d'une telle amende ;

Considérant que le fait d'agir en justice constitue un droit, et ne dégénère en abus pouvant donner naissance à une dette de dommages et intérêts que dans le cas de malice, de mauvaise foi, d'erreur grossière équipollente au dol, ou à tout le moins, de légèreté blâmable ; que tel n'étant pas le cas en l'espèce, la demande de dommages et intérêts pour procédure abusive ne sera pas accueillie ;

Considérant qu'il convient de faire application de l'article 700 du code de procédure civile et de condamner Dégratias SEBUNUMA à verser à la la société COFICA BAIL la somme de 3.000 euros au titre de ses frais irrépétibles de première instance et d'appel et de condamner Dégratias SEBUNUMA à verser à la société AXONE AUTOMOBILES la somme de 1.500 euros au titre de ses propres frais irrépétibles de procédure ;

Que les dépens de première instance et d'appel seront supportés par Dégratias SEBUNUMA, qui succombe en ses prétentions, conformément aux dispositions de l'article 699 du code de procédure civile ;

**PAR CES MOTIFS, LA COUR :**

**Statuant contradictoirement et en dernier ressort,**

Confirme le jugement entrepris en toutes ses dispositions,

Rejette le surplus des demandes,

Condamne Dégratias SEBUNUMA à verser à la la société COFICA BAIL la somme de 3.000 euros au titre de ses frais irrépétibles de première instance et d'appel ;

Condamne Dégratias SEBUNUMA à verser à la société AXONE AUTOMOBILES la somme de 1.500 euros au titre de ses frais irrépétibles de procédure ;

Condamne Dégratias SEBUNUMA aux entiers dépens de l'instance, qui pourront être directement recouvrés conformément aux dispositions de l'article 699 du code de procédure civile.

- prononcé par mise à disposition de l'arrêt au greffe de la cour, les parties en ayant été préalablement avisées dans les conditions prévues au deuxième alinéa de l'article 450 du code de procédure civile.

- signé par Monsieur Jean-Baptiste AVEL, Président et par Madame RUIZ DE CONEJO, greffier, auquel la minute de la décision a été remise par le magistrat signataire.

Le GREFFIER, Le PRESIDENT,

-7-

Nous sommes là pour vous aider

Liberté • Égalité • Fraternité
RÉPUBLIQUE FRANÇAISE

MINISTÈRE DE LA JUSTICE

cerfa

n° 11764*05

**Déclaration au greffe du tribunal d'instance**
(Article 843 du code de procédure civile)

***Votre identité (demandeur)***

**▶Si vous êtes une personne physique, remplissez les rubriques suivantes :**

☐ Madame ☒ Monsieur

Votre nom de famille : SEBUNUMA

Votre nom d'usage (d'époux (se)) : ____

Vos prénoms : DEOGRATIAS

Vos date et lieu de naissance |0|1|0|6|1|9|6|9| à KABARONDO - RWANDA

Votre nationalité : FRANCAISE

Votre adresse : 18 RUE ADOLPHE CHERIOUX

Code postal |9|2|1|3|0| Commune : ISSY-LES-MOULINEAUX

Votre profession : PSYCHOLOGUE

Votre numéro de téléphone |_|_|_|_|_|_|_|_|_|_|

Votre adresse courriel : ____@____

Votre numéro de télécopie |_|_|_|_|_|_|_|_|_|_|

**▶Si vous êtes une personne morale, remplissez les rubriques suivantes :**

Forme de la société (SA, SARL, EURL, SCI, SCP...) : ____

Dénomination : ____

Représentée par : ____

Adresse du siège social : ____

Code postal |_|_|_|_|_| Commune : ____

Votre numéro de téléphone |_|_|_|_|_|_|_|_|_|_|

Votre adresse courriel : ____@____

Votre numéro de télécopie |_|_|_|_|_|_|_|_|_|_|

***L'identité de votre adversaire (défendeur)***

**► Si votre adversaire est une personne physique, remplissez les rubriques suivantes :**

☐ Madame ☐ Monsieur

Son nom de famille : SELAS CLAUDE & SARKOZY (avocats)

Son nom d'usage (d'époux (se)) :

Ses prénoms :

Son adresse : 52 boulevard Malesherbes

Code postal |7|5|0|0|8| Commune : PARIS

**► Si votre adversaire est une personne morale, remplissez les rubriques suivantes :**

Forme de la société (SA, SARL, EURL, SCI, SCP...) :

Dénomination : CETELEM - COFICA BAIL

Représentée par :

Adresse du siège social : 1 boulevard Haussmann

Code postal |7|5|0|0|9| Commune : PARIS

Son numéro de téléphone |_|_|_|_|_|_|_|_|_|_|

Son adresse courriel : ______@______

Son numéro de télécopie |_|_|_|_|_|_|_|_|_|_|

***Si vous avez plusieurs adversaires : identité de l'autre adversaire (défendeur)***

**► Si votre autre adversaire est une personne physique, remplissez les rubriques suivantes :**

☐ Madame ☒ Monsieur

Son nom de famille : NUZUM (avocat)

Son nom d'usage (d'époux (se)) :

Ses prénoms : Jack

Son adresse : 12 rue Baillet-Reviron

Code postal |7|8|0|0|0| Commune : VERSAILLES

**► Si votre autre adversaire est une personne morale, remplissez les rubriques suivantes :**

Forme (SA, SARL, EURL, SCI, SCP...) :

Dénomination : GARAGE AXONE AUTOMOBILES

Représentée par :

Adresse du siège social : 176 - 180 Avenue d'Italie

Code postal |7|5|0|1|3| Commune : PARIS

Son numéro de téléphone |_|_|_|_|_|_|_|_|_|_|

Son adresse courriel : ______@______

Son numéro de télécopie |_|_|_|_|_|_|_|_|_|_|

2/

***Votre demande :***

Vous demandez la convocation de votre adversaire (du défendeur) devant le tribunal d'instance de : PARIS 9ème ARRONDISSEMENT

Vous souhaitez obtenir : **Réparation du préjudice subi.**

L'objet de votre demande doit être **chiffré** :
principal : ______ €
intérêts : ______ €
dommages et intérêts : **4000 €** ______ €

**Depuis 2007, un litige commercial m'oppose aux société CETELEM-COFICA BAIL et le garage Axone Automobiles. Il existe déjà deux procédures judiciaires concernant cette affaire. Pour cela, la présente plainte concerne les actes qui se sont ajoutés au litige principal.**

Exposez brièvement les motifs de votre demande :

**- Suite au litige commercial qui nous oppose, le 12 avril 2007, la société CETELEM-COFICA BAIL a produit un faux document et l'a utilisé pour prélever de l'argent sur mon ancien compte bancaire.**
**- Lorsque j'ai fait appel du Jugement signifié le 07 janvier 2013, mes adversaires et leurs avocats ont produit deux faux documents (copies ci-jointes) et les ont présentés à la Justice. Or, en 2008, le vendeur a fait une déposition qui prouve que ces documents sont des faux. Je porte plainte.**

**Fait à :** Issy-les-Moulineaux, **Le :** 06 janvier 2014

**Votre signature :** SEBUNUMA Déogratias

**>Tous les documents que vous produisez à l'appui de votre demande doivent être joints en autant de copies que de personnes dont vous demandez la convocation devant le juge.**

**>Si vous êtes tenu au paiement des timbres fiscaux de 35€ n'omettez pas de les coller ci-dessous.**

**COLLER ICI LES TIMBRES**

OU **JOINDRE A VOTRE DEMANDE LA PREUVE D'ACHAT DU TIMBRE DEMATERIALISE**

Si une

RG..................

5€
XS88885

**a loi n°78-17 du 6 janvier 1978 relative aux fichiers nominatifs garantit un droit d'accès et de rectification des données auprès des organismes destinataires de ce formulaire.**

3/

SEBUNUMA Déogratias
18 rue Adolphe Chérioux
92130 ISSY-LES-MOULINEAUX

Issy-les-Moulineaux, le 17 février 2014

Courrier AR

Madame, Monsieur Le Président
Tribunal d'Instance
de Paris 9ème Arrondissement
9 bis rue Drouot
75009 PARIS

Objet : *J'accuse réception de votre convocation à l'audience du 28 avril 2014*
Affaire N° RG : 11-14-000069

Madame, Monsieur,

J'ai l'honneur d'accuser réception de votre convocation à l'audience du 28 avril 2014 concernant l'affaire citée en référence.

Je me présenterai uniquement à l'audience de jugement du 28 avril 2014, à 09h30.

Pour cela, je ne me rendrai pas à la conciliation et je vous transmets le formulaire dûment complété.

Veuillez agréer, Madame, Monsieur, l'expression de ma considération distinguée.

SEBUNUMA Déogratias

*Copie du présent courrier les pièces du dossier à :*
- La partie adverse, par courrier Recommandé avec Avis de Réception.

Destinataire

Avocats
75008 PARIS

LA POSTE

1A 097 552 8143 6

RECOMMANDÉ AVEC AVIS DE RÉCEPTION

Expéditeur

SEBUNUMA Deogratias

18 rue Adolphe Chérioux
92130 Issy-les-Moulineaux

PREUVE DE DÉPÔT

Lettre recommandée en ligne

RECOMMANDÉ :
AVIS DE RÉCEPTION
AR 1A 097 552 8143 6

FRAB

75008 PARIS

19 FEV. 2014

Le destinataire
Le mandataire

SEBUNUMA Deogratias

18 rue Adolphe Chérioux
92130 Issy-les-Moulineaux

SEBUNUMA Dégratias
18 rue Adolphe Chérioux
92130 ISSY-LES-MOULINEAUX

Issy-les-Moulineaux, le 14 avril 2014

**Courrier remis en mains propres au Greffe du Tribunal**

GREFFE
Le 14 AVR. 2014
Tribunal d'instance du 9ème Arrdt de PARIS

Madame, Monsieur le Président
Tribunal d'Instance de Paris 9ème Arrondissement
9 bis, rue Drouot
75009 PARIS

<u>Objet</u> : Complément à ma plainte, affaire N° RG : 11-14-000069

*Référence* :

- Pièce complémentaire / Identification du véhicule et de son propriétaire établie par la Police Judiciaire (document daté du 05 février 2014).

Madame, Monsieur,

La Police Judiciaire vient de me communiquer un document qui constitue une pièce à conviction essentielle dans l'affaire cité en référence.

Pour cela, je vous communique ce document que je citerai (pièce jointe), avec l'ensemble du dossier déjà constitué, à l'audience du 28 avril 2014.

Par ailleurs, je transmets à la partie adverse la copie du présent courrier et du-dit document établi par la Police Judiciaire.

Veuillez agréer, Madame, Monsieur Le Président, l'expression de ma considération distinguée.

SEBUNUMA Dégratias

Destinataire
CLAUDE ET SARKOZY
Avocats
52 boulevard Malesherbes
75008 PARIS

LA POSTE
1A 100 232 3432 0
**RECOMMANDÉ** AVEC AVIS DE RÉCEPTION

Expéditeur
SEBUNUMA Dégratias
18 rue Adolphe Chérioux
92130 Issy-les-Moulineaux

Conservez ce feuillet, il sera nécessaire en cas de réclamation.
Le cas échéant, vous pouvez faire une réclamation dans n'importe quel bureau de Poste.

SEBUNUMA Dégratias
18 rue Adolphe Chérioux
92130 ISSY-LES-MOULINEAUX

Issy-les-Moulineaux, le 07 avril 2014

**Courrier remis en mains propres au Greffe du Tribunal**

Madame, Monsieur le Président
Tribunal d'Instance de Paris 9ème
Arrondissement
9 bis, rue Drouot
75009 PARIS

Objet : Complément à ma plainte, affaire N° RG : 11-14-000069
*Référence* :

- Suite au courrier reçu de mes adversaires (courrier simple), je dénonce la tentative de faire obstruction à ma plainte ;
- Je confirme à nouveau que je me présenterai à l'audience du 28 avril 2014 à 9h30, conformément à votre convocation.

Madame, Monsieur,

Suite à la plainte que j'ai adressée à votre tribunal le 08 janvier 2014,

Le 04 février 2014, vous m'avez envoyé une convocation pour me présenter à l'audience prévue le 28 avril 2014 à votre Tribunal.

Dans le même courrier-convocation ci-dessus cité, vous me proposiez de rencontrer un conciliateur de Justice et vous me demandiez de répondre si l'acceptais ou non cette proposition.

**Précision** : dans votre courrier-convocation du 04 février 2014, vous avez précisé : « *Si vous n'envisagez pas de vous rendre à la conciliation ou en cas d'échec de celle-ci, vous voudrez bien vous présenter à l'audience de jugement* ».

Le 17 février 2014, j'ai répondu par courrier à votre courrier-convocation ci-dessus cité : je vous ai informé que je ne me rendrai pas à la conciliation ; que je me présenterai uniquement à l'audience du 28 avril 2014 (courrier AR, justificatifs ci-joints).

Par ailleurs, comme vous l'avez demandé dans votre courrier-convocation du 04 février 2014, j'ai communiqué à la partie adverse la copie du dossier de ma plainte, la copie du courrier que je vous ai adressé le 17 février 2014 ainsi que le formulaire de refus à participer à une quelconque rencontre de conciliation (justificatifs ci-joints).

Or, à ma grande surprise, je viens de recevoir un courrier (simple) de la part de la partie adverse, courrier selon lequel mes adversaires entendent me communiquer la « copie du courrier (...) ainsi que les pièces visées » qu'ils auraient remis à « Monsieur le conciliateur au Tribunal d'instance du 9ème arrondissement de Paris » !

**Conclusion** : comme je vous l'ai déjà communiqué par courrier recommandé (avec AR) du 17 février 2014, je me présenterai uniquement à l'audience du 28 avril 2014.

Pour cela, toute démarche et/ou initiative parallèle ne me concerne pas, quelle que soit sa nature.

Veuillez agréer, Madame, Monsieur Le Président, l'expression de ma considération distinguée.

SEBUNUMA Dégratias

GREFFE
Le 07 AVR. 2014
Tribunal d'I...
du 9ème ...

SEBUNUMA Déogratias
18 rue Adolphe Chérioux
92130 ISSY-LES-MOULINEAUX

Paris, le 28 avril 2014

**Résumé des Conclusions orales, à l'audience du 28 avril 2014**

Madame, Monsieur le Président
Tribunal d'Instance de Paris 9ème
Arrondissement
9 bis, rue Drouot
75009 PARIS

<u>Objet</u> : Complément à ma plainte, affaire N° RG : 11-14-000069
*Référence* : Présentation des conclusions orales, à l'audience du 28 avril 2014.

**I. Historique**

1. Le 29 septembre 2006, j'ai conjointement signé, avec le Garage Axone Automobiles à Paris 13ème Arrondissement, un «Bon de commande » d'un véhicule pour un achat à crédit. Le même Garage s'est engagé à m'aider à trouver le financement du crédit auprès de ses partenaires. Ainsi, juste après la signature du « Bon de commande », le conseiller commercial du Garage Axone Automobiles m'a présenté à son collègue, conseiller financier : c'est celui-ci qui allait m'aider à trouver un financement.

Quelques jours plus tard (dans moins de trois jours), le conseiller financier du Garage Axone Automobiles m'a contacté au téléphone et m'a demandé si j'avais, ici en France, une personne qui pourrait se porter « garant » au sujet du crédit dont j'avais besoin pour acheter le véhicule. Je lui ai répondu que je n'avais pas de garant. Il m'a répondu qu'il allait continuer à chercher le financement. Plus tard (le même jour ou le lendemain), le conseiller financier m'a rappelé pour m'informer qu'il avait enfin trouvé une société qui acceptait de m'accorder un crédit. Il m'a donné rendez-vous le 04 octobre 2006 (soit moins d'une semaine après la signature du « Bon de commande » du véhicule) pour signer le dossier de demande de crédit.

2. Le 04 octobre 2006, le conseiller financier du Garage Axone Automobiles m'a présenté plusieurs exemplaires du dossier de demande de crédit et m'a demandé de les signer. Cependant, après la signature de ces exemplaires de demande de crédit, lorsque j'ai demandé au même conseiller financier de m'en donner un exemplaire à conserver, il m'a répondu que ce n'était pas possible tant que le créancier n'aurait pas encore donné son accord et signé à son tour le dossier. Ainsi, il m'a informé : « si la société CETELEM accepte votre dossier et vous accorde le crédit, elle vous enverra un exemplaire pour vous directement par la voie postale ». Et il a ajouté : « D'ailleurs, vous avez déjà un exemplaire, à savoir le Bon de Commande. C'est exactement le même contenu ».

Le 04 octobre 2006, le véhicule que j'avais commandé n'était pas disponible au Garage Axone Automobiles : le 29 septembre 2006, le conseiller commercial du même garage m'avait tout simplement présenté le modèle du même véhicule à l'aide d'une catalogue commerciale.

C'est vers fin octobre – début novembre 2006 que le Secrétariat du Garage Axone Automobiles m'a contacté au téléphone pour m'informer que le véhicule était déjà disponible et que je pouvais aller le récupérer.

3. Le 10 novembre 2006, je suis allé récupérer le véhicule que j'avais commandé au Garage Axone Automobiles. Cependant, comme je n'avais pas encore reçu l'exemplaire du dossier de demande de crédit, avant de récupérer le véhicule, je suis allé voir d'abord le conseiller financier pour lui demander les nouvelles de ce document. A mon arrivé à son bureau, il semblait étonné et m'a dit : « allons ensemble au secrétariat pour voir, peut-être ils ont les nouvelles ». Lorsque nous sommes arrivés au secrétariat, ils m'ont informé que le document sera envoyé directement par CETELEM à mon adresse de domicile. Ainsi, le conseiller financier m'a assuré qu'il n'y avait aucun problème et il est retourné à son bureau (qui était situé dans le bâtiment annexe un peu plus loin). Le secrétariat m'a remis le véhicule ainsi qu'un « Certificat provisoire d'immatriculation » du

véhicule, établi à mon nom et adresse. Sur ce document, il n'y a nulle part aucune mention du nom de la société CETELEM COFICA BAIL.

4. Vers fin novembre 2006, le Garage Axone Automobiles m'a contacté par téléphone et m'a demandé d'aller récupérer les plaques définitives du véhicule ainsi que le « Certificat d'immatriculation » définitif.

5. Quelques semaines après avoir acheté le véhicule ci-dessus présenté, j'ai perdu mon emploi. Étant donné que mes revenus avaient considérablement diminué, j'attendais la décision des ASSEDIC concernant le montant des frais d'indemnisation de chômage pour aller négocier auprès de CETELEM l'ajustement des mensualités concernant le remboursement du crédit-auto.

6. C'est vers début janvier 2007 que j'ai reçu le courrier par lequel la société CETELEM me confirmait m'avoir accordé le crédit-auto (courrier daté du 07 novembre 2006). Cependant, dans le même courrier, il n'y avait pas l'exemplaire du dossier de demande de crédit que j'avais signé auprès du Garage Axone Automobiles.

7. Fin janvier 2007, j'ai reçu le courrier des ASSEDIC concernant le montant de mon indemnisation de chômage. En même temps, j'avais trouvé un nouvel emploi à temps partiel.

Dès que j'ai pris connaissance de la décision des ASSEDIC, je me suis rendu à l'agence de la société CETELEM de Boulogne Billancourt qui gérait mon dossier – conformément au courrier que la même société m'avait envoyé début janvier 2007.

A ma grande surprise, lorsque je suis arrivé à l'agence de CETELEM de Boulogne Billancourt, l'agent de cette société m'a informé que le montant des mensualités du crédit-auto ne pouvait pas être modifié car, selon cet agent, CETELEM ne m'aurait pas accordé un « crédit classique » mais plutôt « une location avec option d'achat » ! J'ai immédiatement informé le même agent que ce n'était pas ce que j'avais demandé. Je lui ai montré le « Bon de commande » que j'avais signé avec le Garage Axone Automobile le 29 septembre 2006.

L'agent de CETELEM m'a demandé de contacter sans tarder le Garage Axone Automobiles afin que le contrat de l'offre de crédit soit modifié.

8. Le 27 février 2007, j'ai contacté le Garage Axone Automobiles et j'ai demandé la modification de l'offre de crédit conformément à ma demande initiale du 29 septembre 2006. C'est ce jour même, le 27 février 2007, que le secrétariat du Garage Axone Automobiles m'a remis la copie de l'exemplaire du dossier de demande de crédit-auto ! A ma grande surprise, son contenu était différent de celui du « Bon de commande » initialement signé conjointement avec le même garage !

Le 27 février 2007, après avoir constaté que j'avais été victime d'une escroquerie, j'ai envoyé un courrier (AR) au Garage Axone Automobiles et à CETELEM : dans ce même courrier, j'ai dénoncé le dossier de demande de financement qui ne correspondait pas à ce que j'avais initialement demandé. Pour cela, j'ai demandé aux deux sociétés de m'accorder le « crédit classique » conformément au « Bon de commande » du 29 septembre 2006.

Depuis cette date du 27 février 2007, non seulement les deux sociétés ont refusé de m'accorder ce que j'avais initialement demandé mais aussi, ce fut le début d'un litige qui allait dégénérer jusqu'à concerner ma vie privée !

**II. La procédure actuelle, auprès du Tribunal d'Instance de Paris 9ème Arrondissement**

La première conséquence du litige commercial ci-dessus présenté fut la productions des faux documents, par la société CETELEM, pour continuer à prélever de l'argent sur mon ancien compte bancaire.

9. Ainsi, dans son courrier du 12 avril 2007, la société CETELEM a prétendu que j'aurais établi avec elle « un plan » de régularisation de « 150€ » mensuel et a prélevé frauduleusement de l'argent sur mon ancien compte bancaire. Le 14 avril 2007, j'ai adressé un courrier de contestation à cette société. Le 17 avril 2007, le Directeur d'une agence de la société CETELEM m'a envoyé un courrier dans lequel il reconnait avoir prélevé frauduleusement les « 150€ » sur mon ancien compte bancaire !

Je soumets cet acte frauduleux au Tribunal et je demande à la Justice de condamner la société CETELEM pour acte frauduleux et escroquerie.

10. Le 30 avril 2007, j'ai engagé une procédure pénale contre les sociétés CETELEM et le Garage

Axone Automobiles auprès du Tribunal de Grande Instance de Paris. En janvier 2008, la société CETELEM a engagé une procédure civile contre moi auprès du Tribunal de Grande Instance de Nanterre.

Étant donné que le Parquet de Paris n'avais pas donné une quelconque suite à ma plainte, j'ai saisi un Juge d'instruction. Celui-ci a rendu une ordonnance de « Non-Lieu » et j'ai fait appel de cette décision. En février 2013, la Cour d'Appel de Paris a confirmé la décision du Juge d'Instruction de « Non-Lieu ». Pourtant, parmi les différentes pièces qui m'ont été communiquées par le Parquet Général de Paris pour appuyer la décision de la Cour d'Appel, un document a retenu mon attention :

Lors de l'audition au Commissariat de Police du 13ème Arrondissement de Paris, en mars 2008, le vendeur du Garage Axone Automobiles a reconnu m'avoir fait signer le dossier de demande de financement dans des conditions contraires à la Loi. En effet, depuis le 27 février 2007, le même vendeur affirmait m'avoir remis la copie du-dit dossier de demande de financement. Or, lors de l'audition de mars 2008, il a avoué à la Police qu'il ne m'avait pas remis la copie du dossier demande de financement car, selon lui, il attendait l'obtention du Numéro de Chassis du véhicule !

**L'aveu du vendeur du Garage Axone Automobiles ci-dessus cité change tout** : d'abord, cet aveu rend caduque le dossier de demande de financement, conformément à la Loi qui régit les droits du consommateur. Ensuite, le même aveu constitue une pièce importante – en plus des documents administratifs du véhicule – pour constater que les pièces qui ont été récemment produites par mes adversaires sont des faux :

En effet, suite à la procédure judiciaire engagée par la société CETELEM contre moi, le Tribunal de Grande Instance de Nanterre m'a condamné sous le motif que je n'aurais « produit aucune pièce au soutien de mes prétentions ... » ! Pourtant, j'avais adressé un dossier complet au même tribunal et j'ai même contacté et payé plusieurs avocats pour me défendre. Cependant, curieusement, chaque fois qu'arrivait le moment de conclure, les différents avocats abandonnaient mon dossier après avoir encaissé tout ou partie des frais d'honoraires !

**Témoignage très important** : au sujet du Jugement qui a été rendu par le Tribunal de Grande Instance de Nanterre, j'ai assigné en Justice Me Jean STEVENIN – qui est cité dans ce même Jugement comme étant mon avocat alors qu'il n'avait aucun mandat de ma part ; et Me Philippe DE JODE - à qui j'avais confié le dossier en remplacement de Me Jean STEVENIN. Mais, j'ignore pourquoi Me Philippe DE JODE a été remplacé par Me Jean STEVENIN selon le Jugement du Tribunal ! Comme ces deux avocats ne se sont pas présentés à la première convocation de la Justice, le Juge m'a ordonné de les convoquer par voie d'huissier de Justice. Me Philippe DE JODE avait adressé un courrier au Tribunal pour annoncer qu'il n'exerçait plus ! Selon son courrier qui m'a été cité par le Juge, lorsque le Jugement a été rendu par le Tribunal de Grande Instance de Nanterre, son cabinet aurait été en liquidation judiciaire. Pour cela, l'huissier de Justice a contacté le Barreau de Paris au téléphone [et en ma présence] pour connaître qui était le représentant légal du cabinet de Me Philippe DE JODE. A notre grande surprise, le Barreau de Paris a répondu que le cabinet de Me Philippe DE JODE n'a jamais été placé en liquidation judiciaire ; que cet avocat a tout simplement désigné une collègue « suppléante » pour gérer ses dossiers ! L'huissier de Justice a donc assigné individuellement Me Jean STEVENIN et Me Philippe DE JODE. Le jour de l'audience, le 08 avril 2014, seul Me Jean STEVENIN s'est présenté au tribunal. Et celui-ci a fait une déclaration étonnante : je lui ai demandé, devant la Justice, de m'expliquer pourquoi il est cité comme étant mon avocat dans le Jugement du Tribunal de Grande Instance de Nanterre alors qu'il ne me représentait plus. Puis, je lui ai demandé des explications au sujet des conclusions qu'il avait remis au Tribunal (en mai 2009) : car, le Tribunal de Grande Instance de Nanterre a affirmé que je n'aurais présenté aucune pièce au soutien de mes prétentions ! A ces questions, Me Jean STEVENIN a répondu : « **Mes conclusions sont impeccables, il n'y a rien à redire. Seulement, le Tribunal les a écartées lors du Jugement par lequel M. SEBUNUMA a été condamné** ». Puis, il a ajouté : « **Je n'ai pas participé au débats, je n'étais pas présent. Ils ont tout simplement mentionné mon nom sur l'acte de jugement car, Me Philippe DE JODE ne s'est pas constitué pour me remplacer. Au sujet de la non-constitution de Me Philippe DE JODE, c'est un trou noir pour moi !** » Il s'est adressé au Juge et a ajouté : « **Me Philippe DE JODE ou son remplaçant auraient dû se constituer**

3/7

**pour représenter M. SEBUNUMA ».**

Comme j'ai fait appel du Jugement qui a été rendu contre moi par le Tribunal de Grande Instance de Nanterre, pour se défendre, mes adversaires ont communiqué à la Cour d'Appel de Versailles plusieurs documents dont les principaux sont des « faux » :

la « pièce n°2 » intitulé « Demande d'adhésion PROTEXXIO» ; la « pièce n°3 » intitulé « Déclaration de réception valant accord de conformité »).

11. En effet, conformément aux différents documents administratifs du véhicule et, compte tenu de l'aveu-même du vendeur lors de son audition du mois de mars 2008, je ne pouvais pas signé un document stipulant que j'aurais « reçu le matériel (...) » et que j'aurais « constaté qu'il est conforme à celui figurant sur l'offre de location et sur la facture (...) » ! Car, le 04 octobre 2006, le garage n'était pas encore en possession du véhicule et le vendeur de pouvait me remettre un produit dont lui-même n'était pas encore en possession ! Ici, je dénonce le document désigné comme étant la « pièce N° 3 » et intitulé : « Déclaration de réception (valant accord de conformité) ».

Par ailleurs, la « pièce n°2 » est aussi un « faux document » : le 04 octobre 2006, ce document ne m'a jamais été présenté. D'ailleurs, le même document ne porte pas ma signature. Enfin, ce document est rempli à la main. Or, ce jour là, tous les exemplaires du dossier de demande de crédit avaient été dactylographiés à l'avance, il ne manquait que ma signature et celle de la société créancière.

**Information complémentaire** : même le « Bon de commande » que j'ai signé conjointement avec le Garage Axone Automobiles le 29 septembre 2006, c'est le conseiller commercial qui l'a complété à la main. Puis, j'ai signé et il a signé ensuite.

*Conclusion* : la « pièce n°2 » est un « faux document » car, je ne l'ai jamais complété et, le 04 octobre 2006, le conseiller commercial – qui avait rempli le « Bon de commande le 29 septembre 2006 – n'était pas présent dans le bureau du conseiller financier.

12. Le 05 février 2014, la Police Judiciaire m'a adressé un courrier (recommandé avec Avis de Réception) concernant l'enlèvement du véhicule à l'origine du litige qui m'oppose aux sociétés CETELEM et le Garage Axone Automobile.

Dans ce courrier du 05 février 2014, les informations relevées par la Police Judiciaire sont capitales et confirment ce que j'ai toujours déclaré au sujet des faits d'escroquerie dont j'ai été victime :

Premièrement, selon les informations relevées par la Police Judiciaire, **le « *Système d'Immatriculation des Véhicule* » indique je suis l'unique propriétaire du véhicule**.

Deuxièmement, conformément aux informations du-dit courrier de la Police Judiciaire du 05 février 2014, **<u>j'ai été victime non seulement d'une escroquerie, mais aussi d'un vol</u>** :

Il appert clairement que même le « **certificat d'immatriculation du véhicule » définitif** a été initialement établi à mon nom, prénom et adresse. Aucun autre nom ne figure sur le courrier qui m'a été adressé par la Police Judiciaire. Pour cela, le certificat qui attribue le véhicule à la société CETELEM COFICA BAIL est tout simplement frauduleux !

### III. Observations sur les conclusions de mes adversaires reçues le 25 avril 2014

13. Je désirerais faire remarquer que, dans leurs conclusions, mes adversaires ont préféré ne pas s'expliquer sur les « faux documents » qui font l'objet de ma demande initiale auprès du Tribunal d'instance. En revanche, mes adversaires ont adopté la stratégie de défense qui consiste à soulever le débat à partir du litige principal qui nous oppose, à savoir le litige commercial lié à l'achat d'un véhicule. Pour cela, dans leurs conclusions, mes adversaires s'appuient sur les deux Jugements qui ont été rendus en leur faveur par le Tribunal de Grande Instance de Nanterre et par la Cour d'Appel de Versailles.

Pour cela, après avoir présenté l'objet de ma demande initiale, je vais aussi répondre à mes adversaires à partir de leurs conclusions respectives que j'ai reçues le 25 avril 2014.

14. A la page 2 de leurs conclusions, mes adversaires affirment : « Monsieur Sebunuma prétend que, dans le cadre de la procédure devant la cour d'appel de Versailles, ses « adversaires et leurs

avocats ont produit deux faux documents », sans préciser desquels il s'agit. »

Cette affirmation est fallacieuse car, dans mon courrier-plainte initialement adressé au Tribunal, j'ai précisé les « faux documents » à l'origine de ma plainte et j'en ai fourni la copie à la Justice. Puis, le 18 février 2014, j'ai communiqué le dossier à la partie adverse (courrier AR, envoi de 5,55€).

Par ailleurs, mes adversaires me reprochent de ne pas m'être présenté à la convocation devant Monsieur le conciliateur de justice du Tribunal, le 5 mars 2014. Je me permets de rappeler que, dans son courrier-convocation du 4 février 2014, le Tribunal m'avait demandé de préciser si j'envisageais de me rendre à la conciliation ou non. Dans l'hypothèse où je n'envisageais pas de m'y rendre, le Tribunal me demandait de remplir un formulaire à lui retourner et d'en informer la partie adverse. Comme je ne comptais pas me rendre à l'entretien de conciliation, j'ai complété le formulaire ad-hoc et je l'ai retourné au tribunal avec un courrier de désistement. Puis, j'ai envoyé la copie de ces deux documents à la partie adverse.

Pour toutes ces raisons, l'accusation de mes adversaires est calomnieuse et diffamatoire. Je demande au Tribunal de retenir cet acte contre mes adversaires et de les condamner.

15. A la page 3, mes adversaires citent le Jugement qui a été rendu par le Tribunal de Grande Instance de Nanterre pour se justifier :

Observation : les explications que mes adversaires produisent, au sujet du-dit Jugement, sont « hors sujet » ! Ma plainte concerne les « faux documents » et les actes d'escroquerie que j'ai bien spécifié dans ma plainte écrite initiale.

Cependant, comme mes adversaires ont lancé le débat, je vais leur répondre à partir du témoignage de l'un des avocats à qui j'avais confié mon dossier auprès du Tribunal de Grande Instance de Nanterre :

le 08 avril 2014, à l'audience du Tribunal d'Instance de Paris 11 Arrondissement, Me Jean STEVENIN a fait une déclaration étonnante : je lui ai demandé, devant la Justice, de m'expliquer pourquoi il est cité comme étant mon avocat dans le Jugement du Tribunal de Grande Instance de Nanterre alors qu'il ne me représentait plus. Puis, je lui ai demandé des explications au sujet des conclusions qu'il avait remises au Tribunal (en mai 2009) : car, le Tribunal de Grande Instance de Nanterre a affirmé que je n'aurais présenté aucune pièce au soutien de mes prétentions ! A ces questions, Me Jean STEVENIN a répondu : « **Mes conclusions sont impeccables, il n'y a rien à redire. Seulement, le Tribunal les a écartées lors du Jugement par lequel M. SEBUNUMA a été condamné** ». Puis, il a ajouté : « **Je n'ai pas participé aux débats, je n'étais pas présent. Ils ont tout simplement mentionné mon nom sur l'acte de jugement car, Me Philippe DE JODE ne s'est pas constitué pour me remplacer. Au sujet de la non-constitution de Me Philippe DE JODE, c'est un trou noir pour moi !** » Il s'est adressé au Juge et a ajouté : « **Me Philippe DE JODE ou son remplaçant auraient dû se constituer pour représenter M. SEBUNUMA** ».

Ce témoignage suffit, à lui seul, pour comprendre la nature des différents « jugements » qui sont régulièrement rendus en faveur de mes adversaires !

15. Le 25 avril 2014, mes adversaires m'ont adressé la copie du Jugement qui a été rendu par la Cour d'Appel de Versailles concernant l'appel que j'avais formé - suite au Jugement du Tribunal de Grande Instance de Nanterre que j'ai déjà cité.

Je suis très étonné car, ce Jugement de la Cour d'Appel de Versailles ne m'a jamais été signifié ni par la Cour, ni par mon avocat !

**Voici mes observations sur les points principaux pour lesquels la Cour d'Appel de Versailles m'a condamné** :

16. Dans sa décision du 27 mars 2014, la Cour d'Appel de Versailles a confirmé le Jugement qui avait été rendu par le Tribunal de Grande Instance de Nanterre. Cela sans tenir compte de toutes les preuves matérielles que j'avais présentées à la Cour par l'intermédiaire de mon avocat.

Plus particulièrement, les motifs principaux présentés par la Cour d'Appel de Versailles pour me condamner sont les suivants :

- « Le bon de commande du 29 septembre 2006 n'est pas entaché de nullité » ;

5/7

– « le choix entre un crédit-bail ou une location avec option d'achat a été opéré au plus tard quelques semaines après la signature du bon (...) » ;

– « ce contrat est clair et n'est pas de nature à créer la confusion dans l'esprit de l'acquéreur (...) » ;

– « le certificat d'immatriculation en date du 9 novembre 2006 mentionne sans ambiguïté que le propriétaire du véhicule est la société COFICA BAIL (...) » ;

– « Déogratias SEBUNUMA a commencé à honorer le paiement des loyers révélant ainsi qu'il avais compris et accepté les termes des engagements qu'il avait délibérément contracté (...) ».

17. **Je désirerais présenter mes arguments, à partir des documents en ma possession, pour démontrer que tous les motifs ci-dessus présentés ne correspondent pas à la réalité des faits** :

Premièrement, si le bon de commande du 29 septembre 2006 « n'est pas entaché de nullité » selon la Cour d'Appel de Versailles, pourquoi l'offre qui figure sur ce même bon est-il différent de l'offre avec option d'achat qui m'a été fait signer frauduleusement ? En effet, même le montant du prix du véhicule n'est pas le même ; sans oublier les modalités de payement que j'avais convenues avec le vendeur le 29 septembre 2006 qui sont différentes de celles de l'offre de location avec option d'achat. Je me permets de rappeler que lorsque j'ai demandé à mes adversaires d'appliquer les termes du bon de commande du 29 septembre 2006, ils ont refusé ! **Donc, il existe sur ce point une escroquerie à la vente indiscutable**.

Deuxièmement, la Cour d'Appel de Versailles affirme que « le choix entre un crédit-bail ou location avec option d'achat » aurait été « opéré au plus tard quelques semaines après la signature du bon » : qui a fait ce choix ? Pour quelle raison ? Par ailleurs, je me permets de faire remarquer un autre point sur ce sujet : entre la signature du bon de commande du 29 septembre 2006 et la signature de l'offre de location avec option d'achat, il n'y a même pas eu une semaine ! Le bon de commande a été signé le 29 septembre 2006 ; l'offre de location avec option d'achat m'a été fait signer frauduleusement le 04 octobre 2006.

Troisièmement, la Cour d'Appel de Versailles affirme : « Ce contrat est clair et n'est pas de nature a créer la confusion dans l'esprit de l'acquéreur ». Je réponds que si. Ce contrat n'est pas clair pour plusieurs raisons : d'abord, ce n'est pas moi qui l'ai rempli. Lorsque je suis arrivé au Garage Axone Automobile, tous les exemplaires avaient été dactylographiés et il ne restait qu'à signer. Je n'ai même pas eu le temps de lire le document. Car, le vendeur m'a assuré que c'était le même contenu que celui du bon de commande que j'avais signé le 29 septembre 2006. **Par ailleurs, lorsque j'ai demandé la copie du même document au vendeur, il m'a informé qu'il ne pouvait pas m'en donner un exemplaire tant que le créancier n'avait pas approuvé et signé le même document**. Pour cela, mes droits de consommateur n'ont pas été respectés : comment aurais-pu me rétracter, si nécessaire, dans les 7 jours suivant la signature de cet engagement ? Lors de l'audition au Commissariat de Police du 13ème Arrondissement de Paris (en mars 2008), le vendeur a avoué qu'il ne m'avait pas remis la copie du dossier de l'offre de location avec option d'achat le 04 octobre 2006. **Pour cela, le contrat est non seulement opaque, mais aussi frauduleux !**

Quatrièmement, la Cour d'Appel de Versailles affirme que «le certificat d'immatriculation en date du 9 novembre 2006 mentionne sans ambiguïté que le propriétaire du véhicule est la société COFICA BAIL (...) » ! **Or, le 05 février 2014, la Police Judiciaire m'a communiqué un document détaillé qui prouve que le même véhicule est toujours immatriculé, en 2014, à mon nom, prénom et adresse** ! Selon le « Système d'Immatriculation des Véhicules » cité par la Police Judiciaire, je suis le seul « propriétaire » du véhicule. Donc, le « certificat d'immatriculation » qui attribue le véhicule à la société COFICA BAIL est frauduleux : il a tout simplement été établi en remplacement à un autre certificat d'immatriculation qui ne m'a jamais été remis ! **D'ailleurs, je me demande pourquoi la Cour d'Appel de Versailles ne cite pas le « certificat d'immatriculation » provisoire qui m'a été remis le 10 novembre 2006 : sur ce document, je suis le seul propriétaire du véhicule.**

**Information importante** ; lorsque je suis allé récupérer le véhicule le 10 novembre 2006, c'est le certificat d'immatriculation provisoire qui m'a été remis. Quant au « certificat définitif » cité par la Cour d'Appel de Versailles, il m'a été remis vers fin novembre 2006 avec les plaques définitives du véhicule.

**Par ailleurs, il existe d'autres documents officiels indiscutables : le 10 novembre 2006, lorsque je suis allé retiré le véhicule au Garage Axone Automobiles, j'ai signé un document de demande d'adhésion à une assurance-sécurité du véhicule, auprès de la société « SAGA ». Sur la demande d'adhésion – qui a été complétée par le Garage Axone Automobile – et sur la carte d'adhésion qui m'a été adressé début janvier 2007, le seul propriétaire du véhicule, c'est moi.**

En fin, selon la Cour d'Appel de Versailles, « Dégratias SEBUNUMA a commencé à honorer le paiement des loyers révélant ainsi qu'il avait compris et accepté les termes des engagements qu'il avait délibérément contractés (...) ». Voici mes observations sur ce points :

- Le 29 septembre 2006, lors de la signature du bon de commande du véhicule, le vendeur m'a demandé de lui indiquer le montant des mensualités que je pouvais payer. Je lui ai répondu que je pouvais commencer par des montants élevés et modifier plus tard selon mes revenus. C'est ainsi que je lui ai donné le chiffre indicatif de 350€ par mensualité. D'ailleurs, c'est cette indication qui lui a permis de dactylographier à l'avance le dossier ! Pour cela, lorsque j'ai commencé à payer, c'était pour moi un crédit classique selon ce que j'avais signé le 29 septembre 2006.

- Lorsque j'ai perdu mon emploi, j'ai été obligé d'attendre la décision des ASSEDIC pour aller demander la diminution des mensualités liées au crédit-auto. Les ASSEDIC ont traité mon dossier le 18 janvier 2007 et la réponse m'a été signifiée fin janvier 2007. C'est pour cela que je me suis rendu à l'agence de CETELEM COFICA BAIL en février 2007. Par conséquent, le fait d'avoir commencé à payer ne remet pas en cause le fait que je n'étais pas au courant de la nature du contrat qui m'avait été fait signer frauduleusement.

18. Pour toutes ces raisons que je viens de présenter, toutes les demandes formulées par mes adversaires contre moi, de la page 5 à la page 6 de leurs conclusions, sont sans aucun fondement : plus particulièrement, les accusations formulées par mes adversaires, pour justifier leurs demandes, sont calomnieuses et diffamatoires.

Ainsi, compte tenu des preuves irréfutables que j'ai présentées à l'appui de ma plainte, je demande à la Justice condamner toutes ces conclusions, toutes ces accusations diffamatoires et demandes sans fondement de mes adversaires (pages 5-6 de leurs conclusions).

## IV. Mes demandes

Pour toutes les raisons que j'ai présentées ci-dessus,

- Je demande à la Justice de condamner solidairement la société CETELEM COFICA BAIL et la société AXONE AUTOMOBILES à payer **5000€** de frais de dommages et intérêts pour leurs actes dont j'ai été victime : **« escroquerie, vol et complicité dans la commission d'un vol, abus de confiance »**. Car, non seulement j'ai été victime d'une escroquerie lors de la signature du dossier de demande de crédit (le 04 octobre 2006), mais aussi, le certificat définitif d'immatriculation du véhicule ne m'a pas été remis. A la place, un autre certificat d'immatriculation a été frauduleusement établi pour attribuer le véhicule à la société CETELEM COFICA BAIL. Les documents irréfutables que j'ai présenté à la Justice le prouvent. Par ailleurs, comme je l'ai démontré preuves écrites à l'appui, en avril 2007, CETELEM COFICA BAIL a volé de l'argent sur mon ancien compte bancaire. Je demande à la Justice de condamner cet acte de vol, d'escroquerie et d'abus de confiance.
- Je demande à la Justice de condamner mes adversaires ci-dessus désignés et leurs avocats à payer **4000€** de frais de dommages et intérêts pour leurs actes de « faux et usage de faux » et « dénonciation calomnieuse ». J'ai présenté les preuves irréfutables concernant ces actes dont je suis victime.

**Soit au total, une demande cumulée de 9000€.**

Conclusions orales présentées à l'audience du 28 avril 2014,
Auprès du Tribunal de Paris 9ème Arrondissement.

SEBUNUMA Déogratias

7/7

**Minute n°376/14**
RG n° 11-14-000069

SEBUNUMA Deogratias
C/
SELAS CLAUDE ET SARKOZY (avocats)
CETELEM-COFICA BAIL
NUZUM Jack
GARAGE AXONE AUTOMOBILES

**REPUBLIQUE FRANÇAISE**
**AU NOM DU PEUPLE FRANÇAIS**
**EXTRAIT DES MINUTES DU GREFFE**
**DU TRIBUNAL D'INSTANCE**
**DU NEUVIEME ARRONDISSEMENT DE PARIS**

**JUGEMENT du 26 Mai 2014**
**TRIBUNAL D'INSTANCE DE PARIS 9EME**
**9 bis, rue Drouot**
**75009 PARIS**

**DEMANDEUR(S) :**

**Monsieur SEBUNUMA Deogratias**
18 rue Adolphe Charioux
92130 ISSY LES MOULINEAUX

comparant en personne

**DEFENDEUR(S) :**

**SELAS CLAUDE ET SARKOZY (Cabinet d'avocats)**
52 Boulevard Malesherbes, 75008 PARIS,

représenté(e) par Me CLAUDE Arnaud, avocat au barreau de PARIS substitué par Me CARNIEL

**CETELEM-COFICA BAIL**
1 Boulevard Haussmann, 75009 PARIS,

représenté(e) par SELAS CLAUDE & SARKOZY, avocat au barreau de PARIS

**Monsieur NUZUM Jack**
12 rue Baillet-Reviron
78000 VERSAILLES

comparant en personne

**GARAGE AXONE AUTOMOBILES**
176-180 Avenue d'Italie, 75013 PARIS,

représenté(e) par Me BELLAICHE Michel, avocat au barreau de PARIS substitué par Me ZIEGLER

**COMPOSITION DE LA JURIDICTION :**

Président : Jean-Luc PAULET
Greffier : Johanna BEDEL

**DEBATS :**

Audience publique du : 28 avril 2014

**DECISION :**

Contradictoire, en dernier ressort,

Prononcée publiquement par mise à disposition au greffe,
Rendue par Jean-Luc PAULET, Juge d'instance, assisté de Johanna BEDEL, Greffier.

Copie exécutoire délivrée le : 26/05/2014 à : Me CLAUDE Arnaud/ SELAS CLAUDE & SARKOZY/ M. NUZUM Jack/ Me BELLAICHE Michel/ M. SEBUNUMA Deogratias

Expédition délivrée le : à :

1/5

Aux termes d'une déclaration reçue au greffe le 8 janvier 2014 Déogratias SEBUNUMA a sollicité la convocation devant le tribunal des sociétés AXONE AUTOMOBILES et COFICA BAIL, de la SELAS CLAUDE ET SARKOZY et de Maître NUZUM pour les faire condamner à lui payer la somme de 4.000 euros à titre de dommages-intérêts.

Il y exposait (en huit lignes en tout et pour tout) :

- que la société COFICA BAIL « *a produit un faux document et l'a utilisé pour prélever de l'argent sur (son) ancien compte bancaire* » ;

- que lorsqu'il a « *fait appel du jugement signifié le 7 janvier 2013 (ses) adversaires (les sociétés AXONE AUTOMOBILES et COFICA BAIL) et leurs avocats (la SELAS CLAUDE ET SARKOZY et Maître NUZUM ) ont produit deux faux documents (copies ci-jointes) et les ont présentés à la justice* ».

À l'audience Déogratias SEBUNUMA a demandé au tribunal de lui adjuger le bénéfice de sa déclaration au greffe.

La société AXONE AUTOMOBILES a fait valoir pour sa part :

- que Déogratias SEBUNUMA n'indique même pas quelle serait « *la pièce falsifiée* » ;

- que sa demande est irrecevable et abusive comme se heurtant à l'autorité de la chose jugée, la cour d'appel de Versailles ayant, le 27 mars 2014, confirmé le jugement rendu le 14 septembre 2012 par le tribunal de grande instance de Nanterre, jugement qui l'avait débouté de ses prétentions (à l'encontre des sociétés AXONE AUTOMOBILES et COFICA BAIL) et condamné à payer à la société COFICA BAIL la somme de 11.294,87 euros à titre principal.

Elle a dans ces conditions demandé au tribunal :

- de rejeter les demandes de Déogratias SEBUNUMA ;

- de le condamner au paiement d'une amende civile de 3.000 euros ;

2/5

- de le condamner en sus à lui payer la somme de 5.000 euros à titre de dommages-intérêts pour procédure abusive, outre celle de 3.000 euros sur le fondement de l'article 700 du Code de procédure civile.

La société COFICA BAIL a fait valoir quant à elle :

- que Dégratias SEBUNUMA se prévaut de deux documents qui seraient des faux *« sans préciser desquels il s'agit »* ;

- que les demandes de ce dernier sont irrecevables, dès lors qu'il lui appartenait *« de soutenir devant la cour d'appel, en application du principe de concentration des moyens, tous les arguments qu'il jugeait utile dans le cadre du litige soumis à la juridiction »*.

Elle a dans ces conditions demandé au tribunal :

- de rejeter les demandes de Déogratias SEBUNUMA ;

- de le condamner au paiement d'une amende civile ;

- de le condamner en sus à lui payer la somme de 5.000 euros à titre de dommages-intérêts pour procédure abusive, outre celle de 3.000 euros sur le fondement de l'article 700 du Code de procédure civile ;

- d'assortir la présente décision de l'exécution provisoire.

La SELAS CLAUDE ET SARKOZY et Maître NUZUM ont pour leur part déclaré faire leurs les moyens des sociétés AXONE AUTOMOBILES et COFICA BAIL.

Maître NUZUM a en outre sollicité la somme de 300 euros sur le fondement de l'article 700 du Code de procédure civile.

Déogratias SEBUNUMA a répliqué pour indiquer que les pièces qu'il considère comme des faux sont *« la déclaration de réception (qu'il) n'a jamais reçue et le certificat d'immatriculation »*.

3/5

SUR CE :

C'est de façon pour le moins désinvolte que Dégratias SEBUNUMA :

- a attendu l'audience pour indiquer quelles sont précisément les pièces qu'il considère comme des faux ;

- s'abstient d'indiquer très précisément et de prouver en quoi ces documents sont des faux et en quoi ils ont été produits frauduleusement par ses adversaires.

Cela dit ses prétentions sont en tout état de cause irrecevables pour se heurter à l'autorité de la chose jugée, l'arrêt de la cour d'appel de Versailles du 27 mars 2014 ayant définitivement tranché le litige entre les parties dans toutes ses dimensions et implications, et Dégratias SEBUNUMA ne peut que s'en prendre à lui-même de s'être abstenu, comme l'y obligeait le principe de concentration des moyens, de faire état, devant le tribunal de grande instance puis devant la juridiction d'appel, des faux qu'il invoque aujourd'hui pour la première fois (incidemment plus de huit ans après la souscription du contrat litigieux).

Il sera par conséquent déclaré irrecevable en ses prétentions.

C'est de façon non seulement désinvolte et injustifiée, mais abusive, qu'il a fait convoquer les sociétés AXONE AUTOMOBILES et COFICA BAIL devant le tribunal, leur causant un préjudice pouvant être apprécié à la somme de 500 euros. Il sera par conséquent condamné à payer cette somme à chacune d'elles à titre de dommages-intérêts pour procédure abusive.

Il serait par ailleurs inéquitable de laisser à leur charge les frais irrépétibles qu'elles ont dû exposer en justice. Il sera alloué à chacune d'elle la somme de 750 euros sur le fondement de l'article 700 du Code de procédure civile.

En revanche Maître NUZUM, qui n'est pas assisté d'un avocat, ne justifie pas avoir exposé des frais irrépétibles. Il sera par conséquent débouté de ses prétentions sur ce fondement.

De même les demandes de condamnation de Dégratias SEBUNUMA au paiement d'une amende civile ne sont pas fondées. Elles seront par conséquent rejetées.

4/5

**PAR CES MOTIFS :**

**Le tribunal, statuant par jugement contradictoire, rendu en dernier ressort, mis à la disposition du greffe :**

**- Déclare Déogratias SEBUNUMA irrecevable en ses prétentions ;**

**- Le condamne à payer :**

**- à la société AXONE AUTOMOBILES la somme de 500 euros à titre de dommages-intérêts pour procédure abusive, outre celle de 750 euros sur le fondement de l'article 700 du Code de procédure civile ;**

**- à la société COFICA BAIL la somme de 500 euros à titre de dommages-intérêts pour procédure abusive, outre celle de 750 euros sur le fondement de l'article 700 du Code de procédure civile ;**

**- Déboute les parties du surplus de leurs prétentions ;**

**- Condamne Déogratias SEBUNUMA aux dépens.**

**Ainsi jugé à Paris (9ème arrondissement) le 26 mai 2014.**

**Le greffier** **Le juge**

26/05/2014

5/5

SEBUNUMA Déogratias
18 rue Adolphe Chérioux
92130 ISSY-LES-MOULINEAUX

Paris, le 08 juillet 2014

**Courrier recommandé avec Avis de Réception**

Cour de Cassation
5 Quai de l'Horloge
TSA 39208
75055 PARIS CEDEX 01

Objet : - Pourvoi en Cassation :
Recours contre le Jugement qui a été rendu par le Tribunal d'Instance de Paris 9ème Arrondissement, le 26 mai 2014 ;
- Demande d'Aide Juridictionnelle

Affaire RG N° 11-14-000069

Mes adversaires :

SELAS CLAUDE ET SARKOZY (Avocats)
52 boulevard Malesherbes 75008 PARIS
CETELEM COFICA BAIL
1 boulevard Haussmann 75009 PARIS
NUZUM Jack (avocat)
12 rue Baillet-Reviron 78000 VERSAILLES
GARAGE AXONE AUTOMOBILES
176-180 avenue d'Italie 75013 PARIS

Madame, Monsieur,

J'ai l'honneur de vous écrire pour former un pourvoi en Cassation contre le Jugement cité en référence et pour solliciter une Aide Juridictionnelle.

En effet, le 07 juin 2014, le Tribunal d'Instance de Paris 9ème Arrondissement m'a signifié sa décision concernant l'affaire judiciaire ci-dessus référencée (signification par courrier recommandé avec avis de réception).

Le 10 juin 2014, j'ai adressé à la Cour d'Appel de Paris mon acte d'appel concernant la même affaire, dans le cadre d'une demande d'Aide Juridictionnelle.

Cependant, d'après le courrier de l'Huissier de Justice qui vient de me signifier aussi le même jugement du tribunal (copie ci-jointe) - à la demande de mes adversaires, la seule possibilité de recours dont je disposerais, selon l'Huissier de Justice, c'est le pourvoi en Cassation. J'ignore pourquoi je n'aurais pas la possibilité de faire appel auprès de la Cour d'Appel de Paris.

Pour cela, conformément aux instructions de l'Huissier de Justice, je vous adresse ma demande de pourvoi en Cassation et je sollicite l'Aide Juridictionnelle afin que je puisse être assisté par un avocat.

Voici les raisons pour lesquelles je décide de former un pourvoi en cassation contre le Jugement qui a été rendu en première Instance :

**I. L'affaire**

L'affaire citée en référence est la conséquence d'une autre affaire principale qui m'oppose aux sociétés COFICA-BAIL et AXONE AUTOMOBILES depuis 2007. Étant donné que de nouvelles affaires ont été créées pour nuire à ma personne à partir de cette première affaire principale, j'ai été dans l'obligation de saisir la Justice pour que ces nouvelles affaires soient aussi jugées.

La présente nouvelle affaire concerne les faux documents et les documents frauduleux que mes adversaires ont produits pour se défendre et pour nuire à ma personne. Après avoir adressé ma

1/12

demande au Tribunal d'Instance de Paris 9ème Arrondissement, une audience de conciliation a été proposée. J'ai informé le Tribunal que je préférais comparaître directement en audience publique. Ainsi, le Tribunal a fixé l'audience au 28 avril 2014. Cependant, avant la date de l'audience, mes adversaires m'ont envoyé la copie des conclusions qu'ils avaient présentées à Monsieur le Conciliateur du Tribunal ! J'ai contesté cette démarche parallèle et j'ai demandé le maintien du procès à l'audience publique.

Le jour de l'audience, le 28 avril 2014, je n'ai pas bénéficié des mêmes droits que mes adversaires pour exposer mes arguments devant le tribunal.

En effet, le Juge m'a demandé de présenté d'abord l'origine du litige avant de présenter les éléments de ma demande actuelle. Ce que j'ai fait. Ensuite, j'ai commencé la présentation des preuves matérielles à l'origine de ma demande : à chaque fois que je présentais un document, le Juge me répondait : « cela ne prouve rien » ! Il n'acceptait même pas que mes adversaires répondent à mes questions. Dès que j'ai fini de présenter les différents documents litigieux au Juge, il m'a interrompu et il a donné la parole à mes adversaires. L'un des avocats (une avocate) de mes adversaires a pris la parole : elle a tout simplement lu deux extraits des Jugements qui avaient déjà été rendus concernant le litige principal qui m'oppose aux sociétés CETELEM-COFICA BAIL et Axone Automobiles – Jugements pour lesquels j'ai formé des recours et dont les procédures judiciaires sont toujours en cours. C'était fini ! Contrairement à l'affirmation du tribunal selon laquelle il y aurait eu un débat contradictoire, je n'ai échangé aucune parole avec les avocats de mes adversaires, ni directement ni indirectement par l'intermédiaire du Juge.

Par ailleurs, aucun des avocats de mes adversaires ne s'est exprimé sur les preuves matérielles de ma demande ! Pourtant, j'avais communiqué au Tribunal et à mes adversaires l'ensemble du dossier par courriers recommandés avec Avis de Réception.

Pour conclure, l'avocat de mes adversaires qui venait de lire deux extraits concernant les jugements rendus dans l'affaire principale s'est adressée au Juge : « Nous demandons à la Justice de condamner Monsieur SEBUNUMA de manière exemplaire car, il ose s'attaquer au corps des avocats. D'ailleurs, si vous ne le faites pas, après les avocats, ce sera le tour des Juges. Nous demandons aussi que la Justice le condamne à ne plus présenter ces affaires devant aucun autre tribunal. Car, il sait très bien ce qu'il fait ».

Après avoir entendu ces paroles très graves à mon encontre, j'ai demandé la parole au Juge pour répondre. En vain ! Le Juge m'a interdit de parler !

J'ai renouvelé ma demande à plusieurs reprises pour développer mes arguments et poser des questions à mes adversaires. Mais, le Juge a refusé de m'accorder la parole !

**Précision importante** : Alors que j'avais communiqué à mes adversaires le dossier par courrier recommandé avec avis de réception, ils ont prétendu ne pas être au courant des pièces qui font l'objet de ma demande. Par ailleurs, seul l'un des avocats de mes adversaires m'avait envoyé ses conclusions deux jours avant l'audience (l'avocat de CETELEM-COFICA BAIL). L'avocat du Garage Axone Automobiles m'a remis ses conclusions le jour de l'audience dans la salle ; Monsieur J. NUZUM ne m'a même pas communiqué ses conclusions. Le Jour de l'audience, il ne s'est même pas exprimé ! Même l'avocat du garage Axone Automobile n'a prononcé aucun mot pendant l'audience : tout avait été organisé à l'avance !

**II. Observations sur le Jugement qui a été rendu le 28 mai 2014 :**

En plus de m'avoir empêché de développer mes arguments à partir des preuves matérielles lors de l'audience, le tribunal m'a condamné pour la raison suivante, je cite :

« ...L'arrêt de la Cour d'Appel de Versailles du 27 mars 2014 ayant définitivement tranché le litige entres les parties dans toutes ses dimensions et implications, (...) Déogratias SEBUNUMA ne peut que s'en prendre à lui-même de s'être abstenu, comme l'y obligeait le principe de concentration des moyens, de faire état, devant le tribunal de grande instance puis devant la juridiction d'appel, des faux qu'il invoque aujourd'hui pour la première (incidemment plus de huit ans après la suscription du contrat litigieux) ».

Autrement dit, dès lors que j'avais refusé la « conciliation » forcée, ayant constaté qu'ils allaient être condamnés, mes adversaires se sont rendus à la Cour d'Appel de Versailles et ont obtenu, -

comme d'habitude ! -, un jugement « taillé sur mesure » au mépris des faits et des preuves matérielles à l'appui de mon dossier.

De plus, l'argument du tribunal ci-dessus présenté est surprenant pour des raisons suivantes :

1. Premièrement, les premières pièces à l'origine de ma plainte auprès du Tribunal d'Instance de Paris 9ème Arrondissement n'ont été produites par mes adversaires qu'au mois de juin 2013 : mon avocat auprès de la Cour d'Appel de Versailles à cette époque ne me les a communiquées qu'à la fin du mois de juillet 2013. Donc, depuis « huit ans », je ne savais pas que mes adversaires fabriquaient des faux documents, en imitant ma signature, pour nuire à ma personne.

2. Deuxièmement, c'est suite au document qui m'a été envoyé par la Police Judiciaire au mois de février 2014 que j'ai découvert que le Certificat d'Immatriculation du véhicule (véhicule à l'origine du litige commercial) est aussi frauduleux ; en effet, le document de la Police Judiciaire établit clairement que le même véhicule est toujours immatriculé à mon nom et adresse. Or, la société CETELEM COFICA-BAIL affirme que le véhicule lui appartient et la même société a toujours présenté un certificat d'immatriculation établi en son nom et adresse ! C'est ce même document qui a d'ailleurs par tous les tribunaux pour soutenir mes adversaires.

3. Troisièmement, un point m'a le plus étonné et choqué lors de l'audience du 28 avril 2014 : j'ai présenté au Juge le document frauduleux que la société CETELEM-COFICA BAIL a établi le 12 avril 2007, document dont il s'est servi pour aller voler de l'argent sur mon ancien compte bancaire à la Poste. Immédiatement, le Juge m'a interrompu et a répondu : « **tout cela n'a rien d'illégal** » ! Ainsi, il a protégé mes adversaires et a refusé qu'ils s'expliquent sur ce document et sur leur acte de vol ! Dans ces conditions, on ne peut pas parler de « justice équitable » !

Par ailleurs, contrairement à l'affirmation ci-dessus du Tribunal, bien avant la saisine du Tribunal d'Instance de Paris 9ème Arrondissement, j'avais communiqué à la Justice tous les documents dont j'étais en possession.

- Cela dans le cadre d'une procédure pénale (le Parquet de Paris, Le Doyen des Juges d'Instruction de Paris, La Cour d'Appel de Paris et La Cour de Cassation) ;

- Et dans le cadre d'une procédure civile (Tribunal de Grande Instance de Nanterre, la Cour d'Appel de Versailles).

Plus particulièrement par l'intermédiaire de mon avocat de l'époque, j'ai communiqué à la Cour d'Appel de Versailles les faux documents dont j'ai appris l'existence récemment ; il s'agit de certains documents qui avaient été communiqués à mon avocat par mes adversaires dans leurs conclusions. Ci-joint le Fax du 23 juillet 2013 par lequel j'ai écrit à la Cour d'Appel de Versailles par l'intermédiaire de mon avocat pour signaler les faux documents concernés. J'ai même informé le Parquet de la Cour de Cassation qui instruit l'affaire pénale en cours.

4. Quatrièmement, compte tenu des preuves matérielles qui démontrent que j'ai régulièrement communiqué aux différents tribunaux tous les documents en ma possession, la Justice qui a couvert mes adversaires ne peut pas me demander par la suite de ne « **m'en prendre qu'à moi-même** » ! Comme tout être humain, j'ai droit à une Justice équitable.

5. Cinquièmement, il existe une autre réalité indiscutable : c'est l'administration publique qui a immatriculé le véhicule à l'origine du litige commercial au nom de la société COFICA-BAIL ; or, le véhicule avait été immatriculée initialement à mon nom et prénom par la Préfecture de Police de Paris et, je n'ai jamais cédé ce véhicule à qui que ce soit. Plus particulièrement, selon le document officiel de la Police Judiciaire que j'ai reçu récemment, le même véhicule est toujours immatriculé à mon nom et adresse !

Conclusion : l'État est directement impliqué dans les actes dont je suis victime dès le début. Dans ces conditions, la Justice ne peut pas me demander de payer de l'argent gratuit à mes propres bourreaux ! Car, je ne peux pas être victime et être obligé de rémunérer mes propres bourreaux. Je me permets de signaler que l'affaire du litige commercial a entraîné d'autres conséquences sur ma vie privée et professionnelle. En résumé, le problème n'est pas le litige commercial, la cible c'est ma personne. Pour cela, la Justice peut me dénier mes droits, mais elle ne peut pas me condamner à payer la rançon à mes bourreaux !

3/12

**Certes, pendant le génocide au Rwanda de 1994, certaines victimes ont été obligées de payer de l'argent à ceux qui allaient les achever ; d'autres ont été obligées de payer les balles avec lesquelles on allait les assassiner. Cependant, nous ne sommes plus en 1994 ! Je n'ai donc pas de rançon à payer à qui que ce soit, encore moins à mes bourreaux. Ceux qui le souhaitent n'ont qu'à prendre leur machette : cette arme a déjà démontré son efficacité pour massacrer les Rwandais. Il n'y a pas besoin de recourir au vol, à l'escroquerie, à la diffamation, à la production et à l'usage de faux documents, au harcèlement multiforme, etc. pour exterminer les Rwandais.**

6. Enfin, lorsque j'ai saisi le Tribunal d'Instance de Paris 9ème Arrondissement, la Cour d'Appel de Versailles ne s'était pas encore prononcée sur le litige principal. D'ailleurs, même lorsqu'elle s'est prononcée, les preuves matérielles qui mettent en cause la responsabilité de mes adversaires ont été écartées : par exemple, le document dans lequel le vendeur du Garage Axone Automobiles a avoué m'avoir vendu son véhicule dans des conditions illégales (audition auprès de la Police Judiciaire), ce document n'apparaît nulle part dans l'arrêt de la Cour d'Appel de Versailles ; les faux documents que j'ai dénoncés par l'intermédiaire de mon ancien avocat auprès de la Cour d'Appel de Versailles n'ont jamais été évoqués non plus ! Or, le Fax ci-joint atteste clairement que j'ai dénoncé ces documents dès que je venais de prendre connaissance de leur existence.

Ainsi, à moins de me dénier le droit à une Justice équitable, je ne comprends pas pourquoi le Tribunal d'Instance a décidé de me condamner tout simplement parce que je fais valoir mes droits :

**Même si mes adversaires bénéficient d'un traitement de faveur auprès des différents tribunaux jusqu'à ce jour, cela n'enlève en rien le caractère irréfutable des faits et des preuves que je présente à la Justice.**

7. Me Jean STEVENIN, l'un des avocats qui m'ont représenté auprès du Tribunal de Grande Instance de Nanterre, a rendu un témoignage étonnant lors d'une audience judiciaire le 08 avril 2014 : au sujet des conclusions qu'il avait remises au tribunal pour me défendre, Me Jean STEVENIN a affirmé : « **Mes conclusions sont impeccables, il n'y a rien à redire. Seulement, elles ont été écartées lors du Jugement par lequel Monsieur SEBUNUMA a été jugé** ».

Par conséquent, le Jugement qui a été rendu le 26 mai 2014 par le Tribunal d'Instance de Paris 9ème Arrondissement à mon encontre constitue la suite logique des Jugements qui sont régulièrement rendus en faveur de mes adversaires en « écartant » les preuves irréfutables à l'appui de ma défense.

**III. En résumé**

Étant donné que les Tribunaux décident d'« écarter » des preuves irréfutables à l'appui de ma défense pour me condamner gratuitement et accorder en même temps des faveurs à mes adversaires, différentes observations sont à constater :

1. Je suis victime d'un déni de justice concerté, depuis plusieurs années, alors que la Justice dispose des preuves matérielles irréfutables qui démontrent clairement que j'ai été victime d'une escroquerie, d'un vol et d'un abus de confiance ;

2. Compte tenu des condamnations successives dont je suis victimes, - condamnations de payer de l'argent gratuit à mes bourreaux -, je suis victime d'une stratégie machiavélique d'asphyxie économique et de spoliation.

Permettez-moi à présent de vous présenter brièvement l'argumentaire que j'avais préparé pour l'audience du 28 avril 2014 mais que le tribunal n'a pas souhaité entendre : le même argumentaire sert d'appui à mon acte d'appel du jugement qui a été rendu en première instance ;

**IV. Origine du litige**

1. Le 29 septembre 2006, j'ai conjointement signé, avec le Garage Axone Automobiles à Paris 13ème Arrondissement, un «Bon de commande » d'un véhicule pour un achat à crédit. Le même Garage s'est engagé à m'aider à trouver le financement du crédit auprès de ses partenaires. Ainsi, juste après la signature du « Bon de commande », le conseiller commercial du Garage Axone Automobiles m'a présenté à son collègue, conseiller financier : c'est celui-ci qui allait m'aider à trouver un financement.

4/12

Quelques jours plus tard (dans moins de trois jours), le conseiller financier du Garage Axone Automobiles m'a contacté au téléphone et m'a demandé si j'avais, ici en France, une personne qui pourrait se porter « garant » au sujet du crédit dont j'avais besoin pour acheter le véhicule. Je lui ai répondu que je n'avais pas de garant. Il m'a répondu qu'il allait continuer à chercher le financement. Plus tard (le même jour ou le lendemain), le conseiller financier m'a rappelé pour m'informer qu'il avait enfin trouvé une société qui acceptait de m'accorder un crédit. Il m'a donné rendez-vous le 04 octobre 2006 (soit moins d'une semaine après la signature du « Bon de commande » du véhicule) pour signer le dossier de demande de crédit.

2. Le 04 octobre 2006, le conseiller financier du Garage Axone Automobiles m'a présenté plusieurs exemplaires du dossier de demande de crédit et m'a demandé de les signer. Cependant, après la signature de ces exemplaires de demande de crédit, lorsque j'ai demandé au même conseiller financier de m'en donner un exemplaire à conserver, il m'a répondu que ce n'était pas possible tant que le créancier n'aurait pas encore donné son accord et signé à son tour le dossier. Ainsi, il m'a informé : « si la société CETELEM accepte votre dossier et vous accorde le crédit, elle vous enverra un exemplaire pour vous directement par la voie postale ». Et il a ajouté : « D'ailleurs, vous avez déjà un exemplaire, à savoir le Bon de Commande. C'est exactement le même contenu ».

Le 04 octobre 2006, le véhicule que j'avais commandé n'était pas disponible au Garage Axone Automobiles : le 29 septembre 2006, le conseiller commercial du même garage m'avait tout simplement présenté le modèle du même véhicule à l'aide d'une catalogue commerciale.

C'est vers fin octobre – début novembre 2006 que le Secrétariat du Garage Axone Automobiles m'a contacté au téléphone pour m'informer que le véhicule était déjà disponible et que je pouvais aller le récupérer.

3. Le 10 novembre 2006, je suis allé récupérer le véhicule que j'avais commandé au Garage Axone Automobiles. Cependant, comme je n'avais pas encore reçu l'exemplaire du dossier de demande de crédit, avant de récupérer le véhicule, je suis allé voir d'abord le conseiller financier pour lui demander les nouvelles de ce document. A mon arrivé à son bureau, il semblait étonné et m'a dit : « allons ensemble au secrétariat pour voir, peut-être ils ont les nouvelles ». Lorsque nous sommes arrivés au secrétariat, ils m'ont informé que le document sera envoyé directement par CETELEM à mon adresse de domicile. Ainsi, le conseiller financier m'a assuré qu'il n'y avait aucun problème et il est retourné à son bureau (qui était situé dans le bâtiment annexe un peu plus loin). Le secrétariat m'a remis le véhicule ainsi qu'un « Certificat provisoire d'immatriculation » du véhicule, établi à mon nom et adresse. Sur ce document, il n'y a nulle part aucune mention du nom de la société CETELEM COFICA BAIL.

4. Vers fin novembre 2006, le Garage Axone Automobiles m'a contacté par téléphone et m'a demandé d'aller récupérer les plaques définitives du véhicule ainsi que le « Certificat d'immatriculation » définitif.

5. Quelques semaines après avoir acheté le véhicule ci-dessus présenté, j'ai perdu mon emploi. Étant donné que mes revenus avaient considérablement diminué, j'attendais la décision des ASSEDIC concernant le montant des frais d'indemnisation de chômage pour aller négocier auprès de CETELEM l'ajustement des mensualités concernant le remboursement du crédit-auto.

6. C'est vers début janvier 2007 que j'ai reçu le courrier par lequel la société CETELEM me confirmait m'avoir accordé le crédit-auto (courrier daté du 07 novembre 2006). Cependant, dans le même courrier, il n'y avait pas l'exemplaire du dossier de demande de crédit que j'avais signé auprès du Garage Axone Automobiles.

7. Fin janvier 2007, j'ai reçu le courrier des ASSEDIC concernant le montant de mon indemnisation de chômage. En même temps, j'avais trouvé un nouvel emploi à temps partiel.

Dès que j'ai pris connaissance de la décision des ASSEDIC, je me suis rendu à l'agence de la société CETELEM de Boulogne Billancourt qui gérait mon dossier – conformément au courrier que la même société m'avait envoyé début janvier 2007.

A ma grande surprise, lorsque je suis arrivé à l'agence de CETELEM de Boulogne Billancourt, l'agent de cette société m'a informé que le montant des mensualités du crédit-auto ne pouvait pas être modifié car, selon cet agent, CETELEM ne m'aurait pas accordé un « crédit classique » mais plutôt « une location avec option d'achat » ! J'ai immédiatement informé le même agent que ce n'était pas ce que j'avais demandé. Je lui ai montré le « Bon de commande » que j'avais signé avec le Garage Axone Automobile le 29 septembre 2006.

L'agent de CETELEM m'a demandé de contacter sans tarder le Garage Axone Automobiles afin que le contrat de l'offre de crédit soit modifié.

8. Le 27 février 2007, j'ai contacté le Garage Axone Automobiles et j'ai demandé la modification de l'offre de crédit conformément à ma demande initiale du 29 septembre 2006. C'est ce jour même, le 27 février 2007, que le secrétariat du Garage Axone Automobiles m'a remis la copie de l'exemplaire du dossier de demande de crédit-auto ! A ma grande surprise, son contenu était différent de celui du « Bon de commande » initialement signé conjointement avec le même garage !

Le 27 février 2007, après avoir constaté que j'avais été victime d'une escroquerie, j'ai envoyé un courrier (AR) au Garage Axone Automobiles et à CETELEM : dans ce même courrier, j'ai dénoncé le dossier de demande de financement qui ne correspondait pas à ce que j'avais initialement demandé. Pour cela, j'ai demandé aux deux sociétés de m'accorder le « crédit classique » conformément au « Bon de commande » du 29 septembre 2006.

Depuis cette date du 27 février 2007, non seulement les deux sociétés ont refusé de m'accorder ce que j'avais initialement demandé mais aussi, ce fut le début d'un litige qui allait dégénérer jusqu'à concerner ma vie privée !

**V. Aperçu des différentes procédures judiciaires**

La première conséquence du litige commercial ci-dessus présenté fut la productions des faux documents, par la société CETELEM, pour continuer à prélever de l'argent sur mon ancien compte bancaire. Ce fut le début d'une séries d'affaires et de procédures judiciaires :

1. Dans son courrier du 12 avril 2007, la société CETELEM a prétendu que j'aurais établi avec elle « un plan » de régularisation de « 150€ » mensuel et a prélevé frauduleusement de l'argent sur mon ancien compte bancaire. Le 14 avril 2007, j'ai adressé un courrier de contestation à cette société. Le 17 avril 2007, le Directeur d'une agence de la société CETELEM m'a envoyé un courrier dans lequel il reconnaît avoir prélevé frauduleusement les « 150€ » sur mon ancien compte bancaire !

Je soumets cet acte frauduleux au Tribunal et je demande à la Justice de condamner la société CETELEM pour acte frauduleux et escroquerie.

2. Le 30 avril 2007, j'ai engagé une procédure pénale contre les sociétés CETELEM et le Garage Axone Automobiles auprès du Tribunal de Grande Instance de Paris. En janvier 2008, la société CETELEM a engagé une procédure civile contre moi auprès du Tribunal de Grande Instance de Nanterre.

Étant donné que le Parquet de Paris n'avait pas donné une quelconque suite à ma plainte, j'ai saisi un Juge d'Instruction. Celui-ci a rendu une ordonnance de « Non-Lieu » et j'ai fait appel de cette décision. En février 2013, la Cour d'Appel de Paris a confirmé la décision du Juge d'Instruction de « Non-Lieu ». Pourtant, parmi les différentes pièces qui m'ont été communiquées par le Parquet Général de Paris pour appuyer la décision de la Cour d'Appel, un document a retenu mon attention :

Lors de l'audition au Commissariat de Police du 13ème Arrondissement de Paris, en mars 2008, le vendeur du Garage Axone Automobiles a reconnu m'avoir fait signer le dossier de demande de financement dans des conditions contraires à la Loi. En effet, depuis le 27 février 2007, le même vendeur affirmait m'avoir remis la copie du-dit dossier de demande de financement. Or, lors de l'audition de mars 2008, il a avoué à la Police qu'il ne m'avait pas remis la copie du dossier demande de financement car, selon lui, il attendait l'obtention du Numéro de Chassis du véhicule !

**L'aveu du vendeur du Garage Axone Automobiles ci-dessus cité change tout** ; d'abord, cet aveu rend caduque le dossier de demande de financement, conformément à la Loi qui régit les droits du consommateur. Ensuite, le même aveu constitue une pièce importante – en plus des documents administratifs du véhicule – pour constater que les pièces qui ont été récemment produites par mes adversaires sont des faux :

En effet, suite à la procédure judiciaire engagée par la société CETELEM contre moi, le Tribunal de Grande Instance de Nanterre m'a condamné sous le motif que je n'aurais « produit aucune pièce au soutien de mes prétentions ... » ! Pourtant, j'avais adressé un dossier complet au même tribunal et j'ai même contacté et payé plusieurs avocats pour me défendre. Cependant, curieusement, chaque fois qu'arrivait le moment de conclure, les différents avocats abandonnaient mon dossier après avoir encaissé tout ou partie des frais d'honoraires !

**Témoignage très important** : au sujet du Jugement qui a été rendu par le Tribunal de Grande Instance de Nanterre, j'ai assigné en Justice Me Jean STEVENIN – qui est cité dans ce même Jugement comme étant mon avocat alors qu'il n'avait aucun mandat de ma part ; et Me Philippe DE JODE - à qui j'avais confié le dossier en remplacement de Me Jean STEVENIN. Mais, j'ignore pourquoi Me Philippe DE JODE a été remplacé par Me Jean STEVENIN selon le Jugement du Tribunal ! Comme ces deux avocats ne se sont pas présentés à la première convocation de la Justice, le Juge m'a ordonné de les convoquer par voie d'huissier de Justice. Me Philippe DE JODE avait adressé un courrier au Tribunal pour annoncer qu'il n'exerçait plus ! Selon son courrier qui m'a été cité par le Juge, lorsque le Jugement a été rendu par le Tribunal de Grande Instance de Nanterre, son cabinet aurait été en liquidation judiciaire. Pour cela, l'huissier de Justice a contacté le Barreau de Paris au téléphone [et en ma présence] pour connaître qui était le représentant légal du cabinet de Me Philippe DE JODE. A notre grande surprise, le Barreau de Paris a répondu que le cabinet de Me Philippe DE JODE n'a jamais été placé en liquidation judiciaire ; que cet avocat a tout simplement désigné une collègue « suppléante » pour gérer ses dossiers ! L'huissier de Justice a donc assigné individuellement Me Jean STEVENIN et Me Philippe DE JODE. Le jour de l'audience, le 08 avril 2014, seul Me Jean STEVENIN s'est présenté au tribunal. Et celui-ci a fait une déclaration étonnante : je lui ai demandé, devant la Justice, de m'expliquer pourquoi il est cité comme étant mon avocat dans le Jugement du Tribunal de Grande Instance de Nanterre alors qu'il ne me représentait plus. Puis, je lui ai demandé des explications au sujet des conclusions qu'il avait remis au Tribunal (en mai 2009) : car, le Tribunal de Grande Instance de Nanterre a affirmé que je n'aurais présenté aucune pièce au soutien de mes prétentions ! A ces questions, Me Jean STEVENIN a répondu : « **Mes conclusions sont impeccables, il n'y a rien à redire. Seulement, le Tribunal les a écartées lors du Jugement par lequel M. SEBUNUMA a été condamné** ». Puis, il a ajouté : « **Je n'ai pas participé au débats, je n'étais pas présent. Ils ont tout simplement mentionné mon nom sur l'acte de jugement car, Me Philippe DE JODE ne s'est pas constitué pour me remplacer. Au sujet de la non-constitution de Me Philippe DE JODE, c'est un trou noir pour moi !** » Il s'est adressé au Juge et a ajouté : « **Me Philippe DE JODE ou son remplaçant auraient dû se constituer pour représenter M. SEBUNUMA** ».

**VI. Autres preuves matérielles à l'appui de ma demande**

Comme j'ai fait appel du Jugement qui a été rendu contre moi par le Tribunal de Grande Instance de Nanterre, pour se défendre, mes adversaires ont communiqué à la Cour d'Appel de Versailles plusieurs documents dont les principaux sont des « faux » :

la « pièce n°2 » intitulé « Demande d'adhésion PROTEXXIO» ; la « pièce n°3 » intitulé « Déclaration de réception valant accord de conformité »).

1. En effet, conformément aux différents documents administratifs du véhicule et, compte tenu de l'aveu-même du vendeur lors de son audition du mois de mars 2008, je ne pouvais pas signé un document stipulant que j'aurais « reçu le matériel (...) » et que j'aurais « constaté qu'il est conforme à celui figurant sur l'offre de location et sur la facture (...) » ! Car, le 04 octobre 2006, le garage n'était pas encore en possession du véhicule et le vendeur de pouvait me remettre un produit dont lui-même n'était pas encore en possession ! Ici, je dénonce le document désigné comme étant la « pièce N° 3 » et intitulé : « Déclaration de réception (valant accord de conformité) ».

Par ailleurs, la « pièce n°2 » est aussi un « faux document » : le 04 octobre 2006, ce document ne m'a jamais été présenté. D'ailleurs, le même document ne porte pas ma signature. Enfin, ce document est rempli à la main. Or, ce jour là, tous les exemplaires du dossier de demande de crédit avaient été dactylographiés à l'avance, il ne manquait que ma signature et celle de la société créancière.

**Information complémentaire** : même le « Bon de commande » que j'ai signé conjointement avec

7/12

le Garage Axone Automobiles le 29 septembre 2006, c'est le conseiller commercial qui l'a complété à la main. Puis, j'ai signé et il a signé ensuite.

*Conclusion* : la « pièce n°2 » est un « faux document » car, je ne l'ai jamais complété et, le 04 octobre 2006, le conseiller commercial – qui avait rempli le « Bon de commande le 29 septembre 2006 – n'était pas présent dans le bureau du conseiller financier.

2. Le 05 février 2014, la Police Judiciaire m'a adressé un courrier (recommandé avec Avis de Réception) concernant l'enlèvement du véhicule à l'origine du litige qui m'oppose aux sociétés CETELEM et le Garage Axone Automobile.

Dans ce courrier du 05 février 2014, les informations relevées par la Police Judiciaire sont capitales et confirment ce que j'ai toujours déclaré au sujet des faits d'escroquerie dont j'ai été victime :

Premièrement, selon les informations relevées par la Police Judiciaire, **le « *Système d'Immatriculation des Véhicule* » indique je suis l'unique propriétaire du véhicule**.

Deuxièmement, conformément aux informations du-dit courrier de la Police Judiciaire du 05 février 2014, **j'ai été victime non seulement d'une escroquerie, mais aussi d'un vol** :

Il appert clairement que même le **« certificat d'immatriculation du véhicule » définitif** a été initialement établi à mon nom, prénom et adresse. Aucun autre nom ne figure sur le courrier qui m'a été adressé par la Police Judiciaire. Pour cela, le certificat qui attribue le véhicule à la société CETELEM COFICA BAIL est tout simplement frauduleux !

3. Je désirerais faire remarquer que, dans leurs conclusions, mes adversaires ont préféré ne pas s'expliquer sur les « faux documents » qui faisaient l'objet de ma demande initiale auprès du Tribunal d'Instance. En revanche, mes adversaires ont adopté la stratégie de défense qui consiste à soulever le débat à partir du litige principal qui nous oppose, à savoir le litige commercial lié à l'achat d'un véhicule. Pour cela, dans leurs conclusions, mes adversaires s'appuient sur les deux Jugements qui ont été rendus en leur faveur par le Tribunal de Grande Instance de Nanterre et par la Cour d'Appel de Versailles ;

4. A la page 2 de leurs conclusions, mes adversaires affirment : « Monsieur Sebunuma prétend que, dans le cadre de la procédure devant la cour d'appel de Versailles, ses « adversaires et leurs avocats ont produit deux faux documents », sans préciser desquels il s'agit. »

Cette affirmation est fallacieuse car, dans mon courrier-plainte initialement adressé au Tribunal, j'ai précisé les « faux documents » à l'origine de ma plainte et j'en ai fourni la copie à la Justice. Puis, le 18 février 2014, j'ai communiqué le dossier à la partie adverse (courrier AR).

Par ailleurs, mes adversaires me reprochent de ne pas m'être présenté à la convocation devant Monsieur le conciliateur de justice du Tribunal, le 5 mars 2014. Je me permets de rappeler que, dans son courrier-convocation du 4 février 2014, le Tribunal m'avait demandé de préciser si j'envisageais de me rendre à la conciliation ou non. Dans l'hypothèse où je n'envisageais pas de m'y rendre, le Tribunal me demandait de remplir un formulaire à lui retourner et d'en informer la partie adverse. Comme je ne comptais pas me rendre à l'entretien de conciliation, j'ai complété le formulaire ad-hoc et je l'ai retourné au tribunal avec un courrier de désistement. Puis, j'ai envoyé la copie de ces deux documents à la partie adverse.

Pour toutes ces raisons, l'accusation de mes adversaires est calomnieuse et diffamatoire. Je demande au Tribunal de retenir cet acte contre mes adversaires et de les condamner.

5. A la page 3, mes adversaires citent le Jugement qui a été rendu par le Tribunal de Grande Instance de Nanterre pour se justifier :

Observation : les explications que mes adversaires produisent, au sujet du-dit Jugement, sont « hors sujet » ! Ma plainte concerne les « faux documents » et les actes d'escroquerie que j'ai bien spécifié dans ma plainte écrite initiale.

Cependant, comme mes adversaires ont lancé le débat, je vais leur répondre à partir du témoignage de l'un des avocats à qui j'avais confié mon dossier auprès du Tribunal de Grande Instance de Nanterre ;

le 08 avril 2014, à l'audience du Tribunal d'instance de Paris 11 Arrondissement, Me Jean STEVENIN a fait une déclaration étonnante : je lui ai demandé, devant la Justice, de m'expliquer pourquoi il est cité comme étant mon avocat dans le Jugement du Tribunal de Grande Instance de Nanterre alors qu'il ne me représentait plus. Puis, je lui ai demandé des explications au sujet des conclusions qu'il avait remises au Tribunal (en mai 2009) : car, le Tribunal de Grande Instance de Nanterre a affirmé que je n'aurais présenté aucune pièce au soutien de mes prétentions ! A ces questions, Me Jean STEVENIN a répondu :

« **Mes conclusions sont impeccables, il n'y a rien à redire. Seulement, le Tribunal les a écartées lors du Jugement par lequel M. SEBUNUMA a été condamné** ». Puis, il a ajouté : « **Je n'ai pas participé aux débats, je n'étais pas présent. Ils ont tout simplement mentionné mon nom sur l'acte de jugement car, Me Philippe DE JODE ne s'est pas constitué pour me remplacer. Au sujet de la non-constitution de Me Philippe DE JODE, c'est un trou noir pour moi !** » Il s'est adressé au Juge et a ajouté : « **Me Philippe DE JODE ou son remplaçant auraient dû se constituer pour représenter M. SEBUNUMA** ».

Ce témoignage suffit, à lui seul, pour comprendre la nature des différents « jugements » qui sont régulièrement rendus en faveur de mes adversaires !

6. Le 25 avril 2014, mes adversaires m'ont adressé la copie du Jugement qui a été rendu par la Cour d'Appel de Versailles concernant l'appel que j'avais formé - suite au Jugement du Tribunal de Grande Instance de Nanterre que j'ai déjà cité.

Je suis très étonné car, ce Jugement de la Cour d'Appel de Versailles ne m'a jamais été signifié ni par la Cour, ni par mon avocat !

**Voici mes observations sur les points principaux pour lesquels la Cour d'Appel de Versailles m'a condamné** :

7. Dans sa décision du 27 mars 2014, la Cour d'Appel de Versailles a confirmé le Jugement qui avait été rendu par le Tribunal de Grande Instance de Nanterre. Cela sans tenir compte de toutes les preuves matérielles que j'avais présentées à la Cour par l'intermédiaire de mon avocat.

Plus particulièrement, les motifs principaux présentés par la Cour d'Appel de Versailles pour me condamner sont les suivants :

- « Le bon de commande du 29 septembre 2006 n'est pas entaché de nullité » ;
- « le choix entre un crédit-bail ou une location avec option d'achat a été opéré au plus tard quelques semaines après la signature du bon (...) » ;
- « ce contrat est clair et n'est pas de nature à créer la confusion dans l'esprit de l'acquéreur (...) » ;
- « le certificat d'immatriculation en date du 9 novembre 2006 mentionne sans ambiguïté que le propriétaire du véhicule est la société COFICA BAIL (...) » ;
- « Déogratias SEBUNUMA a commencé à honorer le paiement des loyers révélant ainsi qu'il avais compris et accepté les termes des engagements qu'il avait délibérément contracté (...) ».

8. **Je désirerais présenter mes arguments, à partir des documents en ma possession, pour démontrer que tous les motifs ci-dessus présentés ne correspondent pas à la réalité des faits** :

Premièrement, si le bon de commande du 29 septembre 2006 « n'est pas entaché de nullité » selon la Cour d'Appel de Versailles, pourquoi l'offre qui figure sur ce même bon est-il différent de l'offre avec option d'achat qui m'a été fait signer frauduleusement ? En effet, même le montant du prix du véhicule n'est pas le même ; sans oublier les modalités de payement que j'avais convenues avec le vendeur le 29 septembre 2006 qui sont différentes de celles de l'offre de location avec option d'achat. Je me permets de rappeler que lorsque j'ai demandé à mes adversaires d'appliquer les termes du bon de commande du 29 septembre 2006, ils ont refusé ! **Donc, il existe sur ce point une escroquerie à la vente indiscutable.**

Deuxièmement, la Cour d'Appel de Versailles affirme que « le choix entre un crédit-bail ou location

9/12

avec option d'achat » aurait été « opéré au plus tard quelques semaines après la signature du bon » : qui a fait ce choix ? Pour quelle raison ? Par ailleurs, je me permets de faire remarquer un autre point sur ce sujet : entre la signature du bon de commande du 29 septembre 2006 et la signature de l'offre de location avec option d'achat, il n'y a même pas eu une semaine ! Le bon de commande a été signé le 29 septembre 2006 ; l'offre de location avec option d'achat m'a été fait signer frauduleusement le 04 octobre 2006.

Troisièmement, la Cour d'Appel de Versailles affirme : « Ce contrat est clair et n'est pas de nature a créer la confusion dans l'esprit de l'acquéreur ». Je réponds que si. Ce contrat n'est pas clair pour plusieurs raisons : d'abord, ce n'est pas moi qui l'ai rempli. Lorsque je suis arrivé au Garage Axone Automobile, tous les exemplaires avaient été dactylographiés et il ne restait qu'à signer. Je n'ai même pas eu le temps de lire ce document. Car, le vendeur m'a assuré que c'était le même contenu que celui du bon de commande que j'avais signé le 29 septembre 2006. **Par ailleurs, lorsque j'ai demandé la copie du même document au vendeur, il m'a informé qu'il ne pouvait pas m'en donner un exemplaire tant que le créancier n'avait pas approuvé et signé le même document**. Pour cela, mes droits de consommateur n'ont pas été respectés : comment aurais-pu me rétracter, si nécessaire, dans les 7 jours suivant la signature de cet engagement ? Lors de l'audition au Commissariat de Police du 13ème Arrondissement de Paris (en mars 2008), le vendeur a avoué qu'il ne m'avait pas remis la copie du dossier de l'offre de location avec option d'achat le 04 octobre 2006. **Pour cela, le contrat est non seulement opaque, mais aussi frauduleux !**

**Plus particulièrement, je me permets de formuler une autre observation importante : comme je l'ai déjà indiqué, à mon arrivée au Garage Axone Automobiles le 04 octobre 2006 pour signer le dossier de demande de crédit-auto, le vendeur m'a présenté plusieurs exemplaires qui avaient été dactylographiées à l'avance ; il ne restait qu'à signer. Et lorsque je lui ai demandé une copie du dossier, il a refusé. Or, aujourd'hui, en 2014, je découvre que mes adversaires ont imité ma signature pour produire différents faux documents à mon encontre. Dans ces conditions, qu'est-ce qui prouve que ledit « contrat » de financement est authentique ? Vu que le vendeur ne m'a donné aucune copie de ce document et, compte tenu du fait que ma signature a été imitée pour fabriquer de faux documents à mon encontre, rien ne m'empêche de douter de l'authenticité dudit document qui est présenté aujourd'hui comme étant celui que j'aurai signé en 2006 – document dont j'ai reçu la copie pour la première fois le 27 février 2007.**

Quatrièmement, la Cour d'Appel de Versailles affirme que «le certificat d'immatriculation en date du 9 novembre 2006 mentionne sans ambiguïté que le propriétaire du véhicule est la société COFICA BAIL (...) » ! **Or, le 05 février 2014, la Police Judiciaire m'a communiqué un document détaillé qui prouve que le même véhicule est toujours immatriculé, en 2014, à mon nom, prénom et adresse** ! Selon le « Système d'Immatriculation des Véhicules » cité par la Police Judiciaire, je suis le seul « propriétaire » du véhicule. Donc, le « certificat d'immatriculation » qui attribue le véhicule à la société COFICA BAIL est frauduleux : il a tout simplement été établi en remplacement à un autre certificat d'immatriculation qui ne m'a jamais été remis ! **D'ailleurs, je me demande pourquoi la Cour d'Appel de Versailles ne cite pas le « certificat d'immatriculation » provisoire qui m'a été remis le 10 novembre 2006 : sur ce document, je suis le seul propriétaire du véhicule.**

**Information importante** : lorsque je suis allé récupérer le véhicule le 10 novembre 2006, c'est le certificat d'immatriculation provisoire qui m'a été remis. Quant au « certificat définitif » cité par la Cour d'Appel de Versailles, il m'a été remis vers fin novembre 2006 avec les plaques définitives du véhicule. Pourtant, dans son Arrêt – comme je l'ai déjà souligné-, la Cour ne cite pas ce certificat d'immatriculation provisoire – document sur lequel je suis le seul propriétaire du véhicule.

Par ailleurs, il existe d'autres documents officiels indiscutables ; **le 10 novembre 2006, lorsque je suis allé retiré le véhicule au Garage Axone Automobiles, j'ai signé un document de demande d'adhésion à une assurance-sécurité du véhicule, auprès de la société « SAGA ». Sur la demande d'adhésion – qui a été complétée par le Garage Axone Automobile – et sur la carte d'adhésion qui m'a été adressé début janvier 2007, le seul propriétaire du véhicule, c'est moi.**

En fin, selon la Cour d'Appel de Versailles. « Dégratias SEBUNUMA a commencé à honorer le paiement des loyers révélant ainsi qu'il avait compris et accepté les termes des engagements qu'il avait délibérément contractés (...) ». Voici mes observations sur ce points :

- Le 29 septembre 2006, lors de la signature du bon de commande du véhicule, le vendeur m'a demandé de lui indiquer le montant des mensualités que je pouvais payer. Je lui ai répondu que je pouvais commencer par des montants élevés et modifier plus tard selon mes revenus. C'est ainsi que je lui ai donné le chiffre indicatif de 350€ par mensualité. D'ailleurs, c'est cette indication qui lui a permis de dactylographier à l'avance le dossier ! Pour cela, lorsque j'ai commencé à payer, c'était pour moi un crédit classique selon ce que j'avais signé le 29 septembre 2006.

- Lorsque j'ai perdu mon emploi, j'ai été obligé d'attendre la décision des ASSEDIC pour aller demander la diminution des mensualités liées au crédit-auto. Les ASSEDIC ont traité mon dossier le 18 janvier 2007 et la réponse m'a été signifiée fin janvier 2007. C'est pour cela que je me suis rendu à l'agence de CETELEM COFICA BAIL en février 2007. Par conséquent, le fait d'avoir commencé à payer ne remet pas en cause le fait que je n'étais pas au courant de la nature du contrat qui m'avait été fait signer frauduleusement.

9. Pour toutes ces raisons que je viens de présenter, toutes les demandes formulées par mes adversaires contre moi, de la page 5 à la page 6 de leurs conclusions, sont sans aucun fondement : plus particulièrement, les accusations formulées par mes adversaires, pour justifier leurs demandes, sont calomnieuses et diffamatoires.

Ainsi, compte tenu des preuves irréfutables que j'ai présentées à l'appui de ma plainte, je demande à la Justice condamner toutes ces conclusions, toutes ces accusations diffamatoires et demandes sans fondement de mes adversaires (pages 5-6 de leurs conclusions).

**Observation complémentaire :**

10. Au mois de mai 2013, la Caisse d'Épargne a décidé de confisquer mon compte bancaire, puis, de fermer définitivement ce même compte bancaire (La Caisse d'Épargne a été condamnée par le Tribunal d'Instance de Paris 13ème Arrondissement pour m'avoir causé un préjudice moral et financier). Pour cela, j'étais dans l'impossibilité de régulariser le payement des frais d'honoraires de mon avocat dans l'affaire qui m'opposait aux sociétés CETELEM-COFICA et Axone Automobiles. J'en ai informé mon avocat et je lui ai demandé de m'accorder un délai supplémentaire. Plus particulièrement, je lui ai demandé de solliciter auprès de la Cour d'Appel de Versailles le renvoie de la date de remises des conclusions afin que je puisse payer la totalité des frais d'honoraires. Le 26 juin 2013, mon avocat a accepté de m'accorder un délai de 3 mois supplémentaires. Or, dès que mon avocat a reçu mon courrier par Fax du 23 juillet 2013 - courrier que j'adressais à la Cour d'Apple de Versailles pour dénoncer les faux documents que mes adversaires avaient produits dans leurs conclusions, il a immédiatement décidé d'abandonner mon dossier ; dans le courrier du 25 juillet 2013, il m'a signifié : « Je ne peux malheureusement plus assurer la défense de vos intérêt, et vous informer en conséquence dégager ma responsabilité sur les suites de la procédure devant la Cour d'Appel de VERSAILLES. »
Le 13 septembre 2013, j'ai accusé réception de cette décision de mon avocat et je lui ai demandé de me restituer mon dossier pour que je puisse le confier à un autre avocat. Il n'a jamais répondu à mon courrier et ne m'a jamais remis mon dossier. Pourtant, à la première page de l'arrêt de la Cour d'Appel de Versailles du 27 mars 2014, c'est le même avocat qui est y cité comme étant mon avocat !

Question : étant donné que l'avocat qui est cité par la Cour d'Appel de Versailles avait lui-même décidé d'abandonner mon dossier et que, de fait, il ne me représentait plus, quelle est la nature juridique de l'arrêt qui a été rendu par la Cour d'Appel de Versailles dans ces conditions ? Et c'est ce même arrêt dont ce sont servis mes adversaires pour ne pas assumer leurs responsabilités devant le Tribunal d'Instance de Paris 9ème Arrondissement. Je me permet de rapper que la même histoire c'est produite lors du Jugement qui a été rendu par le Tribunal de Grande Instance de Nanterre concernant le même dossier.

Par conséquent, la décision du Tribunal d'Instance de Paris 9ème Arrondissement selon laquelle l'arrêt de la Cour d'Appel de Versailles aurait réglé tous les problèmes du dossier n'est pas conforme à la réalité. Car, je n'étais pas représenté lors des débats et les pièces essentielles à l'appui de ma défense ont été écartées.

**VII. Je formule un pourvoi en Cassation contre le Jugement qui a été rendu le 26 mai 2014, par le Tribunal d'Instance de Paris 9ème Arrondissement**

1. Étant donné que le Tribunal ne m'a pas accordé la possibilité de développer mes arguments ci-dessus présentés ;

2. Étant donné que mes adversaires ne se sont pas expliqués sur les différents faux documents que j'ai présentés et que la Justice n'a pas souhaité que je leur pose des questions sur ces documents faux et/ou frauduleux ;

3. Comme le Tribunal a rendu son Jugement en écartant toutes les preuves matérielles irréfutables ci-dessus citées et dont je présente la copie à la Cour de Cassation ;

4. Étant donné que le Tribunal me condamne à payer de l'argent gratuit à des adversaires qui ont imité ma signature pour fabriquer des documents ayant servi à nuire à ma personne et mes intérêts ;

Je fais Appel du Jugement qui a été rendu par le Tribunal d'Instance de Paris le 26 mai 2014 et qui m'a été signifié par Courrier Recommandé avec Avis de Réception le 07 juin 2014.

5. **Compte tenu de mes modestes revenus, je fais la demande d'une Aide Juridictionnelle afin de bénéficier d'une assistance par un avocat.**

Veuillez agréer, Madame, Monsieur le Président, l'expression de ma considération distinguée.

SEBUNUMA Déogratias

*Pièce jointe* : Dossier de 80 pages recto, numérotées au moyen d'un stylo (Demande d'aide juridictionnelle + la copie des justificatifs cités dans le présent courrier).

RECOMMANDÉ :
AVIS DE RÉCEPTION
1A 092 961 5853 2
LA POSTE
FRAB

SEBUNUMA Déogratias
18 rue Adolphe Chérioux
92130 Issy-les-Moulineaux

COUR DE CASSATION
ARRIVÉ LE
09 JUIL.
SERVICE COURRIER

SEBUNUMA Dégratias
18 rue Adolphe Chérioux
92130 ISSY-LES-MOULINEAUX
**Courrier Recommandé avec Avis de Réception**

COUR DE CASSATION
- 4 OCT. 2013
BUREAU D'ACCUEIL

Issy-les-Moulineaux, le 13 septembre 2013

COUR DE CASSATION
GREFFE CRIMINEL
5 Quai de l'Horloge
75055 PARIS CEDEX 01

Objet : **Affaire N° S1383649 :** Observations complémentaires à mon dossier ;
Suite à la conclusion de « Non-admission du Pourvoi »

Madame, Monsieur,

Suite à votre courrier cité en référence,

J'ai l'honneur de vous adresser différentes observations complémentaires à mon dossier.

1. Selon le Conseiller rapporteur, dans sa conclusion de « Non-admission du pourvoi », « le premier mémoire » de Cassation que j'ai adressé à la Cour « ne présente pas de moyens sérieux de nature à entraîner la Cassation de l'arrêt » selon le Conseiller rapporteur.

**Observation** : A ce jour, aucune instruction sur le fond du dossier n'a jamais eu lieu ! Car, le Juge d'instruction et la Cour d'Appel de Paris n'ont pris en compte que le seul document qui m'a été fait signer frauduleusement le 04 octobre 2006. D'ailleurs, même dans le procès civil de la même affaire – auprès du Tribunal de Grande Instance de Nanterre -, c'est la même stratégie qui a été suivie : j'ai été condamné à l'avance et le tribunal a fait fi de tous les documents justificatifs que j'avais pourtant dûment présentés à la Justice. Ainsi, je demande à la Cour de Cassation de se prononcer à partir des faits et en prenant en compte tous les moyens de défense présentés par toutes les parties.

2. Dans sa conclusion de « Non-admission du pourvoi », le Conseiller rapporteur cite un extrait des conclusions du Juge d'instruction pour étayer sa décision. Selon ces conclusions du Juge d'instruction – conclusions qui ont été suivies par la Cour d'Appel de Paris, « les divergences sur lesquelles s'appuient la partie civile s'expliquent par le refus par deux fois opposés à l'intéressé [moi-même] d'obtenir une offre de prêt ... ». Puis, selon les mêmes conclusions du Juge d'instruction citées par le Conseiller rapporteur, «...M. Sebunuma, ... qui est psychologue ne peut soutenir qu'il ignorait le sens du mot locataire. » Je dénonce ici un procès d'intention *ad hominem* !

**Je désirerais formuler trois observations** : Premièrement, en complément au mémoire que j'ai déjà adressé à la Cour de Cassation, je me permets de préciser qu'il n'existe à ce jour aucune preuve matérielle des refus supposés de l'offre de crédit « classique » ! Surtout que, entre la date de la signature du « Bon de commande » (achat à crédit) et la signature de l'« offre de location avec option d'achat » (document qui m'a été fait signer frauduleusement), il n'y a même pas eu un délai d'une semaine ! Si ma mémoire est bonne, je me rappelle même qu'il y avait un week-end entre les deux dates. Donc l'histoire des « refus successifs » de crédit est tout simplement fantaisiste. Car, comme je l'ai déjà expliqué dans mon Mémoire de Cassation, une société financière ne peut pas refuser un crédit « classique » de 12000€ à un client, puis, en même temps, d'accorder au même dossier une « offre de location » de 15188 € ! Il s'agit là d'une véritable mystification ! Deuxièmement, je n'ai jamais dit au Juge d'instruction que je ne savais pas le sens du mot « locataire » lorsqu'on m'a fait signer frauduleusement l'offre de location avec option d'achat : j'ai plutôt dit au Juge d'instruction qu'à cette époque, je ne savais pas ce que signifiait une « location avec option d'achat ». Ce n'est pas la même chose. Mes propos authentiques peuvent être vérifiés sur le procès verbal de l'audition. Enfin, à l'appui de l'Arrêt de la Cour d'Appel, le Parquet Général de Paris m'a remis la copie de l'audition du vendeur du Garage Axone Automobiles (copie ci-jointe) : **au mois de mars 2008, au Commissariat de Police du 13ème Arrondissement de Paris, le même vendeur a avoué m'avoir fait signer son « offre de location avec option d'achat » dans des conditions contraires à la Loi. Or, depuis lors, la Justice m'a régulièrement condamné tout en sachant la vérité ! Je ne suis donc pas surpris de la conclusion de « Non-admission du pourvoi » du conseiller rapporteur ! C'est la même histoire qui continue !**

3. Dans sa conclusion de « Non-admission du pourvoi », le conseiller rapporteur dit que le complément au Mémoire de Cassation que j'ai communiqué à la Justice récemment serait « hors délai » : je désirerais informer la Cour que les deux nouvelles pièces à conviction - « *Demande d'adhésion à l'assurance facultative PROTEXXIO* » (pièce ci-jointe) et « *Déclaration de réception* » (copie ci-jointe) - n'ont été produites devant la Justice par mes adversaires que tout récemment. En effet, les deux documents datent du 28 juin 2013 (preuve ci-jointe) et mon avocat dans l'affaire civile – auprès de la Cour d'Appel de Versailles – ne me les a communiqués que courant juillet 2013. Ainsi, conformément à Loi, j'ai le Droit de communiquer à la Justice tout fait nouveau et/ou toute preuve nouvelle qui pourraient servir à établir la vérité afin de rendre une Justice équitable. Au fait, comment un vendeur pouvait-il me faire signer la « Déclaration de réception » d'un bien dont lui-même [le vendeur] n'était pas encore en possession ! A cette question, j'attends la réponse de la part de mes adversaires et tous leurs soutiens.

Pour tous ces motifs, je demande à la Cour de bien vouloir se prononcer en tenant compte de tous les éléments constitutifs de mon dossier, y compris les nouvelles preuves écrites ci-jointes.

Fait à Issy-les-Moulineaux, le 13 septembre 2013.

SEBUNUMA Dégratias

Courrier : 6 pages recto.

1

COUR DE CASSATION

PARQUET
DU
PROCUREUR GÉNÉRAL

(340)

Paris, le 25 septembre 2013

Le procureur général
près la Cour de cassation
à
M. Déogratias Sebunuma
18 RUE ADOLPHE CHÉRIOUX
92130 ISSY-LES-MOULINEAUX

Objet : POURVOI CHAMBRE DE L'INSTRUCTION
N/Réf. : PG/D S1383649

Monsieur,

Vous avez formé un pourvoi contre l'arrêt rendu par la chambre de l'instruction de la cour d'appel de Paris en date du 14 février 2013.

Comme annoncé par une précédente lettre, j'ai l'honneur de vous informer que votre dossier a été examiné par un avocat général à la Cour de cassation, et sera fixé à une prochaine audience de la chambre criminelle.

Pour satisfaire pleinement aux exigences de la Cour européenne des droits de l'Homme, je dois vous informer du sens des conclusions de l'avocat général. En l'espèce, il s'agit d'un avis tendant à la non admission du pourvoi.

Il ne pourra vous être donné aucune information complémentaire : vous pourrez, toutefois, si vous l'estimez nécessaire, faire parvenir au greffe criminel de la Cour de cassation, par retour de courrier, en visant la référence ci-dessus et en trois exemplaires, de brèves observations qui seront versées au dossier avant son examen.

Veuillez agréer, Monsieur, l'expression de ma considération distinguée.

P/ LE PROCUREUR GÉNÉRAL

*Service d'accueil : 01 44 32 95 95 – 01 44 32 95 59 de 9 heures à 18 heures du lundi au vendredi*
www.courdecassation.fr

COUR D'APPEL DE VERSAILLES

TRIBUNAL DE GRANDE INSTANCE
DE NANTERRE

CABINET DE MME SYLVIE DAUNIS
DOYEN DES JUGES D'INSTRUCTION

# ORDONNANCE FIXANT UNE CONSIGNATION (PARTIE CIVILE)

N° du Parquet : . **1219300164** .
N° Instruction : . **0/12/82** .
*PROCÉDURE CORRECTIONNELLE*

Nous, Mme Sylvie DAUNIS, Doyen des Juges d'Instruction au tribunal de grande instance de Nanterre,

Vu la plainte avec constitution de partie civile en date du 28 Mars 2012 déposée le 29 Mars 2012 par :

**M. SEBUNUMA Déogratias**

18 rue Adolphe Chérioux
**92130 ISSY LES MOULINEAUX**

Contre : **-M. STEVENIN Jean** **Pers. Visée**
**- Personne Visée -**

Pour copie certifiée conforme
Le Greffier

QUALIFICATIONS
Abus de confiance , harcèlement moral et diffamation

Vu l'article 88 et 88-1 du Code de Procédure Pénale ;

Attendu que le plaignant a manifesté l'intention de se constituer partie civile;

Le plaignant ne bénéficiant pas de l'Aide Juridictionnelle, fixons à **500 euros** le montant de la consignation.

Disons que cette somme devra être consignée ,
entre les mains de Monsieur le régisseur d'avances et de recettes, au Palais de Justice de Nanterre, 179-191 Avenue Joliot Curie 92020 Nanterre Cedex,
au plus tard le **31 octobre 2012.**
sous peine d' irrecevabilité de la plainte.

Disons que le plaignant sera dispensé d'effectuer cette consignation s'il justifie du bénéfice de l'Aide Juridictionnelle pour la Procédure Pénale envisagée.

Fait à Nanterre, le 20 Septembre 2012
Le Doyen des Juges d'Instruction

Mme Sylvie DAUNIS

**TRANSMISSION**

*Par la présente je vous notifie l'Ordonnance de consignation conformément aux dispositions de l'article 186 du Code de Procédure Pénale vous disposez d'un délai de DIX JOURS.à compter de la date de l'envoi de la présente ordonnance, pour interjeter appel par déclaration au Greffe du Tribunal qui a rendu la décision.*

*Veuillez trouver ci-joint une déclaration d'adresse qu'il vous appartient de renvoyer dûment complétée dans les meilleurs délais au Doyen des juges d'Instruction.*

Le Greffier,

Copie de la présente ordonnance a été donnée à la partie civile par lettre recommandée , le 24.09.2012

le Greffier,

Pour copie certifiée conforme

Le Greffier,

INSTRUCTION N° : . 0/12/82 .
ORDONNANCE FIXANT UNE CONSIGNATION (PARTIE CIVILE) - *page 2*

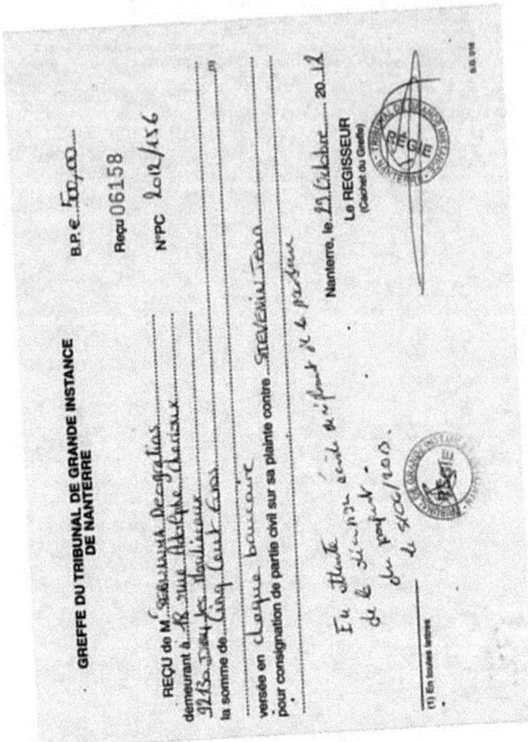

**GREFFE DU TRIBUNAL DE GRANDE INSTANCE DE NANTERRE**

B.P. € 500,00

Reçu 06158

N°PC 2012/156

REÇU de M. [illegible] Deogratias
demeurant à 18 rue Adolphe Chérioux
92130 Issy les Moulineaux
la somme de Cinq Cent Euros (1)

versée en chèque bancaire
pour consignation de partie civil sur sa plainte contre STEVENIN Jean

Nanterre, le 29 Octobre 20 12

Le REGISSEUR
(Cachet du Greffe)

RÉGIE

En attente de la décision écrite définitive de la partie du parquet.
le 5/06/2013.

(1) En toutes lettres

S.G. 018

COUR D'APPEL DE VERSAILLES

TRIBUNAL DE GRANDE INSTANCE DE NANTERRE

CABINET DE ARMELLE BRIAND
VICE-PRÉSIDENT CHARGÉ DE L'INSTRUCTION

**ORDONNANCE DE COMMISSION D'EXPERT**
**(EXPERT UNIQUE)**

Pour copie certifiée conforme

N° du Parquet : . **1219300164** . Le Greffier,
N° Instruction : . **15/13/4** .
*PROCÉDURE CORRECTIONNELLE*

Le 12 Mars 2013,

Nous, Armelle BRIAND, Vice-Président chargée de l'instruction au tribunal de grande instance de Nanterre, étant en notre cabinet,

**Vu l'information suivie contre :**
**-M. STEVENIN Jean** **Libre**
né le / / à de et de
demeurant 18 place du marché 92200 NEUILLY SUR SEINE
**- Personne mise en examen -**

QUALIFICATIONS :
Abus de confiance, harcèlement moral et diffamation ou injure non publique ;
faits prévus et réprimés par les articles 222-33-2, 222-44, 222-45, 314-1, 314-10, R.621-1 du code pénal.

**-M. SEBUNUMA Déogratias**
domicilié 18 rue Adolphe Chérioux 92130 ISSY LES MOULINEAUX
**- Partie Civile -**

Vu les articles 156 et suivants du Code de Procédure Pénale;

**COMMETTONS :**
*Madame Sylvia LEFORT* Unité médico-Judiciaire 2, rue Gambetta
95100 ARGENTEUIL, expert près la cour d'appel de Versailles

aux fins de procéder aux opérations ci-joint indiquées.

*L'expert remettra* ***avant le 12 Mai 2013****, un rapport détaillé contenant son avis motivé et l'attestation qu'il a personnellement accompli la mission qui lui a été confiée.*

INDIQUONS que conformément aux dispositions de l'article 161-1 du code de procédure pénale,
La présente ordonnance a été communiquée aux parties et est donc susceptible de connaître des modifications dans les délais prévus par ces dispositions ; en conséquence, les opérations d'expertise ne peuvent commencer avant l'expiration d'un délai de dix jours ;

le Vice-Président chargée de l'instruction
Armelle BRIAND

Copie transmise ce jour au procureur de la République
Le greffier,

Copie envoyée ce jour ~~aux conseils des~~ à la parties par LR
Le greffier,

# MISSION

J'ai l'honneur de vous prier de bien vouloir examiner **M. Déogratias SEBUNUMA, partie civile :**

- Procéder à son examen psychologique, déterminer son intelligence ;

- Faire ressortir les facteurs personnels, familiaux et sociaux ayant pu influer sur le développement de sa personnalité ;

- Préciser si des dispositions de la personnalité ou des anomalies mentales ont pu intervenir dans la commission des faits susceptibles d'être reprochés à M. STEVENIN ;

- Faire toutes observations utiles à la manifestation de la vérité;

*Pour l'accomplissement de votre mission, vous pourrez prendre connaissance de tout document médical utile et recueillir tout renseignement utile;*

Pour copie certifiée conforme

Le Greffier,

Fait à Nanterre, le 12 Mars 2013
Le Vice-Président chargée de l'instruction
Armelle BRIAND

INSTRUCTION N° : [illegible] .
ORDONNANCE DE COMMISSION D'EXPERT - page 2

Cour d'Appel de Versailles
Tribunal de Grande Instance de Nanterre

Extrait des minutes du Secrétariat-Greffe du Tribunal de Grande Instance de la Circonscription Judiciaire de Nanterre (Departement des Hauts-de-Seine).

N° Parquet : 12193000164
N I 15/13/4

N° téléphone : 0140971280
N° télécopie : 0140971581

Service : Voies de recours
N° d'appel : 556/13

# Acte d'appel

Le 15 mars 2013 à 14:29, au greffe du Tribunal de Grande Instance de Nanterre devant nous, Isabelle PONTHOREAU greffier, a comparu :

SEBUNUMA Déogratias partie civile

lequel a déclaré être domicilié 18 rue Aldophe Chérioux 92130 ISSY LES MOULINEAUX

et a déclaré interjeter appel

de L ORDONNANCE DE COMMISSION D EXPERT RENDUE LE 12 MARS 2013 PAR Mme BRIAND JUGE D INSTRUCTION PRES LE TRIBUNAL DE NANTERRE A L EGARD DE STEVENIN JEAN

Lecture faite, le comparant a signé avec nous,

le comparant, le greffier,

Pour copie conforme
Le Greffier

SEBUNUMA Dégratias
18 rue Adolphe Chérioux
92130 ISSY-LES-MOULINEAUX

Issy-les-Moulineaux, le 12 avril 2013

**Courrier remis au service d'accueil - Cabinet du Doyen des Juges d'Instruction**

12 AVR. 2013

Mme Le Doyen des Juges d'Instruction
Tribunal de Grande Instance de Nanterre
179-191 avenue Joliot-Curie
92020 NANTERRE CEDEX

Objet : Demande de remboursement des frais de consignation concernant deux dossiers :
- Plainte avec constitution de partie civile contre Monsieur POIRRET
N° Parquet : 1219800006 N° Instruction : 0/12/99
- Plainte avec constitution de partie civile contre Maître Jean STEVENIN
N° du Parquet : 1219300164 N° Instruction : 15/13/4

Madame,

J'ai l'honneur de vous adresser ma demande de remboursement des frais de consignation concernant les dossiers cités en référence.

I. Plainte avec constitution de partie civile contre Monsieur POIRRET

- Le 27 mars 2013, après avoir reçu l'ordonnance de « Refus d'informer » du Juge d'instruction, j'ai pris contact avec le service de la Régie de votre tribunal pour demander le remboursement des frais de consignation que vous m'avez demandé de payer au titre de mon statut de « partie civile ». Le Régisseur m'a demandé de lui apporter le certificat de « non-appel » et un Relevé d'identité bancaire. Je lui ai remis les deux documents le même jour et il m'a informé que le remboursement de ma consignation allait se faire par virement bancaire.

- Comme je n'ai reçu aucun virement de la part de la Régie de votre tribunal, le 08 avril 2013, j'ai repris contact avec le Régisseur. Ses services m'ont informé que le virement allait finalement se faire le mardi 09 avril 2013. Mais, aucune explication ne m'a été donnée concernant ce retard – ou ce non-remboursement de ce qui m'est dû.

- Hier le 11 avril 2013, comme je n'avais pas encore reçu le virement de la part de la Régie de votre tribunal, j'ai contacté le même service par téléphone pour demander les explications. La personne qui a reçu mon appel m'a informé que la seule réponse qu'elle pouvait me donner c'était de prendre mon nom et mes coordonnées !

II. Plainte avec constitution de partie civile contre Maître Jean STEVENIN

- Suite à l'ordonnance qui a été rendue par le Juge d'Instruction le 12 mars 2013, j'ai décidé de me retirer du dossier et j'ai mis fin à ma constitution de partie civile. Sur ce sujet, je vous ai envoyé un courrier recommandé avec Avis de Réception le 09 avril 2013.

Pour toutes ces raisons, je me permets de vous demander de me rembourser mes deux consignations :

Étant donné que c'est vous qui avez ordonné et fixé les modalités de payement de la consignation concernant les deux dossiers ci-dessus cités - conformément à la Loi, vous êtes aussi juridiquement responsable du remboursement des mêmes sommes que j'ai payées.

Ainsi, compte tenu des complications non-justifiées que je rencontre auprès de la Régie, si mon argent ne m'est pas remboursé dès aujourd'hui le 12 avril 2013 par le Régisseur de votre tribunal, c'est à votre Cabinet que j'irai demander ce qui m'est dû dès lundi le 15 avril 2013.

Veuillez agréer, Madame Le Juge, l'expression de ma considération distinguée.

SEBUNUMA Dégratias

*Copie à* :
- Monsieur le Régisseur, T.G.I. de Nanterre.

**COUR D'APPEL DE VERSAILLES**

---

**CHAMBRE DE L'INSTRUCTION**
52/13

# ORDONNANCE

NOUS, Pierre RIQUIN Président de la chambre de l'instruction à VERSAILLES

Vu la procédure d'information suivie au Tribunal de Grande Instance de NANTERRE au cabinet de Mme Armelle BRIAND, vice-président chargé de l'instruction, contre :

**Jean STEVENIN** (personne visée)
de nationalité Française
demeurant 18 place du marché - 92200 NEUILLY SUR SEINE

qualification des faits : Abus de confiance, harcèlement moral et diffamation ou injure publique.
sans avocat

PARTIE CIVILE:

**Déogratias SEBUNUMA**
demeurant 18 rue Rodolphe Chérioux - 92130 ISSY LES MOULINEAUX
sans avocat

Vu la déclaration d'appel de Déogratias SEBUNUMA, partie civile, enregistrée le 15 mars 2013 au greffe du Tribunal de Grande Instance de NANTERRE dirigé contre l'ordonnance de commission d'expert rendue le 12 mars 2013 par Madame BRIAND , vice-président, chargé de l'instruction au Tribunal de Grande Instance de NANTERRE désignant Madame LEFORT pour procéder à l'examen psychologique de Déogratias SEBUNUMA ;

Vu l'avis motivé du Procureur de la République du 20 mars 2013 ;

Considérant que l'ordonnance de désignation d'expert n'est pas visée aux articles 186 al.1 et 3 et 186-1 du code de procédure pénale énumérant limitativement celles qui sont susceptibles d'appel par les parties; que l'appel d'une telle ordonnance n'est pas non plus prévue par les articles 159 et suivants du même code relatifs aux expertises :

-que cet appel est ainsi irrecevable .
-qu'il y a lieu dès lors de prononcer la non admission de l'appel formé par Déogratias SEBUNUMA le 15 mars 2013 ;

**PRONONÇONS D'OFFICE LA NON ADMISSION DE L'APPEL FORMULÉ PAR Déogratias SEBUNUMA.**

POUR COPIE CONFORME
LE GREFFIER EN CHEF

Fait en notre Cabinet, le 02 avril 2013

Le Président de la chambre de l'instruction

Notifiée à la partie civile le 03.04.13

## 3. Abus de confiance des avocats : autres exemples

**Frédéric DUBERNET**

AVOCAT AU BARREAU DES HAUTS DE SEINE

Monsieur Déogratias SEBUNUMA
18, rue Adolphe Chérioux
92130 ISSY LES MOULINEAUX

Nanterre, le 20 octobre 2008

N/Réf. : M. SEBUNUMA / COFICA BAIL

Cher Monsieur,

Vous avez eu l'obligeance de me confier le soin de défendre vos intérêts devant le Tribunal de Grande Instance de NANTERRE, ce dont je vous remercie.

Mes obligations professionnelles me conduisent aujourd'hui à quitter le Barreau des Hauts-de-Seine.

Je ne pourrai plus, dès lors, accomplir les actes judiciaires indispensables à votre procédure.

Pour cette raison, j'ai recherché parmi mes confrères des Hauts-de-Seine celles et ceux qui étaient les mieux indiqués afin de me succéder, et ce, dans le respect des conditions financières convenues ensemble.

Ainsi, j'ai l'honneur de vous informer que ce choix s'est porté sur Maître Delphine VIALATTE et Maître Chantale BUZON, toutes deux Avocates au Barreau des Hauts-de-Seine.

Je vous invite donc à prendre contact dès à présent avec elles au 01.41.44.92.29 ou au 01.41.44.27.51 ou par écrit au 84, rue Gambetta à SURESNES (92150).

Je vous remercie de la confiance que vous m'avez apportée et vous assure, en retour, de qualité des personnes choisies afin de garantir le succès de votre démarche.

Je vous prie d'agréer, Cher Monsieur, l'expression de mes sentiments dévoués.

**Frédéric DUBERNET**

4, rue Salvador Allende 92000 NANTERRE Téléphone : 01.47.29.20.37 – Fax. : 01.41.37.08.52
frederic.mravocat@wanadoo.fr · Toque Nanterre 432
SIRET n° 488 242 033 00014
*Membre d'une association agréée – le paiement par chèques est accepté*

Reçu le 26/12/2008

**Delphine VIALATTE**
*Avocat à la Cour*
**Barreau des Hauts-de-Seine - PN 72**

Monsieur Déogratias SEBUNUMA
18 rue Adolphe Chérioux
92130 ISSY LES MOULINEAUX

Suresnes, le 22 décembre 2008

LRAR

Mes Réf. : SEBUNUMA c/ COFICA BAIL et AXONE AUTOMOBILES
Vos Réf :

Cher Monsieur,

Ensuite de nos entretiens téléphoniques et échanges de mails de la fin de semaine dernière, je vous confirme que je ne souhaite plus vous assister dans le cadre de la procédure pendante par devant la 6ème chambre du TGI de NANTERRE vous opposant aux sociétés COFICA BAIL et AXONE AUTOMOBILES.

Je n'effectuerai plus aucune diligence dans votre dossier.

Compte tenu de la très grande "incompréhension" relative à la régularisation des conclusions d'incompétence en prévision de l'audience de mise en état du 15 décembre dernier et de manière tout à fait exceptionnelle, je ne vous demanderai pas d'honoraires.

Il va de soi en effet que je n'ai signifié lesdites écritures que parce que j'avais au préalable recueilli votre accord après de longues explications.

Je vous remercie donc de bien vouloir m'indiquer dans les meilleurs délais les coordonnées de celui de mes confrères qui poursuivra la procédure, le ministère d'avocat étant obligatoire.

Je tenais à vous en informer et vous prie de me croire,

Votre bien dévouée.

Delphine VIALATTE
delphine.vialatte@pietrois-quibel-avocats.com

84 rue Gambetta - 92150 Suresnes
Tel.:01.41.44.92.28 - Fax: 01.47.28.77.00
delphine.vialatte@pietrois-quibel-avocats.com

LE MARDI 13 JANVIER 2009

AFF : SEBUNUMA C/ COFICA BAIL

N° 09/01/13/02

*Numéro de TVA intra-communautaire : F.R 54.44.01.68.74.80.00.26*
*Facture N° 09/01/13/02*
*Taux horaire : **200,00 €***

## *FACTURE DE PROVISION D'HONORAIRES*

| | |
|---|---|
| Procédure devant le TGI de Nanterre (constitution et conclusions) | 500,00 € |
| TVA (19,60 %)........................................................................ | 98,00 € |
| *TOTAL HONOTRAIRES TTC* ...................................................... | ***598,00 €*** |

## *FRAIS*

| | |
|---|---|
| *CNBF / BRA (timbres)* ............................................................ | ***16,00 €*** |

| | |
|---|---|
| TOTAL FRAIS ET HONORAIRES ................................................ | ***614,00 €*** |

*Membre d'une association agréée ; le règlement des honoraires par chèque est accepté*

**BANQUE POPULAIRE**
RIVES DE PARIS

**RELEVE N° 2 AU 05/02/2009**

**Votre conseiller :**
**JEROME JUHAN**
**Mail :** jerome.juhan@rivesparis.banquepopulaire.fr

**ISSY-L-MLX**
1 AVENUE VICTOR CRESSON
92130 ISSY LES MOULINEAUX
Fax : 01 46 42 45 82
Tel : 08 26 82 68 26

ALGOIS 0892 692 092
OPERATIONS 24h/24 (0,34 €/Min)
Code : 021924
SMS+6 11 16 : 021924

Cyberplus
Identifiant : C0813558
www.rivesparis.banquepopulaire.fr

052A/0C001893/20090310/ / 0,00/Rives-Pari
M DEOGRATIAS SEBUNUMA
0004

18 RUE ADOLPHE CHERIOUX
92130 ISSY LES MOULINEAUX

**VOTRE COMPTE CHEQUES N° 20194208965**
**IBAN FR76 1020 7000 0420 1942 0896 532**

**M DEOGRATIAS SEBUNUMA**
**BIC CCBPFRPPMTG**

| DATE COMPTA | LIBELLE/REFERENCE | | DATE OPERATION | DATE VALEUR | DEBIT EUROS | CREDIT EUROS |
|---|---|---|---|---|---|---|
| | **SOLDE DEBITEUR AU 05/02/2009** | | | | **86,40** | |
| 08/02 | GAB 08/02 Sac1858075<br>CORENTIN CELTON DEP. | 1858075 | 08/02 | 08/02 | | 90,00 |
| 09/02 | CARTE 070209 CB:*6565268<br>INTERMARCHE 92 ISSY LES MOU | 1U823C2 | 09/02 | 09/02 | 1,56 | |
| 09/02 | CARTE 070209 CB:*6565268<br>AUCHAN ISSY 92ISSY LES MOUL | 1U823C3 | 09/02 | 09/02 | 1,58 | |
| 10/02 | PRELEVEMENT<br>PRLV MAIF 79038 NIORT CE | | 10/02 | 10/02 | 53,57 | |
| 11/02 | PRELEVEMENT<br>PRLV GAZ DE FRANCE DIRCO | | 11/02 | 11/02 | 8,09 | |
| 12/02 | CARTE 110209 CB:*6565268<br>AUCHAN BAGNOLET93BAGNOLET | 1Z6JWHU | 12/02 | 12/02 | 6,43 | |
| 13/02 | PRELEVEMENT<br>PRLV Free Telecom | | 13/02 | 13/02 | 50,02 | |
| 13/02 | CARTE 120209 CB:*6565268<br>AUCHAN BAGNOLET93BAGNOLET | 20U304U | 13/02 | 13/02 | 10,00 | |
| 16/02 | PRELEVEMENT<br>PRLV EDF PR QE CLIO BRED | | 16/02 | 16/02 | 21,00 | |
| 16/02 | COTISATION EQUIPAGE 2<br>HT: 11,08/TVA19,60: 0,05<br>EQUIPAGE 2 N 0054837341 | 0001795 | 16/02 | 16/02 | 11,13 | |
| 16/02 | CARTE 140209 CB:*6565268<br>AUCHAN LA DEFENS92PUTEAUX | 25STUXR | 16/02 | 16/02 | 16,47 | |
| 16/02 | CARTE 140209 CB:*6565268<br>RATP 75 PARIS | 25STUXS | 16/02 | 16/02 | 1,60 | |
| 17/02 | CARTE 160209 CB:*6565268<br>ED 0162 ISSY 92ISSY LES MOUL | 27G8JN1 | 17/02 | 17/02 | 1,49 | |
| 18/02 | RET GAB CORENTIN CELTON<br>CARTE *656520663<br>RETRAIT LE 18/02/2009 A 16:47 | CZH4488 | 18/02 | 18/02 | 10,00 | |
| 20/02 | CHEQUE | 0000103 | 18/02 | 18/02 | 120,00 | |
| 27/02 | FR INTERVENTION<br>COM. DE DEPASSEMENT | 022009 | 27/02 | 27/02 | 17,70 | |
| | **SOLDE DEBITEUR AU 28/02/2009** | | | | **327,04** | |
| 02/03 | VIR ACADOMIA<br>ACADOMIA 2093351 | 2SY6NYU | 02/03 | 02/03 | | 228,00 |
| 02/03 | CHEQUE | 0000105 | 02/03 | 02/03 | 9,23 | |
| 02/03 | CHEQUE | 0000104 | 02/03 | 02/03 | 31,90 | |
| 03/03 | CHEQUE | 0000107 | 03/03 | 03/03 | 3,40 | |
| 03/03 | REMISE CHEQUES<br>REMCHQ DE 1 CHEQUE( | 1072421 | 03/03 | 03/03 | | 450,00 |
| 04/03 | CHEQUE | 0000106 | 03/03 | 03/03 | 300,00 | |
| 05/03 | CHEQUE | 0000110 | 05/03 | 05/03 | 26,09 | |
| | **TOTAL DES MOUVEMENTS** | | | | **701,26** | **768,00** |
| | **SOLDE DEBITEUR AU 05/03/2009** | | | | **19,66** | |

PAGE 1

**BANQUE POPULAIRE**
RIVES DE PARIS

**VOTRE COMPTE CHEQUES N° 20194208965**
**M DEOGRATIAS SEBUNUMA**

**RELEVE N° 1 AU 05/02/2009**

| DATE COMPTA | LIBELLE/REFERENCE | | DATE OPERATION | DATE VALEUR | DEBIT EUROS | CREDIT EUROS |
|---|---|---|---|---|---|---|
| 03/02 | CHEQUE | 0000101 | 03/02 | 03/02 | 28,39 | |
| 03/02 | CHEQUE | 0000102 | 03/02 | 03/02 | 5,00 | |
| 03/02 | CHEQUE | 0000098 | 03/02 | 03/02 | 314,00 | |
| 03/02 | CARTE 020209 CB:*6565268<br>ED 0162 ISSY 92ISSY L MOULIN | 1KAZ4Z0 | 03/02 | 03/02 | 3,79 | |
| 03/02 | CARTE 020209 CB:*6565268<br>SNCF 92ISSY LES MOUL | 1KAZ4Z1 | 03/02 | 03/02 | 13,75 | |
| 05/02 | RET GAB DIDEROT INT.<br>CARTE *656626893<br>RETRAIT LE 05/02/2009 A 14:20 | CZX4465 | 05/02 | 05/02 | 100,00 | |
| | **TOTAL DES MOUVEMENTS** | | | | 1 201,93 | 1 257,00 |
| | **SOLDE DEBITEUR AU 05/02/2009** | | | | 86,40 | |
| | **RECAPITULATIF DES FRAIS ET SERVICES BANCAIRES** | | | | | |
| 14/01 | ☞ COTISATION EQUIPAGE 2 | 0004395 | 14/01 | 14/01 | 11,13 | |
| 29/01 | ☞ FR INTERVENTION | 012009 | 29/01 | 29/01 | 5,90 | |

SAUF ERREUR OU OMISSION — Ce document ne justifie pas la déduction de la TVA ou de la charge en matière d'impôt direct -

PAGE 2

**JEAN STEVENIN**
*Avocat au Barreau des Hauts-de-Seine*
16, rue Henri-Tariel
92130 ISSY-LES-MOULINEAUX
Tél : 01 46 38 74 90 - Fax : 01 46 42 76 84
NAN : 87

LE SAMEDI 16 MAI 2009

M. Déogratias SEBUUMA
18, rue Adolphe-Cherrioux
92130 ISSY-LES-MOULINEAUX

AFF : SEBUNUMA C/ COFIBAIL
Nos réf : JS/js

Cher Monsieur,

Vous trouverez sous ce pli un tirage des conclusions que je fais signifier dans votre intérêts le 18 et que je dois dénoncer à AXONE AUTOMOBILES.

Je vous prie de croire, cher Monsieur en tout mon dévouement.

Votre bien dévoué Confrère.

J.S

PJ : CONCLUSIONS 11 PAGES

**JEAN STEVENIN**
*Avocat au Barreau des Hauts-de-Seine*
**18, place du Marché**
**92200 NEUILLY-SUR-SEINE**
*Tél : 01 47 20 45 47 et 06 48 14 96 77*
**NAN : 87**

LE MARDI 21 JUILLET 2009

**Me Déogratias SEBUNUMA**
**18, rue Adolphe-Cherrioux**
**92130 ISSY-LES-MOULINEAUX**

AFF : SEBUNUMA C/ SA COFICA BAIL
Nos réf : JS/js
Vos réf :

Cher Monsieur,

Tout d'abord, je vous prie de noter mes nouvelles coordonnées.

Ensuite, je vous remercie de bien vouloir me contacter en vue d'un rendez-vous car la partie adverse ne semble plus hostile à un rapprochement dans une perspective amiable mais sans en préciser les contours.

J'ai besoin d'examiner cela avec vous.

Merci de me couvrir compte tenu du travail effectué et à effectuer à cette occasion d'une provision selon facture jointe à cette lettre.

Je vous prie de croire, cher Monsieur, en tout mon dévouement.

J.S

P.J : FACTURE ***358,80 € TTC***

LE MARDI 21 JUILLET 2009

N° 09/07/21/01

AFF : SEBUNUMA C/ COFICA BAIL

*Numéro de TVA intra-communautaire : F.R 54.44.01.68.74.80.00.26*
*Facture N° 09/07/21/01*
*Taux horaire :* ***200,00 €***

**FACTURE DE PROVISION D'HONORAIRES**

| | |
|---|---|
| Provision procédure tribunal de commerce ................ | 300,00 € |
| TVA (19,60 %) ................................................................ | 58,80 € |
| TOTAL TTC ................................................................ | ***358,80 €*** |

*Règlement à réception*

*Membre d'une association agréée : le règlement des honoraires par chèque est accepté*

SEBUNUMA Dégratias
18 rue Adolphe Chérioux
92130 ISSY-LES-MOULINEAUX

Issy-les-Moulineaux, le 24 juillet 2009

AR le 27/07/09

**Courrier recommandé avec Avis de Réception**

Maître Jean STEVENIN
Avocat
18 place du Marché
92200 NEUILLY-SUR-SEINE

Objet : **Votre courrier du 21 juillet 2009**

Procédures n° RG 08/01958 et n° RG 08/07277 / T.G.I. de Nanterre, 6ème Chambre Civile

Monsieur,

J'ai l'honneur de vous écrire pour répondre à votre courrier du 21 juillet 2009 dans lequel vous m'avez d'abord communiqué vos nouvelles coordonnées, et ensuite annoncé que « la partie adverse ne semble plus hostile à un rapprochement dans une perspective amiable mais sans en préciser les contours. » Vous avez d'ailleurs joint une facture dans la perspective d'engager une procédure auprès du Tribunal de Commerce ! Avant même de développer ma réponse, je vous informe que **je décline et refuse tout « rapprochement dans une perspective amiable »** pour régler le litige concernant la procédure judiciaire ci-dessus référencée.

**Premièrement**, je suppose que vous avez lu tous les documents du dossier judiciaire en question. Vous avez sans doute constaté que dès le début du litige commercial, j'ai multiplié les démarches pour essayer de régler le problème à l'amiable : je me suis déplacé pour rencontrer mes adversaires, je leur ai envoyé divers courriers recommandés, j'ai même sollicité l'aide de l'Association UFC Que Choisir pour servir d'intermédiaire. Cependant, mes adversaires ont préféré m'assigner en justice. Je n'ai donc plus de « rapprochement dans une perspective amiable » à faire avec eux.

**Deuxièmement**, je vous ai expliqué à maintes reprises que le procès en cours a un coût : sur le plan matériel et sur le plan humain. Je vous ai même envoyé des preuves écrites de transfert d'argent vers le Rwanda pour vous signifier que ma famille a été sacrifiée afin de pouvoir payer les frais liés à cette même procédure judiciaire. Et dans les différents courriers que j'ai adressés au Tribunal de Grande Instance de Nanterre et à vous même, j'ai détaillé les raisons qui m'amènent à demander au Tribunal de se prononcer sur ce dossier. Si, malgré toutes ces explications, vous persévérez et insistez pour engager d'autres procédures judiciaires et dans un autre tribunal – à l'instar de votre prédécesseur qui avait conclu sur « l'incompétence » du T.G.I., il semble qu'il y aurait d'autres raisons que j'ignore – et donc qui ne m'engagent pas personnellement.

**Troisièmement**, je ne comprends pas comment vous avez décidé de m'envoyer une facture pour me demander de vous payer des honoraires concernant une procédure relevant de la seule initiative de mes adversaires ! Je vous ai déjà payé vos honoraires pour les actes liés à la procédure judiciaire auprès du Tribunal de Grande Instance de Nanterre. A ce jour, je ne vous dois aucun frais d'honoraire et je n'ai aucune autre démarche à faire : j'ai respecté la procédure judiciaire selon la Loi, et j'attends la décision du Tribunal de Grande Instance de Nanterre qui a instruit le dossier ci-dessus référencé.

**Enfin**, depuis le mois de mars 2009, je vous ai régulièrement contacté -- par écrit et par téléphone - pour savoir s'il y avait un lien entre certains faits observés à mon lieu de domicile et la procédure judiciaire en cours. Je vous ai même sollicité pour transmettre au Tribunal ma demande afin de consulter le dossier qui a été déposé par mes adversaires à l'appui de leur assignation contre moi. A ce jour, j'attends toujours la réponse à cette demande. Lors de mon dernier échange téléphonique avec vous le 29 juin 2009, vous m'avez rappelé que vous avez déjà présenté vos conclusions au Tribunal [le 18 mai 2009] et que vous ne pouvez plus rien faire sur le dossier, sauf « attendre la décision des Juges. » Cette décision devrait intervenir à la rentrée selon vos propres mots. Je vous ai fait confiance et nous avons convenu d'attendre la décision du Tribunal. Donc, attendons la décision du Tribunal de Grande Instance de Nanterre.

En conclusion : **je décline et refuse tout « rapprochement dans une perspective amiable » avec mes adversaires** ; je ne vous dois aucun frais d'honoraire à ce jour et je n'ai aucune autre procédure judiciaire à engager. J'attends, comme vous l'avez souligné vous-même le 29 juin 2009, la décision du T.G.I. de Nanterre conformément aux conclusions que vous lui avez présentées le 18 mai 2009.

Veuillez agréer, Monsieur, mes salutations distinguées.

SEBUNUMA Dégratias

PS. Je vous prie de ne pas relancer ce sujet de « rapprochement » qui, pour ma part, n'est autre chose qu'une distraction pour retarder la décision de la Justice.

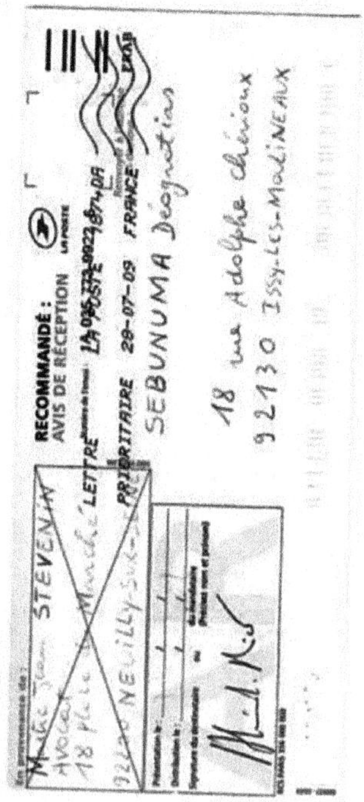

RECOMMANDÉ :
AVIS DE RÉCEPTION
LA POSTE
LETTRE 1A 035 773 0922 1874 DA
PRIORITAIRE 29-07-09 FRANCE
SEBUNUMA Déogratias
18 rue Adolphe Chérioux
92130 ISSY-LES-MOULINEAUX
En provenance de :
STEVENIN
Avocat
NEUILLY-SUR-SEINE

**JEAN STEVENIN**
*Avocat au Barreau des Hauts-de-Seine*
**18, place du Marché**
**92200 NEUILLY-SUR-SEINE**
*Tél : 01 47 20 45 47 et 06 48 14 96 77 - Fax : 01 46 40 19 87*
**NAN : 87**

LE MERCREDI 30 JUILLET 2009

**M. Déogratias SEBUNUMA**
**18, rue Adolphe-Cherrioux**
**92130 ISSY-LES-MOULINEAUX**

AFF : SEBUNUMA C/ COFICA BAIL
Nos réf : JS/js
Vos réf :

Cher Monsieur,

Je reçois régulièrement de vous de longues missives dont certaines par recommandé, ce qui entraîne pour vous des frais inutiles. Je vous rappelle que doit exister entre l'avocat et son client un rapport normal de confiance, qui rend cette modalité de communication offensante et non adaptée.

Je pense que vous ne saisissez pas grand chose au processus judiciaire et je pense où sont vos intérêts bien compris.

Je vous remercie de bien vouloir me contacter pour que nous éclairions la question de mon mandat, car je ne peux et n'entends pas rester le conseil d'une personne qui manifestement soupçonne et récuse toute suggestion.

Je vous rappelle que mon argumentation semble avoir porté auprès de la partie adverse et que c'est pour cela qu'elle propose un rapprochement dont il faut éclairer les lignes. Mettre un terme au litige par un accord est évidemment à examiner de près.

Mais si vous ne pouvez pas le comprendre ...

Ou bien vous me faites confiance, ou bien vous me choisissez un successeur.

Je vous prie de croire, cher Monsieur, en tout mon dévouement.

J.S

SEBUNUMA Dógratias
18 rue Adolphe Chérioux
92130 ISSY-LES-MOULINEAUX

Issy-les-Moulineaux, le 1er août 2009

**Courrier simple + copie par Fax**

Maître Jean STEVENIN
Avocat
18 place du Marché
92200 NEUILLY-SUR-SEINE
Fax 01 46 40 19 87

Objet : **Votre courrier du mercredi 30 juillet 2009 (?)**

Procédures n° RG 08/01958 et n° RG 08/07277 / T.G.I. de Nanterre, 6ème Chambre Civile

Monsieur,

J'ai l'honneur d'accuser réception de votre courrier et c'est pour moi l'occasion de vous communiquer à nouveau ma décision de ne pas engager une nouvelle procédure judiciaire tant que celle qui est encours d'instruction ne sera pas encore clôturée.

Comme vous l'avez souligné dans votre courrier, je ne sais pas grand chose au processus judiciaire et c'est normal car, je ne suis pas professionnel du métier de la Justice. C'est d'ailleurs la raison pour laquelle je préfère me fier à la procédure judiciaire ci-dessus référencée, procédure qui est conforme à la convocation que le Tribunal de Grande Instance de Nanterre m'a envoyée le 20 février 2008.

Au début du litige commercial qui m'oppose aux sociétés Cofica Bail et Axone Automobile, j'ai fait plusieurs démarches pour que le problème soit réglé à l'amiable. Cependant, la société Cofica Bail a préféré m'assigner devant le Tribunal de Grande Instance pour que Justice lui soit rendue, selon le courrier que l'Huissier de Justice m'a envoyé le 28 janvier 2008.

En tant que « défendeur », je vous ai confié le mandat de me représenter auprès du Tribunal de Grande Instance de Nanterre dans le dossier ci-dessus référencé. Et le 18 mai 2009, vous avez présenté vos conclusions au même Tribunal en vue d'une décision judiciaire sur le dossier. Le 25 mai 2009, vous m'avez contacté et nous avons fait le point ensemble par téléphone : je vous ai exprimé mon accord total concernant les dites conclusions.

Suite aux multiples actes de harcèlement dont je vous avais déjà fait part par courrier, je vous ai contacté le 29 juin 2009 par téléphone pour vous exposer une autre situation. Vous m'avez répondu qu'ayant déjà présenté vos conclusions au Tribunal de Grande Instance de Nanterre le 18 mai 2009, vous ne pouviez rien faire de plus : selon vos propres termes, il ne restait qu'à « attendre la décision des Juges » qui interviendrait selon vous à la rentrée. Je vous ai renouvelé ma confiance et j'ai accepté d'attendre la décision du Tribunal selon votre conseil.

De mon humble avis, la procédure décrite ci-dessus – et dont vous êtes l'un des acteurs – est conforme à la Loi. Puis, cette même procédure judiciaire qui est en cours d'instruction répond aux attentes de toutes les parties : « Que Justice soit rendue. »

Je rappelle aussi que je vous ai déjà payé tous les frais d'honoraires que vous m'aviez demandés pour me représenter auprès du Tribunal de Grande Instance de Nanterre dans le dossier en cours d'instruction. Pour cela, j'attends le résultat, à savoir la décision du Tribunal conformément aux conclusions que vous lui avez présentées le 18 mai 2009.

Ainsi, lorsque le Tribunal de Grande Instance de Nanterre vous aura communiqué sa décision, veuillez m'en faire part et nous nous rencontrerons pour faire le point ensemble.

Par ailleurs, je ne peux pas vous appeler en ce moment car, suite au harcèlement téléphonique dont je vous ai déjà parlé, j'ai résilié mon abonnement téléphonique.

Veuillez agréer, Monsieur, mes salutations distinguées.

SEBUNUMA Dógratias

P.S. : Je vous ai envoyé précédemment un courrier recommandé pour éviter tout malentendu concernant les frais d'honoraire : étant donné que je n'engagerai pas une nouvelle procédure judiciaire tant que celle qui est encours ne sera pas clôturée, je n'ai pas de frais d'honoraire à vous payer à ce jour. Ce n'était donc pas par manque de confiance.

01/08 2009 11:40 FAX 0143216593 001

******************************
*** RAPPORT D'EMISSION ***
******************************

EMISSION OK

| | |
|---|---|
| N° COM. | 0793 |
| CORRESPONDANT | |
| SOUS-ADRESSE | |
| ID CORRESPONDANT | |
| HEURE | 01/08 11:40 |
| DUREE | 00'23 |
| PAGES EMISES | 1 |
| RESULTAT | OK |

SEBUNUMA Déogratias
18 rue Adolphe Chérioux
92130 ISSY-LES-MOULINEAUX

Issy-les-Moulineaux, le 1er août 2009

**Courrier simple + copie par Fax**

Maître Jean STEVENIN
Avocat
18 place du Marché
92200 NEUILLY-SUR-SEINE
Fax 01 46 40 19 07

Objet : **Votre courrier du mercredi 30 juillet 2009 (?)**

Procédures n° RG 08/01958 et n° RG 08/07277 / T.G.I. de Nanterre, 6ème Chambre Civile

Monsieur,

J'ai l'honneur d'accuser réception de votre courrier et c'est pour moi l'occasion de vous communiquer à nouveau ma décision de ne pas engager une nouvelle procédure judiciaire tant que celle qui est encours d'instruction ne sera pas encore clôturée.

Comme vous l'avez souligné dans votre courrier, je ne sais pas grand chose au processus judiciaire et c'est normal car, je ne suis pas professionnel du métier de la Justice. C'est d'ailleurs la raison pour laquelle je préfère me fier à la procédure judiciaire ci-dessus référencée, procédure qui est conforme à la convocation que le Tribunal de Grande Instance de Nanterre m'a envoyée le 20 février 2008.

Au début du litige commercial qui m'oppose aux sociétés Cofica Bail et Axone Automobile, j'ai fait plusieurs démarches pour que le problème soit réglé à l'amiable. Cependant, la société Cofica Bail a préféré m'assigner devant le Tribunal de Grande Instance pour que Justice lui soit rendue, selon le courrier que l'Huissier de Justice m'a envoyé le 28 janvier 2008.

En tant que « défendeur », je vous ai confié le mandat de me représenter auprès du Tribunal de Grande Instance de Nanterre dans le dossier ci-dessus référencé. Et le 18 mai 2009, vous avez présenté vos conclusions au même Tribunal en vue d'une décision judiciaire sur le dossier. Le 25 mai 2009, vous m'avez contacté et nous avons fait le point ensemble par téléphone ; je vous ai exprimé mon accord total concernant les dites conclusions.

Suite aux multiples actes de harcèlement dont je vous avais déjà fait part par courrier, je vous ai contacté le 29 juin 2009 par téléphone pour vous exposer une autre situation. Vous m'avez répondu qu'ayant déjà présenté vos conclusions au Tribunal de Grande Instance de Nanterre le 18 mai 2009, vous ne pouviez rien faire de plus ; selon vos propres termes, il ne restait qu'à « attendre la décision des Juges » qui interviendrait selon vous à la rentrée. Je vous ai renouvelé ma confiance et j'ai accepté d'attendre la décision du Tribunal selon votre conseil.

De mon humble avis, la procédure décrite ci-dessus – et dont vous êtes l'un des acteurs – est conforme à la Loi. Puis, cette même procédure judiciaire qui est en cours d'instruction répond aux attentes de toutes les parties : « Que Justice soit rendue. »

Je rappelle aussi que je vous ai déjà payé tous les frais d'honoraires que vous m'aviez demandés pour me représenter auprès du Tribunal de Grande Instance de Nanterre dans le dossier en cours d'instruction. Pour

**JEAN STEVENIN**
*Avocat au Barreau des Hauts-de-Seine*
**18, place du Marché**
**92200 NEUILLY- SUR - SEINE**
**Tél : 01 47 20 45 47 - Fax : 09 61 36 00 32**
**NAN : 87**

***Adresse de correspondance***
**3, rue Goëthe 75116 PARIS**

LE VENDREDI 25 NOVEMBRE 2011

**M. Déogratias SEBUNUMA**
**18, rue Adolphe-Cherrioux**
**92130 ISSY-LES-MOULINEAUX**

AFF : STEVENIN - SEBUNUMA
Nos réf : JS/js
Vos réf :

Monsieur,

Vous trouverez sous ce pli copie de ma lettre au Bâtonnier.

Je vous prie de croire, Monsieur, en l'assurance de mes distingués sentiments.

JS

P.J : 1

**JEAN STEVENIN**
*Avocat au Barreau des Hauts-de-Seine*
**18, place du Marché**
**92200 NEUILLY- SUR - SEINE**
**Tél : 01 47 20 43 47 - Fax : 09 61 36 00 52**
**NAN : 87**

***Adresse de correspondance***
***3, rue Goëthe 75116 PARIS***

LE VENDREDI 25 NOVEMBRE 2011

**ORDRE DES AVOCATS**
**Monsieur le Bâtonnier**
**Secrétariat Général**
**92000 NANTERRE**

AFF : STEVENIN - SEBUNUMA
Nos réf : JS/js
Vos réf : ***Dossier ° 27598***
***réponse à votre lettre du 28/10/11***

Objet : *confirmation de votre demande de taxation*
*fixation à* ***598,00 €*** *pour diligences nouvelles*

Madame le Bâtonnier,

Pour répondre - avec un retard dont vous voudrez bien m'excuser - à votre lettre du **28/10/11**, je vous confirme vous saisir d'une demande d'arbitrage relatif au solde des honoraires dont reste redevable envers moi M. **Déogratias SEBUNUMA 18, rue Adolphe-Cherrioux 92130 ISSY-LES-MOULINEAUX** et qu'il a entendu contester.

Je vous expose cette affaire en vous rappelant que, par lettre du **25/01/11**, en réponse à une première saisine, je vous l'ai déjà exposé et demandé une taxation à hauteur de **358,80 €** et vous ai adressé **19** pièces à l'appui.

M. Déogratias SEBUNUMA fin décembre **2008** m'a demandé d'assurer la défense des ses intérêts devant le tribunal de grande instance de Nanterre, devant lequel il avait été attrait par une société COFICA BAIL représentée par notre Confrère Chantal MELAMED.

Comme je vous l'ai déjà exposé dans ma précédente lettre, en réponse à l'une des nombreuses lettres de récrimination qu'il vous a adressées, M. Déogratias SEBUNUMA avait été assigné à comparaître devant le tribunal de grande instance de Nanterre par acte du **28/01/08** pour paiement d'une somme de **11.294,87 €** au principal par une société de crédit automobile COFICA BAIL.

Notre Confrère Me Frédéric DUBERNET par acte du **17/04/08** s'était d'abord constitué pour lui et par acte du **11/06/08** sur ses instructions avait assigné en intervention forcé le garage vendeur AXONE AUTOMOBILE, assignation suivie d'une ordonnance de jonction **(30/06/08)** et d'une dénonciation de procédure à COFICABAIL **(29/08/08)** ; quelque chose n'avait alors pas plu à M. Déogratias SEBUNUMA qui a mis fin au mandat de ce Confrère pourtant consciencieux et diligent.

Notre Confrère Delphine VIALATTE ensuite, par acte du **03/11/08**, avait accepté de se constituer en lieu et place et avait établi le **12/12/08** des conclusions d'incompétence (droit de la consommation) pour M. Déogratias SEBUNUMA ; quelque chose avait encore déplu à ce justiciable et elle avait été démise de son mandat.

Mon intervention à ce stade, après un entretien du **29/12/08**, a consisté par acte du **02/02/09**, à me constituer en lieu et place et le **18/05/09**, à établir des conclusions en défense pour M. Déogratias SEBUNUMA. J'ai demandé à un huissier de faire signifier ces conclusions à partie non constituée.

Je vous ai déjà transmis ces conclusions en défense déposées le **18/05/09 (11 pages)** avec une liste des **10** pièces communiquées qui établissent que je n'ai épargné ni mon temps et ni mes efforts dans cette défense d'intérêts dans ce dossier complexe et cela pour un montant de provision d'honoraires faibles (**614,00 €** péniblement versés en deux fois).

Après manifestation de méfiance du client, je lui ai demandé de saisir l'un de nos confrères et j'ai transmis à Philippe DE JODE l'entier dossier de cette affaire et lui ai demandé de faire en sorte que le solde (**358,80 €**) me soit réglé. A partir de cela, j'ai appris que M. SEBUNUMA vous avait écrit (sa lettre du **17/11/10** pour contester ce petit solde et je vous ai répondu en détail et en en justifiant le **25/01/11.**

Je ne pense pas avoir à ajouter à cette première lettre qui vous a par ailleurs convaincu que les plaintes de M. SEBUNUMA n'étaient pas fondées. Je vous transmets néanmoins copie de la lettre RAR datée du **19/09/11** que je lui ai fait parvenir avec une facture de solde et un dégagement de responsabilité.

Je demande cependant pour les diligences accomplies pour lui après cette date en raison de ses carences (il n'a pas permis à ce jour à Philippe DE JODE de se constituer) une somme supplémentaire de **200,00 €** HT. Ma demande est donc désormais de **500,00 €** HT soit **598,00 €**.

Je soumettrai le dossier à votre examen ou à celui du rapporteur que vous désigneriez.

Je vous prie de croire, Madame le Bâtonnier, en tout mon dévouement.

J.S

P.J / Lettre RAR STEVENIN à SEBUNUMA du 19/09/11
Facture N° 09/07/21/01 (**358,80 €**) du 21/07/11

Copie à M. Déogratias SEBUNUMA

**Philippe DE JODE**

**Avocat à la Cour d'Appel de Paris**
11 bis, Place de la Nation 75O11 PARIS
Tél. 01. 43. 73. 6O. 5O. - 06. 77. 67. 34. 57.
Télécopieur : 01. 43. 73. 45. 28.
Vestiaire : E 0779
*philippedejode@gmail.com*

Paris, le 20 décembre 2010

Monsieur Déogratias SEBUNUMA
18 rue Adolphe Chérioux
92130 ISSY-LES-MOULINEAUX

RE : SEBUNUMA Déogratias
Vs : COFICA BAIL et AXONE

Cher Monsieur,

Suite à notre rendez-vous du 3 décembre dernier, j'avais écrit à mon confrère STEVENIN afin de l'avertir que vous souhaitiez que je lui succède dans la défense de vos intérêts.

Celui-ci m'a transmis dernièrement son entier dossier, ce qui me permettra de me constituer pour vous devant le Tribunal et de solliciter la réinscription de ce dossier au rôle.

Mon confrère STEVENIN m'indique que vous restez lui devoir une somme de 358€ à titre d'honoraires.

Pourriez-vous prendre contact avec lui pour régler ce différent ? Je vous en remercie par avance.

A toutes fins utiles je vous indique être absent de mon cabinet du 21 décembre au 5 janvier.

Je vous prie de croire, Cher Monsieur, à l'assurance de mes sentiments dévoués.

Philippe DE JODE

Membre d'une association agréée - le règlement des honoraires par chèque est accepté

**BANQUE POPULAIRE**
RIVES DE PARIS

RELEVE N° 12 AU 06/01/2011

Votre conseiller :
LAURE MERCIER
Mail : laure.mercier@rivesparis.banquepopulaire.fr

ISSY-LES-MLX
1 AVENUE VICTOR CRESSON
92130 ISSY LES MOULINEAUX
Fax : 01 70 91 97 36
Tel : 08 25 82 68 28 (0,15 E/MN)

Cyberplus
Identifiant : [illegible]
www.rivesparis.banquepopulaire.fr

M DEOGRATIAS SEBUNUMA

18 RUE ADOLPHE CHERIOUX
92130 ISSY LES MOULINEAUX

RIV'HORIZON DEVIENT RIV'EPARGNE HORIZON.
SI VOUS DETENEZ CE PRODUIT, IL RESTE LE MEME ET SES CARACTERISTIQUES DEMEURENT INCHANGEES, SEUL SON INTITULE EST MODIFIE.

**RELEVE DE VOS AVOIRS EN EUROS**

| Intitulé du contrat | Référence | Echéance | Solde/Encours | Valorisé au |
|---|---|---|---|---|
| M DEOGRATIAS SEBUNUMA | | | | |
| COMPTE CHEQUES | 20194208965 | | 308,55 | |
| LIVRET A PARTICULIER | 20975836400 | | 1 310,98 | |

VOTRE COMPTE CHEQUES N° 20194208965
IBAN FR76 1020 7000 0420 1942 0896 532

M DEOGRATIAS SEBUNUMA
BIC CCBPFRPPMTG

| DATE COMPTA | LIBELLE/REFERENCE | | DATE OPERATION | DATE VALEUR | DEBIT EUROS | CREDIT EUROS |
|---|---|---|---|---|---|---|
| | **SOLDE CREDITEUR AU 06/12/2010** | | | | | **990,33** |
| 07/12 | PRELEVEMENT<br>PRLV VA* 79039 NIORT CE | | 07/12 | 07/12 | 45,80 | |
| 08/12 | VIR GAZ DE FRANCE S.A<br>[illegible] | FPO71EG | 08/12 | 08/12 | | 29,38 |
| 08/12 | CHEQUE | 0000182 | 08/12 | 08/12 | 598,00 | |
| 09/12 | VIR EDF VRT CE<br>[illegible] 21317 416 EDF VIR | FRBPXIF | 09/12 | 09/12 | | 17,16 |
| 09/12 | CARTE 081210 CB:*6565268<br>DARTY 37 75PARIS 37/ | FRBRG80 | 09/12 | 09/12 | 22,18 | |
| 09/12 | CARTE 081210 CB:*6565268<br>MONOPRIX 92ISSY LES MOUL | FRBSOCM | 09/12 | 09/12 | 12,52 | |
| 10/12 | CHEQUE | 0000181 | 10/12 | 10/12 | 35,27 | |
| 11/12 | RET GAB ISSY LES MOULINE<br>CARTE *[illegible]<br>RETRAIT LE 11/12/2010 A 12:51 | CSK5713 | 11/12 | 11/12 | 20,00 | |
| 13/12 | CARTE 111210 CB:*6565268<br>ED ISSY L MOUL92ISSY LES MOUL | FXY1XQZ | 13/12 | 13/12 | 21,21 | |
| 13/12 | CARTE 111210 CB:*6565268<br>CARREFOURMARKET75PARIS | FXY1XR0 | 13/12 | 13/12 | 12,13 | |
| 13/12 | CARTE 111210 CB:*6565268<br>DUFOUR BONAPAR 75PARIS | FXY1XR1 | 13/12 | 13/12 | 14,85 | |
| 13/12 | CARTE 121210 CB:*6565268<br>DARTY ST GERVAI75PARIS06 | FXY8GWK | 13/12 | 13/12 | 14,95 | |
| 14/12 | COTISATION EQUIPAGE 2<br>HT: 11,35/TVA19,60: 0,05<br>EQUIPAGE 2 N 0054237241 | 0007881 | 14/12 | 14/12 | 11,40 | |
| 14/12 | RET GAB LES MUREAUX<br>LES MUREAUX<br>CARTE : *[illegible]* | FZLFNAL | 14/12 | 14/12 | 10,00 | |
| 14/12 | CARTE 131210 CB:*6565268<br>FNAC ST LAZARE 75PARIS 0 | FZLGJP1 | 14/12 | 14/12 | 12,85 | |
| 14/12 | CARTE 131210 CB:*6565268<br>LA POSTE 75052075 PARIS OBSERV | FZLGJP2 | 14/12 | 14/12 | 7,50 | |
| 15/12 | VIREMENT CREDIT<br>VIR M DEOGRATIAS SEBUNUM | 0013598 | 15/12 | 15/12 | | 300,00 |
| 15/12 | RET GAB ST MICHEL INT.<br>CARTE *[illegible]<br>RETRAIT LE 15/12/2010 A 17:47 | CW73325 | 15/12 | 15/12 | 150,00 | |

PAGE 1

Banque Populaire Rives de Paris, Société anonyme coopérative de Banque Populaire à capital variable - [illegible] RCS Paris. Société de courtage en assurances immatriculée au Registre des intermédiaires en Assurance sous le n° 07 022 545. Adresse médiateur : Service Qualité 76-78, avenue de France 75204 Paris Cedex 13. Siège social : 76-78, avenue de France 75204 Paris Cedex 13. [illegible]

SEBUNUMA Dégratias
18 rue Adolphe Chérioux
92130 ISSY-LES-MOULINEAUX

Issy-les-Moulineaux, le 22 décembre 2010

Courrier simple + copie par Fax

Maître Philippe DE JODE
Avocat
11 bis, Place de la Nation
75011 PARIS

Fax 01 43 73 45 28

Objet : **Votre courrier du 20 décembre 2010 : Maître Jean STEVENIN vous a menti !**

Monsieur,

Suite à votre courrier du 20 décembre 2010, je désirerais réagir à l'information selon laquelle je devrais de l'argent à Maître Jean STEVENIN. C'est aussi l'occasion de vous donner les informations détaillées sur ce sujet – étant donné que Maître Jean STEVENIN a préféré s'adresser à moi par votre intermédiaire.

Vers fin décembre 2008, Maître Jean STEVENIN a accepté de me représenter auprès du Tribunal de Grande Instance de Nanterre dans l'affaire judiciaire qui m'oppose aux sociétés COFICA BAIL et AXONE AUTOMOBILE. Pour accomplir ce travail, au début du mois de janvier 2009, Maître Jean STEVENIN m'a demandé une somme de **614€ TTC** de frais d'honoraires. J'ai payé cette somme à Maître Jean STEVENIN en deux fois :

**- par un premier chèque de 314€ le 27 janvier 2009** (chèque n° 0000098 – Banque populaire Rives de Paris) ;

**- par un deuxième chèque de 300€ le 26 février 2009** (chèque n° 0000106 – Banque populaire Rives de Paris).

Après avoir présenté ses conclusions auprès du Tribunal le 18 mai 2009, **contre toute attente**, Maître Jean STEVENIN m'a envoyé un courrier le 21 juillet 2009 pour m'annoncer qu'il souhaitait engager une nouvelle procédure auprès du Tribunal de Commerce ! Cela, en accord avec mes adversaires – selon son courrier. Dans ce même courrier du 21 juillet 2009, Maître Jean STEVENIN m'adressait une facture de **358€ TTC** concernant cette nouvelle procédure à engager auprès du Tribunal de Commerce – dont la décision unilatérale avait été prise par lui-même sans me consulter !

Le 24 juillet 2009, j'ai répondu à Maître Jean STEVENIN par courrier Recommandé avec Avis de Réception : dans ce courrier (AR le 27 juillet 2009), j'ai refusé la proposition de Maître Jean STEVENIN concernant le projet d'une nouvelle procédure judiciaire à engager auprès du Tribunal de Commerce. Dans ce même courrier recommandé avec Avis de Réception du 24 juillet 2009, j'ai rappelé et signifié à Maître Jean STEVENIN que je ne lui devais plus aucun frais d'honoraires.

Maître Jean STEVENIN a bien reçu mon courrier recommandé avec Avis de Réception du 24 juillet 2009. **Car, le 30 juillet 2009, il m'a envoyé un courrier d'injures** ! Suite à ce même courrier du 30 juillet 2009, le 1er août 2009, j'ai envoyé un autre courrier de réponse à Maître Jean STEVENIN **pour confirmer ma décision de ne pas engager une nouvelle procédure judiciaire auprès du Tribunal de Commerce. J'ai aussi rappelé que je n'avais plus de frais d'honoraires à payer à Maître Jean STEVENIN**. Le courrier de Maître Jean STEVENIN du 30 juillet 2009 fut le dernier contact de sa part : il n'a plus répondu à mes courriers. Mêmes les deux derniers courriers que j'ai envoyés à Maître Jean STEVENIN m'ont été retournés par la Poste !

Pour toutes ces raisons, l'information que Maître Jean STEVENIN vous a donnée – selon laquelle je lui dois de l'argent de frais d'honoraires - **est tout simplement diffamatoire et mensongère**. Je ne lui dois aucun frais d'honoraires !

Toutefois, si Maître Jean STEVENIN estime toujours que je lui dois de l'argent, rien ne l'empêche de saisir la Justice pour faire valoir ses droits.

Afin d'éviter tout malentendu éventuel dans le futur concernant les frais d'honoraires, conformément à notre accord du 03 décembre 2010, **veuillez m'envoyer la facture détaillée des frais d'honoraires convenus - frais que j'ai déjà payés par chèque bancaire**.

En vous souhaitant de Bonnes Fêtes de fin d'année, veuillez agréer, Monsieur, mes sincères salutations.

SEBUNUMA Dégratias

Ci-joints : les différents courriers cités dans la présente lettre (documents envoyés par courrier postal)

RAPPORT DE CONTROLE DE TRANSMISSION

HEURE : 22/12/2010 18:00
NOM : HDP REPRONUMERIQUE
FAX : 0155953250
TEL : 0155959090

| | |
|---|---|
| DATE,HEURE | 22/12 18:00 |
| NUMERO/NOM FAX | 0143734528 |
| DUREE | 00:00:10 |
| PAGE(S) | 01 |
| RESULT | OK |
| MODE | STANDARD<br>ECM |

SEBUNUMA Déogratias
18 rue Adolphe Chérioux
92130 ISSY-LES-MOULINEAUX

Issy-les-Moulineaux, le 22 décembre 2010

Courrier simple + copie par Fax

Maître Philippe DE JODE
Avocat
11 bis, Place de la Nation
75011 PARIS

Fax 01 43 73 45 28

<u>Objet</u> : **Votre courrier du 20 décembre 2010 : Maître Jean STEVENIN vous a menti !**

Monsieur,

Suite à votre courrier du 20 décembre 2010, je désirerais réagir à l'information selon laquelle je devrais de l'argent à Maître Jean STEVENIN. C'est aussi l'occasion de vous donner les informations détaillées sur ce sujet – étant donné que Maître Jean STEVENIN a préféré s'adresser à moi par votre intermédiaire.

Vers fin décembre 2008, Maître Jean STEVENIN a accepté de me représenter auprès du Tribunal de Grande Instance de Nanterre dans l'affaire judiciaire qui m'oppose aux sociétés COFICA BAIL et AXONE AUTOMOBILE. Pour accomplir ce travail, au début du mois de janvier 2009, Maître Jean STEVENIN m'a demandé une somme de **614€ TTC** de frais d'honoraires. J'ai payé cette somme à Maître Jean STEVENIN en deux fois :

- **par un premier chèque de 314€ le 27 janvier 2009** (chèque n° 0000098 – Banque populaire Rives de Paris) ;

- **par un deuxième chèque de 300€ le 26 février 2009** (chèque n° 0000106 – Banque populaire Rives de Paris).

Après avoir présenté ses conclusions auprès du Tribunal le 18 mai 2009, <u>**contre toute attente**</u>, Maître Jean STEVENIN m'a envoyé un courrier le 21 juillet 2009 pour m'annoncer qu'il souhaitait engager une nouvelle procédure auprès du Tribunal de Commerce ! Cela, en accord avec mes adversaires – selon son courrier. Dans ce même courrier du 21 juillet 2009, Maître Jean STEVENIN m'adressait une facture de **358€ TTC** concernant cette nouvelle procédure à engager auprès du Tribunal de Commerce – dont la décision unilatérale avait été prise par lui-même sans me consulter !

Le 24 juillet 2009, j'ai répondu à Maître Jean STEVENIN par courrier Recommandé avec Avis de Réception : dans ce courrier (AR le 27 juillet 2009), j'ai refusé la proposition de Maître Jean STEVENIN concernant le projet d'une nouvelle procédure judiciaire à engager auprès du Tribunal de Commerce. Dans ce même courrier recommandé avec Avis de Réception du 24 juillet 2009, j'ai rappelé et signifié à Maître Jean STEVENIN que <u>je ne lui devais plus aucun frais d'honoraires</u>.

Maître Jean STEVENIN a bien reçu mon courrier recommandé avec Avis de Réception du 24 juillet 2009. Car, **le 30 juillet 2009, il m'a envoyé un courrier d'injures !** Suite à ce même courrier du 30 juillet 2009, le 1er août 2009, j'ai envoyé un autre courrier de réponse à Maître Jean STEVENIN **pour confirmer ma décision de ne pas engager une nouvelle procédure judiciaire auprès du Tribunal de Commerce. J'ai aussi rappelé que je n'avais plus de**

SEBUNUMA Dégratias
18 rue Adolphe Chérioux
92130 ISSY-LES-MOULINEAUX

Issy-les-Moulineaux, le 14 mars 2011

**Courrier par Fax , à partir d'une cabine publique**

Maître Philippe DE JODE
Avocat
11 bis, Place de la Nation
75011 PARIS

Fax 01 43 73 45 28

<u>Objet</u> : Demande d'information

**Dossier N° R.G. : 08/01958**
**Tribunal de Grande Instance de Nanterre**

Monsieur,

J'ai l'honneur de prendre contact avec vous pour m'informer sur la situation actuelle du dossier ci-dessus référencé.

Veuillez agréer, Monsieur, mes salutations distinguées.

SEBUNUMA Dégratias

RAPPORT DE CONTROLE DE TRANSMISSION

HEURE : 14/03/2011 13:54
NOM : HDP REPRONUMERIQUE
FAX : 0155953258
TEL : 0155959090

| | |
|---|---|
| DATE,HEURE | 14/03 13:54 |
| NUMÉRO/NOM FAX | 0143734528 |
| DUREE | 00:00:12 |
| PAGE(S) | 01 |
| RESULT | OK |
| MODE | STANDARD<br>ECM |

SEBUNUMA Déogratias
18 rue Adolphe Chérioux
92130 ISSY-LES-MOULINEAUX

**Issy-les-Moulineaux, le 14 mars 2011**

**Courrier par Fax , à partir d'une cabine publique**

**Maître Philippe DE JODE**
**Avocat**
**11 bis, Place de la Nation**
**75011 PARIS**

**Fax 01 43 73 45 28**

Objet : Demande d'information

**Dossier N° R.G. : 08/01958**
**Tribunal de Grande Instance de Nanterre**

Monsieur,

J'ai l'honneur de prendre contact avec vous pour m'informer sur la situation actuelle du dossier ci-dessus référencé.

Veuillez agréer, Monsieur, mes salutations distinguées.

SEBUNUMA Déogratias

RAPPORT DE CONTROLE DE TRANSMISSION

HEURE : 30/03/2011 14:52
NOM : HDP REPRONUMERIQUE
FAX : 0155953258
TEL : 0155959090

| | |
|---|---|
| DATE.HEURE | 30/03 14:52 |
| NUMERO/NOM FAX | 0143734528 |
| DUREE | 00:00:29 |
| PAGE(S) | 02 |
| RESULT | OK |
| MODE | STANDARD<br>ECM |

SEBUNUMA Déogratias
18 rue Adolphe Chérioux
92130 ISSY-LES-MOULINEAUX

Issy-les-Moulineaux, le 25 mars 2011

- Courrier simple + copie par Fax (cabine publique)

***- Copie à*** :
Madame, Monsieur Le Président
6ème Chambre Civile
T.G.I. de Nanterre
*(courrier recommandé avec Avis de Réception)*

**Madame, Monsieur Le Président**
**6ème Chambre Civile**
**T.G.I. de Nanterre**
**C/O Maître Philippe DE JODE**
**11 bis, Place de la Nation**
**75011 PARIS Fax 01 43 73 45 28**

Objet : Demande d'information sur une affaire :
**Clôture du dossier N° RG 08/01958**

Madame, Monsieur,

J'ai l'honneur de vous écrire pour vous **demander de bien vouloir m'informer sur la situation** actuelle du dossier RG 08/01958 qui avait été radié par votre Tribunal et dont j'ai demandé le rétablissement.

Pour vous faire part du bien fondé de ma demande d'information sur le dossier cité en référence, permettez-moi de faire un bref rappel de l'historique de la procédure :

1. Le 20 février 2008, vous m'avez envoyé **une convocation concernant un « procès dirigé** contre » moi par la société S.A. COFICA BAIL. **Selon la même convocation, « une décision » devait « être rendue incessamment »** par votre Tribunal. Suite à cette convocation, je vous ai écrit pour expliquer la situation du litige qui m'oppose aux sociétés COFICA BAIL et AXONE AUTOMOBILE.

2. **Le 08 mars 2008, Le Président de la 6ème Chambre Civile de votre Tribunal, Mme S. MESLIN, m'a répondu** : « [...] Il importe donc que vous preniez un avocat pour vous défendre ; à défaut un jugement peut être rendu contre vous sans examen de votre argumentation. » Suite à cette réponse, je me suis conformé à la Loi et j'ai pris un avocat pour me défendre auprès de votre Tribunal.

3. Le 28 août 2008, à ma demande, mon avocat de l'époque Maître F. DUBERNET **a assigné** la société AXONE AUTOMOBILE auprès de votre Tribunal, **dans la même affaire qui m'oppose à** la société COFICA BAIL : la société AXONE AUTOMOBILE **a servi d'intermédiaire dans** le financement litigieux à l'origine du « procès dirigé contre moi » **par la société COFICA BAIL.**

Véronique BESSEDE
Vice-Présidente
Tribunal de Grande Instance de NANTERRE
6ème chambre

NANTERRE, le 1er Avril 2011

À Monsieur SEBUNUMA
18 rue Adolphe Chérioux
Issy les Moulineaux (92130)

Affaire n°08/1958
COFICA/SEBUNUMA/AXONE

Monsieur,

En réponse à votre lettre du 25 Mars 2011, je vous rappelle (conformément à mon précédent courrier du 12 Octobre 2010) que le ministère d'avocat est obligatoire devant le Tribunal de Grande Instance.

Par conséquent, il vous appartient de prendre attache avec Maître DE JODE (votre nouvel avocat) pour obtenir le rétablissement de l'affaire visée en référence qui est à ce jour toujours radiée du rang des affaires en cours au Tribunal de Grande Instance de Nanterre.

Je vous prie d'agréer, Monsieur, l'expression de mes salutations distinguées.

ORDRE DES
AVOCATS
DE PARIS

DIRECTION
DE LA FIXATION
DES HONORAIRES

Adresse postale :
11, place Dauphine
75053 Paris cedex 01

Dossier n°211/240264
CB/CT

# DÉCISION DU BATONNIER

**DEMANDEUR:**

Monsieur Déogratias SEBUNUMA
18 rue Adolphe Chérioux
92130 ISSY LES MOULINEAUX

**DÉFENDEUR:**

Monsieur Philippe de JODE
Avocat à la Cour
11 Bis place de la nation
75011 PARIS

Madame Maryla GOLDSZAL
Es qualité de substitut de Monsieur de JODE
Ordre des Avocats
Service des Suppléances
25 rue du Jour
75004 PARIS

Monsieur Xavier BROUARD
Es qualité de Mandataire Judiciaire de Monsieur de JODE
34 rue Sainte Anne
75001 PARIS

Décret n° 91 - 1197 du 27 novembre 1991
Articles 174 et suivants
Décret n° 790 du 12 juillet 2005
Articles 10, 11, 12, 13, 14

## PROCÉDURE

Monsieur Déogratias SEBUNUMA a saisi le bâtonnier de l'Ordre des avocats d'une demande en remboursement de la somme de 500 € HT, soit 598€ TTC qu'il a versés au titre des honoraires dus à Maître Philippe de JODE.

Par lettres recommandées avec avis de réception en date du 21 mars 2013, conformément aux dispositions de l'article 175 du Décret du 27 novembre 1991, Madame le bâtonnier a accusé réception de la réclamation et a convoqué Maître Philippe de JODE, Maître Maryla GOLDSZAL, suppléante de ce dernier et Maître Xavier BROUARD, mandataire liquidateur de Monsieur Philippe de JODE, devant Maître Cécile BOCCACCIO, rapporteur désigné, pour le 24 mai 2013.

Les parties ont toutes signé le récépissé de la lettre recommandée avec avis de réception de convocation. L'instruction du litige est donc contradictoire.

Monsieur Déogratias SEBUNUMA a communiqué ses arguments et pièces. Maître Maryla GOLDSZAL a fait remarquer, par lettre du 26 avril 2013, tant à Monsieur Déogratias SEBUNUMA qu'à Madame le bâtonnier, que Maître Philippe de JODE ayant fait l'objet d'un jugement de liquidation judiciaire en date du 17 février 2011, confirmé le 8 novembre 2011, le recouvrement des sommes éventuellement dues était impossible et que Monsieur Déogratias SEBUNUMA devait, en tout état de cause, effectuer une déclaration de créances entre les mains de Maître Xavier BROUARD.

Par lettre du 13 juillet 2013, Monsieur Déogratias SEBUNUMA faisait savoir à Madame le bâtonnier qu'il avait tenté d'effectuer une déclaration de créance entre les mains de Maître Xavier BROUARD mais que les services de la Poste l'avaient informé que le courrier n'était « pas distribuable » au motif « Boîte non identifiable ». Monsieur Déogratias SEBUNUMA demandait à Madame le bâtonnier de transmettre le dit courrier à Maître Xavier BROUARD.

La décision de prorogation a été rendue le 3 juillet 2013.

**Le Bâtonnier de l'Ordre des avocats du Barreau de Paris,**
**Après avoir pris connaissance de l'exposé et des observations du Rapporteur, estime :**

L'Ordre des avocats ne peut, en aucune manière se substituer aux services de la Poste en cas de défaillance de leur part, aussi regrettable soit-elle.

Il a été vérifié que le mandataire liquidateur désigné par le Tribunal et la Cour était effectivement la SCP BROUARD – DAUDE, dont l'adresse est bien celle indiquée « 34, rue Sainte Anne – 75002 PARIS ».

La demande de Monsieur Déogratias SEBUNUMA, qui ne peut apporter la preuve d'une déclaration de créance entre les mains du mandataire liquidateur, est donc irrecevable en l'état, Monsieur Déogratias SEBUNUMA pouvant, néanmoins, reprendre ultérieurement son action s'il obtient de la part du tribunal un relevé de forclusion.

**<u>PAR CES MOTIFS</u>**

**Statuant en application des articles 174 et suivants du Décret du 27 novembre 1991, le bâtonnier de l'Ordre des avocats à la Cour de PARIS,**

**DÉCLARE** la demande de Monsieur Déogratias SEBUNUMA irrecevable en l'état.

Fait à PARIS, le · 23 octobre 2013

Pour le bâtonnier et par délégation

Madame Laurence BEDOSSA
Avocat à la Cour
Ancien Membre du Conseil de l'Ordre

<u>RECOURS</u>
Décret 91-1197 du 27 novembre 1991:
Art.176.-"La décision du Bâtonnier est susceptible de recours devant le Premier Président de la Cour d'Appel [de Paris], qui est saisi par l'Avocat ou la partie, par lettre recommandée avec demande d'avis de réception. Le délai de recours est d'un mois". <u>(Ce délai d'un mois étant applicable à toutes les parties [avocat ou client])</u>

**DIRECTION GÉNÉRALE DES FINANCES PUBLIQUES**

Liberté • Égalité • Fraternité
RÉPUBLIQUE FRANÇAISE

**LETTRE DE RELANCE**
Art. L.257-0 B du Livre des procédures fiscales [redacted]

**Vos démarches**

**Votre centre des finances publiques**
SIE ISSY-LES-MOULINEAUX
1 PLACE D'ALEMBERT
92131 ISSY LES MOULINEAUX CEDEX
Tél. : 01 41 09 64 26
Courriel :
sie.issy-les-moulineaux@dgfip.finances.gouv.fr
Accueil du public : horaires d'ouverture sur impots.gouv.fr, rubrique « nous contacter »

CENTRE DES FINANCES PUBLIQUES
SIE ISSY-LES-MOULINEAUX
1 PLACE D'ALEMBERT
92131 ISSY LES MOULINEAUX CEDEX

**Vos références**

| | |
|---|---|
| Numéro fiscal : | 514872167 00010 |
| Référence du document : | 14 92 1065124 34 |
| Référence de l'avis initial : | 14 92 0808392 07 |
| Établi à la date du : | 12/03/2015 |

M SEBUNUMA DEOGRATIAS
18 RUE ADOLPHE CHERIOUX
92130 ISSY LES MOULINEAUX

Madame, Monsieur,

Selon mes informations, vous n'avez pas payé dans les délais votre **rôle général** de **COTISATION FONCIÈRE DES ENTREPRISES** et/ou **IMPOSITION FORFAITAIRE SUR LES ENTREPRISES DE RÉSEAUX 2014** dont la date de limite de paiement était le **15/12/2014.**

Je vous invite à régulariser votre situation dans les meilleurs délais. À défaut, je poursuivrai, à l'issue d'un délai de trente jours suivant la notification du présent document, la procédure visant à obtenir le paiement des sommes précitées.

Vous disposez également de ce délai de trente jours pour contester la majoration appliquée conformément à l'article L. 80 D du Livre des procédures fiscales.

Si vous avez déjà payé ou si vous rencontrez des difficultés pour payer la somme restant due, je vous invite à me contacter rapidement.

Je me tiens à votre disposition pour tout renseignement complémentaire et vous prie de croire, Madame, Monsieur, à l'assurance de ma considération distinguée.

Le comptable public

**Votre situation**

| | |
|---|---|
| **Situation arrêtée au (1) :** | 05/03/2015 |
| Montant de l'impôt | 103,00 € |
| Majoration de 5 % sur acompte (2) | |
| Versements effectués dans les délais (3) | |
| Reste à payer à la date limite de paiement | 103,00 € |
| Majoration de 5 % sur le reste à payer (4) | 5,00 € |
| Versements effectués hors délais | |
| **Reste à payer** | **108,00 €** |

Vous pouvez payer en ligne sur impots.gouv.fr

Réservé à l'administration :
92 2 166252 1 2 092/92063/2014

Attention : l'enveloppe retour est réservée au paiement par TIP ou par chèque bancaire. Ne joignez aucun autre document (sauf votre RIB si nécessaire)

| ÉTABLISS. | GUICHET | COMPTE | CLÉ |
|---|---|---|---|
| JO | IGNEZ | UN RIB | |

M SEBUNUMA DEOGRATIAS
18 RUE ADOLPHE CHERIOUX
92130 ISSY LES MOULINEAUX

Centre N° 06 NNE 005002
CIP06501201369 *

En cas de modification, joindre un relevé d'identité bancaire ou de caisse d'épargne

DATE — Veuillez débiter mon compte du montant ci-dessous — SIGNATURE

**TIP** Titre Interbancaire de Paiement
Références à rappeler : 14 92 1065124 34 E 092 2014 92063 15122014

€

Veuillez détacher le talon ci-contre en suivant les pointillés.

LETTRE DE RELANCE
Montant en euros : 108,00
NE RIEN INSCRIRE SOUS CE TRAIT - NE PAS PLIER

CENTRE D'ENCAISSEMENT
DES FINANCES PUBLIQUES
59885 LILLE CEDEX 9

149210651242 M SEBUNUMA

001108000156 110920149210651243409206309718O6 10800

**Amendes et Condamnations Pécuniaires**
**Avis du 10.04.2014**

Liberté • Égalité • Fraternité
RÉPUBLIQUE FRANÇAISE

TRES. PARIS AMENDES 1ERE DIV
6 AV JOSEPH BEDER
75634 PARIS CEDEX 13

AVI 159140003181 075 061

**Pour toute information relative au paiement de l'amende**

Votre référence Trésorerie : **075061 15 9 14 000318 1**
TRES. PARIS AMENDES 1ERE DIV
6 AV JOSEPH BEDER
75634 PARIS CEDEX 13
Mél : t075061@dgfip.finances.gouv.fr
Tél. : 01 45 83 09 80
Accueil : LUN A VEN 9H-16H

**Pour toute réclamation ou information relative à l'infraction**

Vos références juridiction :
Date de la décision : 14.02.2013
N° d'enregistrement au greffe : 00000001 0201205111
LA COUR OU LE TRIBUNAL
4 BD DU PALAIS
75008 PARIS
Tél. : 01 44 32 51 51

M SEBUNUMA DEOGRATIAS
18 RUE ADOLPHE CHERIOUX
92130 ISSY LES MOULINEAUX

**Identification de la créance**

Vous êtes redevable de la somme ci-contre à la suite D'UNE DECISION DE JUSTICE.
Cette décision a été prononcée à votre encontre le 14.02.2013 par LA COUR OU LE TRIBUNAL

**Décompte de la somme à payer (en euros)**

| | | |
|---|---|---|
| Amendes, droits fixes de procédure, dépens, frais de justice, réparations... | **à l'Etat** | 270,00 |
| Réparations... | **à Divers Bénéficiaires** | 0,00 |
| Montant payé (*) | | 0,00 |
| **Montant restant dû** | | **270,00** |

(*) ce montant ne tient pas compte des paiements effectués après le 05.04.2014

**MODES DE PAIEMENT : VOIR AU VERSO**

Vous devez payer cette somme, dans les meilleurs délais, en utilisant un des modes de paiement décrits au verso. À défaut, des poursuites (sur vos biens, comptes, salaires, véhicules et autres avoirs) seront engagées. Des frais supplémentaires (cf. verso) vous seront alors réclamés.
Veuillez agréer, Madame, Monsieur, l'expression de mes sentiments distingués.

Le comptable public,
par procuration,
M. LEFORT

MINISTÈRE DE L'ÉCONOMIE ET DES FINANCES

'enveloppe etour jointe st réservée xclusivement u paiement ar chèque accompagné lu talon de aiement), elle e doit pas tre utilisée our l'envoi de out autre locument

**Amendes et Condamnations Pécuniaires**
Avis du 10.04.2014

Montant restant dû 270,00 €

N° amende pour télépaiement
0750 6115 9140 0031 81 clé 71

| | |
|---|---|
| Votre référence Trésorerie : | 15 9 14 000318 1 |
| Numéro codique : | 075 061 |
| Date de la décision : | 14.02.2013 |
| N° d'enregistrement au greffe : | 00000001 0201205111 |

SEBUNUMADAA

M SEBUNUMA DEOGRATIAS
18 RUE ADOLPHE CHERIOUX
92130 ISSY LES MOULINEAUX

*

**Talon de paiement**

*159140003181*

CENTRE ENCAISSEMENT TRESOR PUBLIC
59885 LILLE CEDEX 9

NE RIEN INSCRIRE SOUS CE TRAIT - NE PAS PLIER

666111000181 761591400031810000007506119808O6 27000

SEBUNUMA Dégratias
18 rue Adolphe Chérioux
92130 ISSY-LES-MOULINEAUX

Issy-les-Moulineaux, le 08 mai 2014

Courrier recommandé avec Avis de Réception

L'Officier du Ministère Public
Cour d'Appel de Paris
4 boulevard du Palais
75055 PARIS

<u>Objet</u> : - Contestation de la condamnation à payer 270€
(décision du 14 février 2013, N° 00000001 0201205111) ;
- Demande d'annulation de la même décision

Madame, Monsieur,

Suite à l'avis d'« Amandes et Condamnations Pécuniaires » que j'ai reçu de la part du Trésor Public au sujet de la condamnation citée en référence,

J'ai l'honneur de vous écrire pour :

- contester cette condamnation ;
- demander l'annulation de la même condamnation ci-dessus citée.

En effet, après vérification, la décision de Justice pour laquelle vous m'avez condamné à payer une amande de 270€ serait liée à l'Arrêt de la Cour d'Appel de Paris concernant l'affaire qui m'oppose aux sociétés COFICA BAIL et AXONE AUTOMOBILES, Arrêt du 14 février 2013.

Or, deux éléments me permettent de demander l'annulation de la décision citée en référence :

Premièrement, dans l'Arrêt de la Cour d'Appel de Paris du 14 février 2013 – conformément à la copie qui m'a été transmise par l'Huissier de Justice -, il n'y a aucune mention concernant une quelconque condamnation qui aurait été prononcée par la Cour à mon encontre (copie de la page de décision ci-jointe).

Deuxièmement, le 20 mars 2013, j'ai formé un pourvoi en Cassation pour contester l'Arrêt de la Cour d'Appel de Paris du 14 février 2013 (justificatif ci-joint).

Pour cela, veuillez annuler la décision par laquelle vous me condamnez à payer la somme non-justifiée de 270€.

Fait à Issy-les-Moulineaux, le 08 mai 2014.

SEBUNUMA Déogratias

RECOMMANDÉ :
AVIS DE RÉCEPTION
AR 1A 099 455 3766 4

FRAB

SEBUNUMA Déogratias

18 rue Adolphe Chérioux
92130 Issy-les-Moulineaux

En provenance de :

~~L'officier du Ministère public~~
~~COUR D'APPEL DE PARIS~~
~~4 boulevard du Palais~~
~~75055 PARIS~~

Présenté / Avisé le : / /
Distribué le : / /

Je soussigné déclare être
☐ Le destinataire
☐ Le mandataire
☐ CNI/Permis de conduire
☐ Autre :

COUR D'APPEL DE PARIS
09 MAI 2014
SERVICE COURRIER

## Amendes et Condamnations Pécuniaires
## Avis du 05.05.2014

Liberté • Égalité • Fraternité
RÉPUBLIQUE FRANÇAISE

TRES HAUTS-DE-SEINE AMENDES
167 AV JOLIOT CURIE
92010 NANTERRE CEDEX

AVI 461143123437 092 042

**Pour toute information relative au paiement de l'amende**

Votre référence Trésorerie : 092042 46 1 14 312343 7

TRES HAUTS-DE-SEINE AMENDES
167 AV JOLIOT CURIE
92010 NANTERRE CEDEX
Mél : t092042@dgfip.finances.gouv.fr
Tél. : 01 41 20 90 50
Accueil : LUN/JEU 8H45/16H30 - VEN 16H

**Pour toute contestation ou information relative à l'infraction**

Vos références Juridiction :
Date de la décision : 18.04.2014
N° d'enregistrement au greffe : 30006014 6492408384

TRIBUNAL DE POLICE
28 RUE RAYMOND MARCHERON
92170 VANVES CEDEX
Tél. : 01 41 09 30 00

M SEBUNUMA DEOGRATIAS
18 RUE ADOLPHE CHERIOUX
92130 ISSY LES MOULINEAUX

**Identification de la créance**

Vous êtes redevable de la somme ci-contre à la suite D'UNE AMENDE FORFAITAIRE MAJOREE.
Cette décision a été prononcée à votre encontre le 18.04.2014 par L'OFFICIER DU MINISTERE PUBLIC PRES LE TRIBUNAL DE POLICE.
Elle fait suite à l'infraction du 28.01.2014 à 10h00 à ISSY LES MOULINEAUX
Véhicule VOLKSWAGEN Numéro 0919FAL092
constatée par SERVICES MUNICIPAUX
STATIONNEMENT ABUSIF D'UN VEHICULE SUR LA VOIE PUBLIQUE ( EXCEDANT 7 JOURS )

**Décompte de la somme à payer (en euros)**

| | | |
|---|---|---|
| Amendes, droits fixes de procédure, dépens, frais de justice, réparations... | **à l'Etat** | 75,00 |
| Réparations... | **à Divers Bénéficiaires** | 0,00 |
| Montant payé (*) | | 0,00 |
| Montant restant dû | | 75,00 |
| **Montant dû total diminué de 20%** (art. R49-6 du Code de procédure pénale) | | **60,00** |

(*) ce montant ne tient pas compte des paiements effectués après le 28.04.2014

**MODES DE PAIEMENT : VOIR AU VERSO**
**Vous devez payer cette somme, dans les meilleurs délais, en utilisant un des modes de paiement décrits au verso. Si vous réglez dans les 30 jours à compter du 05.05.2014, vous bénéficiez d'une diminution de 20% sur le montant de l'amende forfaitaire majorée. Ce délai est porté à 45 jours pour tout télépaiement par carte bancaire (sur internet, par serveur vocal ou auprès des trésoreries ou au guichet d'un centre des finances publiques).**
**À défaut, des poursuites (sur vos biens, comptes, salaires, véhicules et autres avoirs) seront engagées. Des frais supplémentaires (cf. verso) vous seront alors réclamés.**
**Veuillez agréer, Madame, Monsieur, l'expression de mes sentiments distingués.**

Le comptable public,
par procuration,
M. LEFORT

MINISTÈRE DE L'ÉCONOMIE
ET DES FINANCES

L'enveloppe retour jointe est réservée exclusivement au paiement par chèque (accompagné du talon de paiement), elle ne doit pas être utilisée pour l'envoi de tout autre document

**Amendes et Condamnations Pécuniaires**
Avis du 05.05.2014

**Montant restant dû 75,00 €**
Si les conditions de la diminution de 20% sont respectées, la somme à payer est ramenée à 60,00 €

N° amende pour télépaiement
0920 4246 1143 1234 37 clé 26

| | |
|---|---|
| Votre référence Trésorerie : | 46 1 14 312343 7 |
| Numéro codique : | 092 042 |
| Date de la décision : | 18.04.2014 |
| N° d'enregistrement au greffe : | 30006014 6492408384 |

SEBU69152AA
01.06.1969

NE RIEN INSCRIRE SOUS CE TRAIT - NE PAS PLIER

M SEBUNUMA DEOGRATIAS
18 RUE ADOLPHE CHERIOUX
92130 ISSY LES MOULINEAUX

*

**Talon de paiement**
*461143123437*

CENTRE ENCAISSEMENT TRESOR PUBLIC
59885 LILLE CEDEX 9

666111000181 5446114312343700000092042196680 6 6000

SEBUNUMA Déogratias
18 rue Adolphe Chérioux
92130 ISSY-LES-MOULINEAUX

Issy-les-Moulineaux, le 09 juillet 2014

**Courrier recommandé avec Avis de Réception**

Madame, Monsieur Le Président
Juridiction de Proximité de Vanves
Tribunal d'Instance de Vanves
34 rue Antoine Fratacci
92170 VANVES

Objet : Suite au courrier du Parquet du Tribunal de Police de Vanves du 04 juin 2014, en réponse au courrier que j'ai envoyé à votre Tribunal le 26 mai 2014,
**- Je réitère ma demande de bénéficier d'un procès équitable devant le Tribunal.**

*Références*

1. Contestation d'amandes abusives de stationnement ;
2. Contestation des différentes infractions routières citées par le Tribunal de Police de Vanves / Nouvelles décisions du 05.05.2014 ;
3. Demande à la Justice de se prononcer sur l'ensemble du dossier.

Madame, Monsieur,

Suite au courrier que je vous ai envoyé le 26 mai 2014 – relance de ma contestation d'amandes citées en référence,

Le 04 juin 2014, le Parquet du Tribunal de Police de Vanves m'a envoyé un courrier pour m'informer :

« En réponse à votre courrier du 26/05/2014 adressé au Tribunal d'Instance, je vous confirme qu'il n'est pas procédé au classement des avis majorés ... du 05/05/2014 » (copie ci-jointe).

Je me permets de rappeler que les avis cités en références concernent une infraction de stationnement dont je n'ai aucune responsabilité.

En effet,

- Au moment où l'infraction de stationnement a été constatée par la Police, je n'étais plus en possession du véhicule. Comme je l'ai déjà expliqué à votre Tribunal – avec des justificatifs à l'appui, au mois de novembre 2013, j'ai remis le véhicule à l'État. Le Parquet Général de Versailles représente l'État Français et c'est à cette juridiction que j'ai remis le véhicule.

- Au moment où l'infraction a été constatée, je n'étais plus conducteur du véhicule concerné ;

- Au moment où l'infraction a été constatée, je n'avais plus de contrat d'assurance du véhicule concerné : certes, la MAIF avait refusé de résilier le contrat. C'est votre Tribunal qui a réglé ce litige et la MAIF a reconnu ses responsabilités avant la fin de l'année 2013.

Pour toutes ces raisons, je n'ai aucune responsabilité concernant l'infraction de stationnement pour laquelle l'État me réclame des frais d'amandes.

Étant donné que le Ministère Public continue de s'acharner sur ma personne, s'il conteste les faits que je viens d'exposer ci-dessus et que j'ai déjà présentés dans mes courriers précédents, je lui demande de me prouver le contraire au moyen de preuves matérielles.

**Ainsi, je réitère ma demande de bénéficier d'un procès équitable devant le tribunal : le Ministère Public ne peut pas être « juge et partie » à la fois.**

Veuillez agréer, Madame, Monsieur Le Président, l'expression de ma considération distinguée.

SEBUNUMA Déogratias

RECOMMANDÉ :
AVIS DE RÉCEPTION
AR 1A 100 432 6472 7

SEBUNUMA Déogratias
18 rue Adolphe Chériaux
92130 Issy-les-Moulineaux

PARQUET DU TRIBUNAL
DE POLICE
DE VANVES

28, rue Raymond Marcheron
B.P. 17
92172 VANVES CEDEX
Tél : 01 41 09 30 00

Vanves, le 04 Juin 2014

Monsieur SEBUNUMA Dogratias
18 rue Adolphe Chérioux
92130 ISSY LES MOULINEAUX

Monsieur,

En réponse à votre courrier du 26/05/2014 adressé au Tribunal d'Instance, je vous confirme qu'il n'est pas procédé au classement des avis majorés numéros 46 1 14 312 346 1 et 46 1 14 312 343 7 du 05/05/2014.

Veuillez agréer, Monsieur, l'expression de mes sentiments distingués.

Le Commissaire de Police
Officier du Ministère Public

Philippe RICCI

Liberté • Égalité • Fraternité
RÉPUBLIQUE FRANÇAISE

PREFECTURE DES HAUTS-DE-SEINE

**MISSION VILLE ET COHESION SOCIALE**
Bureau de la Politique Sociale du Logement
Affaire suivie par : S.F / E.M
Fax : 01 40 97 21 53
Courriel : service.logement@hauts-de-seine.pref.gouv.fr

**Monsieur Déogratias SEBUNUMA**
18 rue Adolphe Chérioux
92130 ISSY LES MOULINEAUX

Nanterre, le 06 JUIL. 2010

Monsieur,

Mon attention vient d'être appelée sur votre demande d'un logement du secteur social adapté à la composition et aux ressources de votre famille.

Je vous précise cependant, qu'en application de la loi du 13 août 2004, relative aux libertés et responsabilités locales, la gestion du contingent préfectoral dans la plupart des communes du département, leur est déléguée : cela est notamment le cas pour ISSY LES MOULINEAUX.

Par conséquent, ce sont les services municipaux qui gèrent les attributions des logements du contingent préfectoral et assurent le suivi des demandes de logement et leurs renouvellements. Je vous invite donc à vous adresser directement au service du logement de la commune où vous souhaitez être relogé(e).

Je vous informe enfin que vous pouvez déposer une demande de logement social auprès des bailleurs sociaux, notamment auprès de l'Office Public Départemental de l'Habitat des Hauts-de-Seine (OPDH 92) situé 45, rue Paul Vaillant Couturier – 92300 LEVALLOIS-PERRET.

Je vous prie de croire, Monsieur, à l'assurance de ma considération distinguée.

Pour le Préfet
L'adjointe au sous prefet chargé de la Politique de la Ville
et de la Cohésion Sociale

Josiane TOUMAZET

## 5. Attaques multiformes des sociétés et organismes autonomes de l'État : exemple

**CAISSE D'EPARGNE**

ILE DE FRANCE

**Merci**
**d'avoir choisi**
**la Caisse d'Epargne**

M SEBUNUMA DEOGRATIAS

18 RUE ADOLPHE CHERIOUX

92130 ISSY LES MOULINEAUX

ISSY LES MOULINEAUX,
le 02 mars 2011

Cher Monsieur,

Le 02 mars 2011, vous avez ouvert un compte à la Caisse d'Epargne et nous vous remercions de votre confiance. Votre conseiller, Mr DIDIER ROBERT, se tient à votre disposition pour vous **accompagner**. Il vous suivra et vous conseillera sur les solutions adaptées à vos besoins.

Au regard de vos projets et de votre situation, il vous fera bénéficier de l'expertise Caisse d'Epargne nécessaire pour **financer** votre projet, **valoriser** votre épargne, **protéger** vos proches et vos biens ... .

A tout moment, vous pouvez également gérer votre compte à distance par Internet, téléphone ou sur nos automates bancaires.

Votre conseiller est à votre disposition pour vous rencontrer lors d'un entretien personnalisé.

Cordialement,

Votre Directeur d'agence

Pour rester informé :

www.caisse-epargne.fr
(Tarification selon votre fournisseur d'accès)

Caisse d'Epargne et de Prévoyance Ile-de-France - 26/28 rue Neuve Tolbiac - CS 91344 - 75633 PARIS CEDEX 13
Banque Coopérative régie par les articles L 512-85 et suivants du Code Monétaire et Financier - Société anonyme à Directoire et à Conseil d'Orientation et de Surveillance
Capital de 1 157 868 280 Euros - 382 900 942 RCS Paris - Siège social : 19 rue du Louvre, 75001 Paris
Intermédiaire d'assurance immatriculé à l'ORIAS [illegible]

1

**CAISSE D'EPARGNE**
ILE DE FRANCE

**Courrier**

006592

SEBUNUMA DEOGRATIAS

18 RUE ADOLPHE CHERIOUX
92130 ISSY LES MOULINEAUX

Agence : ISSY CORENTIN CELTON
42 RUE ERNEST RENAN
92130 ISSY LES MOULINEAUX
Tél. : 0171173016
Fax : 0146449103

Référence : 17515 90000 08002001357

ISSY CORENTIN CELTON,

Le 25 Avril 2013

Monsieur,

La situation de votre compte ne nous permet pas d'honorer les chèques ou prélèvements qui sont présentés au paiement ce jour.

Nous vous demandons de prendre toute disposition pour régulariser votre situation, sachant que le paiement de chèque ou de prélèvement pourra d'ores et déjà être refusé.

Restant à votre disposition pour vous aider à traiter toute difficulté passagère de trésorerie,
Nous vous prions de croire, Monsieur, en l'expression de nos salutations distinguées.

Le Directeur d'Agence

Caisse d'Epargne et de Prévoyance Ile-de-France - 26/28 rue Neuve Tolbiac - CS 91344 - 75633 PARIS CEDEX 13
Banque Coopérative régie par les articles L 512-85 et suivants du Code Monétaire et Financier - Société anonyme à Directoire et à Conseil d'Orientation et de Surveillance
Capital de 1 157 868 380 Euros - 382 900 942 RCS Paris - Siège social : 19 rue du Louvre, 75001 Paris
Intermédiaire d'assurance, immatriculé à l'ORIAS sous le numéro 07 005 200

**CAISSE D'EPARGNE**
ILE DE FRANCE

**Courrier**

013405

SEBUNUMA DEOGRATIAS

18 RUE ADOLPHE CHERIOUX

92130 ISSY LES MOULINEAUX

Agence : ISSY CORENTIN CELTON
42 RUE ERNEST RENAN
92130 ISSY LES MOULINEAUX
Tél. : 0171173016
Fax : 0146449103

Référence : 17515 90000 08002001357

ISSY CORENTIN CELTON,

Le 26 Avril 2013

Monsieur,

La situation de votre compte ne nous permet pas d'honorer les chèques ou prélèvements qui sont présentés au paiement ce jour.

Nous vous demandons de prendre toute disposition pour régulariser votre situation, sachant que le paiement de chèque ou de prélèvement pourra d'ores et déjà être refusé.

Restant à votre disposition pour vous aider à traiter toute difficulté passagère de trésorerie,
Nous vous prions de croire, Monsieur, en l'expression de nos salutations distinguées.

Le Directeur d'Agence

Caisse d'Epargne et de Prévoyance Ile-de-France - 26/28 rue Neuve Tolbiac - CS 91344 - 75633 PARIS CEDEX 13
Banque Coopérative régie par les articles L.512-85 et suivants du Code Monétaire et Financier - Société anonyme à Directoire et à Conseil d'Orientation et de Surveillance
Capital de 1 157 868 200 Euros - 382 900 942 RCS Paris - Siège social : 19 rue du Louvre, 75001 Paris
Intermédiaire d'assurance, immatriculé à l'ORIAS sous le numéro 07 005 200

CAISSE D'EPARGNE
ILE DE FRANCE

**Courrier**

006Q12

SEBUNUMA DEOGRATIAS

18 RUE ADOLPHE CHERIOUX
92130 ISSY LES MOULINEAUX

Agence : ISSY CORENTIN CELTON
42 RUE ERNEST RENAN
92130 ISSY LES MOULINEAUX
Tél. : 0171173016
Fax : 0146449103

Référence : 17515 90000 08002001357

ISSY CORENTIN CELTON,

Le 27 Avril 2013

Monsieur,

La situation de votre compte ne nous permet pas d'honorer les chèques ou prélèvements qui sont présentés au paiement ce jour.

Nous vous demandons de prendre toute disposition pour régulariser votre situation, sachant que le paiement de chèque ou de prélèvement pourra d'ores et déjà être refusé.

Restant à votre disposition pour vous aider à traiter toute difficulté passagère de trésorerie,
Nous vous prions de croire, Monsieur, en l'expression de nos salutations distinguées.

Le Directeur d'Agence

SEBUNUMA Dégratias
18 rue Adolphe Chérioux
92130 ISSY-LES-MOULINEAUX

Issy-les-Moulineaux, le 30 avril 2013

**Courrier remis au service d'accueil de l'Agence**

Madame, Monsieur Le Directeur
CAISSE D'ÉPARGNE
Agence Issy Corentin Celton
42 rue Ernest Renan
92130 ISSY-LES-MOULINEAUX

Objet : Suite à vos courriers du 25 et du 26 avril 2013 - situation de mon compte bancaire

Madame, Monsieur,

Suite à vos courriers cités en référence (copies ci-jointes),

J'ai l'honneur de vous écrire pour solliciter une aide de votre part afin de gérer une difficulté passagère de trésorerie.

En effet, je ne m'attendais pas à ce que certaines demandes de payement soient présentées sur mon compte bancaire à cette période.

Actuellement, je suis en attente de versements sur mon compte bancaire à la fin de cette semaine ou lundi le 05 mai 2013 au plus tard.

Pour cela, je désirerais vous demander de bien vouloir m'accorder une aide ponctuelle de trésorerie pour régulariser la situation actuelle de mon compte bancaire. Dans moins d'une semaine, mon compte sera à nouveau en équilibre.

Par ailleurs, étant donné que je suis en phase de lancement de mon activité professionnelle, je me permets de vous présenter à nouveau ma demande d'une autorisation de découvert pour un petit montant : 500€ au maximum.

Car, pour un petit montant de découvert, je possède déjà une garantie professionnelle de remboursement. Vous pouvez vérifier la situation de mes activités professionnelles sur mon site Internet www.umusozo.com

En vous remerciant de votre compréhension et dans l'attente d'une suite favorable à ma demande, veuillez agréer, Madame, Monsieur le Directeur, mes salutations distinguées.

SEBUNUMA Dégratias

**CAISSE D'EPARGNE**
ILE DE FRANCE

**Courrier**

001556

SEBUNUMA DEOGRATIAS

18 RUE ADOLPHE CHERIOUX

92130 ISSY LES MOULINEAUX

Référence : 17515 90000 08002001357

Objet : Information préalable au Rejet de chèque(s)

A ISSY CORENTIN CELTON,
Le 17 MAI 2013

Monsieur,

Le solde de votre compte n° 08002001357 ne permet pas actuellement d'honorer le(s) chèque(s) suivants :

| N° de chèque | Montant du chèque | Solde disponible avant opération ( * ) | Date limite de régularisation |
|---|---|---|---|
| 0000108 | 96,00 EUR | 25,68 EUR | 22-05-2013 |

* sous réserve des éventuelles opérations présentées simultanément sur le compte et venant en déduction de ce solde

Nous vous invitons à régulariser cette situation au plus tard avant les dates de régularisation indiquées ci-dessus par virement ou versement sur votre compte.

A défaut, conformément aux dispositions de l'article L 131-73 du Code Monétaire et Financier, nous vous informons que nous serons contraints de rejeter ce(s) chèque(s) pour défaut de provision suffisante.

La mise en oeuvre de cette mesure qui s'impose à notre établissement entrainera votre interdiction bancaire pendant 5 ans. Vous ne pourrez plus alors émettre de chèques de quelque montant que ce soit sur quelque compte que ce soit pendant cette durée, sous peine de sanction pénale (amende de 375 000 Euros et passible d'un emprisonnement de 5 ans), serez dans l'obligation de restituer à l'ensemble de vos banquiers les carnets ou formules de chèques en votre possession ou en celle de vos mandataires et vous serez inscrit au Fichier Central des Chèques et les références de l'ensemble de vos comptes tirés de chèques seront portées au Fichier National des Chèques Irréguliers.

Par ailleurs, des frais de rejet seraient alors exigibles et prélevés sur votre compte 1 à 2 jours suivant la date effective du rejet dans les conditions ci-dessous :

- 30,00 EUR pour un chèque inférieur ou égal à 50 Euros
- 50,00 EUR pour un chèque supérieur à 50 Euros
- Avec un plafond journalier de 100,00 EUR

Tenant à vous en informer.

Nous vous prions d'agréer, Monsieur, l'expression de nos salutations distinguées.

Le Directeur d'agence

Caisse d'Epargne et de Prévoyance Ile-de-France - 26/28 rue Neuve Tolbiac - CS 91344 - 75633 PARIS CEDEX 13
Banque Coopérative régie par les articles L.512-85 et suivants du Code Monétaire et Financier - Société anonyme à Directoire et à Conseil d'Orientation et de Surveillance
Capital de 1 157 868 280 Euros - 382 900 942 RCS Paris - Siège social : 19 rue du Louvre, 75001 Paris
Intermédiaire d'assurance, immatriculé à l'ORIAS sous le numéro 07 005 200

10

| CAISSE D'EPARGNE ILE-DE-FRANCE | Agence : ISSY CORENTIN CELTON (0318810)<br>☎0171173016 | Page 1/1<br>Le 22/05/2013 9:39:47 |
|---|---|---|
| | Document n° : 0000000024403 | |

# BORDEREAU D'OPERATIONS

M SEBUNUMA DEOGRATIAS

16 RUE ADOLPHE CHERIOUX

92130 ISSY LES MOULINEAUX

Poste : PF186A01-00871
Bureau-guichet : 0318610
Agent : 7504959

| Opérations | Montant | Solde |
|---|---|---|
| DEPOT ESP N° 0002103871 VIR<br>A-ENTREPRENEUR 17515 90000 08.0020013.57 93 OO/ / | 150,00 EUR | 132,87 EUR |

| Visa de contrôle | Bon pour accord pour le(s) montant(s) ci-dessus |
|---|---|
| 22 MAI 2013 | Titulaire : SEBUNUMA DEOGRATIAS<br><br>Pièce(s) d'identité : |

Caisse d'Epargne et de Prévoyance Ile-de-France - 26/28 rue Neuve Tolbiac - CS 91344 - 75633 PARIS CEDEX 13 - Banque Coopérative régie par les articles L 512-85 et suivants du Code Monétaire et Financier - Société anonyme à Directoire et à Conseil d'Orientation et de Surveillance - Capital de 1 157 868 380 Euros - 382 900 942 RCS Paris - Siège social : 19 rue du Louvre, 75001 Paris - Intermédiaire d'assurance, immatriculé à l'ORIAS sous le numéro 07 005 200

SEBUNUMA Déogratias
18 rue Adolphe chénaux
92130 ISSy-les-Moulineaux

Le 21/05/2013

Courrier par Fax
Fax N°: 0146449103

Monsieur Le Directeur
CAISSE D'EPARGNE
Agence ISSy-Corentin Celton
42 rue Ernest Renan
92130 ISSy-les-Moulineaux

objet: blocage de ma carte bancaire

Monsieur,

Vous m'avez envoyé un courrier concernant un chèque de 96 € à payer jusqu'au **22**/05/2013 comme date limite.
or, aujourd'hui, j'ai essayé d'utiliser ma carte bancaire pour déposer l'argent sur mon compte, mais la carte a été refusée.
J'ai eu le message : « Accès refusé ».
Pour cela, je n'assumerai pas la responsabilité du rejet du chèque en attente de payement.

SEBUNUMA Déogratias

RAPPORT DE CONTROLE DE TRANSMISSION

HEURE : 21/05/2013 18:38
NOM : JDCANAL
FAX : 0143216593
TEL : 0143214014
SER.# : 000K1N137365

| | |
|---|---|
| DATE,HEURE | 21/05 18:37 |
| NUMERO/NOM FAX | 0146449103 |
| DUREE | 00:00:23 |
| PAGE(S) | 01 |
| RESULT | OK |
| MODE | STANDARD<br>ECM |

| CAISSE D'EPARGNE ILE-DE-FRANCE | Agence : ISSY LES MOULINEAUX (0306210) | Page 1/1 |
|---|---|---|
| | ☎0171173003 | Le 08/06/2013 10:34:30 |
| | Document n° : 000000025053 | |

# BORDEREAU D'OPERATIONS

SEBUNUMA DEOGRATIAS

Poste : PF186A01-00940
Bureau-guichet : 0306210
Agent : 7560076

18 RUE ADOLPHE CHERIOUX

92130 ISSY LES MOULINEAUX

| Opérations | Montant | Solde |
|---|---|---|
| NCIDENT PAIEMENT CHEQUE - BLOCAGE<br>I-ENTREPRENEUR 17515 90000 08.0020013.87 93 n° 0000108 | -95,00 EUR | 289,01 EUR |

| Visa de contrôle | Bon pour accord pour le(s) montant(s) ci-dessus |
|---|---|
| | Pièce(s) d'identité : |

**PRECISIONS SUR LES PRINCIPALES DISPOSITIONS DE LA LOI**

**Interdiction d'émettre des chèques** - Elle est prononcée en application de l'article L.131-73 du Code Monétaire et Financier.
**Violation d'interdiction d'émettre des chèques** - Toute émission de chèques au mépris de l'interdiction qui vous a été notifiée est passible d'un emprisonnement de cinq ans et d'une amende de 375.000 Euros (art. L.163-2 du Code Monétaire et Financier).
**Frais** - Les frais de toute nature qu'occasionne le rejet d'un chèque sans provision sont à la charge du tireur (art. L 131-73 du Code Monétaire et Financier).

**DECLARATION DE REGULARISATION DE L'INCIDENT**

Je soussigné(e)
Déclare :

Avoir réglé le montant du chèque impayé.

- [ ] Chèque acquitté joint
- [ ] Justificatif d'écriture en compte joint

Vouloir constituer une provision suffisante affectée au règlement du chèque.
Je vous demande à cet effet expressément le blocage de la somme de 96 Euro(s)

- [ ] Que je vous remets
- [x] Qui est à prélever sur mon compte n° 90000800200135793

CAISSE D'EPARGNE ILE-DE-FRANCE
JUIN 2013
ISSY-LES-MOULINEAUX Ag. 062

A Issy-les-Mx le 08/06/2013
Signature

Blocage de provision Fait ce jour.

**INFORMATIONS COMPLEMENTAIRES**

Si vous l'estimez nécessaire, vous pouvez obtenir de plus amples informations en vous adressant à votre agence.
Vous êtes en outre informé des dispositions suivantes :
1° Vous êtes inscrits au Fichier Central des Chèques et les références de l'ensemble de vos comptes bancaires tirés de chèques, sous réserve, le cas échéant, des dispositions relatives aux comptes collectifs et/ou comptes ouverts par les entrepreneurs individuels à responsabilité limitée (EIRL), seront portés au Fichier National des Chèques Irréguliers.
2° Vous disposez d'un droit d'accès et de rectification concernant les renseignements contenus dans ces fichiers. Vous pouvez exercer ce droit en vous adressant, pour l'accès aux informations, à la Banque de France et, pour la rectification, à vos établissements teneurs de comptes.

SEBUNUMA Dégratias
18 rue Adolphe Chérioux
92130 ISSY-LES-MOULINEAUX
Courrier par Fax à partir d'une cabine publique
Fax N° : 01 46 44 91 03

Issy-les-Moulineaux, le 25 mai 2013

Monsieur Le Directeur
CAISSE D'EPARGNE
Agence Issy Corentin Celton
42 rue Ernest Renan
92130 ISSY-LES-MOULINEAUX

Objet : Suite à l'entretien de ce jour à votre agence

Madame, Monsieur,

Suite à l'entretien de ce jour à votre agence,

Je désirerais dénoncer à nouveau les actes de tromperie et d'acharnement dont je suis victime de la part de votre banque.

Le mardi 21 mai 2013, j'ai reçu votre courrier dans lequel vous me demandiez de régulariser, au plus tard le 22 mai 2013, un chèque de 96€.

Lorsque je suis allé déposer de l'argent sur mon compte bancaire, j'ai constaté que ma carte bancaire avait été bloquée. La borne de votre banque a indiqué le message suivant : «autorisation refusée ». Le même jour, je vous ai envoyé un Fax pour vous expliquer cette difficulté dont je n'avais jamais été informé.

Le mercredi 22 mai 2013, je me suis rendu à votre agence pour déposer 150€ sur mon compte bancaire. L'agent d'accueil de votre agence m'a informé que le chèque de 96€ allait être payé le jour même. J'ai demandé à votre agent d'accueil comment vous pouviez me demander de déposer de l'argent sur mon compte bancaire alors que, en même temps, vous aviez bloqué ma carte bancaire qui permet d'effectuer cette opération.

Votre agent d'accueil m'a répondu : « justement, je vais vous proposer un rendez-vous pour qu'on vous explique ce qui se passe sur votre compte bancaire ». Elle m'a proposé le rendez-vous aujourd'hui à 15h.

Aujourd'hui, je me suis rendu à votre agence : c'est Monsieur ROBERT Didier qui m'a reçu. Il m'a donné des explications selon lesquelles, si j'ai bien compris, les informations qui m'ont été données par vos différents agents d'accueil n'engageraient pas votre banque !

Par ailleurs, au cours de l'entretien, Monsieur ROBERT Didier m'a appris une nouvelle qui m'a surpris : selon le relevé de mon compte bancaire de ce jour – compte que vous gérez désormais comme bon vous semble -, le chèque de 96€ pour lequel je suis allé déposé de l'argent le 22 mai 2013 a été rejeté par votre banque ! Plus encore, vous avez prélevé 50€ sur mon compte suite à ce nouveau rejet abusif de chèque !

Pour ma part, il s'agit d'un acharnement organisé, et d'une nouvelle tromperie professionnelle ! Car, selon vos commentaires, les prélèvements qui auraient empêché le payement du chèque de 96€ ont eu lieu bien avant le 22 mai 2013 : donc, lorsque je suis venu déposer les 150€, le même jour, votre agent d'accueil pouvait savoir si oui ou non le chèque de 96€ allait être payé. Or, elle m'a confirmé qu'il allait « passer ».

Conclusion : il existe une gestion « particulière » de mon compte bancaire auprès de votre agence.

Vous préférez vider mon compte bancaire gratuitement plutôt que de payer les chèques, même d'un tout petit montant, qui sont présentés pour payement !

Je présenterai tous ces éléments à la Justice.

Fait à Issy-les-Moulineaux, le 25 mai 2013.

SEBUNUMA Déogratias

RAPPORT DE CONTROLE DE TRANSMISSION

HEURE : 28/05/2013 12:41
NOM : JOCANAL
FAX : 0143216593
TEL : 0143214014
SER.# : 000KIN137365

| | |
|---|---|
| DATE,HEURE | 28/05 12:40 |
| NUMERO/NOM FAX | 0139536292 |
| DUREE | 00:01:08 |
| PAGE(S) | 02 |
| RESULT | OK |
| MODE | STANDARD<br>ECM |

**CAISSE D'EPARGNE**
**ILE-DE-FRANCE**

Agence ISSY CORENTIN CELTON
42 RUE ERNEST RENAN
92130 ISSY LES MOULINEAUX
Tél. : 0171173016

Dossier suivi par : D ROBERT

Monsieur SEBUNUMA DEOGRATIAS
18 RUE ADOLPHE CHERIOUX
92130 ISSY LES MOULINEAUX

**Lettre recommandée avec AR**
Votre compte n° : 08002001357

A ISSY, le 31/05/2013

Monsieur,

Nous vous informons de la décision de la Caisse d'Epargne Ile-de-France de procéder à la clôture de votre compte cité en référence.

Cette mesure interviendra à l'issue du délai de préavis de deux mois à compter de la réception de la présente.

Cette décision entraîne les conséquences suivantes :

- Vous devez veiller à maintenir une provision suffisante pour honorer le paiement de toutes vos opérations en cours.
- Il vous appartient de résilier tout abonnement lié à ce compte et procéder à tous changements de domiciliation (virements et prélèvements).
- Nous vous invitons à prévenir les éventuels mandataires ayant procuration sur votre compte.

Dans le cas où votre compte présenterait un solde créditeur à l'issue du délai de préavis, le montant vous sera adressé par chèque. Si vous préférez qu'il vous soit adressé par virement, nous vous invitons à nous communiquer un relevé d'identité bancaire par retour de courrier.

Par ailleurs, si vous bénéficiez d'une autorisation de découvert, celle-ci se trouvera définitivement résiliée à l'issue du délai de préavis d'un mois à compter de la réception de la présente, et plus aucun paiement ne sera honoré dans le cadre de cette autorisation devenue caduque.

Nous vous prions d'agréer, Monsieur, l'expression de mes salutations distinguées.

Directeur d'Agence
DIDIER ROBERT

Caisse d'Epargne et de Prévoyance Ile-de-France - 26/28, rue Neuve Tolbiac - CS 91344 - 75633 Paris Cedex 13
Banque Coopérative régie par les articles L.512-85 et suivants du code Monétaire et Financier - Société anonyme à Directoire et à Conseil d'Orientation et de Surveillance - Capital de 1 157 868 380 Euros - 382 900 942 RCS Paris - Siège social : 19, rue du Louvre 75001 Paris - Intermédiaire d'assurance, immatriculé à l'ORIAS sous le numéro 07 005 200

21

Crédit Mutuel

**CCM PARIS 5/6 SAINT MICHEL**
44 B BOULEVARD SAINT MICHEL 75006 PARIS
☎ 08 20 09 99 65 (0,118€ TTC / Min) FAX 01 46 34 53 36 06028@creditmutuel.fr BIC : CMCIFR2A

Le 03 mai 2013

M DEOGRATIAS SEBUNUMA
18 RUE ADOLPHE CHERIOUX
92130 ISSY LES MOULINEAUX

**Objet : INTERDICTION D'EMETTRE DES CHEQUES**

Nous sommes avisés par les Services de la Banque de France que vous (ou l'un de vos cotitulaires si vous êtes titulaire d'un compte joint ou collectif) avez émis un chèque sans provision sur un compte ouvert auprès d'un autre Etablissement Bancaire.

De ce fait et conformément à la réglementation en vigueur, l'interdiction d'émettre des chèques s'étend à TOUS LES COMPTES ouverts au nom de l'émetteur du chèque impayé dans tous les Etablissements Bancaires, que ces comptes soient personnels ou joints.
En conséquence, nous sommes au regret de vous informer qu'il vous est également interdit, dorénavant, d'émettre des chèques sur le compte numéro **10278 06028 00020351801** ouvert dans nos livres pendant 5 ans, c'est à dire jusqu'au **03 mai 2018**.

De plus, vous devez nous restituer sans délai, les carnets et formules de chèques en votre possession ou en celle de vos mandataires (personnes ayant pouvoir d'émettre des chèques sur ce compte).

Vous ne recouvrerez la faculté d'émettre des chèques sur ce compte ouvert dans nos livres que lorsque la situation sera régularisée.

Ainsi, nous ne pouvons que vous conseiller de faire en sorte de régler la situation.

Si tel est le cas, nous serions automatiquement avisés par les Services de la Banque de France et ne manquerions pas de vous en tenir aussitôt informé.

Enfin, nous nous permettons de vous rappeler que toute émission de chèques au mépris de l'interdiction qui vous est notifiée par la présente est passible des sanctions pénales qui sont prévues par la loi (article L.163-2 du code monétaire et financier).

Veuillez agréer,M DEOGRATIAS SEBUNUM, l'expression de nos salutations distinguées.

CCM PARIS 5-6 SAINT MICHEL

Concernant les frais de dossiers, il va de soi que ceux-ci devront être conformes à nos tarifs publiés.

CCM PARIS 5-6 SAINT MICHEL. Société coopérative de crédit à capital variable et à responsabilité statutairement limitée
RCS PARIS [illegible] - TVA intracommunautaire FR [illegible] - Orias N° [illegible] CCM affiliée à la CF de CM
44 B BOULEVARD SAINT MICHEL 75006 PARIS - Médiateur du Crédit Mutuel 63 chemin Antoine Pardon 69160 Tassin La Demi Lune

**Consultation du fichier central des chèques** — **11.10.2013 - 10:35:01**

Ce document a un caractère strictement confidentiel. Il vous est personnellement destiné.
En aucun cas, la production de ce relevé ne peut être exigée par un tiers (propriétaire bailleur, employeur, commerçant, ...)
Toute demande de cette nature est passible des sanctions pénales prévues par la loi en cas de collecte illicite de données recensées dans le fichier.
La collecte illicite des informations contenues dans le fichier est punie de cinq ans d'emprisonnement et de 300 000 euros d'amende (article 226-21 du code pénal).
Le droit à rectification s'exerce auprès de l'établissement déclarant.

---

Relevé d'une personne physique — Page 1

| | | | |
|---|---|---|---|
| CLÉ DE RECHERCHE | **010669SEBUN** | | |
| Nom de famille : | **SEBUNUMA** | | |
| Prénom(s) : | **DEOGRATIAS** | | |
| Nom marital : | | | |
| Prénom(s) du mari : | | | |
| N° immatriculation : | | PCS : | **31** |
| Date de naissance : | **01.06.69** | Sexe : | **M** |
| Lieu de naissance : | **KABARONDO**<br>**RWANDA** | Département : | **993** |
| Adresse : | **18 RUE ADOLPHE CHERIOUX**<br>**92130 ISSY LES MOULINEAUX** | CodePostal : | **92130** |
| Remarque : | AUCUNE | | |

**RÉCAPITULATIF**

| Date fin interdiction bancaire | Dernier retrait carte bancaire | Date fin interdiction judiciaire |
|---|---|---|
| **23.05.2018** | | |

| | COMPTES INDIVIDUELS | COMPTES COLLECTIFS |
|---|---|---|
| Nombre de comptes : | **1** | |
| Nombre de chèques : | **2** | |
| Insuffisance de provision cumulée (en euros) : | **215** | |
| Nombre de retraits de carte bancaire : | | |

**INCIDENTS CHÈQUES ET RETRAITS DE CARTE BANCAIRE**

Coordonnée bancaire : **17515 90000 08002001357** **CE IDF PARIS** — Version : **1** — **INDIVIDUEL**

Détail des incidents chèques (en euros)

| N° d'enregistrement | Date de refus de paiement | Insuffisance | Nominal |
|---|---|---|---|
| **0018837** | **30.04.2013** | **145** | **550** |
| **0019848** | **22.05.2013** | **70** | **95** |

BANQUE DE FRANCE

**TRIBUNAL D'INSTANCE**
**3 rue Philippe de Champagne**

**75013 PARIS**
TEL : 01.44.08.79.00

RÉFÉRENCES A RAPPELER : RG N° 11-13-000882

**DEMANDEUR(S) :**

Monsieur SEBUNUMA Dégratias

**DÉFENDEUR(S) :**

CAISSE D EPARGNE ILE DE FRANCE Représenté(e) par Me SOLA Michèle

## ENVOI D'UNE DÉCISION

Le greffier du service civil

à

**Monsieur SEBUNUMA Dégratias**
18 rue Adolphe Chérioux
92130 ISSY LES MOULINEAUX

Je vous prie de bien vouloir trouver ci-joint une copie certifiée conforme revêtue de la formule exécutoire du jugement rendu par le Juge d'Instance du Service Civil du Tribunal d'Instance de PARIS 13.

En conséquence je vous invite à faire signifier cette décision à l'autre partie par un huissier de justice.

La notification constitue le point de départ des délais de recours (art 528 du Code de procédure civile) et permet l'exécution ultérieure de la décision (art 503 du Code de procédure civile).

Au Tribunal d'Instance, le 13 Mai 2014

LE GREFFIER

Minute n°
RG n° 11-13-000882

Monsieur SEBUNUMA Déogratias

C/

CAISSE D EPARGNE ILE DE FRANCE

RÉPUBLIQUE FRANÇAISE
AU NOM DU PEUPLE FRANÇAIS

**JUGEMENT DU 13 Mai 2014**
**DU TRIBUNAL D'INSTANCE DE PARIS 13ème**

**DEMANDEUR :**

Monsieur SEBUNUMA Déogratias
18 rue Adolphe Chérioux
92130 ISSY LES MOULINEAUX
comparant en personne

**DÉFENDEUR :**

CAISSE D'EPARGNE ILE DE FRANCE
26/28 rue Neuve Tolbiac
CS 91344
75633 PARIS CEDEX 13
représentée par Me SOLA Michèle, avocat au barreau de PARIS

**COMPOSITION DU TRIBUNAL :**

Président : COSTA Anne-Clémence
Greffier : COSTE-FLORET Elisa

**DÉBATS :**

Audience publique du : 13 mars 2014

**DÉCISION :**

contradictoire, en premier ressort, prononcée publiquement le 13 Mai 2014 par COSTA Anne-Clémence, Vice-Président assisté de COSTE-FLORET Elisa, Greffier.

Copie exécutoire délivrée le :
à : Monsieur SEBUNUMA Déogratias
Expédition délivrée le :
à : Me SOLA Michèle

**FAITS, PROCÉDURES ET PRÉTENTIONS DES PARTIES**

Par déclaration au greffe en date du 6 janvier 2014, enregistrée le 8 janvier 2014, Monsieur Dégratias SEBUNUMA a saisi le Tribunal d'Instance afin d'obtenir la condamnation de la Caisse D'Épargne et de Prévoyance d' Ile de France au paiement de la somme de 4000 euros de dommages et intérêts et la levée d'un interdit bancaire.

Les parties ont été convoquées par le secrétariat-greffe par lettre recommandée avec avis de réception.

L'affaire a été appelée à l'audience du 13 mars 2014.

Monsieur Dégratias SEBUNUMA a maintenu l'intégralité de ses demandes.
Il expose avoir été victime de la part de la Caisse d'Epargne et de Prévoyance d'Ile de France de "tromperie professionnelle, abus de confiance et fichage abusif en interdit bancaire".
Courant mars 2013, il a remis un chèque Caisse d'Epargne de 550,20 € à son avocat. Faute de provision suffisante, ce chèque n'a pas pu être honoré. La Caisse d'Epargne et de Prévoyance d'Ile de France lui a alors adressé trois courriers afin de solutionner le problème. Il s'est présenté à l'agence bancaire le 30 avril 2013, pour obtenir une autorisation de découvert et des facilités de trésorerie.
Alors qu'il attendait une réponse de la Caisse d'Epargne, il a reçu un courrier daté du 3 mai 2013, du Crédit Mutuel lui apprenant qu'il faisait l'objet auprès de la Banque de France, d'une interdiction générale d'émettre des chèques et ce pendant 5 ans.

Dès lors, il reproche à la Caisse d'Epargne et de Prévoyance d'Ile de France de :

- l'avoir trompé en l'empêchant de chercher d'autres moyens afin de couvrir la somme nécessaire au paiement du chèque
- ne pas avoir respecté la procédure légale de " fichage " en interdit bancaire, aucun courrier de la Caisse d'Epargne ne précisant la date d'échéance avant la saisine de la banque de France
- avoir unilatéralement le 31 mai 2013 fermé définitivement son compte bancaire, sans lui adresser " un solde de tout compte "
- avoir été victime de harcèlement de la part de cette banque, harcèlement qui serait lié à l'affaire judiciaire pour laquelle il avait émis le chèque de 550,20 € à l'ordre de son avocat qui aujourd'hui refuse de l'assister.
- avoir mis en attente des montants importants lorsque les demandes de paiement étaient présentées et dès que le solde devenait insuffisant de rejeter systématiquement le paiement en prélevant des frais de commissions.

La Caisse d'Epargne et de Prévoyance d' Ile de France a fait plaider ses conclusions en défense par son Conseil tendant au rejet de toutes les demandes.
Elle fait valoir que Monsieur Dégratias SEBUNUMA qui ne bénéficiait d'aucune autorisation de découvert a émis deux chèques l'un de 550,20 €, l'autre de 96 € alors que son compte était insuffisamment approvisionné.

Qu'il a été informé par plusieurs courriers, notamment le 17 mai 2013, qu'il devait régulariser sa situation au plus tard le 22 mai 2013, conformément aux articles L131-73 et L131-78 du Code monétaire et financier.

Que la Caisse d'Epargne et de Prévoyance d'Ile de France n'a commis aucune faute, le préjudice de Monsieur Dogratias SEBUNUMA étant imputable à ses seuls agissements. Par ailleurs, il ne démontre pas la moindre faute de la banque, ni son préjudice, ni le lien de causalité nécessaire.

Elle sollicite en outre la condamnation du demandeur à lui payer la somme de 2000 € sur le fondement de l'article 700 du code de procédure civile et sa condamnation aux dépens.

L'affaire a été mise en délibéré au 13 mai 2014.

**MOTIFS DU JUGEMENT**

**Sur le devoir d'information de la banque :**

En vertu des articles L131-73 et L131-78 du code monétaire et financier:
" Sous réserve des dispositions de l'article L. 312-1 relatives au droit au compte et aux services bancaires de base, le banquier tiré peut, après avoir informé par tout moyen approprié mis à disposition par lui le titulaire du compte des conséquences du défaut de provision, refuser le paiement d'un chèque pour défaut de provision suffisante. Il doit enjoindre au titulaire du compte de restituer à tous les banquiers dont il est le client les formules en sa possession et en celle de ses mandataires et de ne plus émettre des chèques autres que ceux qui permettent exclusivement le retrait de fonds par le tireur auprès du tiré ou ceux qui sont certifiés. Le banquier tiré en informe dans le même temps les mandataires de son client.
Toutefois, le titulaire du compte recouvre la possibilité d'émettre des chèques lorsqu'il justifie avoir, à la suite de cette injonction adressée après un incident de paiement, réglé le montant du chèque impayé ou constitué une provision suffisante et disponible destinée à son règlement par les soins du tiré. "
" le titulaire d'un compte auquel a été notifiée une injonction de ne plus émettre des chèques recouvre cette faculté dès lors qu'il a procédé à la régularisation dans les conditions prévues à l'article L. 131-73. S'il n'a pas procédé à cette régularisation, il ne recouvre la faculté d'émettre des chèques qu'à l'issue d'un délai de cinq ans qui court à compter de l'injonction. "

Il résulte des pièces versées au débat que Monsieur Déogratias SEBUNUMA est titulaire depuis le 2 mars 2011 d'un compte à la Caisse d'Epargne et de Prévoyance d'Ile de France, sans autorisation de découvert.

En mars 2013, il a remis à Maître Philippe HUET, son avocat, un chèque de 550,20 € en règlement d'honoraires. Ce chèque a été présenté à l'encaissement le 24.04.2013, le compte bancaire étant insuffisamment approvisionné, le paiement a été rejeté le 30.04.2013, par la Caisse d'Epargne d'Ile de France, comme l'atteste l'extrait du " fichier central des chèques " tenu par la Banque de France, dont copie est versée au débat.
Les 25, 26 et 27 avril 2013, la Caisse d'Epargne lui adresse trois courriers identiques ainsi rédigés : "La situation de votre compte ne nous permet pas d'honorer les chèques ou prélèvements qui sont présentés au paiement ce jour. Nous vous demandons de prendre toute disposition pour régulariser votre situation, sachant que le paiement de chèque ou de prélèvement pourra d'ores et déjà être refusé. Restant à votre disposition pour vous aider à traiter toute difficulté passagère de trésorerie, ... "

Le 30 avril 2013, Monsieur Déogratias SEBUNUMA répondait à sa banque : "suite à vos courriers... j'ai l'honneur de vous écrire pour solliciter une aide de votre part afin de gérer une difficulté passagère de trésorerie. En effet, je ne m'attendais pas à ce que certaines demandes de paiement soient présentées sur mon compte bancaire à cette période. Actuellement, je suis en attente de versements sur mon compte bancaire à la fin de cette semaine ou lundi 5 mai 2013 au plus tard. Pour cela, je désirerais vous demander de bien vouloir m'accorder une aide ponctuelle de trésorerie pour régulariser la situation actuelle... Par ailleurs, étant donné que je suis en phase de lancement de mon activité professionnelle, je me permets de vous présenter à nouveau ma demande d'une autorisation de découvert pour un petit montant : 500 € maximum.... "

Ce courrier restera sans réponse.
Par ailleurs en date du 7 mai 2013, Monsieur Déogratias SEBUNUMA adresse un nouveau courrier à la Caisse d'Epargne faisant part de sa volonté de régulariser sa situation financière et précisant " un versement important a été effectué sur mon compte bancaire... ainsi la situation de mon compte permet désormais d'honorer le paiement du chèque qui était en attente il y a 8 jours".

Monsieur Déogratias SEBUNUMA justifie avoir alimenté son compte en produisant deux situations de comptes émises par la Caisse d'Epargne, l'une en date du 5.05.2013 présentant un solde de 631,34 €, l'autre en date du 6.05.2013 présentant un solde de 551,34 €.

Or, par courrier en date du 3 mai 2013, le Crédit Mutuel où Monsieur Déogratias SEBUNUMA a un autre compte professionnel, l'informe qu'il est "avisé par les Services de la Banque de France qu'il a émis un chèque sans provision... et que " l'interdiction d'émettre des chèques s'étend à tous ces comptes...pendant 5 ans. "

Ce n'est que le 17 mai 2013, que la Caisse d'Epargne et de Prévoyance d'Ile de France adresse un nouveau courrier à Monsieur Déogratias SEBUNUMA précisant : " Le solde de votre compte ne permet pas actuellement d'honorer le chèque n° 108 - de 96 €, nous vous invitons à régulariser cette situation au plus tard avant les dates de régularisation indiquées ci-dessus (22.05.2013)... A défaut, conformément aux dispositions de l'article L131-73 du code monétaire et financier, nous vous informons que nous serons contraints de rejeter ce chèque pour défaut de provision suffisante. La mise en œuvre de cette mesure qui s'impose à notre établissement entraînera votre interdiction bancaire pendant 5 ans. Vous ne pourrez plus alors émettre de chèques... serez dans l'obligation de restituer à l'ensemble de vos banquiers les carnets ou formules de chèques... et vous serez inscrit au Fichier Central des Chèques ..."

En l'espèce la Caisse d'Epargne et de Prévoyance d'Ile de France n'a pas respecté les dispositions de l'article L131-73 du code monétaire financier, puisqu'elle n'a jamais informé Monsieur Déogratias SEBUNUMA des conséquences du défaut de provision du premier chèque de 550,20 € remis à l'encaissement le 24.04.2013 et dont elle a refusé le paiement en date du 30.04.2013. Ses courriers en date des 25, 26 et 27 avril 2013 ne répondent pas aux conditions strictes d'information de l'article L131-78 du code monétaire et financier.

Par ailleurs, le courrier du 17 mai 2013 de la Caisse d'Epargne relatif au second chèque impayé de 96 € qui informe Monsieur Déogratias SEBUNUMA des conséquences du défaut de provision, ne serait couvrir le défaut d'information relatif au premier incident de paiement.

Ce défaut d'information a causé un préjudice financier, professionnel et moral certain à Monsieur Déogratias SEBUNUMA qui attendait une réponse de la Caisse d'Epargne à ses demandes d'autorisation de découvert à hauteur de 500 € et de facilités de trésorerie et qui a été privé de la faculté de régulariser sa situation pour éviter une interdiction bancaire d'émettre des chèques. Ce préjudice en l'espèce sera justement indemnisé à hauteur de 1000,00 €.

**Sur la levée de l'interdiction bancaire:**

L'émission des deux chèques sans provision étant prouvée, la demande de levée de l'interdiction d'émettre des chèques sera rejetée.

**Sur les dépens :**

La Caisse d'Epargne et de Prévoyance d'Ile de France qui succombe sera condamnée aux dépens.

**PAR CES MOTIFS**

Le Tribunal, statuant par jugement mis à disposition au greffe, contradictoire et en dernier ressort,

Condamne la Caisse d'Epargne et de Prévoyance d'Ile de France à payer à Monsieur Déogratias SEBUNUMA la somme de 1000,00 euros avec intérêts au taux légal à compter de la signification du jugement ;

Condamne la Caisse d'Epargne d'Ile de France aux dépens ;

Déboute Monsieur Déogratias SEBUNUMA et la CAISSE D'EPARGNE d'ILE DE FRANCE du surplus de leurs demandes ;

Le Greffier

Le Président

Monsieur
Deogratias SEBUNUMA
18, rue Adolphe Chérioux
92 130 Issy les Moulineaux

Paris, le 6 octobre 2011

Lettre remise en main propre contre décharge

Monsieur,

En raison des faits constatés ce jour, nous regrettons de vous informer que nous envisageons à votre égard une mesure de licenciement.

En conséquence, en application de l'article L.1232-2 du Code du travail, nous vous convions à un entretien au cours duquel nous vous exposerons les motifs de la mesure envisagée et recueillerons vos explications.

Cet entretien aura lieu le lundi 17 octobre 2011 à 15 heures dans nos locaux situés 14 rue de la Beaune 93100 Montreuil où vous serez reçu par Sylvia Mahé, Responsable de secteur.

Nous vous précisons que vous avez la possibilité de vous faire assister, lors de cet entretien, par une personne de votre choix appartenant obligatoirement au personnel de l'entreprise

En raison de la gravité des faits qui vous ont

reprochés, nous vous informons que vous êtes mis à pied à titre conservatoire dans l'attente de la décision qui sera prise

Veuillez agréer, Monsieur, l'expression de nos salutations distinguées.

Yves Lagat
Directeur des
Ressources Humaines

P/O

Un original de ce courrier a été envoyé par recommandé AR le 6 octobre 2011.

Le 10/10/2011

Je soussigné NABIL BELLAAFAR

atteste avoir reçu ce jour

le materiel suivant de la part de

Desgraties SEBUNUMA :

- Ordinateur HP
- Clé 3G
- Telephone portable (NOKIA)
- Chargeur du telephone ⇒ Non remis ce jour. A remettre le 17/10.
- Chargeur du PC
- Les dossiers present sur le site d'Aulnay le 10/10/2011
- Les clés d'Aulnay
- Les clés de St Denis.

[signature]

ingeus®

**Monsieur Déogratias SEBUNUMA**
18 rue Adophe Chérioux
92130 ISSY LES MOULINEAUX

Paris, le 6 octobre 2011,

**Lettre recommandée avec A.R.**

Monsieur,

En raison des faits constatés ce jour, nous regrettons de vous informer que nous envisageons à votre égard une mesure de licenciement.

En conséquence, en application de l'article L. 1232-2 du Code du travail, nous vous convions à un entretien au cours duquel nous vous exposerons les motifs de la mesure envisagée et recueillerons vos explications.

Cet entretien aura lieu le lundi 17 octobre 2010 à 15 heures dans nos locaux situés 14 rue de la Beaune 93100 Montreuil où vous serez reçu par Sylvia Mahé, Responsable de secteur. Nous vous précisons que vous avez la possibilité de vous faire assister, lors de cet entretien, par une personne de votre choix appartenant obligatoirement au personnel de l'entreprise.

En raison de la gravité des faits qui vous sont reprochés, nous vous informons que vous êtes mis à pied à titre conservatoire dans l'attente de la décision qui sera prise.

Veuillez agréer, Monsieur, l'expression de nos salutations distinguées.

Yves LAGEAT
Directeur des Ressources Humaines

Ingeus SAS au capital de 2 037 000 euros Siège social : 18 rue de la Pépinière - 75008 PARIS - France
RCS Paris Siret 479 474 306 00020 APE :741G N° de TVA intracommunautaire : FR36479474306
Téléphone 33(0)1 44 69 80 90 - Fax 33(0)1 42 93 18 07 – Courriel : info@ingeus.fr Site web : www.ingeus.fr

**Objet :** RE: J'ai bien reçu votre courrier recommandé avec AR

**De :** Yves Lageat (ylageat@ingeus.fr)

**À :** sebdeogratias@yahoo.fr;

**Cc :** jlefrancois@ingeus.fr; eblanc@ingeus.fr; fheuze@ingeus.fr; smahe@ingeus.fr; nbellaafar@ingeus.fr;

**Date :** Mardi 11 Octobre 2011 10h17

Bonjour,

La mise à pied à titre conservatoire n'est pas une sanction mais une mesure que nous mettons en œuvre compte tenu de la gravité de ce que nous avons constaté.

C'est au cours de l'entretien du 17 octobre que nous vous exposerons précisément les faits et que nous recueillerons vos commentaires. Ensuite seulement, nous prendrons une décision.

C'est le processus normal et je vous confirme que vous serez reçu par Sylvia Mahé et moi-même pour cet entretien.

Cordialement

Yves LAGEAT

*Directeur des Ressources Humaines*

*Ingeus SAS*

*Tel : 0033(0)141698098*

*Mob : 0033(0)672914918*

**De :** Deogratias Sebunuma [mailto:sebdeogratias@yahoo.fr]
**Envoyé :** mardi 11 octobre 2011 09:21
**À :** Yves Lageat
**Cc :** Julien Lefrancois; Déogratias SEBUNUMA; Elise Blanc; Florence Heuze; Sylvia Mahe; Nabil Bellaafar
**Objet :** J'ai bien reçu votre courrier recommandé avec AR

SEBUNUMA Déogratias
18 rue Adolphe Chérioux
92130 ISSY-LES-MOULLINEAUX

A

Monsieur Y. LAGEAT
Directeur des Ressources Humaines
Société INGEUS

Monsieur,

Hier, Monsieur Nabil BELLAAFAR est venu me remettre la copie manuscrite de votre lettre recommandée avec avis de réception : pour aller plus vite que la Poste, Monsieur Nabil BELLAAFAR avait transcrit lui-même à la main votre courrier postal – que j'ai reçu par ailleurs hier aussi.

Je suis étonné de constater que vous avez décidé de me sanctionner par une mise à pied, alors que, à ce jour, vous ne m'avez pas encore présenté le contenu des « accusations » formulées à mon encontre – « accusations » que vous aurait transmises Monsieur Nabil BELLAAFAR de la part d'une candidate, selon votre appel téléphonique du jeudi 06 octobre 2011.

Comme je vous l'ai annoncé dans le courrier que j'ai envoyé au Manager du site de Montreuil le 07 octobre 2011 (suite à votre appel de la veille), je vous demande d'organiser une confrontation entre les deux parties : Monsieur Nabil BELLAAFAR et sa plaignante d'une part, moi-même d'autre part.

Ainsi, le 17 octobre 2011, si Monsieur Nabil BELLAAFAR et sa plaignante ne sont pas présents au même rendez-vous que vous m'avez fixé, je me présenterai à votre convocation par respect du Code du Travail mais je ne dirai aucun mot à Sylvia MAHE concernant vos « accusations » dont j'ignore le contenu à ce jour.

Enfin, compte tenu des messages ci-dessous concernant des faits de harcèlement que j'ai régulièrement dénoncé et dont j'ai été victime, rien n'empêche de penser que nous aurions affaire à la continuité des mêmes actes visant uniquement à nuire à ma personne.

Veuillez agréer, Monsieur, mes salutations distinguées.

SEBUNUMA Déogratias

**----- Mail transféré -----**
**De : Deogratias Sebunuma <DSebunuma@ingeus.fr>**
**À : "sebdeogratias@yahoo.fr" <sebdeogratias@yahoo.fr>**
**Envoyé le : Jeudi 6 Octobre 2011 9h24**
**Objet : TR: clôture des plages d'accueil de septembre 2011**

**De : Deogratias Sebunuma**
**Envoyé : mercredi 5 octobre 2011 16:30**
**À : Nabil Bellaafar**
**Cc : Sylvia Mahe; Julien Lefrancois; Florence Heuze; Elise Blanc**
**Objet : RE: clôture des plages d'accueil de septembre 2011**

Re-bonjour,

- Jai déjà fait le point avec Julien sur le problème de planning et il m'avait déjà donné son avis ;

- Le vendredi 30 septembre 2011, j'ai décrit la situation à Sylvia de manière détaillée.

En ce qui me concerne, j'ai déjà dit ce que j'avais à dire et je n'en dirai pas plus : mes précédents courriers sont clairs.

Cordialement,

SEBUNUMA Déogratias

**De : Nabil Bellaafar**
**Envoyé : mercredi 5 octobre 2011 13:48**
**À : Deogratias Sebunuma**
**Cc : Sylvia Mahe; Julien Lefrancois; Yves Lageat**
**Objet : RE: clôture des plages d'accueil de septembre 2011**

Vous avez beaucoup de choses à dire et beaucoup de personnes à informer de notre problème opérationnel.
Signifiez vous par ce mail que vous ne souhaitez plus occuper votre place, « si vous avez un conseiller qui pourrait faire le travail que vous demandez et dans les même conditions, je suis prêt à lui céder la place »
Parce que pour répondre effectivement à votre question, nous avons des conseillers qui peuvent le faire.

Veuillez m'éclairer sur vos intentions très clairement
Merci

**De : Deogratias Sebunuma**
**Envoyé : mercredi 5 octobre 2011 13:07**
**À : Nabil Bellaafar**
**Cc : Sylvia Mahe; Julien Lefrancois; Florence Heuze; Elise Blanc**
**Objet : RE: clôture des plages d'accueil de septembre 2011**

Bonjour,

Dans mon e-mail de vendredi dernier, j'ai expliqué à Sylvia la situation.

Où voulez-vous que je positionne les 30 candidats suivis à Montreuil pour deux journées par semaine ? Julien m'avais informé que les portefeuilles de certains collègues sont « presque vides » : pourquoi ne pourraient-elles pas prendre en charge de nouveaux accueils pour reconstituer leurs portefeuilles ? C'est ce que m'avais dit Julien.

Comme je l'ai indiqué à la fin du même courrier du vendredi dernier, si vous avez un conseiller qui pourrait faire le travail que vous demandez et dans les même conditions, je suis prêt à lui céder la place. Surtout, ne comptez pas sur moi pour accueillir de nouveaux candidats sans qu'il ait des sorties au préalable de mon portefeuille actuel.

Cordialement,

SEBUNUMA Déogratias

**De :** Nabil Bellaafar
**Envoyé :** mercredi 5 octobre 2011 12:42
**À :** Deogratias Sebunuma
**Cc :** Sylvia Mahe; Julien Lefrancois
**Objet :** TR: clôture des plages d'accueil de septembre 2011

Bonjour,

C'est déjà la deuxième fois que j'ai ce type de mail de votre part. Une planification ne se refuse pas. Je vous demande de l'intégrer une bonne fois pour toute.

Par ailleurs sachez que votre manager tient compte de votre nombre de RDV pour organiser la planification et envisager les recrutements (ce qui est en cours d'ailleurs)

Merci de me transmettre votre nombre de RDV effectués sur les 3 derniers mois. J'observe sur Reseau que vous n'êtes pas encore au minimum du nombre de RDV hebdomadaires attendus.

Votre manager qui nous lit en copie vous accompagnera afin de gérer votre portefeuille au mieux (le 10 octobre)

Dans l'attente de vous lire

Nabil Bellaafar
Directeur des Opérations

**De :** Sylvia Mahe
**Envoyé :** mercredi 5 octobre 2011 12:28
**À :** Nabil Bellaafar
**Objet :** TR: clôture des plages d'accueil de septembre 2011

Bien cordialement,
**Sylvia MAHE**
Responsable de secteur IDF
Ingeus
06 23 50 44 60
www.ingeus.fr

**De :** Deogratias Sebunuma
**Envoyé :** mercredi 5 octobre 2011 12:20
**À :** Sylvia Mahe; Julien Lefrancois
**Objet :** clôture des plages d'accueil de septembre 2011

**Bonjour,**

**Je viens de clôturer les plages d'accueil que j'avais réservées au début du mois de septembre 2011 :**

**Comme je vous l'ai annoncé le vendredi dernier, j'attendrai qu'il y ait des sorties de candidats déjà inscrits à mon portefeuille (58 candidats actuellement) pour pouvoir**

accueillir de nouveaux candidats.

Cordialement,

SEBUNUMA Déogratias

Les informations contenues dans ce courrier électronique et ses pièces jointes sont confidentielles et sont destinées à l'usage exclusif du (des) destinataire (s). La personne qui reçoit ce courrier électronique et ses pièces jointes et qui n'est pas le destinataire, l'un de ses employés, ou un mandataire habilité à remettre ce message au destinataire, est avisée qu'il est interdit d'en divulguer ou d'en reproduire le contenu. Si vous avez reçu ce courrier électronique par erreur, nous vous demandons de bien vouloir nous le faire savoir par téléphone dans les meilleurs délais, de nous retourner ce courrier électronique et ses pièces jointes et de procéder à leur destruction informatique.

This email transmission including any attachments is confidential and may also contain information that is legally privileged and copyright material. It is intended solely for the addressee. If you receive this email by mistake please promptly inform us by reply email and then delete the email and destroy any printed copy. You must not disclose or use in any way the information in the email. If you are not the intended recipient of this email transmission, any use, interference with, disclosure or copying of this email transmission, or action taken in reliance on this email transmission, is unauthorised, prohibited and may be unlawful. There is no warranty that this email is error or virus free. It may be a private communication and, if so, does not represent the views of the Ingeus Group of Companies or its management. If it is a private communication, care should be taken in opening it to ensure that undue offence is not given.

http://www.ingeus.fr

ARISTOTE, *Éthique à Nicomaque*, V, 3, Vrin, Paris, Tricot, p. 218, cité in BLAY M. (Sous la direction de) , (2003), *Grand dictionnaire de philosophie*,
ARISTOTE, *Éthique à Nicomaque*, V, 3, Vrin, Paris, Tricot, p. 218, cité in BLAY M. (Sous la direction de) , (2003), *Grand dictionnaire de philosophie*, Paris, Larousse CNRS éditions, 2012, pp. 583 - 587.

ARISTOTE, *Étique à Nicomaque*, V, 3, Trad. J. Voilquin 1965, GF Flammarion, Paris, cité in BLAY M. (Sous la direction de) , (2003), *Grand dictionnaire de philosophie*, Paris, Larousse CNRS éditions, 2012, pp. 583 - 587.

ARISTOTE, *Métaphysique*, E, 4, 1027b18-27, tr. J. Tricot, Vrin, Paris, 1986, vol. I, p. 343, cité in Blay M., *Grand dictionnaire de philosophie*, Paris, Larousse CNRS éditions, 2012,, pp. 580 - 582.

BAUER S., GERBIER L. et ENGEL P., article sur le « Jugement », in BLAY M. (Sous la direction de) , (2003), *Grand dictionnaire de philosophie*, Paris, Larousse CNRS éditions, 2012, pp. 580 - 582.

BERGERET J., (1980), texte « La violence fondamentale », in *Freud, la violence et la dépression*, Paris, PUF, 1995, p. 63 - 92.

BERNHEIM H., (1911), *De la suggestion*, Paris, L'Harmattan, 2007.

BONTE P. et IZARD M. (sous la direction de ), (1991), *Dictionnaire de l'ethnologie et de l'anthropologie*, Paris, PUF, 2004, pp. 401 - 403.

CESAIRE A., (1955), *Discours sur le colonialisme*, Paris, Présence Africaine, 2004.

CHRETIEN J.-P. et TRIAUD J.-L., *Histoire d'Afrique : Les enjeux de mémoire*, Karthala, Paris, 1999, pp. 281 - 320.

CHRETIEN J.-P., Article « La révolte de Ndungutse (1912) - Forces traditionnelles et pression coloniale au Rwanda allemand », in *Revue française d'histoire d'outre-mer*, n° 217 - 4e trimestre 1972, pp. 645 - 679.

DE HEUSCH L., *Mythes et rites bantous II, Rois nés d'un cœur de vache*, Paris, Gallimard, 1982.

De MAISTRE J., in TOULAT J., *Le droit de naître*, Paris, Pygmalion, 1979, p. 83.

DESCARTES R., *Discours de la méthode*, I et II, édition Adam & Tannery, Vrin-CNRS, Paris, 1996, vol. VI, p. 2, cité in Blay M., *Grand dictionnaire de philosophie*, Paris, Larousse CNRS éditions, 2012, pp. 580 - 582.

*Dictionnaire Hachette Encyclopédique*, Paris, 1998.

FREGE G., *Écrits logiques et philosophiques*, Seuil, Paris, 1969, cité in Blay M., *Grand dictionnaire de philosophie*, Paris, Larousse CNRS éditions, 2012, pp. 580 - 582.

GUERIN J. article « Mauriac et Camus en 1945 », in collectif *Le Point théologique - Le pardon*, Paris, Beauchesne, 1987, pp. 247 - 264.

HARTMANN F., *Paix et Châtiment - les guerres secrètes de la politique et de la justice internationales*, Paris, Flammarion, 2007, pp. 261 - 286.

HEGEL, F., *Principes de la philosophie du droit*, § 4, trad. J.L. Vieillard-Baron 1999, GF-Flammarion, Paris, cité in BLAY M. (Sous la direction de) , (2003), *Grand dictionnaire de philosophie*, Paris, Larousse CNRS éditions, 2012, pp. 580 - 582 et 583 - 587.

HEREMANS R., *Introduction à l'histoire du Rwanda,* Kigali, Éditions Rwandaises, 1988.

HOBBES Th., *Léviathan*, chap. XIV, trad. G. Mairet, 2000, Gallimard, Paris, cité in BLAY M. (Sous la direction de) , (2003), *Grand dictionnaire de philosophie,* Paris, Larousse CNRS éditions, 2012, pp. 583 - 587.

HUMAN RIGHTS WATCH (sous la direction de A. Des Forges), *Aucun témoin ne doit survivre - Le génocide au Rwanda*, Paris, Karthala, 1999.

HUSSERL E., *Expérience et jugement*, PUF, Paris, 1973, cité in Blay M., *Grand dictionnaire de philosophie*, Paris, Larousse CNRS éditions, 2012, pp. 580 - 582.

KAËS R., article « Ruptures catastrophiques et travail de la mémoire », in PUGET J. et all., *Violence d'État et psychanalyse*, Dunod, Paris, 1989.

KANT E., *Critique de la faculté de juger*, Introduction, § 3, tr. A. Philonenko, Vrin, Paris, 1965, p. 27, cité in Blay M., *Grand dictionnaire de philosophie*, Paris, Larousse CNRS éditions, 2012, pp. 580 - 582.

KANT E., *Critique de la raison pure*, « Analytique des concepts », I, section 1n tr. Barni & Archambault, GF, Paris, 1987, p. 130, cité in Blay M., *Grand dictionnaire de philosophie*, Paris, Larousse CNRS éditions, 2012, pp. 580 - 582.

Kant E., *Métaphysique des mœurs*, Doctrine du droit, §36, trad. J. & O. Masson, Œuvres philosophiques, NRF, Paris, cité in BLAY M. (Sous la direction de), (2003), *Grand dictionnaire de philosophie*, Paris, Larousse CNRS éditions, 2012, pp. 583 - 587.

LEIBNIZ G. W., « Méditation sur la notion de justice », in *Droit de la raison*, Vrin, Paris, p. 130, cité in BLAY M. (Sous la direction de), (2003), *Grand dictionnaire de philosophie*, Paris, Larousse CNRS éditions, 2012, pp. 583 - 587.

MICHEL A., article « Le pardon dans l'Antiquité », in Collectif *Le Point théologique - Le pardon*, Paris, Beauchesne, 1987, pp. 49 - 57.

MILL J. S., *l'Utilitarisme* (1863), PUF, Paris, pp. 89 - 92.

PLATON, *Gorgias*, trad. L. Robin 1950, Œuvres complètes tome I, NRF,

Paris, cité in BLAY M. (Sous la direction de) , (2003), *Grand dictionnaire de philosophie*, Paris, Larousse CNRS éditions, 2012, pp. 583 - 587.

PLATON, *République*, I, 338 c et 339 a. Trad. L. Robin, 1950, Œuvres complètes tome I, NRF, Paris.

RICŒUR P., article « Le pardon peut-il guérir ? », in Revue *Esprit,* mars-avril 1995, n° 210, pp. 77 - 82.

RIVIERE J., texte « La haine, le désir de possession et l'agressivité », in KLEIN M. et RIVIERE J., (1937), *L'amour et la haine*, Paris, Payot, 2001.

ROUSSEAU J.J., *Du contrat social*, I, chap. 8, éd 1992, GF-Flammarion, Paris, cité in BLAY M. (Sous la direction de), (2003), *Grand dictionnaire de philosophie*, Paris, Larousse CNRS éditions, 2012, pp. 583 - 587.

ROUSSET B., article « Le pardon dans l'Antiquité », in Collectif *Le Point théologique - Le pardon*, Paris, Beauchesne, 1987, pp. 183 - 196.

SEBUNUMA D., *Communautarisme et autochtonie - Du cas du Rwanda à l'universel*, Paris, Éditions Umusozo, 2013.

SEBUNUMA D., *Essai sur l'autosuggestion*, Paris, Éditions Umusozo, 2014.

SEBUNUMA D., *La compulsion de répétition dans les violences collectives*, thèse de doctorat soutenue en 2011 à l'Université Paris-Diderot Paris7, publiée ensuite par L'Atelier National de Reproduction des Thèses, Université Lille3 ; et à Paris, Éditions Umusozo, 2013.

SEBUNUMA D., *Le génocide au Rwanda : postures et impostures génocidaires*, Paris, Éditions Umusozo, 2015.

SEBUNUMA D., *Psychopathologie descriptive I - Essais sur les violences collectives*, Paris, Éditions Umusozo, 2013.

SEBUNUMA D., *Rwanda : Crimes d'honneur et influences régionales*, Issy-les-Moulineaux, Éditions Umusozo, 2012.

SEBUNUMA D., *Rwanda : Crise identitaire et violence collective,* Paris, Éditions L'Harmattan, 2011 ; et à Paris, Éditions Umusozo, 2013.

SOLÈRE-QUEVAL S. et SIMHA S., article « Justice », in BLAY M. (Sous la direction de) , (2003), *Grand dictionnaire de philosophie*, Paris, Larousse CNRS éditions, 2012, pp. 583 - 587.

STANLEY H. M., *A travers le continent mystérieux : l'Afrique*, Grands voyageurs Stock +, 1980, pp. 117 - 118, in DELFORGE J., *Le Rwanda tel qu'ils l'ont vu*, Paris, L'Harmattan, 2008.

TOLSTOÏ L., (1865 - 1869), *La guerre et la paix*, Paris, Gallimard, 1987, pp.1488 - 1490.

Von GÖTZEN, A travers l'Afrique, de l'est à l'ouest (1893 - 1894), extrait du livre Le tour du Monde, tome III, nouvelle série, 1° liv. N°1, 1897, pp. 15 -

20, in DELFORGE J., Le Rwanda tel qu'ils l'ont vu, op. cit., pp. 28 - 31.

TABLE DES MATIÈRES

*Du même auteur*

*La compulsion de répétition dans les violences collectives*, thèse de doctorat soutenue en 2011 à l'Université Paris-Diderot Paris 7, publiée ensuite par L'Atelier National de Reproduction des Thèses, Université Lille3 ; et à Paris, Éditions Umusozo, 2013.

*Rwanda : Crise identitaire et violence collective,* Paris, Éditions L'Harmattan, 2011 ; et à Paris, Éditions Umusozo, 2013.

*Rwanda : Crimes d'honneur et influences régionales*, Issy-les-Moulineaux, Éditions Umusozo, 2012.

*Communautarisme et autochtonie - Du cas du Rwanda à l'universel*, Paris, Éditions Umusozo, 2013.

*Psychopathologie descriptive I - Essais sur les violences collectives*, Paris, Éditions Umusozo, 2013.

*Essai sur l'autosuggestion*, Paris, Éditions Umusozo, 2014.

*Le génocide au Rwanda : postures et impostures génocidaires*, Paris, Éditions Umusozo, 2015.

*Le Jugement de l'Histoire : effets du néocolonialisme multinational au Rwanda*, Paris, Éditions Umusozo, 2015.

www.sebunumadeogratias.com

Dépôt légal : février 2016.